Daniel Mandl

OS X
Mountain Lion

Das Grundlagenbuch zum
Betriebssystem am Mac

Edition Digital Lifestyle
MANDL & SCHWARZ

Impressum

Das Grundlagenbuch zu OS X 10.8 Mountain Lion –
Das Betriebssystem von Apple in der Praxis
ISBN 978-3-939685-44-9
1. Auflage 2012

MANDL & SCHWARZ

Mandl & Schwarz-Verlag
Edition Digital Lifestyle
Theodor-Storm-Straße 13
D-25813 Husum / Nordsee

Fax 04841 – 770 99 96
puma@mandl-schwarz.de

Bibliografische Information der Deutschen Nationalbibliothek
Die Deutsche Nationalbibliothek verzeichnet diese Publikation in der Deutschen Nationalbibliografie; detaillierte bibliografische Daten sind im Internet über die Webseite http://dnb.d-nb.de abrufbar.

Cover-Illustration: © Éric Isselée – Fotolia.com und © Apple
Copyright © 2012 Mandl & Schwarz-Verlag

Alle Rechte vorbehalten. Das Erstellen und Verbreiten von Kopien auf Papier, auf Datenträgern oder im Internet – insbesondere als PDF – ist nur mit ausdrücklicher, schriftlicher Genehmigung des Mandl & Schwarz-Verlags gestattet und wird widrigenfalls strafrechtlich verfolgt. Die meisten Produktbezeichnungen von Hard- und Software, sowie Firmennamen und Firmenlogos, die in diesem Werk genannt werden, sind gleichzeitig auch eingetragene Warenzeichen und sollten als solche betrachtet werden.
Der Verlag folgt bei den Produktbezeichnungen im Wesentlichen den Schreibweisen der Hersteller.
Der Verlag übernimmt keine Haftung für Folgen, die auf unvollständige oder fehlerhafte Angaben in diesem Buch zurückzuführen sind. Das Ihnen vorliegende Buch wurde in unzähligen Tages- und Nachtstunden mit großer Sorgfalt und viel »Herzblut« erstellt. Dennoch finden sich ab und an Fehler, für die wir uns entschuldigen möchten.
Wir sind Ihnen dankbar für Anregungen und Hinweise!

Wir unterstützen und empfehlen gern folgende Initiativen:

www.aerzte-ohne-grenzen.de
Telefon 030 – 700 130 130

Zu Ihrer ersten Übersicht

Herzlich willkommen 11

Mountain Lion Schritt für Schritt installieren –
für ein fehlerfreies Betriebssystem 15

Die Arbeitsumgebung im Detail 55

»Alles klar zum Start?« – die Systemeinstellungen 119

Die Welt der Programme 263

Dienstprogramme –
von Assistenten und Festplatten-Doktoren 449

Online mit dem Mac –
iCloud, E-Mails, Internet und mehr … 495

Vom Netzwerken: Mac to Mac und Mac to Win 611

Was tun bei Problemen? 639

Ausführliches Stichwortverzeichnis 663

Mandl & Schwarz | Grundlagenbuch Mountain Lion

Herzlich willkommen 11

Mountain Lion Schritt für Schritt installieren –
für ein fehlerfreies Betriebssystem 15

   Die Vorbereitungen zum gelungenen Mountain Lion-Auftritt 17
   OS X 10.8 Mountain Lion im Anmarsch – die Installation.......................... 24
      Ein bestehendes System aktualisieren 24
      OS X Mountain Lion als Neuinstallation..29
         Erstellen einer Mountain Lion-Installations-DVD................................ 30
         OS X Mountain Lion auf USB-Stick oder SD-Karte................................ 32
         Die »OS X Dienstprogramme« als Notbehelf 34
         Das System neu installieren.. 36
      Mountain Lion heißt Sie Willkommen 39
         Informationen von einem anderen Mac übertragen 41
         Informationen von einem anderen Volume/Time Machine-Backup
         übertragen... 43
         Informationen von einem Windows PC übertragen............................ 44
         Meine Informationen nicht übertragen – später................................. 47
   Fehlende Software nachinstallieren.. 51

Die Arbeitsumgebung im Detail... 55

   Der Finder – Kommunikator zwischen Mensch und Maschine................. 55
      Menüs und Befehle... 56
      Das Apple-Menü... 59
      Von Fenstern, Ordnern und Knöpfen.. 65
         Anlegen eines neuen Ordners.. 91
         Intelligenter Ordner – Ordner mit Durchblick 94
         Neuer Brenn-Ordner – gegen die Vergesslichkeit................................ 98
      Das Dock – mit der Lizenz zum Starten 102
      Der Papierkorb 114

»Alles klar zum Start?« – die Systemeinstellungen 119

   Allgemein – das Erscheinungsbild der Oberfläche anpassen.................121
   Schreibtisch & Bildschirmschoner – mit Bildern verzaubern 125
   Dock 129
   Mission Control – mehr Übersicht für den Schreibtisch.........................130
   Sprache & Text – international auf allen Ebenen 134

Inhaltsverzeichnis

Sicherheit & Privatsphäre – zum Schutze des Rechners 142
Spotlight – Suchen mit Komfort 157
Benachrichtigungen – die Mitteilungszentrale für den Mac 166
CDs & DVDs – die korrekte Medienverteilung 168
Monitore – für den besseren Durchblick 170
Energie sparen 176
Tastatur – auch Tippen will gelernt sein 181
Die Maus richtig konfigurieren 188
Trackpad – Multi-Touch-Feeling par excellence 191
Drucken & Scannen – bequem Papier ausgeben 193
Der Ton macht die Musik 200
Bluetooth – komfortables Senden und Empfangen 204
Benutzer – Verwaltung mehrerer Anwender am Mac 212
Kindersicherung – für kleine und große Trickser 223
Datum & Uhrzeit – damit Sie keinen Termin verpassen 232
Softwareaktualisierung – immer auf dem neuesten Stand 235
Diktat & Sprache – der Mac versteht den Benutzer 238
Time Machine – mit Leichtigkeit zum Backup 243
Über Bedienungshilfen den Mac beherrschen 249
Startvolume – Welches System darf's denn sein? 261

Die Welt der Programme 263

Launchpad – Programme starten und verwalten 264
Mission Control – mehr Übersicht im Arbeitsalltag 267
Automatisch sichern und Versionen 272
App Store – virtuelles Shopping-Erlebnis 277
Dashboard – Programme per Schnellabruf 282
Digitale Bilder – Bild-Import über Digitalkamera und Scanner 286
DVD Player – des Anwenders Liebling 295
Erinnerungen – damit Sie nichts vergessen … 302
FaceTime – clever Videotelefonate führen 307
Game Center – für Spiele, Spaß & Unterhaltung 311
Kalender – der intelligente Terminplaner 315
Kontakte – Adressen und Rufnummern im Griff 329
Lexikon – das Wörterbuch mit Ausbaureserve 338

Notizen – der digitale Post-it..343
Notizzettel – gegen das Vergessen 345
Photo Booth – mehr Spaß beim Foto-Shooting 348
QuickTime Player – verantwortlich für die multimedialen Inhalte..........354
Rechner – Mit Mehrwert unter der Oberfläche..367
Schach – eine Partie für spannende Abende 369
Schriftsammlung – Schriften verwalten 371
TextEdit – einfache Textverarbeitung unter OS X Mountain Lion 381
Time Machine – Auf Nummer Sicher...403
Vorschau – der PDF- und Bilder-Tausendsassa 407
    Der Import von Bildern über eine Digitalkamera 415
    Einscannen von Bildern... 416
    Bild-Informationen anzeigen 417
    Bilder über die »Farbkorrektur« bearbeiten...................................... 419
    Bild-Bereiche freistellen 425
    Bilder in der Größe anpassen.. 430
    Anmerkungen in einem Bild einbetten.. 433
    Die Arbeit mit PDF-Dateien 435

Dienstprogramme – von Assistenten und Festplatten-Doktoren........................ 449

Aktivitätsanzeige – Prozesse im Hintergrund 450
Bildschirmfoto – Fotos vom Monitor...454
Bluetooth-Datenaustausch..456
Boot Camp Assistent – einmal die Windows-Welt schnuppern 459
    Die Vorbereitungen 459
    Der »Boot Camp Assistent« – Ihr freundlicher Begleiter 461
Festplatten-Dienstprogramm zum
Überprüfen, Reparieren und mehr 471
    Erste Hilfe – der Festplatten-Doktor 471
    Gekonnt löschen – aber bitte mit Vorsicht....................................... 475
    Image-Dateien erstellen 478
        Leeres Image *478*
        Image von Ordner *481*
Migrationsassistent – Daten transferieren 482
Schlüsselbundverwaltung – Passworte verwalten 486
Die Systeminformationen – Hardware-Details und mehr...........................491

Inhaltsverzeichnis

Online mit dem Mac – iCloud, E-Mails, Internet und mehr … 495

Internet-Zugang konfigurieren 495
- DSL für Ungeduldige – Highspeed auf der Daten-Autobahn 497
- Drahtlos per WLAN ins Netz der Netze 500
- Über GPRS, UMTS, HSDPA, LTE & Co. ins Netz der Netze 506

iCloud – Mehrwert für Mac & Co. 509
- Die iCloud-Einstellungen im Einzelnen 513

Surfen mit Safari 522
- Safaris Einstellungen 523
- Die Bedienung von Safari 539
  - Die Adresszeile 539
  - Lesezeichen und deren Verwaltung 540
  - Die Leseliste zum Sammeln 544
  - Verlauf und SnapBack 546
  - Vom Suchen und Finden im WWW 549
  - Die Sache mit den RSS-Feeds 552
  - Daten speichern in und über Safari 553

Schöner E-Mailen mit dem Programm »Mail« 561
- Konfiguration eines Accounts 561
- Die Einstellungen von Mail 566
  - Allgemein 566
  - Accounts 567
  - Werbung 568
  - Schrift & Farbe 573
  - Darstellung 574
  - Verfassen 578
  - Signaturen 579
  - Regeln 580
- E-Mails versenden 582
- Mails abrufen und empfangen 589
- E-Mails sichern bzw. archivieren 599

Nachrichten – Text-Chat de luxe 601

Vom Netzwerken: Mac to Mac und Mac to Win 611

- AirDrop – komfortabler Daten-Transfer in Sekunden 611
- Die Voraussetzungen für ein Netzwerk 613
- Systemeinstellungen Netzwerk und Freigaben 614

Netzwerk über FireWire... 614
Netzwerk über Ethernet... 620
Netzwerkdrucker über Ethernet einrichten.. 621
Netzwerk über Wi-Fi... 623
Die Bildschirmfreigabe nutzen.. 628
Einen PC ins Mac-Netzwerk einbinden 630

Fernwartung über TeamViewer..635

Was tun bei Problemen? 639

Softwareseitige Lösungen 639
Die Apple-Hilfe... 639
Neustart durchführen 642
Programme sofort beenden 643
Preferences und Caches 644
Parameter-RAM löschen 646
Volume-Zugriffsrechte überprüfen 646
Häufige Abstürze... 647
Papierkorb lässt sich nicht löschen... 649

Shareware und Freeware-Programme als Helfer in der Not 650
Überprüfung von Hardware 652
Test-Software von Drittherstellern...654
Das leidige Thema Virenschutz 656
Am Ball bleiben 659

Ausführliches Stichwortverzeichnis 663

Bitte beachten Sie auch unser aktuelles Angebot an eBooks auf unserer Webseite – zum direkten Download und Lesen!

Willkommen!

Liebe Leserin, lieber Leser,

haben Sie Dank für Ihr Interesse an unserem »Grundlagenbuch zu OS X 10.8 Mountain Lion«. Darüber freuen wir uns sehr. Als Nachfolger zum *OS X 10.7 Lion*-Buch haben wir dieses Werk mit gewohnter Akribie komplett überarbeitet und die zahlreich hinzugekommenen Funktionen und Features eingebaut. Man merkt dem System mittlerweile deutlich an, dass es sich dem *iOS* für Apples Mobilgeräte wie iPhone, iPad oder iPod touch langsam, aber mit Sicherheit annähert. Auch die Bedienung über Multi-Touch-Gesten auf dem Trackpad gleichen mehr und mehr der Navigation von *iOS*-Geräten. Sie wischen und tippen mit den Fingern, spreizen Daumen und Zeigefinger und klicken, als ob Sie ein mobiles Gerät vor sich hätten.

Auf der anderen Seite muss aber auch gefragt werden, ob der Anwender ein jährlich überarbeitetes System überhaupt wünscht. Offen gesprochen finden wir das eher nachteilig – zumindest für den Endanwender. Da hat man sich nun gerade in das Betriebssystem eingearbeitet, das aufgrund der vielen Aktualisierungen und Sicherheitsupdates stabil und fehlerfrei läuft. Und dann? Ja, dann kommt schon der Nachfolger und das Spiel mit den Updates, das Suchen nach Optionen in den Systemeinstellungen und das Forschen nach liebgewordenen Tastenkombinationen beginnt von Neuem. Auch darüber sollte man mal nachdenken …

Wie dem auch sei: Auf den folgenden Seiten stellen wir Ihnen nun Apples aktuellste Kreation in Sachen Computer-Betriebssystem vor. Vieles werden Sie schnell wiedererkennen, anderes neu lernen müssen.

> Es ist unser Hauptanliegen, Ihnen den alltäglichen Umgang mit *OS X Mountain Lion* nahe zu bringen, sodass Sie sich nach der Lektüre innerhalb kürzester Zeit wirklich auf Ihrem schicken Rechner zu Hause fühlen – und dies auf unterhaltsame wie kompetente Art und Weise.

Über dieses Buch – worauf können Sie sich freuen?

Im ersten Kapitel erwartet Sie die Installation von *OS X Mountain Lion*. Sie erfahren dabei, was es zu beachten gilt und welche Tricks Sie anwenden können, um Ihre Installationsdaten beispielsweise auf einen USB-Stick oder eine SD-Speicherkarte zu transferieren. Anschließend machen wir Sie mit der Finder-Oberfläche vertraut, die nicht nur sympathisch wirkt, sondern auch eine Menge an Funktionen oder gar Raffinessen enthält, die manchmal erst auf den zweiten Blick erkennbar sind. Im dritten Kapitel befassen wir uns mit den *Systemeinstellungen*, denn diese steuern vielfach unbemerkt das Grundverhalten Ihres Rechners. Wir zeigen Ihnen in Wort und Bild die Vielzahl an Möglichkeiten, wie Sie Ihren Mac dabei noch besser an Ihre persönlichen Bedürfnisse anpassen.

Apple wartet zudem mit zahlreichen hauseigenen Programmen auf, die für die meisten Ansprüche vollauf genügen. Im Gegenteil: Sie werden sich wundern, was so alles in den Programmen steckt. Wir stellen Ihnen im vierten Kapitel die wichtigsten vor und erläutern ausführlich deren Bedienung. Wir legen dabei besonderen Wert auf die Erklärung der Funktionsvielfalt sowie der reibungslosen Zusammenarbeit zwischen den einzelnen Anwendungen. Die *Dienstprogramme* im fünften Kapitel durchleuchten den Mac, helfen tatkräftig bei Problemen oder unterstützen Sie in Sachen Windows, Mathematik, Peripherie-Erkennung und mehr.

Die Konfiguration Ihrer Internet-Verbindung, das Surfen im World Wide Web mit *Safari*, das Empfangen und Versenden von E-Mails sowie die virtuelle Kommunikation über *Nachrichten* sind die Themen im sechsten Kapitel. Auch die *iCloud* ist uns einige Seiten wert, schließlich erleichtert diese das Zusammenspiel all Ihrer Apple-Geräte. Danach heißt es netzwerken: Wie verbinde ich meine Mac-Rechner, um Daten auszutauschen? Wie gut kommen Macs in der Windows-Welt zurecht? Die Antworten auf diese Fragen finden Sie im siebten Kapitel. Das Grundlagenbuch schließt mit allerlei Tipps und Tricks für den Fall, wenn es denn mal nicht so gut klappt: Support und Prävention stehen im Vordergrund, damit Ihr Mac schnell wieder auf die Beine kommt.

Leichter lesen – Ihr Leitsystem

Auf den nachfolgenden Seiten haben wir wichtige Textstellen hervorgehoben und mit einem Icon (Symbol) versehen. Diese bedeuten im Einzelnen:

Grundwissen: Dieses Symbol zeigen wir Ihnen immer dann, wenn es um die Bedienung im Allgemeinen geht oder wenn Fachbegriffe auftauchen. Hier vermitteln wir auch grundsätzliche Details, die Ihnen den Umgang mit Ihrem Mac erleichtern.

Tipp: Ob hilfreiche Tastenkombinationen oder bislang noch unentdeckte Features: Dieses Icon weist Sie auf Zusatz-Informationen und allerlei Tipps und Tricks rund um *OS X Mountain Lion* hin.

Achtung: Damit Sie eher weniger als mehr Arbeit haben: Das Symbol mit dem Ausrufezeichen warnt Sie vor typischen Fehlern, die der oftmals noch unbedarfte Software-Einsteiger gerne einmal macht.

Wir glauben fest daran, dass Ihnen aufregende Wochen und Monate bevorstehen, denn *OS X Mountain Lion* dient Ihnen nach der Lektüre als wunderbares Werkzeug im Apple-Alltag.

Wir danken für Ihr Verständnis …

Mit diesem Buch erhalten Sie einen leichten Einstieg in eine nicht immer verständliche Materie. Nichtsdestotrotz können ab und an Probleme auftreten. Bitte haben Sie dafür Verständnis, dass wir über dieses Buch hinaus keinen persönlichen Support leisten – dazu gibt es einfach zu viele Rechner- und Software-Konfigurationen. Unsere Bitte: Wenden Sie sich in solchen Fällen doch an die – hier von uns zahlreich recherchierten – Foren und Support-Webseiten, auf denen sich Anwender-Gruppen sowie professionelle »Problemlöser« zum Austausch treffen. Die Wahrscheinlichkeit, dass Ihnen dort schnell und unbürokratisch geholfen werden kann, ist recht hoch. Vielen Dank.

Unser Zusatz-Service für Sie

Apple erfreut Sie und uns stets gern mit weiteren Aktualisierungen und Verbesserungen, sodass es auch zu diesem Buch meist zu kleineren Änderungen und Ergänzungen kommt. Sollten sich daher wichtige Neuigkeiten ergeben, so werden wir Sie selbstverständlich mit kompetenten Updates versorgen. Diese finden Sie auf unserer Webseite unter der Adresse www.mandl-schwarz.com im Bereich »Support«. Als besonderes Schmankerl liegen dort auch weiterführende PDFs zum kostenlosen Herunterladen bereit. Schauen Sie doch mal vorbei und lassen Sie sich überraschen!

Feedback willkommen!

Natürlich freuen wir uns, wenn Ihnen dieses Buch gefallen hat und Sie daraus eine Menge für Ihre ganz persönlichen Bedürfnisse und Aufgaben umsetzen können. Daher unsere Bitte: Teilen Sie uns Ihre Eindrücke mit und senden Sie uns auch Ihre Kritik – denn gerade als junger Verlag möchten wir dazulernen und uns konstant weiterentwickeln. Sie erreichen uns dazu über puma@mandl-schwarz.de. Wir freuen uns auf Ihre Eindrücke.

Doch nun wünschen wir Ihnen eine anregende Lektüre!

Daniel Mandl
Husum/Nordsee, im November 2012

jetzt [in D] versandkostenfrei bestellen:
www.mandl-schwarz.com/

Daniel Mandl
Das neue iTunes mit iCloud:
Musik, Apps und Filme im Griff
- auf Mac und PC sowie iPad,
iPhone und iPod touch
ca. 240 Seiten
ISBN 978-3-939685-47-0
EUR 19,90 (D)

Der Apple-Profi zeigt, wie sich iTunes und iCloud ideal vereinen lassen. Dabei wahrt Daniel Mandl für den Leser den Durchblick in der Funktionsvielfalt. Schließlich schrieb die FAZ schon zur Buchvorversion: "Gut geschrieben und reich bebildert finden so nicht nur Einsteiger noch manchen Kniff." (Redaktion Technik & Motor)
Und das Fachmagazin MACWELT urteilte zum vorigen iTunes-Werk: "vorbildlich, vierfarbig, unterhaltend".

Michael Schwarz & Daniel Mandl
Die iPhone 5-Fibel - der praktische Einstieg in das
Smartphone von Apple
ca. 240 Seiten
ISBN 978-3-939685-46-3
EUR 19,90 (D)

Die iPhone-Fibel aus dem Mandl & Schwarz-Verlag bietet einen praktischen Einstieg in das aktuelle Apple-Mobiltelefon. Dabei sind die Grundfunktionen recht schnell und intuitiv erlernbar. Dennoch kann das iPhone 5 mit seinen zahlreichen Apps sehr viel mehr als gedacht - deswegen erklären die Autoren auch die Details in zahlreichen Abbildungen und leicht nachvollziehbarem Text.

Mountain Lion Schritt für Schritt installieren – für ein fehlerfreies Betriebssystem

Bei Apple hat die DVD keinen bedeutenden Stellenwert mehr, sodass es auch für *OS X Mountain Lion* heißt: Es gibt keine Installations-DVD. Stattdessen erwerben Sie das aktuellste Betriebssystem über den *Mac App Store* bzw. finden es vorinstalliert auf jedem neuen Mac-Rechner. Für all jene, denen es schlichtweg nicht möglich ist, mal eben 4 Gigabyte über das Internet zu laden, zeigen wir weiter unten einen passablen Lösungsweg auf. Für alle anderen gilt die Devise, sich schon einmal mit den Systemvoraussetzungen vertraut zu machen, denn Sie benötigen:

- iMac (Mitte 2007 oder neuer), MacBook (Ende 2008 Aluminium oder Anfang 2009 oder neuer), MacBook Pro (Mitte/Ende 2007 oder neuer), MacBook Air (Ende 2008 oder neuer), Mac mini (Anfang 2009 oder neuer), Mac Pro (Anfang 2008 oder neuer), Xserve (Anfang 2009)

Um schnell herauszufinden, welche Mac-Generation Sie verwenden, starten Sie am besten über den *Programme*-Ordner und dort in den *Dienstprogrammen* die Applikation *Systeminformationen*. Wenige Sekunden später klärt Sie das erscheinende Dialog-Fenster darüber auf.

Wir drücken die Daumen, dass Ihr Mac noch nicht zum alten Eisen gehört …

- Mindestens 2 GB Arbeitsspeicher, wobei das ziemlich untertrieben ist: Rüsten Sie mindestens auf 4 Gigabyte oder mehr auf, da erst ab diesem Umfang ein flüssiges Arbeiten möglich ist. Gerade dann, wenn Sie Videos oder Bilder bearbeiten möchten, ist das Aufstocken des Arbeitsspeichers unerlässlich.

- Für eine Aktualisierung (Upgrade) auf *OS X Mountain Lion* muss auf dem Rechner mindestens das System *Mac OS X 10.6.8* (oder natürlich *OS X Lion*) installiert sein. Wir empfehlen unbedingt, zuvor eine *Softwareaktualisierung* vorzunehmen, zumal gerade die letzten Updates eine reibungslose Installation vorbereiten.

Welche Betriebssystem-Version Sie verwenden, erfahren Sie, indem Sie auf das Apfel-Symbol () ganz links in der Menüleiste klicken und darüber den Befehl *Über diesen Mac* wählen. Direkt unterhalb der Versionsbezeichnung finden Sie zudem eine Schaltfläche zum Starten der *Softwareaktualisierung*, um Ihren Mac auf den neuesten Stand zu bringen.

Achten Sie bitte darauf, dass Sie Ihren Mac vor einer Aktualisierung auf »OS X Mountain Lion« auf den aktuellen Stand bringen. Und prägen Sie sich die Dialoge gut ein, denn ab OS X 10.8 sieht das Vorgehen über die »Softwareaktualisierung« ein wenig anders aus – aktuelle Software gibt es nämlich nur mehr über den »Mac App Store« und dort über die Rubrik »Updates«.

- Mindestens 8 GB freier Speicherplatz … nun gut: sollten Sie diese Grenze bereits unterschreiten, plädieren wir mit Nachdruck für eine radikale Gesundschrumpfung Ihres Datenbestandes. Durchforsten Sie also Ihre Festplatte nach nicht mehr benötigten Dateien bzw. lagern Sie einen Großteil davon auf eine externe Festplatte aus.

- Ebenfalls Pflicht ist eine Online-Verbindung. Falls Sie sich noch keinem Internet-Dienstleister zugehörig fühlen, sollten Sie sich schleunigst schlaumachen, denn der Internet-Zugang ist in der heutigen Zeit (fast) unerlässlich. Software-Aktualisierungen etc. laufen ausschließlich über diese Schiene.

Auch die Apple-Webseite zeigt die Schritte für ein reibungsloses Upgrade auf OS X Mountain Lion auf.

Betrachten Sie die von Apple vorgeschlagenen Werte nur als Minimal-Voraussetzung und gönnen Sie sich lieber den Luxus höheren Arbeits- und Festplatten-Speichers. Denn nichts ist ärgerlicher, als wenn Sie später ständig Daten auf externe Festplatten umschichten müssen, da Ihnen der Festplatten-Platz ausgeht oder die Arbeitsgeschwindigkeit durch ständiges Auslagern auf virtuellen Arbeitsspeicher die Nerven raubt.

Die Vorbereitungen zum gelungenen Mountain Lion-Auftritt

Sitzen Sie das erste Mal vor einem Macintosh-Rechner, so heißen wir Sie herzlich willkommen. Dank Apples Vorarbeit ist das Betriebssystem bereits auf die Festplatte kopiert und vorkonfiguriert – Sie müssen nur noch über den *Systemassistenten* einige wichtige Daten eingeben.

Nichtsdestotrotz sollten auch Sie sich die folgenden Seiten durchlesen, schließlich möchten oder müssen Sie vielleicht später selbst einmal das System neu installieren.

Die wichtigste Grundregel bei vorhandenem, bereits fehlerfrei laufenden Systemen sollte stets lauten: Muss das sein? ;-) Verdienen Sie Ihr Geld mit dem Mac, so ist das problemlose Arbeiten mit Vorgängerversionen keine Schande, sondern erspart Ihnen eine Menge an Zeit und Ärger. Es ist schlicht Tatsache, dass nach jedem größeren Versionssprung das ein oder andere lieb gewordene Programm die Segel streicht. Möchten Sie dann Ihre Dokumente öffnen, so stürzt das Programm ab oder das System weigert sich beharrlich, diese Software überhaupt zu starten. Mitunter müssen Sie dann erst auf ein Update des Herstellers warten bzw. mit Erschrecken festzustellen, dass dieser gar kein Update anbietet, sondern lieber (mit dem Dollarzeichen im Auge) auf die aktuellen, leider aber nur käuflich zu erwerbenden Versionen verweist. Ein neues System bedeutet also – gerade für die professionell arbeitende Gemeinde – immer auch Zusatzausgaben in Form neuer Software-Produkte.

> Während man unter *Snow Leopard* zusätzlich die Komponente *Rosetta* installieren konnte, die als Bestandteil des Betriebssystems das Laufen von auf *PowerPC*-Prozessoren optimierte Programme unterstützte, wurde diese Möglichkeit unter *OS X Lion* ersatzlos gestrichen. Und das gilt selbstverständlich auch für *OS X Mountain Lion*. Alle älteren Programme, die vormals auf einem *PowerPC*-Mac liefen, streichen nun die Segel und sind nicht mehr einsetzbar. Welche Programme dies betrifft, lässt sich leicht herausfinden, indem Sie unter *OS X 10.6 Snow Leopard* den *System-Profiler* (im *Dienstprogramme*-Ordner liegend) starten und dort in der Rubrik *Software* den Eintrag *Programme* wählen. Hierbei werden alle Programme aufgelistet, die sich auf Ihrem Mac befinden. Klicken Sie noch dazu in den Spalten-Titel *Art*, so werden diese Anwendungen nach der jeweiligen Programmierung geordnet angezeigt. Überall dort, wo nun *PowerPC* steht, ist »Schicht im Schacht« und Sie müssen sich wohl oder übel nach Ersatz umsehen.

Möchten oder müssen Sie dennoch auf *OS X Mountain Lion* umsteigen, so sollten Sie im Vorfeld alle wichtigen Daten in Sicherheit bringen. Dies bedeutet für Sie das Brennen mehrerer CDs/DVDs bzw. das Kopieren Ihrer Schätze auf eine externe Festplatte bzw. auf einen anderen Mac – entweder in akribischer Handarbeit oder besser über *Time Machine*.

1 | Schritt für Schritt-Anleitung

Beherzigen Sie bitte diesen Ratschlag, denn nichts ist ärgerlicher als im Nachhinein festzustellen, dass sämtliche Daten verschwunden sind, einzelne Dateien nicht mehr gelesen werden können oder sich gar das gesamte System nicht mehr starten lässt.

Sofern Sie noch nicht mit *Time Machine* gearbeitet haben, dann ist es spätestens jetzt an der Zeit, sich damit auseinanderzusetzen. Nach Anschluss einer externen Festplatte werden Sie automatisch gefragt, ob Sie diese für die Erstellung eines Backups mit Hilfe von *Time Machine* verwenden möchten. Nach einem positiven Bescheid macht sich *Time Machine* sogleich an die Arbeit und kopiert sämtliche Daten auf dieses externe Volume. Geht nun bei der bald folgenden Installation irgendetwas schief, so lässt sich Ihr bestehendes System damit vollständig wiederherstellen. Ausführlichere Informationen zu *Time Machine* geben wir Ihnen selbstverständlich in den entsprechenden Kapiteln zu den Systemeinstellungen und Programmen mit auf den Weg.

Bitte unbedingt beherzigen: Vor der Installation sollte zur Sicherheit ein Backup Ihrer vollständigen Daten erfolgen.

Als Alternative dazu können Sie auch mithilfe des *Festplatten-Dienstprogrammes* ein Backup auf einer externen Festplatte anlegen. Dazu starten Sie das *Festplatten-Dienstprogramm* (zu finden im *Dienstprogramme*-Ordner) und wählen in der linken Liste die Festplatte mit dem Startvolume. Rechter Hand klicken Sie dann auf den Reiter *Wiederherstellen*. Ziehen Sie dann per *Drag & Drop* das Festplatten-Symbol in das Textfeld bei *Quelle*. Ihre angeschlossene externe Festplatte wählen Sie nun als *Zielmedium*. Per Klick auf den Knopf *Wiederherstellen* wird nun Ihr aktuelles Volume geklont.

Bitte verwenden Sie zum Kopieren eine Festplatte, die noch keine Daten enthält. Diese werden ansonsten automatisch gelöscht.

Über das »Festplatten-Dienstprogramm« legen Sie die »Quelle« (Macintosh HD/Ihr Startvolume) sowie das »Zielmedium« (also die externe Festplatte) fest. Über »Wiederherstellen« wird ein genaues Abbild davon geschrieben.

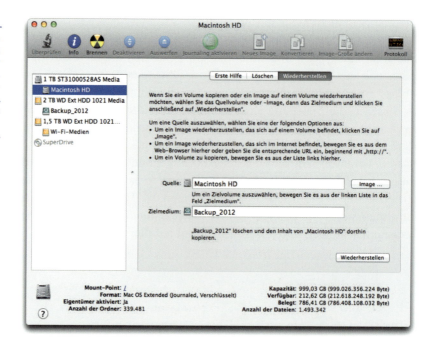

Ein genaues Abbild Ihres aktuellen Systems (inklusive Programme, Benutzer-Einstellungen und so weiter) können Sie auch mit Programmen wie etwa *Carbon Copy Cloner* (www.bombich.com/index.html) oder *SuperDuper!* (www.shirt-pocket.com/SuperDuper) erstellen – vorausgesetzt, Sie besitzen eine externe Festplatte mit ausreichend freier Festplatten-Kapazität. Vergessen Sie aber nicht, Ihr »altes« System zuvor über die *Softwareaktualisierung* auf den neuesten Stand zu bringen. Um zu überprüfen, ob dieses Backup auch hinreichend funktioniert, sollten Sie einmal probehalber diese externe Festplatte als Startvolume verwenden (unter *Mac OS X Snow Leopard/Lion*: Systemerweiterung *Startvolume* öffnen und dann das »Clone«-System auswählen). Ein Neustart bringt Ihnen dann Gewissheit.

Auch bei dieser Vorgehensweise lassen sich – sollte eine Installation fehlschlagen – später über den in *Mountain Lion* integrierten *Migrationsassistenten* (Ordner *Dienstprogramme*) die Daten wie beispielsweise Benutzer-Eintragungen, Programme, Netzwerk- und Computereinstellungen auf ein frisch installiertes *OS X Mountain Lion* übertragen bzw. *Mac OS X Snow Leopard/Lion* wiederherstellen.

Der »Carbon Copy Cloner« von Mike Bombich kostet zwar Geld (etwa 34 Euro), kann Ihnen im Ernstfall jedoch eine Menge Arbeit ersparen.

Im Gegensatz zu *Carbon Copy Cloner* bzw. *SuperDuper!*, über die Sie einen Klon bauen, der sich auch als Startvolume nutzen lässt, erstellen Sie über *Time Machine* kein bootfähiges Backup.

Sofern Sie unter *Snow Leopard/Lion* mit *Boot Camp* gearbeitet haben und sich eine *Windows*-Partition auf Ihrem Rechner befindet, so sollten Sie auch von diesen Daten unbedingt ein Backup erstellen. Die Erfahrungswerte belegen, dass es nach einem größeren Update immer mal wieder zu unbrauchbaren Daten kommen kann. Dies betrifft insbesondere jene User, die es gar nicht erwarten können und sofort nach einer Ankündigung zu den Ersten gehören wollen. Hören Sie daher auf den großen weisen Mann und legen Sie ein Backup an!

Wenn Sie schon dabei sind, auf Ihrem Rechner nach Wichtigem zu forschen, so machen Sie es wie der Hausmann/die Hausfrau bei aufkommenden Frühlingsgefühlen: Säubern Sie Ihre Festplatte und befreien Sie sie von unnötigem Ballast. Dazu gehören nicht mehr benötigte Programme, wiederentdeckte, aber nicht mehr aktuelle Daten oder auch Hunderte von alten E-Mails, die das Programm *Mail* (oder ein Alternativ-Programm) brav hortet, die aber nie wieder gelesen werden. Überlegen Sie sich vielleicht auch schon eine neue Ordnung oder vereinfachte Hierarchien, sodass Sie Ihre Daten später schneller und somit effektiver finden.

Sofern Sie sich eine externe Festplatte zulegen, sollten Sie sie im Vorfeld für die Macintosh-Plattform aufbereiten. Dies deshalb, da üblicherweise die Festplatten vom Fachhandel für die Windows-Welt eingerichtet sind. Der Fachmann spricht hier vom *Forma-*

tieren, das heißt, die Festplatte wird für die Aufnahme der vielen Tausend Dateien hergerichtet.

Sie müssen sich dabei auf ein sogenanntes *Partitionsschema* festlegen. Dazu starten Sie wieder das *Festplatten-Dienstprogramm*, markieren in der linken Leiste die externe Festplatte, wählen den Reiter *Partition* und klicken auf das Popup-Menü bei *Partitionslayout*. Dort legen Sie nun fest, in wie viele Partitionen (Abschnitte) Ihre Festplatte geteilt werden soll. Und – wichtig – klicken Sie bitte unbedingt auf den unten liegenden Knopf *Optionen*, über den Sie das *Partitionsschema* bestimmen. Dort sollte für Ihren Intel-Mac die *GUID-Partitionstabelle* ausgewählt sein. Durch diese Einstellung lassen sich die darauf installierten Betriebssysteme (auch bei einer Spiegelung des alten Systems bspw. über den *Carbon Copy Cloner*) eben auch zum Mounten/Hochstarten Ihres Rechners verwenden.

Gut versteckt und dennoch wichtig: Zum Einrichten des Partitionsschemas sollten Sie unbedingt den Knopf »Optionen« im Hinterkopf halten. Ansonsten legen Sie zwar ein Betriebssystem auf der externen Festplatte ab, können jedoch darüber im Ernstfall nicht booten (Ihren Mac über dieses System starten).

Und bitte denken Sie noch an zwei weitere Dinge: Bei der Formatierung werden alle auf der Festplatte liegenden Daten gelöscht. Bei neuen Platten können Sie diese unbedenklich vornehmen, bei schon in Verwendung befindlichen Festplatten müssen Sie jedoch zuvor Ihre Daten in Sicherheit bringen. Und die zweite Überlegung: Wenn Sie vorhaben, später mit dem Programm *Boot Camp* eine Windows-Partition einzurichten, so dürfen Sie Ihre Mac-Festplatte nicht in mehrere Partitionen aufteilen, da *Boot Camp* ansonsten seine Mitarbeit verweigert.

1 | Schritt für Schritt-Anleitung

Haben Sie dann fleißig kopiert und gelöscht und sich die Nächte um die Ohren geschlagen, so sollten Sie auf jeden Fall auch die Festplatte selbst einmal über das *Festplatten-Dienstprogramm* überprüfen sowie die *Zugriffsrechte* reparieren. Über den Reiter *Erste Hilfe* gelangen Sie hierbei an die Funktionen zum Überprüfen und Reparieren.

> Auf dem *Startvolume* (also jenes Laufwerk, auf dem sich das Betriebssystem befindet) lassen sich nur die *Volume-Zugriffsrechte* reparieren bzw. das *Volume überprüfen*. Das Reparieren des *Startvolumes* – sofern Probleme gemeldet werden – klappt nur, indem Sie unter *OS X Lion* über die *Recovery HD* starten. Auf diese lässt sich zurückgreifen, indem Sie Ihren Mac bei gedrückter *Befehlstaste* (⌘) sowie der Taste »R« starten bzw. den Rechner bei gehaltener *Optionstaste* (⌥) hochfahren. Bei Erscheinen der Volumes können Sie dann das Volume *Recovery HD* wählen. In diesem Bereich finden Sie unter anderem das *Festplatten-Dienstprogramm* zum Reparieren Ihres Startsystems (dazu gibt es später noch ausführlichere Informationen). Unter *Mac OS X Snow Leopard* können Sie noch von der Installations-CD/DVD den Rechner starten und von dort aus das *Festplatten-Dienstprogramm* benutzen.

Das Festplatten-Dienstprogramm bietet in der Tat erstklassige Unterstützung bei Problemen mit Festplatte & Co.

Sind die Vorarbeiten erledigt und die Spannung so groß, dass die Vorfreude auf das neue *OS X Mountain Lion* nicht mehr zu halten ist, so erfolgt nun der Start-Schuss zum Installieren.

OS X 10.8 Mountain Lion im Anmarsch – die Installation

Ein bestehendes System aktualisieren

Der Mac App Store wurde mit der Snow Leopard-Version 10.6.6. eingeführt und hat sich relativ schnell etabliert.

Seit der *OS X Lion*-Version erhalten Sie das aktuelle Betriebssystem von Apple nur mehr auf dem digitalen Wege, das heißt, von nun an müssen Sie den *Mac App Store* besuchen und virtuell einkaufen gehen.

Ist der *Mac App Store* gestartet, finden Sie entweder die *OS X Mountain Lion*-Ankündigung groß eingeblendet oder geben das Stichwort als Suche ein. In wenigen Sekunden öffnet sich die entsprechende Seite und Sie können sich auch schon ein wenig einlesen. Danach klicken Sie auf die Schaltfläche des Verkaufspreises, die sich sogleich in *App kaufen* wandelt.

Sofern Sie noch nicht im *Mac App Store* angemeldet sind, müssen Sie das jetzt tun. Denn schließlich müssen Sie sich mit Ihrer *Apple ID* sowie dem Kennwort ausweisen, um einkaufen zu können. Die Bezahlung erfolgt hierbei beispielsweise per Kreditkarte oder auch per Guthaben über einen *iTunes-Gutschein*.

Unerlässlich für Ihren Einkauf: die Identifizierung per Apple ID sowie dem Passwort.

Ist die Bezahlung geregelt, beginnt sogleich der Ladevorgang. Den Fortschritt des Downloads können Sie im Übrigen über einen Ladebalken im *Launchpad*-Icon im Dock bzw. bei aufgerufener *Launchpad*-Oberfläche (also die Programme-Übersicht auf dem Desktop) über das abgesoftete *Mountain Lion*-Icon beobachten. Da das Software-Paket mit circa 4 Gigabyte jedoch recht groß ist, zieht sich das Ganze – je nach Internet-Verbindung – doch einige Minuten in die Länge.

Falls Sie selbst nur über eine langsame Internet-Verbindung verfügen, so können Sie sich den *Mountain Lion-Installer* auch bei einem guten Freund herunterladen und beispielsweise auf eine USB-Stick kopieren. Wichtig ist hierbei nur, dass Sie sich über Ihre eigene *Apple ID* samt Passwort im *Mac App Store* anmelden. Dieser Schritt ist notwendig, damit Sie legal Ihre Software-Installation auf all Ihren Rechnern vornehmen können. Der Installer selbst lässt sich ohne Probleme auf verschiedene Macs übertragen.

Sofern Ihre Freunde eingefleischte Windows-User sind und Sie als Apple-Nutzer nicht unterstützen, so sollten Sie nicht nur darüber nachdenken, eventuell die Freunde zu wechseln, sondern können auch in Erwägung ziehen, den nächsten Apple Store in Ihrer Nähe aufzusuchen. Denn wie Apple auf seiner Webseite schreibt: »Und falls du keine Breitbandverbindung hast, komm einfach im Apple Store vorbei und wir helfen dir beim Laden.« Ist das nicht ein feiner Zug …

Ist der Download geschafft, so heißt es sich noch einmal eine Minute zurückzulehnen und gut darüber nachzudenken, ob denn alle Vorsichtsmaßnahmen getroffen und alle persönlichen Daten in Sicherheit gebracht worden sind.

Nach der eigentlichen Installation verschwindet das *OS X Mountain Lion installieren*-Paket vom Rechner und ward auch nicht mehr gesehen. Sofern Sie also *OS X Mountain Lion* auf weiteren Rechnern installieren möchten bzw. Sie den Installer für später aufheben möchten, so ist es unerlässlich, dass Sie ihn vor der eigentlichen Installation auf ein externes Medium (Festplatte, USB-Stick etc.) kopieren. Wie Sie aus dem *OS X Mountain Lion Installation*s-Paket eine startfähige Installations-DVD (bzw. auch USB-Stick/SD-Karte) erstellen, zeigen wir Ihnen im nächsten Abschnitt dieses Kapitels unter der Überschrift »OS X Mountain Lion als Neuinstallation«.

Zum Loslegen starten Sie nun das Installationsprogramm, indem Sie es doppelklicken bzw. über das *Launchpad* einfach anklicken. Ein erster Dialog mit schönem Puma-Kopf stimmt Sie schon einmal auf das Bevorstehende ein. Über *Fortfahren* gelangen Sie zum unumgänglichen Softwarelizenzvertrag, dem Sie in einem weiteren Dialog zustimmen müssen.

Daran führt kein Weg vorbei: Sie müssen den Softwarelizenzvertrag akzeptieren.

1 | Schritt für Schritt-Anleitung

Nach der Bestätigung des Lizenzvertrages geht es weiter zur Auswahl des Volumes. Je nach Anzahl der verfügbaren Volumes müssen Sie nun dasjenige angeben, welches *OS X Mountain Lion* aktualisieren soll. Sind Sie mit der vom Installationsprogramm vorgeschlagenen Variante nicht einverstanden, so klicken Sie auf *Alle Volumes anzeigen* und suchen Sie sich das Richtige aus.

Über das ausgewählte Volume bestimmen Sie jenen Ort, auf dem das Betriebssystem installiert werden soll.

Klicken Sie dann auf *Installieren*, so müssen Sie noch einmal als Administrator samt Passwort Ihre Berechtigung dazu erteilen – und spätestens dann gibt es kein Halten mehr …

Ohne Ihr Einverständnis wird nichts installiert. Damit kein Fremder einfach Ihr System überschreibt, müssen Sie sich über Ihr Passwort als Administrator ausweisen.

Wenn Sie mit einem MacBook (Pro/Air) arbeiten, so achten Sie bitte darauf, dass Sie vor der eigentlichen Installation Ihr Gerät an die Steckdose hängen. Dies einfach nur zur Sicherheit, damit Ihnen nicht »unterwegs« im Konfigurations-Dschungel der Strom

27

durch einen leeren Akku ausgeht. Sollten Sie nicht daran denken, so hilft Ihnen der Mac auf die Sprünge, da es eine Fehlermeldung zu bewundern gibt.

Toll, wie selbst derlei Unpässlichkeiten bemerkt und angemahnt werden.

Danach legt *OS X Mountain Lion* los und bereitet die Installation vor, indem beispielsweise die *Wiederherst-10.8*-Partition (unter *OS X Lion* noch *Recovery HD* genannt) angelegt wird. Nach ein paar Minuten ist auch dies vorüber und der Mac startet neu.

Die Vorbereitung zur eigentlichen Installation dauert nur wenige Minuten und endet mit einem Neustart des Rechners.

Das Aktualisieren Ihres bestehenden Systems dauert nun eine Weile. Sie müssen jedoch nicht befürchten, dass der anfangs angezeigte Zeitrahmen eingehalten wird. Nach circa 30 bis 45 Minuten (je nach Datenbestand) erscheint dann endlich der Dialog mit der Meldung zur erfolgreichen Installation. Sofern Sie mehrere Benutzer angelegt haben, werden auch diese mit gebührendem Zeitaufwand aktualisiert.

1 | Schritt für Schritt-Anleitung

Darauf haben wir sehnsüchtig gewartet: Die Installation war erfolgreich.

Nach wenigen Sekunden erfolgt erneut ein Neustart und Sie finden Ihren Mac nun im *Mountain Lion*-Gewande vor.

In manchen Fällen kann es durchaus vorkommen, dass *OS X Mountain Lion* in Konflikt mit anderer Software gerät. Diese inkompatiblen Programme werden jedoch aufgeführt und in einen Ordner namens *Inkompatible Software* (Pfad: `Macintosh HD/Inkompatible Software`) gelegt. Damit es nicht zu weiteren Schwierigkeiten kommt, sollten Sie diese Software vorerst nicht benutzen. Wenden Sie sich daher bitte an die jeweiligen Hersteller oder besuchen Sie deren Webseiten, um dort nach Updates zu fahnden.

»OS X Mountain Lion« findet selbstständig heraus, was mit dem System läuft und was nicht. Im Falle von Inkompatibilitäten werden die betreffenden Programme in Quarantäne geschickt.

OS X Mountain Lion als Neuinstallation

Eine Neuinstallation werden Sie wohl nur vornehmen, wenn sich Ihr altes System nicht mehr starten lässt oder Sie ständige Probleme plagen. Vielleicht haben Sie auch einen Gebrauchtrechner übernommen und möchten diesen nun unter Ihrem Namen einrichten. Egal, aus welchen

Gründen auch immer: Sie erledigen das Ganze entweder über eine(n) selbst erstellte(n) *Mountain Lion*-DVD/ *Mountain Lion*-USB-Stick/ SD-Karte oder über das *Mountain Lion*-eigene Wiederherstellungsprogramm auf der *Wiederherst-10.8*-Partition.

Bitte tun Sie sich selbst den Gefallen und bringen Sie alle wichtigen Daten zuvor wieder in Sicherheit – sei es per *Time Machine*, einem manuellen Backup oder einer Drittsoftware. Dies ist in diesem Fall besonders wichtig, da bei den nun folgenden Schritten die Festplatte wirklich gelöscht wird und Sie danach keinen Zugriff mehr auf Ihren alten Datenbestand haben.

Erstellen einer Mountain Lion-Installations-DVD

Sie benötigen zum Brennen einer Installations-DVD eine sogenannte *Double Layer*-DVD, welche die doppelte Kapazität einer normalen DVD aufweist. Ansonsten erhalten Sie eine Fehlermeldung, dass der Speicherplatz nicht ausreicht. Bitte bedenken Sie auch, dass zum einen der Brennvorgang ziemlich lange dauert und auch die spätere Installation von *OS X Mountain Lion* von SD-Karte oder USB-Stick bedeutend schneller vonstattengeht.

Wenn Sie auf das *OS X Mountain Lion Installations*-Paket einen Rechtsklick bzw. einen Zwei-Finger-Tipp auf das Trackpad oder in alter Manier bei gedrückter *ctrl*-Taste einen Mausklick ausführen, so erscheint das Kontext-Menü. In diesem finden Sie nun den Befehl *Paketinhalt zeigen*, den Sie bitte auch ausführen.

Das Kontext-Menü führt zu dem für uns wichtigen Befehl »Paketinhalt zeigen«.

1 | Schritt für Schritt-Anleitung

Es zeigt sich nun der *Contents*-Ordner, in dem wiederum der Ordner *SharedSupport* liegt. Und darin befindet sich das für unser Projekt wichtige Image *InstallESD.dmg*.

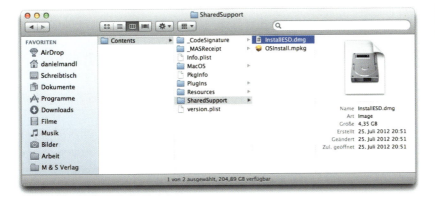

Die Image-Datei »InstallESD.dmg« benötigen wir für unser Vorhaben.

Starten Sie nun das *Festplatten-Dienstprogramm* (im Ordner *Dienstprogramme* liegend) und ziehen Sie die Image-Datei *InstallESD.dmg* in die linke Leiste. Markieren Sie den Eintrag mit einem Mausklick und klicken Sie dann auf den Button *Brennen* (in der Titelleiste). Nun heißt es eine DVD (*Double Layer*-DVD – bitte daran denken!) einzulegen und ein weiteres Mal auf *Brennen* zu klicken. Danach startet der Brenn-Vorgang und unser *OS X Mountain Lion Installations*-Paket wird auf DVD verewigt.

Die eigentliche Installations-Datei wird auf DVD gebrannt.

Die fertige DVD entpuppt sich als vollständige »OS X Mountain Lion«-Installation, über die Sie auch den Mac starten können.

OS X Mountain Lion auf USB-Stick oder SD-Karte

Möchten Sie statt einer DVD lieber einen USB-Stick oder eine SD-Speicherkarte verwenden, so ist auch dieses möglich. Zuvor müssen Sie die Medien jedoch erst formatieren – ebenso über das *Festplatten-Dienstprogramm*. Wählen Sie das betreffende Medium aus und klicken Sie auf *Partition*. Unter *Partitionslayout* verwenden Sie *1 Partition* und unter *Partitionsinformationen* wählen Sie bei *Format* den Eintrag *Mac OS Extended (Journaled)*. Markieren Sie dann noch über die unten stehenden Optionen den Eintrag *GUID-Partitionstabelle* und klicken Sie danach auf *Anwenden* – nach einer kurzen Nachfrage-Unterbrechung wird der USB-Stick bzw. die SD-Karte aufbereitet.

Ob SD-Karte oder USB-Stick – vor dem Übertragen der »Mountain-Lion«-Image-Datei steht das Formatieren an.

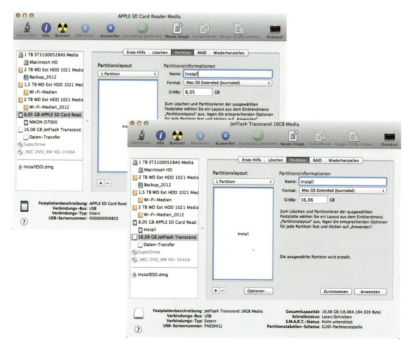

USB-Stick wie SD-Karte müssen eine Kapazität von mindestens 8 Gigabyte aufweisen.

1 | Schritt für Schritt-Anleitung

Ist das entsprechende Medium im *Festplatten-Dienstprogramm* markiert, so wählen Sie nun wiederum den Reiter *Wiederherstellen*. Als *Quelle* verwenden wir nun die *InstallESD.dmg*-Datei, indem Sie sie einfach in die Zeile bei *Quelle* hineinziehen. Als *Zielmedium* befördern Sie nun Ihre USB-/Ihre SD-Karten-Partition in die entsprechende Zeile. Packen Sie dazu einfach den Eintrag mit der Maus und ziehen Sie ihn in das Feld bei *Zielmedium* hinein.

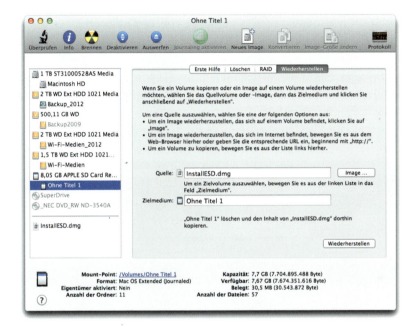

Als Quelle dient das »InstallESD.dmg«-Image der »OS X Mountain Lion-Installation«, als Zielmedium wird der USB-Stick bzw. die SD-Karte bestimmt.

Zum Abschluss heißt es nun auf *Wiederherstellen* zu klicken, eine Nachfrage zu bestätigen und sich als Administrator samt Kennwort zu identifizieren. Die darauf folgende Aufbereitung nimmt einige Minuten in Anspruch. Danach entpuppen sich auch USB-Stick bzw. SD-Karte als vollständige *Mountain Lion*-Volumes zum Installieren.

Gut gerüstet für eine »Mountain Lion«-Installation: mit USB-Stick oder SD-Karte lässt sich nun das Betriebssystem auf einem Mac installieren.

Bei uns traten nach erfolgter Aufbereitung und dem Transfer der *Mountain Lion*-Daten zum Ende hin ständig Fehlermeldungen auf. Anfangs für uns noch ziemlich nervenaufreibend, stellten wir jedoch fest, dass dennoch alles korrekt überspielt wurde und sowohl USB-Stick als auch SD-Karte fehlerfrei funktionierten.

Die »OS X Dienstprogramme« als Notbehelf

Das weitere Vorgehen ist nun – egal, ob *Mountain Lion*-DVD, USB-Stick oder SD-Karte – vollkommen identisch. Stecken oder schieben Sie das entsprechende Medium in den Mac und starten Sie dann den Rechner neu. Sofort nach dem Startgong drücken Sie bitte die Optionstaste (⌥). Nach einigen Sekunden erscheinen dann die vom Mac erkannten Volumes – darunter auch das von Ihnen eingesetzte Installations-Medium. Über die Pfeiltasten auf der Tastatur navigieren Sie nun zum gewünschten Bereich und bestätigen die Auswahl mit der *Eingabetaste* (↵).

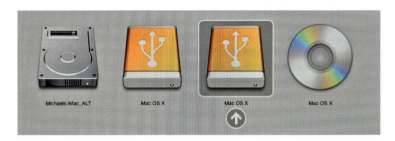

Fein säuberlich aufgereiht: Im Beispiel haben wir einen iMac mit allen drei hergerichteten »Mountain Lion«-Install-Medien bestückt (von rechts: DVD, USB-Stick sowie SD-Karte).

Zur Demonstration verwenden wir den USB-Stick. Einmal ausgewählt und per *Eingabetaste* (↵) bestätigt, erscheint nach wenigen Sekunden der Dialog *OS X Dienstprogramme*, der Ihnen verschiedene Möglichkeiten anbietet. Zum einen wäre da die Option *Festplattendienstprogramm*, mit dessen Hilfe Sie im Falle etwaiger Störungen Ihre Festplatte auf Vordermann bringen können (*Volume überprüfen* und *Volume reparieren*, *Zugriffsrechte des Volumes überprüfen* und *Zugriffsrechte des Volumes reparieren*). Einmal aufgerufen und angewendet, lässt es sich über das *Festplattendienstprogramm*-Menü links oben und dem dortigen Befehl *Festplatten-Dienstprogramm beenden* wieder schließen. Sie kehren dann automatisch wieder zum Dialog *OS X Dienstprogramme* zurück.

1 | Schritt für Schritt-Anleitung

Der Dialog »OS X Dienstprogramme« wartet mit verschiedenen Dienstleistungen auf.

Über *Online-Hilfe aufrufen* können Sie – vorausgesetzt, Ihr Mac ist online – auf das Internet zurückgreifen und beispielsweise in den Support-Seiten von Apple nach Lösungen für eventuelle Schwierigkeiten suchen. Zur Einstimmung öffnet sich automatisch der Browser *Safari* und führt Ihnen das Dokument *Wiederherstellungsinformationen* vor. Darin lässt sich schon einmal über das weitere Vorgehen informieren – etwa wie Sie die Festplatte reparieren, *OS X Mountain Lion* neu installieren oder *Time Machine* zum Wiederherstellen Ihres Systems verwenden können. Lesen Sie sich diese Zeilen einmal gut durch – denn wer weiß, ob Sie diese wertvollen Infos nicht noch einmal gebrauchen können.

Über die Option »Online-Hilfe aufrufen« lässt sich im Internet nach Lösungen suchen.

Die Option *Aus Time Machine-Backup wiederherstellen* ermöglicht Ihnen das Neu-Aufspielen Ihrer Daten, falls das aktuelle System auf dem Mac aufgrund etwaiger Probleme nicht mehr verwendet werden kann. In diesem Fall werden Sie über einen Assistenten angeleitet, Ihren Mac mit einem *Time Machine-Backup* zu verbinden und so das System wiederherstellen zu können. Dieses Prozedere zeigen wir Ihnen noch im Detail, wenn wir auf das Thema *Time Machine* in den *Systemeinstellungen* zu sprechen kommen.

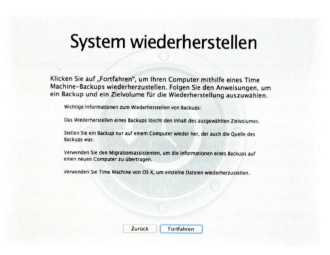

Hoffentlich besitzen Sie ein »Time Machine«-Backup – denn in diesem Fall können Sie Ihre Daten wiederherstellen.

All die bisher gezeigten Möglichkeiten zum Beheben von Schwierigkeiten mit dem Mac erreichen Sie auch über die von *OS X Mountain Lion* angelegte Wiederherstellungspartition *Wiederherst-10.8* (vormals *Recovery HD*). Im Falle einer Neuinstallation (Option *OS X erneut installieren*) werden in diesem Fall jedoch die Installations-Daten aus dem Internet geladen, während sich bei der selbst angefertigten Version (DVD, SD-Karte bzw. USB-Stick) die benötigten Dateien bereits auf dem Medium befinden. Gerade bei einer langsamen Internet-Verbindung bietet sich daher unsere zuvor gezeigte Lösung an.

Das System neu installieren

Wie angekündigt, heißt es nun das Betriebssystem vollständig neu zu installieren. Hierbei werden alle Daten (Programme, persönliche Einstellungen, bereits angelegte Benutzer etc.) Ihrer bisherigen Festplatte entfernt und Sie müssen das System anschließend neu konfigurieren. Sie erhalten sozusagen den Auslieferungszustand Ihres Rechners samt Werkseinstellungen zurück, sodass Sie anschließend über den System-Assistenten Ihren Mac ganz frisch einrichten können.

1 | Schritt für Schritt-Anleitung

Vor einem *Clean-Install* müssen Sie Ihre Festplatte über das *Festplatten-Dienstprogramm* neu formatieren, da ansonsten das bestehende System nur aktualisiert wird. Rufen Sie also über den Dialog *OS X Dienstprogramme* das *Festplattendienstprogramm* auf und markieren Sie in der linken Liste das betreffende Volume. Im ausklappbaren Menü *Partitionslayout* wählen Sie nun die Anzahl der gewünschten Partitionen und in den darunter liegenden *Optionen* die *GUID-Partitionstabelle*. Vergeben Sie nun noch einen Namen (den können Sie auch später noch ändern). Als *Format* sollten Sie die von Apple vorgegebene Einstellung *Mac OS Extended (Journaled)* belassen. Durch das *Journaling* werden intern sämtliche Veränderungen Ihres Datenflusses protokolliert, sodass im Falle eines Computer-Ausfalls die Dateien wiederhergestellt werden können. Klicken Sie dann auf *Anwenden*. Ein Dialog warnt Sie noch einmal vor Ihrem Tun, denn in diesem Fall werden sämtliche Daten entfernt und sind auch über gutes Zureden nicht wiederherstellbar! Beenden Sie dann das Programm über die Menüleiste *Festplatten-Dienstprogramm | Festplatten-Dienstprogramm beenden*.

Partitionieren bedeutet das Aufteilen der Festplatte in mehrere Abschnitte, die wiederum wie eigene Festplatten zu betrachten sind. Bei normalem Gebrauch Ihres Rechners ist es eigentlich nicht vonnöten, die Festplatte in mehrere Teilbereiche zu separieren. Als Relikt aus früheren Mac OS-Jahren, als ein Absturz des Betriebssystems den gesamten Rechner und somit alle auf dem Volume befindlichen Daten in Mitleidenschaft ziehen konnte, war das Aufteilen angebracht. Auf diese Weise wurden die auf anderen Partitionen verweilenden Daten aus der Risiko-Zone geschafft. Auch heutzutage wird noch fleißig partitioniert, da es der eigenen Übersichtlichkeit dient bzw. Sie je Partition ein anderes Betriebssystem (etwa *Snow Leopard* und *Lion*) verwenden können.

Es sei noch einmal daran erinnert, dass, sollten Sie später mit *Boot Camp* eine Windows-Partition einrichten wollen – Sie die Festplatte nicht vorher partitionieren dürfen. Und denken Sie auch daran – falls Sie schon mit *Boot Camp* samt Windows gearbeitet haben, auch diese Daten zuvor zu sichern.

Beenden Sie anschließend das *Festplattendienstprogramm* und wählen Sie im Dialog *OS X Dienstprogramme* die Option *OS X erneut installieren*. Ein Klick auf *Fortfahren* ruft das Eingangsfenster zur *OS X Mountain Lion*-Installation auf.

Das kommt uns irgend‑
wie bekannt vor …

Anschließend heißt es wieder den *Softwarelizenzvertrag* zu akzeptieren (mit doppelter Bestätigung) sowie danach das entsprechende *Zielvolume* zu bestimmen. Klicken Sie auf *Installieren*, werden die benötigten Komponenten geladen (in unserem Fall vom Datenträger – nicht aus dem Internet) und es erfolgt ein Neustart. Danach beginnt die eigentliche Installation, die wieder einige Zeit (20 bis 60 Minuten) in Anspruch nimmt.

Der OS X-Installer
versorgt sich mit
den nötigen Daten …

Ein weiterer Neustart leitet nun die Neu-Konfiguration Ihres Mac ein. Dazu startet der System-Assistent, der Sie nun Schritt für Schritt begleitet und mit Informationen versorgt.

Mountain Lion heißt Sie Willkommen

Jene Anwender, die Ihren Mac-Rechner neu angeschafft haben, mögen sich nun wieder in den Studiersaal begeben, denn die nachfolgenden Seiten sind wieder für alle von Belang. Das gilt auch für die sogenannten »Clean-Installer«, die die Festplatte von allen bestehenden Daten befreit, sie initialisiert und/oder partitioniert haben. Nachfolgend nun die einzelnen Stationen zum Personalisieren und Konfigurieren.

Ist die Installation beendet, heißt es schlicht *Willkommen* und Sie werden aufgefordert, Ihr Heimatland (also jenes, in dem Sie sich momentan aufhalten) zu bestimmen. Diese Entscheidung wiederum bestimmt die Möglichkeiten im nächsten Dialog: *Wählen Sie Ihre Tastatur*.

Nach der Bestimmung des Heimatlandes wählen Sie die passende Tastatur aus.

Da bei anderen Tastaturbelegungen – etwa in Dänemark oder Amerika – die Buchstaben und Sonderzeichen unterschiedlich angeordnet sind, lassen Sie bei diesem Schritt bitte der Genauigkeit den Vorzug. Vergeben Sie später nämlich ein Passwort, so kann es passieren, dass Sie sich nicht mehr einloggen können, da der gedrückte Buchstabe auf der deutschen Tastatur bei Auswahl einer fremdländischen ein anderes Zeichen bedeutet. Sie geben also aus Ihrer Sicht das richtige Passwort ein, der Rechner schreibt aber ein anderes, da er die Tastatur missversteht.

Als Nächstes steht die Wahl des WLAN-Netzwerkes an. Besitzen Sie bereits einen konfigurierten WLAN-Router (etwa eine *AirPort Extreme Basisstation*, eine *FritzBox*, einen *Speedport* oder ähnliches), so sollte das entsprechende drahtlose Netzwerk dort eingeblendet werden. Klicken Sie es an und geben Sie das zugehörige Kennwort ein.

Apple geht wohl davon aus, dass bereits die Mehrheit der Anwender einen drahtlosen Zugang zum Internet besitzt. Ist dem nicht so, benutzen Sie den Knopf »Andere Netzwerkkonfiguration«.

Betreiben Sie Ihren Internet-Zugang über eine Alternative, so klicken Sie auf *Andere Netzwerkoptionen*. Bei einem lokalen Netzwerk erfolgt die Internet-Verbindung beispielsweise per Ethernet-Kabel, das mit dem Rechner und dem jeweiligen DSL-Modem verbunden ist.

Klicken Sie jene Option an, über die Sie bevorzugt ins Internet gehen möchten.

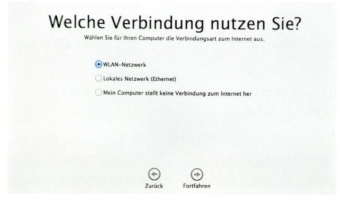

Im Kapitel »Online mit dem Mac« (weiter hinten im Buch) zeigen wir ausführlich die verschiedenen Anschluss-Möglichkeiten, um ins Internet zu gelangen.

Mein Computer stellt keine Verbindung zum Internet her (falls Sie vielleicht noch keinen Provider gewählt haben oder dies erst später in aller Ruhe konfigurieren möchten) macht genau dies und über *Fortfahren* geht es schnurstracks weiter zur *Daten-Übertragung*. Damit wird Ihnen die Möglichkeit geboten, Daten von einem anderen Mac-Rechner, Windows-PC, einem anderen Volume (Partition) bzw. einem *Time Machine-Backup* zu übertragen. Die Vorgehensweise richtet sich dabei wieder nach den Voraussetzungen.

1 | Schritt für Schritt-Anleitung

Was es zu tun gilt, entscheidet die persönliche Ausgangslage.

Informationen von einem anderen Mac übertragen

Diese Option sollten Sie wählen, sofern Sie ein Neugerät erworben haben, das Ihren alten Mac-Rechner ersetzen oder ergänzen soll. Im Falle eines WLAN-Netzwerks sucht der Mac nach anderen Computern im Netzwerk. Damit er diese auch findet, müssen Sie auf dem betreffenden Rechner den *Migrationsassistenten* starten. Diesen finden Sie im Ordner *Dienstprogramme* (wiederum im Ordner *Programme* liegend).

Im ersten Dialog wählen Sie die Option *Auf einem anderen Mac* und klicken anschließend auf *Fortfahren*. Der *Migrationsassistent* informiert Sie anschließend, dass keine weiteren Programme geöffnet sein dürfen. Danach macht sich auch dieser Rechner auf die Suche nach seinem zu beglückenden Pendant.

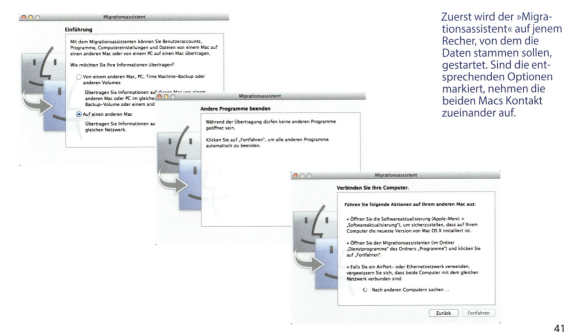

Zuerst wird der »Migrationsassistent« auf jenem Recher, von dem die Daten stammen sollen, gestartet. Sind die entsprechenden Optionen markiert, nehmen die beiden Macs Kontakt zueinander auf.

Wird der zu bespielende Mac fündig, so zeigt er den georteten Rechner an.

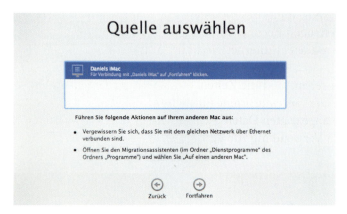

Finden sich beide Rechner, so klicken Sie im Dialog *Quelle auswählen* auf *Fortfahren*. Daraufhin wird ein Zahlen-Code eingeblendet, der nun auf beiden Rechnern identisch sein muss. Bestätigen Sie die Übereinstimmung mit *Fortfahren* und die zu übertragenden Daten werden eingeblendet. Dort können Sie nun bestimmen, was genau übertragen werden soll. Über den Befehl *Übertragen* beginnt das große Kopieren.

Der Zahlen-Code muss auf beiden Rechnern identisch sein – danach werden …

… die Daten zur Verfügung gestellt und lassen sich nun auf den Mac kopieren.

Besteht kein drahtloses Netzwerk, so achten Sie darauf, dass sich die entsprechenden Rechner im lokalen Netzwerk befinden und mit einem Netzwerk-Kabel (Ethernet) verbunden sind.

Wie Sie sehen, sind die Zeiten stundenlanger Hin- und Herkopiererei vorbei. Der *Systemassistent* übernimmt die Regie und überträgt brav die ihm angezeigten Daten. Nach einem Neustart stehen diese dann zur weiteren Verwendung zur Verfügung.

Informationen von einem anderen Volume/Time Machine-Backup übertragen

Eine andere Methode zur Datenübertragung bietet sich an, indem Sie beide Rechner über ein *FireWire*-Kabel miteinander verbinden. Dies erlaubt mitunter ein noch schnelleres Kopieren als beispielsweise über eine drahtlose Übertragung. Verbinden Sie dazu die beiden Macs per *FireWire*-Kabel. Starten Sie dann den Quell-Rechner mit gedrückter Taste *T* (das steht für *Target*-Modus), sodass er vom neuen Rechner als Volume (als externe Festplatte) erkannt wird. Auf dem Zielrechner wählen Sie *Von einem anderen Volume* und klicken auf *Fortfahren*. Der zu bespielende Mac identifiziert den verbundenen Rechner als Festplatte und führt alle darauf befindlichen Volumes auf. Markieren Sie das Gewünschte und klicken Sie dann wiederum auf *Fortfahren*. Auch in diesem Fall lassen sich nun die betreffenden Daten übertragen. Beim »alten« Rechner brauchen Sie – nach der erfolgreichen Übertragung – nur die Ein-/Ausschalttaste zu drücken, um diesen wieder auszuschalten.

Der neue Computer erkennt den Inhalt der Festplatte und listet ihn auf. Markieren Sie folglich jene Daten, die Sie transferieren möchten. Über den Button »Übertragen« beginnt der Kopier-Prozess.

Sofern Sie schon mit *Mac OS X 10.6 Snow Leopard* oder *10.7 Lion* gearbeitet haben, wird Ihnen sicherlich *Time Machine* als interne Backup-Lösung ein Begriff sein. In diesem Fall wird beim ersten Sichern ein komplettes Abbild Ihres Rechners vorgenommen, danach werden stündlich alle Änderungen gespeichert. Möchten Sie nun diese Daten wieder abrufen und auf einen anderen Rechner übertragen, so geht das auch über den Assistenten. Verbinden Sie dazu die Festplatte mit den entsprechenden Backups per FireWire oder USB an den neuen Mac und schalten Sie diese ein. Danach wählen Sie im Dialog den Eintrag *Von einem anderen Volume* und klicken anschließend auf *Fortfahren* – die Backups werden nun eingeblendet. Über *Fortfahren* stoßen Sie auf den Inhalt samt Benutzer- und Netzwerk-Informationen sowie Programme und Dateien.

Informationen von einem Windows PC übertragen

Auch von einem Windows-PC lassen sich mittlerweile Daten transferieren. Damit alles reibungslos klappt, müssen Sie jedoch zuvor ein wenig Vorarbeit leisten. Wählen Sie als Option *Von einem Windows PC* und dann *Fortfahren*. Im erscheinenden Dialog bekommen Sie nun genaue Handlungsanweisungen, was auf Ihrem PC zu tun ist: Zum einen müssen Sie als Übertragungsart die Verbindung über ein Ethernet-(Netzwerk)-Kabel zwischen Mac und PC herstellen. Danach gehen Sie mit dem Windows-Rechner ins Internet und laden das Programm *Windows Migration Assistant* herunter.

> Die von Apple im angezeigten Dialog angegebene Webseite (www.apple.com/de/migrate-to-mac) führte leider bei uns ins digitale Nirvana. Erst nach ein wenig Suchaufwand auf Apples Webseiten über den Supportbereich stießen wir auf die Webseite http://support.apple.com/kb/DL1557, die uns letztlich den Migrationsassistenten zum Download anbot. Wir hoffen aber stark, dass Apple diesen Fehler schnell ausräumt.

Nach dem Bestimmen der Option »Von einem Windows PC« heißt es nun den Anweisungen Folge zu leisten.

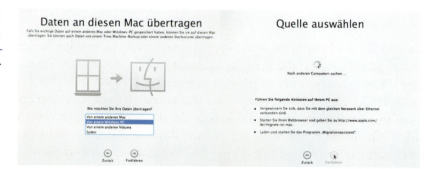

1 | Schritt für Schritt-Anleitung

Auf der entsprechenden Webseite finden Sie das Programm »Windows Migrationsassistent« zum Herunterladen.

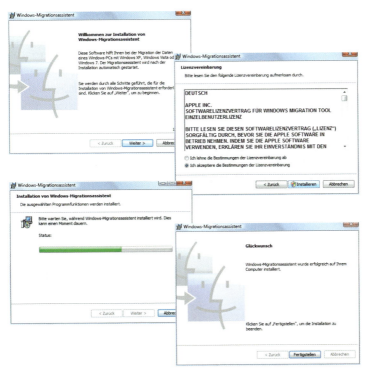

Das Programm selbst ist schnell installiert.

Starten Sie das Programm *Windows Migrationsassistent*, werden Sie als Erstes aufgeklärt, was das Programm macht bzw. kann: nämlich sämtliche Daten inklusive Ihrer angelegten Benutzerkonten, E-Mails, Kontakte, Kalender etc. zu übertragen. Dazu gehört auch eine bereits angelegte *iTunes-Mediathek*, die ebenso brav in den korrekten Ordner kopiert wird. Als nächsten Schritt sollen Sie auf Wunsch des Assistenten das automatische Laden und Installieren von Windows-Updates deaktivieren. Das erledigen Sie über die *Systemsteuerung | Windows Update | Einstellungen ändern*. Ist auch das ausgeführt, wird es spannend …

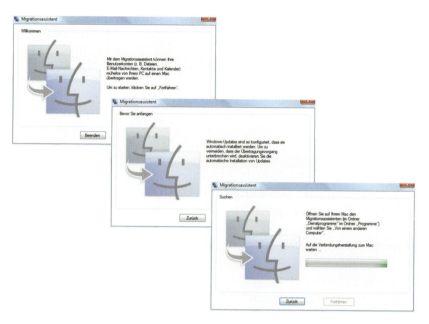

Die ersten Schritte des »Windows-Assistenten« sind getan …

Nun beginnen Mac und PC in Kontakt zu treten. Finden sich die beiden, so wird der Windows-Rechner im Dialogfenster des Mac aufgeführt und über *Fortfahren* wieder ein sechsstelliger Zahlen-Code eingeblendet, der auf beiden Rechner übereinstimmen muss. Ist dem so, klicken Sie auf *Fortfahren* und die Daten werden für den Transfer zur Verfügung gestellt.

Die Zahlen-Codes müssen identisch sein. Damit wird gewährleistet, dass auch der richtige Computer seine Daten bereitstellt.

1 | Schritt für Schritt-Anleitung

Nun kann es losgehen: Bestimmen Sie jene Daten, die übernommen werden sollen.

Meine Informationen nicht übertragen – später
Sofern überhaupt kein Material für einen Übertrag vorhanden ist bzw. Sie Ihre persönlichen Daten erst später dem Mac zuführen möchten, so wählen Sie die Option *später*.

Das nächste Dialogfenster erscheint und möchte die *Ortungsdienste aktivieren*. Letztere sind u. a. dafür verantwortlich – sollten Sie einmal Ihren Mac verlieren bzw. dieser gestohlen werden –, dass Sie beispielsweise über iPhone oder iPad und die App *Mein iPhone suchen* Ihr Gerät orten können. Auch das Programm *Erinnerungen* greift auf die *Ortungsdienste* zurück, sofern Sie ortsbezogen an eine bestimmte Sache erinnert werden möchten. Mehr dazu gibt es selbstverständlich weiter hinten im Buch.

Klicken Sie in diesem Dialog auf *Weitere Informationen*, so erhalten Sie ausführlichere Infos zu dieser Funktion.

Die Ortungsdienste ermitteln Ihren ungefähren Standort.

Danach heißt es nun Ihre *Apple ID* samt Kennwort einzutragen. Besitzen Sie noch keine, so ist das kein Beinbruch, denn diese lässt sich per Klick auf *Gratis Apple-ID erstellen* rasch anlegen. Nach Angabe von Geburtsdatum, Ihrem Namen, einer aktuellen bzw. einer kostenlosen, über Apple zu beziehenden E-Mail-Adresse ist das auch schon erledigt. Der Vorteil der *Apple ID* ist ganz klar, dass alle über diese Identifikation laufenden Mac-Geräte (egal, ob iMac, MacBook Air, iPad, iPhone oder sonstiges) über die *iCloud* synchron gehalten werden. Mehr zum Thema *iCloud* erfahren Sie selbstverständlich weiter hinten im Buch.

Besitzen Sie bereits eine Apple ID, so tragen Sie diese samt Kennwort im Dialogfeld ein.

Im nächsten Schritt müssen Sie noch den AGBs (den Allgemeinen Geschäftsbedingungen) zustimmen und die *iCloud konfigurieren*. Hierbei geben Sie die Zustimmung, dass Ihre *Kontakte*, *Kalender*, *Lesezeichen* etc. bei bereits vorliegendem Datenbestand auf den Mac übertragen werden. Auch die Funktion *Meinen Mac suchen* wird nun eingerichtet, über die Sie Ihren Mac später orten können.

Daten wie Lesezeichen oder Kontakte werden aus der iCloud auf den neu einzurichtenden Rechner kopiert. Auch der Standort für den Mac wird bestimmt, damit dieser später geortet werden kann.

1 | Schritt für Schritt-Anleitung

Der letzte Schritt zum gelungenen Einstieg nennt sich *Ihren Computeraccount anlegen*. Sie als Erst-Benutzer sind der sogenannte *Administrator*, der über die Hoheits-Rechte verfügt und der auf dem Rechner schalten und walten kann, wie es ihm gefällt. Da *OS X Mountain Lion* ohne Weiteres auch von mehreren Benutzern verwendet werden kann, können Sie später weitere *Accounts* vergeben. Als Erstes sollten Sie jedoch *Name* und *Kurzname* überprüfen (und gegebenenfalls ändern) und sich ein wirklich sicheres Kennwort ausdenken. Die Namen der Kinder oder der Verwandtschaft sollten hierbei tabu sein, können sie doch leicht nachvollzogen werden. Gut machen sich auf jeden Fall Wörter, die nicht auf Anhieb in einem Wörterbuch gefunden werden und am besten aus einer Kombination aus Buchstaben und Zahlen bestehen.

Der Benutzer-Account ist Pflicht – ohne einen solchen gibt's auch kein Weiterkommen.

Und damit Sie Ihren Account auch mit einem schönen Bild schmücken können, erhalten Sie die Möglichkeit, ein Selbstporträt mit der integrierten Kamera (iMac, MacBook Pro/Air) anzufertigen bzw. auf das Mac-eigene Bildarchiv mit ansprechenden Tier-, Pflanzen- und Sach-Objekten zurückzugreifen.

Hier heißt es »Bitte lächeln« oder ein Apple-eigenes Motiv einzustellen.

Ist das erledigt, geht es weiter mit dem Fenster *Zeitzone auswählen*. Zielen Sie gut und klicken Sie dann mit der Maus oder über die Trackpad-Taste auf jene Stelle, an der Sie die nächstliegende Stadt in der Nähe Ihres Wohnortes vermuten. Alternativ lässt sich Ihre Heimatstadt per Tastatur eintragen – immer vorausgesetzt, dass diese auch von der Software erkannt wird.

Über die Option *Zeitzone automatisch anhand des Standorts einstellen* lässt sich Ihr Wohnort selbstständig lokalisieren. Hierzu muss jedoch *WLAN* aktiviert sein, sodass drahtlos oder GPS auf einen Hotspot zurückgegriffen werden kann. Sobald Sie diese Funktion starten, begibt sich der Mac auf die Suche nach Ihrem Aufenthaltsort und – wird er fündig – trägt diesen ein. Klappt das nicht, so müssen Sie die Zeitzone händisch bestimmen.

Die »Zeitzone auswählen« betrifft nicht nur Jedi-Ritter & Co. – auch wir Normalsterblichen leben darin.

Zum Schluss heißt es dann noch *Registrieren*. Das muss nicht sein, doch möchten Sie stets über Newsletter auf dem Laufenden gehalten werden, so sollten Sie das tun. Und dann heißt es endlich *Vielen Dank*. Der Mac ist eingerichtet und über *OS X – los geht's!* erwartet Sie die schicke *Mountain Lion*-Arbeitsoberfläche.

1 | Schritt für Schritt-Anleitung

Geschafft! Nach der optionalen Registrierung heißt es endlich »Vielen Dank«.

Fehlende Software nachinstallieren

Liegt das Betriebssystem frisch auf der Festplatte, so müssen Sie üblicherweise Ihre sonstige Software noch nachinstallieren. Sofern Sie zuvor mit *Mac OS X Snow Leopard* gearbeitet haben, besitzen Sie sicherlich noch die sogenannte *Application Install DVD* zu Ihrem Mac. Diese schieben Sie einfach in das Laufwerk ein und warten, bis sich das Fenster automatisch öffnet. Im erscheinenden Fenster doppelklicken Sie nun die Datei *Install Bundled Software*. Daraufhin durchlaufen Sie die Apple-typischen Schritte wie den *Softwarelizenzvertrag* sowie das *Wählen des Zielvolumes* (falls Sie mehrere Systeme auf Ihrem Mac laufen haben), bis Sie zur gewünschten *Angepassten Installation* kommen. Markieren Sie nun dort diejenigen Programme, die Ihnen zum Glück noch fehlen, und klicken Sie dann auf *Installieren*.

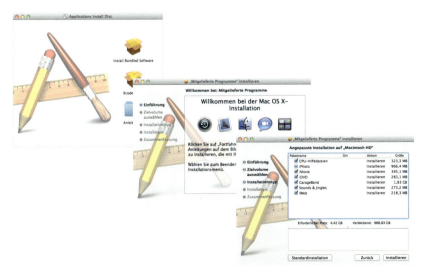

Optionale Installationspakete – der Name ist hier Programm. Nehmen Sie Ihre Auswahl vor und klicken Sie dann auf »Installieren«.

51

Das Gleiche gilt, wenn Sie im Besitz beispielsweise der *iLife '11-DVD* sind. Legen Sie sie ein und doppelklicken Sie auf *Install iLife*. Auch in diesem Fall begleitet Sie ein Software-Assistent und Sie können die gewünschten Komponenten nachinstallieren.

Glücklich kann sich schätzen, wer noch eine gute alte Installations-DVD im Schrank liegen hat.

Was für *iLife* gilt, funktioniert natürlich auch bei Anwendungen anderer Hersteller – immer vorausgesetzt, dass diese für Intel-Macs geeignet und mit *OS X Mountain Lion* kompatibel sind. Legen Sie die entsprechenden DVDs ein und installieren Sie die Applikationen in den dafür vorgesehenen *Programme*-Ordner.

Für all jene, die ihre Software im *Mac App Store* erworben haben, spielt die Musik in diesem virtuellen Laden. Hierfür benötigen Sie Ihre *Apple ID* sowie das *Kennwort*, die Sie beim Kauf von Programmen wie beispielsweise *iPhoto*, *iMovie*, *Final Cut Pro* etc. verwendet haben. Starten Sie den *Mac App Store* und melden Sie sich dort an. In der Abteilung *Einkäufe* finden Sie nun all jene Anwendungen, die Sie schon besitzen. Über einen Klick auf *Installieren* lassen sich nun diese Programme auf den neuen Rechner laden.

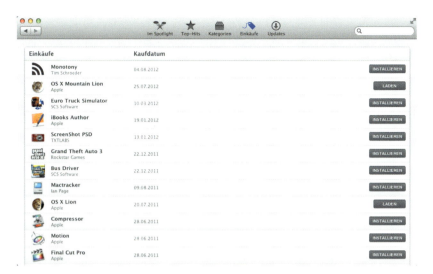

Nach dem Anmelden im Mac App Store lassen sich alle bereits erworbenen Programme einblenden sowie erneut herunterladen und installieren.

Zum Abschluss der Installations-Orgie raten wir Ihnen noch, im *Mac App Store* die *Updates*-Abteilung aufzusuchen. Üblicherweise fallen in der Zwischenzeit (zwischen dem Erwerb einer Software und der vielleicht Monate später erneuten Installation) viele Aktualisierungen an. Manche Programme wie beispielsweise *iPhoto* starten erst gar nicht, sofern sie nicht auf *Mountain Lion* hin aktualisiert wurden.

Und in der Tat gibt es bei uns einiges zu laden …

Die erste Hürde wäre geschafft. Das Betriebssystem liegt auf der Festplatte und wartet nur darauf, von Ihnen entdeckt zu werden. Und diesen Gefallen wollen wir ihm doch tun …

Die Arbeitsumgebung im Detail

Frisch installiert, konfiguriert und neu gestartet liegt das aktuelle *OS X 10.8 Mountain Lion* vor Ihnen. Die Benutzer-Oberfläche sieht wie eh und je chic aus und man blickt mal wieder in eine ferne Galaxie. Haben Sie schon mit den Vorgänger-Versionen von Apples Betriebssystem gearbeitet, so erkennen Sie wahrscheinlich auf den ersten Blick nicht so gravierende Unterschiede. Wie üblich steckt das Neue im Detail bzw. in neu hinzugekommenen Programmen, die Sie nun nach und nach kennenlernen werden. Und in alter Tradition beginnen wir mit einem Rundgang und sehen uns die einzelnen Komponenten einmal detailliert an, um auch jene Anwender zu berücksichtigen, die vielleicht das erste Mal mit dem Mac in Berührung kommen.

Der Schreibtisch von »OS X 10.8 Mountain Lion«, wie Sie ihn nach dem Hochfahren des Mac vorfinden.

Der Finder – Kommunikator zwischen Mensch und Maschine

Nach jedem Neustart befinden Sie sich erst einmal im *Finder*, der als Benutzerschnittstelle dient. Hier schalten und walten Sie als Anwender, klicken auf Ordner, starten von dort aus Programme oder kopieren Daten hin und her. Von den anderen Dateien, die zu Tausenden auf der Festplatte liegen und tief im System verankert sowie größtenteils geschützt sind (damit Sie auch ja nichts löschen), merken Sie erst einmal nichts.

Das, was Sie am Bildschirm sehen, nennt sich *Schreibtisch*. Und wie auf einem richtigen Schreibtisch ist alles wohl geordnet. Die Dateien (Ihre

Briefe, Bilder, Notizen etc.) werden in Ordnern (vergleichbar den Schubladen) verstaut, die Programme (Ihre Werkzeuge zum Verarbeiten wie Hefter, Locher oder Füllfederhalter) ebenso, und fertigen Sie ein Dokument an, so liegt es oben auf, also zuvorderst auf dem Bildschirm. Zum Ausführen Ihrer Tätigkeiten stehen Ihnen die Maus bzw. das Trackpad zum Navigieren sowie eine Menge an Befehlen zur Verfügung, die über Menüs ausgewählt und bestätigt werden. Und mit dieser kleinen Einleitung legen wir nun los und durchforsten die Arbeitsumgebung.

Menüs und Befehle

Ganz oben finden Sie die Menüleiste, die in verschiedene Rubriken (*Ablage*, *Bearbeiten* usw.) unterteilt ist. Per Mausklick auf einen Menüpunkt fährt eine Liste mit den dazugehörigen Befehlen heraus, die nun mit der Maus/dem Trackpad ausgeführt werden können. Von Programm zu Programm können diese Menü-Punkte variieren. Und dennoch legt Apple viel Wert darauf, dass sich die Programmierer an strenge Richtlinien halten, sodass Sie die wichtigsten Befehle stets an derselben Stelle finden.

Auflistung der Befehle in der Menüleiste des Finders.

Jene Befehle, die schwarz und deutlich zu erkennen sind, sind aktiv und lassen sich sogleich anwenden. Die grau unterlegten dagegen sind momentan deaktiviert und können nicht angewählt werden. Dies ist abhängig davon, was Sie gerade machen. Neben den meisten Befehlen stehen weiterhin die entsprechenden Tastenkombinationen. Hierbei betätigen Sie die Befehle nicht mit der Maus, sondern tippen die Kurzversion über die Tastatur ein. Der Vorteil besteht darin, dass Sie beide Hände auf der Tastatur lassen und somit schneller navigieren. Folgende Tasten – die noch dazu unterschiedliche Bezeichnungen tragen, aber alle das Gleiche meinen –, stehen Ihnen bei der Eingabe zur Verfügung:

2 | Die Arbeitsumgebung im Detail

⌘//cmd *Befehlstaste*, *Apfeltaste*, *Commandtaste* oder auch *Blumenkohltaste* (weniger gebräuchlich); trotz eines weltweiten Aufschreis durch Apple-Anwender gibt es den Apfel () auf den aktuellen Tastaturen leider nicht mehr.

alt-/⌥ *Optionstaste*, *Alt-Taste*, *Weiche-Taste* oder *Optionstaste*;

⇧ *Umschalttaste* oder *Shifttaste*;

ctrl *Controltaste* – bei gedrückt gehaltener *Controltaste* und Mausklick öffnet sich das *Kontext*-Menü, das eine Liste der zur Tätigkeit passenden Befehle enthält. Das *Kontext*-Menü können Sie jedoch alternativ auch über einen Rechtsklick (rechte bzw. sekundäre Maustaste bei Mehrtasten-Mäusen) bzw. über einen Zweifinger-Tipp auf das Trackpad aufrufen.

Im Buch werden wir ausschließlich die Bezeichnungen *Befehlstaste* (⌘), *Optionstaste* (⌥) sowie *Umschalttaste* (⇧) verwenden, die auch in Kombination und zusammen mit bestimmten Buchstaben angewendet werden.

Weiterhin existiert bei allen MacBook (Pro/Air)-Modellen sowie den aktuellen externen Apple-Tastaturen eine sogenannte »fn«-Taste. »fn« bedeutet »Funktion« und bezieht sich auf die Sondertasten, die oberhalb der Zahlen stehen und mit denen einige Hard- wie Software-Features (etwa Lautstärke (◀))/◀)), Helligkeit des Monitors (☼/☼), *Mission Control* (🗔), Steuertaste (▶▶/▶❙❙/◀◀) etc.) ausgeführt werden können. Bei Laptop-Modellen sowie der Tastatur ohne Ziffernblock (meist als Wireless-Variante) finden Sie diese Taste links unten, bei der großen Tastatur liegt sie zwischen Ziffern- und Buchstabenblock. Wird die Taste gedrückt, so werden anstatt der Hard- und Software-Funktionen die »üblichen« Sondertasten F1, F2, F3 etc. ausgeführt, über die viele Programme zusätzliche Befehle bereitstellen. Kombinationen mit *Befehlstaste* (⌘), *Optionstaste* (⌥) oder *Umschalttaste* (⇧) existieren jedoch nicht.

Apples Tastaturen sehen schick aus – man muss sich damit jedoch ein wenig vertraut machen. Das Gleiche gilt im Übrigen auch für die »Mäuse-Welt«.

Mit der Zeit werden Sie herausfinden, welche Arbeitsschritte Sie besonders häufig angehen und welche Befehle Sie hierzu brauchen. Prägen Sie sich nach und nach die dazugehörigen Tastatur-Kombinationen ein, so steht einem effektiven Arbeiten nichts mehr im Wege.

Um nun nicht jeden Befehl einzeln aufführen zu müssen, werden Sie diese zu gegebenem Anlass und bei passender Gelegenheit kennenlernen.

Lassen Sie uns dennoch noch einen kurzen Blick auf das *Programm*-Menü werfen. Sie finden es zwischen dem Apfel (– ganz links) und dem Menüpunkt *Ablage*. Nach dem Hochstarten des Rechners sollte dort *Finder* stehen, und genau dort wollen wir jetzt hin. Mit einem Klick darauf öffnet sich wieder die Menüleiste, in der wir nun einen kleinen Schwenk zu den *Einstellungen* einlegen möchten. Dort regeln Sie, wie sich der *Finder* im Alltag verhält und was er Ihnen zeigen soll. Sind daher in der Rubrik *Allgemein* die Optionen *Festplatten, Externe Festplatten, CDs, DVDs und iPods* sowie *Verbundene Server* mit einem Haken (☑) versehen, so erscheinen die Symbole der entsprechenden Medien automatisch auf dem Schreibtisch, sobald Sie in das Laufwerk eingelegt bzw. an den Mac angeschlossen werden. Selbstverständlich erklären wir auch noch die weiteren Optionen, doch haben Sie noch ein wenig Geduld.

In den »Einstellungen« werden die Basisdaten für den Finder (und auch für die anderen Programme) eingetragen. Über das Menü mit dem jeweiligen Programm-Namen erreichen Sie sie jederzeit.

Im *Programm*-Menü finden Sie in 90 Prozent aller Fälle die Grundeinstellungen der Programme. Sofern Sie sich daher mit gewissen Programmen näher befassen, sollten Sie auch immer einen Blick

dort hineinwerfen. Aber vor allem sollten Sie sich die dazugehörige Tastenkombination gut merken: *Befehlstaste-Komma* (⌘-,).

Das Apple-Menü

Ganz links außen finden Sie das Apple-Menü, erkennbar am Apfel-Symbol ( ). Darüber schalten Sie beispielsweise Ihren Mac aus oder führen einen Neustart durch. Sie können aber auch auf das unten liegende *Dock* Einfluss nehmen oder in die *Systemeinstellungen* wechseln. Weiterhin finden Sie dort auch den Befehl *Über diesen Mac*, der Ihnen schnell und unkompliziert einen Blick auf die momentan installierte Betriebssystem-Version ermöglicht.

Das Apple-Menü sowie der daraus gewählte Befehl »Über diesen Mac«. Mit Klick auf »Version 10.8« (oder höher) erfahren Sie auch den Entwicklungsstand (etwa Build 12B19). Mit einem weiteren Klick können Sie die Seriennummer Ihres Mac einsehen.

Im Apple-Menü finden Sie weiterhin den Punkt *Softwareaktualisierung*, über den Sie bei einer aktiven Internet-Verbindung mit Apple in Kontakt treten können. Bei diesem Vorgang werden sowohl die System-Version Ihres Rechners, alle installierten Apple-Programme sowie jene über den *Mac App Store* erworbenen Applikationen auf notwendige Updates überprüft. Hierzu öffnet sich der *Mac App Store* und öffnet die Abteilung *Updates*. Liegt nun eine Aktualisierung oder Fehlerbereinigung vor, so werden diese fein säuberlich aufgeführt und lassen sich unkompliziert herunterladen und auch gleich installieren.

Der dritte Punkt *App Store* öffnet – wie soll es auch anders sein – den *Mac App Store* (genaugenommen die Abteilung *Im Spotlight*). Dieser virtuelle Laden entspricht dem *App Store* für iPhone, iPad und iPod und funktioniert ebenso nur, wenn Sie online sind, sprich sich aktiv ins Internet eingeloggt haben. Das Programm *App Store* wurde eigens von Apple geschaffen, um das Software-Angebot für die Mac-Welt zu bündeln und darüber zu vertreiben. Dort wird Ihnen neben einem riesigen Angebot an kostenlosen wie kostenpflichtigen Programmen auch die gesamte Apple-Palette zum direkten Herunterladen angeboten.

Der »App Store« ersetzt zum Leidwesen vieler (Online-)Händler den Laden um die Ecke. Ab sofort heißt es damit für die Apple-Jünger, ihre Software-Einkäufe nur mehr darüber abzuwickeln.

Die Punkte *Systemeinstellungen* und *Dock* möchten wir gerne ein wenig später anpacken, da es darüber doch eine Menge zu erzählen gibt. Die Option *Benutzte Objekte* ist hingegen schnell erklärt: Jedes gestartete Programm und jedes geöffnete Dokument (egal ob Bild- oder Text-Datei) sowie in einem Netzwerk die verbundenen Server werden darin vermerkt. Auf diese Weise lässt sich schnell auf die zuletzt bearbeiteten Dokumente oder benutzten Programme zurückgreifen. Die Anzahl der protokollierten Objekte können Sie über die *Systemeinstellungen* und dort über die Rubrik *Allgemein* bestimmen. Bei *Benutzte Objekte* stellen Sie die von Ihnen gewünschte Anzahl ein (zwischen *Keine* und *50*) – ab sofort wird die Eintragung berücksichtigt.

Drücken Sie bei geöffnetem Menü *Benutzte Objekte* zusätzlich die *Befehlstaste* (⌘), so lassen sich die gezeigten Objekte augenblicklich auf den Schreibtisch bugsieren. Dazu öffnet sich ein Fenster, das die Datei an ihrem Original-Platz präsentiert.

Das Menü für die ganz Schnellen – zuletzt verwendete Programme, Dokumente und Server ohne langes Suchen.

Ab und an wird es Ihnen auch passieren, dass ein Programm Schwierigkeiten bereitet. So kann es beispielsweise abstürzen und auf keine Eingabeversuche mehr reagieren. Egal, ob Sie klicken oder das Programm beenden möchten, das bunte Rädchen (– Ihr Mauszeiger) dreht sich weiter und pariert auch nicht auf Befehl. In letzterem Fall springt *Sofort beenden...* in die Bresche und erlöst Sie von Ihrem Ärger. Auf dem Schreibtisch erscheint ein Dialog, der Ihnen alle laufenden Programme auflistet. Im Fenster wählen Sie nun denjenigen Quälgeist, der absolut nicht so will, wie Sie es wünschen, und drücken dann den Button *Sofort beenden*. Ein weiterer Dialog warnt Sie noch einmal davor, dass alles, was Sie nicht zuvor gespeichert haben, sonst verloren geht. Der zweite Klick auf *Sofort beenden* lässt das Programm aus der Liste verschwinden. Dieses rohe Vorgehen passiert relativ selten, ist aber manchmal durchaus angebracht.

In Sekundenbruchteilen wird das störende Programm beendet.

Keine Angst: Das Programm wird wirklich nur beendet und kann danach sofort wieder gestartet werden. Die anderen aktiven Programme werden dabei nicht in Mitleidenschaft gezogen. Bei ganz heiklen Fällen, falls die Software weiterhin Schwierigkeiten macht (was sie vielleicht vorher nicht tat), ist oftmals auch ein *Neustart* des Rechners ratsam.

Und weil wir gerade schon bei den Tastenkombinationen waren: Drücken Sie nacheinander die Kombination aus *Befehlstaste*, *Optionstaste* und *esc-Taste* (⌘-⌥-esc), so rufen Sie ebenfalls das Dialog-Fenster *Programme sofort beenden* auf. Möchten Sie den Dialog ganz umgehen und das Programm augenblicklich aus dem Sinn verbannen, so rufen Sie bei gedrückter *Umschalttaste* (⇧) das Apple-Menü auf und wählen daraus dann den Befehl »Programm XY« sofort beenden (die Bezeichnung »Programm XY« steht hier stellvertretend für den Namen der jeweiligen Applikation).

Aufgrund der Tatsache, dass etwaige Änderungen in Dokumenten beim *Sofort beenden* verloren gehen, sollten Sie sich bei der Arbeit angewöhnen, stets und immer den aktuellen Status zu sichern. Auch wenn Ihnen *OS X Mountain Lion* mit den Features *Automatisch sichern* und *Versionen* dabei unter die Arme greift und alle fünf Minuten eine Sicherung Ihrer Dokumente vornimmt, so lassen Sie sich ruhig sagen, dass fünf Minuten bei Schnell-Tippern eine lange Zeit sein können. Nichtsdestotrotz gilt immer noch: Je häufiger Sie speichern, desto kleiner sind die Verluste, da eben nur jene Teile seit dem letzten Sichern betroffen sind. Der *Sichern*-Befehl ist bei Programmen immer im Menü *Ablage* oder *Datei* zu finden. Auch die Tastenkombination dazu sollten Sie sich gut merken: *Befehlstaste-S* (⌘-S). Mehr dazu erfahren Sie ebenfalls weiter hinten im Buch bei der Vorstellung der in *OS X Mountain Lion* vorhandenen Programme.

Die drei Menü-Punkte *Ruhezustand*, *Neustart* und *Ausschalten* betreffen allesamt Ihr Arbeitspferd, nämlich den Rechner als solches. Der *Ruhezustand* ist gerade für MacBook (Pro/Air)-Besitzer eine tolle Sache, wird er doch einfach beim Runterklappen des Bildschirms aktiviert. Desktop-Rechner wie iMac, Mac mini oder Mac Pro lassen sich über den eben genannten Weg über das *Apple-Menü* dazu bringen. Der Vorteil: Die Lüfter schweigen, der Bildschirm ist schwarz und es herrscht eine himmlische Ruhe. Der Rechner ist zwar aus, er befindet sich aber dennoch in Lauer-Stellung. Sobald Sie nur einen Buchstaben auf der Tastatur drücken oder den Bildschirm Ihres Laptops öffnen, springt der Computer an. Meist müssen Sie dann zuerst Ihr Administratorkennwort eingeben, um wieder auf Ihre Inhalte zugreifen zu können.

In den *Systemeinstellungen* lässt sich in der Abteilung *Sicherheit | Reiter Allgemein* der Zeitraum (zwischen *Sofort* und *vier Stunden*) bis zur Abfrage eines Kennwortes festlegen, der zwischen dem Aktivieren des Ruhezustandes bis hin zum Wiederaufwecken verstreichen darf. Bei hochsensiblem Datenbestand sollten Sie ruhig die Einstellung *Sofort* belassen, da auf diese Weise ein schneller Zugriff durch Fremde auf Ihren Rechner unterbunden wird.

Der Ruhezustand eignet sich für die schnelle Pause zwischendurch oder einen Gang ins nächste Café. Bei längerer Unterbrechungsphase (mehrere Tage) sollten Sie nichtsdestotrotz Ihren Rechner richtig ausschalten, zumal das normale Starten des Rechners Ihre Hardware (Arbeitsspeicher, Anschlüsse, Board etc.) einer Funktionsprüfung unterzieht sowie das Betriebssystem neu ordnet.

2 | Die Arbeitsumgebung im Detail

Für alle Tastaturfreunde wollen wir natürlich die dazugehörige Tastenkombination verraten: Zum einen brauchen Sie beim aktuellen iMac nur den Einschaltknopf (⏻) kurz zu drücken und der Rechner geht in den Ruhezustand. Alternativ hilft auch das Gedrückthalten des *Wiedergabe/Pause*-Knopfes auf der *Apple Remote*-Fernbedienung. Oder Sie betätigen auf einer Apple-Tastatur die *Befehlstaste-Optionstaste-Auswurftaste* (⌘-⌥-⏏). Die *Auswurftaste* (⏏) entspricht auf Drittanbieter-Tastaturen oftmals der Sondertaste *F12*.

Der *Neustart* hilft – wie schon weiter oben erwähnt – bei kleineren Unstimmigkeiten, etwa wenn das Arbeiten im *Finder* ungewöhnlich zäh vonstattengeht, die Grafik in Form von Darstellungsfehlern Probleme bereitet oder das ein oder andere Programm nicht startet oder sich nicht beenden lässt. Meist sind danach die Schwierigkeiten behoben und Sie haben wieder Ruhe an Ihrem Arbeitsplatz. Auch bei der Neuinstallation mancher Programme ist ein Neustart erforderlich, damit das Betriebssystem beim Hochfahren auch ja alle Komponenten erkennt.

Wenn alle Stricke reißen, hilft oftmals der Neustart des Rechners. Aber auch zum Erkennen neu installierter Software oder Treiber ist dieser unerlässlich.

Die Option *Beim nächsten Anmelden alle Fenster wieder öffnen* bedeutet in diesem Kontext, dass Sie nach einem Neustart den Schreibtisch so vorfinden, wie Sie ihn zuvor verlassen haben: inklusive aller gestarteten Programme, sämtlicher geöffneten Fenster und aller gerade bearbeiteten Dokumente. Die Software prägt sich also zuvor all diese Gegebenheiten ein und bereitet Ihnen einen Neustart-Empfang, bei dem Sie sich selbst um nichts kümmern müssen.

Das *Ausschalten*, wie sollte es anders sein, beendet das Stelldichein zwischen Mensch und Maschine. Der Rechner sichert dabei alle noch geöffneten Dokumente und beendet automatisch sämtliche Programme. Auch in diesem Fall unterstützt Sie die Option *Beim nächsten Anmelden alle Fenster wieder öffnen* und präsentiert Ihnen nach dem Wiedereinschalten Ihren Arbeitsplatz, wie Sie ihn verlassen hatten.

Wir plädieren – trotz aller angebotenen Arbeitserleichterung – nach wie vor zum selbstständigen' Sichern der Dokumente und dem Beenden der Programme, bevor Sie den Rechner ausschalten. Sichern Sie also alle erarbeiteten Dinge ab, beenden Sie Ihre Programme über *Befehlstaste-Q* (⌘-Q – das »Q« steht für *Quit* und heißt *beenden*) bzw. über das *Programm*-Menü und dem dort auftauchenden Befehl *Beenden* und machen Sie bei wichtigen Dokumenten ein Backup. Wählen Sie dann *Ausschalten* und warten Sie auf das automatische Runterfahren (nach einer Minute) oder klicken Sie auf den Button *Ausschalten*.

Der Countdown läuft – Sie haben eine Minute Zeit, um den Ausschalt-Vorgang über »Abbrechen« zu revidieren.

Ein Backup – also das Sichern Ihrer Arbeit auf ein weiteres Speicher-Medium – können Sie über das Brennen einer CD/DVD oder über ein externes Medium (Festplatte, Speicher-Stick, Speicherkarte etc.) vornehmen. Noch eleganter klappt das mit Sicherheit über *Time Machine*, der automatischen Backup-Funktion in *Mountain Lion*, über die wir selbstverständlich noch ausführlich sprechen werden.

Als baldiger Tastatur-Freak verraten wir Ihnen natürlich wieder das ultimative Geheimrezept zum Bedienen eben genannter Befehle über die Tastatur: Zum einen lassen sich die gezeigten Dialoge umgehen, wenn Sie die Befehle *Ruhezustand*, *Neustart* oder *Ausschalten* mit gedrückter *Optionstaste* (⌥) auswählen. Oder Sie drücken den Ein-/Ausschaltknopf Ihres MacBook (Pro/Air) oder auf der Tastatur eines Drittherstellers (das klappt leider nicht bei den aktuellen externen Apple-Tastaturen), wobei ein Dialog erscheint, der Ihnen die Optionen *Neu starten*, *Ruhezustand*, *Abbrechen* oder *Ausschalten* anbietet. Mit dem Buchstaben *R* (für »restart«) starten Sie den Rechner neu, mit *S* (für »sleep«) aktivieren Sie den Ruhezustand, über die *esc-Taste* bewirken Sie das Abbrechen des Vorgangs und über den *Zeilenschalter* (↵) betätigen Sie den *Ausschalten*-Button. Das Ganze funktioniert natürlich auch mit der Maus, aber das kann ja jeder.

2 | Die Arbeitsumgebung im Detail

Per Knopfdruck (Ein-/Ausschalttaste) wird das gesamte Repertoire eingeblendet.

Die letzte Station im Apple-Menü nennt sich »*Benutzer« abmelden* (das Wort »Benutzer« steht in diesem Zusammenhang als abstraktes Kürzel für Ihren Namen, den wir ja leider nicht kennen). Hierbei werden ebenfalls sämtliche laufenden Vorgänge beendet und der Rechner sozusagen »bettfertig« gemacht. Danach blendet der Mac das Anmeldefenster ein, in dem alle Benutzer aufgelistet werden, die für diesen Rechner einen Zugang besitzen. Sie können dann also ganz beruhigt den »Staffel-Stab« übergeben und beruhigt nach Hause gehen. Der neue Benutzer klickt nun wiederum auf seinen Namen und gibt sein Passwort ein, der Mac startet nun in der auf diesen Nutzer eingerichteten Umgebung (das erklären wir selbstverständlich auch noch im Detail).

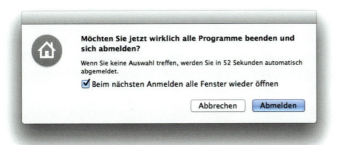

Sagen Sie »Auf Wiedersehen« und machen Sie sich einen schönen Abend. Mehr zum Thema »Benutzer« finden Sie weiter hinten im Buch.

Von Fenstern, Ordnern und Knöpfen

Üblicherweise bearbeiten und verwalten Sie Ihre Daten unter *OS X Mountain Lion* in Fenstern. Dort werden die verschiedenen Ordner und Dateien eingeblendet, die Sie mit einem Doppelklick öffnen bzw. starten können. In den Ordnern lassen sich weitere Unterordner anlegen, die wiederum Ordner enthalten usw. Hierbei können Sie Ihre ganz eigene Hierarchie und Ordner-Struktur anwenden. In Ordnern liegen meist Dateien in Form von Texten, Filmen, Sounds oder Bildern, aber auch die Systembestandteile wie Erweiterungen und Programme.

Fenster geben einen schnellen Überblick über den Inhalt von Ordnern oder Volumes.

In der links liegenden Liste finden Sie schon mal eine erkleckliche Anzahl an angelegten Einträgen. Apple bietet Ihnen damit eine Struktur an, die zu übernehmen gar nicht mal so schlecht ist. So finden Sie dort beispielsweise Ihren *Schreibtisch* (), Ihr *Benutzer-Verzeichnis* mit dem Haus-Symbol () oder den Ordner *Programme* () mit all den innerhalb von *OS X Mountain Lion* enthaltenen Anwendungen.

Ihr *Benutzer-Verzeichnis* () beinhaltet Ihre ganz privaten Benutzer-Ordner wie *Dokumente*, *Bilder*, *Musik* & Co. Deponieren Sie folglich Ihre Fotos im Ordner *Bilder* (), Ihre Texte in *Dokumente* (), etwaige Videos in *Filme* () und Ihre Musik in der gleichnamigen *Musik*-Abteilung (), so werden Sie es einfacher haben, die vielen Dateien und Dokumente später wiederzufinden. Zur besseren Orientierung trägt jeder Eintrag weiterhin ein entsprechendes Symbol.

All diese Ordner helfen Ihnen dabei, Ordnung zu halten. Dies gilt insbesondere für Dateien, die »lose« herumliegen und die Sie vielleicht erst später bearbeiten, ansehen oder anhören möchten. Für alle anderen Zwecke bietet Ihnen Apple ja Programme an, die gleichzeitig auch die Verwaltung der Daten übernehmen. So sollten Bilder von der Digitalkamera in *iPhoto* importiert werden, Ihre Filme vom Camcorder in *iMovie* zur Weiterbearbeitung landen und Ihre digitalisierte Musik mit *iTunes* verwaltet werden. Das ist selbstverständlich kein »Muss«, aber eine enorme Arbeitserleichterung.

Der Eintrag *Alle meine Dateien* (), den Apple bereits mit einer *Ausrichtung* nach der *Art* der Dokumente (Bilder, PDF-Dokumente, Dokumente etc.) sowie einer *Sortierung* nach *Zuletzt geöffnet* ausgestattet hat. Dabei werden alle Dateien innerhalb Ihres Benutzer-Verzeichnisses berücksichtigt, was bei umfangreichen Daten-Beständen mit der Zeit jedoch ziemlich unübersichtlich werden dürfte.

Einen schnellen Überblick über alle Daten in Ihrem Heim-Verzeichnis bietet der Eintrag »Alle meine Dateien«.

Dank der flexiblen Handhabung können Sie nun jederzeit weitere Ordner und häufig verwendete Dokumente in diesen Seitenbereich ziehen, sodass sie schnell auf Mausklick hin zur Verfügung stehen. Mit Klick auf eines der Objekte wird dann im großen Vorschau-Bereich der Inhalt wiedergegeben.

Ziehen Sie einfach den Ordner oder das Dokument in die Liste hinein. Aber Achtung: Zeigt sich eine blaue Linie zwischen den Objekten, so wird der Ordner an dieser Stelle in die Liste eingefügt (links). Geraten Sie dagegen mit Ihrer Datei (oder auch mehreren) auf einen anderen Ordner und ist dieser markiert, so bewegen Sie Ihr Paket dort hinein (Mitte und rechts).

Linker Hand finden Sie in der Spalte weiterhin den Eintrag *Geräte*, der Ihre Festplatte samt erkanntem Rechner (im Beispiel ein iMac inklusive etwaiger Partitionen () und sämtliche als Volume erkannten, externen

Medien auflistet: Dies können externe Festplatten (▢ – angeschlossen über USB 2/3, FireWire 400/800 oder Thunderbolt), CDs/DVDs (◉), Speicherkarten, USB-Sticks etc. sein.

Lassen Sie sich Festplatten, externe Volumes, CDs/DVDs etc. auf dem Schreibtisch oder innerhalb von Fenstern in der Symbole-Ansicht (▦) anzeigen, so wird's richtig bunt:

Festplatten-Symbole und was sie bedeuten (von links nach rechts): Das Hauptvolume bzw. einzelne Partitionen, externe Festplatte über USB, externe Festplatte über FireWire, Festplatten-Icon eines Rechners im Netzwerk, das Symbol der Backup-Festplatte von Time Machine, das Icon einer DVD sowie eine Festplatte über ein WLAN-Netzwerk.

Unter *Freigaben* werden die in einem Netzwerk befindlichen Rechner angezeigt. Das können sowohl Mac-Computer wie auch Windows-PCs sein – in unserem Fall ein iMac sowie ein MacBook Pro. Damit lassen sich schnell und unkompliziert Daten austauschen oder auf Dateien zugreifen, die auf einem verbundenen Rechner liegen. Selbstverständlich kommt auch das Thema »Netzwerk« noch ausführlich zur Sprache – dies jedoch in einem späteren Kapitel weiter hinten im Buch.

Das Löschen von Objekten aus dieser seitlichen Leiste geht schnell vonstatten: Bewegen Sie Ihren Mauszeiger auf den gewünschten Eintrag und rufen Sie das Kontext-Menü auf – per Rechtsklick, Doppeltipp auf das Trackpad oder per einfachem Klick mit der Maustaste bei gedrückter *ctrl-Taste*. Aus dem aufspringenden Menü wählen Sie nun den Befehl *Aus der Seitenleiste entfernen* und das Objekt verschwindet augenblicklich. Noch schneller geht das, wenn Sie bei gedrückter *Befehlstaste* (⌘) einfach den Eintrag aus der Seitenleiste ziehen und loslassen. Sie brauchen dabei keine Befürchtung zu hegen, etwa Originale zu löschen, da die Datei/der Ordner als solches weiterhin auf der Festplatte verbleibt. Da Sie beim Hinzufügen nur Verlinkungen (ein so genanntes *Alias*) zum Original bauen, wird auch nur dieser Verweis entfernt. Die Original-Datei befindet sich nach wie vor an ihrem angestammten Platz.

Das Kontext-Menü hält den passenden Befehl zum Entfernen von Objekten aus der Seitenleiste eines Fensters parat.

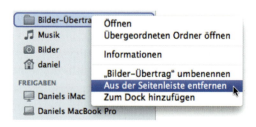

2 | Die Arbeitsumgebung im Detail

Die links liegende Seitenleiste lässt sich auch anpassen, indem Sie aus der Menüleiste *Finder* die *Einstellungen* (⌘-Komma) wählen. Klicken Sie auf die Rubrik *Seitenleiste*, so legen Sie diejenigen Volumes und Ordner fest, die als Standard erscheinen sollen.

Wie hätten Sie es denn gerne? Haken Sie jene Icons an, deren Objekte Sie immer im Blick haben möchten.

Sollten Ihre Einträge in der Seitenleiste überhandnehmen, so lassen sich einzelne Rubriken auch gezielt aus- sowie einblenden. Bewegen Sie Ihren Mauszeiger neben eine der Abteilungen *Favoriten*, *Freigaben* oder *Geräte*, so tauchen die Optionen *Einblenden* oder *Ausblenden* auf. Per Mausklick wird die entsprechende Einstellung umgesetzt.

Möchten Sie beispielsweise die Geräte-Liste ausblenden, um mehr Platz in der Seitenleiste zu bekommen, so bewegen Sie Ihren Mauszeiger rechts neben den Eintrag »Geräte«. Und schon können Sie per Mausklick die Liste einklappen – und umgekehrt natürlich.

Fenster sind extrem flexible »Informations-Tafeln«, denn Sie können sie nicht nur hin- und herschieben (den Mauszeiger an den oberen oder unteren Rand bewegen und dann mit gedrückt gehaltener Taste bewegen), sondern auch das Aussehen bewusst ändern und Ihren Bedürfnissen anpassen. Die leichteste Übung ist sicherlich das Vergrößern und Verkleinern des Fenster-Umfangs. Bewegen Sie dazu den Mauszeiger an den Rand des Fensters – egal ob links, rechts, oben, unten, an den Ecken oder sonst wo. Der Mauspfeil (↖) mutiert zu einem Doppelpfeil (↘ ↕ ↔) und die Seitenränder des Fensters lassen sich nun ganz nach Ihren Wünschen verändern.

Egal, wo Sie den Mauszeiger auch ansetzen: Durch das Drücken der Maus-/Trackpad-Taste und dem Ziehen der Pfeile verändern Sie die Größe eines Fensters.

Übersteigt nun der Fenster-Inhalt den sichtbaren Bereich und Sie möchten die momentan nicht einsehbaren Dateien hervorholen, so müssen Sie scrollen. Dabei ist allerdings nicht die Richtung des Scrollbalkens ausschlaggebend, sondern der Fensterinhalt. Dieses Vorgehen wurde vom *iOS* (dem Betriebssystem für iPod touch, iPhone und iPad) übernommen und ist gerade für Trackpad-Benutzer intuitiver. Sobald Sie nun scrollen, tauchen auch die Scrollbalken auf und lassen Sie auf einen Blick erkennen, wie viel Inhalt das Fenster in etwa birgt.

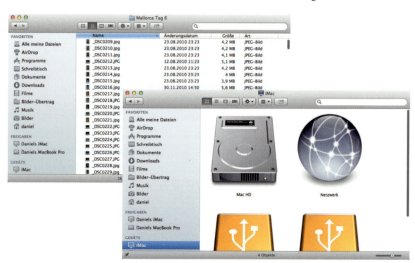

Auf einen Blick erkennbar: Kurze Scrollbalken zeugen von umfangreichem Fenster-Inhalt, ein langer Balken von wenig Datenbestand.

2 | Die Arbeitsumgebung im Detail

Das Verhalten von Scrollbalken lässt sich zum einen in den *Systemeinstellungen* in der Rubrik *Allgemein* definieren. Unter der Option *Rollbalken einblenden* lässt sich zwischen den Einstellungen *Automatisch auf Maus oder Trackpad basiert*, *Beim Scrollen* sowie *Immer* wählen, wann sich die Balken zeigen sollen. Die Richtung des Scrollens lässt sich ebenso festlegen, und zwar in den Rubriken *Maus* bzw. *Trackpad* der *Systemeinstellungen*. Deaktivieren Sie dort die Option *Scrollrichtung: natürlich* und die Richtung folgt nun wieder den Scrollbalken.

Es sei nur kurz erwähnt: Die Optionen zum Einstellen des Rollbalken-Verhaltens erledigen Sie über die »Systemeinstellungen« und dort in der Rubrik »Allgemein«.

Fenster zeigen oben liegend die *Symbolleiste*, die ebenso einige Funktionen bietet. Da sind zum einen die drei bunten Knöpfe ⊙⊙⊙, die sich verändern, kommt ihnen der Mauszeiger zu nahe ⊗⊖⊕. Der rote Knopf ⊗ mit dem »x« darauf schließt das Fenster. Das Gleiche klappt allerdings auch über die Tastatur, wenn Sie *Befehlstaste-W* (⌘-W) drücken, was dem Menü-Befehl *Ablage | Schließen* entspricht. Der gelbe Knopf ⊖ in der Mitte mit dem Minus-Zeichen lässt das Fenster ins Dock wandern. Mit einem Klick in das miniaturisierte Fenster fährt es wieder zur Original-Größe aus. Auch diese Aktion können Sie über die Menüleiste oder die Tastatur steuern: *Fenster | Im Dock ablegen* bzw. *Befehlstaste-M* (⌘-M). Wenn Sie beim Klicken in den gelben Button noch dazu die *Optionstaste* (⌥) gedrückt halten, so wandern gleichzeitig alle offenen Fenster (des zugehörigen Programms oder des Finders) ins Dock.

Das Fenster verschwindet wie in einem Trichter über eben genannte Schritte im Dock. Dort angelangt zeigen die Miniaturen das jeweilige Programm-Icon, sodass Sie die Fenster auf einen Blick zuordnen können.

Anstatt über die Menüleiste oder per Tastaturbefehl klappt das Versenken der Fenster im Dock auch per Doppelklick auf die Fenster-Titelleiste. Dazu müssen Sie jedoch zuvor in den *Systemeinstellungen* und dort über die Rubrik *Dock* die Option *Beim Doppelklicken auf die Titelleiste das Fenster im Dock ablegen* aktivieren.

Möchten Sie bei Freunden ein wenig Eindruck schinden, so versuchen Sie mal Folgendes: Drücken Sie die *Umschalttaste* (⇧) und klicken Sie dann auf den gelben Knopf eines Fensters oder eines Dokumentes: Wir sind uns sicher, Ihnen bleibt vor Bewunderung der Mund offen stehen. Das Wandern ins Dock geschieht nun effektvoll in Zeitlupe. Zurück funktioniert das Gleiche natürlich ebenso. Und vergessen Sie nicht, den Mund auch wieder zu schließen …

Übrig bleibt die Farbe Grün bzw. das Plus-Zeichen ⊕ darin. Die ausgelöste Aktion nennt sich *Zoomen* und kann auch über die Menüleiste *Fenster | Zoomen* gestartet werden. Das Ergebnis hierbei: Die Fenster-Größe passt sich automatisch dem Inhalt an, sodass dieser bestmöglich überblickt werden kann. Bei wenigen Dateien verkleinert sich das Fenster, bei viel Inhalt wird es dementsprechend umfangreich, sodass ab und an die gesamte Bildschirm-Fläche in Anspruch genommen wird. Klicken Sie nochmals auf den *Zoomen*-Button, so kehrt das Fenster in die zuvor eingestellte Größe zurück.

Die unterhalb der bunten Knöpfe angebrachten Buttons bringen weitere Vorteile mit sich. Markieren Sie in der Seitenleiste einen Ordner, so zeigt sich dessen Inhalt. Ordner, die wiederum darin liegen und doppelt angeklickt werden, öffnen sich ebenso, sodass Sie von Mal zu Mal tiefer in der Hierarchie vorstoßen. Über die beiden Pfeile (◀ ▶) können Sie sich nun wieder rückwärts oder vorwärts bewegen. Alternativ klappt das auch über die Tastatur (⌘-Ö für *Zurück* und ⌘-Ä für *Vorwärts*) bzw. über die Menüleiste *Gehe zu*. Die Symbole daneben (▦ ☰ ▥ ▦) bestimmen die Darstellung des Fenster-Inhaltes, wobei Sie hier zwischen *Symbol*-, *Listen*-, *Spalten*- und *Cover Flow*-Ansicht wählen können. Welche Ausführung für Sie am besten passt, werden Sie ziemlich schnell im normalen Arbeitstag herauskriegen, was bedeutet, dass Sie sich alle vier Möglichkeiten einmal ausführlich ansehen sollten. Je nach Situation können Sie ja auch jederzeit wechseln – entweder über die Menüleiste *Darstellung* oder schneller über die Tasten-Kombinationen ⌘-1 für die *Symbol*-Ansicht, ⌘-2 für die *Listen*-Ansicht, ⌘-3 für die *Spalten*-Ansicht oder ⌘-4 für die elegante *Cover Flow*-Ansicht.

2 | Die Arbeitsumgebung im Detail

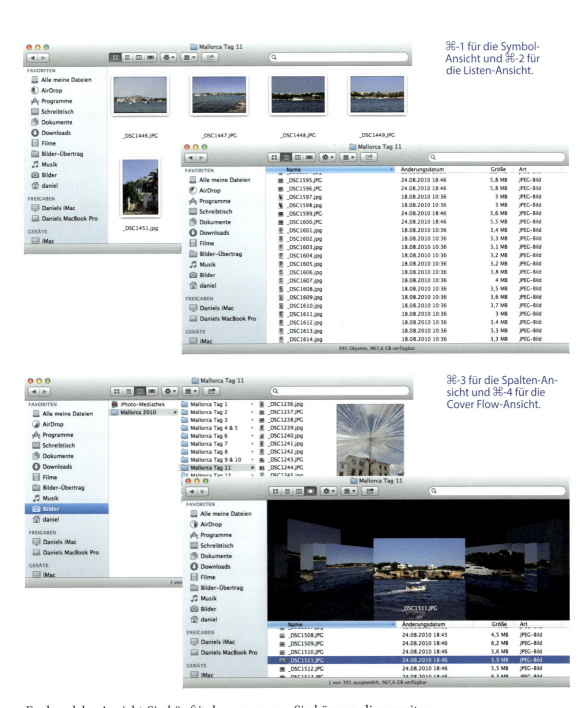

⌘-1 für die Symbol-Ansicht und ⌘-2 für die Listen-Ansicht.

⌘-3 für die Spalten-Ansicht und ⌘-4 für die Cover Flow-Ansicht.

Egal, welche Ansicht Sie künftig bevorzugen – Sie können diese weiter aufpeppen. Den Befehl hierzu finden Sie in der Menüleiste über *Darstellung | Darstellungsoptionen einblenden* (⌘-J). Ob in der *Symbol*-Ansicht die Icons (die kleinen Objekt-Bilder, auch *Thumbnails* genannt) in einer bestimmten Größe gewünscht werden, die *Titel* dazu unterhalb oder rechts vom Icon stehen sollen, ob weitere *Infos* im Objekt-Namen gewünscht oder ob der *Fenster-Hintergrund* eine andere Farbe oder gar ein Bild tragen soll: Die Einstellungen hierzu finden Sie in den zugehörigen Dialogen. In der *Listen*-Ansicht lassen sich somit weitere Rubriken wie das *Erstellungsdatum* der jeweiligen Datei oder auch die *Größen* einblenden. In allen Varianten können Sie auch festlegen, wie groß der Text erscheinen soll – was gerade dann von Vorteil ist, wenn Sie weitsichtig sind und das ein oder andere Mal die Brille verlegen. Jedem Fenster lässt sich zudem eine bestimmte Ansicht zuteilen, über die es immer geöffnet werden soll. Dazu müssen Sie nur in der jeweiligen Darstellung die ganz oben stehende Option mit einem Haken versehen – zum Beispiel *Immer in Symboldarstellung öffnen*.

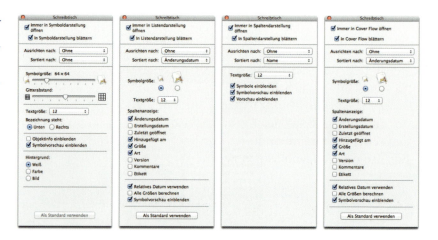

Die Anpassungs-Möglichkeiten für die Symbol-, Listen-, Spalten- und Cover Flow-Ansicht in den Darstellungsoptionen.

Über die beiden Punkte *Ausrichten nach* und *Sortiert nach* lassen sich umfangreiche Ordner oder auch der Schreibtisch innerhalb eines Fensters bereits im Vorfeld ein wenig sortieren. Über die ausklappbaren Menüs lassen sich dazu verschiedene Kategorien (*Name, Art, Programm, Zuletzt geöffnet* etc.) wählen, um auf diese Weise Ihren umfangreichen Datenbestand besser unter Kontrolle zu bringen. Legen Sie gerne Daten auf dem Schreibtisch ab, so können Sie bei einer *Ausrichtung* nach *Art* eine Untergliederung des Fensters beispielsweise in Ordner, Bilder und Dokumente erreichen. Diese lassen sich dann wiederum innerhalb der festgelegten Ausrichtung über *Sortiert nach* weiter strukturieren, etwa nach *Name* (in alphabetischer Reihenfolge), ebenso nach *Art* (bei Abbildungen wird dann nach dem Bildformat, bei Dokumenten nach dem Textformat geordnet) oder nach Wunsch auch nach *Größe*.

2 | Die Arbeitsumgebung im Detail

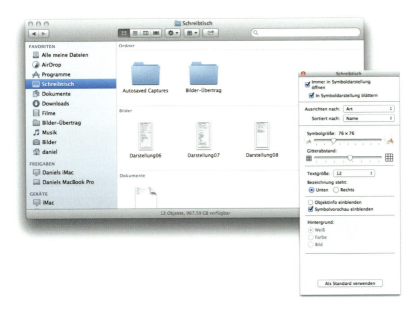

Ist der Schreibtisch mit Daten übersät, so bringt Sie eine gewisse Struktur – zumindest innerhalb eines Finder-Fensters – schon einen Schritt weiter.

Anstatt über die *Darstellungsoptionen* können Sie eine bestimmte Ausrichtung auch über den in jedem Fenster angebrachten Knopf *Objektausrichtung ändern* () vornehmen. Ist ein Fenster geöffnet, so brauchen Sie nur darauf zu klicken und aus den angebotenen Optionen die Gewünschte zu wählen. Ihre Daten werden dann augenblicklich neu geordnet.

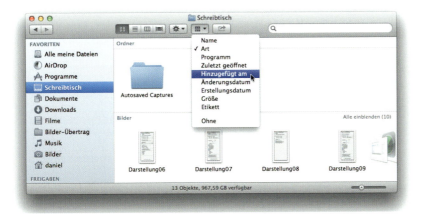

Das kleine Menü »Objektausrichtung ändern« in der Titelleiste eines jeden Fensters hält dieselben Optionen zur Ausrichtung wie in den »Darstellungsoptionen« parat – nur eben unkomplizierter erreichbar …

Bis auf die *Spalten*-Ansicht lassen sich bei allen anderen Darstellungsoptionen nach einer Veränderung der Standard-Einstellungen diese als neuer Standard festlegen (ganz unten anklicken: *Als Standard verwenden*). Auf diese Weise werden auch die künftigen Fenster mit Ihrer ganz individuellen Note geöffnet.

Falls Sie in Fenstern keine festgelegte *Ausrichtung* oder *Sortierung* verwenden, lässt sich in der *Listen-*, *Spalten-* und *Cover Flow*-Ansicht weiterhin die Breite der einzelnen Verzeichnisse bestimmen. Dazu bewegen Sie den Mauszeiger zwischen die einzelnen Rubriken – der Mauszeiger zeigt nun das (✣)-Symbol – und ziehen bei gedrückter Maustaste nach links oder rechts. Und nicht vergessen: Welche Spalten (*Änderungsdatum*, *Größe*, *Art* etc.) angezeigt werden, bestimmen Sie über die *Darstellungsoptionen* (*Darstellungsoptionen einblenden* oder ⌘-J).

Wird der Mauszeiger zwischen einzelnen Rubriken angesetzt, so lässt sich die Größe der Spalten optimal einrichten.

Anstatt die *Darstellungsoptionen* zum Hinzufügen weiterer Rubriken heranzuziehen, klappt das auch über das Kontext-Menü. Parken Sie den Mauszeiger bei den Rubriken-Titeln und rufen das Kontext-Menü auf, so werden Ihnen ebenso die zur Verfügung stehenden Kategorien zum Sortieren angezeigt. Das klappt im Übrigen auch bei Fenstern, die mit einer definierten Festlegung oder Sortierung belegt sind.

Bei geöffnetem Fenster lassen sich mit Hilfe des Kontext-Menü weitere Rubriken ein- oder ausblenden.

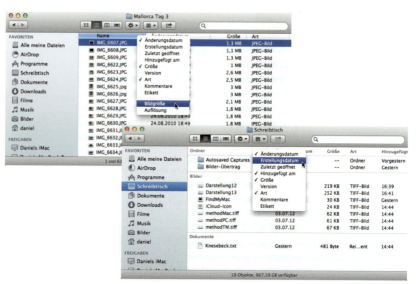

Die Spezialität der *Listen-* (⌘-2) und *Cover Flow*-Ansicht (⌘-4) ist das schnelle Ordnen nach gewünschten Kategorien, wenn Sie eine bestimmte Spalten-Rubrik anklicken. Markieren Sie beispielsweise die Spalte *Größe*, so werden alle im Fenster befindlichen Daten der *Größe* nach geordnet. Über das kleine Dreieck (▲) können Sie dabei die Sortierreihenfolge umdrehen, also von groß nach klein oder umgekehrt. Das Gleiche funktioniert natürlich auch bei *Name* (alphabetisch angeordnet von A nach Z oder umgekehrt) oder über das *Änderungsdatum* (die aktuellsten Einträge zuerst oder andersherum). Über *Art* werden die einzelnen Dateien ihrer Beschaffenheit nach zusammengefasst: alle JPEG-Dateien (Bilder), PDF-Dateien, Ordner etc. liegen nun zusammen. Aber auch die Reihenfolge der Spalten lässt sich ändern. Dazu bewegen Sie den Mauszeiger über den Rubrik-Namen (z. B. *Änderungsdatum*) und ziehen dann die Spalte mit gedrückter Maustaste (diese zeigt dabei eine zupackende Hand: ✋) an die gewünschte Stelle.

Die *Cover Flow*-Ansicht bietet wiederum die Möglichkeit einer schnellen Übersicht auch in mehrseitige Dokumente. Hier vermengen sich sozusagen alle Vorteile und Sie haben Zugriff auf alle Medien-Arten. Egal ob Bilder, PDF-Dateien, Text-Dateien, Filme oder was auch immer – Sie können in alle Dateien einen Blick werfen oder einen Film in der Vorschau sehen, ohne erst langwierig das dazugehörige Programm starten zu müssen. Zum Bearbeiten oder Verändern der Dateien müssen Sie dann jedoch die passende Software starten.

Die verschiedenen Ansichten innerhalb von Cover Flow: Markieren Sie ein mehrseitiges Dokument (im Beispiel oben ein PDF), so erscheinen nach dem Bewegen des Mauszeigers auf diese Datei zwei Pfeile zum Durchblättern. Das Gleiche funktioniert auch bei Filmen (Mitte), die Sie per Mausklick in den Pfeil schon einmal abspielen können. Ganz hervorragend eignet sich diese Ansicht auch zum Überfliegen eines Bilder-Ordners – etwa auf der Suche nach einem bestimmten Foto.

Auch in der *Spalten-* sowie *Symbol*-Darstellung können Sie einen ersten Blick auf den Inhalt von Dateien werfen. Die Größe der Icons stellen Sie entweder über die *Darstellungsoptionen* (⌘-J) bei *Symbolgröße* oder flexibel über den Größenregler ( ) rechts unten im Fenster ein. Ist dieser bei Ihnen nicht sichtbar, so können Sie ihn über die Menüleiste *Darstellung | Statusleiste einblenden* anzeigen.

Symbol- als auch Spalten-Darstellung ermöglichen einen schnellen Blick sowohl auf als auch in Dateien.

Geradezu staunen werden Sie, wenn Sie weiterhin das so genannte *Quick Look* – eingedeutscht als *Übersicht* bzw. *Diashow* bezeichnet – benutzen. Ist eine Datei (Bild, Video, Text-Dokument etc.) markiert, so haben Sie folgende Möglichkeiten, auf diese Funktion zuzugreifen: Entweder Sie wählen aus der Menüleiste *Ablage | Übersicht* von »Datei xyz« (⌘-Y) oder den gleichnamigen Befehl über das Kontext-Menü. Noch besser funktioniert allerdings der einfache Druck auf die *Leertaste* Ihrer Tastatur bzw. – neu in *Mountain Lion* – ein Dreifingertipp auf das Trackpad, der den gleichen Effekt bewirkt.

Die Darstellung lässt sich auch bildschirmfüllend einstellen, wenn Sie rechts oben auf das Symbol ( ) für die Vollbild-Ansicht klicken. Auf einem Trackpad brauchen Sie hingegen nur Daumen und Zeigefinger auseinander zu spreizen.

2 | Die Arbeitsumgebung im Detail

Ein PDF wird über den Befehl »Übersicht« aus dem Ablage-Menü großflächig eingeblendet. Zum komfortablen Durchblättern eines Dokumentes können Sie nun entweder auf die Miniaturen am rechten Rand klicken oder einfach über das Trackpad/die Magic Mouse wischen.

Benutzen Sie zusätzlich die Auf- (↑) und Ab-Pfeile (↓) Ihrer Tastatur, so können Sie auch die weiteren Medien in Ihrem Ordner zum Überprüfen durchblättern. Noch schneller geht's, wenn Sie einfach den Anfangsbuchstaben einer bestimmten Datei auf der Tastatur drücken – ratzfatz finden Sie die entsprechende Datei vor sich.

Werden hingegen mehrere Dokumente auf einmal markiert, so lassen sich wie in einer Diashow diese Dateien betrachten. Letzteres eignet sich natürlich wieder hervorragend für Bilder-Ordner, die schnell einmal vor Publikum gezeigt werden sollen. Entweder Sie benutzen hier die oben links liegenden Pfeil-Tasten (← →) oder jene auf Ihrer Tastatur – links- (←··) und rechts- (··→) – zum Blättern.

Werden mehrere Dateien/Bilder gleichzeitig markiert und Sie betätigen die »Übersicht«, so erscheint anfangs nur die erste Datei im Stapel. Möchten Sie ganz gezielt ein bestimmtes Bild aufrufen, so brauchen Sie nur auf das oben links liegende Index-Symbol (▦) und daraufhin auf die gewünschte Vorschau zu klicken (rechts).

In der Vollbild-Ansicht zeigt sich bei mehreren geöffneten Dateien eine Navigationsleiste mit folgenden Knöpfen (von links nach rechts): Vorherige Datei, Wiedergabe bzw. Pause, nächste Datei, Index-Ansicht, Bild/Datei zu »iPhoto« hinzufügen, Vollbild aus sowie Beenden.

Zum Auswählen von mehreren Dateien stehen Ihnen verschiedene Möglichkeiten zur Verfügung:

❖ Wählen Sie in einem geöffneten Ordner über die Menüleiste *Bearbeiten* den Befehl *Alle auswählen* (⌘-A), so wird der gesamte Inhalt markiert.

❖ Mit gedrückter *Befehlstaste* (⌘) können Sie auch auf einzelne Dateien klicken und so eine Auswahl kunterbunt durcheinander zusammenstellen. Bei einer umfangreichen Auswahl ist es oftmals besser, zuerst alle Daten auszuwählen (über ⌘-A) und dann per gedrückter *Befehlstaste* (⌘) einzelne auszuschließen.

❖ Klicken Sie bei gedrückter *Umschalttaste* (⇧) die erste und die letzte der gewünschten Dateien an, so werden alle dazwischen liegenden Daten (inklusive der angeklickten) markiert.

❖ Die vierte Art des Auswählens geschieht per Maus/Trackpad. Klicken Sie neben eine Datei und halten Sie dabei die Maus-/Trackpad-Taste gedrückt. Ziehen Sie dann nach unten, oben, rechts oder links, so werden alle Dateien/Ordner, die Sie überfahren, markiert.

Ob alle Dateien/Ordner, einzelne oder eine zusammenhängende Teil-Auswahl – mit dem entsprechenden Know-how ist das zielgerichtete Markieren ein leichtes Unterfangen.

Kehren wir wieder zurück zur *Symbolleiste* eines *Finder*-Fensters und rutschen eine Stelle weiter. Dort finden Sie den Button *Aktion* ( ) zum Durchführen von Vorgängen auf ein ausgewähltes Objekt. Das kleine

2 | Die Arbeitsumgebung im Detail

Dreieck zeigt dabei an, dass sich dahinter weitere Optionen verstecken. Per Mausklick fährt dann ein Menü aus, das häufig verwendete und somit meist brauchbare Befehle des *Ablage*-Menüs beinhaltet.

Das geöffnete Popup-Menü ohne, mit einem sowie mit mehreren markierten Objekten im Vergleich.

Auf diese Weise lassen sich schnell neue Ordner anlegen, Dateien öffnen, ebensolche in den Papierkorb legen, sie komprimieren oder bei mehreren ausgewählten Dateien diese zu einem separaten Ordner zusammenfassen. Auch etwaige Informationen zu entsprechenden Dateien lassen sich abrufen, die Ihnen eine Menge über die Beschaffenheit des Objekts verraten. Markieren Sie einfach eine Datei oder einen Ordner per Mausklick und wählen Sie aus dem Popup-Menü den Befehl *Informationen*. Alternativ klappt das auch über das *Ablage*-Menü oder dem Tastaturkürzel *Befehlstaste-I* / ⌘-I. Es öffnet sich der zugehörige Dialog *Info zu*, in dem Sie neben allgemeinen Auskünften wie *Größe*, den *Ablage-Ort*, das *Erstellungs-* wie *Änderungs-Datum* auch speziellere Daten wie Bild- oder Video-Details (Bild-Auflösung, Brennweite des Objektivs bei Fotos, verwendeter Codec oder Dauer des Film etc.) sowie die *Eigentümer-* und *Zugriffsrechte* einsehen können.

Auch zu den Fenstern bzw. dem Reaktionsverhalten derselben lassen sich Grundeinstellungen tätigen, die wieder über die *Finder-Einstellungen* zu definieren sind. Über *Finder | Einstellungen* (bzw. *Befehlstaste-Komma* / ⌘-,) rufen Sie dieselben auf und legen über *Allgemein* fest, dass etwa beim Anlegen neuer Fenster diese grundsätzlich den Inhalt eines bestimmten Volumes oder beispielsweise den privaten Benutzer-Ordner zeigen sollen (Auswahl-Menü siehe Seitenleiste). Diese Vorgabe stellen Sie im Popup-Menü bei *Neue Finder-Fenster zeigen* ein. Gefällt Ihnen die angebotene Vielfalt nicht, so wählen Sie über *Andere…* eine ganz individuelle Entscheidung. Dabei öffnet sich ein Dialog-Fenster, in dem Sie sich nun zum Wunsch-Objekt klicken können.

Informationen (⌘-I) satt: links über einen Ordner, mittig über ein Bild und rechts über eine PDF-Datei. Wie Sie erkennen, lassen sich auch über diese Art Dokumente als Vorschau einsehen und/oder abspielen.

Über die »Finder-Einstellungen« lassen sich individuelle Anpassungen vornehmen, so zum Beispiel jenen Pfad, den Sie beim Öffnen eines neuen Fensters bevorzugen.

Die Option *Ordner immer in neuem Fenster öffnen* sollten Sie aktivieren, wenn Sie sich weniger gerne innerhalb von Ordnern orientieren und lieber eine klare Abgrenzung der üblichen Hierarchie-Struktur bevorzugen. Klicken Sie also einen Ordner doppelt an, so öffnet sich ein weiteres Fenster mit dessen Inhalt. Ist darin ebenso ein Ordner, den Sie wiederum einsehen möchten, so wird auch dieser in einem separaten Fenster

2 | Die Arbeitsumgebung im Detail

dargestellt. Das geht wohl ewig so weiter, denn eine Beschränkung auf geöffnete Fenster ist uns nicht bekannt. Mit anderen Worten: Irgendwann werden Sie wohl den Überblick verlieren, wenn der Schreibtisch mit zahlreichen Fenstern übersät ist. Hilfreich ist hierbei zwar das *Fenster*-Menü in der Menüleiste, das alle geöffneten Fenster auflistet, doch ist ein flüssiges Arbeiten mit mehr als sechs oder sieben Fenstern auf dem Bildschirm fast nicht mehr möglich.

Möchten Sie alle Fenster oder Dokumente auf einmal schließen, so klicken Sie bei gedrückter *Optionstaste* auf den roten Knopf (⊗) oben in der Fensterleiste. So haben Sie ruckzuck wieder einen aufgeräumten Schreibtisch.

Wenn Ihnen derlei Fenster-Wust doch ein wenig zu viel des Guten ist, Sie aber dennoch bei Bedarf das ein oder andere Fenster lieber separat öffnen möchten, so brauchen Sie nur bei gedrückter *Befehlstaste* (⌘) auf einen Eintrag in der Seitenleiste zu klicken. Anstatt im bereits gezeigten Fenster öffnet sich nun ein weiteres mit dem gewünschten Inhalt.

Auch für das Wechseln zwischen Fenstern existiert eine Tastenkombination: *Befehlstaste-<* (⌘-< bzw. Menüleiste *Fenster | Nächstes Fenster*). Hierbei können Sie jedoch nur innerhalb des gerade aktiven Programms bzw. im Finder zwischen den Fenstern oder Dokumenten wechseln.

Da blickt kein Mensch mehr durch – höchstens über das Fenster-Menü. Aber es ist eben möglich, wenn Sie es denn explizit in den Finder-Einstellungen verlangen.

Mit *OS X Lion* führte Apple die Funktion *Mission Control* ein, die per Tastendruck einen Überblick über alle geöffneten Fenster, Programme, virtuellen Schreibtische etc. ermöglicht. Weiterhin existiert auch noch die unter *Mac OS X Snow Leopard* genannte Funktion *Exposé*, die auf Wunsch alle zum aktuell geöffneten Programm vorliegenden Fenster anzeigt. Über die Sondertaste *F11* lassen sich somit sämtliche Fenster kurzfristig aus dem Blickfeld räumen und nur der Schreibtisch wird eingeblendet, *ctrl-↓* präsentiert alle Fenster innerhalb eines Programmes oder des *Finders* in einer Miniatur-Darstellung und *Mission Control* wird über *ctrl-↑* eingeblendet. Die schon angesprochenen *Spaces*, mit denen sich virtuelle Schreibtische bzw. separate Arbeitsumgebungen einrichten lassen, können Sie ebenso über *Mission Control* anlegen. Doch wir wollen nicht zu viel verraten, denn auch dazu kommen wir noch …

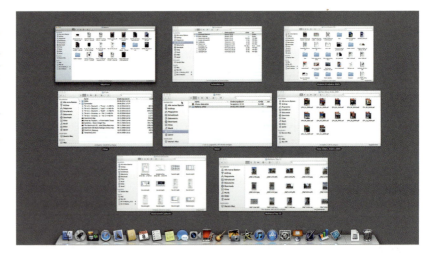

Möchten Sie sich einen Überblick verschaffen, so sollten Sie immer die Exposé-Funktion »Programmfenster« im Hinterkopf behalten. Per ctrl-↓ werden alle geöffneten Fenster bzw. Dokumente eingeblendet – per Mausklick lässt sich dann das Gewünschte aufrufen.

Sofern Sie Ihr Betriebssystem von *OS X Lion* auf *OS X Mountain Lion* nur aktualisiert haben, so unterscheiden sich die Tastaturbefehle ein wenig. In diesem Falle verwenden Sie die Sondertasten *F9* für *Mission Control*, *F10* zum Einblenden der Programm- bzw. Finder-Fenster, über *F11* wird der Schreibtisch präsentiert und über *F12* lässt sich das *Dashboard* aufrufen.

Neben *Exposé* oder dem Menüleisten-Eintrag *Fenster* lässt sich auch per »verzögertem« Mausklick auf ein Programm- bzw. das Finder-Icon im Dock (beim Klicken die Maustaste circa eine Sekunde gedrückthalten und dann loslassen) eine Übersicht der geöffneten Fenster oder Dokumente einblenden.

2 | Die Arbeitsumgebung im Detail

Per verzögertem Mausklick auf ein Programm-/Finder-Icon im Dock werden alle geöffneten Dokumente und Fenster aufgeführt.

MacBook (Pro/Air)-Anwender und all jene, die Apples externe Aluminium-Tastaturen (ab Mitte 2007) benutzen, müssen für Funktionen, die über *F*-Tasten (diese Sondertasten liegen ganz oben) aufgerufen werden, zusätzlich die *fn*-Taste drücken, da diesen Sondertasten bereits Aufgaben zur Hardware-Steuerung zugeteilt sind. Nach dem Motto »Nichts ist unmöglich« kann die Ausführung der Sondertasten jedoch über die *Systemeinstellungen | Tastatur* geändert werden (siehe Kapitel über die Systemeinstellungen).

Last but not least kommen wir in den *Finder-Einstellungen* zur Funktion *Aufspringende Ordner und Fenster*, die für Maus-/Trackpad-Akrobaten wie geschaffen ist. Dabei packen Sie ein Objekt (beispielsweise um es zu kopieren oder einfach nur zu verschieben) mit der Maus und bewegen es auf einen Ordner. Die Maustaste halten Sie dabei weiterhin gedrückt, denn ansonsten wäre das Objekt ja schon an seinem Ziel angekommen. Wenn Sie nun eine winzige Sekunde warten, so öffnet sich der Inhalt des Ordners im selben Fenster. Navigieren Sie nun das immer noch gehaltene Objekt auf einen weiteren Ordner (der etwas tiefer in der Hierarchie liegt), so öffnet sich auch dieser. Das Objekt wird auf diese Weise von Ordner zu Ordner getragen und erst dann losgelassen, wenn Sie das Ziel erreicht haben. Den Zeitraum, in dem sich die Ordner und Fenster öffnen, legen Sie über den Regler bei *Verzögerung* fest.

Um den Unterschied zwischen Verschieben und Kopieren noch einmal zu verdeutlichen: Transferieren Sie eine Datei oder einen Ordner auf dem gleichen Volume von seinem ursprünglich angestammten Platz zu einem anderen, so wird dieses Objekt nur verschoben. Bewegen Sie es stattdessen von seinem Original-Ort auf ein anderes Volume (eine andere Partition, eine externe Festplatte oder einen USB-Stick), so wird es dorthin kopiert. Dasselbe Objekt existiert nun also zwei Mal: am Original-Schauplatz sowie am Ort der neuen Ablage. Das sollten Sie immer im Hinterkopf haben, nicht dass Sie die Datei löschen, weil Sie dachten, Sie hätten Sie ja schließlich kopiert.

Um eine Datei auf ein und demselben Volume (von einem Ordner in einen anderen) zu kopieren, müssen Sie beim Transferieren die *Optionstaste* (⌥) gedrückt halten. Sie erkennen den Vorgang am *Pluszeichen* (das neben dem Mauszeiger auftaucht:) und nach dem Loslassen am Fortschrittsbalken, der sowohl im Finder als *Kopieren*-Dialog als auch innerhalb des betreffenden Ordners oder der Datei den aktuellen Status aufzeigt. Letzterer ist jedoch nur zu bewundern, wenn es sich um größere Datenmengen handelt. Eine weitere Alternative zum Kopieren von Daten läuft über die Tastatur bzw. über das *Bearbeiten*-Menü: Markieren Sie das gewünschte Objekt oder eine Auswahl und wählen Sie über das Menü *Bearbeiten* den Befehl *Kopieren* (Tastenkombination: ⌘-C). Bewegen Sie sich dann zum Ziel-Ordner und wählen Sie wiederum aus dem *Bearbeiten*-Menü den Befehl *Objekt(e) einsetzen* (⌘-V). Die Daten werden nun am gewünschten Ort eingefügt.

Auf Wunsch können Sie selbstverständlich auch mehrere Kopiervorgänge gleichzeitig anwenden. Sowohl Dialoge als auch die Ordner-/Datei-Icons klären Sie über den Status auf.

Sofern Sie mehrere Dateien an einen neuen Ort kopieren, wird Ihnen die Anzahl der bewegten Dateien aufgezeigt, indem unterhalb des Mauspfeils ein roter Kreis mit der entsprechenden Anzahl ( ) der Daten eingeblendet wird.

Ganz wichtig: Egal, was Sie kopieren oder aus Versehen in den Sand setzen – merken Sie sich die Tastenkombination *Befehlstaste-Z* (⌘-Z) für den Befehl *Widerrufen* aus dem *Bearbeiten*-Menü. Dieser Befehl nennt sich je nach Programm auch *Rückgängig* oder führt den Arbeitsschritt beim Namen auf, den Sie gerade getätigt haben. Wichtig hierbei ist, dass der zuletzt vorgenom-

2 | Die Arbeitsumgebung im Detail

mene Schritt damit immer rückgängig gemacht und der Ausgangszustand wiederhergestellt wird. Einzige Ausnahme: Haben Sie im Papierkorb befindliche Objekte trotz Sicherheitswarnung (Zitat: *Möchten Sie die Objekte im Papierkorb wirklich endgültig löschen?*) eliminiert, so ist der Zug abgefahren und die Daten sind erst einmal weg. Das kann dann ganz schön wehtun (psychisch – nicht physisch). Doch es gibt noch viele andere schöne Dinge auf der Welt … – etwa *Time Machine*, die interne Backup-Lösung, auf die wir selbstverständlich auch noch zu sprechen kommen.

Gefahr in Verzug: Beherzigen Sie unbedingt die Warnung, denn was weg ist, ist vorerst auch wirklich weg. Es sei denn, Sie arbeiten mit der Apple-eigenen Backup-Lösung »Time Machine«, die Ihre Daten regelmäßig auf eine externe Festpatte kopiert. Auf diese Weise lassen sich versehentlich gelöschte Daten wieder zurückholen.

Sie sehen schon, Apple hat eine ganze Menge an Funktionen und Raffinessen eingebaut. Aber wenn Sie jetzt denken, dass wir nun endlich mal mit den Fenstern aufhören könnten, dann haben Sie sich geschnitten. Denn da wäre auch noch die Geschichte mit der Erweiterung der Symbolleiste bzw. der Anzeige einer *Pfadleiste*. Wie schon erwähnt, stehen über dem Inhalts-Bereich die Symbole für *vorwärts*, *rückwärts*, die *Fenster-Ansichten*, die Auswahl-Menüs *Aktion* zum Anwenden von diversen Befehlen sowie *Objektausrichtung ändern* für eine schnelle Anpassung des Ordner-Inhaltes.

Neu in *OS X Mountain Lion* ist auch das *Freigeben*-Menü ( ) in der Fenster-Symbolleiste, über das Sie ausgewählte Dateien direkt an verschiedene Programme (etwa an *Mail* oder an *Nachrichten*) oder soziale Netzwerke (wie etwa Bilder an *Flickr* oder *Twitter*, Filme an *Vimeo*) weiterreichen können. Dazu müssen Sie nur eine oder mehrere Dateien per Mausklick markieren und danach den entsprechenden Dienst auswählen. Zuvor müssen Sie sich jedoch bei *Twitter*, *Facebook*, *Vimeo* oder *Flickr* einmal anmelden.

Über die Menüleiste *Darstellung* haben Sie nun noch die Möglichkeit, die Symbolleiste anzupassen bzw. bei Nicht-Gefallen ganz auszublenden (*Darstellung | Symbolleiste ausblenden* bzw. ⌘-⌥-T). Beim *Anpassen* (*Darstellung | Symbolleiste anpassen*) fährt aus dem Fenster eine Tafel mit allerhand Symbolen heraus, die nun in die Symbolleiste gezogen werden können. Dasselbe Angebot an eben genannten Befehlen gibt es auch wieder über das Kontext-Menü, wenn Sie es per Klick auf die Titelleiste eines Fensters aufrufen.

Arbeiten Sie gerne mit Maus oder Trackpad, so eröffnet sich Ihnen das Paradies zum Klicken. Tastatur-Freaks schwören hingegen auf die Magie der Tasten und üben sich im Auswendiglernen von Kurzbefehlen.

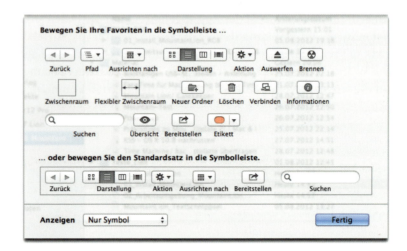

Was Sie letztlich davon brauchen können, wird sich sicher im Arbeitsalltag nach und nach einspielen, den Rest können Sie ja dann wieder löschen (*Darstellung | Symbolleiste anpassen* wählen und dann die nicht benötigten Symbole einfach aus der Leiste ziehen). Mit der unten liegenden Standardleiste ersetzen Sie etwa missglückte Anpassungsversuche, ansonsten sollten Sie sich fleißig bedienen. *Auswerfen* (⏏ – entfernt externe Medien wie CDs/DVDs, USB-Sticks, SD-Karten oder Festplatten-Volumes nach Auswahl vom Schreibtisch bzw. aus den entsprechenden Laufwerken) und *Brennen* (⊙) ist interessant für die Vielbrenner-Fraktion, die schnell mal den aktuellen Daten-Bestand auf eine CD/DVD fixieren möchte. Das *Informationen*-Symbol (ⓘ) ersetzt den Gang über die Menüleiste *Ablage | Informationen*, und das *Verbinden*-Symbol (🖥) ist für jene interessant, die ein Netzwerk betreiben und sich mit einem bestimmten Server kurzschließen möchten, was dem Befehl *Mit Server verbinden* (⌘-K) aus dem *Gehe zu*-Menü im *Finder* entspricht. Die *Übersicht* (👁) entspricht der *Quick Look*-Funktion, über die Sie eine Datei markieren und per Knopfdruck eine Voransicht erhalten, ohne das zugehörige Programm starten zu müssen. Die *Löschen*-Funktion (🗑) sollte klar sein, ebenso wie der *Neuer Ordner*-Knopf (📁). Das Symbol *Pfad* (≡▾) können wir ruhigen Gewissens empfehlen, überblicken Sie doch so immer die Ordner-Hierarchie und können nachvollziehen, wie tief Sie sich im verschachtelten Ordner-Gefüge befinden. Übrig bleiben der Button *Etikett* (●▾), über den sich einzelne Dateien mit einer Farbe markieren und so hervorheben lassen

2 | Die Arbeitsumgebung im Detail

sowie der starre wie flexible *Zwischenraum* – Letzterer passt sich automatisch der Fenstergröße an.

Man kann es natürlich auch übertreiben: Da weiß man gar nicht, wohin man zuerst klicken soll …

Anstatt die Hierarchie einer Datei über den *Pfad*-Button zu bestimmen, können Sie denselben Effekt auch über die Menüleiste *Darstellung | Pfadleiste einblenden* erreichen. Dabei wird im unteren Teil des Fensters eine zusätzliche Leiste eingeblendet, mit deren Hilfe Sie auf einen Blick erkennen können, auf welcher Hierarchie-Ebene Sie sich gerade befinden. Noch schneller funktioniert allerdings folgender Trick: Klicken Sie bei gedrückter *Befehlstaste* (⌘) auf den oben stehenden Titel des Fensters, so zeigt sich ebenso die Pfad-Anordnung.

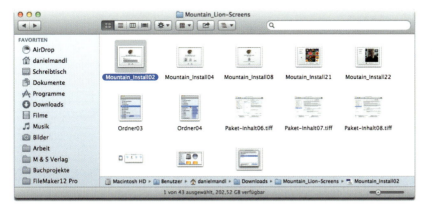

Über »Pfadleiste einblenden« wird auf einen Blick ersichtlich, wo Sie sich gerade befinden.

Das Gleiche funktioniert zum einen über den Pfad-Knopf (links) bzw. über den Klick bei gedrückter Befehlstaste (⌘) auf den Fenster-Titel (rechts).

89

Auf Wunsch lässt sich die Symbolleiste auch mit Programmen oder eigenen Ordnern erweitern. So können Sie beispielsweise Dateien direkt über ein Programm-Icon starten oder in andere Ordner verschieben. Packen Sie dazu einfach einen Ordner und ziehen Sie ihn in die Fenster-Titelleiste. Oder öffnen Sie den Ordner *Programme* und bewegen Sie von dort aus einzelne Anwendungen in die Symbolleiste. Bedenken sollten Sie jedoch, dass sich diese Änderungen auch auf alle anderen Fenster beziehen. Zum Entfernen einzelner Symbole ziehen Sie diese einfach bei gedrückter *Befehlstaste* (⌘) aus der Leiste heraus. Um die Standard-Einstellungen wiederherzustellen, wählen Sie *Darstellung | Symbolleiste anpassen* und ziehen den Standardsatz in die Symbolleiste – dieser ersetzt dann die vorherigen Anpassungen.

Befinden sich sehr viele Knöpfe in der Symbolleiste eines Fensters, so kann es durchaus passieren, dass je nach aufgezogener Größe nicht alle Symbole angezeigt werden. Die fehlenden (nicht sichtbaren) Knöpfe verstecken sich hinter dem Doppelpfeil (») ganz rechts außen. Mit Klick darauf erscheinen diese als Text-Einträge.

Das kommt davon, wenn man es ein wenig übertreibt. Nicht alles wird angezeigt, kann aber dennoch abgerufen werden.

Halten Sie dagegen die vielen Symbole für Spielerei und stehen eher auf sachliche Information, so kann Ihnen auch in diesem Fall geholfen werden. Ist die Option *Symbolleiste anpassen* aufgerufen, so lassen sich bei *Anzeigen* aus dem Popup-Menü die Optionen *Nur Text*, *Nur Symbol* oder gar *Symbol & Text* wählen.

Viele Funktionen des *Symbole anpassen*-Dialoges lassen sich auch über das Kontext-Menü erledigen. Klicken Sie einfach mit gedrückter *ctrl*-Taste bzw. per Rechtsklick auf die Titelleiste eines

Fensters und wählen Sie dann aus dem auftauchenden Menü den entsprechenden Befehl.

Anlegen eines neuen Ordners

Nach so viel Theorie nun wieder eine leichtere Übung für den Alltag. Wie schon erwähnt, befinden sich Dateien (Ihre Arbeitsmaterialien wie Briefe, Bilder, Informations-PDFs usw.) in Ordnern. Je nach Anlass und Situation werden Sie nach und nach eine Ordner-Hierarchie anlegen, damit Sie Ihre Sachen auch wiederfinden. Apple hat Ihnen hierbei schon eine Benutzer-Struktur vorgegeben, die natürlich nicht eingehalten werden muss, für Anfänger jedoch einen leichten Einstieg bedeuten. So finden Sie in Ihrem Benutzer-Verzeichnis bzw. in der Seitenleiste eines Finder-Fensters unter anderem die Ordner *Bilder*, *Dokumente*, *Filme* und *Musik* vor.

Die von Apple bereits eingerichteten Benutzer-Ordner sorgen in Ihrem Daten-Bestand von Anfang an für ein wenig Struktur.

Ordner können Sie immer und überall anlegen, einzig die *System*- oder *Library*-Ordner sollten Sie außen vor lassen. Über *Ablage | Neuer Ordner* (⌘-⇧-N) bekommen Sie einen Ordner und können ihn nun mit weiteren Dateien/Ordnern füllen. Das Gleiche klappt auch über das Kontext-Menü, indem Sie bei gedrückter *ctrl-Taste* mit der Maus klicken, einen Rechtsklick bzw. auf dem Trackpad einen Zweifinger-Tipp ausführen. Dabei öffnet sich ein Menü, aus dem Sie den Befehl *Neuer Ordner* wählen. Und vergessen Sie auch nicht das Aktions-Menü (), das ebenso diesen Befehl aufweist.

Da *OS X Mountain Lion* natürlich nicht weiß, was Sie damit vorhaben, heißen alle neu angelegten Ordner erst einmal *Neuer Ordner* (bei mehreren werden diese dann fortlaufend nummeriert). Die Schrift bei *Neuer Ordner* ist dabei blau unterlegt, was nichts anderes heißt, als dass Sie diesen wenig aussagekräftigen Namen sofort überschreiben können. Tippen Sie einfach darauf los und vergeben Sie einen eigenen Titel. Sind Sie fertig mit Schreiben, klicken Sie außerhalb des Ordners oder drü-

cken den *Zeilenschalter* (↵). Aber auch später können Sie Ihre Ordner jederzeit umbenennen, indem Sie bei markiertem Objekt in den Namen klicken und einen winzigen Augenblick warten. Auch in diesem Fall wird der Name blau unterlegt und kann korrigiert werden. Alternativ brauchen Sie auch nur einen Ordner zu markieren (per Mausklick) und dann den *Zeilenschalter* (↵) zu drücken – der Effekt ist derselbe.

Das Umbenennen von Dateien geht im Übrigen genauso: In den Namen klicken bzw. die Datei markieren und den *Zeilenschalter* drücken – der Name kann nun überschrieben oder korrigiert werden.

Befinden sich in einem Ordner Dutzende Dateien, die Sie vielleicht in weiteren Unterordnern unterbringen möchten, so können Sie auch zusammengehörige Dateien markieren und aus dem *Ablage*-Menü des Finders den Befehl *Neuer Ordner mit Auswahl (x Objekte)* wählen. Alle markierten Dateien werden nun zusammen in einen Ordner verfrachtet, den Sie auch gleich sinnvoll benennen sollten. Dieser Befehl steht Ihnen auch wieder über das Kontext- wie Aktions-Menü zur Verfügung.

Klicken Sie einen neu angelegten Ordner nun doppelt an, so öffnet er sich und zeigt seine leere Fenster-Vorschau, die Sie nun wie gewünscht füllen können.

Wenn Sie über die Menüleiste *Darstellung* die Option *Statusleiste einblenden* aktivieren, erhalten Sie am unteren Ende des Fensters stets einen Überblick über die Anzahl der im Ordner befindlichen Objekte sowie über den noch freien Speicherplatz auf der Festplatte.

Sechs Objekte und noch etwa 200 Gigabyte freier Speicher auf der Festplatte – da kann man noch was unterbringen …

Neben der hierarchischen Ordnung, in der Sie mehrere Ordner ineinander verschachteln können, gibt es noch eine weitere Methode, diese zu kennzeichnen – und zwar mit *Etiketten*. Hierbei verteilen Sie unterschiedliche Farben, sodass zusammengehörende Ordner-Pakete auf einen Blick erkannt werden können – vorausgesetzt, sie befinden sich auf der gleichen Ebene.

2 | Die Arbeitsumgebung im Detail

Das Vergeben von *Etiketten* ist denkbar einfach. Markieren Sie einen Ordner und klicken Sie in das *Aktions*-Menü. Ganz unten, bei *Etikett*, wählen Sie nun die gewünschte Farbe und der Fall ist für Sie erledigt. Alternativ können Sie jedoch auch bei gedrückter *ctrl-Taste* bzw. mit Rechtsklick auf einen Ordner klicken und aus dem auftauchenden *Kontext*-Menü die gewünschte Markierung zuordnen.

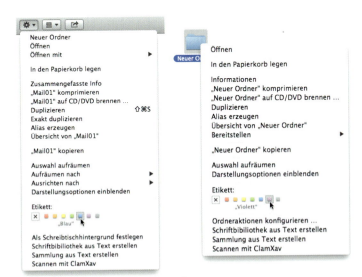

Höherer Wiedererkennungswert: Etiketten-Vergabe über das Aktions- (links) bzw. Kontext-Menü (rechts).

Die Namen der Etiketten können Sie im Übrigen über die *Finder-Einstellungen* (*Finder | Einstellungen*) und dort in der Abteilung *Etiketten* abändern. Rufen Sie später in der *Listen-* oder *Cover Flow-Ansicht* die *Darstellungsoptionen* (⌘-J) auf, so lässt sich dort als zusätzliche Information unter *Spaltenanzeige* die Rubrik *Etikett* einblenden. Die für die Etiketten vergebenen Titel werden so aufgeführt und dienen als weitere Kennzeichnung für beispielsweise Projekte oder Dringlichkeit der Aufgaben. Klicken Sie noch dazu auf den Spalten-Titel *Etikett*, so werden die gekennzeichneten Dokumente nach Farben/Dringlichkeit (je nach Benennung) geordnet.

> Etiketten eignen sich hervorragend für Such-Vorgänge über beispielsweise intelligente Ordner (siehe nächsten Abschnitt) oder über den *Suchen*-Befehl des *Finders* (⌘-F bzw. *Ablage | Suchen…*), was letztlich aber dasselbe ist. So lassen sich etwa alle Ordner eines bestimmten Projekts, welches mit roten Etiketten belegt wurde, schnell finden.

93

Intelligenter Ordner – Ordner mit Durchblick

Gehören Sie zu jenen Anwendern, die es gerne wohlgeordnet haben und die auch auf Sicherheit bedacht sind, so sind die sogenannten *intelligenten Ordner* genau Ihr Fall. Über festgelegte Kriterien wie *Art* der Datei, *letztes Änderungs-* oder *Öffnungsdatum*, *Erstellungsdatum*, *Name* oder *Inhalt* veranlassen Sie den Ordner, diesen mit den gewünschten Dateien zu füllen. Egal, ob als Backup, zum Archivieren oder zum Zusammenhalten von verstreuten Projekt-Daten – die Daten liegen gesammelt vor und stehen zur schnellen Verfügung.

Ein *intelligenter Ordner* ist schnell angelegt: über *Ablage | Neuer intelligenter Ordner* oder über die Tastenkombination ⌘-⌥-N.

Ordner mit hilfreicher Such- und Archivier-Funktion.

Sind Sie zum Beispiel auf der Suche nach bestimmten Fotos, so geben Sie als *Art* das Stichwort *Bilder* ein. Über den rechts stehenden *Plus*-Button (⊖⊕) lassen sich nun weitere Kriterien hinzufügen – etwa das ungefähre *Erstellungsdatum* oder der *Name*.

Die Suche gestaltet sich noch effektiver, wenn Sie schon im Vorfeld den Rechner anweisen, wo er denn suchen soll. Dazu können Sie sich schon mal im Voraus in einen bestimmten Ordner, auf ein externes Volume oder auf eine andere Partition begeben und dann *Ablage | Suchen* wählen (das Ergebnis ist letztlich das Gleiche, denn auch daraus lässt sich später ein intelligenter Ordner erstellen). Das Fenster wechselt dann automatisch zur intelligenten Suche. Die Rubrik *Diesen Mac* lässt dabei die gesamte Festplatte (inklusive externer Festplatten) absuchen, sodass

2 | Die Arbeitsumgebung im Detail

Sie schnell als Ergebnis auf Tausende von Dateien kommen können. Weiterhin lässt sich die Suche auf den *Inhalt* eingrenzen, indem Sie jenen Ordner bestimmen, aus dem heraus Sie Ihre Suche begannen.

Als weitere Alternative lässt sich auch in das oben liegende Suchfeld ein Begriff eingeben. Hierbei erhalten Sie auch die Möglichkeit, die Suche einzugrenzen, indem Sie etwa ausschließlich nach dem eingetragenen *Dateinamen* oder beispielsweise der *Art* fahnden. Dies ist mitunter ein Verdienst der Such-Maschine *Spotlight* (siehe auch nächstes Kapitel), die im Vorfeld sämtliche Daten durchscannt und auch innerhalb von Dateien (Texten, E-Mails etc.) nach Begriffen forschen kann.

Wird ein Suchbegriff vergeben, so lässt sich auch nach »Dateinamen« forschen. Das Suchenfeld ändert daraufhin sein Aussehen und lässt Sie jederzeit auch nach weiteren Möglichkeiten fahnden.

Die Auswahl an Suchkriterien sowie die daraus resultierenden, weiteren Eingrenzungen zeigen die Effektivität dieser Art des nachhaltigen Forschens auf.

Alle Ihre Such-Anfragen – sei es über die intelligenten Ordner oder eine einfache Eingabe in das Suchen-Feld – lassen sich auch abspeichern. Damit erstellen Sie sozusagen den intelligenten Ordner, der im Hintergrund werkelt und Sie stets auf dem Laufenden hält. Über den *Sichern*-Knopf vergeben Sie einen Namen und bestimmen den Speicher-Ort. Übernehmen Sie den vorgeschlagenen Ort *Gesicherte Suchabfragen*, so werden im Verzeichnis *Benutzer/<Ihr Benutzer-Name>/Library/Gesicherte Suchabfragen* die entsprechenden Ordner abgelegt. Interessant ist auch die Option *Zur Seitenleiste hinzufügen*, da hierbei ein Alias (eine Verknüpfung) des gespeicherten Ordners in der Seitenleiste angelegt wird. So können Sie auf Mausklick hin Ihre Daten abrufen und besitzen somit immer Zugriff auf den aktuellen Daten-Bestand.

Das Speichern von intelligenten Ordnern lohnt sich ganz besonders bei häufig aufzurufenden Daten, die verstreut auf der Festplatte liegen.

Die in der Seitenleiste untergebrachten *intelligenten Ordner* lassen sich nachträglich anpassen, wenn Sie über das *Aktions*-Menü ( ) bzw. über das Kontext-Menü die Option *Suchkriterien einblenden* aufrufen. Dort können Sie nun weitere Kriterien eingeben oder bestehende ändern.

Die Anzeige der Ergebnisse läuft wie eh und je: Die Dateien lassen sich in der *Listen-*, *Symbol-*, *Spalten-* oder *Cover Flow*-Ansicht darstellen bzw. bei Markierung und dem Betätigen der Leertaste bzw. per Dreifingertipp als *Übersicht* zeigen. Musik-Dateien wie *MP3* oder *MP4* (AAC) können zur Überprüfung auch gleich angehört bzw. Filme gleich in einem Vorschau-Bereich angesehen werden.

Aber der *intelligente Ordner* hat noch ein weiteres Highlight an Bord: Kommen Sie mit den bislang gebotenen Kriterien nicht aus oder ist Ihre Suche sehr speziell, dann sollten Sie einmal das Such-Kriterium *Andere…* anwählen. Von A bis Z wohl geordnet, wartet *OS X Mountain Lion* mit Dutzenden weiterer Such-Algorithmen auf. Da man aufgrund der Vielfalt dort leicht den Überblick verlieren kann, können Sie im *Suchen*-Feld schon einmal ein Stichwort eingeben, das sozusagen die Spreu vom Weizen trennt: ob Audio, Video, Bild, Auflösung oder Größe – zu jedem

2 | Die Arbeitsumgebung im Detail

Such-Begriff finden sich verwandte Themen, die dann sofort eingeblendet werden.

Einen schnellen Blick in die Such-Ergebnisse erhalten Sie wieder über die »Übersicht«.

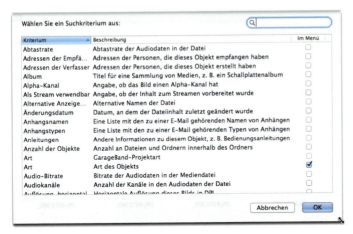

Weitere Such-Kriterien en masse, die über die Eingabe von Begriffen im Suchen-Feld vorsortiert werden können.

So lassen sich etwa Bilder nach Quer- oder Hochformat oder nach den *EXIF*-Daten wie ISO-Einstellung, Blende oder Verschlusszeit aufspüren, Songs aus *iTunes* mithilfe der Musikrichtung oder Spieldauer finden usw. Werfen Sie auf jeden Fall einmal einen Blick dort hinein, denn allein die Beschäftigung mit den Such-Kriterien bzw. dem Bewusstsein, was alles möglich ist, lässt Sie gewaltig staunen.

> Setzen Sie einen Haken (☑) in das kleine Kästchen der Spalte *Im Menü*, so erscheint das Kriterium automatisch bei den Such-Kriterien und muss nicht immer erst umständlich über *Andere* aufgerufen werden.

97

Da manche Kriterium-Beschreibungen die Breite der Spalte überschreiten, werden diese nicht vollständig wiedergegeben. Der Trick zum Lesen besteht darin, dass Sie einfach den Mauszeiger ein oder zwei Sekunden über dem Eintrag parken, woraufhin der gesamte Text angezeigt wird.

Bei Projekten mit umfangreichem Datei-Volumen sollten Sie sich angewöhnen, die Ordner und Dateien entweder mit einem einheitlichen Etikett oder beispielsweise einem einprägsamen Namen zu belegen. Auf diese Weise lassen sich Ihre Daten schnell und sicher wiederfinden. Die Suche nach Etiketten finden Sie im Übrigen über die Kriterien *Andere … | Dateietikett*. Ist diese Option markiert, so lässt sich künftig nach der Farbe des Etiketts suchen – was ungemein schnell geht, wenn Sie einer Arbeit ein einheitliches Etikett verpassen.

Neuer Brenn-Ordner – *gegen die Vergesslichkeit*

Und noch eine weitere Art an Ordnern gibt es zu entdecken – vorausgesetzt, dass Ihr Mac mit CDs/DVDs umgehen kann: der *Brennordner*. Über das *Ablage*-Menü erreichbar wählen Sie *Neuer Brennordner* und packen dort alles hinein, was Sie in nächster Zeit als CD oder DVD brennen möchten. Beim Anlegen ist wie üblich erst einmal der Name blau unterlegt, sodass Sie diesen sogleich überschreiben können. Die Vorgehensweise zum Sammeln der Daten ist dabei sehr simpel: Ziehen Sie all jene Dateien und Ordner auf das *Brennordner*-Icon oder in den geöffneten *Brennordner*, die demnächst auf einer silbernen Scheibe verewigt werden sollen.

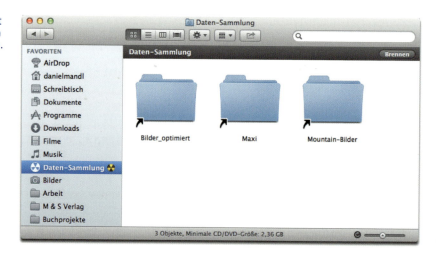

Am Anfang steht das Sammeln wichtiger Daten.

2 | Die Arbeitsumgebung im Detail

Damit Sie von überall aus immer sofortigen Zugriff auf Ihren *Brennordner* haben, sollten Sie diesen in die Seitenleiste des *Finder*-Fensters ziehen. Ihren *Brennordner* erkennen Sie dann auf einen Blick am entsprechenden Symbol (☢).

Die Besonderheit hierbei ist, dass nicht etwa alle Daten in den *Brennordner* hineinkopiert werden, sondern dass nur eine Verlinkung (Alias) auf die Original-Daten angelegt wird. Das heißt für Sie, dass Sie sich im Falle des Transferierens eines Arbeits-Ordners in den *Brennordner* die nächste Zeit erst einmal keine Sorgen über den aktuellen Stand machen müssen. Denn selbst dann, wenn Sie nachträglich noch Daten in Ihren Arbeits-Ordner einfügen, werden auch diese zum Zeitpunkt des Brennens berücksichtigt, da ja eine Verbindung zum Original besteht. Verknüpfungen erkennen Sie am kleinen Pfeil links unten (↗) auf den Datei-Icons, der damit eine Verbindung zum Original symbolisiert.

Nach dem Einfügen etwaiger Daten in den *Brennordner* dürfen Sie diese nicht vom ursprünglichen Platz verschieben oder gar löschen, da ansonsten die Verbindung aufgehoben wird. Der *Brennordner* verliert somit den Kontakt zur Ursprungs-Datei und berücksichtigt diese nicht mehr.

Zum Brennen der Daten klicken Sie einfach auf den *Brennen*-Knopf (Brennen) bzw. auf das *Brennen*-Symbol (☢) rechts neben dem Ordner-Namen in der Seitenleiste. Der Rechner fordert Sie daraufhin auf, ein Speichermedium einzulegen.

Der Dialog »CD/DVD brennen«. Je nach Größe sollten Sie nun eine CD (CD-R/CD-RW) oder eine DVD (DVD±R, DVD±RW, DVD±R DL) einlegen, wobei die Formate vom integrierten oder externen Laufwerk des Rechners abhängig sind.

Wenn Sie sich unsicher sind, welche Medien Ihr CD/DVD-Laufwerk brennen kann, so rufen Sie über das Apple-Menü (links oben –) den Befehl *Über diesen Mac* auf. Im auftauchenden Dialog klicken Sie wiederum auf *Weitere Informationen …*, womit Sie das Dienstprogramm *Systeminformationen* starten. In der ersten Übersicht klicken Sie dann auf die Rubrik *Festplatten*. Scrollen Sie ein wenig nach unten, so stoßen Sie auf Ihr CD-/

DVD-Laufwerk – in unserem Fall können wir zwischen einem intern verbautes *SuperDrive* und einem externen optischen Laufwerk wählen. Dort werden nun alle Medien angezeigt, die Ihr Mac verarbeiten (lesen und beschreiben) kann.

Der Aluminium-iMac mit SuperDrive kommt mit (fast) allen derzeit verfügbaren Medien zurecht.

Im nächsten Schritt können Sie noch einmal den Titel anpassen sowie die *Brenngeschwindigkeit* bestimmen, der Klick auf *Brennen* wirft dann den eigentlichen Brenn-Vorgang an. Stellt der Rechner jedoch fest, dass die Ordner-Größe die Kapazität des Brenn-Mediums überschreitet, zieht er die Notbremse und bricht ab.

Wenn die Datenmenge des Brennordners die Kapazität des Speicher-Mediums übersteigt, so wird der Brenn-Vorgang abgebrochen und um Nachbesserung gebeten.

Der Dialog zum Brennen: Sie können noch den Namen abändern und die Brenngeschwindigkeit einstellen.

2 | Die Arbeitsumgebung im Detail

Es führt also kein Weg daran vorbei: Entweder Sie legen ein größeres Speicher-Medium ein oder Sie müssen Ihren *Brenn-Ordner* ausmisten. Um einen Überblick zu bekommen, wie groß der Gesamt-Speicherplatz des Ordners ist, klicken Sie bei geöffnetem *Brenn-Ordner* auf das kleine Symbol (⊙) rechts unten zum Berechnen des verbrauchten Speicher-Platzes. Noch schneller geht's, wenn Sie einfach auf den *Brennen*-Button klicken und die Gesamt-Größe im Dialogfeld ablesen. Zum Schließen des Dialogs klicken Sie einfach in *Abbrechen*.

Befindet sich bereits ein Medium im Laufwerk, so lässt sich über die unten liegende Statusleiste ebenso der aktuelle Speicherverbrauch sowie das eventuelle Überschreiten der Speicherkapazität (Überlauf) ablesen.

Zum Brennen wichtiger Daten ist das vorherige Anlegen eines *Brennordners* selbstverständlich kein Muss. Im Grunde brauchen Sie nur ein leeres Medium ins Laufwerk schieben, welches dann im *Finder* (auf dem Schreibtisch) erscheint. Ziehen Sie nun Ihre Daten dort rauf, erhalten Sie ebenso die vom *Brennordner* bekannte Benutzer-Oberfläche und durchlaufen im Endeffekt dieselben Arbeitsschritte. Werfen Sie vor dem Brennen der CD/DVD das Medium wieder aus, so bleiben die angelegten Brenn-Verzeichnisse (*Ohne Titel CD*, *Ohne Titel DVD*) als *Brennordner* bestehen und müssen bei Nicht-Verwendung manuell gelöscht werden.

Denken Sie immer daran, von Ihren wichtigen Daten ab und an Sicherheitskopien anzufertigen. Benutzen Sie Ihren Rechner auch im Beruf und somit zum Geldverdienen, sollte ein tägliches Backup fast schon Grundgesetz sein. Die Apple-eigene Lösung *Time Machine* stellen wir Ihnen ein wenig später noch detailliert vor.

Löschen lassen sich *Brennordner* natürlich auch. Packen Sie den Ordner und ziehen Sie ihn einfach auf den Papierkorb. Sollten Sie vergessen haben, auf welcher Ebene sich der Ordner in der Hierarchie befindet, so rufen Sie beim Klicken auf den Seitenleisten-Eintrag das Kontext-Menü auf und wählen Sie daraus den Befehl *Übergeordneten Ordner öffnen*. Und schon liegt er vor Ihnen und kann nun fachmännisch entsorgt werden.

Wenn man nicht mehr durchblickt, wo sich eigentlich der Brennordner befindet, so helfen diverse Befehle aus dem Kontext-Menü weiter.

101

Das Dock – mit der Lizenz zum Starten …

Nach der Installation des Betriebssystems sehen Sie unten stehend eine Leiste mit einer Reihe von Symbolen. Diese – *Dock* genannte – Schaltzentrale ist meist der Ausgangspunkt zum Starten Ihrer Programme. Die Symbole spiegeln dabei die jeweiligen Programme wieder, und fahren Sie mit der Maus über ein Icon, so erscheint der dazugehörige Name. Natürlich müssen Sie sich nicht mit der Standard-Belegung zufriedengeben, sondern können jedes x-beliebige Programm in das *Dock* ziehen oder umgekehrt auch entfernen.

Und weil das *Dock* im Alltag so wichtig ist, lässt es sich natürlich ebenso an die eigenen Bedürfnisse anpassen. Über das *Apple-Menü* () und dort über den Befehl *Dock* erreichen Sie schon einmal ein paar Optionen, die Sie direkt ansteuern können. So lässt sich darüber das *Dock* anstatt unten auch vertikal platzieren (*Links positionieren* oder *Rechts positionieren*) oder gar ganz ausblenden (*Dock ausblenden* / ⌘-⌥-D). Das *Dock* verschwindet bei letzterer Einstellung aus dem Blickfeld und erscheint nur, wenn Sie den Mauszeiger an den vorgesehenen *Dock*-Platz bewegen.

Der schnellste Weg, um an die Dock-Einstellungen zu gelangen, gelingt über das Apple-Menü.

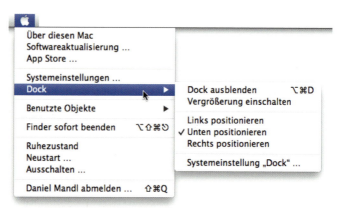

Ein weiteres visuelles Gimmick ist die *Vergrößerung*. Hierbei werden jene Symbole, die Sie mit der Maus überfahren, hervorgehoben, damit Sie auch ja nicht danebenklicken. Da Sie über den Weg *Apple-Menü | Dock* einzig die *Vergrößerung einschalten* bzw. *ausschalten* können, müssen Sie in diesem Fall die *Systemeinstellungen* aufsuchen, in denen sich die Standard-Verhaltensweisen für die Rubrik *Dock* definieren lassen.

2 | Die Arbeitsumgebung im Detail

Oben: Programm-Icon unter der Lupe – für Kurzsichtige kein Thema, für Weitsichtige jedoch von unschätzbarem Wert.

Das Pendant zur »Systemsteuerung« unter Windows: die »OS X-Systemeinstellungen« im Überblick.

Für Mac-Ein- und Windows-Umsteiger gilt hier: Eine ausführliche Auseinandersetzung mit den entsprechenden Rubriken ist unbedingt vonnöten. Selbstverständlich werden wir auch im Buch noch ausgiebig darüber sprechen – und zwar im nächsten Kapitel.

Über das *Apple-Menü | Dock | Systemeinstellung „Dock"* springen Sie direkt in die entsprechende Abteilung. Und wie Sie sehen, gibt es dort einiges zu schieben und zu klicken. Zum einen lässt sich die *Größe des Docks* sowie die *Vergrößerung* der Icons beim Darüberfahren justieren. Dies probieren Sie am besten selbst aus, denn hier spielen auch die Bildschirm-Größe sowie die Anzahl der im Dock abgelegten Programme und Ordner eine Rolle. Weiterhin können Sie die Position (links, unten oder rechts) bestimmen sowie den Effekt festlegen, der beim Ablegen eines Objekts (Fenster, geöffnetes Dokument etc.) ins Dock abgespielt werden soll: *Trichter* (sehr effektvoll) oder *Linear (*eher langweilig, dafür aber schneller).

Da gibt es viel zu regeln – die Dock-Einstellungen für einen guten Start in den Arbeitsalltag.

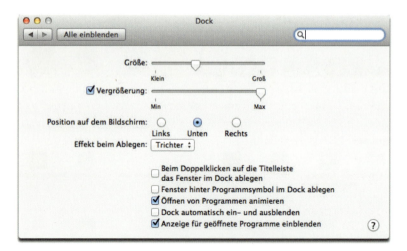

Die Größe des Docks lässt sich auch schnell ändern, indem Sie Ihre Maus auf die Trennlinie zwischen den Programm- und Ordner-Icons bewegen – der Mauszeiger verändert sich. Dort ziehen Sie nun bei gedrückter Maustaste das Symbol nach oben (zum Vergrößern des Docks) oder nach unten (zum Verkleinern des Docks) bzw. nach links oder rechts in der seitlichen Positionierung.

Unten liegend finden Sie weitere Optionen – etwa die schon angesprochene *Beim Doppelklicken auf die Titelleiste das Fenster im Dock ablegen*. Die zweite Option – *Fenster hinter Programmsymbol im Dock ablegen* – ist aus unserer Sicht nicht besonders empfehlenswert: Legen Sie ein Fenster oder Dokument – beispielsweise über den Befehl *Im Dock ablegen* (⌘-M) bzw. per Klick auf (⊖) ins Dock, so landet die Datei oder der Ordner üblicherweise rechts von den Programm-Symbolen. Die Miniatur-Vorschauen tragen noch dazu das zugehörige Programm-Icon, sodass Sie auf einen Blick erkennen können, was sich denn da so alles im Dock tummelt. Aktivieren Sie nun die Option *Fenster hinter Programmsymbol im Dock ablegen*, so wandern die Dokumente auf Doppelklick ebenso ins Dock, allerdings nicht offen sichtbar, sondern hinter dem zugehörigen Programm-Icon verschwindend. Man kann also auf einen Blick überhaupt nicht nachvollziehen, welche und wie viele Fenster überhaupt offen sind. Haben Sie weiterhin mehrere geöffnete Dokumente ins Dock geschickt und klicken nun auf das dazugehörige Programm-Icon, so öffnet sich nur das zuletzt abgelegte, die anderen bleiben weiterhin verborgen. Einsehbar ist das Ganze nur, wenn Sie mit verzögertem Mausklick, mit gedrückter *ctrl*-Taste oder per Rechtsklick bzw. per Zweifinger-Tipp auf das Icon klicken. Im Kontext-Menü sind nun die jeweiligen Fenster/Dokumente zu identifizieren (Abbildung

2 | Die Arbeitsumgebung im Detail

hierzu siehe Seitenleiste). Ein Vorteil dieser Einstellung ist wohl nur auf kleinen Displays zu erzielen, wenn die Dockbreite eingeschränkt ist.

Die Option *Öffnen von Programmen animieren* ist ebenso nicht unbedingt lebensnotwendig, stellt aber ein nettes Schauspiel dar, denn schließlich hüpfen die Programm-Symbole – startet man eine Applikation – ganz aufgeregt auf und ab, als freuten sie sich, endlich ihren Dienst verrichten zu dürfen.

Die Option *Dock automatisch ein- und ausblenden* entspricht exakt der Funktion *Dock ausblenden* (⌘-⌥-D), die Sie auch über das *Apple-Menü | Dock* erreichen.

Laufende Programme erkennen Sie im Übrigen an dem kleinen Leuchtpunkt unterhalb der Icons. Finden Sie das eher störend, so lässt sich dieser leuchtende Punkt über *Anzeige für geöffnete Programme einblenden* deaktivieren, indem Sie den Haken aus der Checkbox (☑) entfernen.

Neben den optischen Leckerbissen hat das *Dock* jedoch noch mehr zu bieten. So können Sie es ausbauen, indem Sie weitere Programm- oder Ordner-Icons hinzufügen. Öffnen Sie beispielsweise Ihren *Programme*-Ordner (klicken Sie in einem Fenster Ihrer Wahl in der links liegenden Seitenleiste auf das Icon *Programme*), so lässt sich jedes Programm-Symbol darin mit der Maus packen und auf das *Dock* ziehen. Das Programm wird hierbei nicht kopiert, sondern es wird nur wieder eine Verlinkung gelegt. Befindet sich das Programm-Icon im Dock, so können Sie es innerhalb des Docks verschieben (mit der Maus packen und bei gedrückter Maustaste nach links oder rechts ziehen, dann die Maustaste loslassen). Das Gleiche klappt auch mit Ordnern, Dokumenten, Bildern oder URLs (*Uniform Resource Locator* = Internet-Adressen), die Sie häufig benutzen und auf die Sie ständig und per Knopfdruck Zugriff haben wollen. Im Falle von URLs können Sie diese aus dem Browser *Safari* (aus der oben liegenden Adresszeile) herausziehen und ins Dock befördern, indem Sie sie am sogenannten *FavIcon* (das sind die kleinen Piktogramme bzw. Bitmap-Grafiken, welche die Internet-Adressen visuell aufpeppen) packen und ans Ziel bewegen. Im Dock selbst werden diese dann als Sprungfeder dargestellt, die per Mausklick den Browser starten und die entsprechende Adresse aufrufen.

Die kleine, 16 x 16 Pixel große Bild-Datei wird mit der Maus ins Dock gezogen. Dort erscheint Sie dann als symbolisierte Spirale. Auf Mausklick hin startet automatisch der Browser »Safari« und lädt die Web-Seite.

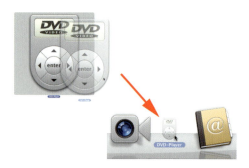

Mit Programmen funktioniert das genauso: Packen Sie das Programm-Icon aus dem Programme-Ordner und ziehen Sie es an jene Stelle ins Dock hin, die Ihnen beliebt.

Neben dem *Programme*-Ordner lassen sich Anwendungen selbstverständlich auch über *Launchpad* ins Dock befördern. Die Vorgehensweise entspricht exakt dem schon Beschriebenen: Icon packen und hinein damit ins Dock – fertig!

Dass der Name des Programms oder des Ordners eingeblendet wird, wenn Sie mit der Maus darüber fahren, haben Sie ja schon kennengelernt. Als zusätzliches Feature lassen sich aber weitere Optionen hervorlocken: Zum einen können Sie die Funktion *Exposé* (Variante: *Programmfenster einblenden* bzw. *Alle Fenster anzeigen*) aufrufen – der Bildschirm wird abgedunkelt und alle zum Programm oder *Finder* gehörenden Dokumente bzw. Fenster werden als Miniaturen samt Untertitel eingeblendet. Bei einer Vielzahl geöffneter Dokumente erhalten Sie so in Sekundenschnelle einen Überblick. Möchten Sie zu einer anderen Datei wechseln, so brauchen Sie nur den Mauszeiger auf die entsprechende Datei zu bewegen und zu klicken – das nun mit einem blauen Rahmen gekennzeichnete Dokument wird augenblicklich im Vordergrund angezeigt.

Mit dem verzögerten Mausklick auf ein Programm- oder das Finder-Icon im Dock lässt sich die Funktion »Alle Fenster anzeigen« aufrufen, die Klarheit im Dokumente- oder Fenster-Dschungel verspricht. Jenes Dokument/Fenster, welches Sie aufrufen möchten, brauchen Sie nur anzuklicken.

2 | Die Arbeitsumgebung im Detail

Falls Sie nur einen kleinen Bildschirm besitzen und Ihnen die Miniaturen zu winzig erscheinen, so können Sie ebenso den Mauszeiger über eine Miniatur legen und mit Drücken der *Leertaste* eine vergrößerte Vorschau (über *Quick Look*/die *Übersicht*) erreichen. Das Gleiche gilt für lange Titel, die üblicherweise in der Miniatur-Vorschau nicht immer vollständig angezeigt werden: Bewegen Sie den Mauspfeil auf den Titel und der komplette Name wird ersichtlich.

Die vollständigen Dokument-Namen werden eingeblendet, sobald Sie den Mauszeiger darauf bewegen.

Liegen neben den normal geöffneten Fenstern und Dokumenten auch solche minimiert im Dock, so werden auch diese von *Exposé* angezeigt. Erkennbar ist dies durch eine feine Trennlinie (wenn Sie genau hinsehen) im unteren Teil der Bildschirm-Ansicht. Alle über der Trennlinie liegenden Fenster sind momentan auf dem Schreibtisch geöffnet, die darunter befindlichen liegen im Dock. Dies trifft auch zu, wenn Sie in den *Dock-Einstellungen* die Option *Fenster hinter Programmsymbol im Dock ablegen* aktiviert haben. Weiterhin werden auch solche Dokumente als Miniaturen mit eingeblendet, die Sie zuletzt mit diesem Programm geöffnet hatten. Die Auswahl entspricht dabei jenen Dateien, die sich über den Befehl *Benutzte Dokumente* einsehen lassen, wenn Sie in der Menüleiste *Ablage* des jeweiligen Programms den Befehl *Benutzte Dokumente* aufrufen.

Bitte genau hinschauen: Eine feine Linie teilt den Bildschirm in aktuell geöffnete (oben) sowie im Dock abgelegte sowie zuletzt benutzte Fenster und Dokumente (unten).

Jedes Programm merkt sich eine gewisse Anzahl an Dokumenten, die zuletzt in Gebrauch waren. Dies erleichtert Ihnen den schnellen Zugang zu häufig genutzten Dokumenten.

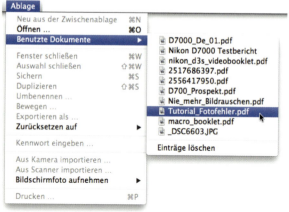

Mal wieder ein kleines Bonbon für die Verspielten unter den Mac-Anwendern: Wenn Sie beim Ausführen einer der *Exposé*-Funktion zusätzlich die *Umschalttaste* (⇧) drücken, so bewegen sich die betroffenen Fenster/Dokumente wieder in Zeitlupe. Manch einer kannja gar nicht genug kriegen von derlei Effekten …

Einen zusätzlichen Mehrwert dieser *Exposé*-Funktion erhalten Sie, indem Sie nun innerhalb dieser Ansicht zu anderen Programmen umschalten können. Dies erledigen Sie über die *Tabulator*-Taste (➔) in der Reihenfolge der im Dock liegenden, geöffneten Programme oder – noch komfortabler – über das Gedrückthalten der *Befehlstaste* (⌘) und das anschließende Betätigen der *Tabulator*-Taste (→|). In diesem Fall werden die Symbole der aktuell geöffneten Programme eingeblendet und Sie können bequem zur gewünschten Applikation springen, um auch deren Dokumente in *Exposé* anzeigen zu lassen.

Innerhalb von Exposé das Programm wechseln – über Befehlstaste (⌘) und Tabulator-Taste (→|) stellt das kein Problem dar.

Selbstverständlich können Sie über diese Methode auch Dokumente oder Dateien von einem Fenster in ein anderes bewegen. Dazu packen Sie mit der Maus eine Datei (dabei die Maustaste gedrückt haltend) und ziehen sie beispielsweise auf das *Finder*-Symbol im Dock. Dort verharren Sie nun ein Sekündchen, bis *Exposé* anspringt. In der übersichtlicheren Anordnung der geöffneten Fenster ziehen Sie nun diese Datei gezielt in das gewünschte Fenster, das nun im Vordergrund erscheint, wenn Sie ebenso wieder geduldig etwa eine Sekunde warten. Lassen Sie nun die Datei los und sie sitzt am richtigen Platz.

Zu *Exposé* noch ein toller Tipp: Über diese Funktion lassen sich hervorragend Dateien oder Text-Abschnitte von einem Fenster in ein anderes kopieren, ohne sich dabei über Menüs oder vielerlei Dokumente klicken zu müssen. So wählen Sie beispielsweise einen Abschnitt aus einem Text-Dokument und kopieren ihn über *Befehlstaste-C* (den Text zuerst mit der Maus markieren, indem Sie mit gedrückter Maustaste darüber fahren, dann ⌘-C wählen). Danach drücken Sie dann *ctrl-↓*, suchen sich das entsprechende andere Dokument, klicken dort hinein und fügen den Text-Abschnitt über *Befehlstaste-V* (⌘-V steht für *Einfügen*) ein. Das Gleiche geht natürlich auch mit mehreren Dokumenten oder Ordnern, indem Sie diese markieren und mit gedrückter Maustaste bewegen.

Nach so viel »Dockerei« ist allerdings immer noch nicht Schluss, denn neben *Exposé* gibt es Weiteres zu berichten. So können Sie beispielsweise aus dem Dock heraus auch ein *Kontext*-Menü aufrufen, das weitere Optionen anbietet. Klicken Sie mit gedrückter *ctrl*-Taste, per Rechtsklick oder bei Multi-Touch-Trackpads mit Zweifinger-Tipp auf ein Programm-Icon, so können Sie über die eingeblendeten Optionen dieses aus dem Dock löschen (*Aus dem Dock entfernen*) bzw. integrieren (*Im*

Dock behalten). Darüber hinaus können Sie so *OS X* veranlassen, das Programm nach dem Hochfahren des Rechners automatisch zu starten (*Bei der Anmeldung öffnen*), den *Programme*-Ordner zu öffnen und somit das Original anzuzeigen (*Im Finder zeigen*) und natürlich das Programm selbst starten (*Öffnen*). Auch die *Exposé*-Funktion *Programmfenster* ist möglich, wenn Sie die Option *Alle Fenster anzeigen* wählen. Arbeiten Sie mit mehreren virtuellen Schreibtischen (den sogenannten *Spaces*), so lässt sich ein Programm auch einem bestimmten (*Dieser Schreibtisch*), allen (*Alle Schreibtische*) oder keinem (*Ohne*) zuordnen (das Thema *Spaces* wird selbstverständlich noch erläutert). Im Falle des *Finder*-Icons ( ) erhalten Sie zudem die Möglichkeit, ein neues Fenster oder einen intelligenten Ordner anzulegen und Weiteres mehr.

Die Dock-Optionen beim Aufrufen des Kontext-Menüs bieten zusätzlichen Service an.

Ist ein Programm hingegen schon gestartet und sind vielleicht sogar verschiedene Dokumente geöffnet, so kommen noch ein paar Features hinzu: Neben den bereits genannten können Sie das Programm ausblenden (Option *Ausblenden*), sodass alle dazugehörigen Fenster kurzfristig von der Bildfläche verschwinden (ein Klick auf das Programm-Icon blendet dann alles wieder ein) oder auf die vielen Dokumente zugreifen und diese einzeln in den Vordergrund bringen. Letzteres ist auch bei mehreren Dokumenten und vielleicht kleinem Bildschirm hilfreich, da sich doch meist gerade das verkehrte Dokument im Vordergrund tummelt.

Dokumenten-Navigation über das Dock – per Mausklick rücken Sie die gewünschte Datei ins Blickfeld.

2 | Die Arbeitsumgebung im Detail

Der besseren Orientierung halber hat Apple einige Symbole vor den Einträgen eingebaut. So ist das zuoberst liegende Dokument mit einem Haken (✔) versehen, während Dateien im Dock bzw. die zuletzt Geöffneten eine Raute (♦) tragen. Neben den Anwendungs-Programmen bieten auch solche Applikationen Zusatz-Optionen an, die in der alltäglichen Arbeit doch das ein oder andere Mal gestartet werden müssen – so zum Beispiel die *Systemeinstellungen* oder das Backup-Programm *Time Machine*. Ohne das Programm öffnen zu müssen, können Sie auf bestimmte Funktionen per Mausklick zurückgreifen.

Immer noch nicht genug? Auch »Time Machine« oder die »Systemeinstellungen« bieten aus dem Dock heraus ihre Funktionen an. Probieren Sie ruhig auch die anderen einmal aus …

Drücken Sie zusätzlich oder auch nachträglich die *Optionstaste* (⌥), so können Sie weitere Befehle ausführen. So wird aus dem einfachen *Beenden* ein *Sofort beenden* oder aus *Ausblenden* ein *Andere ausblenden*.

Was bei Programmen funktioniert, klappt natürlich auch bei den Ordner-Symbolen. Dazu benutzt *OS X Mountain Lion* sogenannte »Stapel« (»stacks«), die auf Mausklick hin eine perfekte Übersicht über den Inhalt von Ordnern gewähren. Ein Ordner – *Downloads* – ist bereits vorhanden und bietet sich als Hort für alle geladenen Anhänge aus den Programmen *Safari*, *Mail* und *Nachrichten* an. Befinden sich nun Dateien in den Ordnern und klicken Sie mit der Maustaste darauf, so werden diese als *Fächer*, *Gitter*, *Liste* bzw. *Automatisch* (abhängig von der Anzahl der darin befindlichen Dokumente) angezeigt.

Links der »Fächer«, mittig das »Gitter« und rechts die »Liste« – alles im Blick per Klick (das reimt sich sogar …)

Selbstverständlich können Sie jeden gewünschten Ordner ins Dock ziehen. Ideal sind dazu häufig benutzte Ordner mit Ihren Arbeitsprojekten oder auch der *Programme*-Ordner, falls Sie nicht doch lieber *Launchpad* zum Starten der Anwendungen bevorzugen. Klicken Sie mit gedrückter *ctrl*-Taste bzw. per Rechtsklick oder per Zweifinger-Tipp auf einen Ordner im Dock, so erreichen Sie über das Kontext-Menü unkompliziert die verschiedenen Möglichkeiten zum Anpassen. So lässt sich etwa eine Sortierung des Inhalts nach *Namen*, nach Datum (*Hinzugefügt am*, *Änderungsdatum*, *Erstellungsdatum*) oder nach *Art* vornehmen. Auch die Darstellung lässt sich darüber festlegen (*Fächer*, *Gitter* oder *Liste*) oder dem Betriebssystem überlassen (Einstellung *Automatisch* – also je nach Anzahl der darin enthaltenen Dateien).

Zum Auswählen einer bestimmten Datei müssen Sie diese bei geöffnetem Stapel nur mit der Maus ansteuern und darauf klicken. Das war's. Übersteigt die Anzahl der Objekte die Zahl der darstellbaren Dateien, so erhalten Sie etwa bei der *Gitter*-Ansicht rechts einen Scrollbalken, der per Maus oder Trackpad nach unten oder oben bewegt werden kann. Im Falle der *Fächer*-Ansicht wird lapidar auf weitere Objekte hingewiesen (*x weitere im Finder*), während sich in der *Listen*-Ansicht durch Bewegen des Mauszeigers der Inhalt an den oberen oder unteren Rand der Einblendung navigieren lässt.

2 | Die Arbeitsumgebung im Detail

Ob Fächer, Gitter oder Liste – in allen Fällen ist optisch erkennbar, wenn sich zu viele Dateien zum gleichzeitigen Anzeigen innerhalb eines Stapels befinden.

Aber auch innerhalb von Ordnern lässt es sich navigieren. In der *Gitter*-Ansicht klicken Sie dazu einfach auf einen Ordner, der nun geöffnet wird und weiterhin in der *Gitter*-Darstellung verbleibt. Befindet sich darin nun wieder ein Ordner, so lässt sich auch dessen Inhalt durch einen einfachen Mausklick einsehen. Aber auch das Zurückgehen klappt ohne Probleme, wenn Sie nun einfach auf den *Zurück*-Knopf () klicken.

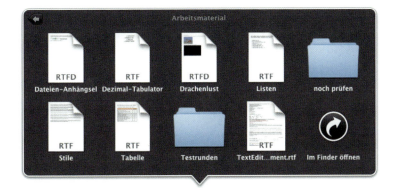

Sich innerhalb verschachtelter Ordner zu bewegen ist bei der »Gitter«-Ansicht durch einfaches Draufklicken möglich. Möchten Sie wieder eine Hierarchie-Stufe zurück, so benutzen Sie den links oben angezeigten »Zurück«-Knopf.

In der *Listen*-Ansicht ist ebenso ein Vorstoß in tiefere Ordner-Schichten möglich. Öffnet sich die Liste, so bewegen Sie den Mauspfeil auf einen Ordner, der nun augenblicklich dessen Inhalt einblendet. Sind darin weitere Ordner versteckt, so vollziehen Sie dieselbe Prozedur. Das geht so lange, bis Sie schließlich eine Datei anklicken (die sich dann öffnet) oder die Maus aus der Liste bewegen. Der *Fächer* macht hier jedoch eine Ausnahme, denn dieser öffnet Ordner grundsätzlich in einem separaten *Finder*-Fenster.

Wollen Sie nun eine Datei nicht öffnen, sondern sie nur in einem Fenster begutachten – etwa weil Sie sie löschen oder verschieben möchten –, so brauchen Sie nur auf den Eintrag *Im Finder öffnen* (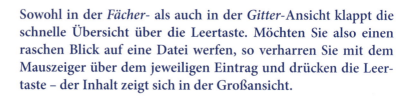) zu klicken. Das Gleiche funktioniert auch, wenn Sie statt auf *Im Finder öffnen* mit gedrückter *Befehlstaste* (⌘) direkt auf die Datei klicken. Es öffnet sich in beiden Fällen das zum Ordner/zur Datei gehörige Fenster, wobei im Falle des direkten Aufrufs die entsprechende Datei gleich markiert ist.

Sowohl in der *Fächer-* als auch in der *Gitter*-Ansicht klappt die schnelle Übersicht über die Leertaste. Möchten Sie also einen raschen Blick auf eine Datei werfen, so verharren Sie mit dem Mauszeiger über dem jeweiligen Eintrag und drücken die Leertaste – der Inhalt zeigt sich in der Großansicht.

Wird ein Programm, ein Ordner oder auch nur ein Dokument im Dock mit großem Fragezeichen angezeigt, so kann der Mac nicht auf die Original-Datei zurückgreifen. Das kann beispielsweise passieren, wenn Sie Objekte, die sich bereits im Dock befinden, nachträglich verschieben oder löschen. In diesem Fall müssen Sie die Verbindung wiederherstellen, indem Sie das entsprechende Objekt erneut ins Dock ziehen (die alte Verbindung können Sie beruhigt aus dem *Dock* ziehen, die dann im virtuellen Nirvana verpufft).

Nachdem Sie nun Ihr *Dock* wahrscheinlich mit allerlei Programmen und Ordnern ausgestattet haben, wollen Sie sicherlich noch wissen, wie man denn Symbole auch wieder entfernt. Dazu packen Sie es einfach mit gedrückter Maustaste und ziehen es heraus – es verpufft dann sozusagen. Ab *OS X Mountain Lion* müssen Sie allerdings ein wenig mehr Wegstrecke zurücklegen, bis sich das Icon in Luft auflöst, was wohl als Sicherheitsmaßnahme vor dem unbeabsichtigten Löschen zu verstehen ist.

Der Papierkorb

Ganz klar: All das, was Sie nicht mehr benötigen oder einfach loswerden möchten, stecken Sie in den *Papierkorb*, dessen Konterfei Sie im Dock ganz rechts außen finden. Entweder Sie packen die Dateien mit der Maus und ziehen diese auf das *Papierkorb*-Icon, oder Sie markieren die jeweiligen Daten und wählen dann *Befehlstaste-Löschtaste* (⌘-←). Befindet sich Abfall im Papierkorb, so zeigt es das Icon an:

2 | Die Arbeitsumgebung im Detail

Wie im richtigen Leben (allerdings ohne Essensreste oder Zigarettenkippen): ein leerer sowie gefüllter Papierkorb.

Ab und an sollten Sie sich dann auch dazu entschließen, diesen zu entleeren. Vorher ist allerdings noch einmal ein ausführlicher Blick hinein in die Tiefen des Papierkorbs angesagt, damit Sie auch sichergehen, dass Sie nichts Verkehrtes oder gar Wichtiges löschen. Klicken Sie auf das *Papierkorb*-Icon, so öffnet sich ein Fenster mit dessen Inhalt. Finden Sie nun darin Daten, die Sie doch lieber aufheben möchten, so packen Sie sie mit der Maus und ziehen sie wieder zurück. Noch besser funktioniert das, wenn Sie die Funktion *Zurücklegen* benutzen. Hierbei rufen Sie mit *ctrl*-Taste und Mausklick auf die Datei (bzw. per Rechtsklick oder Zweifinger-Tipp auf dem Trackpad) das Kontext-Menü auf und wählen daraus den Befehl *Zurücklegen*. Der Mac merkt sich ganz genau, woher die Datei stammt und legt sie brav an den Original-Schauplatz zurück. Ja, so einfach ist das.

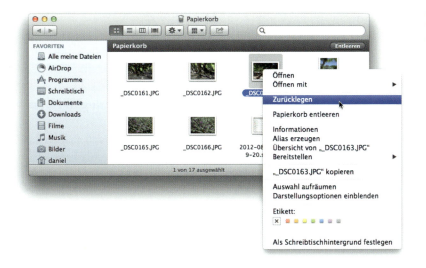

Ruckzuck geht es wieder zurück zum angestammten Platz.

Es sei auch wieder an die hilfreiche Tastenkombination *Befehlstaste-Z* (⌘-Z) erinnert. Befördern Sie etwa aus Versehen eine falsche Datei in den Papierkorb, so lässt sich dieser Schritt augenblicklich über ⌘-Z wieder rückgängig machen. Besondere Betonung liegt hierbei auf »augenblicklich«, denn wenn Sie zwischenzeitlich anderweitig beschäftigt sind oder zwischenzeitlich den Rechner ausgeschaltet hatten, so hilft die Tastenkombi nichts – in diesem Fall müssen Sie den Befehl *Zurücklegen* bemühen.

Das Löschen selbst ist schnell erledigt. Entweder Sie wählen aus der Menüleiste *Finder | Papierkorb entleeren* bzw. ⌘-⇧-← und bestätigen den Sicherheits-Dialog, oder Sie verharren kurze Zeit mit gedrückter Maustaste auf dem *Papierkorb*-Icon im *Dock* und wählen aus dem auftauchenden Dialog den Befehl *Papierkorb entleeren* (nachfolgend wieder mit Sicherheits-Dialog).

Entweder Sie führen den Löschen-Befehl über den Finder aus (linke Abbildung) oder Sie wählen die Schnell-Methode (rechts).

Den Sicherheits-Dialog können Sie umgehen, wenn Sie beim Wählen des Befehls *Papierkorb entleeren* die *Optionstaste* (⌥) gedrückt halten. Oder Sie schalten die Warnung gleich ganz aus, indem Sie in den *Finder-Einstellungen* (⌘-,) unter dem Reiter *Erweitert* die Option *Vor dem Entleeren des Papierkorbs nachfragen* das Häkchen entfernen. Doch Vorsicht: So ein Dialog hat schon seinen Sinn, denn schließlich möchte er zum Überdenken Ihres Tuns anregen (was beim Leeren des Abfalleimers im realen Leben wohl eher zu häuslichen Auseinandersetzungen führt).

Manchmal können diese Dialoge schon nerven, doch im Falle des Löschens halten wir sie für angebracht.

2 | Die Arbeitsumgebung im Detail

Zum Deaktivieren des Sicherheits-Dialoges einfach in den »Finder-Einstellungen« den Haken aus der entsprechenden Checkbox entfernen.

Handelt es sich um sensible Daten, die zum Löschen vorgesehen sind (etwa Bilder vom letzten G8-Treffen im Hotel oder der Überwachungskamera, wie Sie gerade in der Nase bohren), so sollten Sie zum Leeren des Papierkorbs den Befehl *Finder | Papierkorb sicher entleeren* wählen. Der Unterschied: Während bei der ersten Methode die bislang besetzten Speicherblöcke auf der Festplatte vom System kurzerhand als frei gekennzeichnet werden, werden bei letzterem Vorgehen diese Blöcke mit Nullen überschrieben. Über Spezial-Programme zum Wiederherstellen gelöschter Daten lassen sich nun einfach gelöschte Daten im Zweifel rekonstruieren, während bei überschriebenen Daten nichts mehr zu holen ist. Die Funktion des sicheren Löschens lässt sich übrigens in den *Finder-Einstellungen | Erweitert* bei *Papierkorb sicher entleeren* als Standard festlegen.

Das sichere Löschen ist wirklich nur sicher, wenn es sich um die Festplatte handelt, von der die Daten gelöscht wurden. Haben Sie ganz nebenbei noch Backups etwa über *Time Machine* laufen, so sind die Daten selbstverständlich auf dem externen Medium noch vorhanden. Um nun vollends sicherzugehen, müssen Sie selbstverständlich alle Spuren verwischen – indem Sie beispielsweise Ihre Daten über *FileVault* verschlüsseln, sodass niemand daran kommt, oder entsprechende Ordner von *Time Machine* ausschließen, damit erst gar keine weiteren Spuren gelegt werden.

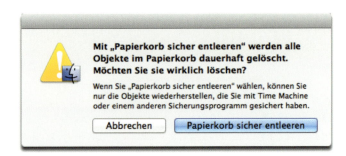

Der Dialog zum sicheren Löschen deutet es an: Ihre Daten können im Zweifel über ein »Time Machine«-Backup bzw. über eine andere Sicherheits-Software wiederhergestellt werden.

Gut gemacht. Wenn Sie bis hierher durchgehalten haben, dann haben Sie das Zeug zum Profi :-) Denn nach diesem ersten Ausflug in die Benutzer-Oberfläche tauchen wir nun ein wenig tiefer ins Geschehen ein, indem wir uns ausführlich den *Systemeinstellungen* widmen. Die *Systemeinstellungen* stellen die Basis für das Verhalten Ihres Mac in den verschiedensten Situationen – etwa wie schnell sich die Maus bewegt, wie sich die Tastatur verhält, wer oder was als Benutzer auftritt und was er tun darf und so weiter. Ganz nebenbei gibt es viel Wissen und Arbeitsweisen, die Ihnen im Alltag helfen werden.

»Alles klar zum Start?« – die Systemeinstellungen

Die *Systemeinstellungen* bekommen von uns zwar ein eigenes (langes) Kapitel, da sie wirklich wichtig sind. Allerdings erklären wir hier nur die für uns im Augenblick wichtigen – der Rest wird im weiteren Kontext erläutert. Wir werfen einen ausgiebigen Blick auf die Rubriken *Persönlich*, *Hardware* und *System – Internet & Drahtlose Kommunikation* bekommen hingegen zwei eigene Kapitel zu den Programmen *Safari*, *Mail*, *Nachrichten* und *FaceTime* sowie zum Thema *Netzwerk*.

Aufrufen können Sie die *Systemeinstellungen* über das *Dock* und das entsprechende Icon bzw. über das *Apple-Menü* und den Menü-Punkt *Systemeinstellungen*. Ähnlich einem Fenster werden dort nun sämtliche Möglichkeiten als Symbole dargeboten, die per Knopfdruck eigene Dialog-Darstellungen zeigen. Über den Button *Alle einblenden* kommen Sie wieder zum Ausgangspunkt zurück, alternativ klappt das auch über die Tastenkombination *Befehlstaste-L* (⌘-L für *Alle Systemeinstellungen einblenden* aus dem *Einstellungen*-Menü). Falls Ihnen die vorgegebene Anordnung der einzelnen *Systemeinstellungen* nicht zusagen sollte, so haben Sie zudem die Möglichkeit, diese alphabetisch aufzureihen – und zwar über die Menüleiste *Einstellungen | Alphabetisch ordnen*.

Weiterhin lassen sich einzelne Systemeinstellungen ausblenden, falls diese nicht benötigt werden. Dazu klicken Sie auf die Schaltfläche *Alle einblenden* und halten die Maustaste circa eine Sekunde gedrückt, bis sich ein Menü zeigt, über das Sie einzelne Einstellungen direkt anspringen können. Interessant ist hierbei der unten stehende Eintrag *Anpassen*. Wird dieser aufgerufen, so zeigen alle Systemeinstellungen kleine Checkboxen mit einem Haken, der symbolisiert, dass diese aktiviert sind. Entfernen Sie nun den ein oder anderen Haken, so werden diese Systemeinstellungen ausgeblendet. Dies sollten Sie aber nur veranlassen, wenn Sie sich ganz sicher sind, dass Sie sie zum einen nicht brauchen und zum anderen diese nicht für weitere Anpassungen unentbehrlich sind.

Über »Anpassen« lassen sich einzelne Systemeinstellungen auf Wunsch ausblenden.

Sind Sie noch Anfänger und suchen eine bestimmte Funktion, so lässt sich über das rechts oben liegende Suchfeld (🔍) ein Begriff eingeben, der in etwa das Gewünschte beschreibt (zum Beispiel Auflösung, Netzwerk, Sharing, Audio etc.). Und indem Sie eine Umschreibung eintippen, werden Ihnen bereits Vorschläge unterbreitet, auf die Sie klicken können. Bei passenden Suchergebnissen werden sogar die zugehörigen Systembeispiele mit einer Art Licht-Spot hervorgehoben. Die Intensität des Strahls deutet dabei – bei mehreren Möglichkeiten – auf die Wahrscheinlichkeit des besten Treffers hin.

Beim Eingeben eines Such-Begriffes werden sofort Vorschläge unterbreitet sowie die entsprechenden Systemeinstellungen angestrahlt.

3 | Die Systemeinstellungen

Sie sollten gerade zum ersten Kennenlernen diesen Einstellungen einen ausführlichen Besuch einräumen, da Sie dort nicht nur eine Menge an versteckten Funktionen entdecken, sondern sich zugleich mit dem ungeheuren Potenzial von OS X Mountain Lion vertraut machen.

Benutzen Sie eine Apple-Tastatur – egal ob schnurgebunden, drahtlos oder auf einem MacBook (Pro/Air) –, so lässt sich bei gehaltener *Optionstaste* (⌥) sowie dem Drücken einer Sondertaste mit Hardware-Funktion (etwa *Lautstärke* 🔊 oder *Helligkeit* ☼) ohne Umweg die entsprechende Systemeinstellung öffnen.

Allgemein – das Erscheinungsbild der Oberfläche anpassen

Jede Zeit weist ihre Trends auf, und jeder Mensch hat so seine Vorlieben in Sachen Kleidung, Aussehen oder Inneneinrichtung. Damit Sie sich nun auch am Mac so richtig Zuhause fühlen, bietet Ihnen die Systemeinstellung *Allgemein* eine ganze Reihe an Möglichkeiten zum Ausgestalten Ihres ganz persönlichen Rechners.

Ob Farben oder geänderte Rollpfeile, Anzahl der zu merkenden Objekte oder die Feinjustierung der Schriftglättung – Sie finden es hier.

Während das *Erscheinungsbild* nur die Farbwahl zwischen *Blau* und *Graphit* lässt, können Sie sich bei der *Auswahlfarbe* für ausgewählten Text richtig austoben. Letzteres meint damit jene Markierung, wenn Sie beispielsweise in einen Ordner-Namen klicken, um diesen zu ändern,

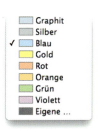

121

oder einen Abschnitt in der Textverarbeitung auswählen, um diesen zu kopieren oder zu verschieben. Und in der Tat kann es hilfreich sein, hier eine andere Farbe zu wählen, sofern Sie etwa mit Ihrem MacBook (Pro/Air) im Garten sitzen und das helle Blau nicht erkennen können. In diesem Fall tut es auch ein kräftiges Rot oder keckes Violett. Sind Sie sehr wählerisch und wollen es besonders einzigartig, so lässt sich über *Eigene…* und dem auftauchenden *Farbwähler* eine ganz persönliche Komposition erstellen.

Der eine mags gern bunt, der andere eher konservativ. Damit nun niemand beleidigt herumlaufen muss, gibt's den Farbenwähler für die individuelle Note. Neben dem Farbrad werden Ihnen auch Farb-Regler, Farb-Paletten, die Bild-Palette sowie die guten alten Farbstifte angeboten.

Je nach Vorliebe und Zeitbudget dürfen Sie sich nun fleißig austoben, denn schließlich will die Einstellung Bestand haben. Über die verschiedenen Paletten und Regler sowie die je nach Einstellung auftauchenden Popup-Menüs mit den darin gebotenen Farbsystemen wie *RGB* (steht für Rot, Grün und Blau und stimmt mit den Farben auf dem Bildschirm überein), *CMYK* (Cyan, Magenta, Yellow und Schwarz entspricht dabei den Druck-Farben) und *HSV* (Hue, Saturation und Value steht für Farbton, Sättigung und Farbwert/Helligkeit – die Eingabe erfolgt über numerische Werte) steht Ihnen die ganze Welt der Farben offen. Dies nur als ein Auszug dessen, was alles möglich ist.

Die vertikalen wie horizontalen Rollbalken sind jene Werkzeuge, mit denen Sie Fenster-Inhalte bewegen – entweder per Maus mit Scrollrad oder Kugel bzw. per Wischen mit einem oder zwei Fingern auf der Apple Magic Mouse oder dem Trackpad. Ob die Rollbalken nun ständig sichtbar oder nur bei Bedarf eingeblendet werden, bestimmen Sie über die beiden Optionen *Beim Scrollen* oder *Immer*.

Die Option *Klicken in den Rollbalken bewirkt* regelt dabei das Verhalten, wenn Sie mit der Maus oberhalb oder unterhalb eines Scroll-Balkens klicken bzw. mit dem Finger auf das Trackpad tippen. Zum einen können Sie seitenweise (beispielsweise in Text-Dokumenten) vor und zurück springen (Option *Blättern um eine Seite*) oder an jene Stelle gelangen, die Sie angeklickt haben (Option *Anzeigen dieser Stelle*).

3 | Die Systemeinstellungen

Wenn Sie beim Klicken in den Scroll-Raum die *Optionstaste* (⌥) gedrückt halten, so kehren Sie kurzfristig die in den *Systemeinstellungen* getroffenen Einstellungen zu *Klicken in den Rollbalken bewirkt* um.

Sofern Sie sich beim Scrollen am sogenannten Nachlauf stören, so lässt sich auch das beheben. Etwas versteckt liegend finden Sie die zugehörige Einstellung in der Systemeinstellung *Bedienungshilfen* und dort über die Rubrik *Maus & Trackpad*. Rufen Sie dort die *Trackpad-Optionen* auf und ändern Sie bei *Scrollen* den Eintrag auf *ohne Nachlauf*.

Auch die Möglichkeit zum Justieren der Größe der Seitenleisten-Symbole im *Finder*-Fenster besteht. Das ist nun nicht die Innovation schlechthin, doch immerhin wird an alles gedacht. Sie haben die Wahl zwischen *Klein*, *Mittel* und *Groß* und sollten diese Varianten ruhig einmal testen.

Neu in *Mountain Lion* sind die beiden Optionen *Fragen, ob Änderungen beim Schließen von Dokumenten beibehalten werden sollen* sowie *Fenster beim Beenden eines Programms schließen*. Ersterer Punkt erinnert Sie beim Schließen eines geänderten Dokumentes an das Sichern und stellt Ihnen die Möglichkeit zur Verfügung, etwaige Änderungen zu verwerfen. Ohne diesen Sicherheitsdialog würde das Fenster einfach geschlossen und die getätigten Überarbeitungen würden stillschweigend als gegeben abgehandelt. Ein nachträgliches Zurücknehmen würde anschließend mehr Zeit in Anspruch nehmen, da Sie sich über die automatisch vom Programm gesicherten Versionen erst die korrekte Fassung heraussuchen müssten. Wir persönlich halten den Dialog für gut und haben ihn deshalb auch aktiviert.

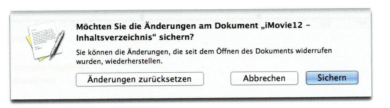

Im Zweifel können Sie über den Fenster-Hinweis Änderungen zurücksetzen.

Sofern Sie mit mehreren Dokumenten – beispielsweise Bildern – hantieren und ein Programm beenden, ohne die einzelnen Dokumente zu schließen, so verschwinden diese zwar erst einmal von der Bildfläche. Starten Sie dasselbe Programm ein wenig später, so werden alle diese Dokumente jedoch erneut mit geöffnet, da die Software annimmt, dass Ihre

Bearbeitungsschritte noch nicht abgeschlossen waren (denn ansonsten hätten Sie diese ja einzeln geschlossen). Um dieses erneute Öffnen zu verhindern, gibt es die Option *Fenster beim Beenden eines Programms schließen*. Wird bei aktivierter Option nun das Programm gestartet, so bleiben die Dokumente in ihren Ordnern und Sie müssen Sie manuell öffnen. Wie Sie dies nun handhaben, bleibt letztlich Ihre Entscheidung. Wir persönlich haben sie ebenfalls aktiviert, da wir als ordnungsliebende Menschen eh all unsere Daten sichern und schließen und den Arbeitsplatz wie immer sauber und aufgeräumt verlassen (wie wir es eben gelernt haben …).

Die Option *Benutzte Objekte* hatten wir schon kurz angesprochen. Die Anzahl der Objekte (*Dokumente, Apps und Server*) stellen Sie über das Popup-Menü ein, die Objekte selbst können Sie dann über das *Apple-Menü | Benutzte Objekte* abrufen. Hierbei merkt sich das System die zuletzt gestarteten Programme, die geöffneten Dokumente sowie die aufgesuchten Server in einer Liste. Arbeiten Sie also häufig mit denselben Objekten, so lassen sich diese dort schnell und ohne langes Suchen aufrufen. Der Punkt *Einträge löschen* im geöffneten *Benutzte Objekte*-Menü entfernt sämtliche Vermerke und beginnt dann von Neuem die Objekte zu speichern. Ist diese Funktion nichts für Sie, weil Sie beispielsweise beim Geheimdienst oder FBI arbeiten und Sie lieber für andere Besucher des Rechners keine Spuren hinterlassen möchten, so stellen Sie einfach das Popup-Menü auf *Keine* – die Rubrik *Benutzte Objekte* verschwindet dann ganz aus dem *Apple-Menü*.

Der letzte Eintrag in der *Allgemein*-Systemeinstellung betrifft die Darstellung von Schriften. Durch die *Schriftglättung* wirken Buchstaben weicher und somit gefälliger, laufen aber Gefahr, als ein wenig unscharf wahrgenommen zu werden. Im Gegenzug würden Schriften bei Weglassung der künstlichen Glättung eine Art Treppenstufen-Effekt (gezackte Buchstaben) aufweisen. Am besten verwenden Sie also erst mal die vorgeschlagene Einstellung für Ihren Bildschirm, wobei *LCD* (**L**iquid **C**rystal **D**isplay) für einen Flüssigkristallbildschirm oder einfach Flachbildschirm steht. Wenn Sie dennoch das Gefühl haben, dass die Schrift ein wenig verwaschen daherkommt, so setzen Sie bei der Option *Text nicht glätten für Schriftgröße »x« und kleiner* den Punktwert nach oben (maximale Punkt-Größe ist 12).

Schreibtisch & Bildschirmschoner – mit Bildern verzaubern

Neben der Systemeinstellung *Allgemein* läuft auch *Schreibtisch & Bildschirmschoner* eher unter der Kategorie »Verschönerung«. Während als Schreibtisch-Hintergrund eigentlich ein monotones Grau die bestmögliche Wahl etwa zum Beurteilen von Farben oder zum augenschonenden Arbeiten wäre, kann die verspielte Gattung Mensch natürlich nicht davon ablassen und möchte es möglichst knallig. Genau deswegen hat Apple schon einmal eine Menge an kunterbunten und aufregenden Bildern für den Hintergrund bereitgestellt. Neben Natur-, Pflanzen- oder Apple-Impressionen stehen auch abstrakte oder einfarbige Hintergründe zur Verfügung. Fakt ist jedoch, dass ein dunkler Hintergrund für die Augen angenehmer ist, zumal die aktuelle Rechner-Generation, wie beispielsweise der iMac, unserer Meinung nach teils viel zu hell strahlt. Andererseits – und das betrifft nun alle neueren Rechner mit Glossy-Display – spiegelt man sich bedeutend weniger darin, wenn man einen hellen Hintergrund wählt.

Lauter schöne Bilder – die Frage ist nur, ob ein poppiges Bild nicht zu sehr von der eigentlichen Arbeit ablenkt bzw. die Suche auf dem Schreibtisch erschwert.

Sie können auch eine eigene Farbe als Schreibtisch-Hintergrund definieren, indem Sie unter den Apple-Angeboten auf *Einfarbig* und im sich zeigenden Angebot auf *Eigene Farbe* klicken. Es öffnet sich der Ihnen schon bekannte Farbwähler und Sie können nach Lust und Laune eine ganz auf Sie persönlich abgestimmte Farbnuance kreieren.

Sind Apples optische Reize nichts für Sie, dann können Sie auch auf den Ordner *Bilder* (vorausgesetzt, Sie horten darin auch wirklich Fotos) bzw. auf jeden anderen Bild-Ordner ausweichen, sofern Sie auf den unterhalb der Liste liegenden *Plus*-Knopf ([+]) klicken. Über den typischen *Öffnen*-Dialog klicken Sie sich auf Ihrer Festplatte durch die Verzeichnisse und weisen eine neue Auswahl zu. Alternativ können Sie auch Bilder im JPG-, TIFF- oder PNG-Format im Verzeichnis *Ihre Festplatte/Library/Desktop Pictures* ablegen, die dann unter *Apple Hintergrundbilder* erscheinen.

Benutzen Sie zum Verwalten, Präsentieren und Bearbeiten Ihrer Bilder *iPhoto* oder *Aperture*, so steht Ihnen auch dieser Bilder-Bestand zur Verfügung. In diesem Sinne dürfte es wohl an passenden Abbildungen für den Bildschirm-Hintergrund nicht mangeln.

Über »iPhoto« oder »Aperture« können Sie auf all Ihre Bilder in den Ereignissen bzw. Projekten zurückgreifen.

Möchten Sie ein Bild verwenden, dessen Format als Schreibtisch-Hintergrund nicht erkannt wird, so öffnen Sie es über das Programm *Vorschau* (Sie finden es im *Programme*-Ordner oder über *Launchpad*). Wählen Sie dort aus dem *Ablage*-Menü den Befehl *Exportieren…*, vergeben Sie einen aussagekräftigen Namen und bei *Format* die Einstellung *TIFF* oder *JPEG*. Nun dürfte einer Anzeige des Bildes nichts mehr im Wege stehen.

3 | Die Systemeinstellungen

Für die ganz Flippigen steht auch die Option *Bild ändern* zur Debatte: Hierbei können Sie einen Zeitraum festlegen, in dem ein Wechsel des Hintergrund-Bildes stattfindet. Ob eine ganz persönliche Schreibtisch-Diashow im 5 Sekunden-Rhythmus, der tägliche Wechsel, nach der Anmeldung oder nach dem Ruhezustand – es stehen Ihnen alle Türen offen. Klicken Sie zusätzlich noch *Zufällige Reihenfolge* an, so stehen spannende (und manchmal auch peinliche) Zeiten ins Haus.

Übrig bleibt die *transparente Menüleiste*, die bei ihrem ersten Auftritt zu Zeiten von *10.6 Snow Leopard* zu einem Aufschrei unter den Apple-Anwendern sorgte. Aber auch das wurde in kürzester Zeit behoben und Sie können selbst entscheiden, ob Sie nun eine rein weiße Menüleiste zum besseren Erkennen der Menü-Icons und Befehle oder lieber ein wenig Transparenz (durchscheinendes Hintergrundbild) wünschen.

Der zweite Reiter im Bunde nennt sich *Bildschirmschoner*. Und während vor langer langer Zeit diese Funktion mal einen wirklichen Sinn hatte, indem sie bei betagten Röhren-Bildschirmen das Einbrennen des Bildes verhinderte, ist dies dank der Technik und unserer schnelllebigen Zeit heute kein Thema mehr. In diesem Sinne sind Bildschirmschoner eher optische Gimmicks, die ein wenig Abwechslung ins Arbeitsleben zaubern und zum Beeindrucken taugen. Und bei Letzterem sind Apples Vorgaben wirklich sehenswert.

Zur Auswahl stehen *Diashows* in verschiedenen Varianten (etwa *Reflexionen*, *Kacheln*, *Mobile*, *Fotowand* etc.) sowie die waschechten *Bildschirmschoner* wie beispielsweise *Wirbel*, *Zufall* oder *Shell*. Bei den *Diashows* steht es Ihnen frei, ob Sie dabei auf eigene Bilder (aus *iPhoto*, *Aperture* oder einem anderen Bilder-Ordner) oder auf Apples Standardsammlungen wie National Geographic, Luftaufnahme, Kosmos oder Naturmuster zurückgreifen. Definieren Sie folglich zuerst Ihr Bildrepertoire und anschließend die Art der Diashow – im rechts liegenden Vorschaufenster lässt sich dann Ihre Auswahl schon einmal bewundern. Bewegen Sie noch dazu Ihren Mauszeiger in die Voransicht, so wird ein *Vorschau*-Button eingeblendet, der auf Mausklick hin Ihre Diashow abspielt – sozusagen zum Testen, ob denn alles so korrekt ist. Zum Schluss legen Sie dann noch einen Starttermin (zwischen einer Minute und einer Stunde) fest, nach dessen Zeitraum die Diashow loslegen soll, und fertig ist der ganz persönliche Bildschirmschoner.

Für die Pause zwischendurch lässt sich mit eigenen Urlaubsbildern als Bildschirmschoner schnell der triste Arbeitsalltag versüßen.

Die eigentlichen Bildschirmschoner entdecken Sie, wenn Sie im Angebot weiter nach unten scrollen. Während *Wirbel*, *Arabesque* oder *Shell* wahre Farben-Spektakel auf den Bildschirm zaubern, lässt sich über *Nachricht* eine eigene Mitteilung einblenden. Rufen Sie dazu die unter der Vorschau liegenden *Bildschirm-Optionen* auf und verfassen Sie einen Text – per Klick in den Vorschau-Button lässt sich dann Ihr Werk bewundern und gegebenenfalls nachbessern. Die *iTunes-Cover* wiederum zeigen die Cover-Abbildungen Ihrer im *iTunes Store* gekauften bzw. selbst importierten Musik, während *Word of the Day* ein zufällig generiertes Wort aus den in *OS X* integrierten Lexika einblendet und erklärt. Möchten Sie weitere Erklärungen zu diesem Stichwort, so müssen Sie laut Apple die Taste »D« drücken (was bei uns jedoch leider nicht funktionierte). Übrig bleibt noch der Zufalls-Bildschirmschoner, der genau das tut, was er verspricht: »Wenn ein Bildschirmschoner benötigt wird, wird dieser zufällig ausgewählt.«

Egal, welchen Bildschirmschoner Sie nun bevorzugen: Klicken Sie auf jeden Fall einmal auf den Button *Bildschirmschoner-Optionen* (falls er denn zum ausgewählten Schoner erscheint), der Ihnen weitere Anpassungsmöglichkeiten zur Verfügung stellt. Bei *Wirbel*, dem Farbenkleckser, können Sie zum Beispiel auf die Farben, die Strahlen-Anzahl, die Dicke und Geschwindigkeit Einfluss nehmen, bei *iTunes-Cover* die Anzahl der Reihen sowie die Verzögerung bestimmen und bei *Word of the Day* das gewünschte Lexikon bestimmen.

3 | Die Systemeinstellungen

Übrig bleiben noch die Möglichkeit, sich eine Uhr mit anzeigen zu lassen sowie der Button *Aktive Ecken*, über dessen Dialogfenster Sie den Bildschirmecken bestimmte Funktionen – darunter eben auch den *Bildschirmschoner* – zuordnen können.

Wählen Sie die gewünschte Ecke aus und ordnen Sie dieser beispielsweise den Bildschirmschoners zu. Bewegen Sie den Mauszeiger künftig in diese Ecke, so startet augenblicklich der Bildschirmschoner.

Während sich unter *OS X Lion* ein gelbes Warndreieck (⚠) zeigte, sofern das Einsetzen des *Monitorruhezustandes* noch vor dem Bildschirmschoner erfolgte, bleibt dieses unter *OS X Mountain Lion* aus. Denn im Grunde ist das natürlich Käse, denn zuerst sollte der Bildschirmschoner starten, ehe vielleicht ein paar Minuten später der Monitor in den Ruhezustand geschaltet wird. Diese Einstellungen und noch viele mehr finden Sie auch in der Systemeinstellung *Energie sparen*.

Der Bildschirmschoner kann auch zum Schutz des Computers am Arbeitsplatz eingesetzt werden, falls in der Systemeinstellung *Sicherheit* unter *Allgemein* ein Passwort nach Aktivieren des Bildschirmschoners verlangt wird. Lassen Sie folglich kurzzeitig Ihren Rechner allein, so starten Sie einfach Ihren Bildschirmschoner (zum Beispiel über eine *aktive Ecke*). Möchte nun jemand schnell einen Blick auf Ihre Daten werfen, so benötigt er ein Kennwort, um diesen wieder aktiv zu schalten.

Dock

Das Dock haben wir ja bereits im vorangegangenen Kapitel ausführlich angesprochen und die mannigfachen Veränderungsmöglichkeiten erklärt. Da wir nicht noch einmal die gleiche Geschichte aufwärmen möchten, verweisen wir daher auf den Abschnitt »Das Dock – mit der Lizenz zum Starten ...« im vorherigen Kapitel.

Mission Control –
mehr Übersicht für den Schreibtisch

Mithilfe dieser Systemeinstellung lassen sich Vorkehrungen treffen, damit Sie gerade auch bei der professionellen Arbeit mit dem Mac immer den Überblick behalten. Wie schon erwähnt, tritt die Funktion *Exposé* in Erscheinung, wenn Sie beispielsweise gerne mit vielen Fenstern oder offenen Dokumenten hantieren. Irgendwann kommt dann zwangsläufig der Zeitpunkt, an dem Sie nicht mehr genau durchschauen, wo denn nun was steht oder in welchem Fenster sich diese oder jene Datei befindet.

Exposé trumpft hierbei mit den Varianten *Programmfenster* sowie *Schreibtisch einblenden* auf. Drücken Sie auf der Tastatur die Kombination *ctrl-↓* bzw. bei aktualisierten Systemen die Sondertaste *F10*, so zeigen sich in Sekundenschnelle alle zum gerade benutzten Programm geöffneten Fenster oder Dokumente. *Schreibtisch einblenden* (*F11*) hingegen ist weniger wählerisch und blendet rigoros alle Fenster aus.

Die Exposé-Variante »Programmfenster« zeigt die aktuell geöffneten Fenster/Dokumente übersichtlich im oberen Teil des Schreibtisches an, während sich unten – denken Sie an die feine Trennlinie – die zuletzt benutzten Dateien sowie jene im Dock befindlichen Dokumente tummeln.

Der gewiefte MacBook (Pro/Air)- bzw. *Magic Trackpad*-Nutzer weiß es mit Sicherheit: Auch über das Multi-Touch-Trackpad lässt sich die *Exposé*-Funktionalität aufrufen. Die *Programmfenster* lassen sich einblenden, wenn Sie drei bzw. vier Finger auf dem Trackpad nach unten bewegen, den *Schreibtisch* bekommen Sie »fensterfrei«, wenn Sie gleichzeitig den Daumen sowie drei Finger auseinander spreizen – zum Wiedereinblenden dann bitte die umgekehrte Richtung. Letztere Einstellungen finden Sie auch in der Systemeinstellung *Trackpad* unter *Weitere Gesten | App-Exposé*.

3 | Die Systemeinstellungen

Nicht vergessen: Möchten Sie zu einem weiteren Programm switchen, so erledigen Sie dies mit gehaltener *Befehlstaste* (⌘) sowie dem anschließenden Drücken der *Tabulator*-Taste (⇥).

Auch das *Dashboard* (zu deutsch das Armaturenbrett) mit den hilfreichen Extras á la *Widgets* lässt sich über eine Sondertaste (*F12*) bedienen. Auf Tastendruck hin werden dabei Hilfs-Programme eingeblendet, die etwa das aktuelle Wetter vorhersagen, einen Taschenrechner starten oder Weltzeituhren präsentieren. Diese lassen sich selbstverständlich noch erweitern und ergänzen. Da es hier reichlich zu sehen und viel zu tun gibt, möchten wir diese Funktionen im nächsten Kapitel gesondert behandeln.

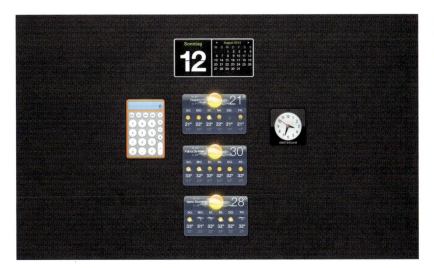

Das »Dashboard« ist eine Ansammlung kleiner Programme, die allerlei nützlichen Mehrwert bieten.

Mission Control höchstpersönlich bietet von allem etwas. Ist das Programm per Mausklick auf das entsprechende Icon im Dock bzw. per Vier-Finger-Wisch nach oben auf dem Trackpad gestartet, so werden alle Fenster, Dokumente, die Programme in Vollbild-Ansicht sowie eventuell vorhandene virtuelle Schreibtische (die sogenannten *Spaces*) eingeblendet. Auch diese Schreibtisch-Ansicht ist zweigeteilt: Oben liegend finden Sie nun jene Programme, die als Vollbild-App in Benutzung sind sowie das *Dashboard* und Ihre *Schreibtischbereiche*. Darunter befinden sich die im aktuellen Schreibtisch verwendeten Programme und Fenster, die durch das mit angezeigte Programm-Symbol auf einen Blick identifiziert werden können.

Wer mit vielen Programmen, Fenstern, Dokumenten und mehreren Schreibtischen hantiert, erhält der besseren Übersichtlichkeit halber über »Mission Control« einen Blick aus der Vogelperspektive (Zitat: Apple!).

Um noch tiefer in *Mission Control* einzutauchen und die mannigfachen Möglichkeiten des Navigierens genau unter die Lupe zu nehmen, werden wir dieses Programm ebenso im nächsten Kapitel einer ausführlichen Untersuchung unterziehen. Uns geht es in der Beschreibung der *Systemeinstellung* vorrangig um die Möglichkeiten der Tastatur- und Mausbefehle. Diese lassen sich nämlich auch nach persönlichen Vorlieben einrichten, sollten Ihnen die standardmäßig vergebenen nicht gefallen.

In der *Tastatur- und Mauskurzbefehle*-Ecke stehen Ihnen dazu allerhand Belegungen zur Verfügung. Halten Sie beim Definieren neuer Kombinationen die *Control-Taste* (ctrl), *Befehlstaste* (⌘), *Optionstaste* (⌥) oder *Umschalttaste* (⇧) gedrückt, so werden diese Tasten ebenso eingeblendet und können zusätzlich eingebaut werden.

Klicken Sie auf ein Pop-up-Menü, so fährt eine lange Liste mit zusätzlichen Möglichkeiten zum Aufrufen besagter Funktionen aus. Drücken Sie dabei selbstständig die Control-Taste (ctrl), Befehlstaste (⌘), Optionstaste (⌥) oder Umschalttaste (⇧), so lassen sich auch diese mit einbauen.

3 | Die Systemeinstellungen

MacBook (Pro/Air)- sowie alle Mac-Nutzer mit den Alu-Tastaturen müssen zusätzlich noch die *fn*-Taste drücken (ganz links unten bzw. unterhalb der *F13*-Taste liegend), da den eben genannten Tasten Hardware-Funktionen wie beispielsweise *Tastaturbeleuchtung*, *Bildschirmhelligkeit* oder *Lautstärkeregelung* seitens Apple zugeordnet sind.

Ist Ihnen das zu umständlich mit dem ständigen zusätzlichen Drücken der *fn*-Taste, so können Sie dies in der Systemeinstellung *Tastatur* im gleichnamigen Reiter ändern. Aktivieren Sie einfach die Option *Die Tasten F1, F2, usw. als Standard-Funktionstasten verwenden*, so wird die Vorgehensweise einfach umgekehrt, sprich die Software-Ausführungen funktionieren ohne *fn*-Taste, während die Hardware-Steuerung nur mehr mit *fn*-Taste klappt.

Weiterhin finden Sie neben den *Tastatur*-Einstellungen die Popup-Menüs für Mehrtasten-Mäuse, sodass Sie dort einzelnen Tasten oben genannte Aufgaben vergeben können. Offen gesprochen funktionierte das bei uns nicht – vielleicht wird's ja ein Update richten … Bei der *Mighty Mouse* von Apple müssen Sie eine Änderung der Tastenbelegung über das Aufsuchen der Systemeinstellung *Maus* und der dortigen Einrichtung über die zur Verfügung stehenden Optionen vornehmen.

Neben den Tastatur- und Mauskurzbefehlen gibt es eine weitere Variante, den Mac anzuweisen, die diversen Funktionen wie *Mission Control*, *Programmfenster* etc. aufzurufen – und zwar über die *Aktiven Ecken*. Wie schon beim *Bildschirmschoner* festgestellt, weist Ihr Bildschirm aller Wahrscheinlichkeit nach vier Ecken auf – und folglich lassen sich vier unterschiedliche Aufgaben vergeben. Die Einstellungen hierzu nehmen Sie im Bereich *Aktive Ecken* (siehe die Taste links unten in der Systemeinstellung) vor, indem Sie im erscheinenden Dialog-Fenster auf die entsprechenden Popup-Menüs klicken und eine der auftauchenden Optionen auswählen.

Selbst uns passiert es das ein oder andere Mal, dass man aus Versehen mit dem Mauspfeil in eine aktive Ecke gerät und plötzlich beispielsweise alle Fenster verschwunden sind. Da zuckt man schon mal zusammen und schimpft den Rechner, was es denn mit dieser Schikane nun auf sich haben soll. Der Schreck sitzt einem noch in den Gliedern, bis man sich daran erinnert, dass dies ja so gewollt war. Wir haben folglich nur den Bildschirmschoner in die linke (*Bildschirmschoner ein*) und rechte (*Bildschirmschoner aus*) untere Ecke gelegt – oben bleiben die Ecken frei (Einstellung »-«).

Sprache & Text – international auf allen Ebenen

Bei *OS X Mountain Lion* handelt es sich um ein Betriebssystem, das weltweit verkauft wird, sodass es auch in (fast) allen Sprachen zur Verfügung steht (ausgenommen seien Dialekte wie Bayerisch, Sächsisch, Platt, Friesisch etc.). Das Gleiche gilt natürlich auch für andere Anwendungen wie Bildbearbeitung, Textverarbeitung usw. Das ein oder andere Mal mag es vorkommen, dass Sie vielleicht international zusammenarbeiten oder ein Programm erworben haben, das die deutsche Sprache nicht unterstützt. In diesem Fall greift die Software auf die in der Systemeinstellung *Sprache & Text* definierten Vorgaben zurück und zeigt die Menüs in der entsprechenden Sprache.

Im Reiter »Sprachen« tätigen Sie die Alternativ-Einstellungen, wenn das Programm Ihre Standardeinstellung nicht beherrscht.

Die *Systemeinstellung* setzt sich aus insgesamt vier Reitern zusammen, wobei der erste (*Sprachen*) in der linken Spalte diejenigen Sprachen aufführt, die im Falle einer Nichtverfügbarkeit der Standardsprache zum Zuge kommen sollen. Dabei klopft das Programm die aufgeführten Sprachen der Reihe nach ab, bis es diejenige verwendet, die als Nächstes in Betracht kommt. Die Liste können Sie jederzeit über *Liste bearbeiten* vervollständigen, womit ein Dialogfeld mit zig weiteren Sprachen eingeblendet wird. Haken Sie dort alle infrage Kommenden an oder aus und bestätigen Sie über *OK*. Danach bringen Sie die Sprachen-Liste in die gewünschte Reihenfolge, indem Sie einen Eintrag mit der Maus packen und an eine andere Stelle ziehen. Nach einem Neustart stehen diese dann zur Verfügung.

3 | Die Systemeinstellungen

Die im Popup-Menü *Reihenfolge für sortierte Listen* eingestellte Sprache bezieht sich hingegen auf die Sortierreihenfolge innerhalb von *Finder*-Fenstern, wenn Sie eine der möglichen Spalten-Titel wie *Name*, *Änderungsdatum* etc. benutzen.

Der zweite Reiter – *Text* – bedeutet eine gute Hilfe für all jene, die sich häufiger mal vertippen oder die gerne mit Kürzeln arbeiten. Hierbei hat Apple schon ein paar Ersetzungen eingebaut, etwa »(c)« wird zu »©«. Das heißt mit anderen Worten: Sie tippen nur die Kürzel und – sobald Sie die Leertaste drücken, um zum nächsten Wort zu wechseln – werden diese Buchstabenkombinationen durch die entsprechenden Ausdrücke ersetzt.

Selbstverständlich müssen Sie sich mit dem bestehenden Fundus nicht zufrieden geben. Klicken Sie wieder auf die *Plus*-Taste (+) für *Hinzufügen* und setzen Sie eigene Textkürzel ein, zum Beispiel »udn« für »und« (zum Korrigieren von Buchstabendrehern), »mfg« für »Mit freundlichen Grüßen« (zum automatischen Ausschreiben von häufig gebrauchten Redewendungen) oder »sl« für »Sie Lump« (bei häufigen Mahnschreiben sehr beliebt). Zur Verfügung steht Ihnen dann diese Art der Schreibunterstützung etwa in *iMovie*, *TextEdit* oder *Nachrichten*.

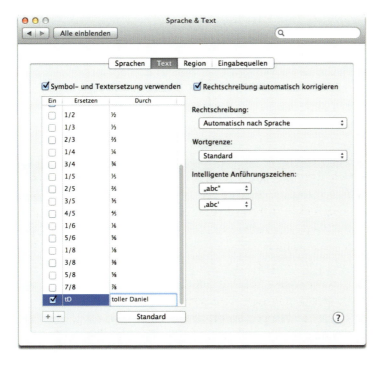

Immer dann, wenn Ihnen wieder ein Vertipper unterläuft oder Sie die ewige Suche nach Sonderzeichen satt haben, rufen Sie die Systemeinstellung »Sprache & Text« auf und tragen schnell das Kürzel ein – künftig sollte dies keine Probleme mehr bereiten.

das ist doch alles niecht so schwer|

Bei aktivierter Funktion *Rechtschreibung automatisch korrigieren* brauchen Sie nur den Text zu tippen und die Rechtschreibprüfung beseitigt bereits bei der Eingabe selbstständig ihr bekannte Fehler. Unter *Rechtschreibung* können Sie die Einstellung *Automatisch nach Sprache* ruhig belassen, da diese sich nach der unter dem Reiter *Sprachen* definierten Reihenfolge richtet. Arbeiten Sie nun in einer Textverarbeitung wie beispielsweise *TextEdit* oder *Pages*, so übernimmt die Rechtschreibung meist schon während des Schreibens ihre Korrektur-Tätigkeit und unterstreicht Worte, die entweder falsch geschrieben oder unbekannt sind.

Als *Wortgrenze* wird in diesem Kontext die Art und Weise des Markierens bezeichnet, sobald Sie auf ein Wort einen Doppelklick ausführen. *Standard* ist für den Normal-Anwender gedacht, während etwa *Englisch (Vereinigte Staaten, Posix)* für helle Köpfe wie Programmierer gedacht ist, deren Texte oftmals ein anderes Textkonstrukt ergeben und daher auch andere Anforderungen an das Markieren stellen.

Übrig bleiben in diesem Dialog die *Intelligenten Anführungszeichen,* wobei hier zwischen einfachen (‚') und doppelten („") unterschieden wird. Je nach Wunsch (verwendete Sprache, eigene Vorlieben etc.) treffen Sie hier Ihre Entscheidung und das Programm setzt dies so um.

Voraussetzung für die korrekte Anwendung der Symbol- und Textersetzung sowie der intelligenten Anführungszeichen ist das Aktivieren der jeweiligen Funktion in den entsprechenden Programmen (etwa über den Befehl *Bearbeiten | Ersetzungen | Text ersetzen* **bzw.** *Bearbeiten | Ersetzungen | Intelligente Anführungszeichen* **in** *TextEdit***).**

Bitte dran denken: Um die Vorteile von Ersetzungen oder korrekten Anführungszeichen zu nutzen, müssen diese Funktionen zuvor aktiviert werden (wenn nicht schon standardmäßig eingerichtet).

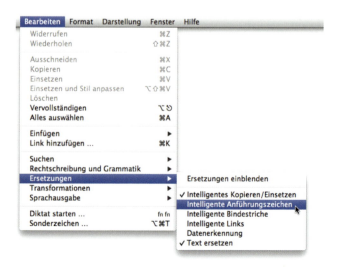

3 | Die Systemeinstellungen

Im dritten Reiter – *Formate* – geht es dann um die landestypischen Ein- bzw. Darstellungen wie Datum, Uhrzeit, Zahlen und Währung. Je nach Heimatland (in Ihrem Falle wohl Deutschland, Österreich oder Schweiz) wählen Sie aus dem Popup-Menü bei *Region* die entsprechende Eintragung, wobei sich die anderen Felder danach ausrichten. So heißt die Währung in Deutschland und Österreich – immer noch :-) – Euro, während in der Schweiz mit echten harten Schweizer Franken gehandelt wird.

Als Standard werden bei *Region* nur diejenigen (gleichsprachigen) Länder aufgeführt, die Sie unter dem Reiter *Sprachen* als Erste aufgeführt haben. Über die Option *Alle Regionen anzeigen* wird's jedoch international und Sie können aus Dutzenden weiterer Länder wählen, die dann ebenfalls jeweils ihre eigenen Zahlenkolonnen, Kalender und Währungen mitbringen.

Alles im Blick: Wie sollen Datum, Uhrzeit und Zahlen geschrieben werden? Über die Option »Alle Regionen anzeigen« gelangen Sie zu einer ellenlangen Liste weiterer Möglichkeiten.

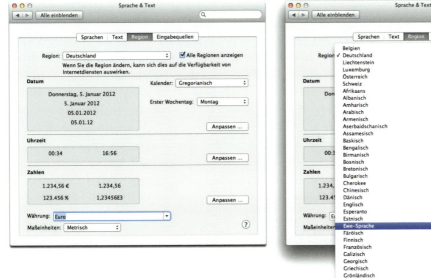

Steht die Region fest, lassen sich dennoch weitere Veränderungen vornehmen. Über die jeweiligen Buttons *Anpassen* bei *Datum* und *Uhrzeit* sowie bei *Zahlen* sind weitere Alternativen möglich, damit Sie auch ja zufriedengestellt werden.

Für jeden Anwender die geeignete Form: Vom Standard abweichende Darstellung für Datum, Uhrzeit und Zahlen.

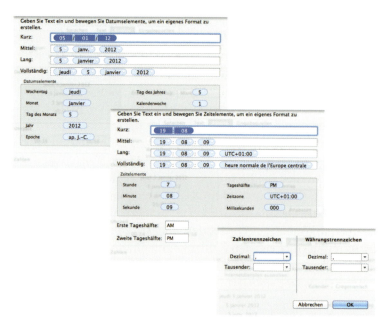

Kommen wir zum Reiter namens *Eingabequellen*. Dort treffen Sie Ihre Entscheidungen hinsichtlich der Eingabemöglichkeiten über die Tastatur. Da die Tastatur-Belegung der Buchstaben von Land zu Land variieren kann, haben Sie hiermit die Möglichkeit, diese anzupassen. In der Auflistung können Sie dabei jene Länder anhaken, die für Sie infrage kommen.

Feinanpassungen für die Tastaturbelegung werden im Reiter »Eingabequellen« vorgenommen.

3 | Die Systemeinstellungen

Zur Orientierung bietet es sich bei Verwendung mehrerer Tastatur-Layouts an, die unten stehende Option *Eingabequellen in der Menüleiste anzeigen* zu aktivieren. Hierbei wird in der Menüleiste ein zusätzlicher Menü-Titel (oben rechts) eingebaut, über den Sie schnell die aktuell benutzte Tastatur-Belegung (🇩🇪) erkennen sowie diese umstellen können. Die beiden angezeigten Tastatur-Kurzbefehle zum Umschalten über *Befehlstaste-Leertaste* (⌘-␣) für *Vorherige Eingabequelle* bzw. *Befehlstaste-Optionstaste-Leertaste* (⌘-⌥-␣) für *Nächste Eingabequelle im Menü* sind allerdings standardmäßig für andere Aufgaben vergeben, nämlich für die *Spotlight*-Suche (*Spotlight-Suchfeld einblenden* bzw. *Spotlight-Fenster einblenden*). Möchten Sie dies ändern, so klicken Sie in *Tastaturkurzbefehle…* Sie landen dann in der Systemeinstellung *Tastatur* und dort im Reiter *Tastaturkurzbefehle*, in dessen Übersicht sich nun die Kurzbefehle anpassen lassen (wir erklären aber noch genau, wie das funktioniert).

Aufgrund der Tatsache, dass manche Buchstaben auf unterschiedlichen, internationalen Tastaturen vertauscht sind, sollten Sie vorsichtig im Umgang mit Kennwörtern sein. Das Wort »Lazarus« (geschrieben mit der deutschen Tastaturbelegung) heißt bei amerikanischer Belegung »Layarus« und bei französischer »Lqyqrus«. Da kann man ganz schön ins Schwitzen kommen, wenn beispielsweise ein Passwort aufgrund falscher Tastaturbelegung abgelehnt wird, obwohl man es doch ständig richtig eingibt.

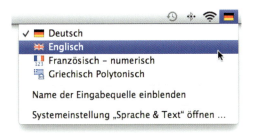

Über die Menüleiste können Sie schnell auf eine andere Tastaturbelegung umschalten.

Interessant sind weiterhin die beiden Hilfsprogramme *Tastaturübersicht* (⌨) sowie die *Zeichenübersicht* (📋), die Sie ebenfalls über den Reiter *Eingabequellen* aktivieren sowie danach rasch über die Menüleiste aufrufen können. Die *Tastaturübersicht* blendet dabei eine Tastatur ein, die die augenblickliche Tastatur-Belegung darstellt. Drücken Sie nun beispielsweise eine Sondertaste wie die *Befehlstaste* (⌘), *Umschalttaste* (⇧) oder *Optionstaste* (⌥), so werden alle zur Schrift gehörenden Sonderzeichen aufgezeigt. Mit anderen Worten: Suchen Sie ein besonderes

139

Schriftzeichen und können es nicht finden, so ist das ein Fall für die *Tastaturübersicht*. Rufen Sie sie auf und über das Drücken der Sondertasten (auch in Kombination) werden Sie garantiert fündig.

Die Tastaturübersicht unterstützt Sie bei der Suche nach zunächst unauffindbaren Sonderzeichen.

Wenn Ihnen die virtuelle Tastatur zu klein erscheint, so brauchen Sie den Mauspfeil nur zu einer der Ecken zu bewegen und schon können Sie sie mit gedrückter Maus-/Trackpad-Taste größer ziehen.

Arbeiten Sie mit einer Textverarbeitung wie beispielsweise *Pages* oder *Microsoft Word*, so spielt *OS X Mountain Lion* weitere Trümpfe aus, das es sich aus der *iOS*-Welt abgeguckt hat. Schreiben Sie häufiger in Fremdsprachen und sind Sie der ständigen Suche nach Akzent-Zeichen (Zirkumflex, Akut, Gravis etc.) überdrüssig, so versuchen Sie einmal Folgendes: Halten Sie bei den entsprechenden Buchstaben (etwa »a«, »e«, »o«) diese Taste beim Schreiben gedrückt, so zeigt sich ein Dialog mit den entsprechenden Sonderzeichen. Über die mit angezeigten Zahlen lässt sich nun schnell und schmerzlos das entsprechende Zeichen eingeben – eben so, wie Sie es von iPad oder iPhone her kennen.

Akzente auf Buchstaben gleichen oftmals einer nervenaufreibenden Suche auf der Tastatur. »OS X Mountain Lion« unterstützt Sie in dieser Hinsicht ganz hervorragend.

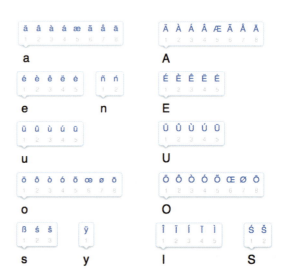

3 | Die Systemeinstellungen

Die *Zeichenübersicht* macht es ihrer Kollegin *Tastaturübersicht* fast nach, auch wenn dabei der umgekehrte Weg eingeschlagen wird. Schreiben Sie etwa einen Text, in dem Sie Symbole oder etwa mathematische Zeichen wie ‰, ÷, ± oder ¥ verwenden möchten, so können Sie über die *Zeichenübersicht* nachprüfen, ob diese Zeichen von Ihrem gerade genutzten Zeichensatz unterstützt werden. Im negativen Falle werden alle verfügbaren Schriften aufgeführt, die dennoch diese Zeichen anbieten. Hilfreich ist weiterhin die Kategorisierung der Zeichen in *Mathematische Zeichen*, *Pfeile*, *Klammern*, *Währungen* usw., sodass ein schnelles Auffinden bzw. das Suchen nach Alternativen gewährleistet ist. Über einen Doppelklick auf das entsprechende Sonderzeichen wird es bei geöffnetem Text auch gleich eingefügt, sodass Sie sich selbst das Eintippen sparen können. Häufig benutzte Zeichen lassen sich zudem über die Schaltfläche *Als Favorit sichern* separat speichern, sodass Sie diese beim nächsten Gebrauch schneller zur Hand haben.

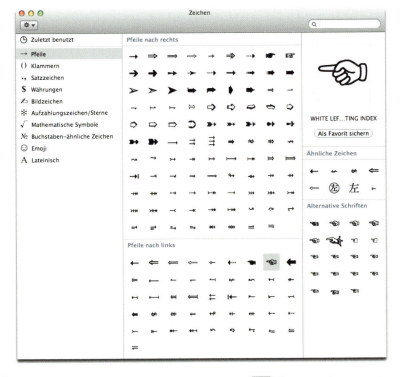

Einen Ausblick über die verfügbaren Sonderzeichen gibt die Zeichenübersicht. Durch die Kategorisierung können Sie eine Suche automatisch eingrenzen und oft benutzte Zeichen als Favoriten zum schnellen Einsetzen abspeichern.

Über das links oben liegende *Aktions-Menü* ( ) können Sie zum einen die *Zeichengrößen*-Ansicht bestimmen und zum anderen über *Liste bearbeiten* einen zusätzlichen, sehr umfassenden Fundus an weiteren Symbolen, Sonderzeichen sowie Schriftsystemen aus asiatischen Teilen der Welt als Kategorien einblenden lassen.

Ein wenig versteckt liegend finden Sie weitere Zeichen und Symbole en masse.

Denken Sie immer daran, dass *OS X Mountain Lion* die Scrollbalken nur einblendet, sofern Sie den Fensterinhalt bewegen. Gerade in der *Zeichenübersicht* denkt man anfangs, dass alles vollständig angezeigt wird. Aber Pustekuchen! Sobald Sie scrollen, tauchen auch die Scrollbalken auf und bieten noch viele weitere Zeichen an.

Wenn Sie nur eine einzige Tastaturbelegung benutzen, brauchen Sie eigentlich das *Tastatur*-Menü oben rechts nicht einzublenden, da es ja eigentlich zum Umschalten der Layouts bzw. zur Kontrolle gedacht ist. Im Falle der Suche nach Sonderzeichen können Sie auch im *Finder* bzw. in Programmen wie *TextEdit* , *Pages* oder *Vorschau* über das *Bearbeiten*-Menü den Befehl *Sonderzeichen* (alternativ ⌘-⌥-T) aufrufen, was ebenso die *Zeichenübersicht* startet.

Sicherheit & Privatsphäre – zum Schutze des Rechners

Die Sicherheit Ihrer Daten wird ein immer ernstzunehmenderes Thema, sodass sich auch Apple hierüber Gedanken macht. Das Ergebnis ist unter anderem die Systemeinstellung *Sicherheit*, die – unterteilt in vier Reiter – den Mac vor fremden Zugriffen schützen möchte. Im ersten Reiter (*Allgemein*) geht es zu allererst um die Absicherung Ihres Rechners. Verlassen Sie beispielsweise nur kurz Ihren Arbeitsplatz, so könnte der Kollege schnell einmal ausspionieren, wo Sie denn zuletzt im Internet waren. Damit so etwas erst gar nicht passiert, kann über *Kennwort erforderlich … nach Beginn des Ruhezustands oder Bildschirmschoners* die Eingabe eines Passworts angefordert werden – auf Wunsch nach einer gewissen Zeitspanne zwischen *sofort* und *vier Stunden*. Fahren Sie

3 | Die Systemeinstellungen

also beim Verlassen des Raumes Ihren Mac in den Ruhezustand oder werfen Sie über beispielsweise eine *aktive Ecke* Ihren *Bildschirmschoner* an, so muss der »Täter« erst das hoffentlich nur Ihnen bekannte Kennwort eingeben, um an die Daten zu kommen.

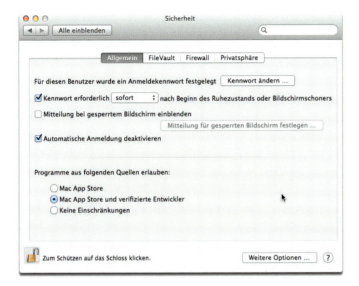

Die vielfältigen Optionen zum Schützen Ihres Rechners. Je nach Arbeitsumgebung sollten Sie sich also gut überlegen, was Sie gegen unbefugten Zutritt tun möchten.

Einige Systemeinstellungen sind von Haus aus geschützt und lassen nur Eingaben und Änderungen zu, wenn Sie sich zuvor über Ihr Benutzer-Passwort identifizieren. Das macht natürlich Sinn – denn was hätten Sie davon, wenn Sie Ihren Mac beispielsweise nach dem Ruhezustand per Kennwort schützen möchten, ein Fremder aber in Ihren *Systemeinstellungen* diesen Schutzmechanismus ohne Identitätsausweis aushebeln könnte. Links unten finden Sie dazu ein Schloss-Symbol (🔒), auf das Sie zuvor klicken müssen, ehe Sie auf die Systemeinstellung Einfluss nehmen können. Nach der Eingabe Ihres Benutzer-Kennwortes wird die Systemeinstellung dann freigeschaltet – erkennbar auch am nun geöffneten Schloss-Riegel (🔓).

Hier geht nichts ungefragt! Erst nach Eingabe Ihres Benutzer-Kennwortes lässt sich auf »Sicherheit & Privatsphäre« Einfluss nehmen.

Über *Mitteilung bei gesperrtem Bildschirm einblenden* sowie dem Mausklick auf *Mitteilung für gesperrten Bildschirm festlegen* lässt sich eine kurze Nachricht eingeben, die automatisch mit eingeblendet wird, haben Sie Ihren Bildschirm beispielsweise per Passwort geschützt. Rüttelt nun ein Fremder an der Maus und möchte Ihren Rechner aus dem Bildschirmschoner-Modus oder dem Ruhezustand erwecken, so findet er nicht nur den Dialog zum Eingeben des Passwortes vor, sondern eben auch die Kurzmitteilung, die Sie bei dieser Option vergeben haben.

Neben der Eingabe des Passwortes können Sie Außenstehenden auch einen kurzen Kommentar anbieten, damit diese wissen, was Sache ist.

Sind Sie Einzelnutzer Ihres Rechners und haben in der Systemeinstellung *Benutzer* (dazu kommen wir noch) in den *Anmeldeoptionen* bestimmt, dass Ihr Mac ohne Anmeldeprozedur automatisch hochstarten soll, so ist dies in der Tat ein leichter Geschwindigkeits- und Zeitgewinn. Sind jedoch mehrere Anwender an Ihrem Rechner zu Gange, so lässt sich über *Automatische Anmeldung deaktivieren* diese Funktion übergreifend abschalten. Es wird also auf jeden Fall das Anmelde-Fenster eingeblendet und jeder Benutzer muss sich ganz brav unter Nennung seines Passworts, Blutgruppe, Personalausweis-Nummer und Haarfarbe identifizieren (kleiner Scherz – natürlich muss nur das Passwort eingegeben werden).

Brandneu in *OS X Mountain Lion* ist das Feature *Gatekeeper* (was soviel wie Torwächter heißt), das Sie vor dem Installieren »zwielichtiger« Programme schützen soll. Apple stellt Ihnen dabei drei Sicherheitsstufen zur Auswahl, welche Apps (Anwendungen) auf Ihren Rechner gelangen dürfen. Sofern Sie bei *Programme aus folgenden Quellen erlauben* die Option *Mac App Store* aktivieren, dürfen nur solche Programme installiert werden, die über den *Mac App Store* erworben wurden. Hierbei verspricht Apple die größtmögliche Sicherheit, da alle Programme aus dem *App Store* einen komplizierten Zulassungsweg durchlaufen. Der Nachteil ist jedoch, dass Sie sich in der Programmvielfalt beschneiden und vielleicht auf die ein oder andere Applikation, die eben nicht über den *Mac App Store* gehandelt wird, verzichten.

3 | Die Systemeinstellungen

OS X verweigert das Öffnen von Programmen, die nicht über den Mac App Store geladen wurden.

Nichtsdestotrotz können Sie das Programm dennoch verwenden, indem Sie per Klick auf das betreffende Programm-Icon das Kontext-Menü aufrufen (per Rechtsklick, Doppeltipp oder Klick mit gedrückter ctrl-Taste) und daraus den Befehl *Öffnen* wählen. Auf diese Weise erhalten Sie ein Dialogfeld, das Ihnen das Starten des Programmes erlaubt. Und – einmal geöffnet – kann es immer ausgeführt werden.

Über das Kontext-Menü sowie dem Befehl »Öffnen« erhalten Sie dennoch Zugang zum gewünschten Programm.

Die zweite Stufe im *Gatekeeper*-Programm nennt sich *Mac App Store und verifizierte Entwickler*. Neben Apps aus dem *Mac App Store* werden auch jene Programme zugelassen, deren Entwickler sich über Apple eine eindeutige Entwickler-ID haben geben lassen. Damit kann das jeweilige Programm digital signiert werden, sodass Gatekeeper deren Rechtmäßigkeit überprüfen und zum Öffnen zulassen kann. Wird ein Programm kontrolliert und dabei keine Entwickler-ID festgestellt, so wird ebenso das Starten der Anwendung blockiert.

Ein Programm wir geblockt, da es keine Entwickler-ID besitzt. Das gilt im Übrigen auch für beschädigte Programme oder jene, die nachträglich (also nach einer digitalen Signierung) verändert wurden.

Die Option *Keine Einschränkungen* öffnet im Gegenzug alles, da *Gatekeeper* schlichtweg damit deaktiviert wird. Wir persönlich verwenden die Einstellung *Mac App Store und verifizierte Entwickler* und hoffen damit, dass keine Schadsoftware den weisen Mannen bei Apple durchrutscht.

Unterhalb der *Gatekeeper*-Einstellungen finden Sie noch die Taste *Weitere Optionen*, die zusätzliche Einstellungen zum Schutz Ihres Rechners anbietet. Der Punkt *Abmelden nach xx Minuten Inaktivität* dürfte dabei klar sein: Sie stellen die gewünschte Zeit ein, nach deren Zeitspanne der Mac automatisch herunterfährt und den *Anmelde*-Dialog darstellt. Möchte nun jemand an den Rechner (inklusive Ihrer Person), so muss er sich erneut mit Passwort identifizieren, ehe das Betriebssystem wieder bereit ist.

Zusätzliche Schutzmechanismen erreichen Sie über »Weitere Optionen«.

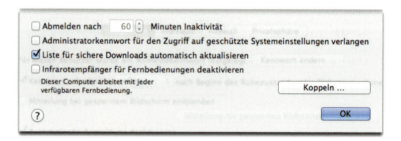

Die Option *Administratorkennwort für den Zugriff auf Systemeinstellungen mit Schlosssymbol verlangen* ist eigentlich müßig, denn sobald das *Schloss*-Symbol auf entsprechenden *Systemeinstellungen* (wie etwa *Netzwerk, Benutzer & Gruppen, Freigaben, Drucken & Scannen, Energie sparen* etc.) geschlossen ist (🔒), können keine Änderungen mehr vorgenommen werden. Klickt man nun auf das Schloss, um es zu öffnen (🔓), so wird automatisch das *Administrator-Passwort* verlangt.

Die Option *Liste für sichere Downloads automatisch aktualisieren* dient der *Malware*-Erkennung (*Malware* steht hier gleichbedeutend für Schadsoftware). Hierbei wird im Hintergrund eine Liste von Apps geführt, der nach und nach bekannt gewordene Malware hinzugefügt wird. Damit Sie nun immer auf dem neuesten Stand sind, sollten Sie daher diese Option aktiviert lassen. Mehr dazu erfahren Sie auch noch im Support-Kapitel am Ende dieses Buches.

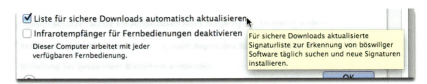

Die Option »Liste für sichere Downloads automatisch aktualisieren« dient der Erkennung von Malware.

Der letzte Punkt bezieht sich auf die für alle aktuellen Macs zu erwerbende *Apple Remote Fernbedienung* (und nicht nur diese), über die man beispielsweise *iTunes* steuern kann oder welche auch zum Ansehen bzw. Steuern einer Spielfilm-DVD durchaus ihre Berechtigung hat. Stehen nun MacBook Pro und iMac nebeneinander und Sie drücken auf der *Apple Remote Fernbedienung* auf die Tasten, so kann es durchaus passieren, dass beide Geräte darauf ansprechen.

Mit der Option *Infrarotempfänger für Fernbedienungen deaktivieren* lässt es sich nun beispielsweise einrichten, dass das entsprechende Gerät nicht mehr auf eine Fernbedienung reagiert. Oder Sie wählen die Option *Koppeln*, mit der Sie eine Fernbedienung explizit an ein bestimmtes Gerät binden – der Computer reagiert dann nur mehr auf die Befehle dieser »gekoppelten« Fernbedienung. Dazu müssen Sie die Fernbedienung circa 10 cm vom Computer entfernt halten und die Tasten *Menu* sowie *Nächster* gedrückt halten, bis die Meldung der geglückten Verbindung (ein Symbol wird eingeblendet) erscheint. Der Button *Koppeln* ändert sich danach in *Trennen*. Klicken Sie darauf, so ist die Verbindung wieder aufgehoben.

Drücken Sie die Fernbedienung wie angegeben ein paar Sekunden, so erscheint auf dem Bildschirm das Symbol für die Verbindung.

Rutschen wir einen Reiter weiter zu *FileVault*. Mit dieser Funktion bietet *OS X Mountain Lion* einen Schutz der Privatsphäre, indem sämtliche Daten auf Ihrer Festplatte verschlüsselt werden. Benutzen Sie selbst die Daten, werden Sie bei Gebrauch automatisch entschlüsselt.

»FileVault« ist ein englischer Kunstbegriff und bedeutet übersetzt »Datei-Tresorraum«.

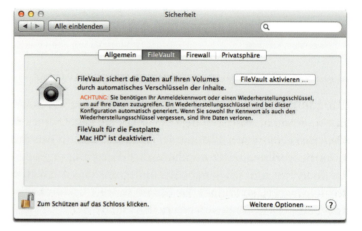

Da Ihre Daten im persönlichen *Benutzer*-Ordner mit dem *Administrator*-Passwort verschlüsselt werden, sollten Sie peinlichst darauf achten, dieses im Kopf zu behalten. Zum Schutz gegen das Vergessen generiert *FileVault* einen *Wiederherstellungsschlüssel*, mit dessen Hilfe Sie im Falle des Gedächtnisverlustes dennoch Ihre Daten wieder freischalten können. Klicken Sie nun auf *FileVault aktivieren*, so wird dieser *Wiederherstellungsschlüssel* eingeblendet und Sie sollten sich diesen notieren. Legen Sie dann diese Notiz mit der Buchstaben-/Zahlen-Kombination an einen Ort, über den kein Fremder Zugriff darauf hat.

Es wird ernst, denn der »Wiederherstellungsschlüssel« kann Ihnen im Zweifel beim Wiederfreigeben Ihrer verschlüsselten Daten Kopf und Kragen retten.

Im Falle mehrerer *Benutzerkonten* müssen Sie die jeweiligen Mitbenutzer zuvor ebenso aktivieren, da diese ansonsten beim Anmelden nur mithilfe des Administrators Zugriff auf den Computer erhalten. Im Nachhinein (nach der Aktivierung von *FileVault*) angelegte *Benutzer* sind jedoch automatisch aktiviert.

3 | Die Systemeinstellungen

Sie müssen im Falle der Verschlüsselung der Festplatte auch die anderen Benutzer freischalten, damit diese über ihr Passwort an die Daten gelangen können.

Über *Fortfahren* bekommen Sie ein weiteres Sicherheitsnetz seitens *FileVault* angeboten, indem Ihnen die Möglichkeit eingeräumt wird, den *Wiederherstellungsschlüssel* bei Apple zu sichern. Sollten Sie später einmal in die Verlegenheit kommen und sich an gar nichts mehr erinnern (weder an den *Wiederherstellungsschlüssel* noch an Ihr Administrator-Kennwort), so können Sie über Apple Hilfe erhalten. Voraussetzung hierzu ist jedoch, dass Sie drei Fragen aus einem Fragenkatalog auswählen und diese derart beantworten, dass Ihnen bei Vorlage dieser Sicherheitsfragen die Antworten auch noch nach Monaten oder Jahren einfallen. Gibt es dabei Unstimmigkeiten, so kann Ihnen auch Apple nicht mehr helfen und alle Daten sind wohl verloren.

Sie können den »Wiederherstellungsschlüssel« bei Apple hinterlegen, müssen dazu jedoch drei Fragen festlegen, die später zu 100% identisch beantwortet werden wollen.

Mit Klick auf *Fortfahren* geht es zum nächsten Fenster, das nun den Neustart des Rechners fordert. Kommen Sie dem nach, so werden Ihre Daten von diesem Zeitpunkt an verschlüsselt verwaltet.

Sollte auch nur der leiseste Hauch eines Zweifels bestehen, so können Sie jetzt noch die Reißleine ziehen.

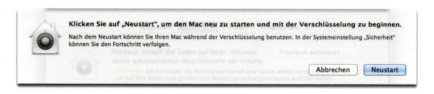

Nach dem Neustart wird verschlüsselt, was das Zeug hält. In der Systemeinstellung »Sicherheit & Privatsphäre« lässt sich der aktuelle Stand der Verschlüsselung einsehen.

Unter *FileVault* erscheint der Anmelde-Dialog noch vor dem eigentlichen Mounten des Rechners. Da bis zu diesem Zeitpunkt noch nicht alle Treiber für die Eingabegeräte geladen sind, reagieren gerade Wireless-Geräte manchmal auf keine Anweisung. Sie müssen daher über die Pfeil-Tasten auf Ihrer Tastatur (das funktioniert sowohl mit der schnurgebundenen als auch der Wireless-Variante) den jeweiligen Benutzer auswählen und dann mit der Eingabetaste bestätigen. Danach geben Sie Ihr Passwort ein und bestätigen erneut – erst danach beginnt der Mac mit dem Hochstarten.

Mit *OS X Mountain Lion* lassen sich auch externe Festplatten und sogar USB-Sticks verschlüsseln. Das erledigen Sie über das *Festplatten-Dienstprogramm*, indem Sie das jeweilige Gerät mit dem Mac verbinden und dann in der linken Liste auswählen. Klicken Sie dann in den Reiter *Löschen* und wählen Sie anschließend im Popup-Menü bei *Format* den Eintrag *Mac OS Extended (Journaled, Verschlüsselt)* aus. Über die *Sicherheitsoptionen* legen Sie den Grad der Sicherheit beim Löschen fest – und mit Klick auf *Löschen* gelangen Sie zum Dialog zum Anlegen des Kennworts. Danach erfolgt die Formatierung.

3 | Die Systemeinstellungen

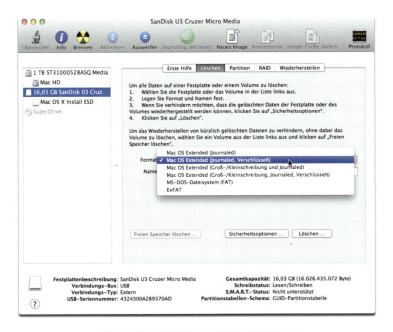

Zuerst müssen Sie das Medium (externe Festplatte oder in unserem Beispiel ein USB-Stick) entsprechend vorbereiten.

Im zweiten Schritt erfolgt das Festlegen auf ein Passwort.

Wenn Sie eine externe Festplatte oder einen USB-Stick mit der Einstellung *Mac OS Extended (Journaled, Verschlüsselt)* löschen (sprich neu formatieren), werden alle darauf befindlichen Daten unwiederbringlich entfernt. Legen Sie also bei wichtigen Daten zuvor ein Backup an, nicht dass Sie aus Versehen Material verlieren.

Ist das Medium nun entsprechend vorbereitet, so lässt es sich ganz normal mit Daten bespielen – beim Abmelden werden die darauf befindlichen Daten verschlüsselt. Interessant wird es nun, wenn Sie es an einen anderen Mac anschließen: Unter OS X Lion/Mountain Lion müssen Sie das vergebene Kennwort eingeben und der Stick bzw. die externe Festplatte wird freigeschaltet. Aktivieren Sie zudem die Option *Kennwort in meinem Schlüsselbund sichern*, so brauchen Sie das auch nur ein einziges Mal eingeben, denn das Passwort wird im Dienstprogramm *Schlüsselbundverwaltung* hinterlegt (siehe dazu auch das entsprechende Kapitel weiter hinten im Buch). Verbinden Sie das Medium hingegen mit einem Mac, der noch mit Vorversionen zu OS X Lion arbeitet, so haben Sie schlechte Karten, denn auf das Speicher-Gerät kann so nicht zugegriffen werden.

Unter OS X Lion/Mountain Lion müssen Sie das Passwort eingeben, um an die Daten zu gelangen (links). Bei Mac OS X 10.6 Snow Leopard und früher ist gar kein Zugriff möglich!

Bitte bedenken Sie, dass Sie, sollten Sie das Kennwort vergessen, auch Ihre Daten vergessen können. Ohne Passwort lässt sich unter keinen Umständen mehr auf die Daten zugreifen!

Zurück zur Systemeinstellung *Sicherheit*: Der umgekehrte Weg – das Deaktivieren von *FileVault* – ist natürlich ebenso möglich: Im *FileVault*-Dialog nennt sich nun der Button *FileVault deaktivieren*. Mit Klick darauf können Sie dann im nächsten Dialog-Fenster die Verschlüsselung aufheben.

Rolle rückwärts: »FileVault« wird deaktiviert – die Daten werden wieder entschlüsselt.

Falls Sie unter *Mac OS X 10.6* schon *FileVault* eingesetzt haben, so lässt sich zwar *OS X Mountain Lion* installieren, Sie müssen jedoch Ihren Benutzer-Account auf das aktuelle *FileVault* aktualisieren. Das geschieht über einen Dialog, der Sie darüber informiert, dass Sie eine alte Version von *FileVault* verwenden. Sie können nun entscheiden, ob Sie die bisherige Version weiterverwenden oder diese deaktivieren möchten. In letzterem Fall lässt sich anschließend die aktuelle Festplattenverschlüsselung benutzen.

3 | Die Systemeinstellungen

Der dritte Reiter im Bunde nennt sich *Firewall* (übersetzt etwa »Brandmauer«) und dient als eine Art Schutzschild für unerwünschte Zugriffe in einem Netzwerk oder über das Internet. Auch Ihr Mac lässt sich so einrichten, dass er etwa in einem Netzwerk oder über das Internet auch von Dritten angesprochen werden kann. Welche Dienste Sie genau zur Verfügung stellen, erledigen Sie in der Systemeinstellung *Freigaben* (dazu kommen wir noch im Netzwerk-Kapitel). Die dort aktivierten Dienste werden dann auch im *Firewall*-Fenster über *Weitere Optionen* angezeigt.

In diesem Dialog schalten Sie die Firewall ein (auf »Firewall aktivieren« klicken) und legen dann über »Firewall-Optionen« die Prioritäten für Ihre Firewall fest.

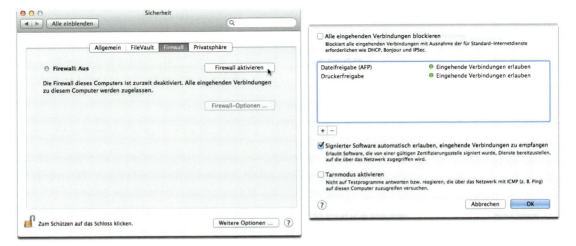

Alle eingehenden Verbindungen blockieren verfährt nach dem »Alles oder Nichts«-Prinzip und unterbindet jeglichen Zugriff von außen (selbstverständlich bis auf jene Programme, die für ein reibungsloses Funktionieren in einem Netzwerk und zum Finden der dort bereitgestellten Dienste notwendig sind). Entweder haben Dritte einen ungehinderten Zugriff ohne Einschränkungen (nicht aktiviert) oder kein Mensch darf sich auf Ihrem Rechner breit machen.

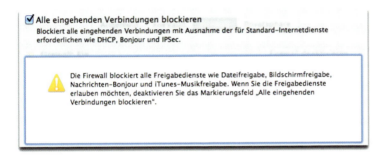

Alle Freigabedienste werden über die Option »Alle eingehenden Verbindungen blockieren« gesperrt.

153

Auf der anderen Seite lassen sich über die *Hinzufügen*-Taste der Zugriff auf bestimmte Programme festlegen und einzelne Einschränkungen vergeben. Über *Hinzufügen* (+) öffnet sich der *Programme*-Ordner, aus dem sich einzelne Applikationen wählen lassen. Diese ausgesuchten Programme lassen sich nun wiederum für Verbindungen blockieren, wenn Sie auf die kleinen Pfeile (⇕) klicken und daraus den entsprechenden Befehl wählen (etwa *Eingehende Verbindungen blockieren*).

Die Möglichkeit zum weiteren Anpassen von Zugriffen.

Über die Option *Signierter Software automatisch erlauben, eingehende Verbindungen zu empfangen* ermöglichen Sie Programmen, die seitens einer Zertifizierungsstelle (wie etwa *Verisign*) einen Identitätsnachweis erhalten haben, das Bereitstellen von Diensten. Das gibt ein wenig Sicherheit, ist allerdings kein 100-prozentiger Schutz vor schadhaften Zugriffen. Der *Tarn-Modus* wiederum ist ebenso eine Möglichkeit, sich vor Datenverkehr, der sich unerkannt in ein Netzwerk einschleichen möchte, zu schützen.

Der vierte Reiter im Bunde nennt sich *Privatsphäre*. Dort lassen sich beispielsweise die *Ortungsdienste* aktivieren bzw. deaktivieren, über die sich Ihr aktueller Aufenthaltsort bestimmen lässt. Diese vom iPad/iPhone/iPod touch bekannte Technik ermöglicht es manchen Programmen, dass das Gerät etwa über WLAN bzw. GPS gefunden werden kann. Bei der Bestimmung der *Zeitzone*, in der Sie sich befinden und die Sie zu Beginn Ihrer OS X-Installation einstellen, lässt sich etwa über die Option *Zeitzone automatisch anhand des Aufenthaltsortes festlegen* derlei Dienst in Anspruch nehmen. So wird über die von Apple *Core Location Technologie* genannte Technik über Hotspots (das sind wiederum öffentliche drahtlose Internetzugriffspunkte) Ihr aktueller Standort bestimmt. Voraussetzung hierfür ist jedoch ein aktiviertes WLAN-Netzwerk, sodass Sie darüber – egal, wo Sie sich gerade aufhalten – der korrekten Zeitzone zugeordnet werden können. Ist Ihnen das nicht ganz geheuer und möchten Sie es den Geheimdiensten sowie Ihren gewählten Volksvertretern so schwer wie möglich machen, so sollten Sie hier das Häkchen (☑) entfernen.

Der Nachteil beim Deaktivieren der Ortungsdienste? Die *iCloud*-Funktion *Meinen Mac suchen* wird damit ebenso deaktiviert. Über diese Funktion, die bereits auf iPhone, iPad und iPod Anwendung findet (Stichwort *Mein iPhone suchen*), ist es möglich, im Falle des Verlustes (egal, ob Diebstahl, Vergesslichkeit etc.) seinen Mac aufzuspüren (eben per WLAN) bzw. zumindest eine Nachricht dorthin zu senden. Auch das Sperren des Rechners sowie das Fernlöschen der darauf befindlichen Benutzer-Daten ist möglich. Mehr dazu gibt es zur entsprechenden Systemeinstellung *iCloud*.

Wer die Ortungsdienste ausschalten möchte, erhält eine Warnmeldung, sofern dieser die Funktion »Meinen Mac suchen« aktiviert hat.

Über die App »iPhone-Suche« lässt sich beispielsweise auf dem iPad unser iMac orten, sofern dieser über die iCloud die Funktion »Meinen Mac suchen« aktiviert hat.

Sofern Sie Programme installieren bzw. benutzen, die auf die *Ortungsdienste* zurückgreifen, müssen diese um Ihre Erlaubnis bitten. Geben Sie dem nach, so werden diese in der rechts liegenden Liste aufgeführt. Weiterhin lässt sich über das (➤)-Symbol auf einen Blick erkennen, welches dieser Programme innerhalb der letzten 24 Stunden Ihren Standort abgefragt haben.

Programme, denen über die Ortungsdienste gestattet wird, Ihren Standort zu ermitteln, werden in der Liste aufgeführt. Bei uns ist sie natürlich leer, denn wir sind dieser Funktion gegenüber ein wenig skeptisch.

Das Gleiche gilt im Übrigen auch für die *Kontakte*: Manche Apps möchten gerne auf Ihr Adressbuch zugreifen können (warum auch immer). Auch in diesem Fall muss eigentlich um Ihr Einverständnis gebeten werden (was jedoch nicht alle tun). Programme, die diesen Zugriff gerne hätten, werden – hoffentlich – in diesem Bereich aufgeführt.

Programme mit Zugriffswunsch auf Ihre Kontakte werden rechter Hand aufgelistet.

Und dann haben wir da noch den Eintrag *Diagnose- & Nutzung*, über den Sie genau diese Daten an Apple senden können. Apple wertet diese dann aus und möchte so zum einen den Kunden besser verstehen, was dieser so alles auf seinem Mac macht, zum anderen auch den Support optimieren, um so gezielter auf Anwenderfragen reagieren zu können.

3 | Die Systemeinstellungen

Über »Diagnose & Nutzung« möchte dieses Mal ausnahmsweise Apple an Ihre Daten. Sofern Sie also zur Produktverbesserung (leider nicht Preisreduzierung) beitragen möchten, können Sie dies gerne tun.

Offen gesprochen ist dieser Wunsch nach Informationen natürlich verständlich – doch auch wenn Apple Anonymität zusagt und in seinen Datenschutzrichtlinien (zu lesen über die Webseite www.apple.com/de/privacy) hoch und heilig den Schutz der Persönlichkeitsrechte verspricht, bleiben wir grundsätzlich skeptisch, wenn individuelle Daten so einfach einer großen Firma zufließen sollen (zumal es ja schon vorgekommen sein soll, dass trotz einer Deaktivierung zur Weiterleitung von *Diagnose- und Nutzungsdaten* fleißig Daten gesammelt wurden …). Unsere Entscheidung ist daher ein klares Nein! Wie Sie selbst das handhaben, bleibt natürlich Ihnen überlassen – vielleicht sehen Sie das weniger wild und hoffen insgeheim auf einen Gutschein für die freiwillige Mitarbeit :-)

Spotlight – Suchen mit Komfort

Es gibt Anwender, die sich geradezu verbissen eine logische Struktur mit Ordnern und Unterordnern auf dem Rechner einrichten. Sie wissen genau, wo was liegt und kommen eigentlich selten in arge Not, weil sie diese oder jene Datei einfach nicht finden können. Und dann existieren da auch noch jene Datenkünstler, die das händische Suchen längst aufgegeben haben, da sie schlicht vor der überquellenden Masse an Dateien kapituliert haben. Für letztere Gruppe ist die intelligente Suche über *Spotlight* Gold wert. Der Clou hierbei ist, dass sich die Suchfunktion nicht nur Datei-Titel einprägt, sondern sowohl Datei-Inhalte (also beispielsweise Text) als auch Informationen auf Metadaten-Ebene miteinbezieht. Jene unsichtbare Informationsstruktur zielt dabei auf Einträge, die beispielsweise bei Bildern, Musik oder Texten in Form von Schlüsselwörtern oder Datei-Informationen vergeben werden, wie Sie sie in den Programmen *iPhoto*, *Vorschau*, *iTunes* oder *TextEdit* eintragen können. Aber auch Programme von Drittherstellern wie *Photoshop*, die ebenso die Vergabe von Informationen zulassen, werden miteinbezogen.

Spotlight indiziert nach der Installation des Betriebssystems sowie nach Übertragung etwaiger Dokumente die gesamte Festplatte, sprich der gesamte Daten-Bestand wird in eine Datenbank eingelesen, sodass Sie im Falle einer Such-Anfrage möglichst schnell Ihre Ergebnisse erhalten. Aber auch externe Festplatten, die Sie an Ihren Mac anschließen, werden sogleich einer ebenso durchdringenden Indizierung unterworfen.

Nach Abschluss der eigentlichen OS X-Installation macht sich »Spotlight« sogleich an die Arbeit und liest sämtliche Daten ein. Das geht im Großen und Ganzen recht fix und Sie bemerken es eigentlich nur, indem die Festplatte leise vor sich hin rattert.

Die Systemeinstellung *Spotlight* hilft Ihnen dabei, die Suchergebnisse in der gewünschten Reihenfolge aufzulisten. Unter dem Reiter *Suchergebnisse* finden Sie die Kategorien, die *Spotlight* abarbeitet. Ist Ihnen nun beispielsweise Ihre Korrespondenz in Form von E-Mails besonders wichtig, so schieben Sie sie einfach mit gedrückter Maustaste nach ganz oben. Möchten Sie einzelne Kategorien gar nicht in die Suche miteinbeziehen, so entfernen Sie den links stehenden Haken.

Die Suchergebnisse lassen sich ändern, sofern Sie die Kategorien in die von Ihnen gewünschte Reihenfolge bringen.

3 | Die Systemeinstellungen

Unten liegend finden Sie die von Apple vergebenen *Tastatur-Kurzbefehle* für das *Spotlight-Menü* (⌘-*Leertaste*) sowie das *Spotlight-Fenster* (⌘-⌥-*Leertaste*), welche sich jedoch jederzeit nach eigenen Wünschen ändern lassen.

Über die beiden Popup-Menüs können Sie eine neue Kombination als Tastatur-Kurzbefehl vergeben oder eine eigene Kreation hineinschreiben. Ist diese bereits für eine andere Aufgabe (etwa *F12* für das *Dashboard*) eingerichtet, so werden Sie darauf hingewiesen: Ein Warn-Dreieck (⚠) erscheint und zeigt an, dass der neu vergebene Befehl schon an anderer Stelle Verwendung findet. Klicken Sie nun auf das Dreieck, gelangen Sie zur Systemeinstellung *Tastatur*, Rubrik *Tastaturkurzbefehle*, wo alle bereits bestehenden Tasten-Kombinationen aufgeführt sind. Sie müssen sich also entscheiden, ob Sie Ihre aktuelle Wahl behalten möchten und dafür die vorhergehende deaktivieren, oder sich eine neue überlegen. Mehr zur Systemeinstellung *Tastatur* gibt es weiter unten …

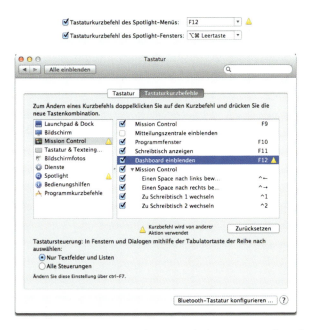

Da die Sondertaste »F12« bereits für das »Dashboard« reserviert ist, wird diese Auswahl bemängelt. Mit Mausklick auf das Warndreieck landen Sie automatisch in der Systemeinstellung »Tastatur«, Rubrik »Tastaturkurzbefehle«, in der ebenso die beiden »Übeltäter« hervorgehoben werden. Über den Knopf »Zurücksetzen« lässt sich nun Ihre Vergabe blitzschnell wieder zurücknehmen.

Spotlight unterscheidet zwischen dem *Spotlight-Menü* rechts oben in der Menüleiste und dem *Spotlight-Fenster*, wobei es letztlich egal ist, welche Such-Eingabeform Sie bevorzugen. Denn im Falle der Begriffs-Eingabe über das *Menü* wird eine Auswahl angezeigt, die – wenn nicht erfolgreich – über die Option *Alle anzeigen* automatisch auf das *Spotlight-Fenster* umschaltet.

Die zwei Möglichkeiten der Such-Abfrage: oben das Spotlight-Menü, unten das Spotlight-Fenster.

Der zweite Reiter der Systemeinstellung namens *Privatsphäre* ist ebenfalls eine gelungene Einrichtung, lassen sich doch dort Ordner oder gar ganze Volumes (interne wie externe) unterbringen, die von der Suche ausgeschlossen werden sollen. Dies können beispielsweise Ordner sein, die mit Ihrer Arbeit nichts zu tun haben und nur die Ergebnislisten verlängern würden. Ein weiterer Vorteil ist, dass sowohl die Suche als auch die Indizierung schneller vonstatten geht, muss sich der Rechner doch nicht sämtliche Daten, sondern nur einen Teil einprägen.

Über die Systemeinstellung »Spotlight« und dort über die Rubrik »Privatsphäre« lassen sich auch Ordner oder Teile einer Festplatte ausschließen.

Das Prozedere für das Ausschließen von Daten-Beständen ist recht simpel: Entweder Sie klicken auf den *Plus*-Button (+) und wählen den entsprechenden Speicherpfad aus, oder Sie ziehen einfach mit gedrückter Maustaste den oder diejenigen Ordner/Volumes in die Liste hinein.

3 | Die Systemeinstellungen

Sollten Sie einmal das Gefühl bekommen, dass *Spotlight* mit der Zeit unzuverlässig wird, so fügen Sie Ihre Festplatte/Partition/Ordner erst in der Rubrik *Privatsphäre* hinzu, um Sie gleich anschließend wieder zu entfernen – danach indiziert *Spotlight* neu und die Daten sind wieder auf dem neuesten Stand.

Nun aber zur eigentlichen Suche: Geben Sie beispielsweise über das *Spotlight-Menü* rechts oben einen Such-Begriff ein, so beginnt *Spotlight* bereits mit den ersten Ergebnissen aufzuwarten, während Sie noch schreiben.

Nach dem Suchbegriff wird auf allen Ebenen, in allen Medien und innerhalb aller Dokumente gefahndet.

Zur Erinnerung: Egal, in welchem Fenster Sie sich gerade befinden oder welches Apple-Programm (*Mail*, *Kontakte*, *Kalender* etc.) Sie gerade geöffnet haben – Sie finden immer oben rechts ein Suchfeld mit einer kleinen stilisierten Lupe (🔍). Auch dort können Sie Ihre Such-Begriffe eingeben. Die Suche bezieht sich dann auf den Inhalt des geöffneten Fensters (bzw. des dazugehörigen Ordners/Programms).

Weiterhin haben Sie die Möglichkeit, in der Ergebnisliste sogleich eine Vorschau der angezeigten Ergebnisse anzuzeigen. Dazu brauchen Sie sich nur mit der Maus über die Treffer zu bewegen und *Spotlight* blendet die Übersicht der jeweiligen Datei ein.

Überfahren Sie mit der Maus die einzelnen angezeigten Dateien, so kümmert sich »Spotlight« um eine angemessene Übersicht. Sie brauchen also nicht mehr zu raten, was sich hinter den Dateinamen oder den kleinen Vorschau-Bildchen versteckt, sondern erhalten Gewissheit, um welche Datei es sich wirklich handelt.

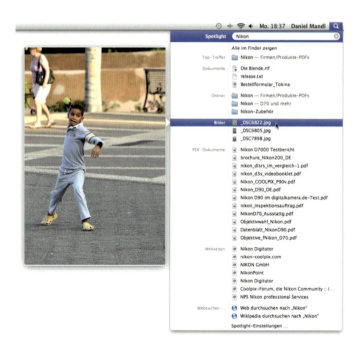

Sind Sie immer noch unzufrieden mit den angezeigten Ergebnissen, so lässt sich weiterhin je nach Suchbegriff auch eine direkte *Websuche* starten. Geben Sie beispielsweise »Cuba« ein und wählen aus der Trefferliste den Eintrag *Web durchsuchen nach »Cuba«*, so startet automatisch Ihr Browser *Safari* und fahndet mit Hilfe von *Google* nach dem gewünschten Begriff. Das Gleiche klappt auch bei einer Suche über *Wikipedia*, nur dass dieses Mal das Mac-eigene *Lexikon* startet und zum gesuchten Begriff sein Wissen teilt.

Ob auf dem Rechner, im Web oder über das Lexikon – »Spotlight« sucht auf mehreren Ebenen und bietet Ihnen reichlich Auswahl, um Wissens- sowie Erinnerungslücken zu füllen.

3 | Die Systemeinstellungen

Neu ist auch die Möglichkeit des direkten Drag & Drop aus dem *Spotlight*-Ergebnismenü. Haben Sie nun beispielsweise ein E-Mail-Fenster vor sich und möchten eine bestimmte, noch nicht gefundene Datei als Anhang dieser Mail mitversenden, so starten Sie über *Spotlight* Ihre Suche und – falls das Gewünschte gefunden wird – ziehen diese einfach in Ihr *Mail*-Fenster. Auch der Datenaustausch klappt so bestens, wenn Sie beispielsweise über *AirDrop* ein Dokument an einen anderen Mac-Teilnehmer im Netzwerk weitergeben möchten. Auch in diesem Fall heißt es einfach die Datei aus der Ergebnisliste zu packen und über *AirDrop* weiterzureichen.

Ein Dokument wir kurzerhand aus der »Spotlight«-Ergebnisliste herausgezogen und per »AirDrop« weitergereicht.

Sind Sie sich bei einer Ergebnisliste nicht sicher, ob denn wirklich der richtige Kandidat gefunden wurde oder sind Sie vielleicht an mehreren Daten interessiert, so klicken Sie auf *Alle im Finder zeigen*, um das *Spotlight-Fenster* zu öffnen. Dieses ist im Grunde dasselbe wie jenes einer Suche über ⌘-F (im Finder: *Ablage | Suchen*) bzw. das zum Anlegen eines intelligenten Ordners.

In der *Listen*- bzw. *Cover Flow*-Ansicht lässt sich nun eine weitere Sortierung über einen Klick in die Spalten (beispielsweise nach *Name*, nach *Art*, *Zuletzt geöffnet*) vornehmen. Über das Suchen-Eingabefeld oben im Fenster können Sie zudem weitere Einschränkungen vornehmen, indem Sie den Suchbegriff verfeinern bzw. bei der Eingabe nur im *Dateinamen* oder auch im Kontext (*Inhalt*) – also innerhalb des Dokumentes oder der Datei – fahnden lassen. Auch der Ort der Suche lässt wieder festlegen, also ob auf dem gesamten Computer (*Dieser Mac*) oder nur innerhalb Ihres Benutzer-Ordners (*Alle meine Dateien*). Zum Sichergehen, ob die gesuchte Datei auch wirklich die Richtige ist, eignet sich auch in diesem Fall die *Quick Look*-Funktion, indem Sie über die Menüleiste *Ablage | Übersicht* (⌘-Y) wählen oder – noch schneller – einfache die Leertaste drücken. So erhalten Sie wieder eine vergrößerte (Vor-)Ansicht Ihrer Dateien bzw. können in PDF-Dokumenten blättern, in Musik- oder Video-Dateien hineinhören oder -sehen oder beispielsweise bei *Safari*-Lesezeichen gleich einen Ausflug ins Internet unternehmen. Wählen Sie zudem bei markierter Datei den Befehl *Ablage | Informationen* (⌘-I), so können Sie weitere Informationen (Metadaten) wie beispielsweise Seitenzahlen, Bitrate, Brennweite und so weiter abrufen.

Über die Cover Flow-Ansicht lässt sich schon mal eine Menge identifizieren. Werden als Suchergebnisse etwa MP3-Audiodateien z. B. aus »iTunes« oder Filme mit aufgeführt, so können Sie über »Quick Look« gleich eine Hör- wie Sehprobe abrufen.

Im Zusammenhang mit *Spotlight* möchten wir noch einmal auf die intelligenten Ordner (*Ablage | Neuer intelligenter Ordner* bzw. ⌘-⌥-N) erinnern. Auch eine *Spotlight*-Suche lässt sich jederzeit als *intelligenter Ordner* festlegen, indem Sie im *Spotlight-Fenster* oben rechts auf *Sichern* klicken.

Um nun nicht alles doppelt wiedergeben zu müssen, empfehlen wir auch einmal den Besuch der Mac-Hilfe (⌘-?), die Sie über die *Finder*-Menüleiste und dort über den Menü-Punkt *Hilfe | Hilfe-Zentrum* starten können. Geben Sie dort als Suchbegriff »Suche« ein, so erhalten Sie über die Hilfethemen wie »Eingrenzen der

Spotlight-Suchergebnisse« sowie »Suchen auf dem Mac« weitere Hilfestellung bzw. tiefergehendere Möglichkeiten zu einer erfolgreichen Suche. So können Sie neben Begriffen auch nach Attributen (enthalten in Metadaten) fahnden oder eine Boolsche Abfrage (die Suche wird mithilfe sogenannter Boolscher Operatoren wie AND, OR und NOT verfeinert) starten.

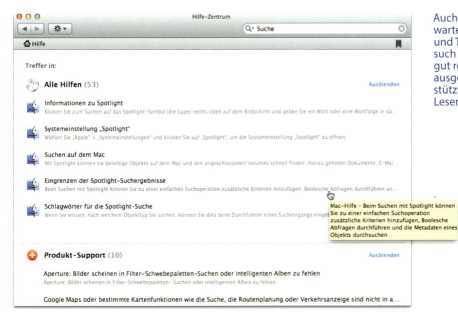

Auch die Mac-Hilfe wartet mit allerlei Tipps und Tricks auf. Ein Besuch dieser mittlerweile gut recherchierten und ausgebauten Unterstützung sei jedem Leser ans Herz gelegt.

Und noch ein Highlight bietet *Spotlight*: es beherrscht die einfachen Grundrechenarten. Möchten Sie also schnell einmal ein paar Zahlen addieren oder Ihr Jahresgehalt durch 12 teilen, so geben Sie einfach die Zahlen in *Spotlight* ein. Plus (+) und Minus (-) sollten bekannt sein, zum Dividieren benutzen Sie den Slash (»/«), zum Multiplizieren das Symbol »*«.

Wer es nicht im Kopf hat, der hat es wenigstens in den Fingern – schnell mal rechnen mit Spotlight.

Benachrichtigungen – die Mitteilungszentrale für den Mac

Die Systemeinstellung »Benachrichtigungen« sorgt für Struktur im Meldungen-Dschungel.

Sofern Sie bereits mit iPad, iPhone oder iPod touch arbeiten, sollte Ihnen die *Mitteilungszentrale* ein Begriff sein. Dort legen Sie nämlich fest, wie mit ankommenden Meldungen – das können neue E-Mails sein, verpasste *FaceTime*-Anrufe, *Erinnerungen*, *Kalender*-Termine oder auch *Game Center*-Einladungen – zu verfahren ist.

Bei geöffneter Systemeinstellung sind linker Hand jene Programme aufgeführt, die innerhalb von *OS X Mountain Lion* Meldungen kommunizieren. Wird dort ein Programm per Mausklick markiert, so lässt sich zum einen der Hinweisstil – also ob *Banner*, *Hinweis* bzw. keines von beiden – festlegen. *Banner* werden dabei nur kurz rechts oben als Meldung eingeblendet und verschwinden von selbst, während ein *Hinweis* ein Eingreifen Ihrerseits erfordert, indem Sie entweder die Meldung schließen oder sich erneut (Taste *Wiederholen*) anzeigen lassen. Tippen bzw. klicken Sie hingegen auf die angezeigten Einträge, so wechseln Sie automatisch zur ausgebenden App.

Links ein Hinweis mit der Möglichkeit zur Wiederholung, rechts ein Banner, das nach wenigen Sekunden wieder vom Bildschirm verschwindet.

Die Mitteilungszentrale selbst lässt sich aufrufen, indem Sie rechts oben in der Menüleiste auf das Symbol ≡ klicken oder auf dem Trackpad mit zwei Fingern vom rechten Bildschirmrand nach links wischen (hierzu muss jedoch die zugehörige Option *Mitteilungszentrale* in der System-

3 | Die Systemeinstellungen

einstellung *Trackpad*, Rubrik *Weitere Gesten* aktiviert sein). Dabei zeigt sich eine Leiste, die nun alle noch nicht abgearbeiteten Meldungen aufführt. Auch hier genügt ein Klick (auf eine E-Mail, Erinnerung, Kalender-Eintrag etc.), um zum jeweiligen Programm zu gelangen.

Rechter Hand vom Bildschirm lässt sich die Mitteilungszentrale aufrufen. Dort sehen Sie auf einen Blick die zuletzt eingegangenen Meldungen. Über das kleine Symbol rechts unten in der Mitteilungszentrale können Sie im Übrigen die Systemeinstellung »Benachrichtigungen« aufrufen, um dort Optimierungen vorzunehmen.

Über die Optionen der Systemeinstellung *Benachrichtigungen* können Sie nun noch bestimmen, ob die jeweilige App dort überhaupt mit aufgeführt oder ausgeschlossen werden soll, indem Sie entweder den Haken bei *In Mitteilungszentrale anzeigen* entfernen bzw. setzen. Alternativ können Sie auch einzelne Einträge der aufgeführten Apps mit der Maus packen und in den Bereich *Nicht in der Mitteilungszentrale* verschieben. In dieser Liste lässt sich im Übrigen durch das Verschieben auch die Rangfolge bestimmen, also welche Meldungen oben stehen sollen. Auch die Anzahl der aufgeführten Meldungen (1, 5, 10 oder 20 benutzte Objekte) lässt sich dort festlegen oder ob bei eingehenden Meldungen ein Ton abgespielt werden soll.

Ob nun die *Mitteilungszentrale* Ihr persönlicher Hit ist, lässt sich natürlich schwer einschätzen. Uns persönlich stört sie im Grunde, da man ständig durch aufblinkende Meldungen aus der konzentrierten Arbeit herausgerissen wird, da man doch unweigerlich nachschaut, was denn so Wichtiges wieder eingetrudelt ist. Möchten wir beispielsweise E-Mails lesen, so rufen wir das Programm *Mail* auf, das auch über das im Dock liegende Icon die Anzahl der einlaufenden E-Mails signalisiert. Die anderen Programme machen das ebenso, sodass wir die meisten Meldungen deaktiviert haben.

> Für die Anzeige der Anzahl an eingehenden Meldungen bei den diversen Apps wie *Mail*, *FaceTime*, *Kalender* oder *Nachrichten* zeichnet sich die Option *Kennzeichen für App-Symbol* verantwortlich. Wird diese deaktiviert, so verschwinden die Zahlenangaben.

CDs & DVDs – die korrekte Medienverteilung

Für die Firma Apple gehören CDs und DVDs mittlerweile zum alten Eisen, sodass die dazu nötigen Laufwerke wohl nach und nach aus den kommenden Rechner-Generationen verschwinden werden. Nichtsdestotrotz gibt es noch das *SuperDrive*-Laufwerk, das etwa in den iMacs verbaut ist und das Lesen sowie Beschreiben (Brennen) fast sämtlicher Formate (CD-Rs/CD-RWs, DVD-R, DVD+R, DVD-RW, DVD+RW sowie DVD+R DL) ermöglicht. Das »R« bei CD-R/DVD±R steht hier für *recordable* und bedeutet »beschreibbar«, sprich der Rohling kann ein Mal gebrannt werden. »RW« bedeutet hingegen *rewritable*, was übersetzt »wiederbeschreibbar« heißt und Ihnen das mehrmalige Beschreiben und Löschen gestattet. DVD bedeutet *Digital Versatile Disc*, wobei *versatile* übersetzt so viel wie »vielseitig« heißt. Das »DL« leitet sich von *Double Layer* (also doppelseitig bespielbar) ab. Diese Version weist eine Datenkapazität von 8,5 Gigabyte auf.

Das *Blu-ray-Disc*-Format mit Kapazitäten von bis zu 54 Gigabyte ist für Apple nachwievor ein unbeschriebenes Blatt und wird schlicht übergangen. Und das wird unserer Meinung nach auch so bleiben, da man in Cupertino jegliche Art von zu brennenden Scheiben für Relikte aus der Steinzeit hält und stattdessen lieber auf das Internet setzt. Daten sollen demzufolge eher auf Servern im weltweiten Web gesichert werden, und Kinofilme lädt bzw. streamt man sich auf den Rechner. Ist doch klar, oder?

Wie dem auch sei – in der Systemeinstellung *CDs & DVDs* weisen Sie Ihren Mac an, wie er im Falle des Einlegens einer leeren, also bespielbaren CD oder DVD, einer Musik-CD, einer Bilder-CD oder einer Video-DVD reagieren soll.

3 | Die Systemeinstellungen

Einmal eingerichtet werden Sie diese Systemeinstellung wohl nicht mehr besuchen.

Schieben Sie nun eine leere CD/DVD in Ihr Laufwerk, so öffnet die Option *Aktion erfragen* ein Dialog-Fenster, in dem Sie die jeweilige Aufgabe von Fall zu Fall entscheiden können. So lässt sich aus dem Popup-Menü entweder der *Finder öffnen*, der nun beispielsweise das Symbol einer beschreibbaren CD/DVD einblendet und in dessen Fenster – entsprechend einem *Brennordner* – Sie nun Daten zum Brennen ziehen können. Andererseits werden jedoch auch jene Programme aufgeführt, mit dessen Hilfe sich ebenso Musik (in *iTunes*), Video (*iDVD*) oder Daten (*Festplatten-Dienstprogramm*) brennen lassen. Wird Ihr Wunsch-Programm nicht aufgelistet, so suchen Sie über *Anderes Programm öffnen…* Ihren Lieblings-Kandidaten. Möchten Sie die getroffene Entscheidung grundsätzlich ablaufen lassen, so sollten Sie *Diese Aktion als Standard verwenden* abhaken. Über *Ignorieren* umgehen Sie die Anfrage und nehmen die weitere Bearbeitung in Eigen-Regie vor (Sie starten also Ihr Programm und brennen dann darüber), der Button *OK* startet die definierte Aktion.

Der Dialog dient zur Nachfrage sowie zur Auswahl der angebotenen Aktionen.

Die Aktion »Finder öffnen« zeigt das Volume-Symbol der CD/DVD auf dem Schreibtisch und bietet in einem geöffneten Finder-Fenster direkt einen Brennordner an.

169

Sowohl bei *Musik-CD*, *Bilder-CD* und *Video-DVD* ist die Vorgehensweise fast genauso, einzig die Option *Aktion erfragen* fehlt. Sie legen also das Programm Ihrer Wahl fest oder erwirken keine Aktion, sodass das Medium automatisch auf dem Schreibtisch angezeigt wird. Über Doppelklick auf das CD-/DVD-Icon haben Sie dann Zugriff auf den Inhalt bzw. starten Ihre Wunsch-Applikation, um auf das Medium über den *Öffnen*-Dialog Einfluss zu nehmen.

Legen Sie eine Musik-CD ein und startet daraufhin das Programm *iTunes*, so werden die einzelnen Musikstücke als *Titel 01*, *Titel 02* usw. aufgeführt. Ist also die CD-Hülle mit dem Cover nicht parat und erkennen Sie auch durch das Reinhören nicht die Musik, so haben Sie erst einmal schlechte Karten. Verfügen Sie hingegen über einen Online-Zugang und haben diesen aktiviert, so wird beim Einlegen einer *Audio-CD* automatisch die Internet-Datenbank *Gracenote CDDB® Music Recognition Service* (www.gracenote.com) kontaktiert. Diese wird nun durchsucht, indem nach den zur Audio-CD passenden Titeln bzw. nach den sogenannten *ID3-Tags* Ausschau gehalten wird. Der Service ermöglicht es Ihnen damit, Daten wie Album- und Künstlername, Musik-Titel und andere Musik-relevanten Informationen über das Internet abzurufen. Funktioniert das bei Ihnen nicht, so rufen Sie die *iTunes-Einstellungen* (⌘-Komma) auf. Dort finden Sie in der Rubrik *Allgemein* die unten stehende Option *CD-Titelnamen automatisch vom Internet abrufen,* die Sie aktivieren sollten.

Monitore – für den besseren Durchblick

Ohne den geht's einfach nicht: Der Bildschirm ist mit die wichtigste Komponente im Arbeitsalltag. Je nach Bildschirm-Diagonale (gemessen in Zoll) stehen Ihnen hier unterschiedliche Auflösungen (also die Anzahl sowie Verteilung der Bild-Punkte/Pixel) zur Verfügung. Bereits im Vorfeld sollten Sie abklären, wie viel Platz bzw. welche Auflösung Sie bevorzugen. Während 17- und 19-Zoll-Monitore eine Auflösung von circa 1280 x 1024 Pixel besitzen, bringen es größere Monitore auf wesentlich mehr: etwa 1600 x 1200 Pixel (20 Zoll), 1920 x 1080 Pixel (exotische 21,5 Zoll beim iMac) 1920 x 1200 (24 Zoll-Display) bis hin zu 2560 x 1440 Pixel (27-Zoll iMac) oder gar 2560 x 1600 Pixel (30-Zoll Apple Cinema HD Display). Bei den Displays von MacBook Pro/Air werden auf einer kleineren Bildschirm-Diagonale die Pixel ein wenig dichter verteilt – das reicht von 1366 x 768 Pixeln beim MacBook Air mit 11-Zoll bis hin zum MacBook Pro mit Retina-Display mit 2880 x 1800 Pixeln. Aus unserer Sicht kann es nie groß genug sein, denn die vielen Paletten und Fenster der Programme wollen schließlich irgendwo untergebracht werden.

In der Systemeinstellung *Monitore* finden Sie nun die möglichen Auflösungen, die Möglichkeit der Farbprofilierung sowie weitere Features wie *Anordnen*, arbeiten Sie beispielsweise mit einem zweiten Monitor.

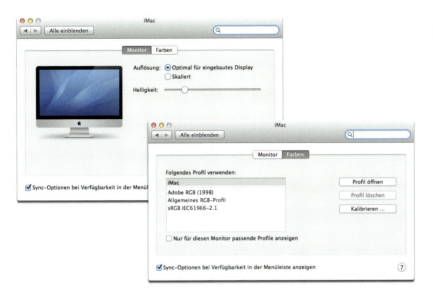

Die Systemeinstellung »Monitore« besteht aus den Reitern »Monitor« und »Farben«, über die Sie die Auflösung bestimmen sowie eine Kalibrierung vornehmen können. Je nach Bildschirm unterscheiden sich die angebotenen Optionen ein wenig.

Unter *Auflösung* können Sie zwischen *Optimal für eingebautes Display* sowie *Skaliert* wählen. Ersteres beinhaltet die für Ihren TFT-Bildschirm bestimmte, sogenannte native Auflösung und ist mithin die beste Wahl. Unter *Skaliert* werden weitere Auflösungen angeboten, die Ihr Monitor darstellen kann. Diese erlauben zwar beispielsweise eine vergrößerte Darstellung, indem Sie die Auflösung heruntersetzen, erzeugen dabei aber eine meist unscharfe, verwaschene Bild-/Text-Darstellung.

MacBooks (Pro/Air) sowie der iMac (Version ab Mitte 2011) besitzen weiterhin einen integrierten Umgebungslichtsensor, der automatisch die Helligkeit des Bildschirms an die aktuelle Beleuchtung im Zimmer regeln kann. Sofern Sie es also gerne wie von Geisterhand gesteuert haben, so sollten Sie die Option *Helligkeit automatisch anpassen* aktivieren.

Neu in *OS X Mountain Lion* ist das sogenannte *AirPlay-Mirroring* bzw. der *AirPlay-Bildschirm-Sync*. Damit lässt sich der Bildschirm-Inhalt Ihres Mac-Rechners über Apple-TV eins zu eins spiegeln. Ist Ihr Apple-TV-Gerät in Ihr WLAN-Netzwerk eingebunden, so finden Sie sowohl

in der Menüleiste (oben rechts) das *AirPlay*-Symbol (⬚) als auch in der Systemeinstellung *Monitore* den Punkt *AirPlay-Bildschirm-Sync*. Über das angezeigte Popup-Menü lässt sich nun auf *Apple TV* umschalten, sodass augenblicklich Ihr Desktop-Inhalt auf dem Fernseher erscheint.

Wird Ihr Apple TV im Netzwerk erkannt und Sie schalten bei »AirPlay-Bildschirm-Sync« auf »Apple TV« um, so wird der Bildschirm-Inhalt Ihres Rechners auf dem Fernseher eingeblendet.

Damit Sie nun nicht verzweifeln, falls das *AirPlay-Mirroring* gerade auf Ihrem Mac nicht funktioniert: Sie benötigen zum einen mindestens ein Apple TV der zweiten Generation (oder höher) und eines der folgenden Mac-Modelle: iMac (Mitte 2011 oder neuer), Mac mini (Mitte 2011 oder neuer), MacBook Air (Mitte 2011 oder neuer) und MacBook Pro (Anfang 2011 oder neuer).

Diese Möglichkeit eignet sich natürlich hervorragend für Präsentationen, die Sie beispielsweise einem größeren Zuschauerkreis vorführen möchten. Um eine noch bessere Darstellung zu erhalten, bekommen Sie zudem eine weitere Möglichkeit zum Einstellen der Auflösung: *Optimal für AirPlay*. Dabei wird die Auflösung Ihres Mac-Monitors an diejenige von *Apple TV* sowie dem Fernsehen angeglichen (in unserem Fall auf 1280 x 720 Pixel), sodass eine wirkliche Übereinstimmung zwischen den Geräten besteht.

Über *AirPlay-Bildschirm-Sync* lassen sich somit auch Filme ohne Probleme wiedergeben, die Sie beispielsweise in *iTunes* verwalten. Starten Sie *iTunes* und klicken bei einem Film auf *Wiedergabe*, so spielt dieser automatisch über den Flachbildfernseher ab – zu erkennen auch in *iTunes* (rechts unten).

3 | Die Systemeinstellungen

Auf dem Mac bleibt die Wiedergabe aus – dafür erfolgt sie jedoch ausgezeichnet auf dem TV-Bildschirm.

Wie schon erwähnt lassen sich – sobald *Apple TV* im Netzwerk eingebunden ist – alle Einstellungen auch über das *AirPlay*-Symbol (□) in der Symbolleiste ausführen. Dazu muss jedoch in der Systemeinstellung *Monitore* die Option *Sync-Optionen bei Verfügbarkeit in der Menüleiste anzeigen* aktiviert sein.

Auch über die Menüleiste lässt sich auf Apple TV umschalten.

Rutschen wir nun dennoch in der Systemeinstellung *Monitore* einen Reiter weiter. Über *Farben* nehmen Sie Einfluss auf die Farbdarstellung. Ist die Option *Nur für diesen Monitor passende Profile anzeigen* aktiviert, so wird üblicherweise nur das für diesen bestimmten Monitor einzusetzende Profil (Farb-LCD, iMac etc.) aufgelistet, mit denen Sie standardisierte Werte für Rot, Grün, Blau, die Lichttemperatur etc. einsetzen. Ist diese Option dagegen ausgeschaltet, so werden eine ganze Reihe weiterer Profile zur Verfügung gestellt, die je nach Zweck die Bildschirm-Farben verändern.

Farb-Profile dienen zur verbindlichen Farbdarstellung. Je nach Arbeitsgebiet stehen unterschiedliche Profile zur Verfügung, die in einem Workflow auf allen Monitoren einheitlich eingesetzt werden sollten. Klicken Sie auf »Profil öffnen«, so lassen sich auch die genauen Farb-Werte ablesen.

Lieben Sie es gerne professionell, so können Sie ein anderes Profil (etwa von Ihrem Arbeitgeber oder Ihrer Agentur) einladen (über den Pfad Macintosh *HD/Library/ColorSync/Profiles/Displays*), sodass beispielsweise die Farben auf Ihrem iMac annähernd so erscheinen wie auf Ihrem Monitor im Büro. Oder Sie erstellen Ihr eigenes Profil, indem Sie auf *Kalibrieren* klicken und Ihren Monitor über einen Assistenten neu justieren. Hierzu werden *Helligkeit* und *Kontrast*, die *Gamma-Werte* und die *Farbtemperatur* eingestellt sowie über einen *Experten-Modus* weitere Anpassungs-Möglichkeiten zugeschaltet. Zum Schluss heißt es einen Profil-Namen zu vergeben und Ihr Display besitzt neue Farb-Werte.

Die Stationen zum eigenen Profil – dank Assistent und erklärender Worte verliert die Thematik ihren Schrecken.

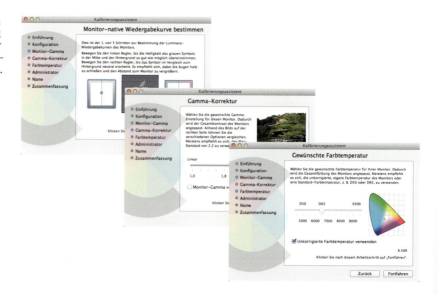

3 | Die Systemeinstellungen

Die Profilierung über den *Kalibrierungs-Assistenten* dient in erster Linie für Bildröhren-Monitore. Sollten Sie einen Flachbildschirm besitzen, so sollten Sie beim Hersteller nachfragen, ob für diesen Typ spezielle Farb-Profile angeboten werden.

Über die Systemeinstellung *Monitore* lässt sich auch ein zweiter Bildschirm einrichten. Hierbei wird zwischen *Synchronisation* und der *Erweiterung des Schreibtisches* unterschieden. *Bildschirme synchronisieren* zeigt sowohl auf dem Hauptbildschirm als auch auf dem zusätzlich angeschlossenen Monitor dasselbe Bild, während bei der *Erweiterung des Schreibtisches* (bei *Bildschirme synchronisieren* keinen Haken setzen) der zweite Bildschirm als zusätzliche Arbeitsfläche dient. So können Sie einen Hauptbildschirm bestimmen, indem Sie die *Menüleiste* (symbolisiert durch einen weißen Balken) auf diesen Monitor ziehen, der zweite kann nun links oder rechts davon angeordnet werden. Im Betrieb lassen sich so Paletten, weitere Ordner oder Fenster usw. auf diesen auslagern.

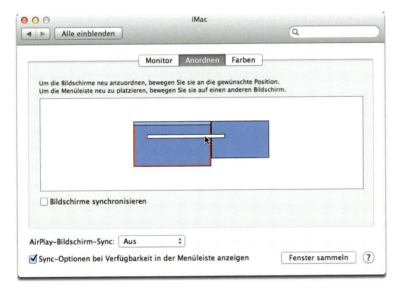

Wird ein zweiter Bildschirm angeschlossen, taucht in der Systemeinstellung der dritte Reiter »Anordnen« auf. Über die Monitor-Miniaturen lässt sich nun Ihre Wunschkonfiguration (zweiter Bildschirm rechts oder links, Menüleiste links oder rechts) einrichten.

Da sich viele Bildschirme anderer Hersteller um 90 Grad auf Hochkant einstellen lassen, können Sie über die Option »Drehung« den Bildschirm-Inhalt darauf hin ausrichten.

175

Externe Bildschirme lassen sich über den *Mini DisplayPort-* (⌘) sowie den *Thunderbolt*-Anschluss (⚡)(MacBook Pro ab Frühjahr 2011 sowie iMac ab Mitte 2011) betreiben. Besitzen Sie noch ein Display mit DVI-Anschluss, so gibt es im Fachhandel diverse Adapter zu erwerben. Möchten Sie hingegen einen iMac als externen Bildschirm an einem MacBook Pro anschließen, so ist es zwingend vorgeschrieben, das beide Geräte über einen *Thunderbolt*-Anschluss verfügen – hierzu benötigen Sie ein *Thunderbolt zu Thunderbolt*-Kabel.

Um etwa einen iMac als zweiten Bildschirm an ein MacBook Pro anzuschließen, gibt es das Thunderbolt zu Thunderbolt-Kabel. (Abbildung: © Apple)

Energie sparen

Den Stromverbrauch zu reduzieren ist stets angesagt – und das gilt eben nicht nur für Waschmaschine, Deckenfluter, Heizung & Co. Insbesondere die vielen MacBook Pro- und Air-Benutzer sollten sich hier angesprochen fühlen, denn je weniger Stromfresser am und im mobilen Rechner laufen, desto länger hält auch der Akku im Batterie-Modus. Damit Sie nun nicht alles und ständig manuell justieren müssen, gibt es die Systemeinstellung *Energie sparen*, die den Rechner im Hintergrund sinnvoll auf Sparflamme laufen lässt.

Im Akku-Betrieb sollten Sie darauf achten, dass der Ruhezustand des Monitors nach möglichst kurzer Zeit einsetzt, da die Hintergrund-Beleuchtung eine der größten Stromfresser ist. Seit der Umstellung auf LED-Hintergrundbeleuchtung ist das zwar nicht mehr ganz so schlimm, doch macht bekanntlich auch Kleinvieh Mist. Vor dem Einsetzen des Ruhezustands wird der Bildschirm daher abgesoftet, wobei der Inhalt am Monitor weiterhin sichtbar ist, danach wird er völlig ausgeschaltet. Sobald Sie eine Taste drücken, wird wieder auf die normale Helligkeit umgeschaltet. Sie können auch schon im Vorfeld unterstützend mitwirken, indem Sie die Helligkeit des Monitors manuell herunterfahren. Laptop-Besitzer sowie iMac-Nutzer (Kaufdatum ab Juni 2011) sollten dann jedoch zusätzlich in der Systemeinstellung *Monitore* die Option *Helligkeit automatisch anpassen* deaktivieren.

3 | Die Systemeinstellungen

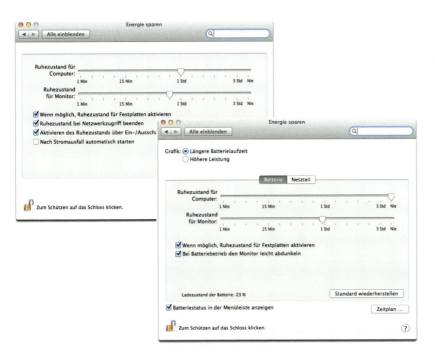

Links die »Energie sparen«-Systemeinstellung eines iMac, rechts eines MacBook Pro, da sich hier unterschiedliche Einstellungen für Batterie- und Netzteil-Betrieb tätigen lassen.

Wird der Rechner eine geraume Zeit nicht verwendet, sollte das MacBook (Pro/Air) in den Ruhezustand versetzt werden, womit der Stromverbrauch auf fast Null gedrückt wird. Auch die Festplatte lässt sich in den Ruhezustand schicken, indem der Schreib-/Lese-Kopf in seine Park-Position fährt und erst einmal Pause macht. Dies bietet sich an bei Tätigkeiten, bei denen der Rechner nicht auf die Festplatte zugreifen muss (etwa reines Lesen oder Schreiben ohne Speicher-Aufforderung – erst beim Sichern von Veränderungen fährt die Festplatte wieder an). Wann nun welche Funktion greifen soll, stellen Sie über die Regler ein. Je kürzer die Zeitspanne bis zum Einsetzen des Ruhezustandes, desto effektiver ist die Strom-Ersparnis. Übertreiben Sie es mit der Ausweitung von der Standardvorgabe, so gibt Apple Ihnen eine Meldung, die den verschwenderischen Energieverbrauch anprangert.

Nur nicht übertreiben …

Da das MacBook Air sowie das MacBook Pro mit Retina-Display (beim regulären MacBook Pro optional) anstatt einer »normalen« Festplatte mit Flash-Speicher (auch SSD-Laufwerk oder Solid-

177

State-Drive genannt) ausgerüstet sind, ist hier die Energieeffizienz noch größer – die Akku-Dauer wird damit nochmals erhöht.

Neu in *OS X Mountain Lion* ist die Funktion *Power Nap* (übersetzt etwa Kraftschlaf), die jedoch nur für Apple-Notebooks mit Flashspeicher zur Verfügung steht. Dazu zählen das MacBook Air (11 und 13 Zoll, Mitte 2011 und neuer) sowie das MacBook Pro (Retina, Mitte 2012 und neuer). Hierbei werden die mobilen Rechner befähigt, sogar während des Ruhezustands Funktionen wie E-Mail-Empfang, Kalenderaktualisierungen, Erhalt von Dokumenten über die *iCloud* bzw. Bildern über *Fotostream*, *Time Machine*-Backup oder das Laden von Updates über den *Mac App Store* fortzuführen. Programme wie *Mail*, *Kontakte*, *Kalender*, *Erinnerungen*, *Notizen*, *Fotostream*, *Meinen Mac suchen*, *Time Machine*, *Spotlight*, *Mac App Store*, *Softwareaktualisierung*, die Apple-Hilfe und Dokumente in der *iCloud* sind dabei die auszuführenden Partner.

Die Funktion *Power Nap* ist nicht aktiviert, wenn Sie Ihr MacBook im Akku-Betrieb laufen lassen. Möchten Sie dennoch nicht auf *Power Nap* verzichten, so lässt sich dies in der Systemeinstellung *Energie sparen* über den Reiter *Batterie* sowie der Option *Power Nap bei Batteriebetrieb aktivieren* einschalten.

»Power Nap« erledigt viele Aufgaben sozusagen im Schlaf (im Beispiel leider nur ein englischsprachiger Screenshot).

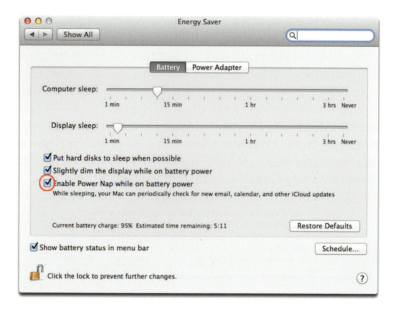

Bei einigen MacBook Pro-Geräten können Sie als Besonderheit zudem zwischen einem leistungsstarken und einem eher Strom sparenden Grafikprozessor wählen – Sie können also zwischen *Höhere Leistung* (mehr Stromverbrauch, dafür aber mehr zur Verfügung stehende Leistung für grafikintensive Arbeiten wie etwa Spiele …) und *Längere Batterielaufzeit* umschalten. Die aktuelle MacBook Pro-Serie wiederum nimmt diese Umschaltung auf einen leistungsstarken Grafikprozessor automatisch vor.

Möchten Sie bei »Grafik« zwischen »Längere Batterielaufzeit« und »Höhere Leistung« umschalten, so müssen Sie sich bei den Modellen mit zwei Prozessoren zuvor abmelden und wieder anmelden.

Sind die Details (Regler) geklärt, so können Sie sich den weiteren Optionen widmen. *Ruhezustand bei Netzwerkzugriff beenden* bezieht sich hierbei auf den Zugriff, wenn Ihr Mac in ein Netzwerk eingebunden ist. Bei Kontaktaufnahme von außen erwacht der Rechner daher automatisch aus dem *Ruhezustand*. Letztere Funktion steht bei Mac-Rechnern im Batterie-Betrieb nicht zur Verfügung, da eine Einbindung nicht möglich ist, sollten Sie beispielsweise im Flugzeug nach Tahiti sitzen.

Die weiteren Optionen beziehen sich auf den Ein-/Ausschalter (⏻) – *Aktivieren des Ruhezustands über Ein-/Ausschalter ermöglichen* –, was nichts anderes bedeutet, als dass Sie kurz den betreffenden Knopf am Rechner (etwa iMac) drücken müssen, um Ihren Mac in den Ruhezustand zu versetzen.

Die Option *Bei Batteriebetrieb den Monitor leicht abdunkeln* ermöglicht das automatische Herabsetzen der Helligkeit, um den Akku zu schonen, während *Nach Stromausfall automatisch starten* das selbstständige Hochfahren des Computers verspricht.

Möchten Sie den *Batteriestatus in der Menüleiste anzeigen* lassen, so setzen Sie in der entsprechenden Option einen Haken. In der Menüleiste wird nun ein Batterie-Symbol eingeblendet, über das Sie auf einen Blick stets alle wichtigen Faken im Blick haben (etwa ladend ⚡, leer ▭, kaputt ⚠). Neigt sich die Akku-Kapazität ihrem Ende zu, so wechseln die schwarzen Ladezustands-Balken von schwarz (▭ (46 %)) auf rot (▭ (19 %)). Neben dem einfachen Batterie-Symbol lässt sich über die Option *Anzeigen* der Ladezustand auch mit zusätzlicher Zeit- oder Prozentangabe einblenden.

Der pflichtbewusste Laptopper hat alles im Griff und Blickfeld: der Batterie-Status mit seinen Anzeige-Optionen.

Bevor die Kapazität des Akku vollständig erschöpft ist und sich der Rechner in den verdienten Ruhezustand begibt, erhalten Sie eine Warnmeldung, dass es nun allerhöchste Zeit sei, dem Rechner wieder Nahrung aus der Steckdose zukommen zu lassen. Ist dem nicht so, so fährt der Rechner herunter und gibt erst wieder einen Ton von sich, sobald Sie die Batterie mit Strom versorgen.

Jetzt aber zackig, sonst wird's dunkel am Mac.

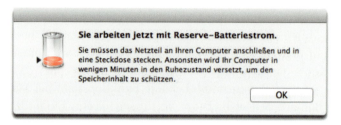

Interessiert Sie das Thema »Batterie«, so hält Apple auf seinen Webseiten weitere und noch mehr in die Tiefe gehende Infos für Sie bereit. Die Links dazu lauten www.apple.com/de/batteries und www.apple.com/de/batteries/notebooks.html.

Auch der rechts unten liegende Button *Zeitplan…* hat es in sich, womit sich Start- und Ausschalt-Zeiten Ihres Mac bestimmen lassen. Mit *Starten oder Ruhezustand beenden* und der Festlegung von Tagen sowie der Uhrzeit setzen Sie dabei die Einschalt-Zeiten, mit *Ruhezustand aktivieren, Neustart* bzw. *Ausschalten* (je nach Wahl aus dem Popup-Menü) bestimmen Sie das entsprechende Ende der Laufzeit. Wichtig ist hierbei zu wissen, dass Sie beim Ausschalten als derjenige Benutzer angemeldet sein müssen, der die Eintragungen vornahm, da sich ansonsten der Rechner verweigert. Das Gleiche gilt auch für das Einschalten: Benutzen mehrere Anwender den Mac, so bleibt der Rechner natürlich am *Anmelde-Dialog* hängen und wartet auf das Einloggen. Als alleiniger Benutzer sollten Sie in den *Benutzer*-Systemeinstellungen und dort in den *Anmelde-Optionen* festlegen, dass der Mac Sie als Administrator automatisch anmeldet. Weiterhin muss zum Starten des Rechners bei Laptop-Modellen – bei iMac & Co. sowieso :-) – das Netzteil angeschlossen sein. Auf diese Weise finden Sie einen Arbeitsrechner vor, mit dem Sie sofort loslegen können.

3 | Die Systemeinstellungen

Der vollautomatische Arbeitsalltag hält dank »Energie sparen« und dem »Zeitplan« Einzug.

Tastatur – auch Tippen will gelernt sein

Jeder Tastatur-Benutzer hat wohl so seine ganz eigene Technik, die Buchstaben auf den Monitor zu zaubern. Vom 10-Finger-System über flinke 2-Finger-Tipper bis hin zum langsamen Anfänger, der sich Taste für Taste durch den Buchstaben-Dschungel schlägt. Mit der Zeit eignet man sich jedoch die Fähigkeit an, die Tasten schnell und sicher zu bedienen. Nichtsdestotrotz bleiben Unterschiede wie die Härte des Tastatur-Anschlags sowie der Zeitraum, den die Finger auf den Tasten verharren (gemessen in Millisekunden). Wer nun mit der Apple-Tastatur nicht zurecht kommt, findet selbstverständlich eine stattliche Auswahl an Alternativ-Eingabegeräten, unter anderem von Logitech, Microsoft oder Macally.

Aber auch in unserer Systemeinstellung *Tastatur* können Sie Anpassungen vornehmen, falls Sie beispielsweise aus Versehen die Buchstaben immer im Doppel- oder gar Dreifach-Pack eintippen. Dies könnte unter anderem daran liegen, dass sowohl die *Tastenwiederholung* als auch die *Ansprechverzögerung* zu schnell sind, was bedeutet, dass Ihr Tipp-Stil eine »relativ« lange Verweil-Dauer auf einer Taste aufweist. Die Tastatur nimmt dies daher zum Anlass, öfter einmal mehrere gleiche Buchstaben einzugeben. Stellen Sie die Regler daher in Richtung *Langsam* bzw. *Lang*, so dürfte das Problem mit ein wenig Ausprobieren bald gelöst sein.

Für all jene, die ein Apple-Keyboard (sowohl schnurgebunden als auch die Wireless-Variante) benutzen, ist die Option *Die Tasten F1, F2 usw. als Standard-Funktionstasten verwenden* vielleicht von Interesse. Da die Standardvorgabe über diese Tasten *Hardware-Funktionen* wie Bildschirmhelligkeit und Lautstärke auslösen, muss zum Anwenden von anderen, Software-eigenen Funktionen zusätzlich die *fn*-Taste gedrückt werden. Ist nun eben genannte Option aktiviert, so verhält es sich genau andersherum: Die Software wird über die *F-Tasten* gesteuert, bei Gebrauch der Hardware-Funktionen muss die *fn*-Taste hinzugezogen werden.

Wenn's mal wieder nicht klappt mit dem fehlerfreien Tippen – »Tastenwiederholung« als auch »Ansprechverzögerung« sind eindeutig Kandidaten zum Experimentieren.

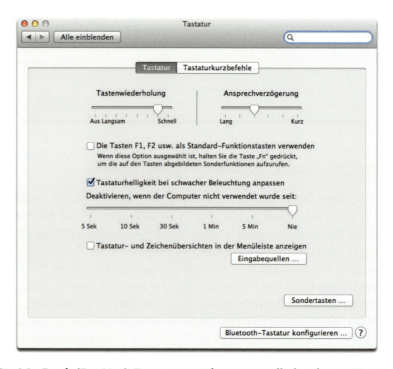

Für MacBook (Pro/Air)-Benutzer mit hintergrundbeleuchteter Tastatur ist die Option *Tastaturhelligkeit bei schwacher Beleuchtung anpassen* gedacht. Diese geniale Erfindung funktioniert richtig gut und erhellt bei Einsetzen der Dämmerung die Laptop-Tastatur. Das Ausschalten bei Inaktivität des Rechners geschieht über einen einzurichtenden Zeitraum über den Regler darunter.

Bei Fremd-Tastaturen (etwa aus der Windows-Welt) ist es manchmal angebracht, unter Berücksichtigung einer geänderten Anordnung die Sondertasten (*Befehlstaste*, *Optionstaste*, *ctrl-Taste* sowie *Umschalttaste*) neu zu definieren. Aber auch für ganz persönliche Zwecke lässt sich diese Funktion über den Button *Sondertasten…* einrichten. Vom Vertauschen bis hin zum Deaktivieren ist dort alles machbar, auch die Wiederherstellung des Standards wird angeboten.

Passiert es Ihnen auch manchmal, dass Sie aus Versehen die Feststelltaste (⇧) betätigen und erst wenig später bemerken, dass Sie alles in Großbuchstaben geschrieben haben? Diesem Dilemma können Sie beispielsweise entgehen, indem Sie über den Button Sondertasten der Feststelltaste die Funktion Keine Aktion verpassen.

3 | Die Systemeinstellungen

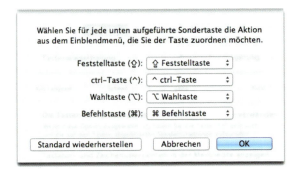

Über »Sondertasten« lassen sich neue Zuordnungen bestimmen.

Tastaturen aus Übersee, vom Taiwan-Höker (= Kleinhändler) oder ohne spezielle Treiber des Herstellers, sind manchmal ebenso nicht ganz ohne, sodass der Computer diese nicht zuordnen kann oder die Tasten vertauscht sind. Hierbei ist Ihnen der *Tastatur-Assistent* behilflich, der meist sofort nach dem ersten Anschließen oder über den Button *Tastaturtyp ändern…* seinen Auftritt hat. Über die Abfrage der neben der *Umschalttaste* (⇧) liegenden Taste wird die Tastatur identifiziert und nach einer Verifizierung freigegeben.

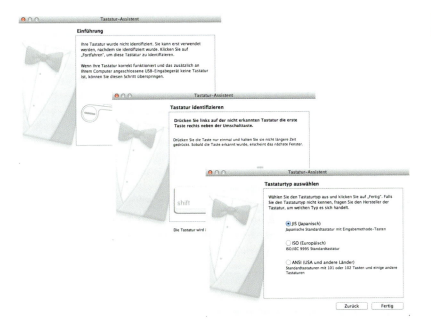

Der Tastatur-Assistent in Aktion.

Markenhersteller wie Logitech bieten zu ihren Tastaturen meist auch passende Treiber für das Mac OS X an. Nach dem Installieren finden Sie dann die entsprechenden Konfigurationsmöglichkeiten ebenfalls in den *Systemeinstellungen*, dort jedoch in der unten stehenden Abteilung *Sonstige*.

Mit den entsprechenden Treibern lassen sich Fremd-Tastaturen komfortabel betreiben.

Möchten Sie nachträglich etwa die *Wireless*-Variante der Apple-Tastatur konfigurieren, so sollten Sie als Erstes darauf achten, dass der Übertragungsweg *Bluetooth* aktiviert ist. Dies erledigen Sie über die Menüleiste über das *Bluetooth*-Symbol und den dortigen Befehl *Bluetooth aktivieren*. Danach sollten Sie das *Wireless Apple Keyboard* einschalten (bitte auf frische Batterien achten!) und dann innerhalb der Systemeinstellung *Tastatur* auf den Knopf *Bluetooth-Tastatur konfigurieren* klicken.

Wenn sich Tastatur und Mac erkennen, wird die Bluetooth-Verbindung hergestellt, indem ein Code eingegeben werden muss.

3 | Die Systemeinstellungen

Achten Sie immer auch auf den *Batteriestatus* Ihrer Tastatur, da es ansonsten zu unschönen Erlebnissen kommen kann – etwa dann, wenn Sie Ihren Mac einschalten und Sie Ihr Anmelde-Kennwort nicht mehr eingeben können. Und dann müssen Sie erst einmal darauf kommen, dass es an leeren Batterien liegt! Apple warnt Sie zumindest sowohl mit einem blinkenden *Bluetooth*-Symbol ( ) in der Menüleiste und zum Zweiten mit einem waschechten Dialog – und den Anweisungen sollten Sie wie ein gesetzestreuer Bürger (sind Sie doch, oder?) nachkommen.

Achtung, Achtung – bitte umgehend die Batterien wechseln!

Falls Sie vergessen haben, wie der Wechsel der Batterien vonstatten geht, so finden Sie in der Systemeinstellung *Tastatur* Hilfestellung – und zwar über die Schaltfläche *Batterie tauschen*, die automatisch eingeblendet wird, sollte ein Akku-Wechsel nötig sein.

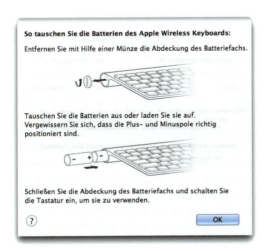

Die »Batterie tauschen«-Bildergeschichte zum schnellen Verständnis.

Der zweite Reiter im Bunde der Systemeinstellung *Tastatur* nennt sich *Tastaturkurzbefehle*. In diesem Dialog finden Sie eine Aufstellung aller möglichen Befehls-Kombinationen über die Tastatur, indem Sie die einzelnen Rubriken wie etwa *Launchpad & Dock*, *Tastatur & Texteingabe* etc. anklicken. Über einen Doppelklick auf den bereits eingetragenen

Kurzbefehl kann dieser nun geändert werden. Gibt es Überschneidungen, indem Sie eine Tasten-Kombination vergeben haben, die schon für eine andere Funktion angedacht ist, so wird dies wieder durch ein gelbes Dreieck (⚠) gekennzeichnet. Entweder ändern Sie dann Ihre Vorgabe oder deaktivieren jene Funktion mit demselben Kurzbefehl, indem Sie den Haken aus der Checkbox (☑) per Mausklick entfernen.

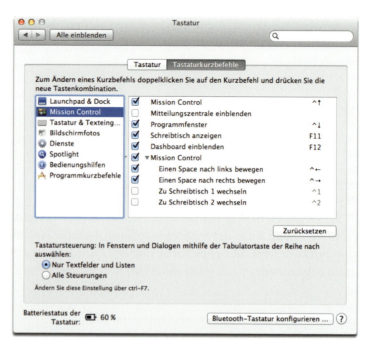

Über die Tastaturkurzbefehle lassen sich Aktionen schnell realisieren.

Ist die Rubrik *Programmkurzbefehle* markiert, so lassen sich über die *Plus*-Taste (＋) weitere Kurzbefehle hinzufügen. Hierbei sollten Sie jedoch bedenken, dass Sie diese nur für vorhandene *Menübefehle* vergeben können. Wenn Sie also in einem bestimmten Programm für eine viel genutzte Funktion einen Tastaturbefehl vermissen (weil dieser schlichtweg nicht existiert), so lässt sich in diesem Fall ein Kurzbefehl erstellen.

Klicken Sie also auf die *Plus*-Taste und wählen Sie aus dem Menü bei *Programm* die gewünschte Applikation. Danach müssen Sie den exakten Namen des Menübefehls eingeben und den *Tastatur-Kurzbefehl* kreieren. Nach einem erneuten Start des Programms steht nun dieser Befehl zur Verfügung. Auf diese Weise lassen sich auch bestehende Befehle verändern und die Bedienung Ihres Computers wird noch effektiver – vorausgesetzt, Sie kommen mit der Flut an Tasten-Kombinationen nicht durcheinander.

3 | Die Systemeinstellungen

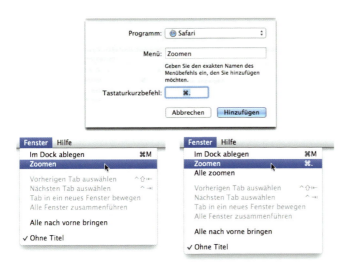

In unserem Beispiel haben wir in »Safari« dem Menübefehl »Zoomen« den Kurzbefehl »⌘-.« (Befehlstaste-Punkt) verpasst. Und wirklich: Wo woher kein Befehl stand, ist nach der Überarbeitung nun unsere Tasten-Kombination zu bewundern.

Bei Befehlen, die programmübergreifend funktionieren, müssen Sie anstatt einer einzelnen, ausgewählten Anwendung bei *Programm* den Eintrag *Alle Programme* benutzen.

Im Dialogfenster *Tastaturkurzbefehle* tummeln sich viele Befehle, die aufgrund der Platznot nicht vollständig ausgeschrieben werden. Dem entgegenzuwirken gibt es zwei Möglichkeiten: Entweder Sie verharren mit dem Mauszeiger eine Sekunde über den Einträgen, bis diese komplett angezeigt werden – oder Sie parken den Mauszeiger in der Leiste zwischen Rubrik und Kurzbefehle-Liste und können so über das Größenveränderungs-Symbol (✣) mehr Platz für den jeweiligen Bereich schaffen.

In der linken Spalte finden Sie weiterhin den Punkt *Dienste*. Dabei handelt es sich um Funktionen, die in allen Programmen von Apple zusätzliche Features anbieten. Die Auflistung der angebotenen *Dienste* finden Sie grundsätzlich im *Programm*-Menü der jeweiligen Anwendung bzw. im Kontext-Menü (meist ganz unten stehend). Je nach Tätigkeit oder geöffnetem Dokument lassen sich so neben den Standard-Befehlen beispielsweise Notizen erstellen, Schriften exportieren, ausgewählter Text als E-Mail versenden oder zum Programm *TextEdit* kopieren und so weiter. Fehlt Ihnen hingegen die ein oder andere sinnvolle Funktion, so können Sie diese – wenn passend – über die Dienste innerhalb der *Tastaturkurzbefehle*-Abteilung freischalten.

Nach dem Aktivieren des Dienstes »Datei an Bluetooth-Gerät senden« lässt sich beispielsweise eine Bilddatei sowohl über das Kontext-Menü als auch über das Finder-Menü ohne Umwege beispielsweise an das eigene Mobiltelefon schicken.

Last, but not least: Ganz unten in der Systemeinstellung *Tastaturkurzbefehle* finden Sie noch eine Option zur *Tastatursteuerung*. Dort stellen Sie die Vorgehensweise beim Drücken der *Tabulator-Taste* (→|) ein. In Fenstern springen Sie so von einem Objekt der Reihe nach zum Nächsten, während Sie in Dialogen jene Felder auswählen, die eine Text-Eingabe erfordern. Mit *Alle Steuerungen* werden bei Dialogen sämtliche Buttons miteinbezogen, die eine Funktion innehaben. Ist ein Button ausgewählt, brauchen Sie nur den *Zeilenschalter* (↵) zu drücken, um diesen auszulösen.

Die Maus richtig konfigurieren

Ob Geschwindigkeit der *Zeigerbewegung,* des *Doppelklick-Intervalls* oder das *Scrollen* – hier sind Sie richtig, wenn Sie die Bedienung der Benutzeroberfläche über eine Maus vornehmen. Wir schauen uns dabei die schon ältere, aber immer noch beliebte *Apple Mouse* (vormals *Mighty Mouse*) mit der Scroll-Kugel sowie die *Magic Mouse* an. Über die Regler stellen Sie nun die gewünschten Werte ein, bei den unten liegenden Scroll-Optionen bestimmen Sie, ob die kleine Kugel der *Apple Mouse* deaktiviert, *nur vertikal, vertikal und horizontal* oder gleich die vollen *360 Grad* scrollen soll. Jene Funktion, die auf Klick auf die Maus-Kugel ausgelöst werden soll, bestimmen Sie über das Popup-Menü, das umfangreiche Optionen anbietet.

Die unter *OS X Lion* verfügbare Option *Zoomen per Scrollball bei gedrückter ctrl-Taste* ist unter *Mountain Lion* in die Systemeinstellung *Bedienungshilfen* gewandert und lässt sich dort über den Punkt *Zoomen* aktivieren. Schalten Sie dort die Option *Zoomen: Scroll-Geste mit diesen Sondertasten ein*, so lässt sich der aktuelle Bildschirm-Ausschnitt vergrößern, indem Sie etwa bei gedrückter *ctrl*-Taste den Scrollball (oder auch das Mausrad eines anderen Herstellers) bewegen.

3 | Die Systemeinstellungen

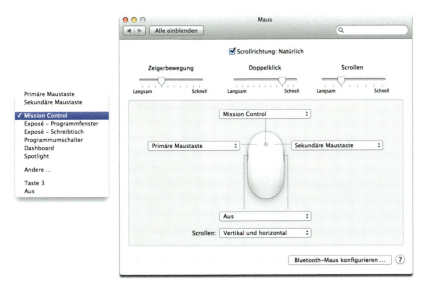

Die vielfältigen Einstellungen für die »Apple Mouse«. Für jede Taste lässt sich gesondert eine Funktion festlegen, wobei die linke Taste üblicherweise für den normalen Mausklick (Primäre Maustaste) reserviert ist, die rechte hingegen das Kontext-Menü (Sekundäre Maustaste) aufruft.

Der ganz unten stehende Knopf *Bluetooth-Maus konfigurieren* ist für diejenigen interessant, die Apples schnurlose *Magic Mouse* mit dem Mac verbinden möchten. Wird darauf geklickt, so wird augenblicklich nach dem »Blauzahn-Nager« gesucht. Wird *Bluetooth* fündig, so zeigt es den Namen an und über *Verbinden* bekommt die Systemeinstellung *Maus* eine neue, auf die *Magic Mouse* angepasste Oberfläche.

Nachdem die Magic Mouse geortet und verbunden wurde …

189

… dauert es noch ein kleines Weilchen, bis die passende Oberfläche der Systemeinstellung zur Magic Mouse aufgerufen wird.

Der Unterschied zur normalen Maus: Anstatt eines mechanischen Scroll-Balls oder -Rades erledigen Sie nun alle Bewegungen des Mauszeigers wie auf einem Trackpad – einzig das Klicken klingt noch nach echter asiatischer Wertarbeit. Fahren Sie nun mit dem Mauszeiger über die einzelnen Menüpunkte, so bekommen Sie die jeweilige Erklärung absolut jugendtauglich (mit Hilfe von bewegten Bildern) aufbereitet: Mit welchem Klick soll also das Kontext-Menü (der *Sekundärklick*) aufgerufen werden? Möchten Sie eine natürliche Scrollrichtung oder soll sich das Scrollen an den Laufbalken orientieren? Weiterhin können Sie ein intelligentes Zoomen per Doppeltipp mit einem Finger erreichen oder mit zwei Fingern die Funktion *Mission Control* aufrufen. Auch für das Wischen der Finger über die berührungsempfindliche Oberfläche gibt es raffinierte Funktionen: mit einem Finger blättern Sie in Dokumenten, und mit zwei wechseln Sie zwischen den Vollbild-Apps.

Selbstverständlich lassen sich auch Mäuse von Drittherstellern an den Mac anschließen. Sie sollten sich jedoch vorher genau erkundigen, ob die Treiber-Software OS X-kompatibel ist und auch unter *Mountain Lion* korrekt funktioniert. Meist finden Sie nach der Installation der Treiber eine neue Systemeinstellung vor, die in der Abteilung *Sonstige* liegt. Wird eine »fremde« Maus angeschlossen, so wird dies kurz am Bildschirm angezeigt. In der dazugehörigen Systemeinstellung lassen sich nun ebenso Tasten und Mausrad konfigurieren.

3 | Die Systemeinstellungen

Denken Sie immer daran: Benutzen Sie eine (Mehr-Tasten-)Maus eines Fremdherstellers, so wird diese meist über eine eigene Systemeinstellung (z. B. »Logitech Control Center«) konfiguriert.

Trackpad – Multi-Touch-Feeling par excellence

In der Abteilung *Trackpad* geht es ebenso um die Steuerung der OS X-Benutzeroberfläche. Während vor gar nicht allzu langer Zeit das *Trackpad* nur für MacBook (Pro/Air)-Anwender von Interesse war, dürfen sich nun auch die Besitzer von Desktop-Rechnern (iMac, Mac Pro, Mac mini) freuen, denn mit Einführung des *Magic Trackpad* steht das Wischen und Tippen, Finger spreizen und zusammenziehen der gesamten Apple-Gemeinde zur Verfügung. Und besitzen Sie bereits ein iPhone, ein iPad oder einen iPod touch, so werden Sie sich ebenso rasch zurechtfinden.

Das *Trackpad* dient als Maus-Ersatz und wird über die Finger bedient, indem Sie die Oberfläche damit überfahren. Sobald Kontakt besteht, wird die Bewegung des Fingers über die berührungsempfindliche Fläche übernommen – der Mauszeiger wandert in die vorgegebene Richtung. Weiterhin ist auch das »Mausklicken« möglich, indem Sie die *Trackpad*-Taste drücken bzw. mit dem Finger auf das Trackpad klopfen (dazu muss jedoch die Option *Klick durch Tippen* aktiviert sein). Neben dem Doppelklick zum Öffnen einer Datei oder eines Ordners (zwei Mal auf das Trackpad tippen bzw. die Trackpad-Taste drücken) ist auch das Bewegen von Objekten möglich (Option *Mit drei Fingern bewegen*).

191

Das Trackpad wartet mittlerweile mit drei Reitern auf, die dem geübten Trackpad'ler eine Fülle von Gesten ermöglichen.

Mit dem Multi-Touch-Trackpad sind weitere technische Innovationen hinzugekommen, beispielsweise das horizontale wie vertikale Scrollen in Fenstern und Ordnern mit zwei Fingern. Aber auch das Drehen von Bildern, das Vergrößern und Verkleinern über Daumen und Zeigefinger, das Aufrufen des Kontext-Menüs über den »Tipp« mit zwei Fingern und, und, und sind möglich. Auch Vierfinger-Gesten zum Wischen zwischen den Vollbild-Apps oder zum Aufrufen von *Mission Control*. Spreizen Sie den Daumen und drei Finger, so lässt sich die *Exposé*-Funktion *Schreibtisch* aufrufen, die gegenteilige Bewegung startet *Launchpad* zur schnellen Übersicht und zum Starten Ihrer Programme. Hinzuzufügen sei noch, dass alle diese Gesten auch an Ihre persönlichen Vorlieben anpassbar sind, wobei wir die seitens Apple vorgegebenen Vorschläge eigentlich für unschlagbar halten.

Die Systemeinstellung *Trackpad* macht es Ihnen besonders leicht, die vielfältigen Funktionen kennenzulernen. Sie brauchen dabei nur den Mauspfeil über eine Option zu parken, sodass diese durch einen hellen Balken hervorgehoben wird. Eine Sekunde später beginnt das große »Kino« und zeigt die Funktionsweise anhand eines Filmbeitrages auf.

Trackpad-Möglichkeiten in Form von Kurzfilmen – da können selbst RTL und Pro Sieben nicht mithalten (in Sachen Bildung …)

3 | Die Systemeinstellungen

Und wenn Sie schon beim Einrichten Ihres Trackpad sind, so werfen Sie auch einen Blick in die Systemeinstellung *Bedienungshilfen* und dort in die Rubrik *Maus & Trackpad*. Über die unten stehenden *Trackpad*- bzw. *Mausoptionen* lassen sich weitere Details definieren – beispielsweise ob Sie einen Nachlauf beim Scrollen wünschen oder mit einem Ein-Fingertipp ein Einrasten erreichen möchten. Dabei tippen Sie zwei Mal etwa auf die Titelleiste eines Fensters, wobei beim zweiten Tipp die Fingerkuppe auf dem Trackpad verbleibt – nun können Sie das Fenster verschieben. Ein weiterer Tipp löst das Einrasten.

Drucken & Scannen – bequem Papier ausgeben

Der Name ist Programm: Dort verwalten Sie Ihre(n) Drucker, stellen die Standard-Papiergröße bei Druckaufträgen ein und weisen die verwendete Software an, welchen Drucker Sie benutzen soll. Ist die Druckerliste noch leer, so klicken Sie auf den *Plus*-Button (+). Im aufklappenden Menü finden Sie schon mal erste Anzeichen von existierenden Druckern, beispielsweise bei *Drucker in der Nähe*. Hierbei handelt es sich um Geräte, die bereits mit einem Mac verbunden sind und die wiederum in einem existierenden Netzwerk freigegeben wurden (zur Verwendung für weitere Rechner). Auch Drucker, die sich bereits in einem WLAN-Netzwerk befinden, werden automatisch mit aufgeführt. Hier können Sie letztlich schon zugreifen und sich zusätzliche Installationen ersparen – denn der Drucker ist (vorausgesetzt, er ist eingeschaltet) voll einsatzbereit.

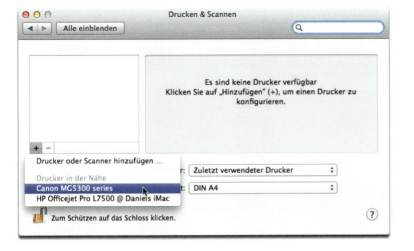

Die Systemeinstellung hat bereits zwei existierende Drucker über das Netzwerk ausfindig gemacht. Werden sie ausgewählt, so können Sie sofort mit dem Drucken loslegen.

Möchten Sie einen Drucker am Mac betreiben, müssen Sie zuerst die zugehörigen Treiber installieren. Meist nimmt Ihnen *OS X Mountain Lion* das mittlerweile ab, indem das Betriebssystem selbstständig den Druckertyp erkennt, wenn Sie ihn beispielsweise per USB-Kabel anschließen und ihn dann einschalten. Wird nun die Systemeinstellung *Drucken & Scannen* aufgerufen, so wird Ihnen automatisch angeboten, die aktuellste Software für Ihren Drucker über das Internet zu laden. Oftmals ist auch das nicht nötig, da OS X viele Treiber bereits bei der Installation mitbringt. Weiterhin lassen sich auch über Apples Support-Seiten (http://support.apple.com/de_DE/downloads/) Druckertreiber für die gängigsten Hersteller herunterladen.

Drucker, die bereits über *AirPrint* verfügen, benötigen keine Druckertreiber und werden automatisch vom System erkannt. Über *AirPrint* können Sie dann auch mit Ihren mobilen Geräten wie etwa iPad, iPhone oder iPod touch auf den Drucker zugreifen.

Wird ein AirPrint-fähiger Drucker angeschlossen, so erkennt ihn »OS X Mountain Lion« ohne Probleme. Mit Klick auf »Hinzufügen« wird der Drucker konfiguriert und in die Druckerliste integriert. Sehr praktisch.

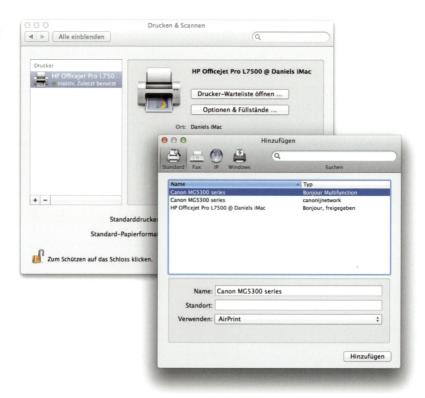

3 | Die Systemeinstellungen

Sofern sich Ihr Rechner nicht gnädig erweist und weder Treiber anbietet noch den Drucker erkennt, so sollten Sie sich ins Internet begeben und die Herstellerseite aufrufen. Wählen Sie dort in der Download-Rubrik (etwa »Support & Driver«) Ihr Drucker-Modell aus und achten Sie auch darauf, ob dieser zu *OS X 10.8 Mountain Lion* kompatibel ist. Letztere Methode gewährleistet, dass Sie auf dem neuesten Stand sind.

Befindet sich Ihr Drucker letztlich in der Geräteliste, so finden Sie rechts daneben weitere Informationen darüber. Der Button *Drucker-Warteliste öffnen* ruft beispielsweise ein Dialogfeld auf, das die zum markierten Drucker gehörigen Druckaufträge auflistet. Halten Sie gerne alle Fäden in der Hand, so lassen sich auch die bereits getätigten und nunmehr abgeschlossenen Aufträge mit anzeigen. Wählen Sie hierzu einfach in der Menüleiste den Punkt *Fenster* und dort den Befehl *Abgeschlossene Aufträge zeigen* (⌘-2).

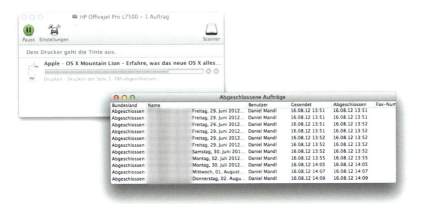

Die Drucker-Warteliste führt alle laufenden Druck-Aufträge auf – auf Wunsch auch die bereits abgeschlossenen.

Aber die *Drucker-Warteliste* kann noch mehr. So lassen sich gezielt einzelne Druckaufträge anhalten (⏸), weiter fortfahren (↻) und löschen (✕), indem Sie auf die nebenstehenden Symbole klicken. Über den Button *Pause* (⏸) in der Symbolleiste des *Warteliste*-Fensters lassen sich alle Druckaufträge zugleich stoppen und wieder fortfahren (▶). Befinden sich mehrere Druckaufträge in der Warteliste, so können Sie auch über die Menüleiste *Aufträge* darauf einwirken: Markieren Sie den jeweiligen Auftrag und er lässt sich darüber löschen (⌘-⌫), anhalten oder gar eine *Übersicht* (⌘-Y) zum nachträglichen Kontrollieren einblenden. Bei mehrseitigen Dokumenten können Sie den Auftrag auch anhalten und auf einer anderen Seite fortsetzen.

Die Verwaltung von Druckaufträgen erfolgt sowohl über die Druckerwarteliste als auch über das »Aufträge«-Menü.

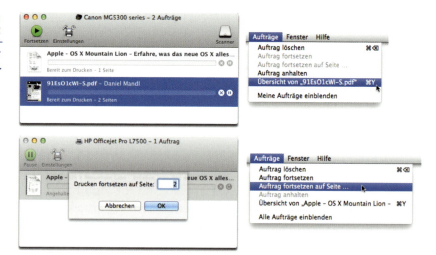

Je nach Drucker-Modell (das hängt von der jeweiligen Drucker-Software ab) lassen sich auch die aktuellen *Füllstände* abrufen, sodass Sie auf einen Blick den bisherigen Verbrauch abschätzen können. Hierzu klicken Sie auf den gleichnamigen Knopf oder auf *Drucker konfigurieren*, der im Übrigen dem Knopf *Optionen & Füllstände* der Systemeinstellung *Drucken & Scannen* entspricht. Dort lassen sich dann noch weitere Details wie etwa Druckername, der Standort oder eingestellter Treiber aufrufen.

Bei aktuellen Druckern lassen sich über die installierte Treiber-Software weitere wichtige Informationen abrufen.

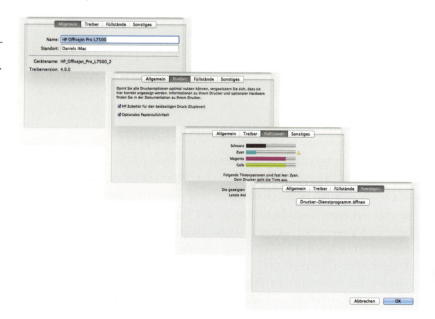

3 | Die Systemeinstellungen

Über den Reiter *Sonstiges* gelangen Sie zum *Drucker-Dienstprogramm*, das sich beispielsweise um die Wartung des Druckers kümmert. So kann es durchaus vorkommen, dass mal die Tinte eintrocknet oder der Druck unschöne Streifen auf dem Papier aufweist. Ist das *Drucker-Dienstprogramm* aufgerufen, so werden Ihnen verschiedene Lösungen angeboten – unter anderem die Reinigung der Druckköpfe, eine erneute Druckkopfausrichtung usw.

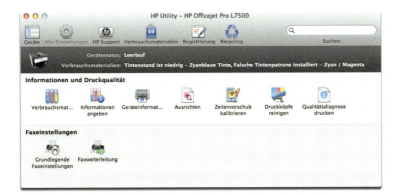

Das Drucker-Dienstprogramm von Hewlett Packard: Hier wird der Großputz innerhalb des Druckers erledigt.

Es sei darauf hingewiesen, dass sich die Einstellungen je nach Druckermodell zum Teil deutlich unterscheiden. Sofern bei Ihrem Modell keine Anwendungen zur Wartung angezeigt werden, so können Sie diese Aufgaben oft auch direkt über den Drucker erledigen.

Zurück zur Systemeinstellung *Drucken & Scannen:* Dort stellen Sie nun noch den Standarddrucker ein (entweder ein bestimmtes Drucker-Modell oder eben den zuletzt verwendeten Drucker, und bei *Standard-Papiergröße* im Dialog *Papierformat* – wie soll es anders sein – das Format (was wohl DIN A4 sein wird).

Sofern Sie zur schnellen Truppe gehören, dann haben wir da einen Tipp für Sie. Wenn Sie die in der linken Liste zur Verfügung stehenden Drucker-Symbole mit der Maus auf den Schreibtisch ziehen, dann verhalten sich diese, als ob Sie einen Druck-Befehl rausgeschickt hätten. Sie müssen also nur die zu druckenden Dokumente auf das Drucker-Icon ziehen und die Sache ist für Sie erledigt.

Ziehen Sie einfach ein Dokument auf das Drucker-Icon und das Gerät geht seiner Arbeit nach.

Druck-Voreinstellungen managen

Wir wollen Sie ja nicht nerven, doch gibt es leider in Sachen Computer & Co. eine Menge zu bedenken. Wenn Sie die Schnell-Methode zum Drucken wählen, sollten Sie immer im Hinterkopf behalten, dass dabei jene konfigurierten Einstellungen verwendet werden, die in den *Voreinstellungen* eingetragen sind. Üblicherweise nennen sich diese *Standardeinstellungen* und drucken im Falle eines Farbdruckers grundsätzlich farbig. Bei vielen Dokumenten muss das aber nicht sein, wenn eben nur der Text interessant ist (bei Farbdruckern wird oftmals selbst dem Schwarz ein Magenta, Yellow und Cyan beigemischt). Hier können Sie sich die Farbe sparen – teuer genug ist diese ja.

Haben Sie nun ein Dokument aufgerufen – egal, ob Bild oder Text – und wählen den Befehl *Drucken*, so finden Sie bei den *Voreinstellungen* die Auswahl *Standardeinstellungen* vor. Darunter – bei *Kopien* – legen Sie die Anzahl der Exemplare sowie bei *Seiten* die gewünschten Seitenzahlen (ob *Alle*, *Eine* oder einen ausgewählten Bereich) fest. Nun könnten Sie bereits auf *Drucken* klicken und die Sache wäre für Sie erledigt. Wir schreiben ausdrücklich »könnten«, denn …

Wenn Sie das erste Mal den Druck-Dialog aufrufen, so zeigt er sich wahrscheinlich in seiner Kurz-Ausführung, sodass die vielen weiteren Optionen gar nicht sichtbar sind. Über einen Klick auf den unten stehenden Button *Details einblenden* eröffnet sich Ihnen hingegen die wahre Vielfalt der Druck-Welt.

Unscheinbar und nichts zu konfigurieren: Der erste Aufruf des Drucken-Befehls ziert sich noch ein wenig. Erst per Klick auf den Button »Details einblenden« geht's so richtig zur Sache.

3 | Die Systemeinstellungen

Hatten Sie bis jetzt noch keinen Drucker ausgewählt oder installiert, so lässt sich das auch über das Popup-Menü bei *Drucker* erledigen. Wählen Sie dazu *Drucker hinzufügen* bzw. rufen Sie die *Systemeinstellung »Drucken & Scannen«* auf.

Es ist an alles gedacht: Wenn noch nicht geschehen, können Sie jetzt noch schnell Ihren Drucker einrichten.

Dort bestimmen Sie nun das *Papierformat* sowie die Ausrichtung (hochkant oder quer) des Papiers. Wenn Sie ein Gerät besitzen, das randlos drucken kann, so sollten Sie dort das korrekte Format (etwa *DIN A4 randlos* oder *10 x 15 cm randlos*) einstellen.

Darunter wiederum finden Sie ein weiteres Popup-Menü, das den Namen des gerade benutzten Programmes trägt und das weitere Optionen zur Verfügung stellt, die sich jedoch von Drucker zu Drucker bzw. von Programm zu Programm unterscheiden und teilweise auch andere Bezeichnungen tragen. Klicken Sie sich folglich vor dem Druck durch die Menüs und legen Sie Ihre Einstellungen fest. Im Beispiel haben wir ein Bild im Programm *Vorschau* geöffnet und dann über die Menüleiste *Ablage* den Befehl *Drucken* (⌘-P) ausgewählt.

Drucken wird zur komplizierten Wissenschaft, wenn man sich nicht ein wenig damit beschäftigt.

199

Über die vielfältigen Möglichkeiten können Sie nun beispielsweise festlegen, ob mehrere Bilder auf einer Seite untergebracht werden sollen, welche Art von Papier verwendet wird, ob eine Farbanpassung erfolgen und in welcher Qualität gedruckt werden soll.

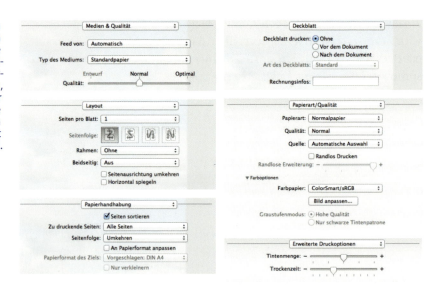

Sind nun alle Einstellungen getroffen, so können Sie auf *Drucken* klicken und das Dokument/Bild wird auf Papier ausgegeben.

Wie sich Druckeinstellungen für verschiedene Zwecke speichern lassen, zeigen wir Ihnen, wenn es um Programme geht, die der Textverarbeitung (*TextEdit*) bzw. als PDF-Reader/Bilder-Bearbeiter (*Vorschau*) dienen. Das Gleiche gilt für das Thema »Scannen« – dieses erläutern wir im Zusammenhang mit den Programmen *Digitale Bilder* sowie *Vorschau*.

Der Ton macht die Musik

Dass Ihr Mac ab und an Geräusche von sich gibt, haben Sie sicherlich schon mitbekommen. Bereits beim Einschalten macht sich der Mac durch einen Gong beim Neustart bemerkbar. Als zusätzliche Unterstützung können Sie allerdings auch einen Kopfhörer oder externe Lautsprecher an den optisch-digitalen Audioausgang (🎧) anschließen, um so den Tonausgang zu blockieren.

In der Systemeinstellung *Ton* finden Sie drei Reiter, über die Sie die Warntöne nach Wunsch bestimmen sowie allerlei andere Toneffekte aktivieren können (beim Löschen von Objekten, beim Entleeren des Papierkorbs usw.). In der Abteilung *Toneffekte* legen Sie hierbei fest, welcher Warnton der Ihrige sein soll. Über das Anklicken der Sounds hören Sie den Ton und können dann entscheiden, ob er eher nervt oder seinen Zweck erfüllt. Über *Toneffekte abspielen über: Ausgewähltes Tonausgabe-Gerät* wird jene Tonquelle verwendet, die im Reiter *Ausgabe* bei der Tonausgabe festgelegt wurde: also etwa *Kopfhörer* (gilt auch für externe Lautsprecher) oder *Interne Lautsprecher*.

Hier spielt die Musik – Warntöne en masse sowie die Steuerung der Lautstärke.

Gefallen Ihnen die vorliegenden Sounds weniger, so lassen sich selbstverständlich auch eigene verwenden. Dazu brauchen Sie eine Ton-Datei (ein bis zwei Sekunden lang) im Format ».aiff«. Letztere lässt sich leicht erzeugen, indem Sie die bestehende Datei zuerst in *iTunes* importieren. Über die *iTunes-Einstellungen* | Rubrik *Allgemein* und dort über die *Importeinstellungen* stellen Sie dann bei *Importieren mit* den *AIFF-Codierer* ein. Schließen Sie den Dialog und markieren Sie nun Ihre gewünschte Datei. Danach wählen Sie über die Menüleiste *Erweitert* den Befehl *AIFF-Version erzeugen*. Ist die Datei umgewandelt, so ziehen Sie diese zuerst auf den Schreibtisch und danach in den Ordner *Sounds*, den Sie über den Pfad *Ihre Festplatte/System/Library/Sounds* finden. Bevor es ans Kopieren geht, müssen Sie sich noch als Administrator ausweisen. Schließen Sie die Systemeinstellung *Ton* und öffnen Sie sie erneut und Sie haben einen neuen Warnton. Und vergessen Sie nicht, in *iTunes* wieder den zuvor verwendeten Kodierer einzustellen.

Die *Warnton-Lautstärke* sowie die *Gesamtlautstärke* lassen sich getrennt voneinander regeln, wobei der Warnton die eingestellte *Gesamtlautstärke* nicht übertreffen kann. Möchten Sie die vielen *Toneffekte* hören, die manche Funktionen auslösen, so aktivieren Sie die Option *Toneffekte* der Benutzeroberfläche verwenden. Die Option darunter (*Beim Ändern der Lautstärke Ton abspielen*) spielt Ihnen jeweils beim Verschieben der Regler den Ton in der gewählten Lautstärke vor, sodass sich diese genau justieren lassen. Ganz unten können Sie dann wieder einen weiteren Punkt der Menüleiste hinzufügen (*Lautstärke in der Menüleiste anzeigen*), der sich in Form eines Lautsprecher-Symbols (je nach Lautstärke: 🔈 bis 🔊) als *Lautstärke-Regler* zu erkennen gibt.

Über die (Ton-)*Ausgabe* (zweiter Reiter) lassen sich ebenso externe Quellen einrichten und auswählen. Lautsprecher oder Kopfhörer, die Sie in den integrierten *Kopfhörer-Anschluss* bzw. den *optischen Audioausgang* (🎧) einstecken, werden meist sofort erkannt, indem diese die internen Lautsprecher deaktivieren. USB-Geräte müssen Sie hingegen nach dem Anschluss in diesem Dialog auswählen. Weiterhin bestimmen Sie dort die *Balance* sowie die *Gesamtlautstärke* bzw. können den Ton ganz ausschalten.

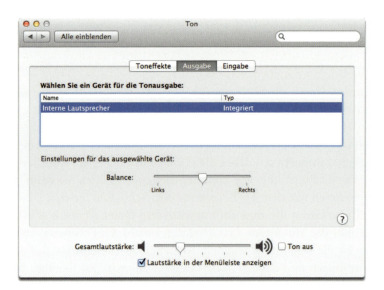

Hier spielt auch die Musik – allerdings eher für externe Geräte.

Der dritte Reiter im Bunde nennt sich *Eingabe*. Dort steuern Sie sowohl das interne Mikrofon als auch ein Line-level-Mikrofon (*Line Level* steht für »Signalstärke«), das über den optisch-digitalen Audioeingang (🎤) angeschlossen werden muss, über den *Eingangspegel* bzw. den Regler für die *Eingangslautstärke*. Dieser Regler ist dafür zuständig, dass aufgenommene Sprache oder Musik nicht zu laut oder gar verzerrt in den Computer gelangt. Im Zweifel senken Sie also den *Eingangspegel* ein wenig ab und probieren es erneut.

3 | Die Systemeinstellungen

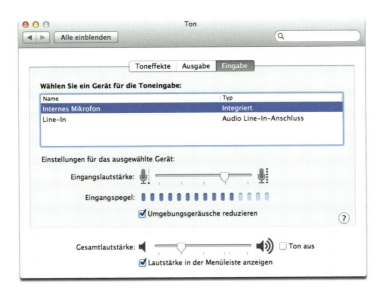

Die Schaltzentrale zur gelungenen Aufnahme.

Möchten Sie ein Mehrkanal-Lautsprecher-System einrichten, so benutzen Sie dafür das Programm *Audio-MIDI-Setup*. Sie finden es in Ihrem *Programme*-Ordner und dort im Ordner *Dienstprogramme*. Nach Auswahl des angeschlossenen Sound-Systems lässt sich über *Lautsprecher konfigurieren* für jeden Kanal ein gewünschter Lautsprecher auswählen.

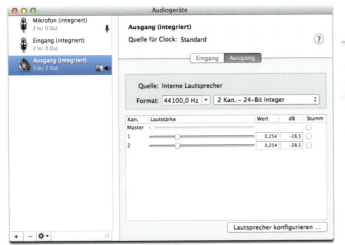

Auch an die Kino- und Hi-Fi-Enthusiasten wurde dank Audio-MIDI-Konfiguration gedacht.

Sofern Sie die Option *Lautstärke in der Menüleiste anzeigen* aktiviert haben: Klicken Sie mit gedrückter Optionstaste (⌥) auf das Lautsprecher-Symbol in der Menüleiste, so können Sie – falls Sie mehrere Geräte (etwa noch ein externes Mikrofon oder ein weiteres Paar Lautsprecher) am Mac betreiben – ohne Umweg über die Systemeinstellung *Ton* auf diese Quellen zugreifen bzw. diese umschalten.

Gewusst, wie: Das Ton-Symbol zeigt bei gedrückt gehaltener Optionstaste (⌥) ganz neue Qualitäten.

Bluetooth – komfortables Senden und Empfangen

Bluetooth ist ein Standard für Kurzstreckenfunk und funktioniert nur in geringen Entfernungen bis 10 Meter, das heißt, die Kabel zwischen den Geräten bleiben weg, was eine komfortable Datenübertragung – wenn sie sich denn in Grenzen hält – verspricht. Geräte für diesen Standard sind beispielsweise Handys, Drucker, aber auch Headsets, Tastatur (*Wireless Apple Keyboard*) und Maus/Trackpad (etwa *Magic Mouse* oder *Magic Trackpad*).

Unsere Systemeinstellung zeigt beim ersten Aufruf folgerichtig an, dass der Rechner sowohl mit einem Apple Wireless Trackpad als auch mit einem Wireless Keyboard verbunden ist.

Vor einer Konfiguration mit einem weiteren Gerät sollten Sie zuerst sicherstellen, dass bei Ihrem Mac die Funktion *Bluetooth* aktiviert ist. Dazu müssen sich in den beiden Optionen *Aktiviert* und *Sichtbar* jeweils Haken (☑) befinden. *Sichtbar* bedeutet in diesem Fall, dass der Rechner automatisch von anderen Geräten gefunden wird, *Aktiviert* be-

3 | Die Systemeinstellungen

sagt, dass der Rechner folgerichtig »funkt«. Weiterhin müssen Sie dafür sorgen, dass auch jene Geräte, mit denen Ihr Mac Kontakt aufnehmen soll, diese Funktionen erfüllen. Dies können – wie schon angedeutet – ein anderer Mac sein oder auch Ihr Handy. Auch in diesen Fällen müssen Sie *Bluetooth* aktivieren und die Sichtbarkeit (bei Handys meist im Menü und dort in den Optionen zu finden) einschalten. Klicken Sie dann in der Systemeinstellung auf *Neues Gerät konfigurieren* bzw. auf den *Plus*-Knopf ([+]) zum Hinzufügen eines weiteren *Bluetooth*-Gerätes. Dabei startet automatisch der *Bluetooth-Assistent*, den Sie im Übrigen auch über den Pfad *Ihre Festplatte/System/Library/CoreServices* direkt aufrufen können.

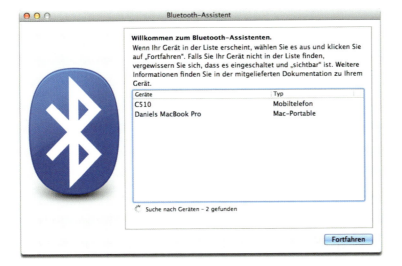

Der Bluetooth-Assistent nimmt seine Arbeit auf und startet sofort die Suche nach verfügbaren Geräten.

Im ersten Dialog werden alle gefundenen Geräte aufgelistet. Nach Auswahl des Gewünschten in der Liste und dem Klick auf *Fortfahren* werden zuerst weitere Informationen gesammelt, ehe Sie eine Zahlenkombination (zur gewohnten Authentifizierung) erhalten, die Sie nach Kontaktaufnahme – beispielsweise auf Ihrem Handy oder einem anderen Computer – eingeben müssen.

> Kommt es bei der Vergabe des Codes zu Komplikationen, so lässt sich über die Code-Optionen eine Alternative finden. Damit können Sie je nach Gerät entweder einen automatischen Code erzeugen lassen, einen bestimmten Code vergeben oder keinen Code verwenden. Im Zweifel sollten Sie immer im Handbuch Ihres zu verbindenden Gerätes nach etwaigen *Bluetooth*-Voraussetzungen nachschlagen.

Während der Authentifizierung vergibt das suchende Gerät einen Zahlen-Code. Dieser muss mit dem sich zu verbindenden Gerät übereinstimmen bzw. im Falle eines Handys auf diesem eingegeben werden.

Bei Problemen mit dem Verbindungsaufbau lassen sich über die Code-Optionen eventuell Ausweichmanöver einrichten.

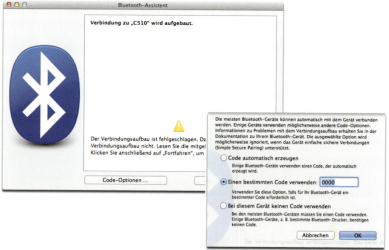

Die Zusammenfassung erscheint als Quittung für eine gelungene Verbindung. Möchten Sie ein weiteres Gerät konfigurieren, so klicken Sie einfach auf den gleichnamigen Button.

3 | Die Systemeinstellungen

Bei einem Handy müssen Sie meist den Zahlen-Code manuell eingeben und diesen bestätigen. Es folgen meist weitere Nachfragen, ob etwa Ihr Mac auch über das Mobiltelefon eine Datenverbindung zum Internet aufnehmen (das sogenannte *Tethering*, indem der Computer per Bluetooth über das Smartphone/iPhone eine Verbindung zum Internet aufbaut) oder ob dieses als Fernsteuerung fungieren darf. Bejahen Sie beide Optionen, so erscheint abschließend der Dialog zur *Konfiguration eines Bluetooth-Mobiltelefons*. Tragen Sie dort die von Ihrem Mobilfunk-Anbieter überreichten Informationen ein und Sie erhalten ebenso zum Schluss der Prozedur eine Zusammenfassung.

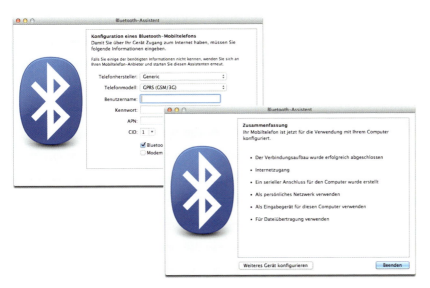

Bevor Sie Internet-Dienste über Ihr Handy zulassen, sollten Sie sich auf jeden Fall zuvor über Ihren Mobilfunk-Dienstleister erkundigen, welche weiteren Kosten hier auf Sie zukommen.

Wenn Sie Ihre *Kontakte* aus dem *Adressbuch* (jetzt *Kontakte*) bzw. Ihre *Ereignisse* und *Aufgaben* aus *iCal* (jetzt *Kalender*) unter *10.6 Snow Leopard* bislang über das Programm *iSync* synchronisiert haben, dann werden Sie jetzt erst mal schlucken, denn Apple hat das Programm ersatzlos gestrichen. Doch es gibt gute Nachrichten: Packen Sie einfach das Programm *iSync* (von einem anderen *10.6 Snow Leopard*-Rechner bzw. aus einem *10.6.*-Backup) und kopieren Sie es auf einen Stick oder ein anderes Speicher-Medium. Danach transferieren Sie es auf *OS X Mountain Lion* und dort wiederum in den *Programme*-Ordner. Nun können Sie es starten. Wird Ihr Handy nicht erkannt, weil es seitens *iSync* nicht unterstützt wird, so sollten Sie auf jeden Fall im Internet nach entsprechenden *iSync*-Plugins suchen. Auch unser Handy wurde anfangs abgelehnt und erst nach der Installation von entsprechenden

Plugins erkannt. Für diesen Tipp können wir leider nicht ewig garantieren, da wir nicht wissen, ob Apple vielleicht nicht später das Programm wieder ausschließt oder unbrauchbar macht.

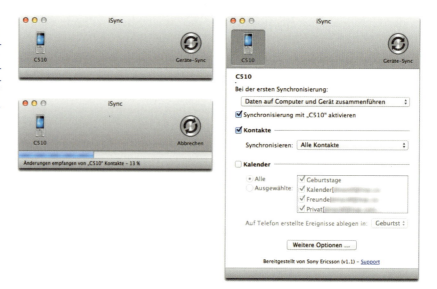

Nach der Installation von »iSync« und – nach Bedarf – entsprechender Plugins lässt sich auch wieder ein Abgleich zwischen Handy sowie Kalender/Kontakte vornehmen.

Ist nun alles erledigt, so zeigt die Systemeinstellung *Bluetooth* die erkannten Geräte an. Sowohl zum Senden als auch zum Empfangen von Daten müssen Sie nun noch die sogenannte *Bluetooth-Freigabe* aktivieren. Hierzu klicken Sie auf die unten stehende Schaltfläche *Freigabe-Setup*, die unmittelbar die Systemeinstellung *Freigaben* öffnet. Dort wiederum setzen Sie nun beim Dienst *Bluetooth-Freigabe* einen Haken in die Checkbox (☑). In diesem Dialog legen Sie auch den Zugriffs- und Empfangs-Ordner fest bzw. teilen dem Rechner mit, ob er beim Empfang/Zugriff (*Beim Empfang von Objekten/Beim Zugriff anderer Geräte*) mit einer Meldung aufwarten (*Aktion erfragen*) oder alles einfach akzeptieren (*Akzeptieren und sichern/Akzeptieren und öffnen*) soll.

Geräte, mit denen Ihr Mac gerade in Kontakt steht, werden als »Verbunden« bezeichnet. Der Rest der Geräte läuft unter der Kategorie »Nicht verbunden« (jedoch konfiguriert).

3 | Die Systemeinstellungen

Wichtig: Ist Ihre Bluetooth-Freigabe nicht aktiviert, so ist kein Zugriff auf Ihren Mac möglich. Gerade dann, wenn Sie mit einem Zweit-Rechner arbeiten und somit ein kleines Bluetooth-Netzwerk betreiben, ist diese Aktivierung unabdingbar.

Zum Ändern des *Empfangs-* oder *Zugriffs*-Ordners klicken Sie auf das Popup-Menü und wählen den Eintrag *Andere*. Hierauf zeigt sich der typische *Öffnen*-Dialog des *Finders*, über den Sie nun einen neuen Ordner bestimmen oder einen solchen neu anlegen. Über den Befehl *Öffnen* wird dieser nun künftig Ihre *Bluetooth*-Daten beherbergen bzw. zur Verfügung stellen.

Sind alle Einstellungen erledigt, steht einem Datenaustausch folglich nichts mehr im Wege. Sehr komfortabel geschieht dies, sofern Sie die Option *Bluetooth in der Menüleiste anzeigen* aktiviert haben. Damit können Sie alle Schritte bequem über das rechts oben angezeigte *Bluetooth*-Symbol (✼) vornehmen. Da die bereits konfigurierten Geräte mit aufgelistet werden, lässt sich schnell darauf zugreifen und entscheiden, ob Sie *Dateien senden* oder das angesprochene *Gerät durchsuchen* (sprich Dateien laden) wollen.

Über die Menüleiste können Sie schnell Ihre über Bluetooth zu erledigenden Arbeiten erledigen. Ist eine Verbindung hergestellt, so wechselt das Bluetooth-Symbol (✼) in den »Verbunden-Status« (✥).

209

Möchten Sie nun eine *Datei senden*, so wählen Sie aus dem Menü Ihr Wunschgerät aus und verwenden den gleichnamigen Befehl. Dabei öffnet sich ein *Finder*-Fenster, mit dessen Hilfe Sie nun eine oder mehrere Dateien auswählen. Zur Erinnerung: Bei mehreren Dateien halten Sie die *Befehlstaste* (⌘) gedrückt und klicken die jeweiligen Objekte an. Danach klicken Sie auf *Senden* und Ihr Mac wartet auf eine Empfangs-Bestätigung. Drehen Sie nun ganz leicht Ihren Kopf nach links oder rechts zu Ihrem angesprochenen Gerät, so taucht dort eine Nachricht auf, die eine eingehende Dateiübertragung ankündigt. Sie müssen nun auf *Empfangen* klicken und die Datei landet sicher im angelaufenen Hafen (im von Ihnen in der Systemeinstellung *Freigaben* bestimmten *Empfangsordner*). Bei mehreren Dateien sollten Sie im Übrigen die Option *Alle akzeptieren* aktivieren, da Sie ansonsten jedes einzelne Objekt bestätigen müssen.

Zuerst wird der Kontakt aufgenommen und das sendende Gerät wartet auf die Empfangsbestätigung (links). Das empfangende Gerät erhält nun seinerseits eine Nachricht, dass Daten geschickt werden sollen. Erst über den Knopf »Empfangen« werden diese geladen.

Möchten Sie stattdessen den umgekehrten Weg gehen und Dateien von einem anderen Gerät laden, so wählen Sie das Handy, den Computer oder was auch immer an und verwenden den Befehl *Gerät durchsuchen*. Es öffnet sich das *Durchsuchen*-Fenster und Sie können – je nach Gerät – auf die Daten zugreifen. Während Sie beispielsweise bei einem Handy auf alle Inhalte zugreifen können, lässt sich dies ein Mac nicht so ohne Weiteres gefallen. Im Normalfall können Sie nur auf den Ordner *Öffentlich* samt seinem *Briefkasten* zugreifen (und auch dies nur auf Nachfrage), der über den Pfad Ihr *Benutzer-Ordner/Öffentlich* zu finden ist. Es müssen also vorab die zu holenden Objekte dort abgelegt werden. Es sei denn, Sie erteilen explizit in der Systemeinstellung *Freigaben* und dort beim Dienst *Bluetooth-Freigabe* einem anderen *Zugriffsordner* die Erlaubnis.

Links der Zugriff auf das Handy, rechts auf unser MacBook Pro. »Drop Box« ist hierbei die englische Variante für den guten alten Briefkasten.

3 | Die Systemeinstellungen

Werfen wir zum Abschluss noch einen Blick in die *weiteren Optionen* der Systemeinstellung *Bluetooth*, die die folgenden Offerten anbieten: Die ersten beiden Optionen wenden sich an Benutzer einer *Bluetooth*-Maus oder -Tastatur, die nicht von einem Mac erkannt werden. Über *Bluetooth-Assistent beim Startvorgang öffnen, falls keine Tastatur/Maus oder Trackpad entdeckt wird* können Sie somit der Misere entgehen, dass Sie keine Befehlsgewalt über Ihren Mac mehr haben. Der *Bluetooth-Assistent* sollte daher die oder das Eingabegerät erkennen und konfigurieren.

Befindet sich Ihr Rechner im Ruhezustand, so wird dieser normalerweise über Druck auf eine Taste wieder geweckt. Ist das beim Verwenden Ihrer Bluetooth-Tastatur oder Maus nicht möglich, so sollten Sie die Option *Bluetooth-Geräten ermöglichen, den Ruhezustand des Computers zu beenden* aktivieren. Über *Eingehende Audio-Anfragen ablehnen* wird jedes Audio-Gerät, das sich am Rechner zu schaffen macht, abgewiesen.

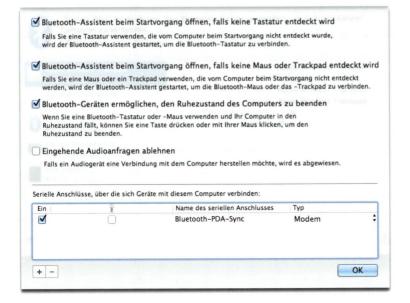

In den »Weiteren Optionen« können Sie Ihren Rechner an unterschiedliche Vorgaben anpassen.

Falls Sie mit *Bluetooth* nichts am Hut haben oder eher zu den ängstlichen Menschen gehören, so sollten Sie nach einer Datenübertragung oder einem Zugriff dieses wieder deaktivieren, sodass kein Missbrauch möglich ist. Man schläft halt danach einfach ein wenig besser. Natürlich immer vorausgesetzt, dass Sie kein *Wireless Keyboard*, kein *Magic Trackpad* oder die *Magic Mouse* verwenden.

Benutzer – Verwaltung mehrerer Anwender am Mac

OS X Mountain Lion ist nicht nur als Einzelplatz-Version einsetzbar, sondern auch bestens für mehrere Anwender geeignet, die sich einen Rechner teilen wollen oder müssen. Sie selbst bzw. derjenige, der den Rechner wartet, das Betriebssystem und weitere Programme installiert, sind der sogenannte *Administrator*. Nur er kann vorrangig neue Software auf den Rechner installieren, da er das *Administrator-Kennwort* weiß und eingibt (es sei denn, ein weiterer Anwender bekommt es mitgeteilt).

Steht schon im Voraus fest, dass weitere Benutzer hinzukommen, so sollten Sie sich die Systemeinstellung *Benutzer* genauer ansehen, denn dort werden die Fäden zum Anlegen neuer Benutzer gezogen. Am Anfang ist nur der *Administrator* in der Account-Liste vertreten, wobei weitere jederzeit hinzugefügt werden können.

Noch steht der Administrator einsam in der Liste.

Da Passwörter eine heikle Sache sind, sollten Sie diese bei wirklich sensiblen Daten von Zeit zu Zeit wechseln. Das geht über den Button *Kennwort ändern…*, indem Sie erst das bestehende Kennwort eingeben und dann das neue bestimmen. Von nun an gilt nur mehr das gerade Eingegebene – verwechseln Sie es also nicht.

Sofern Sie Ihr *Benutzer-Bild* ändern möchten, so fahren Sie mit der Maus auf die kleine Abbildung und klicken darauf. Aus dem erscheinenden Fenster mit den bereits vorhandenen Bildern suchen Sie sich nun ein Neues aus oder klicken auf den Button *Bearbeiten* ( ). In die-

3 | Die Systemeinstellungen

sem Dialog haben Sie die Möglichkeit, das aufgeführte Bild anzupassen, indem Sie einerseits den Ausschnitt über den Regler aufzoomen (auf das Plus-Symbol klicken) und es bei gedrückter Maustaste verschieben oder andererseits einen Effekt darauf anwenden. Über die unten stehenden Pfeiltasten können Sie dazu weitere Effekt-Möglichkeiten einblenden.

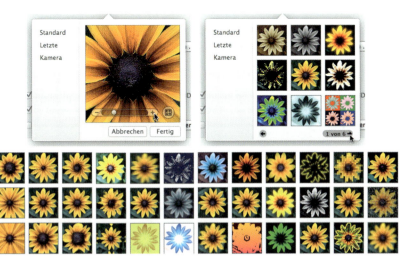

Jedes Bild lässt sich eine Anpassung des Ausschnittes zu – weitere »Verschönerungen« erreichen Sie über die zahlreichen Effekte.

Sagt Ihnen Apples Bildersammlung nicht zu, so können Sie auch ein Foto per *Drag & Drop* in den Arbeitsbereich ziehen. Fall Sie mit *iPhoto* oder *Aperture* arbeiten und dort die Funktion *Gesichter* in Anspruch nehmen, wird diese Rubrik gesondert aufgeführt. Über das Verschieben mit der Maus bzw. dem Anpassen über den Regler lässt sich wieder ein geeigneter Ausschnitt zaubern, und dass es wieder Effekte zu bewundern gibt, sollte klar sein.

Statt irgendwelcher Symbole lassen sich auch richtige Gesichter verwenden.

Haben Sie in letzter Zeit Ihren Friseur gewechselt oder sind gerade mit bewundernswerter Urlaubsbräune gesegnet, so lässt sich auch in Sekundenschnelle ein aktuelles Porträt anfertigen.

Klicken Sie dazu auf *Kamera* und – sofern Ihr Mac mit einer eingebauten *FaceTime HD-/iSight*-Kamera glänzt – erblicken Sie Ihr reizendes Antlitz. Ziehen Sie also ein frisches Hemd an, legen Sie die Haare auf die korrekte Seite und lächeln Sie ganz doll in die Kamera. Klicken Sie dann mit der Maus auf das Kamera-Symbol ( ) und Sie sind nach drei Sekunden im »Kasten«. Sie können nun so lange knipsen, bis Sie mit Ihrem Foto zufrieden sind (das kann schon mal einen Nachmittag dauern), über den Regler sowie den *Effekte*-Button lässt sich das Porträt wieder aufpeppen. Der Klick auf *OK* bestätigt dann Ihr amtliches Administratoren-Foto.

Bitte lächeln und in die Kamera schauen. Nach der Aufnahme lässt sich Ihr Konterfei wieder anpassen bzw. mit Effekten versehen.

Ansonsten lässt sich in diesem Dialog noch Ihre *Apple ID* einstellen, der Name ändern sowie auf die eigene Visitenkarte zugreifen. Bei letzterer Möglichkeit landen Sie per Klick auf *Öffnen* im Programm *Kontakte* und können dort Ihre persönlichen Daten vervollständigen, indem Sie im unteren Bereich den Knopf *Bearbeiten* wählen.

Damit Ihr Adressbuch immer aktuell ist, sollten Sie die darin liegenden Daten gut pflegen. Zum Programm als solches kommen wir noch ausführlich im nächsten Kapitel zu sprechen.

Die *Kindersicherung* können Sie als *Administrator* für sich selbst nicht vergeben, dafür aber für weitere Benutzer. Was dieses Feature noch so alles drauf hat, erklären wir gleich im Anschluss.

Über den oben stehenden Reiter *Anmeldeobjekte* lassen sich weiterhin jene Programme anzeigen, die automatisch nach dem Hochfahren des Betriebssystems und der Anmelde-Prozedur starten sollen. Auch Sie selbst können selbstverständlich weitere hinzufügen. So ist es durchaus sinnvoll, beispielsweise *Safari* (den Internet-Browser) und *Mail* (das E-Mail-Programm) automatisiert starten zu lassen, falls Sie diese Applikationen ständig benutzen. Über das *Plus*-Symbol (+) unterhalb der Auflistung öffnet sich Ihr *Programme*-Ordner, aus dem Sie sich nun bedienen können, das *Minus*-Symbol (-) entfernt hingegen Anwendungen.

Alle Programme, die in der »Anmeldeobjekte«-Liste aufgeführt sind, starten automatisch, sobald der Mac einsatzbereit ist.

Übrig bleiben vorerst noch die *Anmeldeoptionen*, die unterhalb der Accounts stehen. Sind die angezeigten Einträge grau und lassen sich keine Änderungen vornehmen, so müssen Sie zuerst in das Schloss (🔒) ganz unten klicken und es über die Eingabe des *Administrator-Kennworts* öffnen. Diese Sicherheitsvorkehrung wird standardmäßig nach jedem Schließen der Systemeinstellung wieder aktiv.

Ohne Eingabe des Administratoren-Kennworts lassen sich keine Veränderungen der »Anmeldeoptionen« vornehmen.

Für Alleinherrscher bietet es sich an, das System automatisch, also ohne Anmelde-Dialog hochstarten zu lassen. Denn wenn kein Zweiter an den Rechner kommt, kann auch niemand Schaden anrichten (schließen wir mal bei dieser gewagten These den Diebstahl des Rechners sowie das Einschleusen von Viren etc. über das Internet & Co. aus). Sind mehrere Benutzer zugange, so sollten Sie in der Tat die Option *Automatische Anmeldung* auf *Deaktiviert* stellen und stattdessen das Anmelde-Fenster mit der *Liste der Benutzer* (und Eingabe des Passworts) oder mit *Name und Kennwort* (Eingabe des Benutzer-Names sowie Kennwort) einblenden lassen. Auf Wunsch können Sie auch die Tasten *Ruhezustand*, *Neustart* und *Ausschalten* anzeigen.

Es finden sich reichlich Optionen, um den Anmelde-Vorgang komfortabel und dennoch einigermaßen sicher zu gestalten.

3 | Die Systemeinstellungen

Eingabequellen im Anmeldefenster anzeigen ist dagegen hilfreich, wenn Sie mehrere Tastatur-Layouts verwenden (siehe auch Systemeinstellung *Sprache & Text* und dort den Reiter *Eingabequelle*). Hiermit können Sie schon im Vorfeld festlegen, mit welcher Tastaturbelegung gestartet werden soll. Die Funktion *VoiceOver im Anmeldefenster verwenden* liest die Namen des Start-Volumes sowie der Eingabe-Felder vor, und die *Merkhilfe für Kennwörter* blendet genau diese ein.

Der *schnelle Benutzer-Wechsel* ist dann für Sie von Belang, sofern Sie weitere Benutzer angelegt haben. Dazu klicken Sie unterhalb der Account-Liste auf den *Plus*-Button (+) und vergeben im auftauchenden Dialog den vollständigen Namen, den Accountnamen, das Kennwort samt Bestätigung sowie optional – allerdings empfohlen – eine Merkhilfe. Zudem müssen Sie noch entscheiden, welche Art von *Account* Sie vergeben möchten. Dies erledigen Sie über das Popup-Menü bei *Neuer Account*: Als *Administrator* erhält der neue Benutzer die gleichen Rechte wie Sie, sprich, er darf alles installieren, neue Benutzer anlegen usw. Der *Standard-Account* besitzt im Großen und Ganzen ebenso eine eigene Arbeitsoberfläche, in der man schalten und walten kann, wie man möchte. Einzig das Anlegen eines Benutzers bleibt diesem verwehrt. Die Option *Verwaltet durch die Kindersicherung* wiederum hat deutliche Einschränkungen bzw. solche, die Sie in der Systemeinstellung *Kindersicherung* festgelegt haben. Dies können unter anderem anstößige Internet-Inhalte sein oder das Untersagen des Zugriffs auf bestimmte Programme wie *Mail* oder *Nachrichten*. Letzteres ist in der Tat sinnvoll, wenn Tochter oder Sohn in einem Alter sind, das man Pubertät nennt und in dem diese gerne mal über die Stränge schlagen. Und seien Sie sich gewiss: Die Einschränkung der Internet-Kommunikation ist eine größere Strafe als Hausarrest – machen Sie sich also auf heiße Wortgefechte gefasst.

Administrator
✓ Standard
Verwaltet durch die Kindersicherung
Nur Freigabe
Gruppe

> Die *Kindersicherung* können Sie auch im Nachhinein noch für Benutzer aktivieren. Sie müssen sich also nicht schon im Vorfeld festlegen, ob der Benutzer durch die *Kindersicherung* verwaltet werden soll.

Nur Freigabe bedeutet hingegen, dass der Benutzer nur auf bestimmte Dateien zugreifen kann. Er besitzt also weder einen Eintrag im Anmeldefenster noch darf er auf dem Computer herumwerkeln. Die *Gruppe* als solches ist erst einmal kein eigener Account. Vielmehr können Sie damit sozusagen einen Oberbegriff benennen, über den sich verschiedene Benutzer-Accounts zusammenfassen lassen.

Der neue Benutzer wird in wenigen Sekunden angelegt.

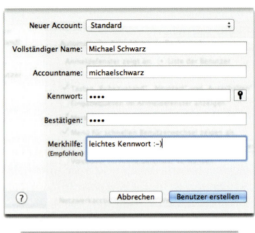

Das Anlegen einer Gruppe macht nur Sinn, wenn mehrere Benutzer-Accounts vorliegen. Danach können Sie bestimmen, wer zu welcher Gruppe gehören darf.

Beim Neuanlegen eines Accounts brauchen Sie nicht zwingend ein Passwort zu vergeben. Lassen Sie die entsprechenden Felder leer, so bekommen Sie zwar einen Warnhinweis, doch ist das nicht weiter schlimm. Beim Anmelden muss dann der Benutzer nur auf sein Konterfei klicken und die Sache ist geritzt. Letztere Vorgehensweise ist sicherlich von Vorteil, wenn Personen im Haushalt leben, die sich komplizierte Passwörter nicht merken können, aber dennoch über den ESM abstimmen ;-)

3 | Die Systemeinstellungen

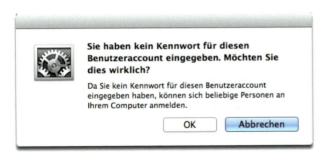

Kennwörter zu vergeben ist kein Muss, bedeutet aber mehr Sicherheit vor fremden Zugriffen.

Suchen Sie hingegen nach dem perfekten Kennwort, so klicken Sie auf das Schlüssel-Symbol ( ), um den *Kennwort-Assistenten* zur Mithilfe zu bewegen. Darüber können Sie nun ein eigenes Passwort (bei *Vorschlag*) eingeben und dessen Qualität bewerten lassen. Über das Popup-Menü bei *Art* werden sogar Alternativen (einprägsame Kennwörter, Passworte aus Buchstaben und Ziffern, zufällige Wortgebilde etc.) angeboten, und über den Regler *Länge* können Sie die Anzahl der Zeichen festlegen. Die *Tipps* geben dabei kleinere Hilfestellungen zum Erfinden eines unschlagbaren Passwortes.

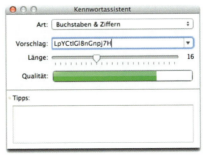

Mal ganz spontan ein gutes Passwort generieren: Unser eigener Versuch erhält wird gleich gelobt, während uns der Kennwort-Assistent Vorschläge unterbreitet, die wir nicht einmal fehlerfrei abschreiben können …

Übrig bleibt noch der *Gastbenutzer*, der standardmäßig in der Account-Liste auftaucht, der aber dennoch manuell aktiviert werden muss (Option *Gästen erlauben, sich an diesem Computer anzumelden*). Wer sich also als Gast anmeldet, kann im Grunde wie ein ganz normaler Benutzer am Computer arbeiten. Das dicke Ende kommt jedoch erst ganz zum Schluss, nämlich dann, wenn er sich abmelden möchte:

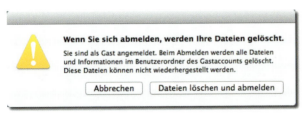

Na, wenn das keine gute Nachricht ist?

219

Was heißt das nun für den Gast? Möchte er seine Daten gerettet wissen, so muss er sie zuvor in Sicherheit bringen. Das kann das Brennen eines Mediums sein, das Kopieren auf eine externe Festplatte bzw. einen USB-Stick oder das Sichern der Daten, indem er diese in freigegebene Ordner legt. Das ist entweder der *Briefkasten* eines öffentlichen Ordners (eines bestimmten Benutzers) oder der Ordner *Für alle Benutzer*, der sich in der Festplatten-Hierarchie ganz oben befindet (*Macintosh HD/Benutzer/Für alle Benutzer*).

Der Gast-Account muss erst aktiviert werden: »Gästen erlauben, sich an diesem Computer anzumelden«.

Dem Gast bleiben alle Benutzer-fremden Ordner verschlossen – einzig der Briefkasten im Ordner »Öffentlich« darf verwendet werden, um beispielsweise erstellte Dokumente weiterzureichen.

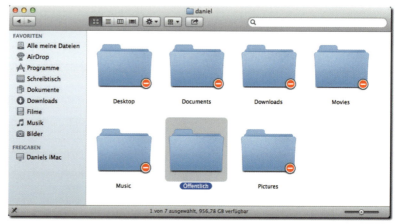

Sind alle Accounts erstellt, so werden nach einem Neustart bzw. nach dem Abmelden eines Benutzers sowohl der *Standard*-, der *Administrator* als auch der *Gast*-Account im Anmeldefenster mit aufgeführt. Per Klick auf den Benutzer kann man sich nun über sein Passwort anmelden und die

3 | Die Systemeinstellungen

Sache ist erledigt. Keiner kommt dem anderen in die Quere oder verändert ungefragt Datenbestände.

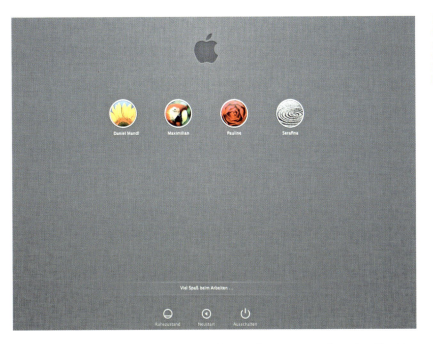

Die Benutzer in Reih und Glied. Klicken Sie nun auf einen Namen, so wird nach Eingabe des Kennwortes der jeweilige Account gestartet.

Wird nun bei den *Anmeldeoptionen* die Funktion *Menü für schnellen Benutzerwechsel zeigen* aktiviert (als *Vollständiger Name*, *Kurzname* oder nur als *Symbol*), so finden Sie in der Menüleiste einen neuen Punkt, der den aktuellen Benutzer anzeigt. Klicken Sie darauf, so klappt eine Leiste mit den jeweiligen Benutzern herunter, die nun gewählt werden können. Nun muss nur noch das Passwort eingegeben werden und Schwupps dreht sich der *Finder* wie ein Würfel und der Benutzer befindet sich in seinem Territorium.

Über die »Anmeldeoptionen« der Systemeinstellung »Benutzer & Gruppen« lassen sich Art und Weise des Menü-Designs bestimmen. Über die Menüleiste selbst haben Sie nun sofortigen Zugriff auf die Accounts. Die mit einem orangefarbenen Marker (●) versehenen Benutzer werden so als bereits angemeldet gekennzeichnet.

Das Anmelde-Fenster: Nach Eingabe des Passworts befinden Sie sich schon im neuen Account.

Wie Sie bereits kennengelernt haben, besitzt jeder Benutzer seine eigene Ordner-Struktur mit Dokumenten-, Musik-, Bilder-Ordner usw. Damit nun nicht jeder in den Ordnern des anderen herumwühlen kann, sind nur die eigenen Ordner zugänglich – diejenigen der anderen Benutzer sind gesperrt.

Es gilt folglich das Gleiche wie für den Gast-Account: Um zwischen den angelegten Benutzern Daten austauschen zu können, gibt es die Ordner *Für alle Benutzer* und *Öffentlich*. Ersteren finden Sie über das *Startvolume* und dort im Ordner *Benutzer*. Daten, die dort hineingelegt werden, sind für alle zugänglich und können weiterbearbeitet werden.

Der Ordner *Öffentlich* enthält hingegen noch einen weiteren Ordner namens *Briefkasten*, in den Dateien von anderen Benutzern abgelegt werden können, die jedoch nur der entsprechende Adressat einsehen kann. Daten, die dort eingeworfen werden, werden mit einem Dialogfenster quittiert, der darauf hinweist, dass diese – einmal abgelegt – weder zurückgeholt noch selbst eingesehen werden können.

Legen Sie Daten in einen Briefkasten, so lassen sich diese ausschließlich vom zugehörigen Benutzer einsehen.

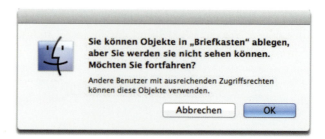

Der Ordner *Öffentlich* selbst dient zum Austausch von Daten über ein Netzwerk, wobei wir dieses Thema ein wenig später erklären möchten.

Selbstverständlich lassen sich einmal eingerichtete Benutzer und Gruppen auch wieder entfernen. Dazu markieren Sie den jeweiligen Namen und klicken dann auf die *Minus*-Taste (-). Daraufhin haben Sie drei

Möglichkeiten, sich von Ihrem Benutzer zu verabschieden: Zum einen lässt sich der *Benutzerordner als Image sichern*, wobei von sämtlichen Daten ein genaues Abbild angefertigt wird, das dann in einen neu angelegten Ordner namens *Gelöschte Benutzer* (innerhalb des allgemeinen Ordners *Benutzer*) bewegt wird. Dieses *Image* lässt sich nun beispielsweise auf eine andere Festplatte bewegen. Per Doppelklick kann dieses Image jederzeit geöffnet werden, sodass Sie weiter Zugriff auf den Inhalt haben.

Die zweite Option nennt sich *Benutzerordner nicht ändern*, was nichts anderes heißt, als dass zwar der ursprüngliche Benutzer keinen Zutritt mehr zum Rechner erhält, sein ehemaliger Ordner aber dennoch für den Administrator zugänglich bleibt – er liegt schlichtweg an jenem Platz, auf dem er sich schon immer befand: *Macintosh HD/Benutzer/*. Die letzte Option *Benutzerordner löschen* macht allerdings »Tabula rasa« und befördert den Ordner ins Tal der toten Benutzer-Ordner-Seelen – er wird schlicht von der Festplatte gelöscht und es verbleiben auch keine heißen Spuren im Sand.

Benutzer-Ordner löschen im Dreierpack – je nach Wunsch verbleiben die Daten auf dem Rechner oder werden rigoros entfernt.

Kindersicherung – für kleine und große Trickser

Was für Kinder gilt, kann man gut und gerne auch auf Erwachsene anwenden. Mit der *Kindersicherung* haben Sie nämlich ein wunderbares Instrument an der Hand, um Computer-Funktionen einzuschränken. In der linken Liste werden schon einmal die bereits angelegten Benutzer angezeigt, weitere lassen sich wieder über den *Plus*-Button () einrichten. Klicken Sie danach einen entsprechenden Account an, so können Sie die *Kindersicherung aktivieren*.

Oben: Die Kindersicherung muss zuerst aktiviert werden – danach geht es ans Eingemachte. Entweder Sie verwenden den einfachen Finder und erlauben nur ausgewählte Programme, oder Sie beschränken nur die Programm-Auswahl, erlauben aber ansonsten ein freies Agieren.

Der Dialog ist eingeteilt in die Rubriken *Apps*, *Web*, *Personen*, *Zugriffszeiten* und *Andere*. Im ersten Reiter – *Apps* – lässt sich schon einmal der Mac gut an das Alter eines Anwenders anpassen. Wie Apple richtig schreibt, richtet sich die erste Option – *Einfachen Finder verwenden* – eher an jüngere Benutzer, welche die volle Funktionsvielfalt eigentlich nicht benötigen. So werden alle *Finder* spezifischen Funktionen sowie das Dock gesperrt, auch können keine Dokumente oder Programme verschoben werden. Einzig von Ihnen zugeordnete Programme (das können natürlich auch nachträglich installierte Spiele oder Edutainment-Titel sein) werden zugelassen, indem der Benutzer einen eigenen Ordner namens *Meine Programme* erhält. Unter *Zugelassene Apps* legen Sie nun fest, welche Programme der Benutzer starten darf. Dabei wird unterschieden zwischen dem *App Store* und dort erworbenen Anwendungen, den *Anderen Apps* (das sind jene, die Sie beispielsweise über DVDs selbst installiert und im *Programme*-Ordner abgelegt haben), den *Widgets* (kleine Hilfsprogramme) sowie den *Dienstprogrammen* (zu finden im *Programme*-Ordner). Setzen Sie nun Haken in die Checkboxen bzw. entfernen Sie sie und die *Kindersicherung* kümmert sich um den Rest.

Möchte der neue Benutzer irgendetwas am *Finder* oder sonst wo ändern, was nicht explizit erlaubt ist, so braucht er überall den Administrator-Namen sowie dessen Passwort.

3 | Die Systemeinstellungen

Der einfache Finder macht Tabula rasa – einzig freigegebene Programme werden angezeigt.

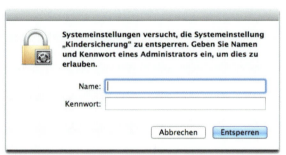

Wer versucht, die vom Administrator eingesetzten Einschränkungen zu umgehen, der bekommt was auf die Finger. Der Mac weigert sich nämlich beharrlich und verwehrt den Zugriff auf nicht freigegebene Funktionen – es sei denn, der Benutzer weiß Name und Kennwort des »Computer-Chefs«.

Wird der *einfache Finder* für einen Benutzer aktiviert, so darf dieser nicht bereits angemeldet sein. Ansonsten heißt es erst abmelden und wieder anmelden – danach erst gelten die zuvor getätigten Einstellungen.

Legt ein Benutzer im *einfachen Finder* Dokumente an, so lassen sich diese nicht bewegen. Anstatt eines Doppelklicks werden nämlich die Dateien auf einmaligen Klick hin geöffnet. Möchten Sie dennoch Dokumente übernehmen – beispielsweise auf Ihren Benutzer-Account übertragen – so können Sie über die Menüleiste *Finder* kurzfristig den *kompletten Finder aktivieren*. Sind Ihre Aufräumarbeiten erledigt, so lässt sich binnen Sekunden über denselben Menüleistenbefehl der *Finder* wieder vereinfachen.

Statt des *Einfachen Finders* lassen sich auch nur *Programme beschränken*. Dabei sitzt der Benutzer vor einer ganz gewöhnlichen OS X-Benutzeroberfläche – einzig zugelassene Apps dürfen benutzt werden. Dasselbe gilt für die Option *Der Benutzer darf das Dock bearbeiten*: Ist die Option aktiviert, so lassen sich Icons verschieben oder Programme dem Dock hinzufügen.

Der zweite Reiter *Web* kümmert sich hingegen um *Website-Beschränkungen*. Zum einen lässt sich dort der *unbeschränkte Zugriff auf Websites erlauben*. Ganz klar: Der Benutzer darf im WWW surfen wie er möchte und unterliegt keinerlei Einschränkung.

Die Web-Abteilung kümmert sich darum, dass im Kinderzimmer (Arbeitszimmer, Büro, auf der Terrasse) alles mit rechten Dingen zugeht.

Ganz anders sieht die Sache jedoch mit *Zugriff auf nicht jugendfreie Websites so gut wie möglich automatisch beschränken*. Auch wenn der Apple-eigene Filter schon gut arbeitet und einen Großteil an Websites ausschließt – eine hundertprozentige Kontrolle ist nicht möglich. Sie können jedoch weitere Internet-Inhalte hinzufügen oder ausklammern. Klicken Sie auf *Anpassen*, so können Sie im eingeblendeten Dialog diese Eingaben vornehmen. Wie immer heißt es hier auf den *Plus*-Knopf (+) zu drücken und die jeweilige Web-Adresse einzugeben.

3 | Die Systemeinstellungen

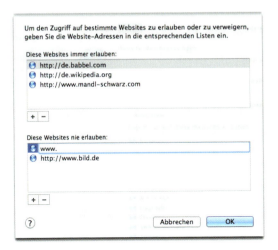

Über »Anpassen« lässt sich der automatische Filter zum Blocken von Websites feinjustieren.

Wird nun eine jener Webseiten aufgerufen, die über den manuell verfeinerten Filter ausgeschlossen wurde, so weigert sich *Safari*, diese aufzurufen. Kommt es zu Fleh- und Bettel-Szenen seitens der Heranwachsenden, so können Sie jedoch – großherzig, wie Sie nun einmal sind – dennoch schnell eingreifen, indem Sie auf *Website hinzufügen* klicken und sich mit Ihrem *Administrator-Namen* sowie *Kennwort* identifizieren. Passen Sie aber auf, dass Ihnen dabei niemand über die Schulter schaut – das könnte ein Trick sein …

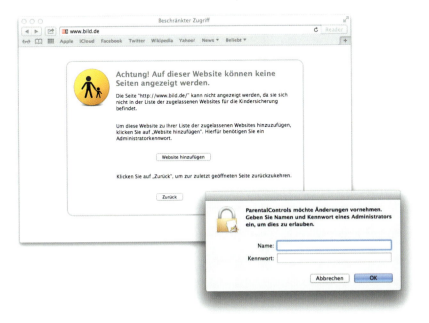

»Safari« bei aktivierter Kindersicherung: Das wird wohl so nix. Es sei denn, Sie führen aufklärende Gespräche, ehe Sie doch noch weich werden.

Noch restriktiver verhält sich die Option *Zugriff nur auf diese Websites erlauben*, denn Sie filtert eigentlich alles – bis eben auf jene Seiten, die Sie zulassen und in der Liste ergänzen. Für kleine Kinder ist dies sicherlich nicht verkehrt, für Heranwachsende aber eher ein Grund zum Heulen.

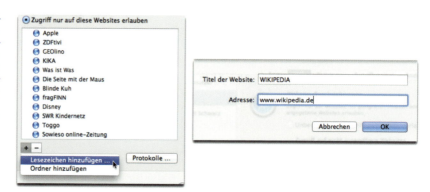

Hier heißt es viel Handarbeit anlegen: Über »Lesezeichen hinzufügen« öffnet sich ein Dialog, über den Sie den Titel der Webseite sowie die genaue URL (Internet-Adresse) eingeben können.

Während erlaubte Webseiten ohne Probleme angezeigt werden, wird geblockten Sites der Aufruf verweigert – nur der Administrator kann hier wieder Abhilfe schaffen.

Für alle, die wissen möchten, was denn der neue Benutzer so alles an seinem Rechner treibt, sind die *Protokolle* eine nicht zu unterschätzende Wissensquelle. Den zugehörigen Knopf zum Aufrufen dieser digitalen Buchführung finden Sie unten liegend im Reiter *Web*. Ob besuchte oder geblockte Websites, welche Programme gestartet wurden oder welche Chats stattfanden – über die Protokolle sind Sie immer im Bilde und können die Betreffenden eiskalt mit ihren Taten konfrontieren. Über die Popup-Menüs lässt sich dabei noch der erfasste Zeitraum (*Aktivität anzeigen von: Einer Woche, Einem Monat, drei Monate* usw.) sowie eine Gruppierung nach Webseiten oder per Datum einrichten.

Da kann aber jemand ganz schön ins Schwitzen kommen …

Offen gesprochen halten wir derartige Kontrollen für ziemlich »hinterlistig« und plädieren ganz klar zum Ignorieren jener Protokolle (sie lassen sich nämlich nicht ausschalten). Auch wenn die Amerikaner ziemliche Kontrollfreaks sind und die Aktivitäten ihrer Kinder schon per GPS verfolgen, so hat das rein gar nichts mehr mit Erziehung oder Verantwortung zu tun. Schenken Sie Ihrem Nachwuchs stattdessen lieber Vertrauen oder sitzen Sie zusammen vor dem Rechner und amüsieren Sie sich auf kindgerechten Seiten.

Über den Reiter *Personen* geht es weiter mit den Bevormundungen. Dort können Sie nämlich ganz gewaltig im »Freundeskreis« des Benutzers herumwerkeln. Möchten Sie folglich das Spielen über Netzwerk und Internet verhindern, so sollten Sie die beiden ersten Optionen *Game Center-Spieler für Multiplayer erlauben* sowie *Hinzufügen von Game Center Freunden erlauben* deaktivieren. Aber auch die Programme *Mail* und *Nachrichten* lassen sich beschränken: Ist das Häkchen gesetzt, so tragen Sie jene Mail-Adressen und Kontakte in die Liste ein, mit denen Sie eine Kontaktaufnahme dulden. Auf Wunsch können Sie sich auch jeden Kontakt genehmigen lassen, indem sich der Benutzer bei Adressen, die nicht gestattet sind, zuerst an jene eingetragene E-Mail-Adresse wenden muss, die bei *Genehmigungs-Anfragen senden an* vorgegeben ist.

Auch wenn es eine Menge Arbeit bedeutet: Fürchten Sie um den Umgang Ihrer angelegten Benutzer, so können Sie E-Mail- und Chat-Partner bestimmen.

Eine gute Sache ist unserer Meinung nach die Regelung der *Zugriffszeiten*. Und darunter versteht Apple nicht etwa nur das Surfen im Internet, sondern meint den Computer allgemein. Über die *Zugriffszeiten* lässt sich somit sowohl an *Werktagen* wie auch an *Wochenenden* die Nutzungsdauer beschränken sowie eine elterlich verordnete Nachtruhe einrichten. Die Zeiten sind flexibel handhabbar und infolgedessen an jedes Alter anzupassen.

Sie können beruhigt schlafen, ist doch eine Computer-eigene Kontrolle Tag und Nacht zugange.

3 | Die Systemeinstellungen

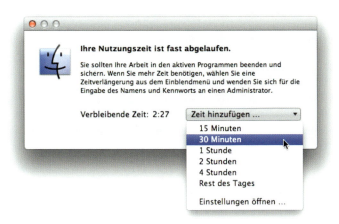

Die Zeit läuft ab: Der Benutzer muss sich nun sputen, da seine Verweildauer am Computer festgelegt ist. Einzig mit Administrator-Name und Passwort lässt sich noch ein zusätzliches Zeitfenster öffnen.

Übrig bleibt der Reiter *Andere*. Damit können Sie weitere Funktionen seitens *Mountain Lion* unterbinden – etwa das Benutzen der Diktierfunktion, das Brennen von CDs oder DVDs oder das Ändern des Benutzer-Kennworts. Auch können dem »armen« Benutzer das Suchen nach anstößige Ausdrücke im OS X-eigenen Lexikon sowie das Anlegen oder Entfernen von Druckern verboten werden.

Die Rubrik »Andere«: Neben anstößigen Lexika-Eintragungen lässt sich auch die Druckerverwaltung, das CD- wie DVD brennen sowie das Kennwort deaktivieren beschränken.

Möchten Sie mehreren Benutzern dieselben Einstellungen zukommen lassen, so müssen Sie das nicht für jeden einzeln eintragen. Passen Sie einfach die *Kindersicherung* an einen Benutzer an und wählen Sie dann unten aus dem Aktions-Menü (✱) die Option

Einstellungen für »Benutzername« kopieren. Danach wechseln Sie zu den weiteren Benutzern und wählen dann wiederum aus dem Aktions-Menü den Eintrag *Einstellungen für »Benutzername« einsetzen*. Und schon werden alle getätigten Anpassungen und Einschränkungen übertragen.

So, jetzt wissen Sie also, was es alles zu verhindern gibt. Einzig eine Frage bleibt offen: Wie können Sie die *Kindersicherung* wieder aufheben? Völlig unverdächtig und klein finden Sie die entsprechende Option ebenso im Aktions-Menü (⚙): Sie nennt sich *Kindersicherung für »Benutzername« deaktivieren*. Als Alternative dazu können Sie jedoch auch in die Systemeinstellung *Benutzer & Gruppen* wechseln und dort die *Kindersicherung* deaktivieren.

Datum & Uhrzeit – damit Sie keinen Termin verpassen

Wie der Name ganz klar intendiert, geht's hier um die korrekten Zeit- und Datums-Einstellungen. Normalerweise müssen Sie hier nicht viel umstellen, haben Sie doch gerade erst Ihr Betriebssystem installiert und im Konfigurations-Modus diese Daten (zum Beispiel die *Zeitzone*) auf Vordermann gebracht. Nichtsdestotrotz: Vielleicht sind Sie ja in ein anderes Land gezogen oder aufgrund eines Rechner-Absturzes hat sich die aktuelle Zeit verstellt.

Hier treffen Sie die aktuellen Zeit- und Datums-Einstellungen.

3 | Die Systemeinstellungen

Neben der manuellen Eingabe des korrekten Datums und der genauen Uhrzeit – die allerdings nur möglich ist, wenn das Häkchen bei *Datum & Uhrzeit automatisch einstellen* entfernt wird – können Sie bei einer bestehenden Online-Verbindung diese Daten auch über einen Server (also einen Netzwerk-Rechner, der für genau diese Aufgabe gedacht ist) aktualisieren lassen. Das dauert nur eine Sekunde und ist topaktuell. Wie die Datums- und Uhrzeitformate angezeigt werden sollen, können Sie über die Systemeinstellung *Sprache & Text* definieren, die wir weiter oben schon erklärt haben und zu denen Sie über den rechts unten liegenden Button gelangen.

Auch die *Zeitzone* dürfte Ihnen bekannt vorkommen, denn auch sie tauchte bei der erstmaligen Zusammenstellung Ihrer persönlichen Eingaben auf. Gibt es also Änderungen, so tun Sie das hier.

Die Zeitzone mit Auswahl jener (Groß-)Stadt, die sich in der Nähe Ihres Heimatortes befindet.

Im letzten Reiter – *Uhr* – geht es um die Darstellung. Normalerweise lässt sich in der Menüleiste rechts außen die Uhrzeit ablesen. Klicken Sie auf das Menü, wird neben dem Datum auch noch die Möglichkeit geboten, eine analoge Uhr zu verwenden. Diese ist dann allerdings so winzig, dass der Gang zum nächsten Kirchturm angeraten scheint.

14:56 oder ⊙ – das ist hier die Frage … (oder auch nicht).

233

Im Falle der digitalen Variante gibt es weitere Optionen wie *blinkende Trennzeichen* oder *Uhrzeit mit Sekunden anzeigen*. Möchten Sie statt einer 24 Stunden-Anzeige lieber die Kürzel »nachm« (für nachmittags) und »vorm« (für vormittags) einblenden lassen, so müssen Sie dafür die erste Variante (*24 Stunden verwenden*) deaktivieren. Neben der Uhrzeit lassen sich auch der Wochentag sowie das aktuelle Datum in der Menüleiste anzeigen.

Nicht weltbewegendes, aber gut zu wissen, dass man Uhrzeit und Datum auf einen Blick am oberen Bildschirmrand ablesen kann.

Auch das Vorlesen der Zeitwerte ist möglich, und zwar alle 15, 30 oder 60 Minuten. Über *Stimme anpassen* können Sie zwischen der *Systemstimme* oder einem anderen Part wählen – über *Anpassen* lässt sich wieder auf das deutsche Stimm-Wunder zurückgreifen bzw. dieses laden. Mit den Reglern können Sie dann noch die Geschwindigkeit anpassen oder die Lautstärke verändern.

Hören Sie sich ruhig einmal alle Stimmen durch, damit Sie wenigstens wissen, warum Sie die Funktion zum »Zeit vorlesen« nicht einschalten werden.

3 | Die Systemeinstellungen

Softwareaktualisierung – immer auf dem neuesten Stand

Wenn ein Betriebssystem oder auch andere Software-Programme neu herauskommen, erscheinen mit Sicherheit in den darauffolgenden Wochen und Monaten die ein oder anderen Updates. Sie müssen sich allerdings nicht großartig darum kümmern, denn Apple hat seinen Nutzern die *Softwareaktualisierung* eingerichtet. Darüber lässt sich definieren, ob das alles vollautomatisch oder eher manuell vonstatten gehen soll.

Hier werden die Einstellungen getroffen – das eigentliche Laden der Software-Bestandteile erfolgt dann über die Abteilung »Updates« im Mac App Store.

Einzige Voraussetzung für ein störungsfreies Gelingen ist eine funktionierende Online-Verbindung – denn bei der Suche nach Updates nimmt Ihr Rechner Kontakt zu einem Apple-Server auf, der wiederum Ihren Mac auf Herz und Nieren prüft. Üblicherweise sucht der Mac automatisch nach Updates und lädt diese auch gleich im Hintergrund herunter. Sobald diese auf dem Rechner sind und installiert werden können, erhalten Sie eine Nachricht. Dasselbe gilt auch für Systemdatendateien und Sicherheitsupdates, die jedoch ohne Meldung augenblicklich installiert werden.

Sofern Sie nun dieser Variante eher zwiespältig gegenüberstehen und lieber wissen möchten, was denn so alles an eventuellen Aktualisierungen auf dem Rechner landet, so sollten Sie die standardmäßig aktivierten Optionen *Automatisch nach Updates suchen*, *Neu verfügbare Updates im Hintergrund laden* sowie *Systemdatendateien und Sicherheits-Updates installieren* deaktivieren bzw. einen Kompromiss daraus erstellen (etwa nur *Automatisch nach Updates suchen* aktiviert lassen).

Das automatische Laden sollten Sie nur benutzen, wenn Sie eine sogenannte Flatrate – also ein unbegrenztes Download-Kontingent Ihres Online-Providers – benutzen, da manche Updates mittlerweile die Gigabyte-Grenze überschreiten.

Sobald der Mac fündig wird, zeigt er dies zum einen über das *Mac App Store*-Icon im Dock mit einer roten Zahl an. Da wissen Sie also sogleich, wie viele Aktualisierungen auf Sie zukommen. Sofern Sie das automatische Laden im Hintergrund aktiviert haben, erhalten Sie weiterhin einen Hinweis eingeblendet, der Sie über *Details* auf die entsprechende Update-Seite im *Mac App Store* verweist bzw. über *Neustart* auch gleich die Installation vornimmt.

Das nennt man Service: Ohne Ihr Dazutun werden Updates geladen und stehen per Knopfdruck bereit zum Installieren.

Weiterhin können Sie jederzeit auf den Button *Suchen* klicken, der automatisch den *Mac App Store* startet und in die Abteilung *Updates* switcht. Hat der Mac bereits im Hintergrund Aktualisierungen aufgespürt, so nennt sich der Button anstatt *Suchen* nunmehr *Updates anzeigen*. Auch darüber werden nun die eventuellen Aktualisierungen angezeigt.

Die Abteilung »Update« führt eine genaue Aufstellung, welche Software zur Verfügung steht.

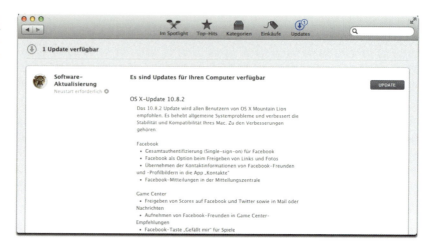

Zum Installieren müssen Sie nur noch auf *Alle aktualisieren* bzw. *Update* klicken und sich zum Teil (bei über den *Mac App Store* erworbenen Programmen) mit Ihrer *Apple ID* ausweisen. Danach beginnt der Download mit anschließender Installation. Bei Systemupdates erfolgt die Installation erst über einen Neustart.

3 | Die Systemeinstellungen

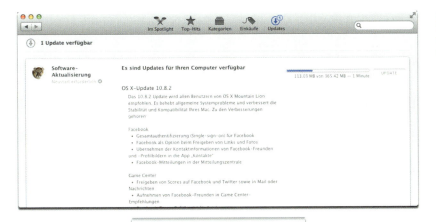

Das Laden aktueller Software fällt mithilfe der Softwareaktualisierung mehr als leicht.

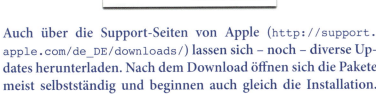

Auch über die Support-Seiten von Apple (http://support.apple.com/de_DE/downloads/) lassen sich – noch – diverse Updates herunterladen. Nach dem Download öffnen sich die Pakete meist selbstständig und beginnen auch gleich die Installation. Die Pakete als solches liegen im Ordner *Downloads* (zu finden im Dock sowie in Ihrem *Benutzer-Verzeichnis*), wo sie auf Doppelklick hin ebenfalls gestartet werden können.

Auch die Download-Seite von Apple listet die aktuellen Updates zum Herunterladen auf.

237

Bei den manuellen Downloads handelt es sich meist um Dateien mit der Endung ».dmg«, was für *Disk Image* steht. Werden diese doppelgeklickt (bzw. öffnen sich selbsttätig), so zeigen sie sich als eigenes Laufwerks-Symbol im *Finder* (auf dem Schreibtisch oder auch in der Seitenleiste eines Fensters). Darin wiederum befindet sich nun die eigentliche Installationsdatei, die wiederum die Endungen ».pkg« bzw. ».mpkg (steht für »Package« bzw. »meta-Packages«) aufweisen. Per Doppelklick darauf startet dann der eigentliche Installer.

Beispiele für typische Download-Dateien.

Zurück zur *Softwareaktualisierung:* Dort finden Sie zudem noch den Punkt *Gekaufte Apps automatisch auf andere Macs laden.* Diese *iCloud*-Funktion erleichtert Ihnen den Abgleich, sofern Sie mehrere Macs Ihr Eigen nennen. Laufen diese alle über dieselbe *Apple ID*, so brauchen Sie bei aktivierter Option ein im *Mac App Store* gekauftes Programm nur auf einen Rechner zu laden – die *iCloud* sorgt dann dafür, dass dieses Programm automatisch auch auf die anderen Rechner gelangt, sobald diese eingeschaltet sind.

Falls Sie diese Funktion nicht in Anspruch nehmen möchten, so denken Sie auch wieder an die Abteilung *Einkäufe* im *Mac App Store.* Auch darüber lassen sich alle Programme, die Sie über Ihre *Apple ID* erworben haben, ebenso erneut herunterladen.

Diktat & Sprache – der Mac versteht den Benutzer

Diese Systemeinstellung beinhaltet sowohl die Spracheingabe als auch die Ausgabe. Im Gegensatz zu *Siri* auf iPhone 4S/5 und iPad 3 handelt es sich bei der Spracheingabe jedoch »nur« um eine Diktierfunktion. Das heißt, Sie können keine Fragen stellen (etwa »Wie wird das Wetter?«), sondern in diesem Sinne wirklich nur Text einsprechen. Als Voraussetzung für ein reibungsloses Gelingen sei eine aktive Internetverbindung genannt sowie die Tatsache, dass beim Sprechen von Text die Funktion nicht durch störende Außengeräusche beeinflusst werden sollte.

3 | Die Systemeinstellungen

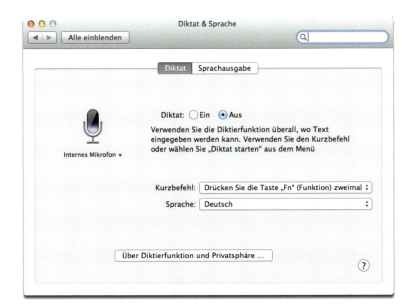

In der Systemeinstellung »Diktat & Sprachausgabe« lässt sich die Diktierfunktion einschalten sowie der Kurzbefehl zum Starten festlegen.

Die Diktierfunktion ist standardmäßig ausgeschaltet und muss daher erst aktiviert werden. Sofern Sie eine Alternative zum internen Mikrofon verwenden, so stellen Sie dies bitte als Erstes über das Menü unterhalb des Mikrofon-Symbols ein. Beim Einschalten bekommen Sie dann schon einmal eine erste Erklärung, was da eigentlich so alles abläuft.

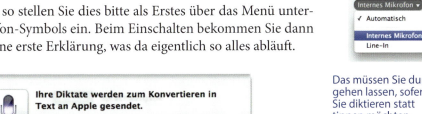

Das müssen Sie durchgehen lassen, sofern Sie diktieren statt tippen möchten.

Während des Diktierens werden Ihre Spracheingaben auf Apples Server übertragen. Dazu gehören aber nicht nur die gesprochenen Worte, sondern auch Anreden oder beispielsweise Adressangaben. Apple weist aus gutem Grund darauf hin – nicht, dass Sie später behaupten, Sie hätten von nichts gewusst. Ausführlichere »Spielregeln« erhalten Sie weiterhin über den unten stehenden Button *Über Diktierfunktion und Privatsphäre* – so werden Ihnen die Augen geöffnet.

Aber wir wollen nicht manisch werden, denn Sie müssen ja nicht. Und Apple schreibt selbst: »Wenn Sie die Diktierfunktion deaktivieren, löscht Apple Ihre Benutzerdaten sowie Ihre neuesten Spracheingabedaten. Ältere Spracheingabedaten, die keine Rückschlüsse auf Ihre Person zulassen, bleiben möglicherweise vorübergehend gespeichert …«

Wird die Diktierfunktion ausgeschaltet, werden auch die zuvor eingegebenen Daten auf Apples Servern entfernt.

Die Anwendung selbst ist relativ simpel: Haben Sie nun beispielsweise eine neue E-Mail aufgerufen oder die Datei eines Textverarbeitungsprogrammes wie *TextEdit* oder *Microsoft Word* und möchten Text eingeben, so setzen Sie als Erstes die Einfügemarke an jene Stelle, an der der Text beginnen soll. Anschließend tippen Sie die *Funktionstaste fn* (oder eine der Alternativen) zweimal, woraufhin hin ein Diktier-Mikrofon eingeblendet wird (siehe Abbildung in der Seitenleiste).

Bitte sprechen Sie laut und deutlich und nicht zu schnell. Wenn es sich irgendwie vermeiden lässt, sprechen Sie auch hochdeutsch und ohne allzu viel Dialekt. Möchten Sie ein Satzzeichen setzen, so benennen Sie es einfach, also *Komma, Punkt, Ausrufezeichen, Strichpunkt, Anführungszeichen unten/oben, Klammer auf/zu* etc. Auch Sonderzeichen wie *Dollarzeichen* ($), *Eurosymbol* (€), *Klammeraffe* (@), *Urheberrechtssymbol* (©) oder *Prozentzeichen* (%) sind möglich. Möchten Sie einen neuen Absatz beginnen, so sagen Sie *Neue Zeile* oder *Neuer Absatz* und der nächste Satz beginnt in einer neuen Zeile. Sobald Sie fertig sind, klicken Sie entweder auf *Fertig* bzw. drücken erneut zweimal die *Funktionstaste fn*. Drei violette Punkte (● ● ●) zeigen an, dass der gesprochene Text jetzt analysiert wird. Wenige Sekunden später wird das Gesprochene nun als Text angezeigt, den Sie jederzeit weiter bearbeiten bzw. korrigieren können.

3 | Die Systemeinstellungen

Leider gibt es keine vollständige Aufstellung an Befehlen, die die Diktierfunktion beherrscht. Auf den Webseiten `http://www.pocketpc.ch/apple-ipad-3-gen/157386-befehle-fuer-diktierfunktion-ipad.html` sowie `http://www.m-magazin.net/2012/07/diktieren-mit-mountain-lion-so-verzichten-sie-auf-die-tastatur-20085.html` haben sich jedoch fleißige Mannen die Mühe gemacht, die wichtigsten Satzzeichen und Symbole zusammenzufassen. Und sofern Sie weitere ausfindig machen, können Sie ja helfen, diese Seiten zu vervollständigen.

Kurios, kurios: Bei unseren ersten Versuchen unter *Mountain Lion* versagte im Großen und Ganzen die Diktierfunktion kläglich. Entweder sie brach mitten im Diktat ab oder wollte später das Gesprochene einfach nicht zu Papier bringen. Erst das Umschalten der Sprache auf *Englisch* und wieder zurück auf *Deutsch* (in der Systemeinstellung *Diktat & Sprachausgabe*) brachte die Erlösung – denn danach funktionierte die Diktierfunktion um Längen besser. Warum auch immer …

Selbstverständlich brauchen Sie einen Text nicht in einem Rutsch einsprechen. Sie können stets die Eingabe unterbrechen und später fortsetzen, indem Sie Ihren eingestellten Kurzbefehl zur Spracheingabe nutzen. Wie dem auch sei: Die Diktierfunktion benötigt ein wenig Training – und zwar für beide Seiten. Uns persönlich ist nach wie vor das Tippen lieber, zumal wir darin schneller und vor allem fehlerfrei arbeiten können.

Der zweite Reiter der Systemeinstellung kümmert sich hingegen um die *Sprachausgabe* – will heißen, er liest Ihnen im Gegenzug den Inhalt von Warnungen und Hinweisen vor bzw. nimmt Kontakt zu Ihnen auf, wenn ein Programm etwas von Ihnen will. Oder Sie markieren in einer Textverarbeitung einen Abschnitt und lassen sich diesen Text auf Tasteneingabe hin vorlesen.

Markieren Sie eine der Optionen, so kann es sein, dass Sie eine Warnmeldung erhalten, dass die ausgesuchte *Systemstimme* Ihre Sprache nicht spricht. Das heißt mit anderen Worten, dass beispielsweise deutscher Text mit fürchterlichem amerikanischen Akzent vorgelesen wird, was wahrlich keine Freude für die Ohren bedeutet. Wählen Sie stattdessen aus dem Popup-Menü bei *Systemstimme* den Befehl *Anpassen*. Im auftauchenden Dialogfenster suchen Sie sich nun Ihre Sprache heraus und klicken die gewünschte Stimme an, die danach geladen wird.

Falls die ausgesuchte Systemstimme Ihre Sprache nicht unterstützt, lässt sich diese über »Anpassen« herunterladen.

Haben Sie beispielsweise mit dem Programm *Vorschau* ein PDF geöffnet, mit *TextEdit* einen einfachen Text aufgerufen oder in Safari eine Webseite geöffnet, so können Sie über die Menüleiste *Bearbeiten | Sprachausgabe | Sprachausgabe beginnen* das Vorlesen starten. Alternativ klappt das auch für auszugsweise hervorgehobenen Text (mit gedrückter Maustaste über die Zeilen streichen) sowie über das Kontext-Menü, wobei dies nicht in allen Programmen zur Verfügung steht.

Die Sprachausgabe klingt bei unpassender Systemstimme fürchterlich. Achten Sie daher darauf, dass auch wirklich deutsch sprechende Moderatoren ausgewählt werden.

Anstatt über Kontext-Menü oder die Menüleiste lässt sich die Sprachausgabe auch unkompliziert über die Tastenkombination *Optionstaste-esc* (⌥-*esc*) starten, sofern Sie die Funktion *Ausgewählten Text beim Drücken einer Taste vorlesen* aktivieren. Alternativ lässt sich dafür über *Taste ändern* auch eine andere Tastenkombination vergeben.

Time Machine – mit Leichtigkeit zum Backup

Die schon seit *Mac OS X Leopard* bestehende Backup-Lösung wird selbstverständlich auch unter *OS X Mountain Lion* weitergeführt. *Time Machine* glänzt dabei nicht nur durch seine Einfachheit, sondern auch durch sein ansprechendes Äußeres, wenn Sie sich denn einmal auf die Zeitreise in die Vergangenheit begeben müssen. Die Technik als solches ist dabei schnell erklärt: Sie wählen eine externe Festplatte als Speichermedium aus, auf das *Time Machine* regelmäßig Sicherungskopien Ihrer Arbeitsvolumes anlegt. Beim ersten Mal wird eine Komplett-Kopie mit allem Drum und Dran angefertigt, was je nach Datenumfang einige Zeit in Anspruch nimmt. Danach werden stündlich alle Veränderungen (etwa das Löschen von Dateien, das Verschieben von Ordnern, das Umbenennen von Dokumenten usw.) fein säuberlich festgehalten und als Backup gesichert. Durch diese Funktionsweise wird Ihre Arbeit also automatisch und regelmäßig gesichert, um Sie vor einem Datenverlust zu schützen. Sie können somit jederzeit auf die alten Daten-Bestände zurückgreifen und so im Falle des versehentlichen Löschens diese Dokumente wieder hervorzaubern.

> Um von vorneherein etwaige Probleme beim Backup auszuschließen, sei noch einmal darauf hingewiesen, dass Ihre externe Festplatte im Voraus das korrekte *Partitionslayout* erhalten sollte. Da die meisten Festplatten von Herstellerseite aus mit dem sogenannten *Master Boot Record-Partitionslayout* (also Windows-kompatibel) ausgeliefert werden, kann das zu Problemen führen. Über das *Festplatten-Dienstprogramm* (im Order *Dienstprogramme* liegend) wählen Sie Ihre externe Festplatte aus und klicken dann auf den Reiter *Partition*. Nach Auswahl des *Partitionslayouts* (die Anzahl der Partitionen) klicken Sie bitte auf den unten stehenden Button *Optionen*. Im sich öffnenden Dialog wählen Sie nun *GUID-Partitionstabelle* für einen Mac mit Intel-Prozessor. Bitte beachten Sie unbedingt, dass bei einer Formatierung sämtliche, bereits vorliegende Daten unwiderruflich gelöscht werden.

Selbst dann, wenn Sie noch nie etwas von *Time Machine* gehört haben, ruft sich das Programm beim ersten Start einer externen Festplatte ins Gedächtnis, indem es einen Dialog öffnet. Dort finden Sie neben einem ersten erläuternden Text auch den Button *Als Backup-Volume verwenden*, der auf Klick hin dieses Medium als zukünftige Sicherungsfestplatte einrichtet. Und kaum geklickt, geht es auch schon los mit dem Kopieren Tausender von privaten wie systembedingten Dateien (Programme, Accounts, Ihre Fotos und Filme usw.).

»OS X Mountain Lion« fragt, ob die gerade eingeschaltete externe Festplatte als Backup-Volume verwendet werden darf. Passt es Ihnen nicht, so klicken Sie einfach auf »Nicht verwenden« bzw. »Später entscheiden« und die Sache ist vorerst für Sie erledigt. Auch später lassen sich noch Medien zuordnen.

Nach einer kurzen Vorbereitung beginnt der erste große Kopier-Vorgang. Betrachtet man die Anzahl der Objekte, so kann einem fast schwindelig werden, auch wenn die meisten Daten vom Betriebssystem stammen.

Auch unter *OS X Mountain Lion* besteht die Möglichkeit, sein Backup zu verschlüsseln. Sofern Sie also schon für Ihre interne Festplatte *FileVault* aktiviert haben, ist es nur logisch, dies auch für Ihr *Time Machine*-Backup vorzunehmen. Bevor es also mit dem Kopieren der Daten losgeht, heißt es die Option *Backup-Volume verschlüsseln* zu aktivieren und ein Backup-Kennwort festzulegen.

Die Vergabe eines Passwortes zur Verschlüsselung des Time Machine-Backups.

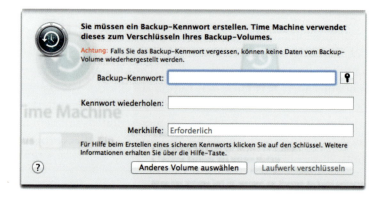

3 | Die Systemeinstellungen

Öffnen Sie die Systemeinstellung *Time Machine*, so lassen sich auf einen Blick die aktuellen Daten der Sicherung ablesen. Dazu gehören die verfügbare Kapazität des Backup-Mediums, die älteste, letzte sowie die nächste Backup-Zeit. Weiterhin finden Sie dort auch zwei Knöpfe namens *Volume auswählen* sowie *Optionen*.

Die Systemeinstellung »Time Machine«: Alle wichtigen Details im Blick.

Über *Volume auswählen* lässt sich nun ganz schnell eine andere Festplatte auswählen, sollte es beispielsweise zu Kapazitätsengpässen kommen. Im Dialog werden alle verfügbaren wie möglichen Festplatten aufgeführt, die auf Mausklick hin ausgewählt werden können. Das können in einem Netzwerk freigegebene Volumes sein, interne Festplatten oder Partitionen bzw. Festplatten, die über eine *AirPort Extreme Basisstation* angeschlossen sind.

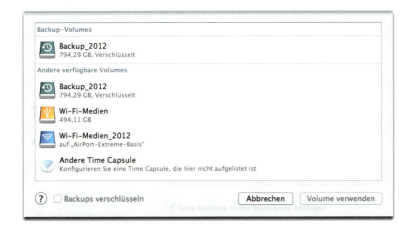

Das Wechseln des Backup-Medium ist eine Sache von Sekunden.

245

Apple selbst bietet für *Time Machine* sein drahtloses System *Time Capsule* an. Hierbei handelt es sich im Endeffekt um eine *AirPort Extreme Basisstation* mit eingebauter Festplatte (mit Größen von 2 oder 3 Terabyte), an die aufgrund der integrierten Schnittstellen auch weitere Geräte wie Drucker und/oder zusätzliche Festplatten (eventuell mithilfe eines weiteren USB-Hubs) angeschlossen werden können. Mit diesem Gerät können Sie – auch wenn Sie mehrere Rechner in einem drahtlosen Netzwerk eingebunden haben – all Ihre Backups erledigen, wobei der Kopiervorgang deutlich langsamer als mit einer »normalen« externen Festplatte (per USB, FireWire oder Thunderbolt mit dem Mac verbunden) läuft. Das Einrichten der Drahtlos-Verbindung erledigen Sie über das *AirPort-Dienstprogramm*.

Wer gerne den Komfort ohne viel Kabelgewirr bevorzugt, der sollte sich einmal »Time Capsule« näher ansehen. Weitere Infos hierzu finden Sie auch auf Apples Webseite über die URL »www.apple.com/de/timecapsule«. (Abbildungen: © Apple)

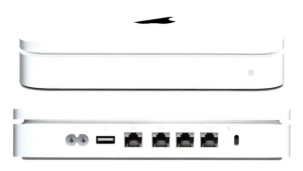

Wer bereits eine *AirPort Extreme Basisstation* besitzt und daran eine Festplatte betreibt, der kann *Time Machine* dazu bewegen, auch diese als Backup-Medium zu verwenden. In der Systemeinstellung *Time Machine* klicken Sie dazu auf *Volume auswählen* und markieren die gewünschte Festplatte. Nachdem Sie auf *Backup-Festplatte verwenden* geklickt haben, müssen Sie noch den Namen des Servers sowie das zugehörige Passwort eingeben – und schon kann das große Kopieren beginnen.

Über die *Optionen* wiederum lassen sich alle Daten, Ordner, Festplatten und so weiter bestimmen, die von einem Backup ausgeschlossen werden soll. Entweder Sie erledigen das über den *Plus*-Button und die anschließende Auswahl (mit deren Hilfe sich sogar die unsichtbaren Objekte vom Betriebssystem mit einblenden lassen), oder Sie ziehen einfach die entsprechenden Medien per *Drag & Drop* (ziehen & loslassen) in das Fenster hinein.

3 | Die Systemeinstellungen

Das Verwenden eines drahtlosen Time Machine-Backups funktioniert unter »OS X Mountain Lion« einwandfrei.

Mithilfe des Auswahl-Dialoges lassen sich schnell und unkompliziert Objekte vom Backup ausschließen. Alles, was nicht mit gesichert werden soll, landet in der Abteilung »Folgende Objekte nicht sichern«.

Sofern Sie eine *Boot Camp*-Partition mit aufgespieltem *Windows 7* verwenden: *Time Machine* wird diese nicht in sein Backup miteinbeziehen. In diesem Fall müssen Sie sich gesondert darum kümmern, beispielsweise mit dem *Carbon Copy Cloner* bzw. mit den Windows-eigenen Backup-Programmen.

Bei Verwendung eines Virtualisierers wie *Parallels* oder *VMWare*, die das parallele Arbeiten von *Windows* und *OS X* ermöglichen, tauchen jedoch Schwierigkeiten anderer Art auf: *Time Machine* kopiert nämlich jedes Mal die gesamte Partition als Backup, auch wenn Sie als einzige Veränderung nur eine kleine Datei verschoben oder bearbeitet haben. Da eine *Windows*-Partition meist mehrere Gigabyte aufweist, sind selbst große Festplatten in Nullkommanichts voll, ganz zu schweigen vom Zeitaufwand. In diesen und ähnlich gelagerten Fällen (das werden Sie automatisch mitbekommen) lohnt es sich, derlei »Kapazitäts-Schlucker« von der Sicherung auszuschließen.

Die Struktur der Backups auf der Festplatte – fein säuberlich nach Datum werden die einzelnen Sicherungskopien archiviert.

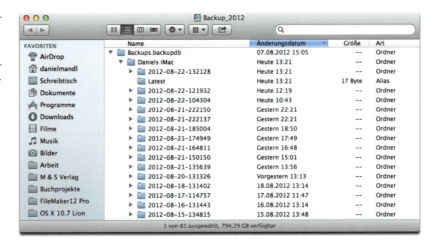

Auf Wunsch lässt sich *Time Machine* auch über die Menüleiste bedienen, sofern Sie in der Systemeinstellung die Option *Time Machine in der Menüleiste anzeigen* aktivieren. Auf diese Weise können Sie schnell ein Backup starten, wenn Sie etwa gerade besonders wichtige Daten verarbeitet haben. Dort sehen Sie nun den Status des letzten Backups bzw. können per Mausklick die Systemeinstellung *Time Machine* aufrufen. Ein weiterer Vorteil besteht darin, dass Sie anhand der gezeigten Symbole sofort erkennen, wenn etwas nicht stimmt: ↻ – alles in Ordnung, ⓘ – *Time Machine* hat seit mindestens 10 Tagen kein Backup mehr vorgenommen, ⊘ – das Backup ist fehlgeschlagen. Bei letzterem Symbol sollten Sie den Ursachen auf den Grund gehen, da ansonsten auch Ihr Backup als solches in Gefahr ist. Eine Möglichkeit besteht beispielsweise darin, dass Sie *Time Machine* über die Systemeinstellung ausschalten und dann das Sicherheitsmedium über das *Festplatten-Dienstprogramm* überprüfen und gegebenenfalls reparieren. Hilft das alles nichts, so sollten Sie in Betracht ziehen, auf einer weiteren Festplatte eine erneute Sicherung des Rechners vorzunehmen.

Irgendwann ist wohl immer der Zustand erreicht, an dem Ihre Festplatte überläuft, sprich für den Inhalt des Backups kein Platz mehr auf dem Volume zur Verfügung steht. *Time Machine* greift sich daher den Platz der ältesten Backups, um überhaupt noch seine Daten unterbringen zu können. Gleichzeitig macht das Programm Sie aber darauf aufmerksam und bietet an, weitere ältere Backups zu löschen, um wieder Speicherplatz zu erhalten. Bestätigen Sie die Meldung, wird ein wenig klar Schiff gemacht, indem bei älteren Backups (die ja im Stunden-Takt angelegt werden) die Abstände zwischen den einzelnen Sessions vergrößert werden – es werden also nicht alle älteren Sicherungskopien gelöscht. Als Alternative steht es Ihnen natürlich vollkommen frei, eine weitere externe Festplatte zu bestimmen und diese für *Time Machine* zu konfigurieren.

Ist alles geregelt und eingestellt, so können Sie sich erst einmal beruhigt zurücklehnen und darauf vertrauen, dass Ihr *OS X* die sensible Datensicherung (die doch meist arg vernachlässigt wird) für Sie übernimmt. Interessant wird es erst dann wieder, wenn wirklich einmal Not am Mann ist. Falls Sie also einmal aus Versehen ein wichtiges Dokument gelöscht haben oder die Kinder Ihren Schreibtisch ein wenig zu sehr aufgeräumt haben, so ist das ganz klar ein Fall für *Time Machine*. Wie nun eine Wiederherstellung von einem einzelnen Dokument über Ordner bis hin zu einem bestimmten System-Zustandes genau abläuft, erklären wir Ihnen ausführlich im nächsten Kapitel zu den Programmen.

Über Bedienungshilfen den Mac beherrschen

Menschen, die in irgendeiner Form an einer Behinderung (Beeinträchtigung des Sehens, des Hörens oder der Motorik) leiden, können dennoch ihren Rechner lenken und leiten. Unterstützung im Umgang mit der Bedienung des Computers finden Menschen mit Handicap in der Systemeinstellung *Bedienungshilfen*, die für *OS X Mountain Lion* stark überarbeitet wurde. Unterteilt in verschiedene Kategorien wie *Sehen*, *Hören* und *Interaktion* lassen sich verschiedene Rubriken aufrufen, die ihrerseits eine vielfältige Unterstützung anbieten.

Wer Probleme mit dem Sehen hat, sollte unbedingt in der Bedienungshilfe nach Erleichterungen suchen.

Über *Anzeige* lässt sich beispielsweise statt der bunten *OS X*-Oberfläche eine Weiß auf Schwarz-Darstellung (also weißer Text auf schwarzem Hintergrund) einrichten, um durch die Invertierung (*Farben umkehren*) den Inhalt besser erkennen zu können. Wenn es mal schnell gehen soll, erreichen Sie das auch über die Tastenkombi ⌘-⌥-ctrl-8, sofern Sie diesen Kurzbefehl über die Systemeinstellung *Tastatur*, Reiter *Tastaturkurzbefehle* und dort über die Bedienungshilfen aktivieren. Daneben steht auch eine reine *Graustufen*-Ansicht auf dem Programm bzw. als weitere Maßnahme eine Kontrast-Anhebung bzw. Verringerung. Auch der Mauszeiger (*Cursor*) lässt sich vergrößern, falls Sie sich schwertun, diesen rasch zu lokalisieren.

Der Schreibtisch in umgekehrter Hell-Dunkel-Ansicht (Option »Farben umkehren«). Anfangs ein wenig ungewohnt, lässt sich Text jedoch wunderbar lesen.

Falls Ihnen der Mauszeiger zu klein erscheint, lässt er sich über »Cursor-Größe« vergrößern.

Auch für die *Zoom*-Funktion stehen Tastenkürzel zum Starten und Beenden zur Verfügung. Das Ein- bzw. Ausschalten erledigen Sie dabei über ⌘-⌥-8, die Bildschirm-Anzeige vergrößern Sie über ⌘-⌥-+ bzw. verkleinern Sie über ⌘-⌥--. Bei aktivierter Vergrößerung wird ein Bild-Ausschnitt stark aufgezoomt, sodass Text und Dialog-Felder besser zu erkennen sind. Über den Button *Weitere Optionen* gelangen Sie zu zusätzlichen Anpassungs-Möglichkeiten, mit denen Sie die maximale wie minimale Zoom-Stufe regeln. Dort lässt sich auch ein schwarzer Vorschau-Rahmen (Option *Vor dem Vergrößern rechteckiges Vorschaufenster einblenden*) anzeigen, der jenen Ausschnitt einfasst, der letztlich vergrößert wird, sofern Sie ⌘-⌥-+ tippen. Über die Navigation mit der Maus bewegen Sie dann den Bildschirm-Inhalt an die gewünschte Stelle, wobei

3 | Die Systemeinstellungen

Sie hier bestimmen können, ob dies ständig beim Bewegen der Maus oder nur in jenem Falle passieren soll, wenn der Mauszeiger den Bildschirm-Rand erreicht.

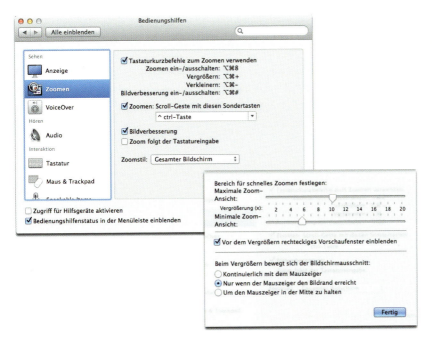

Die Abteilung »Zoomen« mit den möglichen Optionen für ein umfassendes Zoom-Erlebnis.

Der schwarze Rahmen umgibt jenen Teil des Bildschirms, der im Falle einer Vergrößerung gesamtflächig aufgezoomt wird. Auf einem 27-Zoll iMac-Display wirkt das Ganze riesig, wobei zu bedenken ist, dass dann auch die Qualität der Dokumente (etwa PDFs oder Bilder) mitspielen muss – ansonsten wirkt alles verwaschen und unscharf.

251

Definieren Sie statt des Zoomstils *Gesamter Bildschirm* (wie eben beschrieben) nunmehr die Aktion *Bild-in-Bild*, so mutiert Ihr Mauszeiger zur Lupe. Die zugehörigen Einstellungen finden Sie ebenso wieder über *Weitere Optionen*, welche die maximale Vergrößerung, die Verhaltensweise des Vergrößerungsfensters (*Fest, Mauszeiger folgen* bzw. *An der Bildschirmkante*) und den Zeigerstil betreffen. Eine weitere Hilfestellung bietet hierbei die Option *Objekte unter Mauszeiger nach Verzögerung vorlesen*, welche mit der Lupe überfahrene Objekte vorträgt. Auch hier sollten Sie unbedingt darauf achten, die passende Systemstimme (Systemeinstellung *Diktat & Sprache*, Reiter *Sprachausgabe*) zu verwenden, da man ansonsten nur recht wenig versteht.

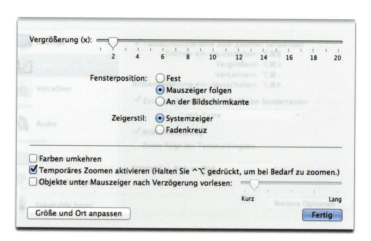

Die Optionen für den Zoomstil »Bild-in-Bild«.

Die *Bildverbesserung* sollten Sie – egal für welchen *Zoomstil* – auf jeden Fall benutzen, da diese die Schriften ein wenig glättet. Das macht zwar Text ein wenig unscharf, wirkt aber dennoch wesentlich angenehmer als die pixelige Darstellung bei starker Vergrößerung.

Sofern es Ihnen Probleme bereitet, Menübefehle zu lesen oder überhaupt die Anzeige auf dem Bildschirm zu erkennen, steht Ihnen neben der *Zoomen*-Funktion auch die Unterstützung durch einen Sprecher (*VoiceOver*) zur Verfügung, der alle Schritte durch Fenster, Menüs und Dialoge kommentiert. Die Funktion wird über die Tasten-Kombination ⌘-F5 bzw. ⌘-fn-F5 gestartet und auch wieder beendet.

Wird *VoiceOver* eingeschaltet, so erscheint ein Willkommensfenster, über dessen Button *VoiceOver kennenlernen* (bzw. über das einfache Drücken der Leertaste) Sie über zahlreiche Anleitungen mit der Bedienung vertraut gemacht werden. Diese bildschirmfüllenden Fenster (23

Stück) erklären Themen wie das Optimieren Ihrer Arbeitsweise am Mac, die *VoiceOver*-Tasten-Bedienung, das Bewegen auf dem Bildschirm, das Auswählen von Steuerungen sowie von Objekten in Einblendmenüs, die Texteingabe in Feldern, die Interaktion mit Elementen, das Navigieren in Tabellen und auf Webseiten und, und, und. Nach der ausführlichen Auseinandersetzung mit der *VoiceOver-Kurzübersicht* lassen sich im Anschluss weitere Übungen starten.

Über »VoiceOver kennenlernen« erhalten Sie eine ausführliche Einarbeitung in die Techniken zur Steuerung und Interaktion.

Sobald Sie dagegen das *VoiceOver-Dienstprogramm öffnen*, so starten Sie das zugehörige Dialogfeld zum Einrichten, was und worüber gesprochen werden soll. Wahrscheinlich müssen Sie als Erstes die Rubrik *Sprachausgabe* aufsuchen und dort die Art der Stimme (bei uns *Yannick Compact*) einrichten. Über *Anpassen* lässt sich wieder der vollständige Sprachensatz für Deutsch nachladen. Jede gewählte Stimme können Sie weiterhin über die angebotenen Optionen wie Tonhöhe, Lautstärke sowie Sprachmelodie weiter anpassen. Die links stehende Kategorie *Ausführlichkeit* wiederum instruiert den Sprecher, bei welchen Tätigkeiten dieser zum Zuge kommen soll. Dieser Dialog ist hilfreich, da sich so der »Sprach-Schwall« ein wenig einschränken lässt, der ansonsten ununterbrochen anhält.

Das »VoiceOver-Dienstprogramm« wartet mit einer enormen Anzahl an Optionen und Einstellungen auf. Die Frage ist nur: Wer soll das alles beherrschen?

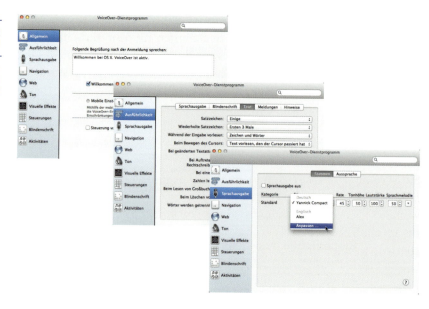

Die Rubrik *Navigation* hilft Ihnen bei der Auswahl von Elementen, während *Web* sich um die Navigation, das Laden einer Webseite sowie um die verschiedenen Objekte einer Webseite kümmert, die von *VoiceOver* kommentiert werden sollten.

Die *visuellen Effekte* im *VoiceOver-Dienstprogramm* bieten ebenso einen Mehrwert, indem Sie die einzelnen Befehle oder Anweisungen und selbst Buttons in einem extra Feld vergrößert anzeigen, wobei zusätzlich die Funktion vorgelesen wird. Zum Aktivieren müssen Sie zuvor jedoch die Option *VoiceOver-Cursor einblenden* einschalten.

Das »VoiceOver-Dienstprogramm« bietet ein umfangreiches Repertoire an Anpassungsmöglichkeiten zum Vorlesen.

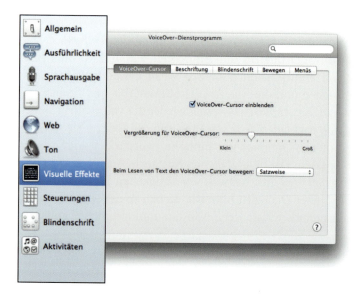

3 | Die Systemeinstellungen

Über *Steuerungen* können Sie sowohl Trackpad, Zahlenblock als auch die Tastatur zum Navigieren über den Bildschirm justieren, indem Sie beispielsweise die Zahlen zum Bewegen des Mauszeigers verwenden oder einzelnen Buchstaben Softwarebefehle wie das Starten von Programmen zuweisen. Erwähnenswert ist auf jeden Fall noch die Funktion *Aktivitäten*. Hierbei handelt es sich um eine Möglichkeit, verschiedenen Aufgaben-Gebieten eine bestimmte Stimme zuzuordnen. Dazu klicken Sie als Erstes auf den *Plus*-Knopf (+) zum Hinzufügen einer Aktivität. Benennen Sie sie am besten gleich sinnvoll und bestimmen Sie über die *Einstellungen*-Schaltflächen die *Stimme* sowie die *Ausführlichkeit*. Über den Knopf zum Erweitern der Optionen (▾) lassen sich weitere Optionen zur Unterscheidung von bestimmten Tätigkeiten justieren. Zum Schluss heißt es nun ein Programm zu wählen, dass diesen speziellen Anforderungen zugewiesen werden soll. So können Sie sich beispielsweise *iTunes* von *Yannick* kommentieren lassen, während das Programm *Safari* von *Anna* gesprochen wird. Das Programm *Mail* wird ebenso von *Anna* als Kommentator übernommen, dieses Mal jedoch mit einer langsameren Sprechweise und ein wenig tiefergelegter Stimme. Nach und nach lassen sich so alle Aufgaben verschiedenen Aktivitäten zuweisen, sodass Sie immer genau heraushören, in welchem Programm Sie sich gerade befinden und welcher Tätigkeit Sie nachgehen.

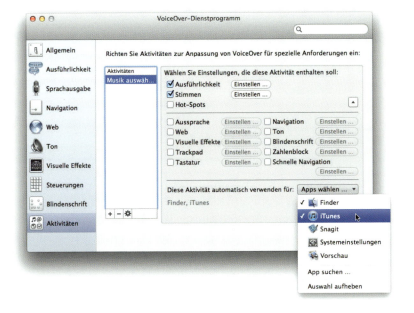

Hier gibt es wirklich viel zu regeln: Einer besseren Unterscheidung zwischen verschiedenen Aktivitäten kann dies jedoch nur förderlich sein.

VoiceOver ist insgesamt eine mächtige Anwendung und erfordert auf jeden Fall eine tiefergehendere Einarbeitung. Je mehr sich damit befassen, umso besser können Sie die Vorteile für sich erkennen und die angebotene Unterstützung für sich nutzen.

Zurück in den *Bedienungshilfen* wenden wir uns nun der Rubrik *Hören* zu. Als Alternative zum Warnton kann das *Bildschirm-Blinken* aktiviert bzw. auch ausprobiert (per Klick auf *Bildschirmblinken testen*) werden. Gerade für jene, die schlecht hören, ist diese Funktion von großem Nutzen, weist doch ein Warnton meist auf Unstimmigkeiten hin, die über das Blinken nunmehr verstanden werden. *Stereo-Audio als Mono wiedergeben* legt hingegen den linken und rechten Kanal bei einer Stereo-Übertragung zusammen, sodass Musik gleichwertig auf dem linken und rechten Lautsprecher wiedergegeben werden kann. Diese Hilfe bietet sich besonders dann an, falls es sich um einen einseitigen Hörschäden handelt.

Die Unterstützung bei Hörproblemen.

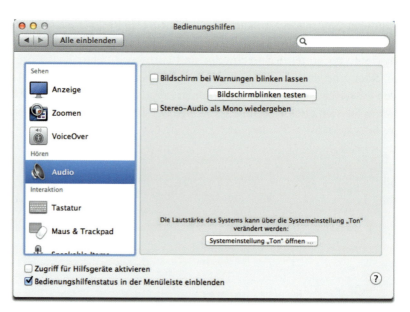

Auch für die Bedienung der *Tastatur* bei Motorik-Schwierigkeiten bietet Apple eine große Zahl an Hilfestellungen an. Unter anderem lässt sich auf eine *Einfingerbedienung* umschalten, sodass Sondertasten hintereinander anstatt zugleich gedrückt werden können. Diese Funktion kann auf Wunsch über die *Optionen* durch fünfmaliges Drücken der *Umschalttaste* (⇧) gestartet und auch beendet werden, auch lassen sich die Sondertasten sowohl visuell einblenden als auch akustisch ausgeben.

3 | Die Systemeinstellungen

Auch die Tastatur lässt sich bei gesundheitlichen Problemen (etwa im motorischen Bereich) auf Wunsch anpassen.

Weiterhin lassen sich die *Tasten-Wiederholrate* sowie das *Tastengeräusch* definieren, das Sie wohl in alte Zeiten zurückversetzt, denn bei Klick auf die Tasten ertönt der Klang einer Schreibmaschine.

Die nächste Rubrik nennt sich *Maus & Trackpad* und bietet die *Mausbedienung* an, die Sie auch über das fünfmalige Drücken der *Optionstaste* (⌥) einschalten können. Hierbei steuern Sie den *Cursor* (Mauszeiger) statt mit der Maus über die Tastatur, indem Sie über die numerische Tastatur bzw. mit zusätzlich gedrückter *fn*-Taste und den zugehörigen Ziffern (bei den Laptop-Modellen) mit 1, 2, 3, 4, 6, 7, 8 und 9 die Richtung bestimmen. Über die »5« lässt sich der Mausklick und über »0« das Gedrückthalten der Maustaste simulieren. All das erfordert ein wenig Übung, was aber bei stetem Anwenden schnell zur Routine übergehen sollte.

Das entsprechende Dialogfeld zum Simulieren der Maus über die Tasten.

Und denken Sie auch wieder an die *Trackpad*- wie *Mausoptionen*, über die Sie neben der Geschwindigkeit beim Scrollen auch den Nachlauf bzw. per Fingertipp ein Einrasten mit anschließendem Bewegen eines Objektes bewerkstelligen können.

Ihr Mac kann aber nicht nur über Tastatur oder Trackpad/Maus gesteuert werden, sondern auch über Spracheingaben. Das ist erst einmal ziemlich gewöhnungsbedürftig, klappt aber von Mal zu Mal besser. Das Einrichten erledigen Sie über die Rubrik *Speakable Items*.

1, 2, 3, bitte kommen: Die Systemeinstellung besteht aus den drei Reitern »Einstellungen«, Tastenkombinationen« sowie »Befehle«.

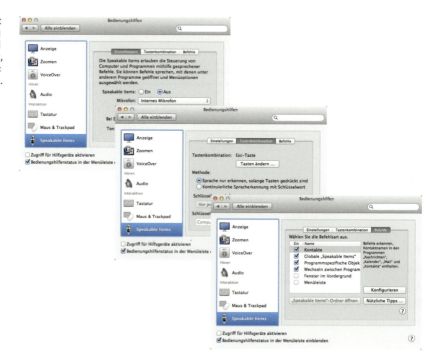

In der Abteilung »Befehle« gibt es den Button »Nützliche Tipps«, der auf Knopfdruck »Tipps für das erfolgreiche Verwenden von gesprochenen Befehlen« gibt.

3 | Die Systemeinstellungen

Zuerst einmal sollten Sie die *Speakable Items* auf *Ein* stellen, denn ansonsten passiert rein gar nichts. Danach wird ein Mikrofon eingeblendet, das über die Taste *esc* (oben links) an und ausgeschaltet wird (Sie können jedoch auch eine andere Taste über *Tasten ändern* im Reiter *Tastenkombinationen* bestimmen). Wichtig ist auch die Quelle *Mikrofon*, also ob Sie das interne Mikrofon Ihres Mac oder ein externes Gerät verwenden. Über *Kalibrieren* wird dabei ein Fenster eingeblendet, das einige aussagekräftige Sätze zum Üben bereitstellt, um die Empfindlichkeit zu kontrollieren bzw. zu justieren. Der Pegel sollte am besten immer im grünen Bereich sein.

Der einleitende Text beschreibt die Vorgehensweise: Bitte sprechen Sie jetzt … – sowohl ein Blinken als auch ein akustisches Signal (ein »Zisch« oder so ähnlich) geben dem Sprecher Feedback, dass der Text vom Computer verstanden wurde.

Ihnen stehen zwei Methoden zur Verfügung, damit der Computer merkt, dass er gemeint ist: Entweder Sie drücken die Taste *esc* (*Sprache nur erkennen, so lange Tasten gedrückt sind*) und sprechen dann Ihren Befehl, oder Sie wählen *Kontinuierliche Spracherkennung mit Schlüsselwort*, indem Sie Letzteres sagen und der Rechner weiß, dass er gemeint ist. Auch eine Bestätigung können Sie aktivieren, sodass der Computer Ihren Befehl wiederholt bzw. das wiedergibt, was er verstanden hat.

Welche Befehle nun verwendet werden, können Sie einsehen, wenn Sie in die Abteilung *Befehle* wechseln. Dort wählen Sie nun die gewünschten Bereiche aus bzw. konfigurieren die *Kontakte* (indem Sie jene Adressen aktivieren, die erkannt werden sollen) und die *globalen Speakable Items* (diese Option ermöglicht es Ihnen, einzelne Befehle auch in Abänderung des Originals zu sprechen).

Welche Befehle nun zur Verfügung stehen, sehen Sie, sobald Sie den Button *Speakable Items-Ordner öffnen* drücken. Es öffnet sich ein Fenster mit Dutzenden von *SpeakableItems.app*-Dokumenten, deren Titel gleichzeitig die Befehle aufzeigen, die der Mac versteht.

Auswahl der Befehlsarten sowie ein Auszug derjenigen Anweisungen, die der Computer versteht.

Und nun geht's also los: Drücken Sie Ihre Taste oder sprechen Sie Ihr Schlüsselwort und geben Sie dann die gesprochene Anweisung ein (leider nur auf Englisch, aber der Mac ist nun mal eher angloamerikanischer Abstammung). Markieren Sie beispielsweise eine Datei auf dem Schreibtisch und sprechen Sie dann den Befehl *Move this to the trash* (»Bewege diese Datei in den Papierkorb«). Gibt der Mac dabei ein akustisches Signal (das berühmte »Zisch«) und verschwindet die Datei, so scheint es auf Anhieb geklappt zu haben. Die Bedienung per Sprache funktioniert manchmal ganz gut, manchmal aber auch gar nicht, teilweise werden auch Befehle missverstanden oder schlicht ignoriert. Und dennoch bringt die ganze Geschichte bestimmt 30 Minuten lang Spaß, von der Bewunderung einmal abgesehen, die Ihnen ziemlich sicher ist, führen Sie diese Technik der Verwandtschaft vor (aber bitte vorher üben, sonst wird's ein Fiasko).

Abschließend möchten wir auch noch einmal an die Tasten-Kombinationen erinnern, die Sie über die Systemeinstellung *Tastatur* | Rubrik *Tastatur-Kurzbefehle* und dort über die *Bedienungshilfen* einsehen können.

Das kleine »^«-Zeichen ist dabei der »Control-Taste« (ctrl) gleichzusetzen. Über Auswahl der Kurzbefehle sowie über Zahlen- und Pfeil-Tasten beherrschen Sie somit in (fast) allen Belangen Ihren Mac – auch wenn es sicherlich eine gewisse Lern-Phase zu überwinden gilt.

3 | Die Systemeinstellungen

Startvolume – Welches System darf's denn sein?

Hier geht es darum, von welchem Medium oder von welcher Partition aus Sie Ihren Rechner hochfahren möchten. Wichtigste Voraussetzung (ohne die geht nämlich nichts) ist natürlich, dass sich darauf ein startfähiges Betriebssystem befindet. Dies muss nicht zwingend *OS X Mountain Lion* sein, denn auch die Vorversionen (*OS X 10.7 Lion*, *Mac OS X 10.6 Snow Leopard* oder *10.5 Leopard*) sind möglich. Haben Sie über *Boot Camp* eine *Windows 7*-Partition angelegt, so lässt sich auch diese als Startvolume wählen.

> **Auf einer partitionierten Festplatte können Sie unterschiedliche Betriebssystem-Versionen auf den jeweiligen Volumes installieren, wobei immer nur ein einziges pro Partition vorherrschen darf.**

Legen Sie beispielsweise eine selbst erstellte *Mountain Lion-Installations*-DVD ein oder stecken einen *Mountain Lion*-USB-Stick an den Rechner, so erscheinen auch diese als Symbol in der Systemeinstellung *Startvolume*. Markieren Sie nun per Mausklick ein Volume, so wird der Computer nach einem Neustart darüber hochgefahren.

Wie dem auch sei: Die *Systemeinstellung* führt alle infrage kommenden Volumes auf, und nach Auswahl desselben und Klick auf den Button *Neustart* fährt der Rechner von dort aus hoch.

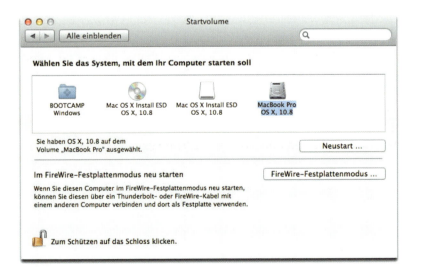

Hier wird der Start-Motor ausgewählt. In der Abbildung befinden sich neben dem regulären Startvolume auch eine Boot Camp-Partition sowie zwei »Mountain Lion«-Installer per USB-Stick sowie per DVD.

Eine weitere Methode finden Sie ebenfalls hier: den *FireWire-Festplattenmodus*. Hierbei wird Ihr Rechner als externe Festplatte ausgegeben, die Sie via FireWire-Kabel an einen anderen Mac anschließen können. Nach dem Verbinden der beiden Mac-Rechner per *FireWire* klicken Sie auf *Neustart*.

Die schnelle Art, Daten von einem Mac auf einen anderen zu kopieren.

Sie werden als *Benutzer* abgemeldet und der Computer fährt das System herunter. Danach wandert nurmehr das *FireWire*-Symbol über den Bildschirm und Sie können Ihren Mac anschließen. Dieser wird nun als externe Festplatte erkannt und sowohl auf dem Schreibtisch als auch in der Seitenleiste eines Finder-Fensters unter *Geräte* angezeigt. Sie können nun darauf zugreifen, um beispielsweise Daten zu kopieren bzw. zu übertragen oder das *Festplatten-Dienstprogramm* mit einer Überprüfung des Volumes beauftragen. Nach getaner Arbeit entfernen Sie zuerst das Volume über den *Auswerfen*-Button (⏏) und schalten dann den Mac aus, indem Sie einfach den Ein-/Ausschalter (⏻) drücken.

Die Welt der Programme

Sobald Sie *Launchpad* aufrufen oder einen Blick in Ihren Ordner *Programme* werfen, so sehen Sie bereits, dass Ihnen Apple eine Menge davon mit auf den Weg gegeben hat. Nicht alle wollen wir in diesem Kapitel aufführen, aber zumindest einen Großteil davon. Die *iLife*-Programme *iPhoto*, *iMovie* und *GarageBand* werden dabei außen vor gelassen, gehören Sie nicht explizit zu *OS X Mountain Lion*, sondern müssen separat erworben werden. Zu *iTunes* spendieren wir hingegen einen kurzen Exkurs, den wir als Download auf unserer Webseite unter `www.mandl-schwarz.com/support` zur Verfügung stellen. Da der Funktionsumfang bei *iTunes* recht umfassend ist, dürfen wir Sie dazu auch auf unser Buch »Das neue iTunes mit iCloud« verweisen. Eine Leseprobe hierzu finden Sie ebenso bei uns auf der Webseite.

Auch der weltweite Austausch in Form von E-Mail, dem Internet oder per Nachrichten ist mittlerweile so umfassend, dass wir ein extra Kapitel weiter hinten im Buch dafür reserviert haben. Eine weitere Spezialität weisen die *Dienstprogramme* auf, die weder zum Spielen noch zum Bearbeiten Ihrer Dokumente, sondern eher zum Warten, Konfigurieren, Protokollieren und Überprüfen Ihres Mac samt Peripherie gedacht sind. Nicht zu vergessen natürlich *Boot Camp* mit der Möglichkeit, Windows auf Ihrem Mac zum Laufen zu bringen. Auch das sehen wir uns noch genau an. Und dennoch: Auch nachfolgend finden Sie spannende Sachen zum Ausprobieren und zum Hineinschnuppern.

»Launchpad« lehnt sich stark an die Benutzer-Oberfläche von iOS-Geräten (iPad, iPhone, iPod touch) an. Je nach Wunsch und Bedarf lassen sich auch weitere bildschirmfüllende Seiten anlegen.

Alle aufgeführten Programme liegen im Ordner *Programme* und können auf Doppelklick hin gestartet werden. Natürlich lassen sich Ihre häufig genutzten Anwendungen auch im *Dock* unterbringen, sodass ein einzelner Klick darauf genügt. Oder Sie rufen das neue *Launchpad* auf, das per Finger-Geste (Daumen und drei Finger zusammenziehen) oder per Klick auf das *Launchpad*-Icon im Dock alle Anwendungen fein säuberlich einblendet. Alle Programme lassen sich über den Befehl *Beenden* (⌘-Q – das »Q« steht für *Quit*) im *Programme*-Menüpunkt schließen.

Launchpad – Programme starten und verwalten

Obwohl wir in diesem Kapitel die Programme eigentlich in alphabetischer Reihenfolge abhandeln, wollen wir dennoch mit *Launchpad* beginnen, da Apple dies als Ausgangspunkt zum Starten von Programmen vorsieht. Wir wir schon erläutert haben, gibt es auch Alternativen dazu – das Dock, den Programme-Ordner, oder gar das Öffnen von Programmen über *Spotlight* – einfach die ersten Buchstaben eintippen, bis die entsprechende Applikation erscheint, danach die *Eingabetaste* (↵) drücken.

Auf einem Trackpad ziehen Sie Daumen sowie Zeige-, Mittel und Ringfinger zusammen und schon zeigt sich das *Launchpad*. Mit der *Magic Mouse* oder herkömmlichen Mäusen müssen Sie hingegen auf das zugehörige Icon im Dock klicken. Sobald die Programme eingeblendet werden, finden Sie unterhalb der Programme kleine Kreise (), die die Anzahl der Programme-Seiten symbolisieren.

Launchpad lässt sich auch über die Tastatur aufrufen. Jene Apple-Tastaturen, die seit Erscheinen von *OS X Lion* auf dem Markt sind, weisen spezielle Tasten auf – beispielsweise die Sondertaste F4 für *Launchpad* sowie F3 für *Mission Control*. Tastaturen der Vor-*OS X Lion*-Ära starten hingegen über F4 das *Dashboard*. Auch das aufgedruckte Layout für diese Tasten änderte sich:

Oben die alte Version, unten die OS X Lion/ Mountain Lion-Variante.

Auf der ersten Seite finden Sie grundsätzlich alle über *OS X Mountain Lion* installierten Programme, auf den weiteren jene von anderen Herstellern. Zum Weiterblättern können Sie nun entweder mit der Maus auf

4 | Die Welt der Programme

einen der Kreise klicken oder per Finger wischen: auf dem Trackpad mit zwei Fingern, auf der Magic Mouse mit einem. Zum Starten tippen bzw. klicken Sie auf ein Programm und schon geht's los.

Möchten Sie selbstständig weitere Seiten in *Launchpad* anlegen, so brauchen Sie nur ein Programm-Icon zu packen und es ganz an den Rand des Displays zu bewegen. Nach einer kleinen Wartesekunde wechselt *Launchpad* die Seite und Sie haben automatisch eine weitere hinzugefügt.

Programme, die Sie täglich benutzen, sollten Sie einfach über *Launchpad* in das *Dock* befördern. Noch komfortabler geht's, wenn Sie diese Anwendungen in der Systemeinstellung *Benutzer & Gruppen* in der Rubrik *Anmeldeobjekte* zum automatischen Starten festlegen.

Weiterhin lassen sich einzelne Programme in Ordnern sammeln. Ein Beispiel hierzu ist der Ordner *Andere*, den Apple automatisch anlegt. Dieser beinhaltet zum einen die *Dienstprogramme* sowie weitere Software, von denen Apple der Meinung ist, dass Sie wohl nicht unbedingt auf die erste Programme-Seite gehören. Klicken Sie nun auf den Ordner, so öffnet sich dieser und preist seinen Inhalt an. Zum Starten einer Anwendung brauchen Sie auch in diesem Fall nur darauf zu klicken bzw. zu tippen (je nach Eingabegerät).

Andere

Der Inhalt eines Ordners zeigt sich per Klick/Tipp auf den übergeordneten Ordner im »Launchpad«.

Je nachdem, wie viele Programme Sie selbst besitzen, können Sie nun auch selbst Hand anlegen und eine ganz persönliche Ordnung schaffen. Zum einen lassen sich die Programme umstellen, indem Sie das zugehörige Icon davon mit der Maus packen und einfach an eine andere Stelle

265

bewegen – der Rest reiht sich brav drum herum. Oder Sie bauen sich beispielsweise einen Ordner für die Videobearbeitung oder bringen sämtliche Spiele innerhalb eines Ordners unter. Auch dazu brauchen Sie nur ein Programm zu packen und auf ein zweites zu ziehen. Sobald Sie das Programm loslassen, zeigt sich die entsprechende Unterordner-Arbeitsfläche. Klicken Sie außerhalb des Ordner-Bereiches, geht es eine Ebene zurück und Sie können weitere Ordner hinzufügen.

Ein Unterordner entsteht, indem Sie ein Programm auf ein weiteres ziehen.

Gefällt Ihnen der vorgeschlagene Ordner-Name nicht, so klicken Sie einfach auf den Namen, um ihn zu markieren. Nun lässt er sich mit einer sinnvollen Variante überschreiben.

Auch das Löschen von Programmen können Sie über das *Launchpad* erledigen, wenn auch unter *Mountain Lion* mit Erschwerniszulage. Während Sie unter *OS X Lion* nur ein Programm zu packen und in den Papierkorb zu ziehen brauchten, klappt das so nun nicht mehr. Für Programme, die Sie über den *Mac App Store* geladen haben, müssen Sie auf das Programm klicken und dabei die Maustaste gedrückt halten. Nach etwa einer Sekunde beginnen die Symbole zu wackeln und zeigen das *Entfernen*-Symbol (⊗) links oben am Programm-Icon. Klicken Sie darauf, so wird noch einmal nachgefragt, ob Sie denn auch ganz sicher sind. Bestätigen Sie mit *Löschen*, so verschwindet das Programm von der Bildfläche.

Das Wackeln der Symbole lässt sich im Übrigen auch starten, indem Sie einfach die *Optionstaste* (⌥) drücken.

Das Löschen von Programmen, die über den »Mac App Store« geladen wurden, geschieht über das kurzzeitige Gedrückthalten und den Klick auf das Entfernen-Symbol.

4 | Die Welt der Programme

Haben Sie aus Versehen Programme gelöscht, die Sie über den *Mac App Store* erworben hatten, und möchten diese nun doch wieder verwenden, so brauchen Sie sich nur im *Mac App Store* über Ihre *Apple ID* einschließlich Kennwort anzumelden und können sie über die Abteilung *Einkäufe* erneut laden.

Was nun die anderen Programme betrifft, die Sie von einer Webseite geladen oder per DVD installiert haben, so müssen Sie sich im *Finder* in den *Programme*-Ordner begeben und diese von dort aus in den Papierkorb ziehen. Manche Software-Programme liefern auch ein separates Deinstallationsprogramm mit, das Sie per Doppelklick ausführen können.

Über die Webseite `http://chaosspace.de/launchpad-control/` finden Sie das kleine Programm *Launchpad-Control* von Andreas Ganske, über das Sie Apps und Programme-Ordner gezielt verstecken und verschieben können. Das kann in der Tat hilfreich sein, sofern Sie viele Apps managen müssen oder einfach nur ein klein wenig mehr Klarheit bevorzugen. *Launchpad-Control* kommt als Systemeinstellung daher und lässt sich schnell einrichten.

Mission Control – mehr Übersicht im Arbeitsalltag

OS X möchte Ihnen das Arbeitsleben erleichtern, indem es zahlreiche Features anbietet, die der Übersicht dienen. In der Systemeinstellung *Mission Control* haben wir einige davon schon angesprochen, ebenso im Kapitel zur Arbeitsoberfläche. Das Programm *Mission Control* bündelt nun die Funktionen *Exposé*, *Spaces*, die *Vollbildapps* sowie das *Dashboard* und möchte Ihnen ein unbeschwertes Navigieren zwischen Programmen, Fenstern und Schreibtischen ermöglichen.

Zur Erinnerung: *Exposé* dient dazu, die vielen Fenster in Schach zu halten – etwa über das Anzeigen aller geöffneten Fenster des aktuell geöffneten Programmes (*F10*) oder das Verschwindenlassen aller Fenster, um einen Blick auf den Schreibtisch zu werfen (ctrl-↓ bzw. *F11*). Vollbildapps (z. B. *iPhoto*, *iTunes* oder auch *Safari*) bieten die Möglichkeit, ihre Programm-Oberfläche über den gesamten Bildschirm auszubreiten, sodass keine störenden Faktoren auf die Auseinandersetzung mit dem gerade vorliegenden Programm Einfluss nehmen. Jedes Programm, das im Vollbild-Modus vorliegt, erhält automatisch einen eigenen virtuellen Schreibtisch. Über die *Spaces* (also die virtuellen Schreibtische)

267

lässt sich nun von Arbeitsumgebung zu Arbeitsumgebung springen, wobei Sie auch mehrere Programme einem Schreibtisch zuordnen bzw. einzelne Anwendungen von einem Schreibtisch ausschließen können. Sei's drum: *Mission Control* nimmt nun all diese Funktionen unter seine Fittiche und blendet per Tastendruck (*F3* bzw. ctrl-↑) oder über eine Vier-Finger-Wischgeste nach oben seine Variante vom übersichtlichen Bildschirm ein.

»Mission Control« in Aktion: Oben liegen das Dashboard und die Schreibtische, den Rest des Platzes nehmen die geöffneten Programme samt ihrer Fenster ein.

Das klingt nun alles ein wenig kompliziert – und für einen Neueinsteiger bzw. einen Umsteiger von *Windows* ist es das auch. Sie sollten sich also einmal ausführlich Zeit nehmen und sich damit auseinandersetzen – ansonsten wird diese Funktion wohl brachliegen.

Lassen Sie uns kurz einmal die *Spaces* erklären, die dem Anwender die Einrichtung mehrerer virtueller Schreibtische ermöglichen. Angedacht ist diese Funktion für all jene, die mit Platzmangel zu kämpfen haben, da sie ständig mit einer Vielzahl von Programmen hantieren.

Damit Sie nun nicht alles über einen Schreibtisch erledigen, können Sie für alle Bereiche eine extra Arbeitsumgebung anlegen. So wäre es beispielsweise zu überdenken, ob man nicht für Internet & Co. eine Umgebung einrichtet, eine andere vielleicht nur mit multimedialen Inhalten wie *iTunes* und *iPhoto* belegt. Eine Dritte wird zur Arbeitsplattform, in der zum Beispiel die Profiprogramme *Photoshop* und *Illustrator* laufen, die so und so schon eine Menge an Werkzeug-Paletten mitsichbringen. Zusammenstellen lässt sich das letztendlich über die aufgerufene *Mission Control*-Umgebung.

4 | Die Welt der Programme

Bewegen Sie Ihren Mauszeiger bei aufgerufenem *Mission Control* auf dem Bildschirm nach rechts oben, so zeigt sich die entsprechende Schaltfläche zum Anlegen neuer Schreibtische. Klicken Sie darauf, so erscheint neben dem *Dashboard* sowie dem schon bestehenden *Schreibtisch 1* ein weiterer – noch leerer –*Schreibtisch 2*.

Per Mausklick lassen sich weitere Schreibtische hinzufügen.

Diesem neuen Schreibtisch können Sie nun Programme zuordnen. Das erledigen Sie zum einen über die aufgerufene *Mission Control* und das Ziehen einzelner Programme aus der Übersicht auf diesen Schreibtisch (siehe dazu die Abbildung in der Seitenleiste). Rufen Sie nun diesen Schreibtisch auf und klicken Sie mit gedrückter *Control*-Taste bzw. mit Rechtsklick oder einem Doppeltipp auf das Trackpad auf das zugehörige Programm-Icon im Dock, so zeigt sich das Kontext-Menü. Darin navigieren Sie nun auf den Eintrag *Optionen*, der das Zuweisen zu einem ganz bestimmten Schreibtisch ermöglicht: *Alle Schreibtische* bedeutet dabei, dass das ausgesuchte Programm auf sämtlichen Schreibtischen erscheint. Wechseln Sie beispielsweise von *Schreibtisch 1* zu *Schreibtisch 2*, so wandert das Programm mit. Wählen Sie hingegen die Option *Dieser Schreibtisch*, so zeigt sich diese Anwendung nur auf diesem zugeordneten Schreibtisch. Switchen Sie also wieder zu einem anderen Schreibtisch, so verbleibt das Programm auf dem zuvor zugewiesenen Space. Die Option *Ohne* wiederum lässt das Programm nur dort erscheinen, wo Sie es gerade gestartet haben, es erfolgt also keine implizite Zuweisung. Wechseln Sie den Schreibtisch, so verbleibt es auf dem zuvor besuchten. Möchten Sie das Programm auf einem anderen Schreibtisch haben, so müssen Sie es entweder über *Mission Control* auf einen anderen Schreibtisch ziehen oder es beenden und auf dem anderen Schreibtisch wieder starten.

Über die Optionen des Kontext-Menüs weisen Sie ein Programm einem oder allen Schreibtischen zu.

Dokumenten- bzw. Finder-Fenster lassen sich auch von einem Schreibtisch auf einen anderen ziehen, indem Sie es packen und ganz an den (linken oder rechten) Bildschirmrand bewegen. Verharren Sie dort etwa eine Sekunde, so rutscht automatisch der nächste Schreibtisch in den Vordergrund.

Ist alles konfiguriert, so fallen die Änderungen erst ins Auge, wenn Sie beispielsweise ein Bild doppelklicken und die Arbeitsumgebung auf einmal wechselt. Möchten Sie dann wieder zu einem anderen Schreibtisch zurück – etwa ins Internet –, so erledigen Sie das entweder per Wischen-Geste (je nach Eingabegerät mit zwei, drei oder vier Fingern), mit Klick auf das entsprechende Programm über das Dock, oder eben über das Aufrufen von *Mission Control* und dem Klick auf den gewünschten Schreibtisch.

Sie können zwischen den einzelnen Schreibtischen auch über die Tastatur hin und her wechseln. Das klappt zum einen über die gedrückt gehaltene *Control-Taste* (*ctrl*) sowie den Einsatz des Links- (←) oder Rechtspfeiles (→). Möchten Sie hingegen gezielt auf einen bestimmten Schreibtisch, so rufen Sie die Systemeinstellung *Tastatur* und dort die Rubrik *Tastaturkurzbefehle* auf. Klicken Sie auf den Eintrag *Mission Control*, so lassen sich rechter Hand – je nach Anzahl der angelegten Schreibtische – die entsprechenden Kurzbefehle aktivieren (das Symbol »^« verwendet Apple im Übrigen für die *Control-Taste*): über *ctrl-1* geht's zum *Schreibtisch 1*, mit *ctrl-2* zum *Schreibtisch 2* usw.

Die Systemeinstellung »Tastatur« bietet über die »Tastaturkurzbefehle« den Luxus des schnellen Springens zu ausgewählten Schreibtischen.

4 | Die Welt der Programme

Falls Sie sich nun dazu entschließen sollten, weitere Schreibtische inklusive zugehöriger Programme anzulegen, so ist in der Tat *Mission Control* das beste Mittel, um einen raschen Überblick zu erhalten. So können Sie zum einen die einzelnen Schreibtische gezielter anspringen, da Sie ja die darauf befindlichen Objekte besser erkennen können. Darüber hinaus lassen sich so einzelne Fenster oder Programme schnell anderen Schreibtischen zuordnen. Auch das Blättern zwischen den einzelnen *Spaces* per Wisch-Geste klappt ganz hervorragend. Je nachdem, was Sie benötigen: Klicken Sie einfach darauf und das Gewünschte landet im Vordergrund.

Löschen lassen sich einzelne Schreibtische natürlich auch: Rufen Sie dazu *Mission Control* auf und drücken Sie die *Optionstaste* (⌥). Bei jedem Schreibtisch zeigt sich nun wieder der schon bekannte *Schließen*-Button (⊗). Klicken Sie darauf, so wird der Schreibtisch aufgelöst – die darauf befindlichen Programme samt Fenster werden dann dem aktuell eingeblendeten Schreibtisch zugeordnet.

Über das Drücken der Optionstaste (⌥) bei aufgerufenem »Mission Control« wird der Schließen-Button angezeigt. Ein Klick darauf und der Schreibtisch verschwindet.

Sofern sich mehrere Fenster eines Programmes hintereinander reihen, lässt sich über *Mission Control* nur unzureichend erkennen, um welche Inhalte es sich handelt. Es gibt jedoch zwei Lösungen: Zum einen können Sie die Fenster auseinanderfächern, indem Sie auf dem Trackpad mit zwei Fingern bzw. mit der Magic Mouse mit einem Finger nach oben streichen. Noch übersichtlicher wird das Ganze, indem Sie den Mauszeiger auf das betreffende Fenster bewegen und dann die Leertaste drücken – die *Übersicht* (*Quick Look*) tritt nun in Erscheinung und blendet das Fenster in der Originalgröße ein. Ein weiteres Betätigen der Leertaste reiht das Fenster wieder an seinen Ursprungsort ein.

Was ebenso manchmal störend ist: Haben Sie ein Programm allen Schreibtischen zugewiesen und entsprechende Fenster geöffnet, so springen Sie automatisch immer genau zu dieser Arbeitsumgebung, auch wenn Sie nur ein weiteres zugehöriges Fenster auf

einem anderen Schreibtisch öffnen möchten. Abhilfe schafft hier nur, die Option *Beim Wechseln zu einem Programm einen Space auswählen, der geöffnete Fenster des Programms enthält* in der Systemeinstellung *Mission Control* zu deaktivieren.

Automatisch sichern und Versionen

OS X Mountain Lion möchte die Benutzerfreundlichkeit in den Vordergrund stellen. Dazu gehören etwa die gerade vorgestellten Programme *Launchpad* und *Mission Control*. Der Anwender soll intuitiv mit seinem Mac umgehen und Praktiken einsetzen, die ihm den Umgang mit Dateien und Dokumenten erleichtern. Eine oftmals vernachlässigte Tätigkeit ist dabei das Sichern. Denken Sie mal darüber nach: Wie oft haben Sie schon vergessen, ein Dokument zu speichern und sich im Nachhinein grün und blau geärgert, dass wertvolle Arbeit verloren ging?

Apple stellt nun auch diesem Defizit einen Automatismus entgegen, der Ihnen hierbei wertvolle Unterstützung angedeihen lässt: *Automatisch sichern*. In allen Programmen, mit denen Sie sozusagen produzieren, also Texte verfassen und layouten (*TextEdit*, *Pages*), Präsentationen erstellen (*Keynote*) oder Bilder optimieren (*Vorschau*), steht Ihnen diese Funktion zur Verfügung.

Sobald Sie ein neues Dokument erstellt haben, sollten Sie es über die Menüleiste *Ablage | Sichern* (⌘-S) mit einem aussagekräftigen Titel versehen und am gewünschten Ort – auf der Festplatte oder in der *iCloud* – abspeichern. Danach übernimmt *OS X* das Sichern Ihres Dokumentes, indem es alle fünf Minuten eine Zwischenspeicherung vornimmt. Diese neue Funktion nennt sich *Automatisch sichern* und schützt Sie vor dem Verlust Ihrer Arbeit bzw. hält sich in Grenzen, wenn sich beispielsweise aufgrund eines Stromausfalls der Mac urplötzlich ausschaltet und Sie bislang keine Sicherung vorgenommen hatten. Aber auch Sie selbst können einzelne Stationen der Dokumenterstellung speichern, indem Sie immer mal wieder – etwa bei wichtigen Weichenstellungen – die Tastenkombination *Befehlstaste-S* (⌘-S) für *Eine Version sichern* drücken. Hierbei werden innerhalb des Programmes alle Veränderungen des Dokumentes protokolliert.

4 | Die Welt der Programme

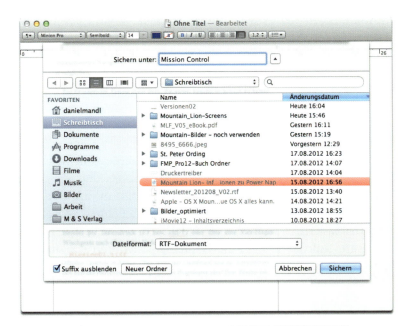

Nach dem Anlegen eines neuen Dokumentes sollten Sie gleich zu Beginn eine Speicherung vornehmen.

Falls Sie das Sichern vergessen sollten, so werden Sie spätestens beim Schließen des Dokumenten-Fensters dazu aufgefordert.

Der Clou dieser im Hintergrund ablaufenden Speicherung ist jedoch, dass Sie auf ältere Versionen zurückgreifen können, die in Zeitabständen von einer Stunde seitens des Programms bzw. zusätzlich über ⌘-S für *Eine Version sichern* von Ihnen erstellt wurden. Wenn Sie sich also irgendwann einmal verrannt haben und vielleicht wichtige Textstellen gelöscht haben, die Sie nun doch wieder benötigen, so lässt sich diese fehlerhafte Veränderung wieder rückgängig machen. Das klappt zum einen über das *Ablage*-Menü und den Befehl *Zurücksetzen auf* sowie über einen Klick in das kleine Dreieck (▾) rechts neben dem Dokumenten-Titel, das auftaucht, sobald Sie den Mauspfeil in die Titelleiste bewegen. Zur Verfügung stehen nun die Möglichkeiten, das Dokument wiederherstellen zu lassen – und zwar in den Zustand der letzten Siche-

273

rung (*Zuletzt gesichert*), des letzten Aufrufens (*Zuletzt geöffnet*) bzw. einer älteren Version, indem Sie über *Alle Versionen durchsuchen* die möglichen Zwischenstationen Ihres Dokumentes durchforsten.

Die Option *Alle Versionen durchsuchen* ändert die Bildschirm-Ansicht und Sie bekommen neben dem aktuellen Dokument alle bislang gesicherten Versionen davon präsentiert. Links befindet sich der aktuelle Arbeitsstatus, rechts davon die veränderten Ableger. Klicken Sie nun entweder in die Titelleisten der rechts liegenden Dokumente bzw. bewegen Sie den Mauszeiger nach rechts unten in die Zeitleiste, um auf vorhergehende Versionen zu stoßen. Sie können nun vergleichen und bis zu jenem Zustand wandern, den Sie gerne wieder hätten. Haben Sie einen zufriedenstellenden Status gefunden, so klicken Sie unterhalb des Dokumentes auf die Schaltfläche *Wiederherstellen* und Ihr Dokument erhält das gewünschte Aussehen zurück.

Über die Möglichkeit, auf ältere Versionen Ihrer Arbeit zurückgreifen zu können, erhalten Sie einen nicht zu unterschätzenden Sicherheitspuffer.

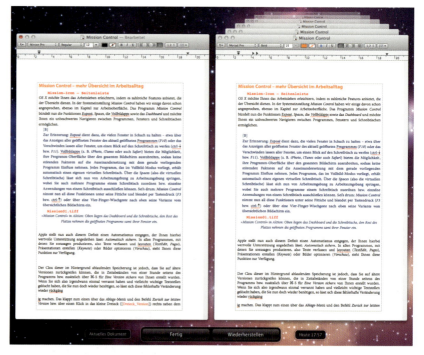

Kleinere Veränderungen, etwa wenn Sie nur einer Überschrift einen besonderen Stil (etwa »fett«) verpassen, der Ihnen nun doch nicht so zusagt, können Sie über den Befehl *Widerrufen* (⌘-Z) aus dem *Bearbeiten*-Menü rückgängig machen. Damit lassen sich immer die zuletzt getätigten Schritte revidieren – und zwar so lange,

4 | Die Welt der Programme

bis wieder eine Sicherung erfolgte. Diesen Befehl sollten Sie sich gut einprägen und immer zeitnah verwenden. Liegt hingegen die Änderung schon zwei Stunden oder gar drei Tage zurück, so sollten Sie auf die gespeicherten *Versionen* zurückgreifen.

Ist ein Dokument hingegen fertiggestellt und Sie möchten es vor unbeabsichtigten Änderungen schützen, so ist auch dies möglich. Klicken Sie dazu wieder in die Titelleiste rechts neben den Dokumenten-Namen und wählen Sie aus dem aufklappenden Menü die Option *Schützen*. Das Dokument zeigt nun im Datei-Icon ein kleines Schloss und erhält den Zusatz *Geschützt*. Ein weiteres Bearbeiten ist nun nicht mehr möglich.

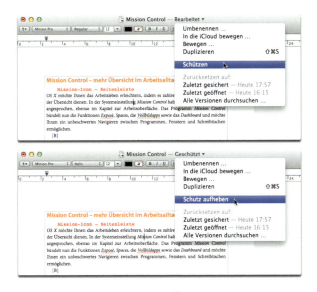

Wird ein Dokument geschützt, so zeigt es unübersehbar seinen Sicherungs-Status.

Ein »Unwissender«, der nun dennoch Änderungen vornehmen möchte, bekommt in Sekundenschnelle einen Warn-Dialog vorgesetzt, der auf den geschützten Zustand der Datei hinweist. Es bleiben demnach zwei Möglichkeiten zur Weiterbearbeitung: Zum einen lässt sich das Dokument wieder freigeben, indem Sie *Schutz aufheben* wählen – der Inhalt kann nun wieder ohne Probleme weiterbearbeitet werden. Die zweite Alternative besteht im *Duplizieren*, indem eine identische Kopie des Dokumentes angelegt wird – das Original bleibt davon unberührt. Das erledigen Sie entweder über das *Ablage*-Menü | *Duplizieren*, per Klick auf das kleine Dreieck in der Fensterleiste bzw. über die Tastenkombination ⌘-⇧-S. Dem Duplikat können Sie nun sofort einen neuen Namen verpassen bzw. dies auch später über *Ablage* | *Umbenennen* bzw. den gleichnamigen Befehl über das Titelleisten-Menü erledigen.

275

Der Warn-Dialog lässt es an Deutlichkeit nicht mangeln.

Das duplizierte Dokument trägt zur besseren Unterscheidung den Zusatz »Kopie«. Sie können das Dokument jedoch rasch umbenennen.

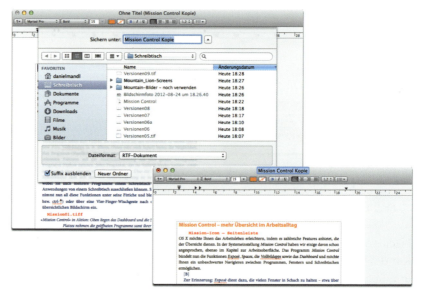

Verbringen Sie schon Tage mit Ihrer Arbeit, so sammeln sich eine Menge Versionen an, die letztlich das Auffinden erschweren. Unter diesem Aspekt heraus sollten Sie auch immer im Hinterkopf behalten, dass sich einzelne Versionen, die Sie garantiert nicht mehr benötigen, auch löschen lassen. Das erledigen Sie, indem Sie sich alle Versionen zu dem besagten Dokument anzeigen lassen. Rufen Sie die zu löschende Version auf und klicken Sie dann wieder in das Dreieck neben dem Titelnamen. In diesem Fall nennt sich der auftauchende Befehl *Diese Version löschen*, der zur Sicherheit noch einmal nachfragt, ob das auch wirklich ernst gemeint ist. Ist dem so, so wird diese Versions-Variante aus dem Stapel entfernt.

4 | Die Welt der Programme

Einzelne Versionen lassen sich auch löschen, sollten Sie einmal den Überblick verlieren.

Egal, wie viel Arbeit Ihnen *OS X Mountain Lion* letztlich abnimmt und Ihnen vielleicht sogar ein klein wenig Sorglosigkeit mit wichtigen Dokumenten anerzieht: Sichern Sie bitte auch selbstständig bzw. fertigen Sie selbst über *Duplizieren* Kopien von Ihren Dokumenten an, die Sie auch an weitere Mitarbeiter oder Bekannte zur Sicherung auf einem anderen Rechner weitergeben sollten. Niemand ist 100-prozentig perfekt, weder das *OS X* noch Sie selbst. Und falls einmal wirklich alle Stricke reißen sollten, so können Sie zumindest auf Dokumente zurückgreifen, die an anderer Stelle liegen.

Nach so viel Sichern und Speichern gehen wir nun über zum großen Rundumschlag in Sachen Programme. Lassen Sie sich also inspirieren und überraschen, was so alles auf Ihrem Mac zu finden ist …

App Store – virtuelles Shopping-Erlebnis

Kennengelernt haben Sie diesen virtuellen Einkaufsladen wahrscheinlich beim Erwerb von *OS X Mountain Lion*. Als Pendant zum *iTunes Store* startete der *Mac App Store* am 6. Januar 2011 und ist seitens Apple mittlerweile für alle Software-Verkäufe zuständig. Der Vorteil ist ganz klar die stetige Verfügbarkeit (keine Anfahrtswege, keine Ladenschlusszeiten etc.). Alle Programme, die Sie über den *Mac App Store* laden (egal, ob gekauft oder kostenlos), werden sozusagen hinter den Kulissen betreut. Findet eine Aktualisierung statt, so werden Sie automatisch benachrichtigt: über das *App Store*-Icon im Dock, das eine Zahl (für die Anzahl der zu aktualisierenden Anwendungen) in einem roten Kreis

277

einblendet, über einen eingeblendeten Hinweis bzw. über die direkte Suche über die Softwareaktualisierung. Oder Sie besuchen einfach den *App Store* und klicken dort auf die Rubrik *Updates*.

Das Paradies für all jene, denen der Geldbeutel ziemlich locker in der Hosentasche sitzt ...

Aller Anfang des virtuellen Shoppens ist jedoch die *Apple ID*, damit Sie auch identifiziert werden können und sich die Software um alle Ihre Belange kümmern kann. Klicken Sie dazu in der Seitenleiste (*Alles auf einen Klick*) auf *Anmelden* (bzw. über die Menüleiste *Store | Anmelden*) und tragen Sie dort Ihre Daten ein. Besitzen Sie noch keine »Apple-Zulassung«, so benutzen Sie die Schaltfläche *Apple ID erstellen*.

Damit der »Mac App Store« den Anwender samt seiner Programme zuordnen kann, benötigt er die »Apple ID« samt Kennwort.

Die *Apple ID* ist sozusagen der Freifahrtsschein zum Einkauf im *Mac App Store*. Und dort gibt es vieles zu entdecken ... Unter *Im Spotlight* lassen sich die aktuellen Neuzugänge sowie die Tipps der *App Store*-Redaktion entdecken, während Sie unter *Top-Hits* die Bestseller für die meistgekauften, meistgeladenen sowie umsatzstärksten Apps bewundern dürfen. Mit den *Kategorien* kommt ein wenig Ordnung ins Geschehen und es lassen sich die vielen Programme gezielter begutachten.

4 | Die Welt der Programme

Die einzelnen Abteilungen des »Mac App Store« bieten für alle Belange Ihres digitalen Alltags etwas an.

Die Abteilung *Einkäufe* wiederum listet jene Programme auf, die bereits erworben wurden. Hierhin müssen Sie sich auch wenden, falls Sie aus Versehen ein Programm gelöscht und dieses nun wiedererlangen möchten. Da über Ihre *Apple ID* alle Käufe registriert werden, lässt sich so nachweisen, dass Sie schon einmal bezahlt haben. Der Clou ist weiterhin, dass Sie diese Apps auf all jene Rechner laden können, die ebenso Ihre *Apple ID* führen. Das funktioniert sogar vollautomatisch, sofern Sie in der Systemeinstellung *Softwareaktualisierung* die Option *Gekaufte Apps automatisch auf andere Macs laden* aktiviert haben.

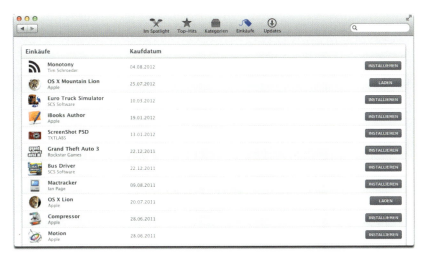

Die Einkäufe-Rubrik führt alle Apps auf, die bereits Ihr Eigentum sind. Diese lassen sich darüber erneut laden und installieren.

279

Übrig bleibt die Kategorie *Updates*. Wie schon erwähnt, erscheinen dort alle Anwendungen, für die ein Update seitens der jeweiligen Hersteller bereitgestellt wurde. Hierbei müssen Sie nur auf die nebenstehende Schaltfläche *Aktualisieren/Update* bzw. oben rechts stehend *Alle aktualisieren* klicken und alles weitere übernimmt die Software.

Einige Updates liegen bereit und warten auf den Startschuss zum Installieren.

Kommen wir nun zum wichtigsten Unterfangen: dem Shoppen. Sie können sich natürlich von der Vielfalt inspirieren lassen, aber vielleicht haben Sie auch in einem Fachmagazin eine Software-Empfehlung gelesen. Geben Sie nun einfach den Namen des Programms in das Suchfeld oben rechts ein und bestätigen Sie mit der *Eingabetaste* (↵). In wenigen Sekunden erhalten Sie das Ergebnis. Ist das Gesuchte dabei, so klicken Sie entweder auf den Namen bzw. das Icon des Programmes, um weitere Infos (Inhalt, Screenshots etc.) zu erhalten, oder gleich auf *Gratis* bzw. den angezeigten Preis – der Button ändert sich in *App installieren*.

Zu jeder App finden Sie ausführliche Informationen, Vorschau-Bilder sowie etwaige Kundenbewertungen.

4 | Die Welt der Programme

Möchten Sie gleich zuschlagen, so klicken Sie auf die Schaltfläche »Gratis« bzw. den entsprechenden Preis. Die Schaltfläche ändert sich nun in »App installieren«.

Zur Absicherung seitens Apple müssen Sie mit Ihrer *Apple ID* samt Kennwort Ihr Vorgehen bestätigen. Danach erfolgt der Ladevorgang, die sich sowohl über das Dock im *Launchpad*-Icon als auch über das *Launchpad* selbst nachverfolgen lässt.

Nach der erneuten Identifizierung über »Apple ID« samt Kennwort wird das Programm geladen und in den »Programme«-Ordner befördert.

Falls Sie das automatische Laden von Programmen deaktivieren, so erhalten Sie auf Ihren anderen Mac-Rechnern, die unter derselben *Apple ID* laufen, einen Hinweis eingeblendet, der das vollautomatische Laden von *App Store-Käufen* gerne einschalten möchte.

Sobald Sie Software aus dem »App Store« laden, öffnet sich wie von Geisterhand auf Ihren anderen Macs der Hinweis, dass Sie auch das automatische Laden aktivieren können.

Falls Sie mal einen Gutschein geschenkt bekommen haben, so wählen Sie in der Seitenleiste unter *Alles auf einen Klick* den Eintrag *Einlösen*. Im folgenden Fenster tragen Sie nun den Code ein und der Betrag wird Ihnen gutgeschrieben. Möchten Sie hingegen Adressdaten oder Kreditkarten-Nummern neu angeben, so erledigen Sie das über *Account*.

Dashboard – Programme per Schnellabruf

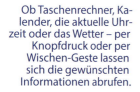

Dashboard – übersetzt: das Armaturenbrett – nennt sich die *Widgets*-Sammlung unter *OS X Lion*. Das Programm *Dashboard* besitzt sogar auf Apples Tastaturen der Vor-*OS X Lion*-Ära eine eigene Taste (☉ bzw. *F4*), kann aber auch bei Drittanbieter-Tastaturen über die Taste *F12* aufgerufen werden. Es besteht aber auch die Möglichkeit, das *Dashboard* per Wisch-Geste aufzurufen – und zwar auf dem Trackpad mit vier Fingern bzw. auf der Magic Mouse mit zwei Fingern, indem Sie horizontal nach rechts streichen. Dies setzt natürlich voraus, dass Sie auch in der Systemeinstellung *Trackpad/Maus* die Option *Mit Wischen Vollbild-Apps wechseln* aktiviert haben.

Und wie von Geisterhand startet *Dashboard* aus dem Hintergrund, der Schreibtisch wird abgedunkelt und es erscheinen verschiedene »Programmchen« für die unterschiedlichsten Aufgaben.

Ob Taschenrechner, Kalender, die aktuelle Uhrzeit oder das Wetter – per Knopfdruck oder per Wischen-Geste lassen sich die gewünschten Informationen abrufen.

Damit Sie immer auf dem aktuellsten Stand sind, ist bei einigen *Widgets* eine Verbindung ins Internet unerlässlich, da diese je nach Aufgabenbereich ihre Informationen von verschiedenen Online-Diensten beziehen. Das ist besonders wichtig, sofern Sie beispielsweise Währungen umrechnen oder Ihre Aktienkurse immer im Blick haben möchten. Auch die Daten für das Wetter werden über *Weather.com* bezogen, einer internationalen Wetterstation. Die meisten *Widgets* können weiterhin angepasst werden: Bewegen Sie den Mauszeiger über ein Programm, so wird unten rechts ein kleines »i« (*i*) eingeblendet. Klicken Sie darauf, so dreht sich das Programm um die eigene Achse und bietet je nach Aufgabenbereich weitere Optionen an.

4 | Die Welt der Programme

 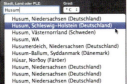 

Die Vorgehensweise zum Anpassen von Widgets ist immer dieselbe: Klicken Sie in das kleine »i«, so dreht sich das Programm um die eigene Achse und stellt Optionen zum Definieren zur Verfügung.

Ist *Dashboard* aufgerufen, so finden Sie links unten ein *Plus*- sowie *Minus*-Symbol (⊕⊖). Ein Klick auf *Plus* blendet eine weitere Auswahl der bereits Apple-seitig mitgegebenen *Widgets* ein – darunter Programme zum Umrechnen oder für Übersetzungen, ein Puzzle-Spiel oder beispielsweise zum Anlegen eines Aktienportfolios. Klicken Sie nun ein *Widget* mit der Maus an, so wird es den anderen hinzugefügt. Sie können im Übrigen auch mehrere *Widgets* der gleichen Sorte einblenden, was sich insbesondere bei der *Weltzeituhr* oder den *Wettervorhersagen* anbietet.

Apple hat Ihnen schon einmal eine reichhaltige Auswahl spendiert, die jedoch jederzeit erweitert werden kann.

Das *Minus*-Symbol hingegen ist für das Löschen zuständig. Per Klick darauf erhalten die *Widgets* ein x-Symbol (⊗), über das ausgesuchte Programme wieder entfernt werden können. *Widgets* können Sie auch verschwinden lassen, wenn Sie bei gedrückter *Wahltaste* (⌥) mit der Maus über das entsprechende Programm fahren – auch dabei wird das »x« eingeblendet.

Jene Widgets, die Sie unter *OS X Mountain Lion* vorfinden, entsprechen sozusagen der Grundausrüstung. Wobei hinzugefügt werden muss, dass die meisten davon eher dem amerikanischen Anwender eine Hilfe sind, da die Inhalte sich auch nur darauf beziehen. Aber seien Sie unbesorgt – Hunderte weiterer Widgets warten nur darauf, ausprobiert und angewendet zu werden. Klicken Sie dazu auf den Plus-Button zum Aufrufen der Widgets-Sammlung. Unten links finden Sie nun weiterhin die Schaltfläche *Weitere Widgets* (Weitere Widgets ...), die per Mausklick darauf automatisch den Browser *Safari* aufruft und auf die Webseite www.apple.com/downloads/dashboard verlinkt, auf der Sie eine riesige Auswahl – sinnvoll unterteilt nach Kategorien – vorfinden.

Sind Sie ins Internet eingeloggt, werden Sie innert Sekunden auf Apples Webseite zum Herunterladen Hunderter weiterer Widgets eingeladen.

Verschweigen wollen wir allerdings auch hier nicht, dass sich dort eine Menge an Programmen befindet, die für den deutschsprachigen Raum nicht gedacht sind. Aber auch eine Suche über beispielsweise *Google* mit dem Stichwort »Widgets OS X« bringt Ihnen neue Anregungen.

Das Integrieren neuer *Widgets* ist relativ simpel. Nachdem Sie sich einen Favoriten ausgesucht haben, klicken Sie auf *Download* oder *Herunterladen* (das kann unterschiedlich heißen). Das *Widget* wandert nun auf Ihre Festplatte und möchte meist auch gleich installiert werden. Bestätigen Sie den Dialog mit *Installieren* und Sie haben ein Widget mehr in Ihrer Sammlung.

4 | Die Welt der Programme

Das Widget-Installationsprogramm bittet um Bestätigung.

Bei Widgets kann es durchaus des Öfteren passieren, dass Ihnen der *Gatekeeper* einen Strich durch die Rechnung macht. Ändern Sie also entweder in der Systemeinstellung *Sicherheit* unter *Allgemein* die Optionen bei *Programme aus folgenden Quellen erlauben* bzw. starten Sie den Installationsprozess des Widgets über das Kontextmenü und dem dortigen Befehl *Öffnen*.

Wenn Sie Dashboard häufig nutzen, Ihnen aber das ständige Wischen zum extra angelegten Schreibtisch (Space) gar nicht in den Kragen passt, dann denken Sie an die Systemeinstellung *Mission Control*. Deaktivieren Sie die Option *Dashboard als Space anzeigen*, so werden die vielen Widgets über die festgelegte Tastenkombination (*F12*) ab sofort immer über dem aktuell angezeigten Schreibtisch eingeblendet. Das bedeutet aber auch, dass ein Starten von *Dashboard* nur mehr über die Sondertasten bzw. über das zugehörige Programm-Symbol im Dock, per *Launchpad* oder dem *Programme*-Ordner möglich ist.

Anstatt in einem eigenen Space, lässt sich das »Dashboard« auch über dem aktuellen Schreibtisch einblenden.

Digitale Bilder – Bild-Import über Digitalkamera und Scanner

Auch wenn es *iPhoto*, *Aperture*, *Photoshop Elements* und viele weitere Programme zur Bildverwaltung und Bearbeitung gibt, hält Apple eisern an *Digitale Bilder* fest. Das Programm unterstützt Sie vorrangig beim Import von Bildern, sodass Sie darüber beispielsweise eine persönliche Ordnerstruktur für Ihre Fotos einrichten können. Starten Sie das Programm, ohne ein Gerät angeschlossen zu haben, so werden Sie genau dies noch einmal zu sehen bekommen.

Das hätten wir so niemals gemerkt …

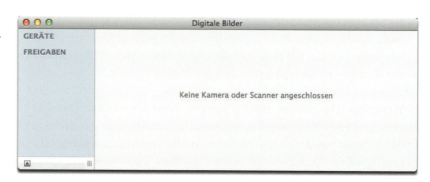

Nun heißt es also auf Foto-Tour zu gehen und das Ganze noch mal zu versuchen. Schließen Sie dann die Kamera an bzw. stecken Sie die Speicherkarte in einen externen oder internen Card-Reader (so nennt man das Kartenlesegerät), so sollten in der Liste bei *Geräte* die Kamera/Speicherkarte erscheinen (das kann allerdings manchmal ein wenig dauern …). Mit Klick auf den Eintrag werden nun alle Bilder, die sich darauf befinden, aufgeführt.

Wird eine Kamera oder eine Speicherkarte erkannt, so liest »Digitale Bilder« die Fotos ein und stellt sie dar.

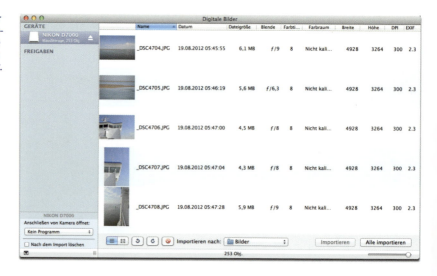

4 | Die Welt der Programme

Startet statt des Programms *Digitale Bilder* die Anwendung *iPhoto*, so müssen Sie *Digitale Bilder* per Mausklick anwerfen. Bei der unten stehenden Option *Anschließen von Kamera öffnet* wählen Sie nun aus dem Popup-Menü jenes Programm, das standardmäßig geöffnet werden soll, sobald Sie Ihre Digitalkamera an den Mac stöpseln. Möchten Sie einen automatischen Import von Bildern einrichten, dass also beim Anschließen eines Gerätes selbstständig und ohne weiteres Zutun die Fotos auf den Computer übertragen werden, so wählen Sie den Eintrag *AutoImporter*. In diesem Fall wird in Ihrem Ordner *Bilder* (innerhalb Ihres Benutzer-Accounts liegend) ein weiterer namens *AutoImporter* eingerichtet, in den automatisch die Bilder hineinfließen.

Vor dem Import sollten Sie weiterhin überlegen, ob Sie wirklich alle Fotos oder nur eine Auswahl davon übertragen möchten – missglückte Bilder bleiben also von Vorneherein unberücksichtigt. Zur besseren Kontrolle lassen sich zwei verschiedene Ansichten in *Digitale Bilder* verwenden: als *Liste* (≡) oder als *Symbole* (⚏). Über die *Symbol*-Ansicht lässt sich nun hervorragend ein erster Eindruck verschaffen und Sie können bereits einzelne Bilder linksherum oder rechtsherum drehen, indem Sie bei markiertem Foto (das können auch mehrere auf einmal sein) auf die beiden Knöpfe ↺/↻ klicken. Bilder, die verwackelt oder aus Versehen ausgelöst wurden, lassen sich sofort von der Speicherkarte löschen, indem Sie auf den *Entfernen*-Knopf (⊘) klicken. Erscheinen Ihnen die Voransichten zu winzig, so denken Sie an den Regler *Größe der Miniaturen* rechts unten, über den die Bild-Ansichten aufgezoomt werden können.

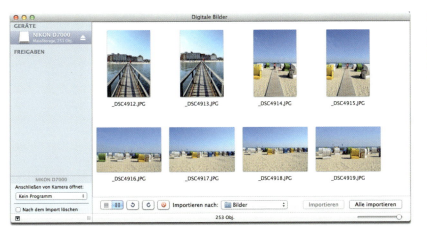

In der Symbol-Ansicht lassen sich Bilder bereits vor dem Importieren begutachten und wenn nötig auch drehen oder entfernen.

287

Achten Sie bitte darauf, Ihre Bilder schon im Vorfeld zu drehen, wenn Sie ein PDF-Dokument oder eine Webseite erstellen möchten (dazu gleich mehr). Manche Kameras besitzen eine Funktion, die automatisch erkennt, ob Bilder im Quer- oder Hochformat geschossen wurden. In diesem Falle werden die Bilder korrekt identifiziert und eingeladen. Im Zweifel schauen Sie ruhig mal im Handbuch Ihrer Kamera nach.

Die *Listen*-Ansicht präsentiert hingegen Informationen satt: Ob Dateigröße, Farbtiefe, Breite und Höhe in Pixel, Brennweite, Verschlussgeschwindigkeit und, und, und – die sogenannten *EXIF*-Daten machen's möglich. Klicken Sie auf eine der Spalten, so können Sie damit die Sortierung ändern, etwa nach Größe oder Datum.

Unten: Das prall gefüllte Info-Paket: Die Listen-Ansicht der Fotos mit ihren vielen Zusatz-Informationen bietet einen umfassenden Überblick über die Daten der Fotos.

Die Bild-Informationen, die von der Kamera automatisch mitgespeichert und an das jeweilige Import-Programm übergeben werden, nennen sich *EXIF*-Daten. *EXIF* steht für *Exchangeable Image File Format*. Hier werden die Informationen wie Blende, Belichtungszeit, Filmempfindlichkeit, Kameratyp und vieles weitere mehr gespeichert. Kann Ihre Kamera auch GPS-Werte (intern oder per externem Empfänger) verarbeiten und in die *EXIF*-Daten schreiben, so werden auch diese über *Digitale Bilder* unter der Rubrik *Orte* zur Verfügung gestellt.

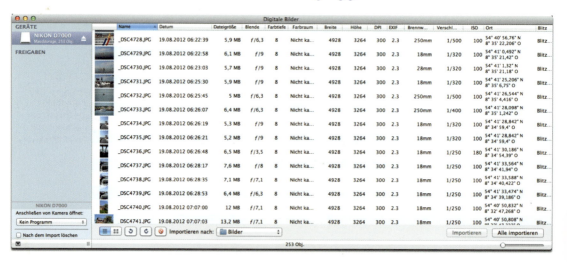

Nach einer ersten Durchsicht lautet nun die Frage, wohin die Bild-Dateien gesichert werden sollen. Dies richten Sie bei *Importieren nach* ein. Zum einen lassen sich die Dateien einfach in Ordner verschieben,

4 | Die Welt der Programme

beispielsweise *Bilder* oder *Dokumente*, oder auf den Schreibtisch kopieren. Als Alternative können Sie die Fotos auch zu *iPhoto* oder *Aperture* transferieren, wo sie als eigenständiges Ereignis/Projekt angelegt werden, oder in *Vorschau* darstellen, wobei die Fotos gleichzeitig in den Ordner *Bilder* kopiert werden. Möchten Sie Bilder per E-Mail versenden, so ist der Eintrag *Mail* für Sie interessant. Nach der Auswahl und dem Klick auf *Importieren* (bei einer Auswahl) bzw. *Alle importieren* öffnet sich sogleich das Programm *Mail* und packt die Bilder einer E-Mail als Anhang bei. Sie müssen nun nur noch Adresse und Betreff eintragen, eventuell die Bildgröße neu bestimmen und der elektronische Brief kann versendet werden.

Befinden sich Ihre Bilder nach dem Import auf der Festplatte, so lassen sich diesen über den *Informationen*-Dialog (⌘-I) unter *Spotlight Kommentare* Schlüsselwörter zuweisen. Bei einer Suche nach entsprechenden Bildern finden Sie später in Sekundenschnelle die gewünschten Objekte.

Laden Sie des Öfteren Bilder von der Digitalkamera auf den Mac, so sollten Sie sich auf jeden Fall einmal das Programm *iPhoto* ansehen. Der Import klappt hier ebenso ganz hervorragend und es werden Ihnen Dutzende an Möglichkeiten zur Verwaltung (*Ereignisse, Alben, Gesichter, Orte*), zur Bildbearbeitung (*Tonwertkorrektur*, Helligkeit, Kontrast, Färbung, Retuschieren, Rote-Augen-Korrektur usw.) sowie zum Export (*Flickr*, per *E-Mail*, *Fotobuch, Bild-Kalender, Facebook* etc.) angeboten.

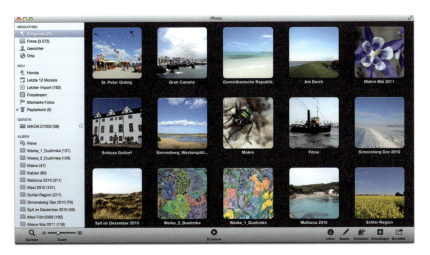

»iPhoto« – falls noch nicht vorhanden – lässt sich über den Mac App Store erwerben (11,99 Euro) und ist auf jeden Fall mehr als einen Blick wert.

Als weitere Option können Sie Ihre Bilder auch als PDF-Datei aufbereiten lassen. Für diese Funktion müssen Sie *Importieren nach | MakePDF* wählen. Die Bilder werden dann importiert und im Programm *MakePDF* geöffnet. Über die Menüleiste *Layout* wählen Sie nun die gewünschte Anpassung (*An 10 x 15 anpassen, auf 13 x 18 beschneiden* usw.), die sich sofort an die Arbeit macht. Sie können nun das Ergebnis gleich nachprüfen und bei Nichtgefallen ändern, indem Sie einfach über das *Layout*-Menü eine neue Version erstellen lassen.

> Der Unterschied zwischen *Anpassen* und *Beschneiden*? Beim *Beschneiden* werden je nach Auflösung eventuell Bildteile abgeschnitten, was jedoch am Bild-Format liegt. Während digitale Kameras meist im Verhältnis 4:3/16:9 ablichten (Ausnahmen bilden hier meist digitale Spiegelreflex-Kameras), betragen die vorgeschlagenen Größen die üblichen Analog-Maße von 3:2. Beim *Anpassen* werden diese Unregelmäßigkeiten berücksichtigt und Ihre Bilder werden als Ganzes dargestellt, können aber im Gegenzug weiße Ränder aufweisen.

Sitzt und passt alles und sind Sie mit dem Ergebnis zufrieden, so wählen Sie *Ablage | Sichern* (⌘-S), vergeben einen aussagekräftigen Namen und bestimmen den Speicher-Ort.

Nach dem Import sowie dem Aufbereiten über das Layout-Menü können die erstellten PDFs gesichert werden. Die aufbereiteten Bilder-Seiten lassen sich nun weitergeben (beispielsweise für Freunde und Verwandte zum Nachbestellen), für eigene Zwecke archivieren oder auch ausdrucken.

4 | Die Welt der Programme

Gefallen Ihnen die Angebote zur Optimierung nicht, so lassen sich im Programm *MakePDF* über *Layout | Neues Layout* auch eigene Maßvorgaben einrichten. Bestimmen Sie *Papierformat* und *Bildgröße* und ob die Bilder beschnitten oder nur angepasst werden sollen. Über *Layout sichern* speichern Sie dann die eingerichteten Werte im *Layout*-Menü für künftige Bearbeitungen.

Wenn's etwas exotischer sein darf: Über »Layout | Neues Layout« lassen sich auch eigene Größen einrichten. Bitte beachten Sie, dass bei Bildgröße statt der Einheit »cm« die amerikanischen Werte »Inch« (1 Inch = 2,54 cm) zum Einsatz kommen.

Eine weitere Möglichkeit zum Aufbereiten der Bilder aus *Digitale Bilder* nennt sich *Webseite erstellen*. Hierbei werden die Bilder in zwei Größen aufbereitet: 200 x 132 Pixel (bzw. umgekehrt bei Hochformat) für die Vorschau-Bilder sowie 800 x 530 Pixel (bzw. umgekehrt bei Hochformat) für volle Größe (die Bildergrößen können je nach Auflösung Ihrer Kamera ein wenig variieren). Daneben werden weiterhin die entsprechenden HTML-Seiten angelegt, die von jedem Browser (*Safari*, *Internet Explorer*, *Firefox* etc.) interpretiert werden können. Alle diese Daten finden Sie in Ihrem *Bilder*-Ordner und dort in einem Ordner namens *Webseite* mit *Datum* und *Uhrzeit* im Titelnamen. Klicken Sie darin die Seite *index.html* doppelt an bzw. ziehen diese auf ein Browser-Icon, so wird die Internet-Seite korrekt geladen. Um die Seite nun ins Internet zu stellen, benötigen Sie neben Speicherplatz (den Ihnen Ihr Provider zuteilt) ein *FTP*-Programm, um die Daten in Ihr Verzeichnis zu laden.

Webseite am 08-27 um 19.28.05

Nach dem Aufbereiten der Daten öffnet sich der Browser und offenbart das Ergebnis. Mit Klick auf die Vorschauen zeigen sich dann die Bilder in voller Pracht.

Sind sie ganz angetan von den Möglichkeiten der PDF-Erstellung bzw. der Webseiten-Gestaltung, so lassen sich diese Programme (*MakePDF.app* sowie *Webseiten erstellen.app*) auch längerfristig im Dock anlegen. Zum einen lässt sich das bewerkstelligen, indem Sie bei gestartetem Programm (über *Digitale Bilder*) per *ctrl*-Taste/Rechtsklick/Zweifinger-Tipp auf das Programm-Icon klicken und aus dem Kontext-Menü dann den Befehl *Optionen | Im Dock behalten* wählen. Oder Sie suchen das Verzeichnis *Festplatte/System/Library/Image Capture/Automatic Tasks* auf, in dem die beiden Anwendungen zu finden sind. Von dort aus brauchen Sie nun nur die Programme ins Dock ziehen, um sie zu behalten. Künftig müssen Sie dann nur Bild-Dateien auf das Icon ziehen, um die Verarbeitung zu starten – immer vorausgesetzt, dass sich die Bilder schon auf der Festplatte befinden.

Ziehen Sie die Programm-Symbole ins Dock, so lassen sich die beiden Programme auch ohne »Digitale Bilder« nutzen.

Links unten finden sich weiterhin noch die Option *Nach dem Import löschen* (falls diese nicht sichtbar ist, bitte auf den kleinen Knopf (▲) für die *Geräte-Einstellungen* klicken), die nichts anderes tut, als die Bilder nach dem Import auf die Festplatte von der Speicherkarte der Kamera zu löschen. Wir empfehlen das nicht, denn geht irgendetwas schief, haben Sie die Bilder weder auf der Festplatte noch auf der Speicherkarte.

Und noch ein Highlight von *Digitale Bilder* gibt's obendrauf: Ist eine Kamera an den Mac angeschlossen, so können Sie eventuell über *Digitale Bilder* Ihre Kamera fernbedienen, was jedoch nicht bei allen Modellen klappt. Dazu wählen Sie über die Menüleiste *Ablage* den Befehl *Bild aufnehmen*. Im erscheinenden Dialog (der auch bildschirmfüllend angezeigt werden kann) haben Sie nun die Alternative zwischen der manuellen Aufnahme über das Drücken der *Leertaste* oder des *Zeilenschalters* bzw. der automatischen Intervall-Aufnahme, bei der nach festgelegten

4 | Die Welt der Programme

Zeiträumen die Kamera Bilder schießt. Letztere Funktion eignet sich beispielsweise zum zeitversetzten Festhalten bei Makro-Aufnahmen (Pflanzen oder Insekten) oder zum Dokumentieren des Wachstums Ihrer Kinder (die müssen halt dann mal drei Jahre still halten). Legen Sie dann noch den Speicher-Platz fest (*Neue Bilder sichern in*) und ob die Aufnahmen nach dem Download auf den Rechner gelöscht werden sollen. Dann macht es »Klick« und die Bilder wandern vollautomatisch auf den Mac. Wird das angezeigte Bild doppelt angeklickt, so erhalten Sie weiterhin die Möglichkeit, das Foto zu bearbeiten (Belichtung, Kontrast, Sättigung usw.), einen Effekt darauf anzuwenden und umfassende Informationen darüber abzurufen.

Über »Bild aufnehmen« lässt sich Ihre Kamera fernsteuern – und zwar sowohl manuell als auch voll automatisch im Sekunden-Takt. Anschließend können Sie das Bild sogar überarbeiten oder mit Effekten versehen.

Und *Digitale Bilder* setzt noch eins drauf, indem das Programm auch in der Lage ist, Bilder einzuscannen. Meist erkennt *Digitale Bilder* Ihren Scanner oder Ihren Multifunktions-Drucker automatisch, bei Ignorierung müssen Sie zuvor die entsprechenden OS X-Treiber der Scanner-Software installieren. Danach können Sie entweder das Original-Programm des Herstellers verwenden oder *Digitale Bilder* direkt zum Einlesen der Dokumente/Bilder benutzen.

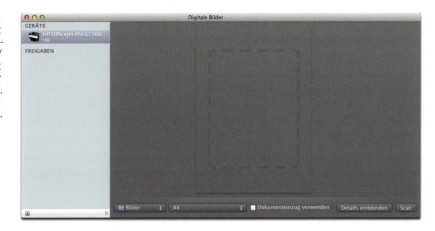

Nach dem Start von »Digitale Bilder« dauert es manchmal ein Weilchen, bis der Scanner/ das Multifunktionsgerät in der Geräte-Liste (per Anschluss über USB) bzw. bei den Freigaben (via WLAN/AirPrint) auftaucht.

Befindet sich nun ein Bild auf dem Scanner und Sie starten *Digitale Bilder*, so sollten Sie als Erstes den Speicher-Ort bestimmen. Auch ein automatischer Prozess wie das Öffnen im Programm *Vorschau*, *iPhoto* oder *Mail* zur Weiterbearbeitung oder zum Versenden kann wieder optional eingerichtet werden. Über den Button *Weitere* lassen sich andere Speicher-Orte wie Programme definieren.

Möchten Sie weitere Optionen in *Digitale Bilder* freischalten, so sollten Sie vor einem Scan-Durchgang auf den Knopf *Details einblenden* klicken. Und siehe da: In diesem Fall werden weitere Möglichkeiten zum Anpassen geboten, beispielsweise die Festlegung des *Typs* (Farbe, Text, Schwarz-weiß), der Auflösung (bis hinauf zu 4800 dpi bzw. was Ihr Scanner hergibt) oder der Formate beim Sichern (TIFF, JPEG, PDF etc.). Neben einer automatischen *Bildkorrektur* (Tonwerte, Helligkeit usw.) lässt sich auch auf *Manuell* umschalten, sodass Sie in diesem Modus händisch auf Helligkeit, Färbung, Temperatur sowie die Sättigung Einfluss nehmen können. Klicken Sie noch dazu auf ein Bild, so lassen sich über Anfasser sowohl der Bildausschnitt als auch eine Rotation (bei schief eingescannten Bildern) des Rahmens vornehmen.

Sofern Sie gleich mehrere Bilder scannen wollen, die verstreut über die Oberfläche des Flachbett-Scanners liegen, so sollten Sie unbedingt die Option *Eigene Größe verwenden* aktivieren und bei *Automatische Auswahl* den Eintrag *Separate Objekte suchen* wählen. Hierbei werden nach einem ersten *Prescan* (mit Klick auf *Überblick* wird eine Vorschau erstellt) alle weiteren Bilder separat nochmals eingelesen und gegebenenfalls sogar begradigt.

4 | Die Welt der Programme

Über »Details einblenden« werden weitere sinnvolle Optionen zum manuellen Eingreifen eingeblendet.

Über »Separate Objekte suchen« werden schon einmal die einzelnen Bilddateien umrahmt. Auch lassen sich nach einem ersten Erkennungs-Scan schon mal leichte Korrekturen vornehmen. Danach werden über »Scan« alle Bilder nochmals separat gescannt und dann in den gewünschten Bilder-Ordner gelegt.

DVD Player – des Anwenders Liebling

Die DVD sitzt zwar auf dem aussterbenden Ast, doch steht wohl in den meisten Haushalten noch ein DVD-Player unter dem Fernseher. Und auch der Mac kann damit noch dienen, vorausgesetzt, dass Sie über ein Gerät mit *SuperDrive* verfügen. Zum Ansehen von Video-DVDs kommt nun der Apple-eigene *DVD-Player* ins Spiel.

Normalerweise sollte eine käuflich erworbene oder geliehene DVD automatisch abzuspielen beginnen, wenn Sie sie in das Laufwerk schieben. Benutzen Sie das erste Mal Ihr Laufwerk zum Abspielen einer DVD, so müssen Sie zuerst den *Länder-* bzw. *Regionalcode* einstellen. Diese Ken-

295

nung wird von der Industrie eingesetzt, damit Spielfilme nur in bestimmten Regionen abgespielt werden können. Insgesamt können Sie fünf Mal eine Umstellung vornehmen, dann ist der *DVD-Player* fest eingestellt, sodass DVDs aus anderen Regionen nicht mehr abgespielt werden können. Der Code für West-Europa (also für unsere Region nennt sich *Ländercode 2*, der für USA und Kanada *1*. *3* ist für Südostasien, *4* für Mexico, Mittel- und Südamerika sowie den Südpazifik, *5* für Afrika, Nord- und Südasien, *6* für China.

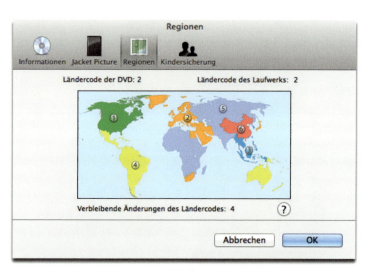

Bevor das Filmvergnügen beginnt, müssen Sie zuerst den Ländercode einstellen. Aber auch nachträglich lässt sich der Ländercode ändern – und zwar über das Menü »Ablage | DVD-Informationen« bei eingelegter DVD.

Offen gesprochen ist das *SuperDrive* für Leih-DVDs ziemlich ungeeignet, da diese oftmals noch mit aufgeklebten Etiketten versehen sind. Unser Laufwerk im iMac macht dann des Öfteren ziemlich beängstigende Geräusche bzw. weigert sich, die DVD überhaupt anzuzeigen. Zum krönenden Abschluss gibt es dann auch noch leichte Panik-Attacken, da der Mac die DVD nicht mehr ausspuckt, das Programm *DVD-Player* nicht mehr reagiert und wir ziemlich ratlos vor der Misere sitzen. Erst nach einigen Neustarts (und gleich im Anschluss mit gedrückter Maustaste/Trackpad-Taste zum erzwungenen Auswerfen) klappt es dann, dass die DVD wieder ausgeworfen wird. Als Ergebnis dieses Missstands spielen wir DVDs nur mehr über ein externes Laufwerk ab, das über eine Notfall-Auswurfmechanik verfügt. Denn man weiß ja nie …

Und dann kann's aber auch wirklich losgehen. Meist gelangen Sie nach einem kurzen Einleitungsfilm ins Haupt-Menü, das neben dem eigentlichen Filmstart das Anspringen einzelner Kapitel, Untertitel sowie allerlei Trailer oder Specials bietet. Über die Pfeil-Tasten (←⋯→↑↓) können

4 | Die Welt der Programme

Sie sich nun durch das Menü bewegen, und mit dem *Zeilenschalter* (↵) bestätigen Sie Ihre Eingabe.

Das Haupt-Menü ist Ausgangspunkt für alle Eingaben.

Beginnt Ihr Film nicht wie gewohnt automatisch zu spielen, so starten Sie einfach händisch das Programm *DVD-Player* – nun sollte er auch die DVD erkennen. Funktioniert dies nicht, so müssen Sie über die Menüleiste *Ablage* den Befehl *DVD-Medien öffnen* (⌘-O) verwenden. Im *Finder*-Fenster wählen Sie dann bei *Geräte* Ihre DVD aus. Wurde der Film von einer DVD extrahiert und liegt bereits auf der Festplatte, so müssen Sie den Ordner *Video_TS* auswählen.

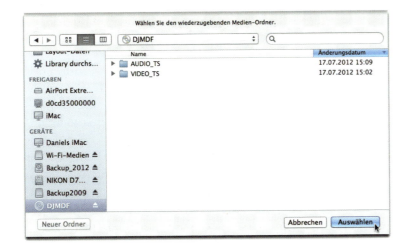

Im Finder-Fenster finden Sie linksseitig den Eintrag »Geräte«, über den Sie Ihre eingelegte DVD bestimmen können.

297

Treten eben genannte Probleme des Öfteren auf, so werfen Sie einmal einen Blick in die Systemeinstellung *CDs & DVDs*, die bei der Option *Beim Einlegen einer Video-DVD* den korrekten Eintrag *DVD-Player öffnen* aufweisen sollte. Taucht hingegen das DVD-Symbol in der Seitenleiste eines Finder-Fensters nicht auf, so rufen Sie bitte die *Finder-Einstellungen* auf und schauen dort in der Rubrik *Seitenleiste* nach, ob dort unter *Geräte* die betreffenden Medien zum Anzeigen auch aktiviert sind.

Als Standard bereits von Apple in den *DVD-Player-Einstellungen* vorgegeben ist die Wiedergabe im sogenannten *Präsentations-Modus* (*Vollbild*), das heißt, der gesamte Bildschirm wird benutzt, was selbstverständlich den meisten Spaß bringt. Wünschen Sie hingegen eine andere Ansichts-Größe, so erledigen Sie das über das Menü *Darstellung:* Sie können wählen zwischen *Halbe Größe* (⌘-0), *Originalgröße* (⌘-1), *Doppelte Größe* (⌘-2) sowie *An Bildschirm anpassen* (⌘-3). Das *Vollbild* (⌘-F) ist jedoch unser Favorit und sollte bevorzugt verwendet werden.

Sowohl über die Tastatur als auch über die virtuelle *Steuerung* über den Bildschirm per Maus können Sie sich nun durch den Film bewegen und Anpassungen vornehmen. Zur Verfügung stehen zwei verschiedene Steuerungen: Diejenige im *Vollbild*-Modus, die erscheint, sobald Sie die Maus bewegen, sowie jene, die bei allen anderen DVD-Ansichten eingeblendet wird. Die *Steuerung* (*Fenster | Steuerung einblenden*) arbeitet wie die Fernbedienung bei Ihnen zu Hause und lässt Sie den Film starten, stoppen, vorwärts oder rückwärts laufen usw.

Für jeden Geschmack das richtige Instrument.

 Am besten ist wie üblich, Sie prägen sich die Tastenkombinationen in den Menüs *Steuerung* und *Gehe zu* ein, da Sie auf diese Weise ihren Film effizient durchlaufen können. Oder Sie verwenden das Kontext-Menü, das ebenso eine reiche Auswahl an Befehlen zum Navigieren im Film bereithält.

4 | Die Welt der Programme

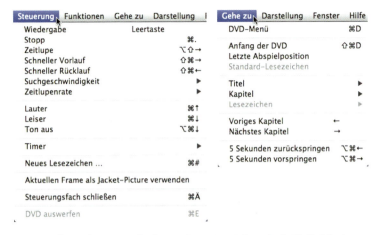

Die Kurzbefehle taugen nicht nur als Gehirn-Jogging, sondern auch zum schnellen Navigieren bzw. Anpassen der DVD.

Der *DVD-Player* bietet jedoch auch weitreichende Möglichkeiten zum Anpassen von Bild und Ton, deren Dialoge (*Video-Zoom*, *Videofarbe* und *Audio-Equalizer*) Sie über das *Fenster*-Menü finden. Über Regler ändern Sie somit *Breite* und *Höhe* des Video-Fensters (wenn gewünscht inklusive des Beibehaltens des Seitenverhältnisses), üben Einfluss auf *Helligkeit*, *Kontrast*, *Farbe* und *Färbung* und peppen den Ton über den *Audio-Equalizer* auf. Alle diese Dialog-Felder überlassen Ihnen das händische Anpassen oder geben Ihnen vorgegebene Optimierungs-Möglichkeiten an die Hand.

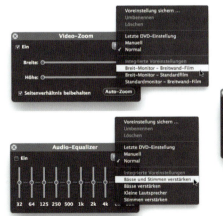

Damit es nichts zu meckern gibt: Ob Sound-Optimierungen, Farb- und Helligkeits-Anpassungen oder Video-Zoom – die im DVD-Player zur Verfügung gestellten Menüs bieten allerlei Features für die perfekte Wiedergabe.

Auf Wunsch und je nach Ausstattung der Spielfilm-DVD können Sie auch direkt über die *DVD-Player*-Steuerung beispielsweise die Sprache oder die Darstellung der Untertitel bestimmen oder ändern. Auch eine Präsentation in Zeitlupe oder als Einzelbilder ist möglich.

299

Wer gerne Filme im Original ansieht, der kann auf Wunsch diese Sprache definieren.

In fast allen Filmen lassen sich *Lesezeichen* zum direkten Anspringen bestimmter Szenen einbauen. Auch dies erledigen Sie über das *Fenster*-Menü | Option *Lesezeichen*. Dabei wird ein extra Fenster eingeblendet, über dessen unten liegenden Plus-Knopf Sie das *Lesezeichen* vergeben.

Der Dialog zum Benennen des Lesezeichens.

Komfort wird großgeschrieben – Lesezeichen sowie die fest in der DVD verankerten Kapitel.

4 | Die Welt der Programme

Als kleinen Extra-Service setzt der *DVD-Player* automatisch eine Markierung, wenn Sie den Film während des Abspielens abbrechen. Legen Sie die DVD einen Tag später (oder wann auch immer) wieder ein, wird der Film automatisch von dieser Position aus zu spielen beginnen. Voraussetzung ist allerdings, dass Sie die entsprechende Option in den *Einstellungen* (*DVD-Player | Einstellungen*) in der Rubrik *Zuletzt angesehen* angeklickt haben (ist die Standard-Vorgabe). Sie können dabei wählen, ob Sie diese grundsätzlich von Anfang an, ab der zuletzt markierten Abspielposition oder vom Standard-Lesezeichen an weitersehen möchten. Oder Sie lassen sich ganz brav fragen, wobei Sie selbst Ihren Teil dazu beitragen müssen – nämlich die *Wahltaste* (⌥) beim Start der DVD drücken.

Die Einstellungen, Rubrik »Zuletzt angesehen« – wie üblich mit Dutzenden von Optionen.

Wie immer lohnt sich auch ein ausführlicher Blick in die *Einstellungen*, die das Grundverhalten des *DVD-Players* (*automatischer Start*, *Vollbild-Modus*, *Hintergrundfarbe* des Film-Fensters usw.) sowie das Abspielverhalten (*Ton*, *Untertitel*, *DVD-Menü*) beeinflussen. Schauen Sie sich bei Interesse am besten die einzelnen Reiter einmal durch.

Als Alternative zum *DVD-Player* von Apple können wir die Freeware (kostenlos!) *VLC Media Player* empfehlen, die mit einer beachtlichen Unterstützung verschiedenster Formate aufwartet (unter anderem AVI, DivX, DVD, MP3, MPEG 1, MPEG 2, MPEG 4, SVCD, VCD, und WAV). Die aktuellste kann unter der URL `www.videolan.org/vlc` heruntergeladen werden. Diese Option sollten Sie sich auf jeden Fall offen halten, wenn sich Apples *DVD Player* mal weigern sollte, ein bestimmtes Format abzuspielen.

Erinnerungen – damit Sie nichts vergessen …

Das Programm *Erinnerungen* gibt es schon länger für das *iOS* für iPhone, iPad und iPod touch und ist nun neu auch in *OS X Mountain Lion* zu bewundern. Diese App dient in erster Linie dazu, sich an Aufgaben zu erinnern und darauf aufmerksam machen zu lassen. Weiterhin kommt bei diesem Programm die *iCloud* ins Spiel, denn tragen Sie eine Erinnerung ein, so dauert es auch gar nicht lange, und all Ihre Geräte (iMac, MacBook Air, iPad etc.), die unter derselben *Apple ID* angemeldet, erhalten wenige Sekunden später ebenso diese Eintragung.

Sofern Sie noch keinen *iCloud-Account* angemeldet haben, so sollten Sie dies jetzt tun – und zwar in der Systemeinstellung *Mail, Kontakte & Kalender*. Klicken Sie dazu auf *iCloud*, tragen Sie Ihre *Apple ID* samt Kennwort ein und wählen Sie dann *Anmelden*. Aktivieren Sie dann anschließend jene Funktionen, die Sie über die *iCloud* in Anspruch nehmen möchten. *Kalender & Erinnerungen* sollten Sie auf jeden Fall einschalten, da diese für das Synchronisieren der App *Erinnerungen* zuständig sind. Mehr zum Thema *iCloud* sowie dem Anlegen von Accounts erfahren Sie im übernächsten Kapitel.

In der Systemeinstellung »Mail, Kontakte & Kalender« verwalten Sie Ihre Accounts. Accounts, die dort vergeben werden, gelten für alle Programme.

Möchten Sie nun eine *Erinnerung* eingeben, so bestimmen Sie zuerst den betreffenden Account (also beispielsweise *Lokal* und somit ohne Synchronisierung bzw. *iCloud, Yahoo! Kalender* oder *Google Kalender* zum Abgleich auf andere Geräte etc.) samt der entsprechenden Liste.

4 | Die Welt der Programme

Standardmäßig finden Sie die Liste *Erinnerungen*, wobei jederzeit weitere hinzugefügt werden können. Dies erledigen Sie über den unten liegenden *Plus*-Button (), der auf Knopfdruck hin das Erstellen neuer Listen ermöglicht. Geben Sie wieder an, zu welchem Account die Liste hinzugefügt werden soll und überschreiben Sie dann den Eintrag *Neue Liste* mit einer eigenen Kreation (etwa Arbeit, Aufgaben, nicht vergessen usw.). Listen lassen sich im Übrigen auch in der Reihenfolge verschieben, indem Sie sie mit der Maus packen und an eine andere Stelle bewegen – eine blaue Linie dient dabei der Orientierung.

Zuerst legen Sie fest, in welchem Account die neue Liste zugeordnet werden soll. Den neuen Titel bestimmen Sie, indem Sie den vorgegebenen Eintrag schlicht überschreiben. Damit können Sie Ihre Erinnerungen weiter nach Aufgabengebieten untergliedern.

Die *Erinnerung* selbst legen Sie nun an, indem Sie rechts oben auf das *Plus*-Symbol oder unterhalb der zuletzt eingegebenen *Erinnerung* klicken und Ihr Begehren eingeben. Möchten Sie weitere Angaben machen, so klicken Sie rechter Hand auf das Info-Symbol (), das einen weiteren Dialog eingeblendet, über den Sie zum einen bestehende Daten überarbeiten oder weitergehende Informationen eintragen können. Aktivieren Sie die Option *Tagesabhängig* per Mausklick in die Checkbox (), so können Sie dort Datum und Uhrzeit festlegen, bei *Wiederholen* den Turnus, an dem ein Hinweis erfolgen soll. Sobald ein Wiederholvorgang bestimmt wird, lässt sich auch ein Zeitpunkt (*Nie* oder *An diesem Datum*) legen, an dem diese Wiederholung beendet werden soll. Über *Priorität* können Sie weiterhin die Wichtigkeit (*Gering*, *Mittel*, *Hoch*) einrichten sowie bei *Notiz* etwaige weitere Informationen eingeben.

Wichtig sind das Bestimmen von Datum und Zeit sowie die etwaige Festlegung einer Wiederholung.

Die Option *Ortsabhängig* wiederum setzt noch eins drauf, indem Sie festlegen können, dass an einem bestimmten Standort diese Erinnerung gemeldet werden soll. Sie können dabei weiterhin abklären, ob dies bei Ankunft oder Abfahrt passieren soll. Als Voraussetzung dazu müssen die Ortungsdienste (Systemeinstellung *Sicherheit*, Rubrik *Privatsphäre*) aktiviert sein. Sobald sie nun das Feld *Ortsabhängig* anklicken, erhalten Sie ein Dialogfenster, dass das Programm *Erinnerungen* Ihren aktuellen Ort verwenden möchte. Bestätigen Sie dies und schon wird Ihr Standort eingetragen. Möchten Sie stattdessen den Ort der *Ankunft* bestimmen, so markieren Sie die zugehörige Option und tragen Sie in das vorgesehene Feld eine Adresse aus Ihren Kontakten ein. Dabei können Sie Namen oder Orte verwenden – und während Sie tippen, unterbreitet Ihnen *Erinnerungen* meist schon einige passende Vorschläge. Markieren Sie den Wunscheintrag und die Arbeit ist fürs Erste für Sie erledigt.

Sobald Sie die Option »Ortsabhängig« markieren, werden Sie um Erlaubnis gebeten, den aktuellen Standort über die Ortungsdienste bestimmen zu lassen.

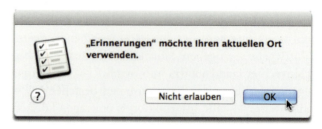

Es lassen sich Kontakte bzw. Orte eintragen, bei denen die Erinnerung Sie benachrichtigen soll.

4 | Die Welt der Programme

Klicken Sie letztlich auf *Fertig*, so steht die *Erinnerung* und wird auch sogleich an all Ihre Geräte gepusht – auf Ihre anderen Mac-Rechner, auf das iPhone, den iPod touch oder das iPad (die ortsabhängigen Erinnerungen sind auf dem iPad erst ab der Version *iOS 6* möglich). Diese melden sich dann zum angegebenen Zeitpunkt bzw. am Standort.

Auf iPad, iPhone/iPod touch und Mac: Es bimmelt – mal wieder. Das Programm »Erinnerungen« macht auf sich aufmerksam und meldet, dass die Katze Hunger hat.

Sofern Sie mit *Windows* und dort mit *Microsoft Outlook* arbeiten, lassen sich ebenso Ihre *Erinnerungen* (*Outlook* nennt diese *Aufgaben*) anzeigen sowie auch von dort vergeben. Voraussetzung hierfür ist jedoch, dass Sie die *iCloud*-Systemsteuerung geladen, installiert und eingerichtet haben. Weitere Informationen dazu sowie die Möglichkeit des Downloads finden Sie über die Apple-Webseite www.apple.com/de/icloud/setup/pc.html.

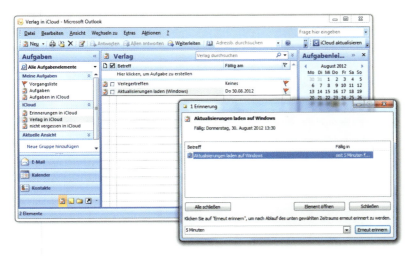

Auch »Outlook« beherrscht das Anlegen von Erinnerungen (»Aufgaben« genannt).

305

Möchten Sie vielleicht später eine Erinnerung in eine andere Liste verschieben, so ist auch das kein Problem. Packen Sie einfach den Eintrag und ziehen Sie ihn auf eine andere Liste. Benutzen Sie mehrere Erinnerungslisten, so können Sie ganz einfach per Wischen auf dem Trackpad zwischen diesen Listen wechseln.

Erinnerungen verschieben: Ziehen Sie einfach die Erinnerung auf eine andere Liste – fertig.

Eine alternative Eingabemöglichkeit von *Erinnerungen* besteht auch über das vorherige Festlegen des Datums. Dazu tippen Sie links unten auf den Button zum Einblenden des Kalenders (▦) und bestimmen zuerst den Zeitpunkt, indem Sie den betreffenden Tag auswählen. Tragen Sie nun eine *Erinnerung* ein, so ist der Zeitpunkt bereits grob (bis auf die Uhrzeit) vorgegeben. Passen Sie nun auch wieder die anderen Optionen an. Blättern Sie im Kalender, so werden Tage mit bestehenden Erinnerungen mit einem kleinen Punkt (▪) visualisiert.

Die Datumsansicht: Bestehende Erinnerungen werden auf den Kalenderblättern durch einen kleinen Punkt hervorgehoben.

4 | Die Welt der Programme

Ist nun eine *Erinnerung* abgearbeitet, so können Sie sie linker Hand abhaken – sie wandert dann automatisch in den Bereich *Abgeschlossen*. Wird sie nun gar nicht mehr benötigt, so lässt sie sich selbstverständlich auch löschen. Dazu markieren Sie einfach die *Erinnerung* und drücken die Entfernen-Taste.

Angelegte Erinnerungen lassen sich auch exportieren. Dazu wählen Sie über die Menüleiste *Ablage* den Befehl *Exportieren*. Versenden Sie nun diese Datei per E-Mail an einen anderen Mac-Nutzer, so braucht der Empfänger diese nur anzuklicken. Es öffnet sich sogleich das Programm *Erinnerungen* und der Betreffende kann nach Auswahl seiner Wunschliste diese Erinnerung integrieren. Bei *OS X Lion* (und früher) werden diese Erinnerungen im Übrigen in das Kalenderprogramm *iCal* importiert.

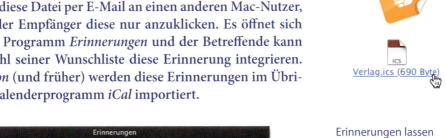

Erinnerungen lassen sich auch importieren, sofern Sie sie als Datei zugeschickt bekommen.

FaceTime – clever Videotelefonate führen

Das Programm *FaceTime* dient in erster Linie zum Austausch zwischen Mac-Nutzern. Die Besonderheit im Falle von *FaceTime* liegt wohl eindeutig in der ausschließlichen Einsetzbarkeit auf Apple-Geräten, also Mac-Rechner, iPhone, iPad 2 (und höher) sowie iPod touch. Weiterhin benötigen Sie auf jeden Fall eine *Apple ID* (bestehend aus gültiger E-Mail-Adresse sowie Passwort), ein Apple-Gerät mit eingebauter Kamera sowie ein WLAN-Netzwerk, über das letztendlich die Verbindung zustande kommt. Wie das alles funktioniert, zeigen wir Ihnen nun Schritt für Schritt.

307

Wenn Sie das Programm zum ersten Mal starten, müssen Sie *FaceTime* erst einmal aktivieren. Das funktioniert zum einen über die Eingabe einer *Apple ID* sowie des zugehörigen Kennwortes, oder – falls diese Kombination noch nicht vorliegt – im Erstellen eines neuen Accounts.

Das Startfenster zum Aktivieren von »FaceTime«: Entweder Sie geben gleich Apple ID sowie Kennwort ein oder erstellen zum Loslegen einen neuen Account.

Neben dem Namen, einer gültigen E-Mail-Adresse sowie einem »guten« Passwort müssen Sie noch eine Frage samt Antwort eintragen (einfach auf den Eintrag *Frage* klicken und sich eine aussuchen bzw. eine eigene kreieren) und Ihr Geburtsdatum (allerdings ohne Jahreszahl) angeben. Verraten Sie dann noch Ihr Heimatland und abonnieren Sie auf Wunsch den Apple-Newsletter, der Sie mit allerlei Neuigkeiten, Sonderangeboten und Produkt-Informationen versorgt.

Apple benötigt die Daten zum Anlegen eines Accounts. Das Frage-/Anwort-Intermezzo sowie das Geburtsdatum dient dabei zur Absicherung, falls Sie mal Ihr Kennwort vergessen sollten und bei Apple nachfragen möchten.

4 | Die Welt der Programme

Über die oben liegende *Weiter*-Schaltfläche geht es voran und die Daten werden überprüft. Danach sollte *FaceTime* aktiviert sein und Sie können sich jetzt über Ihre *ID* sowie dem Passwort anmelden. Zudem müssen Sie noch jene E-Mail-Adresse angeben, über die eine Kontaktaufnahme an Sie selbst erfolgen soll. Arbeiten Sie mit einem iPhone, so müssen Sie statt einer E-Mail-Adresse eine Telefonnummer bestimmen.

Ein paar Sekunden später ist Ihr *FaceTime* einsatzbereit und blendet bereits Ihre *Kontakte* ein. Möchten Sie nun ein Videotelefonat führen, so klicken Sie auf den entsprechenden Namen, dessen Daten (Telefonnummern, E-Mail-Adressen etc.) nun eingeblendet werden. Jene E-Mail-Adresse/Telefonnummer, unter der Ihr Kontakt erreichbar ist, braucht nun nur angeklickt zu werden und es bimmelt auf der Gegenseite – und zwar gleichzeitig auf allen für *FaceTime* freigeschalteten Geräten.

Sie können jederzeit in der Liste *Alle Kontakte* weitere hinzufügen, indem Sie auf die *Plus*-Taste klicken. Geben Sie anschließend Name, Telefon und E-Mail-Adressen ein und bestätigen Sie mit *OK*. Bei zu ergänzenden Kontakten rufen Sie den gewünschten auf und klicken auf die rechts oben liegende Taste *Bearbeiten*. Nun lassen sich dort weitere Daten eingeben oder entfernen. Über *OK* speichern Sie wieder Ihre Änderungen.

Es lassen sich sowohl neue Kontakte hinzufügen als auch bestehende ergänzen oder entfernen.

Kontaktieren Sie häufig dieselben Personen, so bietet es sich an, diese als Favoriten anzulegen. Auf diese Weise lassen sie sich mit nur einem Klick anrufen – ohne umständliches Geklicke durch Ihre vielleicht umfangreiche *Kontakte*-Sammlung. Zum Anlegen eines Favoriten wählen Sie zuerst den entsprechenden Kontakt und klicken auf *Als Favorit sichern*. In der angezeigten Liste wählen Sie nun jene E-Mail-Adresse bzw. Telefonnummer, unter der Ihr künftiger Gesprächspartner erreichbar ist. Der Dialog wechselt ein weiteres Mal und zeigt nun neben der gewählten Adresse einen blauen Stern (★) als Zeichen für die favorisierte E-Mail-Adresse/Telefonnummer.

Favoriten anlegen bedeutet einen einmaligen Aufwand – der sich jedoch schnell rechnet.

Künftig brauchen Sie dann nur die *Favoriten*-Liste aufzurufen und mit einem Klick startet bereits die Verbindungsaufnahme. Der Angerufene hat nun die Möglichkeit, die Kontaktaufnahme anzunehmen oder auch abzulehnen. Im Falle der Entgegennahme wird das Gegenüber eingeblendet und alles störende Beiwerk der *FaceTime*-Anwendung verschwindet. Benutzt der Gesprächspartner ein *iOS*-Gerät und dreht dieses beispielsweise um 90 Grad, so wird diese Bewegung automatisch auch auf Ihrem Rechner ausgeführt.

Unten: Der angerufene Part kann zwischen »Annehmen« und »Ablehnen« entscheiden. Wird der Kontaktaufnahme zugestimmt, so heißt es sich unterhalten, diskutieren, besprechen, ein wenig streiten, tadeln und vieles mehr – und das Ganze im Hoch- wie Querformat.

4 | Die Welt der Programme

Auch auf die Anrufliste (⏱) sollten Sie immer mal einen Blick werfen, denn dort finden Sie alle angenommenen, verpassten sowie abgelehnten Anrufe fein säuberlich protokolliert. Klicken Sie noch dazu auf den kleinen Pfeil (❯), so werden akribisch die entsprechenden Zeiten mit angezeigt und Sie können per Klick auf die markierte *FaceTime*-Adresse (📹) sofort einen Rückruf starten.

Alle getätigten, abgebrochenen sowie verpassten Anrufe finden Sie in der Anrufliste, über die Sie sogleich einen Rückruf veranlassen können.

Zum Schluss des *FaceTime*-Abschnitts lassen Sie uns noch kurz einen Blick in die *FaceTime-Einstellungen* werfen. Dort gibt es zwar nicht viel, dafür aber wichtiges zu definieren – nämlich das Hinzufügen weiterer E-Mail-Adressen sowie Telefonnummern, über die Sie selbst erreichbar sein wollen.

Game Center – für Spiele, Spaß & Unterhaltung

Es gibt wohl auch unter den Mac-Anwendern eine gehörige Anzahl von Leuten, die ihre Design-Maschinen hauptsächlich zum Spielen verwenden. Da rast man in Höllentempo durch San Francisco oder ballert die Magazine seiner Pumpgun leer. Aber immer nur alleine Leute abknallen macht auch nicht so viel Spaß, oder? Und dafür gibt es das *Game Center*, das im Endeffekt zu Ihrem Spielemanager wird. Da werden zum einen die Punktestände gesichert, und zum anderen lassen sich darüber auch Freunde einladen, um online einen lockeren Nachmittag im Ballerfieber zu verbringen.

Aller Anfang und Voraussetzung für das *Game Center* ist jedoch – wie soll es auch anders ein – eine *Apple ID*. Haben Sie sich angemeldet, so

311

müssen Sie noch teils Ihr Geburtsdatum angeben, die Geschäftsbedingungen akzeptieren und vor allem sich einen Spielernamen zulegen. Am besten ein wenig exotisch klingend, denn viele Kurznamen sind leider schon von anderen Spielern besetzt. Auch lässt sich im Dialog bestimmen, ob Sie ein *öffentliches Profil* möchten oder Ihre *Kontakte* bevorzugen. Ersteres bedeutet, dass Sie selbstständig neue Spieler (Ihre Freunde) einladen können, während im anderen Fall das *Game Center* sich Ihrer Kontakte bedient und Ihnen zudem daraus Freunde vorschlägt.

Aller Anfang ist eine Apple ID samt Kennwort.

Die Anmeldeprozedur in Bildern.

Danach kann es dann auch schon losgehen. Als Erstes benötigen Sie natürlich Spiele, die Sie über den *Mac App Store* erwerben sollten. Als Anregung können Sie ja vielleicht die Spiele-Icons auf der Eingangsseite verwenden, die auf Mausklick hin direkt auf die jeweilige Produktseite im *Mac App Store* verweisen. Wenn Sie eher »Kopf-« statt »Ballermensch« sind, so können Sie ja mit dem Programm *Schach* beginnen, das Sie kostenlos im *Programme*-Ordner finden und das Sie beim ersten Start zum Eintritt ins *Game Center*-Land auffordert. Mehr dazu gibt es auch weiter

4 | Die Welt der Programme

hinten in diesem Kapitel unter der Überschrift »Schach – eine Partie für spannende Abende«.

Haben Sie nun keine Lust, alleine zu spielen, so heißt es einen Freund einzuladen. Klicken Sie dazu im *Game Center* auf *Freunde* und unten stehend auf *Hinzufügen*. Es öffnet sich der *Kontaktanfrage*-Dialog, in den Sie nun die gewünschte E-Mail-Adresse (einer bestehenden *Apple ID*) sowie einen netten Text eintragen. Über *Senden* geht es dann zum Empfänger.

Sofern Sie Freunde zum Spielen suchen, passiert das innerhalb des Game Center über die Kontaktanfrage.

Wenige Sekunden später erscheint nun ein Hinweis (inklusive Fanfare) auf dem Bildschirm des Angeschriebenen, dass besagter Versender mit ihm befreundet sein möchte (das klingt schon fast ein wenig nach »Willst Du mit mir gehen?«). Öffnet dieser nun das *Game Center*, so findet er in der Rubrik *Anfragen* (die übrigens die Anzahl der Anfragen anzeigt) die besagte Nachricht. Er kann nun annehmen oder ignorieren.

Die Zentrale zum Freundschaften schließen.

Im Falle der Annahme wird der Ball sozusagen zurückgespielt und unser einsamer Schachspieler bekommt den Hinweis, dass seine angeregte Freundschaft erwiedert wird. Er hat nun also einen Freund und möchte auch gleich ein kleines Spielchen wagen. Dazu muss nur – wieder als Beispiel dienend – das Programm *Schach* gestartet werden und über *Spiel | Neu* lässt sich bei der Spielervariante nun der neu hinzugekommene Eintrag *Game Center-Match* auswählen. Über *Starten* wird ein weiterer Dialog eingeblendet, der nun zum Einladen eines Freundes genutzt werden kann. Hierbei erscheinen die vorliegenden Kontakte, die nun ausgewählt und anschließend angeschrieben werden können.

Aller Anfang ist das Auswählen einer »Game Center-Match«-Variante.

Unten: Auswahl und Anschreiben von Freunden erfolgt in Sekunden.

Die Fanfare lädt zum Spiel ein. Wird auf den Hinweise geklickt, so öffnet sich auch sogleich das Programm Schach und die Partie kann beginnen. Weiß beginnt und schieben einen Bauern zwei Felder nach vorn. Und was soll ich sagen? Auf dem Bildschirm des Gegners wandert nun ebenso der weiße Bauer nach vorne. Es klappt also vortrefflich das Spiel über das Internet.

4 | Die Welt der Programme

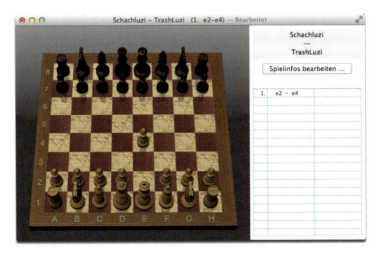

Die Partie »Schachluzi« gegen »Trashluzi« ist eröffnet …

Bei anderen Spielen läuft das Vorgehen im Grunde genauso ab. Entweder Sie spielen allein und sichern über *Game Center* den Punktestand, sodass Sie später vielleicht auf einem anderen Rechner über das *Game Center* Ihren Level beenden können. Oder Sie kontaktieren Freunde und spielen mit diesen über das Internet. Langweilig dürfte es Ihnen damit auf jeden Fall nicht werden.

Zum Abmelden brauchen Sie nur auf Ihre *Account*-E-Mail-Adresse zu klicken und im erscheinenden Dialog auf *Abmelden* zu klicken.

Die Abmeldung ist eine Sache von Sekunden.

Kalender – der intelligente Terminplaner

Obwohl man ja eigentlich das Leben entschleunigen sollte, hastet man dennoch von Termin zu Termin. Da wären Arbeitsessen, Meetings und Reisetermine, hinzu kommen die Geburtstage der Kinder, von Freunden und Verwandten sowie Hochzeitstage, Jubiläen und weiteres mehr. So einen großen Kopf kann man gar nicht haben, um sich das alles zu merken. Apple trägt dem Rechnung und bietet Ihnen dafür das Programm *Kalender* an, das insbesondere mit seiner Erinnerungsfunktion auftrumpft.

315

Startet man das Programm, so liegt in der Tat ein schöner Kalender im Leder-Look vor, der vor allem eines ist: klar und übersichtlich. Links befinden sich der Mini-Kalender sowie die Übersichtsliste aller bevorstehenden Termine, rechts davon der eigentliche Zeitplan des Tages. Die Kalender-Ansicht können Sie weiterhin über die *Tag/Woche/Monat/Jahr*-Leiste bestimmen – je nachdem, was Sie gerade benötigen. Alternativ klappt das wie üblich auch über zugehörige Tasten-Kombinationen: ⌘-1 für *Tagesansicht*, ⌘-2 für *Wochenansicht*, ⌘-3 für *Monatsansicht* sowie ⌘-4 für die *Jahresansicht*. Rechts neben besagter Leiste befindet sich das *Suchen*-Feld, über das Sie nach angelegten Ereignissen oder Terminen fahnden können, die dann sogleich in einer Ergebnisliste eingeblendet werden.

Von links nach rechts: Tag,- Wochen-, Monats- und Jahres-Übersicht.

Bevor Sie mit der Eingabe von Terminen beginnen, sollten Sie sich wieder in den *Einstellungen* zum Programm (*Kalender | Einstellungen*) ein wenig umsehen, denn dort legen Sie fest, wie sich *Kalender* nach dem Öffnen zeigen soll. In der *Allgemein*-Rubrik geht es um Anzeige-Optionen, also wie viele Tage der Woche angezeigt werden sollen bzw. an welchem Tag die Woche beginnen soll. Auch die Tages-Einteilung (*Tag beginnt um* oder *Tag endet um* etc.) und die Anzahl der Stunden Ihres Zeitplanes bestimmen Sie dort. Interessant ist weiterhin die Option *Geburtstagskalender einblenden*, die auf die App *Kontakte* zurückgreift. Hierbei werden alle Geburtstage –

4 | **Die Welt der Programme**

so sie denn bei den Namen im *Kontakte*-Adressbuch vermerkt sind – automatisch mit angezeigt. Des Weiteren erhält die *Kalender*-Liste (Kalender) unter dem Eintrag *Abonnements* den Vermerk *Geburtstage*.

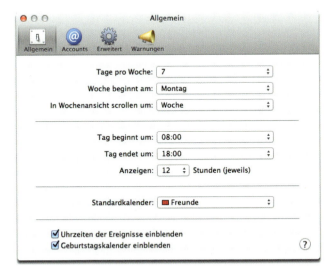

Die »Kalender«-Einstellungen – wie üblich mit einer gehörigen Portion nützlicher Optionen.

In der *Erweitert*-Abteilung sollten Sie die Funktion *Zeitzonen-Unterstützung aktivieren* einschalten, wenn Sie des Öfteren Termine einhalten müssen, die von einer Zeitverschiebung betroffen sind. *Kalender* blendet daraufhin rechts oben ein zusätzliches Feld ein, in dem Sie weitere Zeitzonen (über *Andere…*) anlegen und dann schnell zwischen diesen hin- und herschalten können.

Werden weitere Zeitzonen ausgewählt …

317

… so lässt sich bei internationalen Terminen die Zeitverschiebung berücksichtigen.

Sofern Sie später eine Vielzahl an Ereignissen eingespeist haben, so lassen sich diese auch über die Jahres-Ansicht anzeigen – vorausgesetzt, dass Sie in der *Erweitert*-Abteilung die Option *Ereignisse in Jahresansicht anzeigen* aktiviert haben. Dabei gilt: Je dunkler die Farbe, desto mehr Ereignisse liegen an diesem Tag vor. Neu in *Mountain Lion* ist weiterhin die durchaus sinnvolle Möglichkeit, die *Wochenzahlen einblenden* zu lassen.

Die Kennzeichnung der Tage durch Farben spiegelt die Anzahl der Ereignisse wieder – je dunkler die Farbe, um so zahlreicher die Termine.

Die anderen Optionen der *Erweitert-Einstellungen* betreffen zum einen das Verhalten seitens *Kalender* im Umgang mit Ereignissen (*Ereignisse in separaten Fenstern öffnen*) sowie die Möglichkeit der Einblendung eines Dialoges, der automatisch vor dem Senden von nachträglich geänderten Ereignissen erscheint.

4 | Die Welt der Programme

Die »Erweitert«-Abteilung kümmert sich unter anderem um die Zeitverschiebung sowie um Ereignisdarstellungen.

Zurück zum Programm: *Kalender* kann man nie genug haben, sodass Sie hier eifrig loslegen sollten: Für die Termine der Kinder, für die eigenen Belange oder für die Arbeitswelt – über *Ablage | Neuer Kalender* sowie der Zuordnung zu einem bestimmten Account (*iCloud, Yahoo!, Google* etc.) gibt's genug davon. So lassen sich etwa getrennt nach Personen, Abteilungen oder Berufen die Termine eintragen bzw. Ereignisse festlegen.

Neue *Accounts* legen Sie entweder in der Systemeinstellung *Mail, Kontakte & Kalender* an bzw. erledigen das über die *Kalender-Einstellungen*, Rubrik *Accounts*. Klicken Sie dazu unten links auf das *Plus*-Symbol und bestimmen Sie als Erstes den *Accounttyp*. Danach heißt es dann Ihre persönlichen Daten wie E-Mail-Adresse, Benutzername, *Apple ID, Yahoo! ID* oder was auch immer sowie das Kennwort einzutragen. Über *Erstellen* wird dann der Account angelegt. Bestimmen Sie zum Schluss die Häufigkeit der *Kalender-Aktualisierung* (Push, minütlich, stündlich etc.) und es steht Ihnen ein weiterer *Account* zum Anlegen neuer Kalender zur Verfügung.

Neue Accounts legen Sie in der Kalender-Einstellungen an. Wählen Sie als Erstes den Accounttyp und füllen Sie benutzerbezogenen Felder aus.

In den *Kalender-Einstellungen* | Rubrik *Allgemein* lässt sich der *Standardkalender* bestimmen, also jener, der als Erstes bei der Eingabe von Ereignissen berücksichtigt wird. Sie sollten dort jenen Kalender definieren, den Sie am häufigsten benutzen. Das erspart Ihnen oftmals das Ändern der Kalender-Zuordnung.

Ereignisse sind für *Kalender* wichtige Termine (Geburtstage, Familienfeiern, Arzt-Termine usw.), die unbedingt festgehalten werden sollten. Um ein solches einzurichten, blättern Sie zum entsprechenden Datum und wählen Sie über das Menü *Ablage* den Befehl *Neues Ereignis* (⌘-N) bzw. klicken Sie auf den *Plus*-Knopf (+) in der Symbolleiste, woraufhin der Dialog *Ereignis schnell erstellen* erscheint. Tragen Sie nun dort die Uhrzeit in Stunden und Minuten – etwa 14:00 – sowie den Anlass (»Abflug nach Rio«) ein und bestätigen Sie mit der *Eingabetaste* (↵). Alternativ lässt sich das Ganze auch ein wenig flexibler gestalten, indem Sie beispielsweise nur »Treffen mit Maxi um 20 Uhr« hineinschreiben. Auch dieser Termin wird sofort eingebaut und es öffnet sich ein weiteres Fenster, über das sich nun zusätzliche Daten sowie Änderungen eingeben lassen.

Das Bearbeiten von Ereignissen geht schnell von der Hand.

 Alternativ dazu können Sie auch auf die *Plus*-Taste (+) klicken und dabei die Maus-/Trackpad-Taste eine Sekunde gedrückt halten – es erscheint statt des Dialogs zum Eingeben des Termins zuerst die Auflistung all Ihrer angelegten Kalender. Klicken Sie dann auf den gewünschten Eintrag, so erscheint Ihr eingegebener Termin nach dem Schnell-Eintrag sofort im korrekten Kalender. Das sich öffnende Fenster lässt sich nun frei mit der Maus verschieben – Sie können es also auch an eine andere Stelle bewegen.

4 | Die Welt der Programme

Durch das Hineinklicken in die Felder werden nun die Angaben gemacht, über die *Tabulator*-Taste (→|) bewegen Sie sich weiter. Datums- und Zeitangaben lassen sich am besten über die Pfeiltasten einstellen (mit ↑/↓ verändern Sie die Werte innerhalb einer Zeile, mit ←../..→ springen Sie von einem Feld zum nächsten). Bestimmen Sie auch den für Sie relevanten *Kalender*, also ob für *Privat*, *Büro* oder was auch immer.

Nach dem Erstellen eines Ereignisses beginnt das Fein-Tuning.

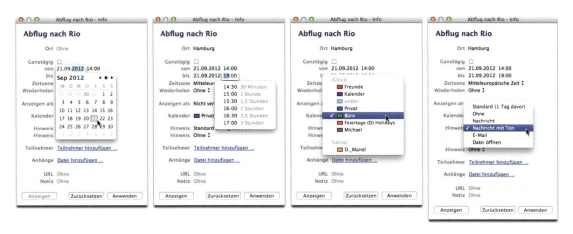

Jedes Ereignis lässt sich zudem wiederholen (täglich, wöchentlich, monatlich, jährlich) bzw. Sie benachrichtigen – das Hinweisfenster taucht dann in der von Ihnen eingestellten Zeitspanne regelmäßig auf. Diese Benachrichtigung ist wohl mit die wichtigste Einstellung, die Sie unbedingt wahrnehmen sollten. Je nach Eintrag aus dem Popup-Menü wechseln auch die Untermenüs, sodass es eine Menge einzustellen gibt.

Meist ist es sinnvoll, sich ein paar Tage im Voraus erinnern zu lassen – gerade dann, wenn noch Geschenke gekauft werden müssen.

Sie sollten auf jeden Fall in den *Kalender-Einstellungen*, Rubrik *Warnungen* für Ereignisse, ganztägige Ereignisse sowie auch für Geburtstage eine angemessene Zeitspanne einstellen, die dann als *Standardwarnhinweise* gelten. Damit gehen Sie sozusagen auf Nummer Sicher, dass Sie auch ja keinen Termin versäumen, denn Sie werden per Monitor-Einblendung auf all Ihren Geräten benachrichtigt.

Die Standardwarnhinweise in der Rubrik »Warnungen« der »Kalender-Einstellungen« sollten Sie auf jeden Fall großzügig bemessen.

Erscheint eine Meldung, so bleibt diese immer im Vordergrund – sie kann also nicht aus Versehen von einem anderen Fenster verdeckt werden.

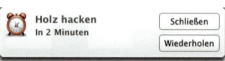

Die *iCloud* macht's möglich: Egal, auf welchem Gerät Sie auch ein Ereignis eingeben – dieses wird automatisch auf alle angemeldeten Geräte übertragen. Und auch *Windows* ist wieder mit von der Partie. Über *Microsoft Outlook* finden Sie ebenso Ihre Ereignisse innerhalb des *Outlook*-Kalenders und erhalten selbstverständlich auch eine Meldung.

Outlook und iPad legen los – und zwar ebenso per Ton sowie einer Einblendung des kurz bevorstehenden Termins. Auch im »iOS-Kalender« liegt der Termin zur Einsicht vor.

Möchten Sie Ihren Termin nicht allein wahrnehmen, sondern weitere Personen miteinschließen, so klicken Sie auf *Teilnehmer hinzufügen*. Sobald Sie die ersten Buchstaben tippen, werden all jene, die sich im Programm *Kontakte* befinden, sogleich vervollständigt. Teilnehmer, die noch nicht darin vorkommen, lassen sich natürlich ebenso verwenden. Sobald nun *Teilnehmer* eingetragen sind, ändert sich die unten stehende Schaltfläche von *Fertig* in *Senden*.

4 | Die Welt der Programme

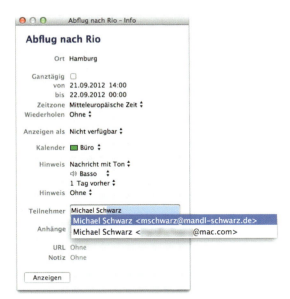

Über »Teilnehmer hinzufügen« können Sie weitere Personen über dieses Ereignis informieren und auch gleich einladen.

Beim Setzen eines eigenen Ereignisses gibt es weiterhin bei *Anzeigen als* die Option der *Verfügbarkeit*, welche zwischen *Nicht verfügbar* und *Frei* unterscheidet. Ist Erstere gewählt, so wird einem anderen Anwender, der Ihnen eine Einladung sendet, sofort mitgeteilt, dass diese Zeit bereits reserviert ist. Im Falle des Status *Frei* könnte es daher zu Überschneidungen kommen.

Auch die *verfügbaren Zeiten für Meetings* lassen sich überprüfen, indem Sie auf die unterhalb der Teilnehmer-Liste stehende Option klicken. Hierüber öffnet sich eine Zeitleiste, die eventuelle Terminkonflikte bei einzelnen Teilnehmern auflistet.

Wenn Sie das Programm *Mail* verwenden, werden per Klick auf *Senden* an die Teilnehmer Ihres Ereignisses E-Mail-Einladungen (auf Wunsch auch mit Anhängen) gesendet. Ein Fragezeichen wird neben jenen Namen der Teilnehmer angezeigt, die nicht auf die Einladung geantwortet haben. Teilnehmer, die die Einladung angenommen haben, erhalten ein Häkchen, und solche, die sie abgelehnt haben, werden mit einem »x« gekennzeichnet. Selbst dann, wenn Sie nachträglich noch Änderungen vornehmen oder einzelne Teilnehmer wieder aus der Liste streichen, erhalten sie eine Aktualisierungs- oder Absage-E-Mail. Letzteres erhält auch der versendende Part, wenn einer der Teilnehmer den Termin aus *Kalender* entfernt.

Einladungen erreichen die Teilnehmer per E-Mail, die nun ihrerseits sofort reagieren können, indem Sie die Einladung annehmen, ablehnen oder sich über »Vielleicht« ein Hintertürchen offen halten.

Erreicht Sie über iPad oder iPhone eine Einladung, so lässt sich diese ebenso in den Kalender integrieren sowie weiter anpassen.

Anwender von *Mountain Lion* (in diesem Sinne auch Sie selbst) erhalten ihre Einladungen direkt an das Programm *Kalender* gesendet. Dies erkennen Sie zum einen am *Kalender*-Icon im Dock, das mit einer Zahl darauf hinweist, und zum anderen bei geöffneter *Kalender*-App am neu hinzugekommenen Button (📥1) zum Integrieren von Einladungen. Klicken Sie darauf, so können Sie gleich Meldung geben, ob Sie mit diesem Termin einverstanden sind. Noch nicht bestätigte Ereignisse zeigen sich im *Kalender* im Übrigen grau bzw. mit einer gestrichelten Umrandung.

4 | Die Welt der Programme

Sie können nun entscheiden, ob Sie die Einladung annehmen, ablehnen oder den Zeitraum noch vage offenhalten wollen.

Als Alternative zur *Ereignis*-Eingabe über die Menüleiste können Sie auch so vorgehen: In der *Tages-* oder der *Wochen*-Darstellung klicken Sie sich zum gewünschten Datum. Fahren Sie mit der Maus zur Anfangszeit des Termins, ziehen Sie mit gedrückter Maustaste bis zur Endzeit und lassen Sie dann die Taste los. Alternativ klappt das auch per Doppelklick oder -Tipp – hier sogar in der Monats-Ansicht. Auf diese Weise wird ein *Ereignis* gesetzt, das Sie sogleich benennen sollten. Über einen weiteren Doppelklicks öffnet sich wieder das *Informationen*-Fenster und es lassen sich alle Eingaben verfeinern.

Oberhalb der *Kalender*-Ansicht finden Sie auch wieder das Suchfeld. Dort geben Sie nur Ihre Stichworte bzw. Namen ein und *Kalender* zeigt Ihnen die entsprechenden Suchergebnisse an. Per Doppelklick auf einen Eintrag wird dieser sofort herbeigeblättert.

Über *Kalender* können Sie Ihre *Ereignis*-Listen auch ausdrucken. Wählen Sie über die Menüleiste *Ablage* den Befehl *Drucken* (⌘-P). Im erscheinenden Dialog haben Sie nun vielfältige Möglichkeiten, das Kalender-Blatt auf Ihre Bedürfnisse hin anzupassen. Dazu gehören zum einen die Art der Vorlage (*Zeigen*), die *Papiergröße*, der *Zeitraum*, die Auswahl der Kalender sowie weitere Optionen wie *Mini-Kalender*, ob in Schwarz-weiß gedruckt werden soll, ganztägige Ereignisse etc.

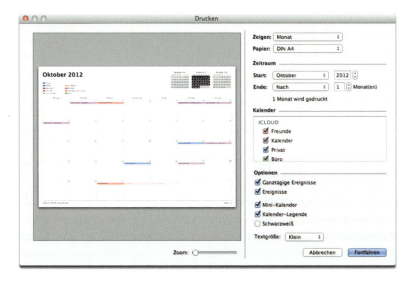

Denken Sie an Ihre bereits auf dem Schreibtisch liegenden Papierberge und drucken Sie wirklich nur das, was Ihnen besonders wichtig erscheint.

Haben Sie Ihre Einstellungen getätigt, klicken Sie auf *Fortfahren*. Nach Auswahl des Druckers und der Bestätigung über *Drucken* können Sie sich die Papier-Version an die Wand hängen bzw. in Ihre Schreibtischunterlage legen.

Sie können Kalender auch *abonnieren* oder selbst *freigeben*, was durchaus Sinn macht, entwickelten doch bislang viele fleißige Mac-Anwender ihre eigenen Vorlagen. Mittlerweile scheint die Euphorie für Kalender jedoch nachzulassen, denn man tut sich richtig schwer, noch einigermaßen aktuelle Exemplare aufzuspüren. Vorgefertigte Kalender finden Sie unter anderem bei *Projekt 24* (`www.project24.info`), auf *Schulferien.org* (`www.schulferien.org/iCal/` – wobei hier die Daten nur als Ereignisse zu einem bestehenden Kalender hinzugefügt werden), `icalshare.com` (Tausende von internationalen Kalender-Angeboten) oder über `www.apple.com/downloads/macosx/calendars` (große, allerdings internationale Auswahl). Passen Sie jedoch auf, dass Sie sich auf den dortigen Seiten keinen alten Käse andrehen lassen.

Zum Laden klicken Sie auf eine Kategorie und wählen einen Eintrag. Über *Abonnieren* bzw. *Download* öffnet sich nun in *Kalender* der *Ereignisse hinzufügen*-Dialog. Wählen Sie danach einen bestehenden Kalender, in den diese neuen Ereignisse integriert werden sollen, oder lassen Sie einen ganz neuen Kalender (über das Popup-Menü *Neuer Kalender* wählen) anlegen. Bestätigen Sie dann mit *OK* und Sie haben eine Menge an Zusatznutzen gewonnen. Manchmal wird ein Kalender auch einfach nur als Datei auf die Festplatte geladen – in diesen Fällen ziehen Sie den Download in *Kalender* hinein.

Ohne Aufwand und Schreiberei können Sie den Wunsch-Kalender integrieren – entweder vollautomatisch oder per Drag & Drop in die Kalender-Liste.

Ein alternativer Weg zu dem eben aufgezeigten setzt allerdings voraus, dass Sie die Internet-Adresse kennen, von der Sie Ihre Kalender-Daten gern laden möchten. Über *Ablage | Neues Kalenderabonnement…* bzw. ⌘-⌥-S öffnen Sie einen Dialog, in dessen Feld *Kalender-URL* Sie die entsprechende Adresse eingeben müssen. Danach erhalten Sie noch die Möglichkeit zum Anpassen (Name, Account, Zeitraum der Aktualisierung etc.) und über *OK* wird der Kalender abonniert.

4 | Die Welt der Programme

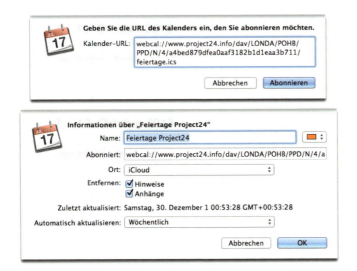

Die Eingabe der Kalender-URL erfolgt entweder manuell oder bei manchen Abonnements auch automatisch.

In der Kalender-Liste taucht nun der neue Unterpunkt *Abonnements* auf, unter dem sich die abonnierten Kalender tummeln – darunter auch der Kalender *Geburtstage*, der sich seine Daten aus dem *Adressbuch* holt. Löschen lassen sich diese Kalender-Abos natürlich ebenso schnell: einfach markieren und *Bearbeiten | Löschen* wählen bzw. über das Kontext-Menü den *Löschen*-Befehl aufrufen.

Als Pendant zum *Abonnieren* können Sie auch selbst erstellte Kalender anderen zur Verfügung stellen. Nach der Erstellung markieren Sie diesen über die *Kalender*-Liste und wählen dann Sie über das Kontext-Menü bzw. über die Menüleiste *Bearbeiten* den Befehl *Kalender freigeben…* Im auftauchenden Dialog vergeben Sie dann noch einmal einen Namen für den *Kalender* bzw. verwenden den schon bestehenden. Weiterhin sollten Sie überlegen, ob der Kalender allen (*Freigeben für: Jeden*) zur Verfügung gestellt werden soll bzw. nur für einen bestimmten Personenkreis (*Nur die eingeladenen Personen*) gedacht ist. Mit einem Klick auf *Freigeben* geht's dann ans Eingemachte …

Ist der betreffende Kalender markiert, so lässt sich über *Bearbeiten | Informationen* (⌘-I) bzw. über das Kontext-Menü ein Dialog einblenden, über den Sie die zugehörige URL (Internetadresse) in Erfahrung bringen können. Kopieren Sie diese URL bzw. wählen Sie *Bearbeiten | Freigegebene Einladungen erneut senden* und Sie erhalten die Möglichkeit, diese weiterzureichen. Der Empfänger braucht nun wiederum nur daraufzuklicken und kann diesen Kalender sogleich abonnieren. Bitte beachten Sie dabei: Das Abonnieren für andere Personen klappt nur, wenn diese einen *iCloud*-Account von Apple besitzen.

Kalender freigeben ist schnell erledigt. Möchten Sie Ihren Freunden etwas Gutes angedeihen lassen, so sollten Sie allerdings nicht unbedingt Ihre Zahnarzt-Termine mitteilen.

Möchten Sie den Kalender später wieder löschen, so wählen Sie über die Menüleiste *Bearbeiten* den Befehl *Freigabe stoppen*.

Obwohl er sehr viele Anfragen nach meinen persönlichen Zahnarztterminen gab, habe ich dennoch die Freigabe gestoppt :-)

Eine weitere Möglichkeit, Kalender anderen Personen zu übergeben, besteht darin, diese zu exportieren. Wählen Sie den zu exportierenden Kalender und danach *Ablage | Exportieren | Exportieren…* Vergeben Sie einen Namen, der den Inhalt möglichst genau trifft, und speichern Sie dann die Datei an einem Ihnen genehmen Platz. Die Datei mit der Endung *.ics* können Sie nun etwa per Mail an Bekannte und Freunde versenden, die diese wiederum – falls sie mit *Kalender* arbeiten – per *Ablage | Importieren* in ihr Kalender-Programm importieren können. Noch schneller geht's, wenn die Datei einfach per *Drag & Drop* (also mit der Maus packen, in *Kalender* ziehen und dann loslassen) transferiert wird.

Nicht vergessen: Ihre angelegten Kalender samt Ereignissen werden über die *iCloud* mit Ihren anderen Geräten synchronisiert. Auch Windows spielt hier wieder mit, indem *Microsoft Outlook* diese in seinem eigenen Kalender aufführt – immer vorausgesetzt, dass Sie die Systemsteuerung *iCloud* auf Ihrem PC installiert haben.

4 | Die Welt der Programme

Kontakte – Adressen und Rufnummern im Griff

Adressen im Kopf zu behalten artet in Zeiten von Internet & Co. in wahre Kopfakrobatik aus. Die vielen Anschriften, Telefonnummern, E-Mail-Adressen, Skype-Namen, IDs und so weiter nehmen einfach überhand. Wir legen Ihnen daher wirklich ans Herz, Adressen künftig im Programm *Kontakte* zusammenzutragen. So bekommen Sie nicht nur mehr Ordnung, wenn alles auf einen Platz hin konzentriert ist, sondern es kommt auch mehr Effizienz ins Spiel, schließlich greifen fast alle Programme auf die *Kontakte* zurück – mit nur einem Klick lassen sich so umfangreiche Adressen übertragen.

Beim ersten Öffnen beinhaltet das Adressbuch genau zwei Adressen: die von Apple und die des Administrators.

Sofern Sie sich schon über eine *Apple ID* am Mac identifiziert haben und zudem die *iCloud* in Anspruch nehmen, so sollte Ihr *Kontakte*-Adressbuch bereits gut mit den Adressen Ihrer anderen Geräte bestückt sein.

Neue Adressen bzw. Visitenkarten werden über das unten liegende *Plus*-Symbol (+) angelegt. Danach müssen Sie bloß noch drauflos schreiben. Über die *Tabulator*-Taste (→|) bewegen Sie sich von Feld zu Feld und geben nach und nach die für Sie relevanten Informationen ein. Die vorgegebenen Info-Felder wie *Arbeit*, *Mobil*, *Kontakt* usw. können Sie per Klick auf die kleinen Pfeile (⇅) abändern bzw. eigene Zusätze einbauen, über die farbigen *Minus*-Symbole (⊖) lassen sich einzelne Einträge entfernen. Sie müssen im Übrigen nicht alles brav ausfüllen – denn jene Felder, die leer bleiben, verschwinden später, wenn Sie auf *Fertig* klicken.

Eine neue Adresse wird angelegt. Wenn Sie auf die Platzhalter klicken bzw. sich per Tabulator-Taste vorwärts bewegen, lassen sich schnell die Eingaben tätigen.

Informationen satt lassen sich über alle Personen festhalten. Über die kleinen Pfeile (⇕) bzw. die Minus-Symbole (⊖) können Sie die Felder anpassen, erweitern oder entfernen. Über »Eigene…« steht es Ihnen frei, ganz individuelle Etiketten zu kreieren.

Neben dem Namen sehen Sie weiterhin das Symbol eines Porträts, das auf Doppelklick hin das Einfügen eines Bildes erlaubt. Hierbei können Sie wieder auf *iPhoto* bzw. *Aperture* und deren *Gesichter*-Abteilung zurückgreifen oder gleich ein aktuelles Porträt über die *iSight-/FaceTime*-Kamera anfertigen. Auch das externe Einladen aus einem Bilder-Ordner oder vom Schreibtisch klappt, indem Sie das Foto packen und einfach auf das Porträt-Symbol ziehen. Ist ein Gesicht gewählt, so können Sie es wieder über das unten liegende *Bearbeiten*-Symbol (🖉) im Ausschnitt anpassen bzw. mit witzigen, poppigen oder abstrakten Manipulationen (🎛) weiter »verschönern«.

4 | Die Welt der Programme

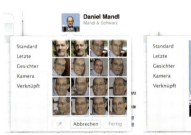

Unten: Statt nun mühsam all Ihre Bilder zu durchsuchen, nimmt Ihnen »iPhoto« bzw. »Aperture« die Arbeit ab und hat schon mal alles vorbereitet. Auch die Effekte-Palette sollten Sie sich wieder ansehen, damit Sie der örtlichen Geisterbahn Konkurrenz machen können.

Anstatt eines Porträts lässt sich auch ein Firmen-Logo oder eine Außenaufnahme des Firmen-Gebäudes einladen, indem Sie das zugehörige Bild einfach auf das Firmen-Symbol ziehen. Klicken Sie noch dazu im oberen Teil der Adresskarte die Option *Firma* an, so wird statt eines üblichen Namens der Firmen-Titel im Adressbuch geführt.

Die Suche nach einer Firma ist bei fehlendem Ansprechpartner vielleicht die geschicktere Alternative.

Benötigen Sie für Ihre Visitenkarten ein eigenes Layout, das sich immer wieder verwenden lässt, so passen Sie einfach die Vorgaben über die *Kontakte-Einstellungen* (*Adressbuch | Einstellungen* bzw. *Befehlstaste-Komma*) und dort in der Rubrik *Vorlage* an. Möchten Sie stattdessen ganz individuell vorgehen und nur bei ausgewählten Adressen einige Felder verändern, so erledigen Sie das bei aufgerufener Adresse über die Menüleiste *Visitenkarte | Feld hinzufügen*.

In den *Einstellungen* finden Sie weiterhin auch die grundlegenden Möglichkeiten zum Anpassen Ihres Adressbuches. Unter *Allgemein* geht es beispielsweise um die *Reihenfolge* der Namensauflistung (*Vorname/Nachname* oder umgekehrt), um die *Sortierreihenfolge* der eingegebenen Adressen (nach *Nachname* oder *Vorname*), um das *Adressformat* sowie welcher Standardaccount beim Eingeben neuer Adressen verwendet werden soll.

Die »Kontakte-Einstellungen« bieten eine Menge an Anpassungen für den persönlichen Gebrauch.

Erweitern Sie Ihre Vorlage, indem Sie in den *Einstellungen* unter der Rubrik *Vorlage* über *Feld hinzufügen* den Eintrag *Geburtstag* wählen und pflegen Sie noch dazu diese Daten sorgfältig ein, so können Sie sich über das Programm *Kalender* und dem dortigen Einblenden des *Geburtstags*-Kalenders an alle Geburtstage erinnern lassen.

Bleiben wir noch kurz bei den *Einstellungen*: Unter *vCard* lässt sich definieren, welches Format sowie welche Codierung (länderspezifisch) die *Visitenkarte* aufweisen soll. Der Vorteil der Visitenkarten ist immens: Über den *Export* (*Ablage | Exportieren | vCard exportieren*) können Sie eine oder mehrere Adressen (durch Drücken der *Befehlstaste* auswählen) an Dritte weitergeben (zum Beispiel per E-Mail), die diese dann durch Doppelklick oder durch Ziehen in Ihr eigenes *Adressbuch*-Programm integrieren können, ohne auch nur einen Buchstaben abtippen zu müssen. Das klappt im Übrigen auch über die unten liegende *Bereitstellen*-Taste ( ), indem Sie zuerst die betreffende Adresse auswählen und danach *Per E-Mail senden*, *Als Nachricht senden* oder *Per AirDrop senden* wählen. Die Programme *Nachrichten* (siehe Kapitel »Mit dem Mac im Internet«) und *AirDrop* (siehe »Vom Netzwerken«) werden selbstverständlich auch noch zur Sprache kommen.

Das *Exportieren* klappt auch, wenn Sie einfach die Adressen aus der *Namen*-Liste per Drag & Drop (mit der Maus markieren, dann aus dem Programm ziehen und loslassen) auf den Schreibtisch oder beispielsweise in ein E-Mail-Fenster befördern. Das Gleiche klappt natürlich auch umgekehrt. Erhalten Sie eine E-Mail mit

4 | Die Welt der Programme

einem neuen Absender, dessen *vCard* darin enthalten ist, so brauchen Sie diese nur anzuklicken. Daraufhin startet *Kontakte* und bietet Ihnen an, die neue Adresse zu importieren. Auf diese Weise lassen sich beispielsweise auch Adressen von Windows-Systemen (XP, Vista, Windows 7) in das eigene Adressbuch transferieren.

Enthält eine an Sie gerichtete E-Mail eine vCard des Absenders, so brauchen Sie diese nur anzuklicken. Das Adressbuch bietet sofort den Import derselben an.

Können Ihre Freunde oder Geschäftspartner mit Ihren *vCards* nichts anfangen, so sollten Sie in den *Kontakte-Einstellungen* unter *vCard* bei *vCard-Format* die Version 2.1 versuchen, die noch mit vielen älteren Programmen kompatibel ist.

Möchten Sie selbst nur bestimmte Informationen mit Ihrer *vCard* senden, so sollten Sie über die *Adressbuch-Einstellungen | vCard* die Option *Filter für private Daten auf meiner Visitenkarte aktivieren* mit einem Haken (☑) versehen. Danach rufen Sie Ihre eigene Visitenkarte (Adresse) auf und klicken unterhalb des Bearbeitungsfeldes auf *Bearbeiten*. Nun lassen sich die Felder einzeln bestimmen, die Sie senden oder zurückhalten wollen, indem Sie die Häkchen (☑) bei den entsprechenden Feldern entfernen.

Die beiden Optionen *Notizen der vCards exportieren* sowie *Fotos der vCards exportieren* bieten die Möglichkeit, eingetragene Notizen bzw. die angelegten Porträt-Bilder im gleichnamigen Feld mitzuschicken.

Die Adressbuch-Einstellungen bieten eine Fülle sinnvoller Optionen zum ganz persönlichen Anpassen.

333

Wie schon erwähnt, ermöglicht Ihnen die *iCloud* den steten Abgleich all Ihrer Kontakte – egal, welches Gerät (Mac, PC, iPad, iPhone, iPod touch) Sie gerade benutzen oder auf welchem Gerät Sie neue Adressen hinzufügen oder entfernen. Tragen Sie eine Adresse beispielsweise auf dem iPad ein, so dauert es gar nicht lange und dieser Kontakt erscheint auch auf Ihrem Mac.

Neben *iCloud* lassen sich Ihre Kontakte auch über andere Dienste wie beispielsweise *Google* oder *Yahoo!* synchronisieren bzw. integrieren. Arbeiten Sie also schon mit einem Account besagter Online-Dienste, so können Sie dies ebenso über die *Adressbuch-Einstellungen | Accounts* einrichten. Klicken Sie auf den *Plus*-Button links unten zum Hinzufügen eines Accounts und bestimmen Sie dann den *Accounttyp*. Anschließend tragen Sie Ihre Daten ein und klicken auf *Erstellen*. Nach erfolgter Kontaktaufnahme erhalten Sie eine Accountzusammenfassung und der Account wird in Ihr Kontakte-Adressbuch integriert.

Auch die Adressen anderer Accounts lassen sich in »Kontakte« verwalten.

Ab *OS X 10.8.2* lassen sich innerhalb von *Kontakte* auch all Ihre sogenannten *Facebook*-Freunde anzeigen. Dazu begeben Sie sich bitte in die Systemeinstellung *Mail, Kontakte & Kalender* und klicken dort links unten auf den *Plus*-Knopf zum Hinzufügen eines Accounts. Über die angebotenen Services wählen Sie nun *Facebook* und tragen anschließend Ihren Benutzernamen sowie das zugehörige Kennwort ein. Über die Schaltfläche *Weiter* erhalten Sie weitere Informationen über die Zusammenarbeit zwischen *Facebook* und *OS X* und über *Anmelden* wird Ihr Account angelegt. Öffnen Sie wenig später Ihrer *Kontakte*, so finden Sie in der Kontakte-Ansicht *Gruppen* (⌘-1) linker Hand den neuen Eintrag *Facebook*, der nun all Ihre Freunde auflistet.

4 | Die Welt der Programme

Über die Systemeinstellung »Mail, Kontakte & Kalender« legen Sie den »Facebook«-Account an. Anschließend finden Sie Ihre Facebook-Freunde auch in der »Kontakte«-App.

Zurück zum Hauptfenster des Adressbuches: Je mehr Adressen Sie nun sammeln, desto eher sollten Sie sich Gedanken um eine weitere Strukturierung Ihre Daten machen. Das *Adressbuch* bietet Ihnen hierzu die Möglichkeit, sogenannte Gruppen einzurichten, über die Sie einzelne Adressen zu Paketen schnüren. Diese Möglichkeit erhalten Sie, wenn Sie über die Menüleiste Ablage den Befehl *Neue Gruppe* (⌘-⇧-N) wählen und diese anschließend sinnvoll benennen (beispielsweise einen Firmen-Namen, Geschäftspartner, Freunde usw.). Nun ziehen Sie die gewünschten Einzel-Adressen (aus *Alle Kontakte*) auf den Gruppen-Namen. Möchten Sie nun beispielsweise an Geschäftspartner eine E-Mail senden, so klicken Sie bei gedrückter *ctrl*-Taste bzw. per Rechtsklick oder Zweifinger-Tipp auf die entsprechende Gruppe und wählen aus dem Kontext-Menü den Befehl *E-Mail an „Gruppe" senden*. Ihr E-Mail-Programm öffnet sich und alle in der Gruppe vertretenen E-Mail-Adressen werden nun in einem neuen Mail-Fenster zusammengefasst als Adressaten eingearbeitet.

Effizientes Mailen dank der »Kontakte«-App.

Eine Gruppe lässt sich auch einrichten, indem Sie zuerst verschiedene Kontakte auswählen (mit gedrückt gehaltener *Befehlstaste* ⌘) und danach über die Menüleiste *Ablage* den Befehl *Neue Gruppe aus Auswahl* wählen. Vergeben Sie wieder einen Namen und die Gruppe steht bereit für den Einsatz.

335

Sofern Sie des Öfteren zwischen der *Gruppen*- sowie der *Liste und Visitenkarten*-Ansicht wechseln, so sollten Sie sich die Tasten-Kürzel ⌘-1 sowie ⌘-2 gut merken, die diese Umschaltung schnell erledigt. Die ⌘-3 gibt es auch – sie verkleinert das Adressbuch auf gerade mal die *Visitenkarte*. Alternativ lassen sich auch die unten stehenden Buttons ( ) verwenden, über die Sie ebenso die verschiedenen Ansichten wechseln können.

Aber auch andere Funktionen und Erleichterungen im Alltag verstecken sich in den Kontext-Menüs – je nachdem, worauf Sie klicken. So lässt sich über das Kontext-Menü etwa die Option *Große Zeichen* finden, welche die Telefon- oder Fax-Nummern quer über den Bildschirm einblendet. Oder Sie können die jeweiligen Einträge als *vCards* exportieren, im *Bearbeiten*-Modus die Informationen kopieren und woanders einsetzen oder die Sprachausgabe starten, die die jeweilige Adresse vorliest.

Wie auch in vielen anderen Apple-Programmen finden Sie in *Kontakte* eine Option mit dem Zusatz »intelligent«. Hier nennt sie sich *Neue intelligente Gruppe* und wird entweder über das *Ablage*-Menü oder über die Tastatur (⌘-⌥-N) angelegt. Als nächster Schritt steht dann die Vergabe von einem Namen sowie den Kriterien an. Auf diese Weise erzeugen Sie *Gruppen*, die sich selbstständig aktualisieren, sobald eine neue Adresse eingepflegt wird.

Intelligente Gruppen sind der einfachste Weg zu einer fortwährenden Aktualisierung, ohne dass Sie sich darum kümmern müssen.

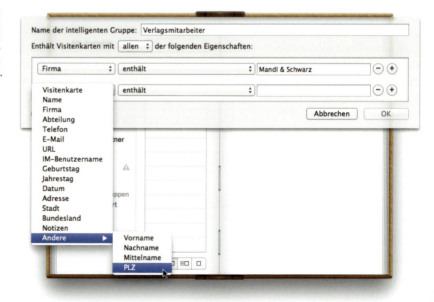

4 | Die Welt der Programme

Der Hauptvorteil einer gut durchdachten sowie aktuell gehaltenen Adress-Datenbank ist, dass Sie – wie im Falle von *OS X* – eben nur diese uptodate halten müssen. Dadurch, dass viele andere Programme wie *Mail*, *Kalender*, *Nachrichten* etc. darauf zurückgreifen, sparen Sie sich eine Menge Arbeit.

Aber auch das Ausdrucken von beispielsweise Umschlägen, Etiketten oder Listen klappt ganz hervorragend, wenn Sie den *Drucken*-Befehl (*Ablage | Drucken* oder ⌘-P) auslösen. Zuerst heißt es jedoch die gewünschten Adressen zu markieren. Nach Aufruf des *Drucken*-Befehls wählen Sie zuerst den *Stil* (also ob *Umschläge*, *Adressetiketten*, *Liste* oder *Taschen-Adressbuch*) und passen danach das Layout an: Format, welche Absenderadresse soll verwendet werden, die Reihenfolge (alphabetisch oder nach Postleitzahlen geordnet), ob mit Bild oder ohne und so weiter und so fort. Neben diesen *Adressbuch*-spezifischen Einstellungen lassen sich natürlich auch wieder Drucker-eigene Definitionen treffen. Sitzt und passt alles, dann können Sie loslegen, indem Sie auf den Knopf *Drucken* klicken.

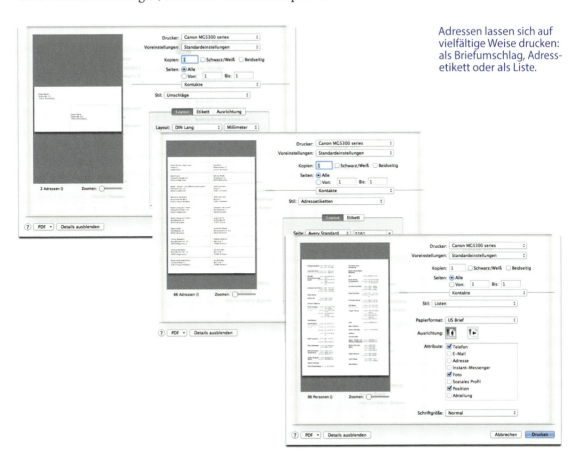

Adressen lassen sich auf vielfältige Weise drucken: als Briefumschlag, Adressetikett oder als Liste.

Lexikon – das Wörterbuch mit Ausbaureserve

Dass ein Lexikon in Schule, Ausbildung, Beruf oder sonstigen Belangen von Nutzen ist, dürfte klar sein. Apple stellt mit seinem Exemplar nun gleich drei dieser Wissens-Bibliotheken zur Verfügung. Da ist zum einen das *Lexikon*, das nunmehr auch in deutscher Sprache vorliegt und somit seinen Zweck einwandfrei erfüllt. Das Apple-Lexikon berücksichtigt hingegen die »technischen Aspekte« des Lebens. Vieles (aber bei Weitem nicht alles), was daher irgendwie nach Computer klingt, lässt sich dort nachforschen – unter anderem etwa Begriffe wie *Thunderbolt*, *AirPort*, *FireWire* etc. Suchworte wie Netzwerk, USB oder Prozessor hingegen lassen sich nicht aufspüren, sodass man mittlerweile den Eindruck bekommt, dass hier ein wenig nachlässig gearbeitet wurde.

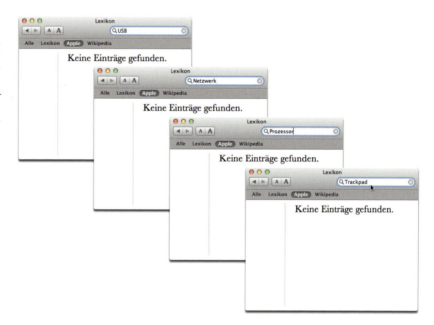

Apples Technik-Lexikon hat sich auf Fachbegriffe spezialisiert und erklärt – falls vorhanden – diese dem geneigten Leser auf Deutsch. Unsere Stichwortsuche ist allerdings nicht gerade ein Ruhmesblatt.

Als Highlight winkt hier aber *Wikipedia*, das jedoch einen Internet-Anschluss voraussetzt. Diese »freie Enzyklopädie« besteht aus einem viele Tausend Benutzer umfassenden Pool, der ehrenamtlich dieses wichtige Online-Lexikon durch Artikel und Vervollständigungen am Leben hält. *Wikipedia* ist sozusagen der virtuelle, aber auch oft nicht so qualitative Gegenpart zum gewichtigen Brockhaus.

4 | Die Welt der Programme

Zur ersten Einstimmung können Sie ja mal nach dem Stichwort »Wikipedia« suchen …

Egal also, wohin Sie Ihre Neugierde treibt – die Vorgehensweise ist immer die Gleiche: In das Suchfeld oben rechts tippen Sie Ihren Begriff ein. Und während Sie fleißig die Tasten drücken, werkelt im Hintergrund schon die Datenbank und unterbreitet Ihnen Vorschläge. In der links liegenden Liste werden dabei alle zum Stichwort passenden Begriffe eingeblendet, rechts davon liegen die eigentlichen Ergebnisse – fein säuberlich aufgeteilt in die jeweilige Lexikon-Sparte.

Das ist doch schon mal ein Erfolg …

Über die *Lexikon-Einstellungen* (⌘-Komma) lässt sich das Programm wieder anpassen, indem Sie die Reihenfolge der Ergebnisse bestimmen (packen Sie die Lexika und ziehen Sie sie in die gewünschte Abfolge) oder weitere, von Apple bereits integrierte Lexika hinzufügen. Markieren Sie einen Eintrag, so lassen sich teilweise weitere Einstellungen vornehmen – etwa die gewünschte Sprache für *Wikipedia*.

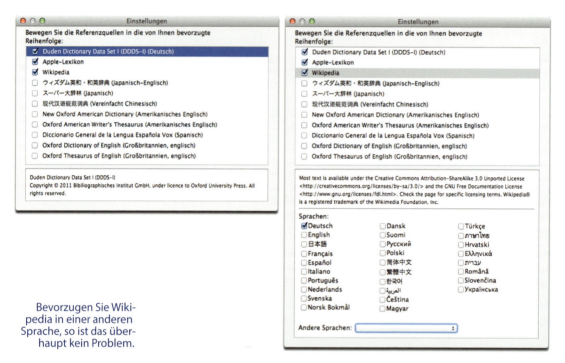

Bevorzugen Sie Wikipedia in einer anderen Sprache, so ist das überhaupt kein Problem.

In allen auf HTML basierenden Texten (also Webseiten, aber auch die Hilfe-Menüs der meisten Programme) sowie Dokumenten, die von *Apples* Programmen geöffnet werden können, lassen sich markierte Begriffe über das *Kontext*-Menü einsehen. Hierbei halten Sie die *ctrl*-Taste gedrückt und klicken darauf bzw. tätigen einen Rechtsklick oder einen Zweifinger-Tipp auf dem Trackpad. Im auftauchenden Menü wählen Sie dann den Befehl *Suche nach „Begriff"*. Noch schneller funktioniert das Ganze auf dem Trackpad, indem Sie auf das gewünschte Stichwort mit drei Fingern tippen, oder indem Sie einfach auf das Wort klicken und dann die Tastenkombination *ctrl*-⌘-D tippen. Je nachdem, welche Reihenfolge Sie nun in den *Lexikon-Einstellungen* getroffen haben, erscheinen nun die Erklärungen unterhalb des Begriffes. Um den gesamten Inhalt eines Ergebnisses anzuzeigen, bewegen Sie Maus auf das jeweilige Lexika und klicken Sie es an.

4 | Die Welt der Programme

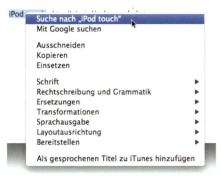 

Über das Kontext-Menü bzw. über einen Dreifinger-Tipp lässt sich spielend einfach im Lexikon nachschlagen.

Im Arbeits-Fenster des *Lexikons* selbst lässt sich über die beiden Pfeile (◀▶) vor und zurück blättern bzw. über die beiden symbolisierten »A« (A A) die Schriftgröße verkleinern oder vergrößern. Im Text können Sie sich einzelne Begriffe oder auch ganze Absätze mit der Maus markieren (mit gedrückter Maustaste darüber fahren), kopieren (⌘-C – *Bearbeiten | Kopieren*) und in einen anderen Text einfügen (⌘-V – *Bearbeiten | Einfügen*). Weiterhin finden Sie Verlinkungen im Text (also Hinweise auf weiterführende Begriffe oder Alternativ-Vorschläge), die teils durch eine andere Schrifttype auffallen bzw. einen typischen Internet-Link symbolisieren (unterstrichener Begriff), wenn Sie mit der Maus darüber fahren. Klicken Sie nun mit der Maus, so gelangen Sie automatisch auf diese Seiten.

Fast wie in einem Internet-Browser lassen sich weiterführende Begriffe über Verlinkungen aufrufen.

341

Sie können das Lexikon auch aufrüsten. Über die Webseite `www.heise.de/download/openthesaurus-deutsch.html` bekommen Sie unter anderem ein deutsches Synonym-Lexikon (*OpenThesaurus Deutsch*) bzw. über `www.heise.de/download/beolingus-deutsch-englisch.html` ein Deutsch-Englisch-Wörterbuch (*BeoLingus Deutsch-Englisch*) zum kostenlosen Download. Nach dem Herunterladen brauchen Sie nur die *.dmg*-Dateien im *Download*-Ordner zu starten und dann im sich öffnenden Fenster die *.pkg*-Dateien doppelzuklicken. Über das erscheinende Installationsprogramm lassen sie sich einfach ins *Lexikon* integrieren. Starten Sie nun das *Lexikon* (eventuell müssen Sie die Neuzugänge noch in den *Lexikon-Einstellungen* aktivieren) und Ihre Wissenssammlung ist um zwei Attraktionen reicher.

Toll, dass es auch im deutschsprachigen Raum fleißige Programmierer gibt, die den Macintosh-Anwender unterstützen und somit das OS X aufwerten.

Als Alternative zum Lexikon können wir Ihnen aus eigener Erfahrung die *Duden Bibliothek* der Firma Bibliographisches Institut GmbH (`www.duden.de`) empfehlen. Diese einzeln oder als Sammlung zu erwerbenden Programme – bestehend aus *Duden*, *Fremdwörter-Lexikon*, *Synonym-Wörterbuch* und *Duden Oxford* – sind eine sehr hilfreiche Angelegenheit, gerade wenn Sie oft mit Texten arbeiten bzw. Kindern oder Jugendlichen in der Ausbildung den Ernst des Lebens beibringen wollen.

Sollten Sie mit der Zeit weitere Lexikas in Ihr Programm *Lexikon* einbauen, so kann es durchaus vorkommen, dass es in der Titelleiste zu Platzproblemen kommt. Dem lässt sich abhelfen, indem Sie über dem jeweiligen Lexikon-Namen das Kontext-Menü aufrufen und daraus den Befehl *Beschriftung bearbeiten* wählen. Dort lässt sich nun der Titel kürzen oder eine Alternative eingeben.

4 | Die Welt der Programme

Notizen – der digitale Post-it

Vor vielen vielen Jahren gab es eine Zeit, als diese gelben Zettel an Schränken und Wänden klebten und nicht gerade zur Verschönerung des häuslichen Ambientes beitrugen. Ihren Sinn erfüllten diese aber trotzdem: Gedanken wurden festgehalten, zu erledigende Aufgaben verschriftlicht und Einkaufszettel kreiert. Das Papierzeitalter wird allerdings in die Jahre kommen, denn von nun an gibt es auch auf dem Mac die *Notizen* (auf iPad & Co. gibt es diese App schon länger). Das Highlight hierbei ist, dass diese Notizen – kaum geschrieben – auf die anderen *iOS*-Geräte und Ihre Macs verteilt werden – immer natürlich vorausgesetzt, dass Sie die *iCloud* verwenden. Der Windows-PC bleibt hier leider außen vor, doch können Sie Ihre Notizen auch per E-Mail an diesen senden.

> Wie üblich gilt auch hier: Sofern Sie mehrere Accounts auf Ihrem Mac verwalten, so stellen Sie bitte zuerst über die Menüleiste *Notizen* Ihren Standardaccount ein, über den neu angelegte Notizen abgeglichen werden sollen. Möchten Sie später eine Notiz über einen anderen Account laufen lassen, so lassen Sie sich einfach die Account-Liste anzeigen (*Darstellung | Ordnerliste einblenden* bzw. per Klick/Tipp auf ▭) und wählen den gewünschten aus.

Der virtuelle Notizblock ermöglicht Ihnen das schnelle Eingeben von Aufgaben, die noch anstehen.

Ist das Programm *Notizen* gestartet, so klicken Sie bitte unten auf das *Plus*-Symbol (+) zum Hinzufügen einer neuen Notiz, woraufhin Sie auch gleich mit dem Schreiben loslegen können. Alternativ können Sie natürlich auch einen Text hineinkopieren, beispielsweise eine Einkaufsliste, die Sie per E-Mail erhalten haben, oder ein Kochrezept von einer Webseite. Da die ersten Worte den Titel Ihrer Notiz bilden, sollten Sie vielleicht darauf achten, dass diese in etwa den Inhalt sinngemäß wiedergeben.

Möchten Sie *Notizen* nachträglich ändern, so wählen Sie die Gewünschte in der Liste aus und tippen dann rechter Hand auf das eigentliche Notizblatt. Nun können Sie ergänzen, Worte löschen, kürzen, Korrekturen vornehmen oder was auch immer. Möchten Sie eine Notiz hingegen vollständig löschen, so klicken Sie dazu unten liegend auf das *Papierkorb*-Symbol ( ) oder betätigen einfach die *Entfernen*-Taste auf der Tastatur. Bestätigen Sie dann noch den Sicherheits-Dialog per Klick auf *Notiz löschen* und die Notiz verschwindet aus der Liste.

Lieber einmal zu viel nachgefragt, als dass Sie sich später ärgern, wenn Sie etwas aus Versehen löschen.

Haben Sie nun eine Notiz verfasst, so dauert es auch gar nicht lange und sie erscheint auf Ihren anderen Geräten. Sofern Sie noch Computer benutzen, die Systeme vor *Mountain Lion* verwenden, so zeigen sich die Notizen im Programm *Mail*.

Auch im Programm »Mail« unter OS X Lion (und früher) lassen sich Notizen erstellen und weiterleiten.

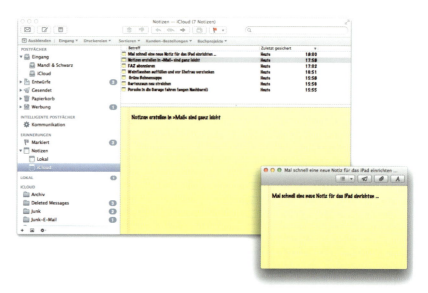

Da sich Notizen per *iCloud* leider über Windows nicht abgleichen lassen (im Gegensatz zu den *Erinnerungen*), bleibt Ihnen wohl nur die Möglichkeit, sich diese per E-Mail auf den PC zu senden. Dazu wählen Sie wieder die entsprechende Notiz aus und tippen dann unten stehend auf das *Bereitstellen*-Symbol ( ). Tippen Sie anschließend auf *E-Mail* und geben Sie im Programm *Mail* die Empfänger-Daten ein. Vervollständigen Sie nun noch *Betreff* sowie den eigentlichen Text und die E-Mail kann versendet werden. Auf diese Weise liegen Ihre Notizen nun auch auf dem PC.

Den Text Ihrer Notizen können Sie auch formatieren, indem Sie zum einen die Schrift anpassen (Menüleiste *Format | Schrift | Standardschrift* bzw. *Schriften einblenden*) bzw. als Listen laufen lassen (Menüleiste *Format | Listen*). In letzterem Fall stellen Sie zuerst die Listen-Art ein (*Aufzählungsliste*, *gestrichelte Liste* oder *nummerierte Liste*) und über die *Eingabetaste* werden nun automatisch die eingerichteten Aufzählungszeichen vergeben. Das kann auch im Nachhinein passieren, indem Sie zuerst den Text markieren und dann eine Listenmöglichkeit bestimmen.

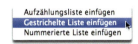

Aufzählungszeichen für die Bohnensuppe – so wird das Ganze verständlicher …

Und selbstverständlich lassen sich Ihre Notizen auch ausdrucken. Wählen Sie dazu über die Menüleiste *Ablage | Drucken* (⌘-P), bestimmen Sie Ihr Drucker-Modell und die Anzahl der Kopien. Der Mausklick auf *Drucken* sollte nun die Notiz auf Papier ausgeben.

Notizzettel – gegen das Vergessen

Und weiter geht's mit den Notizen. Als eigenständige Anwendung taucht der *Notizzettel* auch im Ordner *Programme* auf – auch wenn man Apple fragen könnte, wozu es ein weiteres Programm in dieser Art überhaupt noch braucht. Wozu diese kleinen Zettelchen gut sind, die man auf dem Bildschirm verstreut findet und in die man kleine Info-Happen oder Gedanken-Skizzen schnell und komfortabel eingeben kann, dürfte klar sein. Und auch die Benutzung ist ziemlich simpel: Einmal aufgerufen können Sie über *Ablage | Neue Notiz* (⌘-N) jederzeit neue *Notizzettel* einblenden und diese vollschreiben.

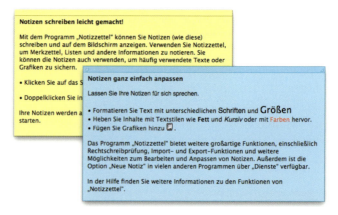

Bunte Zettelchen für die schnelle Idee. Beim ersten Start sind zwei Blätter schon beschrieben – und zwar mit allerlei Wissenswertem zum Gebrauch dieser Notizen.

Die *Farbe* bestimmen Sie über den gleichnamigen Punkt in der Menüleiste. Die Optionen, ob die Zettel transparent (der Hintergrund scheint durch), immer im Vordergrund oder beides zusammen sein sollen, finden Sie in der Menüleiste unter *Notiz* und dort in den Befehlen *Immer im Vordergrund* (⌘-⌥-F) bzw. *Transparentes Fenster* (⌘-⌥-T). Wenn Sie dann noch *Als Standard* aktivieren, sehen alle neu hinzukommenden Zettel nach Ihren dortigen Vorgaben aus.

Sie haben weiterhin die Möglichkeit, Ihren Text zu formatieren, sofern Sie aus dem Menüpunkt *Schrift* sowohl *Schriften einblenden* (⌘-T) als auch Stile wie *fett* (⌘-B), *kursiv* (⌘-I) oder *unterstrichen* (⌘-U) wählen. Der Text kann auch farbig gestaltet werden, indem Sie diesen mit gedrückter Maustaste markieren und über den Farbwähler (*Farben einblenden*/⌘-⇧-C) eine geeignete Farbe heraussuchen. Oder Sie ziehen einfach Bilder oder Icons in das kleine Fenster hinein – auch diese werden anstandslos integriert.

Beginnen Sie zu schreiben, werden automatisch die ersten Worte als Titel betrachtet. Dies ist in der Tat hilfreich, denn ist Ihr Schreibtisch übersät mit Zettelchen, so navigieren Sie über die Menüleiste *Fenster* – in dessen Aufklapp-Menü sämtliche Notizzettel aufgeführt werden – mit ziemlicher Sicherheit den richtigen an. Witzig sind auch die Funktionen *Fenster | Reduzieren* bzw. *Erweitern*, die bei aktiviertem Notizzettel diesen auf die Fensterleiste verkleinern oder wieder ausklappen, sodass teils nur mehr ein schmaler Balken zu sehen ist. Letzteres klappt allerdings wesentlich schneller, wenn Sie einen Doppelklick auf die Notizzettel-Leiste ausführen.

4 | Die Welt der Programme

Zum Aufräumen verwenden Sie dann *Ausrichten nach* (ebenfalls im *Fenster*-Menü) und die gewünschte Aktion: *Farbe, Inhalt, Datum* oder *Position am Bildschirm*. Auf diese Weise werden die Zettel schön säuberlich aneinander gereiht.

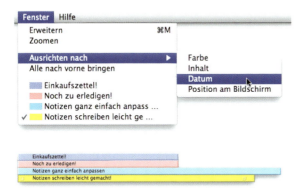

Alles sollte seine Ordnung haben – dank des Fenster-Menüs ist das für Sie ein Leichtes.

Ihre Notizzettel bleiben selbst dann erhalten, wenn Sie Ihr Programm *Notizzettel* über ⌘-Q beenden sollten. Beim nächsten Start werden alle wieder eingeblendet, um sozusagen als Erinnerungsstütze zu dienen. Erst wenn Sie ein Info-Fenster schließen – entweder durch Klick in das kleine Kästchen links oder über *Ablage | Schließen* (⌘-W), werden Sie aufgefordert, Ihre Notiz zu sichern. Wie gesagt, dies ist kein Muss, sollte aber in Anspruch genommen werden, ist der Inhalt für Sie wichtig. Klicken Sie auf *Nicht sichern*, so geht der Inhalt unwiederbringlich verloren. Über *Sichern* vergeben Sie stattdessen einen Namen und legen den Speicher-Ort fest, als *Format* wählen Sie zwischen …

❖ *Reiner Text* (Endung *.txt*) – nur der reine Text wird ohne irgendwelche Formatierungen oder Auszeichnungen wie Stile oder Farben gesichert;

❖ *RTF* (*Rich Text Format* mit dem Suffix *.rtf*) – Absätze oder Stilvorlagen bleiben nach dem Sichern erhalten;

❖ *RTFD* – zusätzlich zu Auszeichnungen, geänderter Schrifttype oder Stilen werden auch eingefügte Grafiken oder Bilder mit abgespeichert.

Zögern Sie die Entscheidung, was zu tun ist, lieber ein paar Sekunden länger hinaus, ehe Sie sich im Nachhinein ärgern, wenn Sie zum wiederholten Male vergessen, Ihre Frau vom Supermarkt abzuholen.

Die drei Speicherformate zum Sichern Ihrer Notiz-Inhalte.

Das Gleiche passiert übrigens auch, wenn Sie über *Ablage* den Befehl *Text exportieren* wählen. Auch in diesem Fall wird der Inhalt gesichert, indem Sie *Titel*, *Speicher-Ort* und *Format* bestimmen.

Notizzettel lassen sich im Gegensatz zu *Dashboards* gleichnamigem *Widget* auch drucken – und zwar über *Ablage | Drucken* (⌘-P).

Die *Notizzettel* sind übrigens eine feine Sache für die Systemeinstellung *Benutzer | Reiter Anmeldeobjekte*. Gleich nach dem Hochfahren des Rechners können Sie so Ihre Notizen einblenden lassen, sodass Sie oder ein anderer Nutzer des Rechners nichts mehr vergessen.

Photo Booth – mehr Spaß beim Foto-Shooting

Wenn Sie einen Mac mit *iSight-/FaceTime*-Kamera besitzen, dann bringt *Photo Booth* eine Menge Spaß auf den Bildschirm. Eigentlich ist dies kein Programm, was der Anwender unbedingt braucht, doch hat man mal ein wenig damit rumgespielt, so möchte man es auch nicht mehr missen. Besonders Kinder haben ihre helle Freude daran, lassen sich doch hervorragend Grimassen schneiden, Zunge blecken und Kopfstand machen – und dies per »Live-Kamera« und zum Festhalten für die Ewigkeit.

Wird das Programm aufgerufen, so schaltet sich automatisch die Kamera ein – und dies sogar im Vollbild-Modus. Präsent in der Mitte sitzt der rote *Aufnahme*-Knopf (/ – je nach Auswahl), der auf Mausklick hin den Selbstauslöser startet. Sie haben drei Sekunden Zeit, eine entspannte Haltung einzunehmen, und dann macht es Klick – das Foto ist geschossen und wird in die unten liegende Bild-Leiste eingespielt. Möchten Sie doch noch schnell die Foto-Session abbrechen, so klicken Sie geschwind auf die *esc*-Taste und der Spuk ist wieder vorbei.

4 | Die Welt der Programme

Egal, ob in Vollbild oder Normal-Ansicht – man schaut grundsätzlich ein wenig dämlich drein. Und warten Sie erst mal auf die Effekte …

Der Vollbild-Modus lässt sich ausschalten, indem Sie entweder die *esc*-Taste drücken, ctrl-⌘-F drücken oder den Mauszeiger an den oberen Bildschirmrand bewegen, sodass sich die Menüleiste zeigt. Dort gibt es zum einen das Menü *Darstellung* mit samt dem Befehl *Vollbild aus* oder ganz rechts liegend den entsprechenden Knopf (▣) zum schnellen Bild-Wechsel.

Als Aufnahme-Möglichkeiten stehen Ihnen drei verschiedene Optionen zur Verfügung, die Sie linker Hand – entweder über die ▣▦▤-Leiste bzw. im Vollbild-Modus über das Retro-Rad – wählen können. Zum einen ist da der ganz normale Schnappschuss mit einer Einzelaufnahme (▢), dann die Möglichkeit zum Anfertigen von vier Bildern in schneller Reihenfolge (▦) sowie das Aufnehmen eines kleinen Video-Clips (▤). Letzteres ist auf einen Blick hin am kleinen Kamera-Symbol sowie der Anzeige der Filmlänge (⏱00:00:20) identifizierbar.

Die Möglichkeiten zum Anfertigen von Bildern oder Film-Clips.

Klicken Sie nun Ihre bereits angefertigten und in der Leiste liegenden Beiträge an, so werden diese sofort angezeigt oder eben abgespielt. Erregt es eher Ihr Missfallen, so brauchen Sie nur auf das kleine *Löschen*-Symbol (☉) zu klicken. Beim Viererbild haben Sie die Möglichkeit, sich das Beste über einen Mausklick hin auszusuchen. Der Video-Clip hingegen lässt sich trimmen, also zuschneiden. Dazu wählen Sie zuerst die Movie-Datei aus und klicken dann auf *Trimmen*. Nun lassen sich sowohl Anfang als auch Ende durch Ziehen (✥) mit gedrückter Maustaste bestimmen. Ein abschließender Klick auf ☑ bestätigt Ihre Veränderungen, über ☒ verwerfen Sie sie.

Ist beispielsweise das Ende des aufgenommenen Filmes missglückt, so können Sie über die Funktion »Trimmen« dieses wegschneiden.

Die Effekte blenden Sie über die Menüleiste *Darstellung | Effekte einblenden* bzw. über ⌘-2 ein. Diese reichen von unschuldigen Verliebt-Bildern über Kulleraugen-Gesichter bis hin zu verdrehten Nasen, von *Pop-Art*, *Comic-Heft* oder *Wärmebildkamera* über Bildverzerrungen wie *Wirbeln*, *Spiegel* oder *Strecken*, und kommt zu einem glücklichen Abschluss bei den Hintergrund-Einblendungen (sogenannten *Video-Kulissen*), als befänden Sie sich in Paris vor dem Eiffelturm oder in der Achterbahn. Auf Wunsch können Sie sogar eigene Bilder oder Filme als *Video-Kulissen* bestimmen, indem Sie sie einfach auf die Platzhalter bewegen.

4 | Die Welt der Programme

Die bereits fertiggestellten Vorlagen bringen witzige Abwechslung in den tristen Computer-Alltag.

Packen Sie einfach ein Bild (aus »iPhoto« oder über den »Finder«) bzw. einen Film aus »iMovie« und ziehen Sie sie auf den Platzhalter (Hintergrund hierher bewegen).

Alle Objekte, die Sie in der unteren Leiste vorfinden, werden in einem Ordner in Ihrem Benutzer-Ordner abgelegt, auf den Sie jedoch nicht so ohne Weiteres zugreifen können. Und doch gibt es zwei Möglichkeiten: Zum einen können Sie Ihre Bilder/Videos exportieren, indem Sie sie auswählen und dann über die Menüleiste *Ablage* den Befehl *Exportieren* wählen. Im *Sichern*-Dialog vergeben Sie einen aussagekräftigen Namen und bestimmen den Speicher-Ort – und schon lassen sich die Dateien auch in anderen Programmen wie etwa in *Vorschau* (für Bilder) oder *QuickTime* (für Videos) öffnen und weiterbearbeiten.

Über den Dialog »Sichern« vergeben Sie Namen und Speicher-Adresse und die Datei liegt am rechten Fleck.

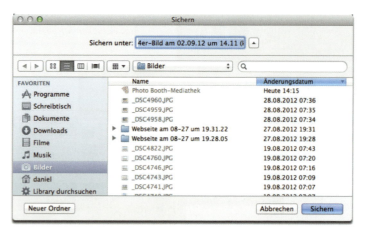

Die zweite Möglichkeit besteht darin, dass Sie in *Photo Booth* das Kontext-Menü aufrufen und daraus den Befehl *Im Finder zeigen* wählen. Daraufhin öffnet sich jener Ordner, in dem *Photo Booth* standardmäßig seine Inhalte sichert, den Sie selbst aber nur auf diesem Weg erreichen.

In Ihrem *Benutzer*-Ordner finden Sie den Ordner *Bilder*, der wiederum die *Photo Booth-Mediathek* beinhaltet. Wird diese doppelt angeklickt, so startet *Photo Booth*. Rufen Sie jedoch stattdessen das Kontext-Menü auf und wählen den Befehl *Paketinhalt zeigen*, so gelangen Sie ebenso an Ihre sämtlichen, in *Photo Booth* vorliegenden Medien.

Sowohl Bilder als auch Video-Clips können Sie auch per E-Mail weitersenden, zu *iPhoto* transferieren, über *AirDrop* mit einem anderen Mac-Rechner über WLAN austauschen bzw. bei *Flickr* oder *Twitter* (nur Bilder) oder *Vimeo* (nur Videos) veröffentlichen. Letztere (*Flickr*, *Twitter* sowie *Vimeo*) gehören zu den großen Communities bzw. sozialen Netzwerken, über die Sie Ihre Kreationen Millionen anderer Nutzer zugänglich machen können. Dafür benötigen Sie jedoch zuvor einen eigenen Account. Mehr dazu gibt es im Kapitel »Mit dem Mac ins Internet«.

Im Falle von *E-Mail* und *Zu iPhoto hinzufügen* ist das relativ einfach zu bewerkstelligen: Bestimmen Sie nun ein oder mehrere Objekte (mit gedrückter *Befehlstaste*) und wählen Sie dann den gewünschten Befehl. Über *E-Mail* startet automatisch das Programm *Mail* und integriert die Daten in ein neues Fenster – Sie brauchen nur noch Empfänger, Betreff sowie ein paar nette Zeilen zu vergeben und fertig ist die perfekte E-Mail. Im anderen Fall öffnet sich *iPhoto* und integriert das Material in ein neues Ereignis.

4 | Die Welt der Programme

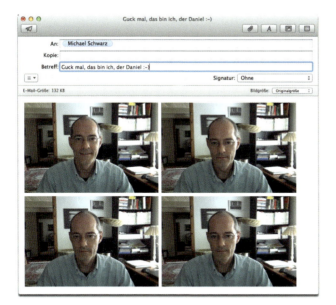

Schnell mal ein aktuelles Foto von sich und seinen Lieben versenden – per »Photo Booth« und »Mail« ist das eine Sache von Sekunden.

Auch im Falle von »iPhoto« klappt die Übergabe reibungslos: Die Daten werden importiert und als neues Ereignis angelegt – selbst die Filme werden ohne Murren übernommen.

Übrig bleiben die beiden Optionen *Accountbild festlegen* und *Kontaktbild festlegen*. Ersteres ersetzt Ihr bisheriges Account-Bild und blendet dabei die Systemeinstellung *Benutzer & Gruppen* ein. Dort können Sie es nun wieder bearbeiten oder ein anderes Bild einladen. Im Falle des *Kontaktbildes* passiert genau das Gleiche, nur dass dieses Mal das Abbild in das Programm *Nachrichten* eingesetzt wird.

Wenn Sie nun immer noch nicht genug von *Photo Booth* haben, dann überfliegen Sie doch flüchtig einmal die Menüs. Dort finden sich dann noch eher Optionen für speziellere Anliegen wie etwa *Foto spiegeln* oder *Neue Objekte automatisch spiegeln* (jeweils im *Bearbeiten*-Menü) oder die Möglichkeit, mit den bereits gesammelten Aufnahmen eine Diashow laufen zu lassen (*Darstellung | Diashow starten*). Haben Sie zudem im *Fenster*-Menü die Option *Bildschirm-Blinken aktivieren* eingeschaltet, so wird bei Aufnahmen – ähnlich einem Blitzgerät – über das einmalige Aufleuchten des Monitors eine Aufhellung des Fotos erreicht.

QuickTime Player – verantwortlich für die multimedialen Inhalte

QuickTime nennt sich Apples Multimedia-Architektur, die sich um die verschiedensten Medien wie Video, Musik oder auch Bilder kümmert, indem Sie sie öffnen und abspielen kann. *QuickTime* ist auf Medienformate wie H.264/MPEG-4 und weitere Codecs und AAC optimiert und kann auch Filme mit *Surround Sound* wiedergeben. Sie haben natürlich in letzterem Fall nur etwas davon, wenn Sie an Ihrem Mac auch ein Surround-Boxen-Equipment angeschlossen haben.

Der Begriff *Codec* setzt sich aus den Wörtern Codierer und Decodierer zusammen. Hierbei handelt es sich um eine Technik, wie Daten komprimiert und bei der Wiedergabe wieder dekomprimiert werden. Je geschickter hier der Codec, desto kleiner sind die Daten bei bestmöglicher Wiedergabe. Einen *Codec* verwenden Sie beispielsweise, wenn Sie mit einem Camcorder einen Urlaubsfilm drehen, diesen in *iMovie* schneiden und dann exportieren möchten, beispielsweise auf DVD, CD oder als komprimierten Film, um ihn ausschnittsweise per Internet zu verschicken.

Egal, ob im Internet oder auf CD-ROMs/DVDs – Sie werden häufig auf Multimedia-Daten stoßen. Auch die Filme, die Sie vielleicht mit Ihrer Digitalkamera (meist im *MPEG 4*- oder *AVI*-Format) aufgenommen haben und die sich nun in *iPhoto* oder in *iTunes* befinden, lassen sich Dank des *QuickTime Players* per Doppelklick oder über *Ablage | Datei öffnen* (falls sich diese beispielsweise im Ordner *Filme* befinden) ohne Probleme starten.

Wenn Sie noch keinen Film zum Ausprobieren auf Ihrem Rechner besitzen, sollten Sie unbedingt einmal der Webseite `trailers.apple.com` einen Besuch abstatten. Hier finden Sie neben Musik-Videos auch aktuelle Film-Trailer, die – je nach gewünschter Wiedergabegröße – entweder innerhalb des Browsers oder in einem eigenen *QuickTime*-Fenster abgespielt werden.

4 | Die Welt der Programme

Sowohl im Internet-Browser (über sogenannte Plug-ins – das sind kleine Hilfsprogramme) als auch separat bereitet das Betrachten von Filmen dank Quick-Time keine Probleme.

Wie Sie anhand der Abbildung sehen, befindet sich innerhalb des *Ansichts*-Bereiches die Navigationsleiste, mit der Sie den Film wiedergeben, stoppen, im Schnelldurchgang vorwärts oder rückwärts laufen bzw. bildweise blättern können. Eine weitere Alternative ist das Bewegen der *Abspielmarke* (◆) mit der Maus über den *Zeitachsenbereich*.

> Wie bei fast allen Programmen stehen Ihnen auch hier die berühmten Tastatur-Kombinationen zur Verfügung: Über die *Leertaste* starten bzw. stoppen Sie den Film, mit dem Rechts- (⇢) und Links-Pfeil (⇠) bewegen Sie den Film bildweise vorwärts oder rückwärts, über *Wahltaste-Rechtspfeil* (⌥-⇢) gelangen Sie an das Ende, mit *Wahltaste-Linkspfeil* (⌥-⇠) wieder an den Anfang. Über *Befehlstaste-Rechtspfeil* (⌘-⇢) beziehungsweise *Befehlstaste-Linkspfeil* (⌥-⇠) können Sie das Video beschleunigt vorwärts oder rückwärts wiedergeben – mehrmaliges Drücken der Pfeiltasten erhöht dabei die Abspielgeschwindigkeit (von 2x bis 8x). Die Lautstärke verstärken Sie über den *Pfeil nach oben* (↑) bzw. verringern sie über den *Pfeil nach unten* (↓).

Sobald Sie den Mauszeiger innerhalb des Film-Fensters bewegen, wird die Bedienung eingeblendet, womit sich hervorragend navigieren lässt.

355

Selbstverständlich lässt sich auch die *Bildgröße* verändern. Entweder Sie erledigen das über die Navigationsleiste, indem Sie auf das *Vollbild*-Symbol (■) klicken, oder aber über die Tastatur mit entsprechenden Tasten-Kombinationen. Über ⌘-1 erhalten Sie die *Originalgröße*, während ⌘-3 das *Anpassen an den Bildschirm* bewirkt, indem entweder horizontal oder vertikal das Video den Bildschirm-Rand berührt. Starten Sie nun über ⌘-F den *Vollbild-/Präsentationsmodus*, so wird der Bildschirm abgedunkelt und der Film erscheint ganzflächig ohne störendes Beiwerk. Erst in diesem Modus lassen sich die weiteren Funktionen *Bildschirmfüllend* (⌘-4) sowie *Panorama* (⌘-5) anwählen. *Bildschirmfüllend* breitet den Film unverzerrt und ohne Anpassung auf die gesamte Fläche (sowohl horizontal wie auch vertikal) aus, sodass keine schwarzen Ränder erscheinen. Auf diese Weise können jedoch Teile des Videos auch aus dem sichtbaren Bereich fallen. *Panorama* hingegen staucht die Film-Ränder und verzerrt leicht das Bild – als Gegenwert sehen Sie allerdings alle Bildteile.

Auch über die Navigationsleiste lässt sich zwischen *Bildschirmfüllend* und *An Bildschirm anpassen* wechseln, indem Sie auf das Symbol ■ klicken.

Das Bedienen einer passenden Anzeigeform klappt natürlich auch per Maus und Menüleiste: Wählen Sie den Punkt *Darstellung* und dann die entsprechende Größe. Selbst dann, wenn Sie bildschirmfüllend genießen, können Sie auf die Menüleiste zugreifen, indem Sie den Mauszeiger an den oberen Bildschirmrand bewegen. Ist ein Film so aufregend, dass Sie gar nicht genug davon bekommen können oder Sie eine kritische Kontrolle vornehmen möchten, so stellen Sie über *Darstellung* den Befehl *Endlosschleife* (⌘-⌥-L) ein – der Film beginnt nun wieder und wieder von vorne.

Das Menü *Darstellung* weist jedoch weitere Optionen auf – darunter *Sprachen* und *Untertitel* sowie *Kapitel*. Wenn Sie also Filme ansehen, die diese Merkmale aufweisen, so können Sie schnell beispielsweise von Deutsch auf die Originalsprache wechseln oder sich die deutschen Untertitel einblenden lassen. *Kapitel* sind hingegen im Film verankerte Markierungen, über die Sie gezielt wichtige Szenen und Themenwechsel direkt anspringen können. Kauf-Videos sowie solche, die Sie vielleicht über den *iTunes Store* erworben haben, weisen üblicherweise solche auf. Über *Kapitel einblenden* wechselt nun das Film-Fenster und blendet diese ein, sodass Sie per Mausklick an eine bestimmte Stelle springen können. Diese Funktion lässt sich auch über die Navigationsleiste aufrufen, wenn Sie auf den *Kapitel*-Knopf (■) drücken.

4 | Die Welt der Programme

Über »Kapitel« lassen sich blitzschnell Szenen suchen und wechseln. Diese Funktion steht sowohl im separaten Fenster als auch im bildschirmfüllenden Modus zur Verfügung.

Möchten Sie mehr über Ihren Film erfahren, so sollten Sie über *Fenster | Filminformationen einblenden* (⌘-I) den zugehörigen Dialog aufrufen. Neben den allgemeinen Daten wie *Titel* oder *Quelle* (also der Pfad, wo sich das Video auf der Festplatte befindet) lassen sich auch alle Fragen zum *Format*, der *Framerate* (*FPS – frame per second* oder Bilder pro Sekunde), der *Datengröße* und weiteres mehr in Erfahrung bringen.

Die Filminformationen sind für all jene gedacht, die sich für die Technik hinter den Kulissen interessieren.

Auch im *QuickTime Player* gibt es die Möglichkeit des *Trimmens*. Trimmen ist dabei der Fachbegriff für das Zuschneiden eines Clips/eines Videos auf die von Ihnen gewünschte Länge (ohne störendes Beiwerk). Haben Sie einen Film aufgerufen und wählen *Bearbeiten | Trimmen* (⌘-T),

357

so verändert sich die Arbeitsoberfläche und der Clip/das Video wird miniaturisiert als Leiste in seiner Originallänge unterhalb der Hauptbildansicht angezeigt. Umgeben von einem gelben Auswahlrahmen lassen sich nun die beiden Seitenränder des Rahmens mithilfe der Maus (✣) nach links oder rechts ziehen und sich genau anpassen. Die beiden Seitenlinien zeigen dabei den Startpunkt (In-Punkt – für das erste Bild, das erhalten bleiben soll) und den Endpunkt (Out-Punkt – für das letzte Bild, das Sie weiterverwenden möchten).

Wird der Befehl »Trimmen« aufgerufen, so blendet QuickTime eine Leiste ein, die den Film miniaturisiert darstellt. Ziehen Sie mit gedrückt gehaltener Maustaste an den gelben Rändern, um Anfang und Ende des endgültigen Clips festzulegen.

Zur Kontrolle sollten Sie die *Abspielmarke* (das ist die rote, senkrecht stehende Linie) mit der Maus über die jeweiligen Bereiche bewegen, um die Auswahl zu begutachten. Sitzt und passt alles, so klicken Sie auf den Button *Trimmen* oder drücken den *Zeilenschalter* (↵) und die Auswahl wird um die abgeschnittenen Bereiche gekürzt.

Wenn Sie einen Film bearbeiten möchten, der sowohl am Anfang und am Ende keinen Ton besitzt und Sie den Film um diese Bereiche kürzen möchten, so eignet sich ganz hervorragend der Befehl *Bearbeiten | Alles auswählen ohne Stille*. Beim Auswählen werden die »tonlosen« Bereiche dann ausgeklammert. Klicken Sie auf *Trimmen* und *QuickTime* kümmert sich um alles weitere.

Auch das Teilen eines Clips ist möglich, indem Sie die Abspielmarke (◆) an die entsprechende Stelle bewegen und dann aus dem *Bearbeiten*-Menü den Befehl *Clip teilen* (⌘-Y) wählen. Auf Wunsch können Sie den Clip auch mehrmals teilen und die Versatzstücke danach neu zusammensetzen. Halten Sie dabei einen Clip mit gedrückter Maustaste, so

4 | Die Welt der Programme

werden die Bilder vom Ende des vorangehenden sowie vom Anfang des nachfolgenden Clips mit eingeblendet.

Wenn nötig, lassen sich auch einzelne Clip-Bereich kopieren (*Bearbeiten | Kopieren* bzw. ⌘-C) und in einem zweiten Video einfügen (*Bearbeiten | Einsetzen* bzw. ⌘-V). Der neu hinzukommene Bereich wird nun am Anfang des bestehenden Clips eingesetzt. Als Alternative dazu können Sie auch bei aufgerufenem Video-Clip den Befehl *Clip am Ende hinzufügen* bzw. *Clip nach Auswahl hinzufügen* (jeweils *Bearbeiten*-Menü) benutzen und über den typischen *Öffnen-/Sichern*-Dialog einen Film bestimmen, der nun eingebaut werden soll.

Oben: Unser Clip wurde in mehrere Teile zerlegt. Danach wurde der erste Bereich weiter nach vorne gezogen, wobei »QuickTime« Ende und Anfang der benachbarten Clips anzeigt.

Für alle iPod touch-, iPhone- sowie iPad-Filmer sind wohl die Befehle *Nach links drehen* (⌘-⇧-L) bzw. *Nach rechts drehen* (⌘-⇧-R) gedacht (ebenso in der Menüleiste *Bearbeiten* abrufbar). Wurde das Gerät falsch gehalten und die Handlung läuft quer ab, so können Sie diese Bereiche berichtigen. Falls erforderlich, teilen Sie zuerst den Clip, um die falschen Stellen freizustellen. Danach markieren Sie diese und wählen dann aus dem *Bearbeiten*-Menü die passende Clip-Richtung.

Schief ist zwar modern – allerdings nicht beim Filmen. Ein klarer Fall für die »Nach links drehen« bzw. »Nach rechts drehen«-Optionen.

359

Bitte bedenken Sie, dass Clip-Bereiche seitens *QuickTime* angepasst bzw. sogar zugeschnitten werden müssen, sollen diese in einen Kontext eingebaut werden. Gerade das *Drehen* ist so ein Kandidat dafür, sodass wir fast dazu raten möchten, das *Drehen* nur auf vollständige Clips anzuwenden.

Neben der Wiedergabe von multimedialen Objekten ist *QuickTime* aber auch in der Lage, eigene Video-, Audio- sowie Bildschirm-Aufnahmen vorzunehmen. Die Befehle hierzu lauten *Neue Videoaufnahme* (⌘-⌥-N), *Neue Audioaufnahme* (ctrl-⌘-⌥-N) und *Neue Bildschirmaufnahme* (ctrl-⌘-N) und Sie finden diese im Menü *Ablage*. Für eine *Videoaufnahme* lässt sich sowohl die *iSight-/FaceTime*-Kamera als auch ein per *FireWire* angeschlossener DV-Camcorder verwenden. Für den Ton bedienen Sie sich über das intern verbaute Mikrofon oder über ein externes Gerät.

Diese schnell zu erstellenden Videoaufnahmen eignen sich zum Beispiel wunderbar, haben Sie kein iPhone/iPod (nano oder touch)/iPad oder Handy zur Hand, möchten aber gerne einen ersten Eindruck vom Ferienhaus vermitteln. Oder eine Party ist im Gange und Sie wollen den Verlauf (die Wohnung vorher und nachher) festhalten. In solchen Fällen ist natürlich ein MacBook (Pro) ideal, sind Sie doch damit mobil und können das Gerät wie einen Camcorder benutzen, indem Sie herumgehen und einzelne Gesichter zeigen. Wenn Sie sehr kräftig gebaut sind und grundsätzlich 25 m Stromkabel benutzen, lässt sich natürlich auch mit einem iMac herumstolzieren.

 Wird nun der Befehl *Neue Videoaufnahme* aufgerufen, so startet das Aufnahme-Fenster mitsamt dem Bedien-Panel, über das Sie zum einen den *Vollbildmodus ein- und ausschalten* (⬚) sowie weitere Einstellungen zum Auswählen der gewünschten Kamera, des Mikrofons, der Qualität sowie des Speicherortes der aufgezeichneten Datei vornehmen können. Rufen Sie zusätzlich noch die *Filminformationen* (⌘-I) auf, so erhalten Sie schon einmal die wichtigsten Infos zu den verschiedenen Aufnahme-Qualitätsstufen.

 Aufnahmen auf MacBook (Pro/Air) sowie dem iMac weisen unterschiedliche Einstellungen für die Auflösung und das Format auf. Eine manuelle Optimierung ist seitens Apple nicht vorgesehen. Verwenden Sie bei Qualität die Einstellung *Mittel* (320 x 240 Pixel/640 x 480 Pixel), wenn Sie die Aufnahme beispielsweise per E-Mail versenden oder ins Internet stellen möchten, Sie selbst oder der Empfänger jedoch über keine allzu schnelle Daten-Verbindung verfügen. *Hoch* (640 x 480 Pixel/1280 x 720 Pixel) ist ebenso für E-Mail und Internet geeignet, wurde jedoch in Sachen Qualität mit einer höheren Aufnahmegröße dafür optimiert. *Maximal* verwendet je nach verwendetem Mac und Grafikkarte unterschiedliche Einstellungen, was die Auflösung sowie das Format angeht.

Das Aufnahme-Fenster für die Videoaufzeichnung.

Bevor Sie nun loslegen, sollten Sie schon einmal ein paar Sätze sprechen bzw. die Geräuschkulisse testen, um den Eingangspegel der Audio-Aufnahme zu justieren. Schlagen die Pegel zu sehr oder zu wenig aus, so rufen Sie bitte die Systemeinstellung *Ton* | Reiter *Eingabe* auf und bestimmen die *Eingangslautstärke* neu. Weiterhin sollten Sie über das Vorschau-Fenster einschätzen, ob Sie mit der Kameraposition sowie der Beleuchtung richtig liegen. Über den *Aufnahme*-Knopf (●) bzw. über das Drücken der *Leertaste* startet die eigentliche Aufzeichnung und dauert so lange, bis Sie erneut darauf klicken oder die *Leertaste* drücken.

Dasselbe Vorgehen vollziehen Sie auch bei einer *Audioaufnahme*. Nach dem Start des Aufnahme-Fensters nehmen Sie wieder die gewünschten Einstellungen (Mikrofon, Qualität und Speicher-Ort) vor und klicken dann auf den *Record*-Knopf (●). Zum Stoppen klicken Sie dann wiederum auf ● und die Aufnahme ist im Kasten. Denken Sie auch wieder an das Umbenennen der Datei.

Die *Bildschirmaufnahme* verwenden Sie, falls Sie Arbeitsschritte, die Sie auf Ihrem Mac ausführen, festhalten möchten. Sie kann jedoch auch dazu dienen, Probleme darzustellen oder anderen bei Schwierigkeiten etwaige

Lösungen in Bild und Ton zu übergeben. Ist der *Aufnahme*-Dialog bereit, so nehmen Sie Ihre gewünschten Einstellungen vor und klicken dann auf den *Record*-Knopf. Hierbei öffnet sich ein weiterer Dialog, der Ihnen die Wahl zwischen der Aufnahme des gesamten Bildschirms (einfach einmal klicken) bzw. eines Ausschnittes davon lässt. Bei letzterer Vorgehensweise ziehen Sie zuerst mit der Maus einen Rahmen auf, der den zu filmenden Bereich abdeckt. In der Mitte wiederum taucht die Schaltfläche *Aufnahme starten* auf, die auf Mausklick hin genau damit beginnt.

Sie haben die Wahl zwischen einer Vollbild-Aufnahme sowie eines Ausschnittes davon.

Im Falle des Bildschirm-Ausschnittes ziehen Sie zuvor mit der Maus einen Auswahl-Rahmen auf. Mit Klick auf »Aufnahme starten« wird dann nur in diesem Bereich gefilmt.

Alles, was Sie von nun an auf Ihrem Mac anstellen (Programme starten, Fenster verschieben, Ordner füllen), wird aufgezeichnet und als Film festgehalten. Die Auflösung richtet sich hierbei nach der Größe Ihres Bildschirms. Stoppen Sie die Aufnahme, so öffnet sich automatisch das Video und Sie können bewundern, wie sich Mauszeiger oder Fenster/Ordner/Dokumente wie von Geisterhand bewegen. Auch dieses Video befindet sich üblicherweise im *Filme*-Ordner und sollte durch Sie einen anderen, treffenderen Titel erhalten.

Möchten Sie in Ihrer Bildschirm-Aufnahme das Klicken der Maustaste signalisieren, so finden Sie in den Aufnahme-Einstellungen die Option *Mausklicks in der Aufnahme anzeigen*. In diesem Fall wird beim Drücken der Maustaste im aufgezeichneten Video ein Kreis um den Mauspfeil abgebildet.

4 | Die Welt der Programme

Wenn Sie Ihren Zuschauern einen Mausklick symbolisieren möchten, so aktivieren Sie zuvor die Option »Mausklicks in der Aufnahme anzeigen«.

Alle bislang aufgeführten Aufnahme-Möglichkeiten lassen sich später auch wieder trimmen. Hierzu rufen Sie bei geöffneter Film- oder Audio-Aufnahme den Befehl *Trimmen* (⌘-T) auf und ziehen die Ränder der Leiste wieder nach links oder rechts, bis der passende Ausschnitt sitzt. Über *Trimmen* wird dann der gewählte Bereich ausgeschnitten.

Möchten Sie später die Dateien wieder schließen, so werden Sie aufgefordert, die Änderungen zu sichern. Zum einen können Sie nun einen Rückzieher machen und auf *Nicht sichern* klicken, sodass die Änderungen wieder rückgängig gemacht werden und sich die Datei ohne Bearbeitung schließt. Oder Sie vergeben einen neuen Namen und speichern den Film über *Sichern* samt den Änderungen ab.

Beim Schließen der Datei nach einer Veränderung werden Sie zum Sichern aufgefordert.

Der *Sichern*-Dialog weist jedoch eine weitere Besonderheit auf: Über das Popup-Menü bei *Format* ist es Ihnen nun möglich, Ihre aufgenommene Datei in einem anderen Format auszugeben. Einzig die Audioaufnahmen bilden hier eine Ausnahme, denn ihnen steht ausschließlich das Format *Nur Audio* zur Verfügung, das sich mit den Geräten iPod, iPhone, iPad, Apple TV sowie Mac und PC kompatibel erklärt.

363

Möchten Sie eine Film-Datei – auch ohne vorherige Veränderung – unter einem neuen Namen oder in einem neuen Format abspeichern, so können Sie dies auch über den Befehl *Ablage | Exportieren* erledigen. In diesem Fall erscheint der gleiche Dialog zum Speichern und Auswählen von *Titel*, *Speicherort* und *Format*. Oder Sie machen das Gleiche wie vorhin über *Ablage | Duplizieren* (⌘-⇧-S) und schließen einfach die Datei – auch in diesem Fall bekommen Sie die Möglichkeit zum Speichern.

Für Bildschirmaufnahmen stehen hingegen weitere Format-Alternativen zur Auswahl, die allesamt über das MPEG4-Format mit der Endung ».m4v« verfügen und sich hauptsächlich in der verwendeten Auflösung unterscheiden: *iPod touch und iPhone 3GS* (640 x 360 Pixel), *iPad, iPhone 4 und Apple TV* (1280 x 720 Pixel), *Mac und PC* (1920 x 1080 Pixel). Letztere Auflösungen wurden mit einem iMac 27-Zoll ermittelt – ein MacBook (Pro/Air) wird hier teils abweichende Werte liefern, da diese insgesamt (besonders was die Einstellung *Mac und PC* angeht) eine geringere Bildschirm-Auflösung bieten. Bei Video-Aufnahmen über die *FaceTime*-Kamera werden ebenso nur die Varianten *iPod touch und iPhone 3GS* und *iPad, iPhone 4 und Apple TV* angeboten, da eine höhere Auflösung nicht möglich ist. Alle bislang geschilderten Sichern-/Export-Möglichkeiten stehen selbstverständlich auch anderen Filmen (beispielsweise aus Ihrer Digitalkamera) zur Verfügung – vorausgesetzt, dass diese in einem Format vorliegen, das *QuickTime* lesen kann.

Die Format-Einstellungen *480p*, *720p* und *1080p* belassen hingegen das Original-Format, verändern aber je nach Einstellung die Auflösung. Die Zahlen betreffen hierbei die vertikale Auflösung in Pixeln. Diese Möglichkeit eignet sich daher besonders zum Skalieren von Filmen.

Neben dem Ausgeben von Filmen in anderen Video-Formaten besteht bei Video-Aufnahmen noch die Möglichkeit, nur die Ton-Spur zu sichern. Diese Einstellung nennt sich *Nur Audio*.

Neben diesem Speichern lassen sich Ihre Filme auch auf anderem Wege weiterreichen, darunter diverse Internet-Dienste wie *YouTube*, *Vimeo*, *Flickr* oder *Facebook*, der Versand per E-Mail bzw. über das Programm *Nachrichten* oder der schnelle Transfer auf einen anderen Mac-Rechner via *AirDrop*. Diese Möglichkeiten erreichen Sie entweder über die Menüleiste *Ablage | Bereitstellen* bzw. über die Navigationsleiste und dort über den *Bereitstellen*-Button (). Wie üblich heißt es auch in diesem Falle, dass Sie sich zuvor für die jeweiligen Accounts registrieren müssen, was

4 | Die Welt der Programme

für Sie zur Identifizierung eine E-Mail-Adresse sowie ein Passwort bedeutet. Das erledigen Sie meist direkt über die Hauptwebseite der Internet-Dienste (www.youtube.com, www.flickr.com, www.facebook.com, vimeo.com) bzw. bei schon vorliegenden Account-Daten teils über die Systemeinstellung *Mail, Kontakte & Kalender*.

Über den »Bereitstellen«-Knopf der Navigationsleiste stehen Ihnen diverse Export-Möglichkeiten zur Verfügung.

Bevor es auf die Reise zum Veröffentlichungsziel geht, sollten Sie noch Titel sowie eine kurze Beschreibung (meist zwingend erforderlich) verfassen. Mit Attributen (auch Tags oder Schlüsselworte genannt) können Sie das Auffinden Ihres Filmes erleichtern, falls Besucher mit Stichworten nach bestimmten Filminhalten suchen.

Neben diesen Varianten lässt sich auch über die Menüleiste *Ablage | Exportieren zu* der Film an *iTunes* oder *iMovie* übergeben bzw. für das *Web* aufbereiten. Wurde der Eintrag *iTunes* gewählt, so bestimmen Sie auf Mausklick hin den jeweiligen Verwendungszweck und *QuickTime* übernimmt die Konvertierung. In *iTunes* vorliegend können Sie nun den Film beispielsweise auf iPad, iPhone oder iPod touch kopieren bzw. über Apple TV auf den Fernseher streamen.

Der Dialog zum Transferieren zu »iTunes«.

Während der Transfer zu *iMovie* bei uns nicht klappte (angeblich ist *iMovie* dafür nicht konfiguriert …), lassen sich per *Exportieren zu | Web* verschiedene Exportversionen erstellen, die laut Aussage von *Quick-Time* die beste Version für *Mobilfunk*, *WLAN* oder *Breitband* darstellen, möchten Sie den Film über eine Internetverbindung verbreiten.

Möchten Sie Ihren Film beispielsweise auf einer eigenen Internetpräsenz zum Download anbieten, so können Sie über »Exportieren zu | Web« verschiedene Exportversionen aufbereiten lassen.

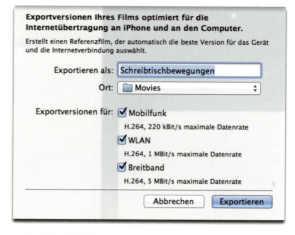

Bei allen Formen der Filmaufbereitung zeigt »QuickTime« den Exportstatus (Fenster | Exportstatus einblenden bzw. ⌘-⌥-P) an, über den Sie zum einen die noch verbleibende Zeit ablesen können und zum anderen auch bereits veröffentlichte Filme wieder rückgängig machen können.

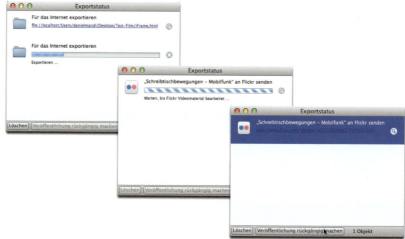

4 | Die Welt der Programme

Rechner – Mit Mehrwert unter der Oberfläche

Rufen Sie das Programm auf, so erscheint vorrangig erst einmal ein ganz normaler Taschenrechner, wie man ihn eben kennt zum Berechnen beispielsweise der Inflationsrate, Diäten-Erhöhungen, der Haushaltsverschuldung oder der Benzinpreise … Aber täuschen Sie sich nicht, denn hinter dem unscheinbaren ersten Auftreten stecken viele weitere Funktionen, die Sie über die Menüleiste in Erfahrung bringen.

Neben der *Standard*-Darstellung (⌘-1) gibt der Rechner über das *Darstellungs*-Menü die Ansichten *Wissenschaftlich* (⌘-2) sowie *Programmierer* (⌘-3) preis. So lassen sich zig weitere Berechnungsmöglichkeiten einblenden, die selbst uns immer wieder verblüffen.

Von »Alles klar« über »Das sind aber schöne Knöpfe« bis hin zu »Verstehe nur Bahnhof« – der Rechner hat wohl für jeden Zahlen-Freak etwas Passendes im Gepäck.

Aber das ist immer noch nicht alles: Denn Sie können mit dem Apple-Rechner zusätzlich die Anzahl der *Nachkommastellen* (*Darstellung | Nachkommastellen*) festlegen als auch eine sogenannte *Umgekehrte polnische Notation* (⌘-R) einblenden. Diese Nennung, die uns zuerst einmal an das wunderschöne Polen erinnert, ist ganz klar ein Begriff für *Wikipedia* (denken Sie an das Apple-Lexikon!) und erklärt uns, dass es sich hierbei um die »Eingabelogik für die Anwendung von Operationen« handelt (das ist so simpel, da hätten wir ja nun selbst draufkommen können).

Eine gute Sache ist auch der *Beleg* (wie an der Supermarkt-Kasse, wenn Sie wieder mal Kaufmannsladen spielen), der über das Menü *Fenster* eingeblendet wird (⌘-T) und der Ihre Rechenkünste aufzeichnet. Ist die Arbeit erledigt, lässt er sich über *Ablage | Beleg sichern unter* (⌘-⇧-S) speichern bzw. drucken (*Ablage | Beleg drucken* – ⌘-P) oder Sie kopieren über *Alles Auswählen* (⌘-A) sowie *Kopieren* (⌘-C) den Inhalt und fügen ihn über *Einsetzen* (⌘-V) woanders wieder ein.

Wenn Sie 12 Monatsraten á 45 Euro für eine Hundehütte berappen, sich dann zusätzlich für 280 Euro einen Dackel leisten, der Sie weiterhin monatlich 55 Euro an Hundenahrung kostet zzgl. 600 Euro Tierarztsold, dann hätten Sie sich theoretisch für die 2080 Euro auch ein tolles MacBook Pro leisten können :-)

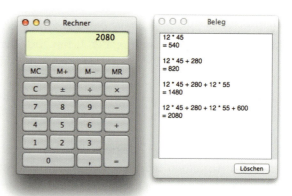

Und vergessen Sie bitte auf keinen Fall, einen ausführlichen Blick in das Menü *Umrechnen* zu werfen. Aus den Bereichen *Fläche*, *Währung*, *Gewicht und Masse*, *Geschwindigkeit*, *Temperatur* und so weiter lassen sich diverse Werte umrechnen, indem Sie Ausgangswerte in den *Rechner* eintippen, dann die Umrechnungs-Rubrik samt Kategorien wählen und bestätigen – das Ergebnis erscheint dann im Anzeige-Bereich.

Damit Sie immer auf dem Laufenden sind – gerade in Sachen *Währung* – sollten Sie vor dem Umrechnen in Geldangelegenheiten online gehen, da in diesem Fall die aktuellen Devisenkurse automatisch aktualisiert werden. Klicken Sie dazu auf den *Aktualisieren*-Button und Sie sind wieder auf dem neuesten Stand.

So bitte nicht (linke Seite)! Die letzte Aktualisierung stammt vom 9. August 2011. Nach dem Klick auf »Aktualisieren« sind wir wieder in der Neuzeit. Bitte denken Sie stets bei Währungs-Umrechnungen an das vorherige Aktualisieren über das Internet.

Denken Sie auch immer an das *Dashboard* mit seinen vielen Widgets, die ebenso vielfältige Funktionalitäten auf Wischen-Geste bzw. Knopfdruck bieten – um beim Beispiel zu bleiben etwa den *Rechner* oder das *Umrechnen*-Programm.

4 | Die Welt der Programme

Schach – eine Partie für spannende Abende

Das Spiel *Schach* wurde vor circa 2000 Jahren in Indien erfunden und vor rund 1000 Jahren nach Europa importiert. Seit längerer Zeit hat es auch Apple für sich entdeckt und dieses Spiel seinen *OS X*-Versionen mitgegeben.

Wird das Programm *Schach* das erste Mal gestartet, so meldet sich sogleich das *Game Center* und bittet um Anmeldung. Der Vorteil wäre für Sie, dass Sie auf diese Weise auch mit Freunden über das Internet spielen könnten. Bei Spielen, die zudem eine Punktevergabe zum Ansporn nutzen, würden diese weiterhin auch gesichert, damit Sie auch auf Ihren anderen Rechnern mit diesem Punktestand weiter zocken könnten. Wir persönlich brauchen das nicht, doch gibt es mit Sicherheit viele Anwender, die ganz heiß sind auf ein kleines Spielchen.

Auch »Schach« möchte seinen Platz im »Game Center«.

Über *Spiel | Neu* (⌘-N) sollten Sie zuerst einmal die Spieler festlegen: *Spieler versus Spieler*, *Spieler versus Computer* oder gar *Computer gegen Computer*, weil diesen immer so langweilig ist. Danach wird die Variante gewählt, die neben *Normal* auch abenteuerliche Titel wie *Crazyhouse*, *Räuberschach* oder *Vergabeschach* aufweist (im Englischen klingen die jeweiligen Varianten noch rabiater). Die genauen Erklärungen zu den einzelnen Varianten finden Sie über die *Schach-Hilfe* unter dem Stichwort *Schachspielvarianten*. Auch die Bedenkzeit, bis ein neuer Spielzug erfolgt, kann sekundengenau eingestellt werden.

Nix für ungut, aber in diesem Fall verweisen wir ausnahmsweise auf die Hilfe. Wir können zwar ein wenig Schach, doch sind wir mit den verschiedenen Varianten schlichtweg überfordert.

369

Zuerst werden die Regeln bestimmt, dann kommt es zum knallharten Duell.

Den Schwierigkeitsgrad (also die Bedenkzeit) beim Kampf gegen den Computer können Sie auch über die Schach-*Einstellungen* (*Schach | Einstellungen*) bestimmen. Und auch das Design des Schachbretts sowie der Figuren lassen sich dort anpassen. Möchten Sie weiterhin, dass die Züge des Computers kommentiert werden, so wählen Sie ebenso in den *Einstellungen* die Option *Züge des Computers vorlesen*, während Sie eigene Anweisungen über *Spieler darf Züge sprechen* vortragen dürfen. Für Anfänger und Unentschlossene lassen sich weiterhin über die Menüleiste *Züge* auch visuelle Hinweise mitgeben, und zwar über *Hinweis einblenden* sowie *Letzten Zug anzeigen*.

Wer ein wenig Hilfe benötigt bzw. sich die letzten Spielzüge nicht merken kann, der sollte einen Blicke in das Züge-Menü werfen.

Interessant ist weiterhin das *Spieleprotokoll* (⌘-L), das Ihnen einen schnellen Überblick über alle stattgefundenen Bewegungen auf dem Brett mitteilt. Möchten Sie ein Spiel vorzeitig beenden, so sollten Sie es über *Spiel | Sichern* (⌘-S) speichern – Sie können es dann per Doppelklick später wieder aufrufen und weiterspielen. Auch das *Game Center* speichert Ihren Spielstand – vorausgesetzt, dass Sie sich dort angemeldet haben.

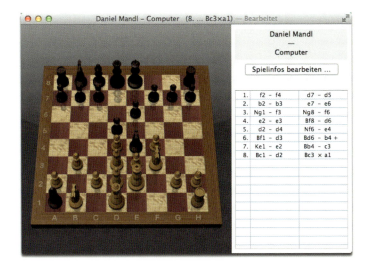

Das Spieleprotokoll zum Nachvollziehen der bereits gespielten Züge.

Schriftsammlung – Schriften verwalten

OS X installiert Ihnen schon einmal eine Menge an Schriften, die jedoch in unterschiedlichen Ordnern untergebracht sind. Da gibt es beispielsweise den Ordner *Fonts* mit den Systemschriften, der im Verzeichnis *System/Library/Fonts* liegt und der vom Betriebssystem benötigt wird. Weiterhin finden Sie einen *Schriften*-Ordner über den Pfad *Ihr Startvolume/Library/Fonts*. Installieren Sie in diesen Ordner weitere Schriften, so stehen diese allen auf dem Computer angemeldeten Benutzern zur Verfügung. Im Gegensatz zu jenem *Font*-Ordner, den Sie über den Pfad *Benutzer/»Benutzername«/Library/Fonts* finden. Diese Schriften sind wiederum einzig für den jeweiligen Benutzer von Belang. Sie müssen also im Vorfeld abklären, wer welche Schriften benutzen soll. Der *Systemschriften*-Ordner sollte dagegen tabu sein – hier sollten Sie weder Schriften entfernen noch hinzufügen, da das Betriebssystem solcherlei Eingriffe oftmals mit Komplikationen bestraft.

Schriften über Schriften – für jeden Anlass und Zweck finden sich geeignete Zeichensätze.

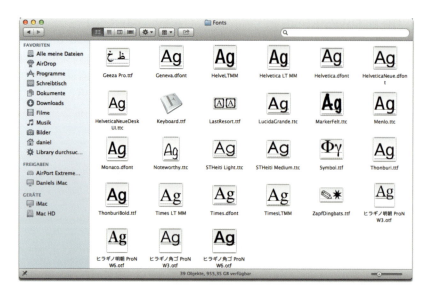

Wenn Sie Schriften kaufen, werden diese meist als Installations-Paket geliefert. Doppelklicken Sie dieses, so läuft das ganz normale Prozedere wie bei einem Programm ab. Jenes Verzeichnis, in das die Schriften standardmäßig gelegt werden sollen, stellen Sie in den *Schriftsammlung-Einstellungen* (*Befehlstaste-Komma*) unter *Standardort zur Installation* ein. Als Option können Sie dort unter anderem noch bestimmen, dass alle Schriften automatisch aktiviert werden sowie Duplikate (also doppelt vorliegende Schriftsätze) in den Papierkorb verfrachtet werden.

In den »Schriftsammlung-Einstellungen« bestimmen Sie den Standardort für neu hinzugefügte Schriften.

Das Programm *Schriftsammlung* ist folglich erste Anlaufstelle, wenn es ums Organisieren und das Abrufen von Informationen geht. Linker Hand befindet sich die Spalte *Sammlung*, in der die Schriften zueinanderpassenden Gruppen zusammengefasst werden können. Während *Bibliotheken* (etwa *Alle Schriften*, *Benutzer* oder *Computer*) jene Schriften aus den *Font*-Ordnern wiedergeben, lassen sich darunter *Sammlungen* bilden, die aus den zuerst genannten *Bibliotheken* gespeist werden.

Die vorgegebenen Sammlungen führen folgende Schriften auf:

- **Feste Laufweite/Feste Breite**
  Hier handelt es sich um Schriften, deren einzelne Buchstaben oder Ziffern alle denselben Platz beanspruchen. Ein »a« ist also genauso breit wie ein »Z«.

- **Modern**
  Bekannte serifenlose Schriften, also ohne Schnörkel.

- **PDF**
  Hier finden Sie Schriften, die sowohl am Bildschirm als auch im Ausdruck eine gute Figur machen.

- **Spaß**
  Ob Comic oder Heirats-Anzeige – die Schrifttypen eignen sich für ausgefallene Zwecke. Die Schriften dieses Genre sollten für den geschäftlichen Brief-Verkehr vermieden werden.

- **Traditionell**
  Die üblichen Verdächtigen (Serifen-Schriften), die in der Schrift-Historie Weltruhm erlangten und je nach Anlass dem Benutzer einen guten Geschmack anheften. Unter Serifen versteht man die kleinen Endstriche, die die Schrift verzieren.

- **Web**
  Auch dies sind allesamt Schriften, die sich hervorragend am Bildschirm lesen lassen und sich daher auch besonders für Internet & Co. eignen. Weiterhin finden Sie dort jene Zeichensätze (nicht alle), die sich häufig Plattform-übergreifend auch auf PCs befinden und somit auch dort ohne Darstellungsfehler daherkommen.

- **Windows Office-kompatibel**
  Diese Schriften finden Sie vor, sofern Sie *Microsoft-Office*-Programme wie *Microsoft Word*, *PowerPoint* etc. installiert haben. Diese eignen sich daher besonders gut, wenn Sie etwa Text-Dateien mit PC-Usern austauschen möchten. Gerade dann, wenn Formatierungen vorgenommen wurden, kann es sein, dass es Verschiebungen im Umbruch und ähnliches gibt. Benutzen Sie diese Schriften, so wird zumindest das Risiko von etwaigen Darstellungsfehlern gemindert.

Im Unterschied zu *Bibliotheken*, die beim Entfernen die Schriften später nicht mehr zur Verfügung stellen, bleiben beim Löschen von *Sammlungen* die Schriften weiter verfügbar, da es sich hierbei nur um Verlinkungen zur Original-Schrift handelt. Über die Menüleiste *Ablage* bzw. auch über das *Kontext*-Menü lassen sich nun sowohl *Bibliotheken* (*Neue Bibliothek* bzw. ⌘-⌥-N) als auch *Sammlungen* (*Neue Sammlung* – ⌘-N) anlegen, die Sie auch gleich sinnvoll benennen sollten. Über einen Mausklick auf den *Plus*-Button (+) unterhalb der *Schriften*-Liste fügen Sie nun einzelne Fonts oder ganze Schrift-Ordner hinzu. Dabei können Sie auch einen anderen Speicher-Ort als die *Fonts*-Ordner von *OS X* angeben – dieser wird unabhängig verwaltet. Befinden sich hingegen Zeichensätze auf anderen Volumes (beispielsweise auf einer externen Festplatte), so muss diese im Falle von *Bibliotheken* stets an den Rechner angeschlossen sein, um darauf zugreifen zu können.

Das Füllen neuer Bibliotheken mit Schriften geht schnell vonstatten.

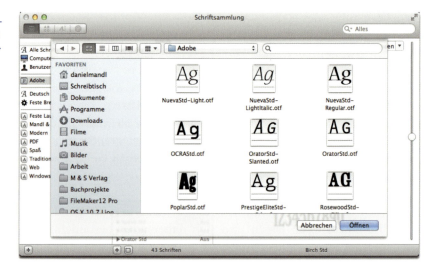

Ob nach Schriftbild, Genre oder eigenen Projekten – über den »berühmten« *Plus*-Button (+) unterhalb der Liste mit den *Bibliotheken* erstellen Sie neue *Sammlungen*, die selbstverständlich ebenso einen intelligenten Namen bekommen sollten. Klicken Sie nun in *Alle Schriften*, so werden in der Spalte *Schrift* sämtliche verfügbaren Fonts aufgeführt. Nun können Sie daraus einzelne Schriften auf Ihre persönliche Gruppe ziehen.

4 | Die Welt der Programme

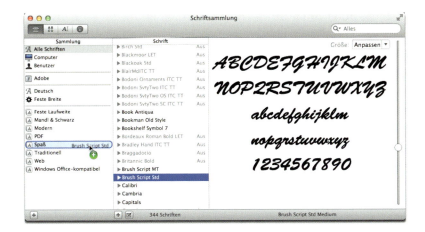

Die »Schriftsammlung« bietet einen Überblick über alle auf dem Rechner installierten Schriften sowie deren Schriftbild. »Sammlungen« werden per Drag & Drop (Schrift packen und auf die Sammlung ziehen) aus der Schriften-Liste befüllt.

Manchmal ist es nicht verkehrt, Schriften, die man nicht benötigt, zu deaktivieren. Dies kann beispielsweise der Fall sein, wenn Sie mit einem Programm arbeiten, das die verschiedenen Schriftstile (fett, kursiv, unterstrichen etc.) eines Fonts nicht in einem Ordner zusammenfasst, sodass das Schriften-Menü überbordend voll ist. Das Deaktivieren erledigen Sie, indem Sie einen Schrift-Ordner in der Spalte *Schrift* markieren (oder auch mehrere) und auf den *Deaktivieren*-Button (☑) klicken. Nach einer Bestätigungs-Anfrage erhält der jeweilige Schriftschnitt nun das Kürzel *Aus* angehängt. Schriften, hinter denen sich ein Warndreieck (⚠) befindet, deuten auf Komplikationen hin, etwa dass sich dort Duplikate (also doppelt oder mehrfach installierte Schrifttypen) eingeschlichen haben. Auch in diesem Fall ist es angebracht, diese zu deaktivieren.

Ein Klick auf den richtigen Knopf und die Schrift wird auf Nachfrage deaktiviert.

Bei mehreren Kopien ein und derselben Schrift wird eine Warnung ausgegeben.

Ehe Sie nun Schrift für Schrift überprüfen und jedes einzelne Duplikat deaktivieren, geht es natürlich viel schneller über den Befehl *Nach aktivierten Duplikaten suchen* (⌘-L). *Schriftsammlung* durchforstet daraufhin die Fonts-Ordner und listet die gefundenen Duplikate auf. Im gezeigten Dialog haben Sie nun die Möglichkeit, diese Duplikate *manuell* oder *automatisch auflösen* zu lassen.

Werden Duplikate gefunden, so lassen sich diese automatisch oder manuell (siehe Abbildung) auflösen.

Schriften, die vom System benutzt werden, sind hingegen gesperrt und können nicht deaktiviert werden. Sie erkennen dies zum einen am kleinen Schloss unterhalb des Vorschau-Fensters sowie am inaktivem Button zum Deaktivieren einer Schrift. Auch ein Löschen ist nicht möglich.

Schriften, die vom System benutzt werden, lassen sich sinnigerweise weder deaktivieren noch entfernen.

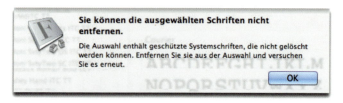

Wenn Sie neue Schriften installieren möchten, so legen Sie sie entweder in die dafür vorgesehenen Schrift-Ordner oder ziehen sie einfach in die Spalte *Schrift*. Oder Sie packen einen ganzen – aussagekräftig benannten – Ordner mit Schriften in die Spalte *Sammlung*, sodass dieser als Gruppe mitsamt den Fonts eingepflegt wird.

4 | Die Welt der Programme

Klicken Sie nun eine Schrift an, so sehen Sie ganz rechts eine Vorschau des Schriftbilds. Ist diese nicht vorhanden, so wählen Sie im *Vorschau*-Menü den Befehl *Vorschau einblenden* (⌘-⌥-I). Neben der Auflistung des Alphabets sowie der Ziffern in der entsprechenden Schrifttype (*Vorschau | Beispiel* oder ⌘-1) können Sie nun über *Vorschau | Repertoire* (⌘-2) den vollständigen Satz an darstellbaren Zeichen oder über *Vorschau | Eigene* (⌘-3) ein individuelles Anzeigen einstellen. Die *Schriftgröße* regulieren Sie dabei über den Regler ganz rechts außen oder über das Popup-Menü *Größe* innerhalb des Vorschau-Bereiches. Möchten Sie Näheres über eine Schrift erfahren (*Voller Name*, *Art*, *Version*, *Copyright* etc.), so wählen Sie über das *Vorschau*-Menü den Befehl *Schriftinformationen einblenden* (⌘-I).

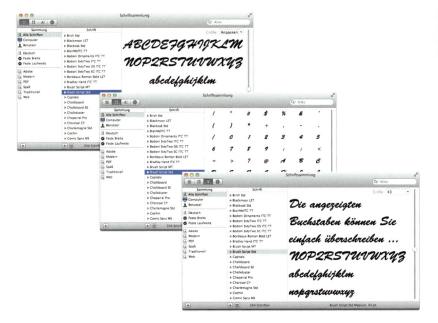

Die Vorschau bietet unter anderem die Ansichten »Beispiel«, »Repertoire« und »Eigene«.

Die Schriftinformationen lassen wohl keinen wichtigen Punkt aus.

377

Anstatt über das *Vorschau*-Menü lassen sich die verschiedenen Ansichten auch über die Knöpfe in der Titelleiste des Schriftsammlungs-Fensters aufrufen. ▤ entspricht dabei der Einstellung *Vorschau | Beispiel*, ▦ dem Befehl *Vorschau | Repertoire*, mit ▨ gelangen Sie zur *Eigene*-Ansicht und über den *Info*-Knopf (ⓘ) rufen Sie die *Schriftinformationen* auf.

Wenn Ihnen das Bewerten einer Schrift am Bildschirm schwerfällt und Sie stattdessen lieber eine gedruckte Version in den Händen halten möchten, so markieren Sie einfach eine Schrift oder eine Sammlung und wählen dann A*blage | Drucken*. Im sich öffnenden *Drucken*-Dialog haben Sie nun drei verschiedene Möglichkeiten, das Schriftbild darstellen zu lassen: *Katalog* etwa druckt die verfügbaren Buchstaben sowie Ziffern, wobei Sie selbst die Größe bestimmen können. *Repertoire* wiederum gibt Ihnen einen Überblick über alle darzustellenden Zeichen einer Schrift. Sie können in diesem Fall die Größe der *Glyphen* (Bildzeichen) einstellen. Passen Sie hier jedoch auf, wie viele Zeichen eine Schrift zur Verfügung stellt, denn ansonsten bekommen Sie – je nach ausgewählter *Glyphengröße* – Dutzende an Seiten ausgedruckt. *Wasserfall* (ein etwas komischer Name …) druckt Ihnen letztlich eine Zeile Mustertext in verschiedenen Größen auf eine Seite Papier, wobei Sie selbst weitere Größen hinzufügen oder entfernen können.

Um sich davon ein Bild zu machen, wie die gewünschte Schrift auf dem Papier wirkt, lässt sich diese unproblematisch und in verschiedenen Ansichten ausdrucken.

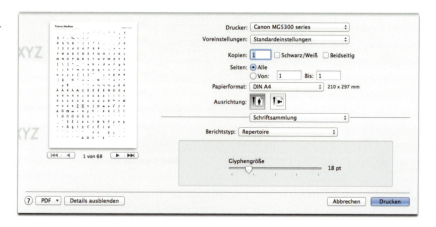

Was bietet Ihnen die *Schriftsammlung* sonst noch? Zum Beispiel das schnelle Auffinden des Speicherplatzes von Schriften. Klicken Sie in der Spalte *Schrift* den oder die gewünschten Font(s) an und wählen Sie dann aus dem *Ablage*-Menü den Befehl *Im Finder zeigen* (⌘-R). Voilà – jene Ordner, die die Schrift beherbergen, öffnen sich in Sekundenbruchteilen.

4 | Die Welt der Programme

Oder möchten Sie einem Kollegen die zu einem bestimmten Dokument gehörenden Schriften mitgeben? Ganz einfach: Markieren Sie beispielsweise in *TextEdit* den Text über *Bearbeiten | Alles auswählen*. Wählen Sie dann im *Programm*-Menü den Befehl *Dienste* und dort wiederum die Option *Sammlung aus Text erstellen* bzw. *Schriftbibliothek aus Text erstellen* (die Optionen des *Dienste*-Befehls stehen leider nicht in allen Programmen zur Verfügung). Es wird nun im Programm *Schriftsammlung* eine *Sammlung* bzw. eine neue *Bibliothek* mit den im Text verwendeten Schriften angelegt, die nun über das *Ablage*-Menü und dem Befehl *Sammlung exportieren* extern abgespeichert werden können.

Fehlen Ihnen eben genannte Befehle *Sammlung aus Text erstellen* bzw. *Schriftbibliothek aus Text erstellen* aus dem *Dienste*-Menü, so rufen Sie darüber die *Dienste-Einstellungen* auf. Es öffnet sich dabei die Systemeinstellung *Tastatur | Reiter Tastaturkurzbefehle*. Wählen Sie dort in der linken Spalte die Rubrik *Dienste* und scrollen Sie dann rechter Hand bis zum Punkt *Text*. Dort aktivieren Sie nun die beiden Dienste *Sammlung aus Text erstellen* bzw. *Schriftbibliothek aus Text erstellen*, die danach im *Dienste*-Menü aufgeführt werden.

Die Systemeinstellung »Tastatur« | Reiter »Tastaturkurzbefehle« führt die verfügbaren Optionen für das Dienste-Menü auf.

Arbeiten Sie beispielsweise mit dem Text-Programm *Microsoft Word*, so werden Sie schnell feststellen, dass dort auf keine Dienste zugegriffen werden kann. Sie können sich jedoch behelfen, indem Sie einfach den Text aus einer *Word*-Datei in ein *TextEdit*-Dokument hineinkopieren (*Bearbeiten | Alles auswählen –> Bearbeiten |*

Kopieren - dann das *TextEdit*-Dokument anklicken – *Bearbeiten | Einsetzen*). Dabei bleiben alle Formatierungen erhalten und Sie können nun auf das *Dienste*-Menü zurückgreifen. Die zu einer Datei passenden *Dienste* werden im Übrigen auch über das Kontext-Menü angeboten.

Ob über das Dienste- oder Kontext-Menü – viele hilfreiche Optionen werden je nach Arbeitsgebiet offeriert.

Mit Schriften ist es wie mit der Musik – diese Medien unterliegen einem Copyright. Hier dürfen Sie nur mit Zustimmung des Herstellers Daten weiterreichen. Es ist daher eher angebracht, ein PDF zu erzeugen, das die Schriften integriert und somit dem Benutzer genau das Schriftbild und Layout wiedergibt.

Eine letzte Option sei der Vollständigkeit halber noch erwähnt: Die *Schriftsammlung* fungiert auch als Kontrolleur, ob denn Schriften beschädigt sind. Denn – ob Sie es glauben oder nicht – defekte Schriften können dem Computer mächtig Probleme bereiten. Das Dumme daran ist nur, dass man meist auf die Ursache nicht kommt. Nichtsdestotrotz sollten Sie bei Schwierigkeiten beim Speichern von Dokumenten oder häufigen Programm-Abstürzen auch diese Möglichkeit in Betracht ziehen. Markieren Sie dann die infrage kommenden Schriften (oder auch alle) und betätigen Sie den Befehl *Ablage | Schriften überprüfen*. In einem eigenen Dialog-Feld werden nun die Schriften auf Herz und Nieren gecheckt und aufgeführt – beschädigte Schriften erhalten dabei ein Symbol, das geringfügige (!) oder schwerwiegende Fehler (✖) aufweist. Im Falle von schwerwiegenden Fehlern wird angeraten, diese Schriften nicht zu benutzen und sie zu entfernen bzw. zu ersetzen. Dies können Sie auch gleich im Bearbeitungsfenster erledigen, indem Sie den Übeltäter über das Setzen eines Häkchens auswählen und über den Button *Auswahl entfernen* in den Papierkorb legen.

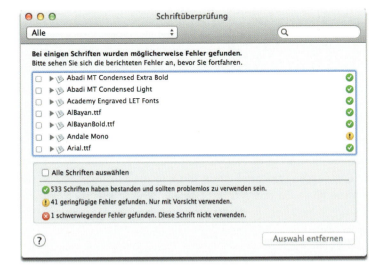

Die Überprüfung von Schriften deckt auf, ob im Arbeitsalltag mit Schwierigkeiten zu rechnen ist. Über das links oben legende Menü können Sie zudem die einzelnen Prüfstufen separieren.

Sie können sogar vor dem Installieren neuer Schriften diese checken lassen. Dazu wählen Sie den Befehl *Ablage | Datei überprüfen* und weisen dann den entsprechenden Zeichensatz über *Öffnen* zu.

TextEdit – einfache Textverarbeitung unter OS X Mountain Lion

Der Name ist Programm: In der Tat können Sie mit *TextEdit* Text editieren, ihn also bearbeiten, anpassen, ganz neu erstellen und ihn in verschiedenen Formaten – beispielsweise zum Austausch – abspeichern. Neu in *Mountain Lion* ist auch die Möglichkeit, *TextEdit*-Dokumente in die *iCloud* zu transferieren, sodass Sie auf Ihre Texte auch von anderen Computern aus direkt darauf zugreifen können. Nach dem Start wird nun nicht mehr wie üblich ein leeres Dokument angeboten, sondern es zeigt sich stattdessen ein *Öffnen*-Dialog, der Ihnen die Möglichkeit gibt, bereits erstellte Dokumente aus der *iCloud* zu laden, über *Lokal* auf Dateien von Ihrem Computer zuzugreifen oder eben über die Schaltfläche links unten ein *Neues Dokument* anzulegen.

Am Anfang heißt es ein Dokument aus der iCloud bzw. vom Computer aufzurufen bzw. ein neues Dokument zu kreieren.

Lassen Sie uns mit einem neuen Dokument beginnen. Am besten sollten Sie dazu anfangs einmal einen Blick in die *Einstellungen* werfen, da Sie dort die Basis für das geöffnete sowie alle künftigen Dokumente bestimmen. Die *TextEdit-Einstellungen* erreichen Sie über das gleichnamige Menü bzw. über *Befehlstaste-Komma* (⌘-,):

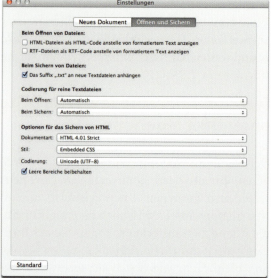

Oben: Zwei Reiter für die allumfassende Definition Ihrer künftigen Dokumente.

Vor Beginn steht wie immer die Frage an, welchen Zweck Sie verfolgen. Möchten Sie einen Brief oder ein Manuskript anfertigen, so sollten Sie bei *Format* die Einstellung *Formatierter Text* benutzen, da Sie damit

4 | Die Welt der Programme

Text auszeichnen, also mit verschiedenen Schriften und Stilen (*kursiv*, **fett**, <u>unterstrichen</u> etc.) belegen können. Das Dokument erhält dann als Suffix (das ist die Endung) das Kürzel »*.rtf*«. Das *RTF*-Format (*Rich Text Format*) eignet sich auch bestens, falls Sie Text an Personen weiterreichen, die mit einer Textverarbeitung wie *Microsoft Word* arbeiten oder das Dokument in eine Layout-Software einfließen lassen möchten. Fügen Sie einem *RTF*-Dokument Bilder hinzu, wird daraus eine *.rtfd-Datei*.

Soll ein Text dagegen weitergegeben werden und es scheint nicht sicher, dass auf dem anderen Rechner dieselben Schriften vorliegen, so dürfte *Reiner Text* (oder noch besser *PDF* – dazu später mehr) die schlauere Wahl sein, wobei etwaige Auszeichnungen nicht möglich sind. Auch für das Programmieren von Skripten oder HTML-Seiten fällt die Wahl auf *Reiner Text*, da beim Schreiben von Code keine Stile verwendet werden.

Wenn Sie ein neues Dokument erstellen, sollten Sie es über die Menüleiste *Ablage | Sichern* (⌘-S) mit einem aussagekräftigen Titel versehen und am gewünschten Ort (auf dem Computer oder in der *iCloud*) abspeichern. Danach übernimmt *OS X Mountain Lion* über die Funktion *Automatisch sichern* das Zepter, indem es alle fünf Minuten eine Sicherung vornimmt. Sie selbst können ebenso einzelne Stationen der Dokumenterstellung absichern, indem Sie die Tastenkombination *Befehlstaste-S* (⌘-S) drücken. Hierbei werden innerhalb des Programmes alle Veränderungen protokolliert, die Sie später – möchten Sie auf ältere Versionen Ihres Dokumentes zurückgreifen – über *Ablage | Zurücksetzen auf* bzw. über Klick auf das kleine Dreieck (▼) neben dem Titelnamen und dem Befehl *Alle Versionen durchsuchen* – wieder abrufen können.

> Möchten Sie ein *TextEdit*-Dokument in einem anderen Format abspeichern, so müssen Sie es vorher duplizieren. Das erledigen Sie entweder über *Ablage | Duplizieren* (⌘-⇧-S) oder über das kleine aufklappbare Menü neben dem Titelnamen, das ebenso diesen Befehl zur Verfügung stellt. Wird nun diese identische Kopie gesichert, so lässt sich sowohl ein Titel vergeben als auch das Dateiformat neu bestimmen. Zur Verfügung stehen unter anderem die Datei-Formate *RTF-Dokument* mit dem Suffix *.rtf*, *RTF-Dokument mit Anhängen* (Suffix *.rtfd*), *Webseite* (*.html*) für die Webseiten-Erstellung, *Webarchiv* zum Lesen der Dokumente beispielsweise im Browser *Safari*, *OpenDocument-Text-Dokument* (Suffix *.odt*) für eine Textverarbeitung der *OpenSource*-Gemeinde wie *OpenOffice* oder *NeoOffice* sowie die Word-Formate *Word 2007-Dokument* (*.docx*), *Word 2003-Dokument* (*.xml*) sowie *Word*

383

97-Dokument (.doc). Daneben haben Sie über das *Ablage*-Menü jederzeit die Möglichkeit, das Dokument über den Befehl *Als PDF exportieren* in ein PDF zu konvertieren.

Sichern Sie ein TextEdit-Dokument das erste Mal bzw. möchten eine Kopie eines bestehenden Textes in einem anderen Format abspeichern, so können Sie dies im Menü »Dateiformat« auswählen.

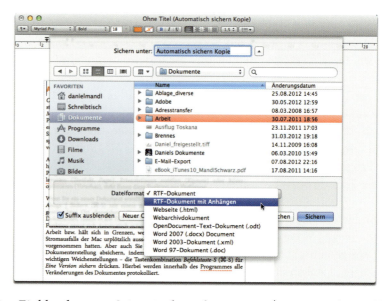

Das Einblenden von *Seitenrändern* über *Format | Seitenränder einblenden* bzw. ⌘-⇧-W oder alternativ für alle Dokumente geltend über die *TextEdit-Einstellungen* ist für Anschreiben und Briefe von Vorteil, da Sie somit das Layout sowie die Proportionen besser beurteilen können. Ist die Option nicht gewählt, passt sich die Breite des Dokuments der Fensterbreite an. Ziehen Sie das Dokument-Fenster größer, so verteilt sich der Inhalt neu. Beim Drucken wird dann der Inhalt der Papiergröße angepasst, sodass Sie je nach Umfang entweder eine ziemlich kleine oder große Schrift erhalten.

Dasselbe Dokument – mit und ohne Seitenränder.

4 | Die Welt der Programme

Die Auswahl der Schrift bleibt natürlich Ihnen überlassen, sodass Sie ganz Ihrem Geschmack vertrauen sollten, zumal Sie jederzeit die Möglichkeit besitzen, Schriftanpassungen vorzunehmen. Entweder Sie klicken in den *TextEdit-Einstellungen* auf *Ändern* und wählen aus dem Schrift-Menü eine Alternative zur vorgeschlagenen, oder Sie formatieren im laufenden Text des Dokuments über *Format | Schrift | Schriften einblenden* (⌘-T) bzw. über das Schriften-Menü in der Symbolleiste.

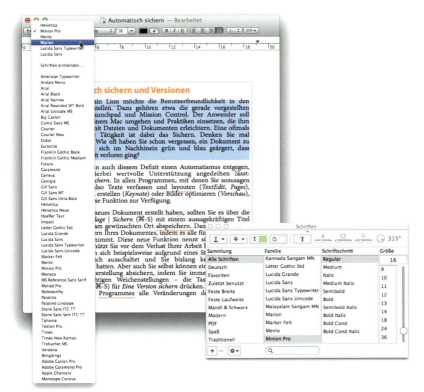

Sowohl die Schriften-Palette als auch das Schriften-Menü in der Symbolleiste eines der »TextEdit«-Dokumentes stellen alle im Programm »Schriftsammlung« aktivierten Zeichensätze zur Verfügung.

Die *Eigenschaften* (in den *TextEdit-Einstellungen*) gestatten Ihnen das Identifizieren Ihrer Dokumente, indem Sie die Eintragungen (Autor, Firma, Copyright) vornehmen und so Ihrem Schreiben zu mehr Aufmerksamkeit verhelfen – zumindest was das digitale Auffinden angeht. Blenden Sie weiterhin über das *Ablage*-Menü und den Befehl *Eigenschaften einblenden* (⌘-⌥-P) das Fenster *Dokumenteigenschaften* ein, so lassen sich dort auch *Schlagwörter* (jeweils mit einem Komma getrennt eingeben), *Titel*, *Betreffzeilen* oder *Kommentare* hinzufügen. Über die *Spotlight*-Suche wird dann das Dokument leichter gefunden.

385

Die Dokumenteigenschaften werden der Datei angeheftet und bleiben auch beim Weiterreichen erhalten.

Reichen Sie Ihr Dokument weiter, so haften diesem weiterhin die Eigenschaften an – das Dokument kann aber jederzeit umbenannt und verändert werden. Möchten Sie es dagegen vor Veränderungen schützen, so wählen Sie *Format | Vor Bearbeitung schützen*. Einen noch weitreichenderen Schutz – beispielsweise vor dem versehentlichen Löschen – erhalten Sie, wenn Sie es über die Titelleiste (rechts neben dem Titelnamen auf das Dreieck klicken) schützen. Diese Vorgehensweise entspricht im Übrigen derselben Vorgehensweise, als wenn Sie das Dokument-Icon markieren und über den *Finder* die Menüleiste *Ablage | Informationen* ⌘-I) aufrufen. Im auftauchenden Dialog wählen Sie die Rubrik *Allgemein* und klicken dort die Option *Geschützt* an. Möchte nun jemand das Dokument löschen, so erhält er eine Sicherheitswarnung, die bestätigt werden muss, da ansonsten das Befördern in den Papierkorb nicht möglich ist. Das Gleiche gibt's dann noch einmal, wenn der Papierkorb geleert werden soll. Sie haben nun noch einmal die Chance, die geschützten Dokumente aus dem Papierkorb zu entfernen.

Das Dokument wird vor dem versehentlichen Löschen geschützt.

4 | Die Welt der Programme

Das mit dem Schützen von Dokumenten ist so eine Sache … Legen Sie ein *TextEdit*-Dokument (ohne Option *Geschützt*) beispielsweise in den Ordner *Für alle Benutzer* oder in Ihrem Benutzer-Ordner in *Öffentlich*, so können auch andere Benutzer des Rechners auf das Dokument zurückgreifen, es öffnen und Änderungen vornehmen, selbst wenn von einem anderen Benutzer über *Format | Vor Bearbeitung schützen* dieses eigentlich verhindert werden sollte. Das heißt, der aktuelle Nutzer muss zumindest vor einer Veränderung wieder über das *Format*-Menü die *Bearbeitung zulassen* – aber immerhin. Selbst wenn das Dokument über den *Informationen*-Dialog geschützt wird, kann ein Zweiter darin herumfuhrwerken, auch wenn es beim Sichern oder Schließen eine Warnmeldung erhält – er kann es dennoch überschreiben.

Um sicherzugehen, dass auch ja alle Einstellungen in einem Dokument erhalten bleiben und dass am Original keine Änderungen vorgenommen werden, sollten Sie Ihr Dokument als PDF sichern und erst dann weitergeben. Dazu wählen Sie über das *Ablage*-Menü den Befehl *Als PDF exportieren*, vergeben einen Namen und bestimmen den Speicher-Ort. Das Gleiche funktioniert auch über *Ablage | Drucken* (⌘-P): Dort treffen Sie Ihre Druckerspezifischen Einstellungen und wählen dann links unten aus dem Popup-Menü *PDF* die Option *Als PDF sichern*. Vergeben Sie nun wieder einen Namen und den Speicher-Ort und fertig ist die Angelegenheit. Wählen Sie anstatt dessen *PDF versenden*, so wird das Dokument gleich als PDF in eine E-Mail verpackt und kann auf die weite Reise zu Kollegen und Freunden gehen. Das PDF kann dann wiederum im Programm *Vorschau* mit Anmerkungen versehen werden, wie Sie später noch erfahren werden.

Das PDF-Format eignet sich hervorragend zum plattformübergreifenden Austausch oder zum Lesen auf dem iPad.

Zurück zu den *Einstellungen:* Die weiteren Optionen betreffen die Prüfung der Rechtschreibung sowie der Grammatik, die bereits während der Texteingabe stattfinden kann. Bemängelte Wörter werden hierbei mit roter Farbe unterkringelt und sollten Ihnen auf jeden Fall einen zweiten Blick wert sein. Nicht alles, was *TextEdit* markiert, muss zwangsläufig falsch sein, denn auch unbekannte Worte oder Namen werden als Fehler markiert.

Unten rechts finden Sie noch die Intelligent-Abteilung, in der vom *Kopieren/Einsetzen* über das *Anführungszeichen* auch von *Links* die Rede ist. Erstere Funktion erlaubt das Kopieren/Einsetzen von Worten oder Sätzen mit einem sogenannten Leerstellen-Ausgleich – es werden also automatisch korrekte Leerzeichen gesetzt, wenn Sie Text zwischen zwei Worte einfügen. Die *intelligenten Anführungszeichen* erlauben das korrekte Setzen *typografischer Anführungszeichen*, indem im Text nicht die geraden Zeichen (″Beispiel″), sondern die typografischen („Beispiel") verwendet werden.

Links sind Adressen, über die man direkt bestimmte Internet-Seiten anspringen kann. Fügen Sie beispielsweise `www.apple.com/de` in ein Text-Dokument ein, so wird dieses als reine Buchstabenfolge gehandhabt. Ist jedoch die Option *Intelligente Links* aktiviert, so wird die Adresse aktiv geschaltet. Klickt nun ein Leser des Dokumentes auf diesen Link, so startet automatisch der Browser und sucht die Web-Seite auf. Das klappt im Übrigen auch mit E-Mail-Adressen. Beenden Sie beispielsweise ein Anschreiben mit Ihrem Absender und schreiben noch dazu `mailto:mustermann@mustermann.de` (Sie verwenden natürlich anstatt »mustermann« Ihre eigene Mail-Adresse), so braucht der Leser nur darauf zu klicken, um das Mail-Programm anzuwerfen und eine Antwort zu formulieren.

Möchten Sie sich nicht für alle Dokumente festlegen (und dies sozusagen in den Einstellungen festzurren), so lassen sich die eben genannten Funktionen auch über die Menüleiste *Bearbeiten | Ersetzungen* von Fall zu Fall regeln. Wollen Sie hingegen nur Teile Ihres Dokuments mit *typografischen Anführungszeichen* oder *intelligenten Links* versehen, so markieren Sie diesen Text-Bereich mit gedrückter Maustaste (sodass dieser hervorgehoben ist) und wählen *Bearbeiten | Ersetzungen | Ersetzungen einblenden*. Im auftauchenden Dialog haken Sie dann die entsprechenden Optionen an bzw. wählen die gewünschten Anführungszeichen und klicken dann *In Auswahl ersetzen*. Nur der vorher ausgewählte Bereich wird nun überarbeitet.

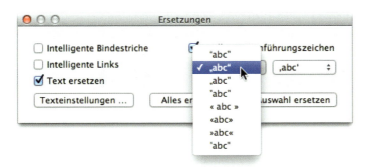

Sollen nur bestimmte Bereiche eines Textes überarbeitet werden, so markieren Sie diesen und wählen dann »Bearbeiten | Ersetzungen | Ersetzungen einblenden«. Über die Schaltfläche »In Auswahl ersetzen« lässt sich dann der markierte Teil überarbeiten.

Sofern Sie einen Link aus einer Webseite kopieren und diesen in ein *TextEdit*-Dokument einsetzen, so bleibt der Link weiterhin aktiv. Kopieren Sie hingegen eine Web-Adresse aus einem Text-Dokument (etwa *Word*), so wird der Link selbst dann nicht aktiv geschaltet, wenn Sie *Bearbeiten | Ersetzungen | Intelligente Links* wählen. Sie müssen in diesen Fällen die Internet-Adresse wirklich Buchstabe für Buchstabe eingeben, da ansonsten das Programm die URL nicht als Link erkennt. Eine weitere Möglichkeit besteht darin, dass Sie die Web-Adresse markieren und dann aus dem *Bearbeiten*-Menü den Befehl *Link hinzufügen* wählen. Tragen Sie dann die gewünschte URL ein und bestätigen Sie mit *OK* – der Link ist nun freigeschaltet. Umgekehrt klappt das auch: Markieren Sie einen Link und wählen Sie *Link bearbeiten*. Im Dialog klicken Sie dann auf *Link entfernen* und der Internet-Verweis gehört der Vergangenheit an.

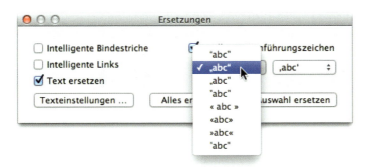

Das Umwandeln auch internetfremder Worte oder Sätze zu verlinkten Internet-Adressen lässt sich über »Bearbeiten | Link hinzufügen« sowie die Eingabe eine Internet-Adresse erledigen.

Alle eben genannten Befehle und Optionen erreichen Sie ebenso über das Kontext-Menü, das Sie per Rechtsklick, per Mausklick bei gedrückter ctrl-Taste oder mit einem Zweifinger-Tipp aufrufen können.

Über das Kontext-Menü erreichen Sie schnell die wichtigsten Befehle für Rechtschreibung, Grammatik oder Ersetzungen.

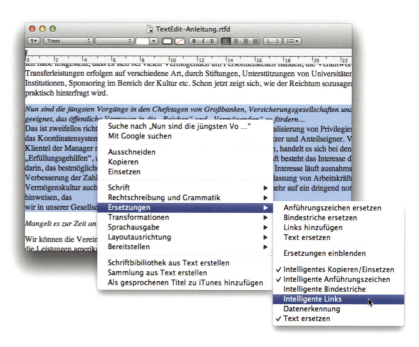

Denken Sie auch wieder an die *Lexikon*-Funktion: Möchten Sie sich etwaige Begriffe erklären lassen, so können Sie nach diesen Wörtern auch suchen – entweder über das Kontext-Menü (*Suche nach »Begriff«*) oder auf dem Trackpad per Dreifinger-Doppeltipp.

Die Suche findet auf mehreren Ebenen (Lexikon, Apple sowie Wikipedia) statt – die Ergebnisse lassen nicht lange auf sich warten.

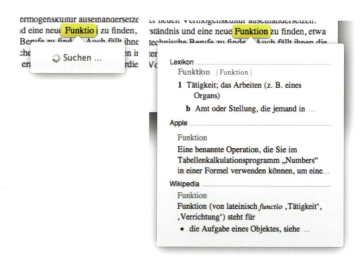

Im Reiter *Öffnen und Sichern* der *TextEdit-Einstellungen* finden Sie weitere Anpassungsmöglichkeiten. So können Sie *TextEdit* anweisen, beim Öffnen etwaige Formatierungen zu ignorieren sowie die Codierung automatisch bestimmen zu lassen. Auch wenn Sie HTML-Dokumente selbst verfassen, können Sie die Feinheiten regeln, indem Sie Dokumentart, Stil sowie die Codierung exakt festlegen. Letzteres betrifft jedoch eher Webseiten-Programmierer als »Normalsterbliche«, die einfach nur ein paar Zeilen schreiben möchten, um jemandem eine Freude zu bereiten.

Das Schreiben eines Textes in das leere Dokument hinein bleibt jedoch nach wie vor Ihre Arbeit – aber trösten Sie sich, denn das Auszeichnen oder Formatieren geht einfach von der Hand. Um einen einzelnen oder mehrere Absätze neu zu formatieren, klicken Sie in diesen hinein bzw. ziehen im Falle mehrerer mit gedrückter Maustaste über den gewünschten Text, sodass dieser hervorgehoben wird. Über das Menü *Format | Text* lässt sich so der Text *linksbündig*, *zentriert*, als *Blocksatz* oder *rechtsbündig* setzen. Das Gleiche funktioniert auch über die entsprechenden Buttons (▤▤▤▤) in der Symbolleiste des Dokuments.

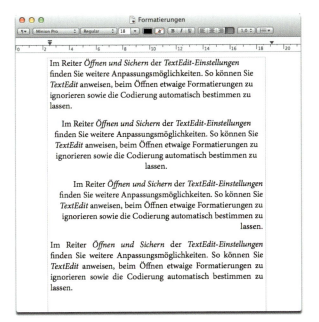

Die Formatierungen von oben nach unten: linksbündig, zentriert, Blocksatz und rechtsbündig.

Über das Popup-Menü *Absatzstil* (▾) in der Symbolleiste nehmen Sie Einfluss auf das Aussehen der Schrift. Dazu markieren Sie ein Wort durch Doppelklick, einen Absatz durch Dreifachklick oder mehrere durch Überfahren mit gedrückter Maustaste und wählen dann den Stil. Die Stile *Fett* (Bold), *Kursiv* (Italic) sowie *Unterstrichen* erreichen Sie auch über die Knöpfe B I U. Alternativ klappt das auch über das Menü *Format | Schrift*. Gefällt Ihnen das angebotene Repertoire nicht, so suchen Sie sich über *Format | Schrift | Schriften einblenden* kurzerhand eine andere aus.

Die Stile von oben nach unten: Standard, Durchgestrichen, Fett, Konturschrift, Kursiv, Schattenwurf und Unterstrichen.

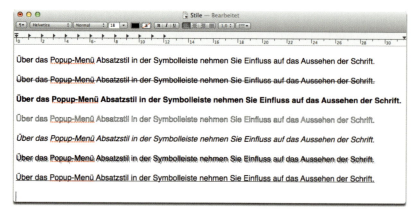

Über »Stile einblenden« erhalten Sie die Möglichkeit, eigene Auszeichnungen als eine Art Formatvorlage festzulegen.

Falls Sie Gefallen finden an den vielfältigen Möglichkeiten der Gestaltung, indem Sie beispielsweise Ihren Lieblingszeichensatz als Konturschrift auszeichnen und diesen vielleicht sogar noch unterstreichen, so lässt sich diese Vielfalt auch als Stil abspeichern. Der Vorteil hierbei ist, dass Sie diese persönliche Kreation beim nächsten Mal per Mausklick aus dem Stile-Menü zuweisen können. Markieren Sie dazu den gewünschten Absatz oder ein ausgezeichnetes Wort und wählen Sie aus dem *Stile*-Menü den Befehl *Stile einblenden*. Über die Schaltfläche *Als Favorit sichern* vergeben Sie einen Namen und bestimmen, ob auch die Schrift dem Stil anhaften soll (*Schrift als Teil des Stils verwenden*). Über *Hinzufügen* ergänzt künftig dieser Stil die *Absatzstil*-Palette.

Über *Zeilen- und Absatzabstand* (1,0) bestimmen Sie die Zwischenräume zwischen den einzelnen Zeilen und Absätzen (ausgehend von der Zeilenhöhe) und über *Listen* ( ) lassen sich Aufzählungen ganz hervorragend auszeichnen. Dazu markieren Sie wieder die entsprechenden Text-Stellen und wählen eine Aufzählungsart (Punkte und Nummerierungen) aus. Nach jedem Drücken des *Zeilenschalters* (↵) wird dann das Zeichen gesetzt. Um von der *Listen*-Formatierung wieder in den *Standard-Stil* zu wechseln, drücken Sie entweder zwei Mal den *Zeilenschalter* oder *Wahltaste-Zeilenschalter* (⌥-↵).

4 | Die Welt der Programme

 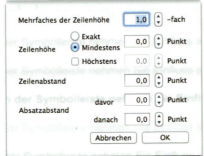

Mit einem harmonischen Zeilen- und Absatzabstand lässt sich die Lesbarkeit erhöhen. Auf Wunsch lassen sich auch ganz spezielle Werte (über »Weitere einblenden …«) eingeben.

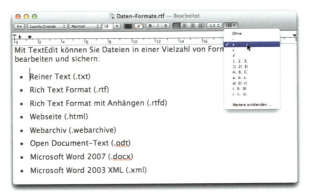

Auch Aufzählungen lassen sich ganz professionell auf Vordermann bringen.

Sowohl beim Zeilenabstand als auch bei den Listen lassen sich eigene Einstellungen verwenden. Den Zeilenabstand können Sie über *Format | Text | Zeilenabstand* bzw. über das Popup-Menü *Zeilen- und Absatzabstand | Weitere einblenden* in der Symbolleiste manuell eingeben, individuelle Listen-Auszeichnungen erreichen Sie über *Format | Liste* bzw. das Popup-Menü *Punkte und Nummerierung anzeigen | Weitere einblenden* in der Symbolleiste.

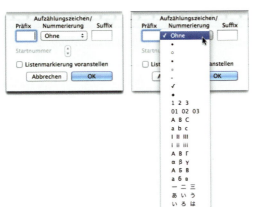

»TextEdit« lässt Ihnen eine Menge Spielraum, was persönliche Anpassungen angeht. In der Abbildung sehen Sie die Möglichkeiten einer ganz individuellen Nummerierung.

Einrückungen nehmen Sie über das Setzen von *Tabulatoren* vor. Wenn Sie ein neues Dokument aufrufen, liegen im Lineal bereits eine Menge (zu erkennen an den nach rechts ausgerichteten Dreiecken im Abstand von jeweils 1 cm) davon vor. Setzen Sie den Mauszeiger vor ein Wort bzw. vor eine Zeile und drücken dann die *Tabulator-Taste* (→|), springt der Text bis zu dieser Stelle. Das Ganze klappt natürlich auch mit ganzen Absätzen, indem Sie diese markieren und dann etwa den ganz links stehenden, waagerechten Balken ein wenig verrücken. Die erste Zeile eines jeden Absatzes wird an diese Stelle versetzt. Soll auch der Rest eingerückt werden, schieben Sie das nach unten zeigende Dreieck nach.

Tabulatoren, die nicht benötigt werden, lassen sich einfach aus dem Lineal herausziehen, neue Tabulatoren lassen sich über das Kontext-Menü (per Rechtsklick auf das Lineal) setzen. Unterschieden wird hierbei zwischen *Linker Tabulator* (▶), *Zentrierter Tabulator* (♦), *Rechter Tabulator* (◀) und *Dezimal-Tabulator* (●). Die Raute (♦) lässt den Text zentriert an der gesetzten Stelle erscheinen, während der Kreis (●) einen *Dezimal-Tabulator* darstellt, der Ziffern nach der Dezimalstelle ausrichtet.

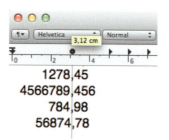

Der Dezimal-Tabulator richtet die Zahlen nach dem Komma aus.

Gerade bei längeren Dokumenten, die Sie formatieren und ausdrucken möchten, sollten Sie nicht vergessen, den Seitenrand über *Format | Seitenränder einblenden* anzeigen zu lassen sowie im Voraus das *Papierformat* (⌘-⇧-P) über das *Ablage*-Menü festzulegen. Finden Sie kein passendes Format, so wählen Sie die Option *Eigene Papierformate*, klicken auf den *Plus*-Button und vergeben einen Projekt-Namen. Danach können Sie schalten und walten, wie es Ihnen gefällt.

4 | Die Welt der Programme

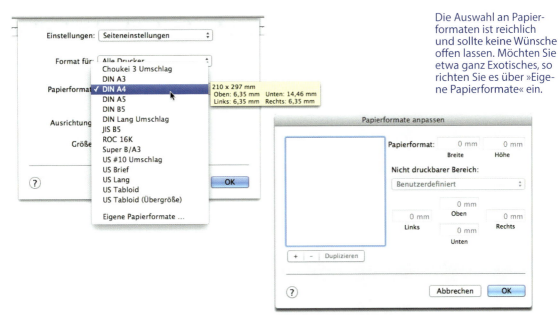

Die Auswahl an Papierformaten ist reichlich und sollte keine Wünsche offen lassen. Möchten Sie etwa ganz Exotisches, so richten Sie es über »Eigene Papierformate« ein.

Selbstverständlich lässt sich auch die Schrift vergrößern (⌘-+) sowie verkleinern (⌘--), wobei Sie immer erst die entsprechenden Text-Teile markieren müssen. Verwechseln Sie diese Vorgehensweise aber nicht mit der Zoom-Funktion über die Menüleiste *Darstellung* (*Originalgröße* ⌘-0, *Vergrößern* ⌘-⌥-+, *Verkleinern* ⌘-⌥--), über die Sie nur die Ansicht, nicht aber den Text als solches verändern.

Zum Überprüfen des Textes auf Rechtschreibfehler wählen Sie über das *Bearbeiten*-Menü den Befehl *Rechtschreibung und Grammatik* und dort den Befehl *Dokument jetzt prüfen*. Das können Sie auch bei einem einzigen Wort machen, falls Sie sich unsicher sind, ob Sie es richtig geschrieben haben.

> Haben Sie in den *Einstellungen* die Option *Rechtschreibung während der Texteingabe prüfen* aktiviert, so startet diese Funktion automatisch beim Anlegen eines neuen Dokuments. Hierbei werden unbekannte oder falsch geschriebene Wörter mit einer rot gestrichelten Linie gekennzeichnet.

> Denken Sie auch an die Möglichkeit, Wörter im *Lexikon* nachzuschlagen. Gerade dann, wenn Sie Ihr *Lexikon* mit dem deutschen Synonym-Wörterbuch aufgewertet haben, kann das von Vorteil sein, denn bei längeren Texten macht es sich immer gut, wenn Sie ein wenig Abwechslung in die Wortwahl hineinbringen.

395

Auch über die Tastatur-Kombination ⌘-⇧-: lässt sich die *Rechtschreibprüfung* starten. Im angezeigten Dialogfeld werden bei unbekannten wie fehlerhaften Worten Vorschläge unterbreitet, die Sie sogleich übernehmen (Button *Ändern*) können. Taucht kein Vorschlag auf, so korrigieren Sie selbstständig das Wort und klicken dann auf *Ändern*. Mit *Ignorieren* werden unbekannte, aber fehlerfreie Einträge bzw. solche, bei denen keine Vorschläge gemacht werden, übergangen, via *Weitersuchen* springen Sie zum nächsten angemahnten Wort. Links unten wählen Sie das gewünschte Wörterbuch aus, das sich über den Button *Lernen* auch ziemlich wissbegierig zeigt. Erscheint ein Eintrag, der von der Rechtschreibung als falsch (weil unbekannt) getadelt wird, so lässt sich dieses Wort über den Button *Lernen* dem Wörterbuch hinzufügen – das Wort wird künftig nicht mehr als falsch ausgewiesen werden.

Selbst die Rechtschreibprüfung kann noch was dazulernen …

Wenn Sie sich häufig über die immer gleichen Buchstabendreher ärgern oder Sie sich partout nicht merken können, wie man denn ein korrektes Akut bei »Liberté, Égalité, Fraternité« setzt, so denken Sie bitte an die Systemeinstellung *Sprache & Text* | Reiter *Text*. Dort tragen Sie in der Spalte für die Symbol- und Textersetzung Ihre Problemfälle ein und *TextEdit* berichtigt diese über seine automatische *Text ersetzen*-Funktion. Letztere wird entweder in den *TextEdit-Einstellungen* oder über *Bearbeiten* | *Ersetzungen* | *Text ersetzen* eingeschaltet.

Gerade was die Sonderzeichen betrifft, denken Sie auch wieder an die Möglichkeit des Einblendens aller zugehörigen Zeichen, indem Sie beim Tippen eines Buchstabens diesen gedrückt halten. Innert einer Sekunde erscheint ein Dialog, der sämtliche Variationen zu diesem Buchstaben anbietet.

4 | Die Welt der Programme

Ein weiteres Highlight bei der Texteingabe ist die automatische Korrektur von falsch geschriebenen Worten. Dazu muss über die Menüleiste *Bearbeiten* bei *Rechtschreibung und Grammatik* die Option *Rechtschreibung automatisch korrigieren* aktiviert sein. Schreiben Sie also drauflos und Sie tippen aus Versehen das Wort »Frage« mit »h« (also »Frahge«), so wird – sobald Sie die Leertaste betätigen, um zu einem neuen Wort zu gelangen – das fehlerhafte Wort korrigiert. Probieren Sie es einfach mal aus. Weiterhin werden bei fehlerträchtigen Wortgebilden Korrekturvorschläge eingeblendet. Diese brauchen Sie dann nur anzuklicken, um die korrekte Schreibweise zu übernehmen.

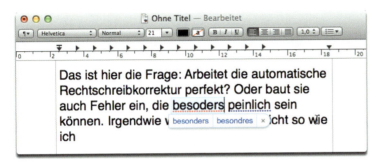

Fehlern auf der Spur – Dank der automatischen Rechtschreibkorrektur können Flüchtigkeitsfehler beim schnellen Tippen vermieden werden.

Niemand ist perfekt – auch nicht die automatische Rechtschreibkorrektur: Achten Sie deshalb immer genau auf die unterbreiteten Vorschläge (die nicht immer korrekt waren!) bzw. lesen Sie sich wichtige Texte immer ein zweites oder drittes Mal durch, ehe Sie sie weiterreichen oder ausdrucken.

Eine Menge Arbeit können Sie sich weiterhin sparen, wenn Sie die Funktion *Suchen* (⌘-F) im *Bearbeiten*-Menü im Auge behalten. Damit lässt sich nicht nur gezielt nach Begriffen suchen, sondern es besteht auch die Möglichkeit des raschen Ersetzens aller im Dokument vorkommenden Schreibweisen. Nehmen wir an, Sie hätten in Ihren Texten das Wort »Internet« verwendet und möchten dies nun lieber in »World Wide Web« umgestalten. Anstatt nun mühsam sämtliche Begriffe herauszusuchen, tragen Sie im Dialogfeld *Suchen* den Begriff »Internet« ein. Aktivieren Sie dann die Funktion *Ersetzen*, so zeigt sich eine weitere Eingabemöglichkeit, in die Sie den Eintrag »World Wide Web« hineinschreiben. Auf diese Weise können Sie auf einen Schlag sämtliche Begriffe auf Vordermann bringen (Button *Alle*). Gehen Sie die Sache lieber schrittweise an, um mehr Kontrolle zu haben, so klicken Sie nur auf *Ersetzen*, sodass immer das aktuell markierte Wort ersetzt und sogleich das nächste angezeigt wird. Über die Pfeile für *Weiter* und *Zurück* (◀▶) springen Sie im Dokument vorwärts oder rückwärts.

Die Suchen & Ersetzen-Funktion im Kopf-Bereich eines Dokuments ist in umfangreichen Texten unersetzlich.

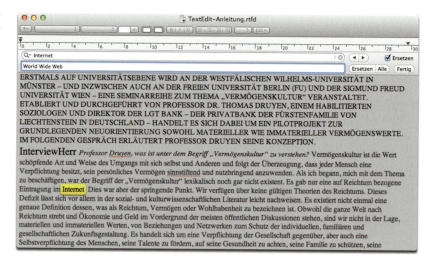

Weitere hilfreiche Funktionen sind noch die *Silbentrennung* (*Format | Mit Silbentrennung*), die oftmals eine harmonischere Darstellung von Text-Seiten erreicht und die Sätze gleichmäßiger an den verfügbaren Platz anpasst. Aber Achtung: Keine Software ist perfekt, sodass Sie im Falle der *Silbentrennung* diese nochmals überprüfen sollten.

Machen Sie auf gar keinen Fall den Fehler und setzen Sie einfach statt einer korrekten Silbentrennung einen neuen Bindestrich. Das Wort wird dann vielleicht im Moment richtig getrennt, doch wenn Sie beispielsweise die *Schriftgröße* bzw. die *Schrifttype* ändern, die *Silbentrennung* wieder deaktivieren oder die Seitenränder neu justieren, verändert sich das Schriftbild samt Umbruch – der Bindestrich bleibt jedoch im Text und sitzt nun an der falschen Stelle.

Möchten Sie einen Text-Teil auf die nächste Seite verfrachten, so sollten Sie das nicht über häufiges Drücken des *Zeilenschalters* (↵) erledigen, sondern über den Befehl *Bearbeiten | Einfügen | Seitenumbruch*. Letzteres ist aber nur im Dokument erkennbar, wenn im *Format*-Menü die Option *Seitenränder einblenden* aktiviert ist.

Es ist mal wieder an der Zeit, auf die wichtige Tastenkombination *Befehlstaste-Z* (⌘-Z) für *Bearbeiten | Widerrufen* hinzuweisen, über die Sie die zuletzt getätigten Schritte rückgängig machen können. Als Alternative ist hier noch der Befehl *Ablage | Zurücksetzen auf | Zuletzt gesichert* zu nennen, der bis zum letzten Sicherungsschritt zurückgeht. Oder Sie klicken in der Kopfzeile neben

4 | Die Welt der Programme

den Titelnamen und rufen den Befehl *Alle Versionen durchsuchen* auf. In diesem Fall können Sie die früher angelegten Versionen begutachten und auf den gewünschten Bearbeitungszustand zurückkehren.

Oben: Wie gut, dass es die »Versionen« gibt …

Auch Tabellen lassen sich in *TextEdit* anlegen – und dies relativ schnell (aber auch nur einfache Strukturen): Wählen Sie den Befehl *Format | Tabelle* und geben Sie im eingeblendeten Tabellen-Dialog die gewünschten Werte für *Zeilen* und *Spalten* ein. Über die *Ausrichtung* bestimmen Sie, wie der Inhalt verlaufen soll. Möchten Sie einen *Zellenrahmen* oder gar einzelne Zellen farbig gestalten, so wählen Sie die gewünschte *Rahmenstärke* in Pixel bzw. wählen bei *Zellenhintergrund* die Option *Füllfarbe* und aus der *Farbpalette* den Farbton. An der Stelle der Einfügemarke ( ) wird die Tabelle dann eingebaut. Befindet sich die Einfügemarke bereits im Text, so wird dieser automatisch eingebunden. Die Tabelle können Sie auch noch nachträglich in der Breite verändern, indem Sie den Mauszeiger seitlich am Zellenrahmen justieren und mit gedrückter Maustaste ziehen. Den Abstand des Textes vom Zellenrahmen justieren Sie über den Zeilenabstand bzw. die Option *Weitere einblenden*, da dort zusätzliche Möglichkeiten angeboten werden.

Achten Sie darauf, wenn Sie einzelne Zellen farbig gestalten möchten, dass bei *Zellenhintergrund* die Option *Füllfarbe* gewählt und das *Farbfeld* aktiviert ist (dazu bitte hineinklicken). Ansonsten würden Sie den Text einfärben, was in diesem Kontext nicht unbedingt beabsichtigt ist.

Auch Tabellen können ihren Charme besitzen, sobald ein wenig Farbe ins Spiel kommt.

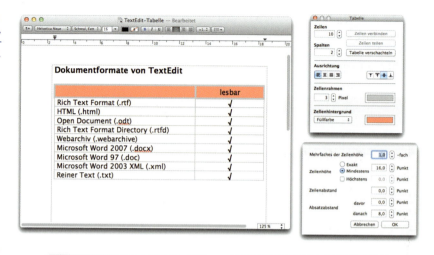

Das Farbfeld im linken Beispiel ist nicht aktiv, während das rechte Bild über die dicke graue Umrandung die Aktivierung zeigt.

Sie können Tabellen auch in separaten Dateien entwerfen und formatieren und diese dann in andere Dokumente kopieren. Dazu klicken Sie links vom ersten Zeichen des Tabellen-Inhaltes in die Tabelle und ziehen mit gedrückter Maustaste nach rechts unten bis zum letzten Zeichen. Wählen Sie dann ⌘-C und gehen Sie zum gewünschten Dokument. Die Tabelle befindet sich derweil in der Zwischenablage und wird erst wieder herausgegeben, wenn Sie über ⌘-V den Befehl dazu ausführen.

Noch ein Beitrag zum Verständnis: Der Unterschied zwischen *Ausschneiden* (⌘-X) und *Kopieren* (⌘-C) im *Bearbeiten*-Menü besteht darin, dass beim *Kopieren* der entsprechende Teil weiterhin im Original verbleibt, während beim *Ausschneiden* dieser Bereich aus dem Ursprungs-Dokument entfernt wird. Bei beiden Varianten wird über die Zwischenablage der Bereich zwischengespeichert und kann an einer anderen Stelle wieder eingefügt werden.

Zum Einfügen von Inhalten in die einzelnen Zellen brauchen Sie nur hineinzuklicken und dann loszuschreiben bzw. etwas hineinkopieren. Über die *Tabulator*-Taste (→|) springen Sie dann bequem von Feld zu Feld.

TextEdit ist aber nicht nur ein »trockenes« Textprogramm, sondern es steht Ihnen frei, auch Bilder, PDFs oder Filme in ein Dokument einzubetten. Die Vorgehensweise ist dabei mehr als einfach, denn Sie brauchen die entsprechende Datei nur mit der Maus zu packen und in das Dokument hineinzuziehen. Oder Sie markieren ein Bild oder einen Film im *Finder*, wählen *Bearbeiten | Kopieren* (⌘-C) und wechseln dann ins *TextEdit*-Dokument. Dort klicken Sie nun mit der Maus an jene Stelle, an der die Datei eingefügt werden soll. Wählen Sie nun *Bearbeiten | Einsetzen* (⌘-V) und der Inhalt wird aus der Zwischenablage eingefügt.

Eine weitere Möglichkeit zum Einfügen von Medien besteht, indem Sie über die Menüleiste *Ablage* den Befehl *Anhänge hinzufügen* (⌘-⇧-A) wählen. Hierbei öffnet sich ein Dialog, der Ihnen nun den Zugriff auf all Ihre multimedialen Inhalte offeriert. Scrollen Sie dazu die links liegende Quellen-Liste ganz nach unten, bis Sie auf den Eintrag *Medien* stoßen. Darüber können Sie nun auf all Ihre *Musik*-Inhalte (*GarageBand*, *iTunes*), Ihre Bilder (*iPhoto*- oder *Aperture-Bibliotheken*, *Photo Booth*) bzw. Ihre Filme (*iMovie*, *iPhoto*, *iTunes*, *Final Cut Pro* etc.) zugreifen und diese in Ihr *TextEdit*-Dokument integrieren.

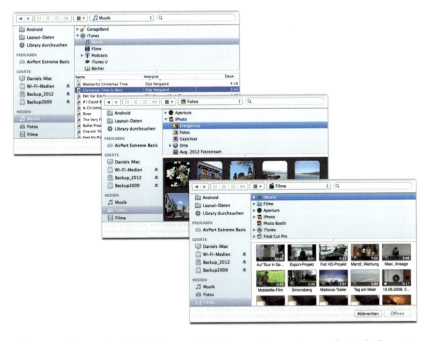

Ob Ton, Bild oder Film – TextEdit ist hier ziemlich kulant und schluckt fast alles.

Aber es gibt auch Nachteile zu berichten, denn ein nachträgliches Bearbeiten von Bildern oder Videos ist innerhalb *TextEdit* nicht möglich. Sie müssen also schon im Voraus die Medien so aufbereiten, dass die Größe stimmt. Es bringt hier auch einen Vorteil, wenn Sie die Seitenränder nicht einblenden, da ansonsten größere Bilder oder Filme einfach auf die nächste Seite ausgelagert werden. Zum Verändern von Film-Daten denken Sie bitte an das Programm *QuickTime Player*, in dem Sie hervorragend kleinere Versionen (*Format* für *iPhone/iPod*) erstellen können. Bilder wiederum skalieren Sie in *Vorschau*, das ein wenig später ausführlich beschrieben wird.

Dokumente, die Bilder oder Filme enthalten, werden als *RTF-Dokument mit Anhängen* (Suffix *.rtfd*) gesichert. Je größer die Anzahl der eingebetteten Medien und je höher die Datengröße, desto größer wird letztlich auch das Dokument selbst. Bedenken Sie das bitte, wenn Sie ein *TextEdit*-Dokument beispielsweise per E-Mail versenden möchten. Haben Sie eine Datei geöffnet, die als reiner Text vorliegt (Endung *.txt*), so ist ein Integrieren von Medien nicht möglich – Sie müssen die Datei zuvor in ein *RTF* umwandeln (über *Format | In formatierten Text umwandeln*).

Neben Bildern und Filmen lassen sich jedoch auch Dateien wie beispielsweise *Excel*-Tabellen oder andere Text-Dokumente einbauen, ja sogar Ordner oder Programme können eingefügt werden. Dies erledigen Sie ebenso per Drag & Drop (Ziehen und Loslassen) über den Finder oder über den Befehl *Ablage | Anhänge hinzufügen* (⌘-⇧-A).

Im Gegensatz zu Medien, die per Drag & Drop in das Dokument eingefügt werden, liegen Anhänge meist nur als Vorschauen (mit den jeweiligen Erkennungs-Icons) im Dokument.

Fast alles ist machbar – es sollte nur Sinn machen und selbstverständlich auch ausprobiert werden. Unser Dokument ist über 268 Megabyte groß – für den schnellen E-Mail-Versand also weniger geeignet.

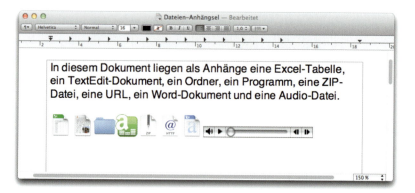

Alle Dokumente und Ordner, die als Anhänge in *TextEdit* eingefügt werden, lassen sich per Doppelklick aufrufen oder auch auf den Schreibtisch ziehen. Legen Sie eine derart aufbereitete *TextEdit*-Datei in den Ordner *Für alle Benutzer*, so können auch andere Account-Inhaber auf dem Rechner die Datei öffnen und die darin enthaltenen Dokumente nutzen.

4 | Die Welt der Programme

Denken Sie auch wieder an die *Dienste-Einstellungen* (Systemeinstellung *Tastatur | Tastaturkurzbefehle*), über die Sie weitere Dienste freischalten können, etwa einen markierten Text als Notiz zu speichern oder als E-Mail verschicken zu lassen.

Time Machine – Auf Nummer Sicher

In den *Systemeinstellungen* bereits angesprochen, nun im *Programme*-Kapitel zu Ende gebracht – die Rede ist von *Time Machine*, der genialen Backup-Lösung in *OS X*. Kommen Sie nun in die – hoffentlich nie eintretende – Situation, dass Ihnen wichtige Dokumente abhanden gekommen sind (aus Versehen gelöscht, durch einen Systemabsturz beschädigt, in geistiger Umnachtung überschrieben etc.), so haben Sie gute Karten. Öffnen Sie den entsprechenden Ordner, in dem sich dieses Dokument befand und klicken Sie dann auf das Programm-Icon von *Time Machine* (im Dock, im *Programme*-Ordner oder über *Launchpad*). Und wie von Geisterhand ändert sich der Bildschirm und Sie blicken ins All – das heißt nicht ganz, denn im Vordergrund befindet sich ja Ihr geöffnetes Fenster. Letzteres können Sie wie im *Finder* bedienen, also auch darin enthaltene Ordner doppelklicken oder in der Seitenleiste andere Pfade öffnen.

Der Flug in die Vergangenheit kann beginnen – vorausgesetzt, Sie haben auch Ihre Festplatte mit den Time Machine-Backups eingeschaltet.

Sie haben nun mehrere Möglichkeiten zum Suchen: Entweder Sie benutzen die beiden Pfeile zum Vor- und Zurückgehen, klicken sich mit der Maus von Fenster zu Fenster oder benutzen die seitliche (rechts stehende) Zeitleiste. Überfahren Sie mit der Maus die einzelnen Blöcke, so wird zu jedem das zugehörige Datum eingeblendet. Klicken Sie darauf, so wandern Sie in die Vergangenheit zu genau diesem Zeitpunkt.

Jeder Balken entspricht einem Backup-Tag (oder größer). Klicken Sie darauf, so sausen Ihnen die Fenster nur so um die Ohren, bis der Zeitpunkt erreicht ist.

Wenn Ihre Backup-Festplatte schon einmal voll war und *Time Machine* nunmehr damit beginnt, ältere Einträge zu überschreiben, damit für die aktuellen Sicherungen Platz ist, so werden die Sicherungs-Abstände immer größer. Aus zuvor täglich angelegten Backups werden im Zurückgehen in die Vergangenheit dann Wochen-Abstände, später sogar noch größere zeitliche Entfernungen.

Haben Sie Ihre Datei gefunden, so markieren Sie sie mit der Maus und klicken Sie dann auf den *Wiederherstellen*-Knopf – in Windeseile rauscht Ihr vermisstes Objekt über die vielen Fenster und liegt schließlich im aktuell geöffneten (das klappt natürlich auch bei mehreren markierten Objekten). Wenn Sie ein Dokument wiederherstellen, das denselben Namen wie ein bereits im Ordner vorkommendes Objekt trägt, so wird dieses nicht einfach überschrieben, sondern Sie erhalten eine Warnmeldung, die um Aufklärung bemüht ist.

Sie haben drei Möglichkeiten: Entweder Sie behalten das bestehende Objekt (»Original behalten«), beide Objekte (»Beide behalten«) oder ersetzen das Bestehende durch das Wiederhergestellte (»Ersetzen«).

4 | Die Welt der Programme

Auch in *Time Machine* funktioniert die Funktion *QuickLook/Übersicht*. Ist eine Datei markiert, so drücken Sie einfach die Leertaste bzw. führen einen Dreifinger-Tipp aus – und schon haben Sie eine große Voransicht.

Sollten Sie Schwierigkeiten im Auffinden der gesuchten Datei haben, so können Sie auch über *Spotlight* danach fahnden. Sie brauchen also im von *Time Machine* gezeigten Fenster nur in das Such-Feld den Begriff eingeben – und schon macht sich das Programm auf die Suche. Auch hier stehen Ihnen dann wieder die verschiedenen Rubriken (auf die Spalten klicken) wie *Name*, *Art*, *Zuletzt geöffnet* oder die ausschließliche Suche nur im Benutzer-Ordner, über den Inhalt etc. zur Verfügung.

Das *Wiederherstellen* klappt jedoch nicht nur bei einzelnen oder mehreren Objekten, sondern auch mit dem gesamten Betriebssystem. Ist dieses außer Gefecht gesetzt (beschädigt), so müssen Sie allerdings einen anderen Weg einschlagen. Starten Sie Ihren Mac neu bzw. halten Sie beim Einschalten die Tastenkombination ⌘-R gedrückt. In diesem Fall startet der Mac nun über die bei der *OS X*-Installation angelegte Wiederherstellungspartition (*Wiederherst-10.8*). Nach wenigen Sekunden erscheint dabei das Fenster *OS X Dienstprogramme*, das als ersten Punkt die Option *Aus Time Machine-Backup wiederherstellen* aufführt. Vorausgesetzt, dass die Festplatte mit Ihrem *Time Machine*-Backup eingeschaltet und mit dem Mac verbunden ist, markieren Sie nun auf diese Option und klicken auf *Fortfahren*. Im Fenster *System wiederherstellen* lesen Sie sich bitte die angezeigten Informationen durch. Über *Fortfahren* gelangen Sie nun zur eigentlichen Backup-Quelle. Hierbei müssen Sie darauf achten, dass Sie auch wirklich ein *Time Machine*-Backup auswählen, das von dem gerade verwendeten Computer stammt.

Das Fenster »System wiederherstellen« führt noch einmal die wichtigsten Verhaltensregeln auf, ehe Sie über die Backup-Quelle das Volume zum Wiederherstellen wählen.

405

Im Falle eines geschützten *Time Machine*-Volumes müssen Sie dieses erst freigeben. Dazu klicken Sie auf *Schutz aufheben* und geben dann das Passwort ein. Anschließend werden alle vollständigen *OS X*-Backups nach Datum sortiert aufgelistet, von denen Sie sich nun das Gewünschte heraussuchen.

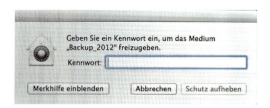

Bei verschlüsselten Backup-Volumes muss zuvor der Schutz aufgehoben werden.

Bitte unbedingt beachten: »Beim Wiederherstellen Ihres Systems werden alle Inhalte auf dem ausgewählten Volume gelöscht« – so schreibt es Apple und wir wollen dem Glauben schenken. Mit anderen Worten: Sofern Sie jetzt noch die Möglichkeit haben, sollten Sie zuvor alle Daten in Sicherheit bringen.

Zum Schluss heißt es das *Zielvolume wählen* und dann den Button *Wiederherstellen* zu drücken. Den Rest übernehmen Soft- wie Hardware und Sie können sich erst einmal wieder beruhigen, denn die ganze Geschichte ist doch ziemlich aufregend und dauert zudem ziemlich lange (je nach Menge der zu übertragenden Daten). Wir wollen dennoch ganz fest die Daumen drücken, dass danach alles wieder in Ordnung ist bzw. Sie nie in den »Genuss« einer Wiederherstellung kommen werden.

Wählen Sie aus der Aufstellung das gewünschte OS X-Backup.

4 | Die Welt der Programme

Vorschau – der PDF- und Bilder-Tausendsassa

Das Programm *Vorschau* werden Sie mit Sicherheit sehr häufig gebrauchen. Es gehört mit in die Gruppe der (fast) Alleskönner – zumindest was die Anzeige von verschiedenen Bild-Formaten angeht. Dazu gehören unter anderem:

- JPEG, JPG (*Joint Photographic Experts Group*)
- HDR (*High Dynamic Range*)
- GIF (*Graphics Interchange Format*)
- TIFF, TIF (*Tagged Image File Format*)
- PSD (*Photoshop Document*)
- PICT (*Pictures*)
- PNG (*Portable Network Graphics*)
- BMP (*Bitmap*)
- RAW (Rohdatenformat)

Aber auch Dokumente, die mit *Microsoft Word*, *PowerPoint* sowie *Excel* erstellt wurden, lassen sich in *Vorschau* öffnen. Daneben ist das Programm auch hervorragend zur Darstellung von *PDF*-Dokumenten geeignet. Das sogenannte *Portable Document File* ist aufgrund seiner Plattform-Unabhängigkeit sowohl auf PCs wie auch auf Macs weit verbreitet. Nicht nur im Internet, sondern auch als *Hilfe-* oder *Read me*-Dokument ist es meist Programmen beigelegt. Über beispielsweise eingefügte *Lesezeichen* (Verlinkungen) können Sie auf diese Weise zu verschiedenen Text-Stellen springen.

Aber auch *PostScript-* (PS) oder EPS-Dateien (*Encapsulated PostScript* – ein Grafik-Format) lassen sich begutachten, indem sie automatisch in das PDF-Format konvertiert werden.

> Gerade im professionellen Bereich (Daten-Weitergabe an Druckereien) finden Sie *PostScript* als Seitenbeschreibungssprache. Über ein *RIP* (*Raster Image Processor*) wird der Drucker angewiesen, wo welche Elemente (Bild, Text, Auszeichnungen etc.) erscheinen sollen. Auch *Vorschau* kann eine *.ps*-Datei interpretieren und daraus ein *PDF* erzeugen, das jedoch nicht für allerhöchste Ansprüche genügt. Möchten Sie PDFs an eine Druckerei weitergeben, so benötigen Sie den *Acrobat Distiller* von Adobe.

Das Arbeiten mit *Vorschau* ist relativ simpel: Zum Anzeigen von einem oder mehreren Bildern markieren Sie diese und ziehen sie auf das *Vorschau*-Icon im Dock. Meist tut es auch ein Doppelklick, falls die Bilder nicht von einem anderen Bildbearbeitungs-Programm abgespeichert wurden, das sich ebenfalls im Ordner *Programme* befindet.

Mehrere Bilder zeigt »Vorschau« meist in der Ansicht »Miniaturen« an, die Sie auch über die Menüleiste »Darstellung | Miniaturen« (⌘-⌥-2) bzw. durch Klick auf das Symbol ( ) in der Symbolleiste wählen können.

Erscheint Ihnen die Seitenleiste mit den Miniaturen zu schmal und möchten Sie die Bilder etwas größer haben, so setzen Sie den Mauszeiger an die Trennlinie zwischen Leiste und Bild-Vorschau und ziehen sie bei gedrückter Maustaste nach links oder rechts (der Mauspfeil zeigt dabei wieder das ✥-Symbol). Das *Vorschau*-Fenster bietet Ihnen darüber hinaus weitere Darstellungen, darunter den *Kontaktbogen* (⌘-⌥-5), *Nur Inhalt* (⌘-⌥-1) sowie das *Inhaltsverzeichnis* (⌘-⌥-3).

Der *Kontaktbogen* zeigt hierbei eine Übersicht aller geöffneten Bilder, die Sie über ⌘-Plus bzw. ⌘-Minus oder über die *Vergrößern-/Verkleinern*-Tasten ( ) in der Größe variieren können. Besitzer eines Trackpad können die Ansichten zusätzlich über das Spreizen bzw. Zusammenziehen von Daumen und Zeigefinger bewerkstelligen.

Der Kontaktbogen erlaubt einen schnellen Überblick über das geöffnete Bilder-Repertoire.

4 | Die Welt der Programme

Über einen Doppelklick auf eine Miniatur zeigt sich dann das Bild in der großen Vorschau als *Nur Inhalt* ohne Seitenleiste. Die Ansicht *Miniaturen* wiederum gibt einen schnellen Überblick über alle geöffneten Medien und erlaubt das schnelle Navigieren zu einer bestimmten Datei – das große Vorschau-Fenster bleibt dabei stets eingeblendet. Das *Inhaltsverzeichnis* ist im Grunde weniger für Bilder als eher für PDF-Dateien gedacht, da im Falle von eBooks dort aussagekräftige Titel stehen.

Die Ansichten »Miniaturen« sowie »Nur Inhalt«: Für jeden Zweck gibt's den geeigneten Überblick.

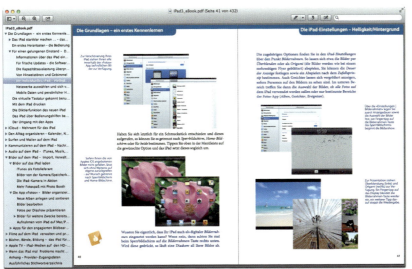

Wenn Sie ein eBook oder beispielsweise einen Firmenprospekt als PDF öffnen, finden Sie in der Ansicht »Inhaltsverzeichnis« meist ein solches vor.

409

Alle genannten Ansichten von *Vorschau* lassen sich auch im *Vollbild-Modus* anwenden. Diesen starten Sie entweder über den Knopf oben rechts im *Vorschau*-Fenster oder über die Menüleiste *Darstellung | Vollbild ein* (ctrl-⌘-F). Möchten Sie auf weitere Funktionen zurückgreifen, so erledigen Sie das entweder über die entsprechenden Tastenkurzbefehle oder indem Sie den Mauszeiger an den oberen Bildschirmrand bewegen. Auf diese Weise wird die Menüleiste automatisch eingeblendet und Sie haben Zugriff auf alle Funktionen. Der *Vollbild-Modus* lässt sich ausschalten, indem Sie in der Menüleiste auf den Knopf oben rechts drücken.

Wir möchten bei den Ansichten *Kontaktbogen* sowie *Miniaturen* weiterhin auf das *Kontext*-Menü hinweisen, über das Sie weitere Befehle zur Sortierung (nach *Name*, *Pfad*, *Datum*, *Größe* usw.) oder zum Exportieren in ein anderes Format erhalten. In der Symbolleiste finden Sie weiterhin den *Bereitstellen*-Knopf ( ) zum Übergeben von Bildern an weitere Programme wie etwa *Mail*, *iPhoto* oder *Aperture* bzw. zum Weiterreichen an *Flickr* oder *Twitter*.

Über das Kontext-Menü lassen sich verschiedene Aufgaben bewältigen – unter anderem das Sortieren der Bilder oder das Exportieren, indem Sie im erscheinenden Dialog das gewünschte »Format« bestimmen.

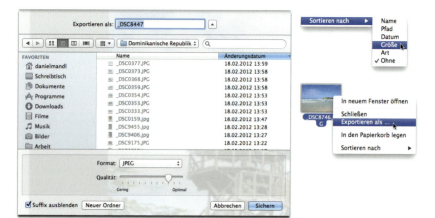

Grundsätzlich lassen sich die wichtigsten Einstellungen, wie sich das Programm beim Öffnen von Bildern verhalten soll, wieder über die *Einstellungen* (*Vorschau | Einstellungen*) erledigen. Dort bestimmen Sie unter *Allgemein* zum Beispiel die *Hintergrundfarbe* des Ansichts-Fensters und legen fest, wie sich *Vorschau* im Falle des Öffnens von mehreren Dateien verhalten soll: Entweder separat *Jede Datei in einem eigenen Fenster öffnen* oder *Alle Dateien in einem Fenster öffnen*, sodass Sie mit Hilfe der *Miniaturen* in der *Seitenleiste* navigieren können. Letztere Einstellung bedeutet aber auch, dass – falls Sie nach und nach weitere Bilder doppelklicken – diese dem schon geöffneten Fenster hinzugefügt werden. Unser

Favorit heißt daher *Dateigruppen im selben Fenster öffnen*, womit sich bei jedem Öffnen diverser Dateien (etwa verschiedene Bild-Ordner) diese zusammengefasst in einem Fenster anzeigen lassen.

Die Vorschau-Einstellungen »Allgemein« und »Bilder«.

In der *Bilder*-Abteilung legen Sie hingegen fest, wie sich ein Bild beim Anzeigen in *Originalgröße* (*Darstellung* | *Originalgröße* bzw. ⌘-0) verhalten soll. Fotos, die Sie beispielsweise von Ihrer Digitalkamera auf die Festplatte transferieren, legen mittlerweile enorme Pixel-Werte an den Tag. Eine 16-Megapixel-Kamera weist bei Fotos etwa eine Datendichte von 4928 x 3264 Pixel auf, was einem Umfang von 41,72 x 27,64 cm bei einer Druckgröße von 300 dpi (Dots per Inch, also 300 Pixel pro 2,54 cm) entspricht (ganz davon abgesehen, dass es bei Bildern eigentlich *ppi* – Pixel pro Inch – heißen müsste). Bei der Einstellung *Bildschirmgröße entspricht Druckgröße* wird nun der dpi-Wert (also die eigentliche Auflösung) berücksichtigt, sodass das Bild in diesen (Zentimeter-) Maßen angezeigt wird. Ist dagegen die Option *1 Bildpixel entspricht 1 Bildschirmpixel* gewählt, so stellt das Programm die Bilder in der Original-Pixelgröße dar. Das heißt mit anderen Worten: Da Ihr Bildschirm nur eine Auflösung von vielleicht 72 dpi (oder vielleicht sogar 100 dpi) aufweist, werden nicht 300 Pixel pro Inch, sondern eben nur 72 (oder eben 100) aufgeführt – das Bild wird dementsprechend groß skaliert. Dasselbe Bild der 16-Megapixel-Kamera (bei gleicher Pixeldichte) würde nun bei 72 dpi eine Größe von 173,85 x 115,15 cm aufweisen.

Zum Betrachten bzw. Durchblättern der Bilder können Sie nun auf die Miniaturen in der *Seitenleiste* klicken, die Pfeil-Tasten Ihrer Tastatur verwenden oder mit zwei Fingern auf dem Trackpad bzw. einem Finger auf der Magic Mouse streichen. Möchten Sie Ihre Bilder drehen (beispiels-

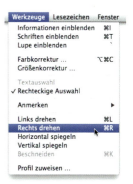

weise vom Quer- in das Hochformat), so erledigen Sie das über die Menüleiste *Werkzeuge | Links drehen* (⌘-L) oder *Rechts drehen* (⌘-R). Das müssen Sie im Übrigen nicht Bild für Bild vornehmen, sondern können das auch auf mehrere, zuvor markierte (mit gedrückter Befehlstaste angeklickte) Bilder anwenden. Benutzen Sie ein Trackpad, so lässt sich das Drehen auch bewerkstelligen, indem Sie Daumen und Zeigefinger auf die Trackpad-Oberfläche setzen und sie im bzw. gegen den Uhrzeigersinn drehen. Neben dem Drehen lassen sich Bilder jedoch auch horizontal wie vertikal spiegeln.

Das Blättern zwischen einzelnen Bildern lässt sich sowohl vertikal wie horizontal erledigen. Auch das Drehen von Fotos ist eine Sache von Sekunden.

Zum *Zoomen* (Vergrößern oder Verkleinern der Ansicht) klicken Sie einfach auf die Tasten *Plus* (⊕) oder *Minus* (⊖), die Originalgröße stellen Sie über *Darstellung | Originalgröße* wieder her. Schneller geht's wie üblich über die Tastatur-Kürzel wie etwa *Befehlstaste-Plus* (⌘-+) für *Vergrößern*, *Befehlstaste-Minus* (⌘--) für *Verkleinern*, *Befehlstaste-0* (⌘-0) für *Originalgröße*. Der Befehl *Größe an Fenster anpassen* (⌘-9) im Menü *Darstellung* gleicht das Bild hingegen immer der jeweiligen Fenstergröße an. Ziehen Sie das Fenster größer, so wird auch das Bild aufgezoomt und umgekehrt.

Die Größen-Änderungen über die Symbol- oder Menüleiste betreffen rein die Darstellung am Bildschirm – die Original-Daten werden hierbei nicht angetastet. Die Ausnahme von der Regel ist einzig der Befehl *Größenkorrektur* in der Menüleiste *Werkzeuge* (dazu später mehr).

4 | Die Welt der Programme

Nutzer eines Multi-Touch-Trackpads haben es hier natürlich besonders einfach, wenn sie die Finger-Akrobatik beherrschen: Auseinanderziehen bzw. Zusammenziehen von Daumen und Zeigefinger vergrößern bzw. verkleinern die Ansicht. Schauen Sie ruhig noch einmal in die Systemeinstellung *Trackpad*, wo eine reizende Frauenhand die Vielfalt der Möglichkeiten zeigt.

Wenn Sie gerne und häufig mit der Maus arbeiten, so bietet es sich an, über *Darstellung | Symbolleiste anpassen* diese an die eigenen Bedürfnisse anzupassen. Sie müssen nur die optionalen Knöpfe in die Symbolleiste ziehen und fertig ist Ihre ganz persönliche Arbeits-Oberfläche.

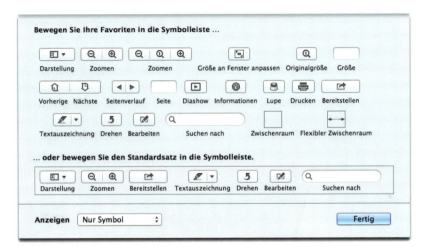

Für fast alle Belange stehen optional Knöpfe parat, über die Sie die Symbolleiste erweitern können. So lassen sich die häufig benutzten Funktionen schnell per Mausklick erreichen.

Um in einem Bild Details genauer betrachten und beurteilen zu können, sollten Sie Ihr Bild aufzoomen. Meist übersteigt jedoch damit der Inhalt des Fotos das Vorschau-Fenster bei weitem. Um zu navigieren und die gewünschten Bildstellen anzuzeigen, können Sie auf dem Trackpad mit zwei Fingern über die Oberfläche streichen, bei der Magic Mouse erledigen Sie das mit einem Finger. Benutzer einer normalen Maus müssen sich ab *Mountain Lion* – und das ist wirklich ein schlechter Witz – mit Scrollen begnügen, da aus unerfindlichen Gründen das normalerweise übliche *Hand*-Werkzeug (✋) gestrichen wurde. Sobald Sie nun das Mausrad bewegen, erscheinen auch die Scrollbalken, die Sie nun vertikal wie horizontal bewegen können. Und das nur als Tipp: Möchten Sie horizontal scrollen, so gelingt das auch, indem Sie die *Umschalttaste* (⇧) drücken und dann das Mausrad drehen.

Benutzer herkömmlicher Mäuse müssen die Scrollbalken zum Bewegen des Bild-Inhaltes verwenden. Mit Trackpad und Magic Mouse sind Sie hier bedeutend besser dran.

Sehr schön zum Betrachten von Details ist weiterhin die *Lupe*, die Sie über die *Umschalttaste* (⇧) und die Taste »´« bzw. über die Menüleiste *Werkzeuge | Lupe einblenden* aufrufen können. Gehen Sie damit über das Bild, so lassen sich Details hervorragend beurteilen – und das, ohne das Bild selbst aufzoomen zu müssen. Wenn Sie ein Trackpad benutzen, lässt sich der Vergrößerungsfaktor der Lupe sogar noch weiter erhöhen oder auch verringern, indem Sie Daumen und Zeigefinger auseinander- oder zusammenziehen. Sind Sie schwer begeistert von der Lupe, so können Sie sich über *Symbolleiste anpassen* den entsprechenden Knopf ( ) zum direkten Aufrufen auch in die Symbolleiste legen.

Die Ware ist nicht ganz makellos, wie die Lupe eindeutig zeigt.

4 | Die Welt der Programme

Und wie immer gilt auch: Egal, was Sie mit Ihren Bildern anstellen – prägen Sie sich wieder die nachfolgende Tastatur-Kombination gut ein: *Befehlstaste-Z* (⌘-Z) für *Widerrufen*. Damit lassen sich die zuletzt ausgeführten Schritte zurücknehmen, sodass fehlgeschlagene Drehungen oder sonstige Änderungen keinen Schaden anrichten können. Einzige Voraussetzung, die Sie unbedingt berücksichtigen müssen: Die *Rückgängig*-Funktion reicht immer nur bis zum letzten Speichern zurück, danach wird von vorne protokolliert. Haben Sie das nicht bedacht, so denken Sie auch wieder an die *Versionen*: Bei größeren Manipulationen sollten Sie daher von Zeit zu Zeit über die Menüleiste *Ablage | Sichern* (⌘-S) wählen, sodass Sie über *Alle Versionen durchsuchen* stets die Sicherheit haben, zu einem vorhergehenden Zustand zurückkehren zu können.

Der Import von Bildern über eine Digitalkamera

Vorschau kann wesentlich mehr als nur Bilder anzeigen. Das Programm beherrscht ebenso wie *Digitale Bilder* oder *iPhoto* den Import von Fotos einer Kamera. Ist diese angeschlossen, so sollten Sie zuvor über *Digitale Bilder* in den *Geräte-Einstellungen* (links unten liegend, bei *Anschließen von Kamera öffnet*) das Programm *Vorschau* als Bild-Importeur auswählen. Ist das erledigt, so taucht im Menü *Ablage* der Befehl *Importieren von »Kamera-Modell«* auf. Wird dieser nun angewählt, so öffnet sich der *Importieren*-Dialog, der demjenigen von *Digitale Bilder* stark ähnelt. Auch dort können Sie nun wieder den Speicherkarten-Inhalt als *Liste* (▤) oder als *Symbole* (▦) anzeigen lassen, einzelne Bilder drehen (↺/↻) oder löschen (⊘). Klicken Sie dann auf *Importieren* (sofern Sie eine Auswahl wünschen) oder *Alle importieren*, öffnet sich ein Dialog, über den Sie nun den *Zielort auswählen*.

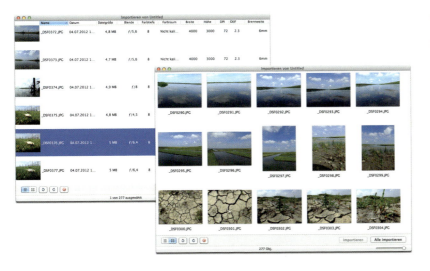

Über die Listen bzw. Symbol-Ansicht bestimmen Sie die Auswahl zum Importieren. Danach heißt es den Speicherort zu bestimmen.

415

Einscannen von Bildern

Und ebenso von *Digitale Bilder* abgeguckt: Über *Ablage | Aus Scanner importieren* sowie dem Anwählen des entsprechenden Gerätes lassen sich wieder Bilder oder Text-Dokumente rasch und problemlos digitalisieren. Es öffnet sich das Import-Fenster, das im Grunde dieselben Funktionen wie dasjenige von *Digitale Bilder* anbietet: Entweder die Schnell-Methode oder über *Details einblenden* eine manuelle Anpassung an (fast) alle erdenklichen Aufgaben. Dort können Sie nun wieder eine Bildkorrektur vornehmen, indem Sie die Regler für *Helligkeit, Färbung, Temperatur* oder *Sättigung* betätigen. Sobald Sie auf *Scan* klicken, lässt sich wieder der Zielort festlegen.

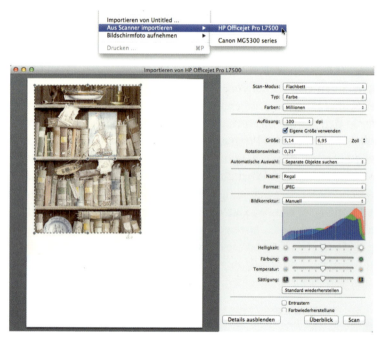

Die einzelnen Bilder lassen sich im Vorschau-Scan auf Vordermann bringen, sodass der eigentliche Scan dann korrekt auf die Festplatte gebannt werden kann.

Sollte Ihr Scanner nicht sofort erkannt werden, so hilft oft das einfache Herausziehen und wieder Anschließen des USB-Kabels.

Vielleicht zum Verständnis: Sobald die Option *Eigene Größe verwenden* aktivieren, steht Ihnen auch die *Automatische Auswahl* zur Verfügung. Über *Separate Objekte suchen* benutzen die Programme *Digitale Bilder* und *Vorschau* weiße Bereiche als Trennungsmerkmal zum Bestimmen der verschiedenen Objekte. Liegen also Bilder verstreut auf der Scan-Oberfläche, so kann die Software anhand der Kontrastunterschiede die einzelnen Bilder

4 | Die Welt der Programme

herausfiltern. Das kann jedoch auch in die Hose gehen, wenn beispielsweise ein Bild größere weiße Flächen aufweist. In diesen und ähnlich gelagerten Fällen heißt es also Hand anlegen und die Scan-Rahmen anzupassen.

Bild-Informationen anzeigen

Neben dem Importieren und Anzeigen können Sie Ihre Bilder auch in *Vorschau* auf Vordermann bringen. Werfen Sie dazu einen Blick in das Menü *Werkzeuge*, finden Sie beispielsweise die Befehle *Informationen einblenden*, *Farbkorrektur* oder *Größenkorrektur*. Die *Informationen* (⌘-I) gliedern sich in die vier Rubriken *Allgemeine Informationen* (), *Weitere Informationen* (), *Schlagwortinformationen* () sowie *Anmerkungsinformationen* (). Während Sie in den *Allgemeinen Informationen* eher eine Zusammenfassung wie *Dateiname*, *Dokumentart*, *Datei-* und *Bildgröße* sowie *Auflösung* erhalten, geht's bei *Weitere Informationen* ans Eingemachte. Hier finden Sie sämtliche Daten – wiederum unterteilt in Reiter –, die Ihre Digitalkamera beim Erstellen des Bildes mit abgespeichert hat (sogenannte *EXIF-Informationen*): Datum und Uhrzeit, Belichtungskorrektur, Belichtungszeit, Blendenwert, Brennweite (digital und analog), Weißabgleich, Objektiv-Modell und vieles weitere mehr. Dies ist mitunter ein Eldorado für ambitionierte Fotografen, die alles und jedes in Erfahrung bringen möchten und auch Fehlbelichtungen untersuchen. Wie gesagt, diese Informationsfülle gibt es nur dann, wenn Ihre Kamera in der Lage ist, *EXIF*-Eigenschaften anzufertigen.

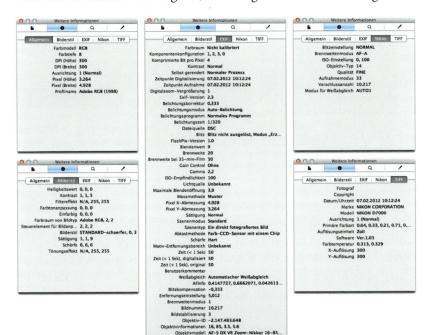

Infos satt zum Nulltarif: Jeder interessierte (Hobby-)Fotograf sollte sich in diesen Dialogen einmal umsehen.

Ist Ihre Kamera mit einem *GPS*-Modul ausgestattet (intern oder extern) oder waren Sie mit einem iPhone auf Foto-Pirsch unterwegs, so werden auch diese aufgezeichneten Koordinaten (Längengrad, Breitengrad sowie Höhe) mit aufgeführt, und zwar beim Eintrag *GPS*. Der Clou hierbei ist, dass Sie über den Button *Auswählen* blitzschnell ins Internet auf die Seite *Google Maps* (http://maps.google.com) verwiesen werden, wo bereits die GPS-Daten eingetragen und der genaue Standpunkt in verschiedenen Darstellungen (als *Landkarte*, als *Satellitenbild* oder als *Gelände*) präsentiert wird. Mit Hilfe von GPS sind daher die Zeiten vorbei, wo man nach Tausenden von Aufnahmen nicht mehr zuordnen kann, wo denn nun dieses oder jenes Bild geschossen wurde.

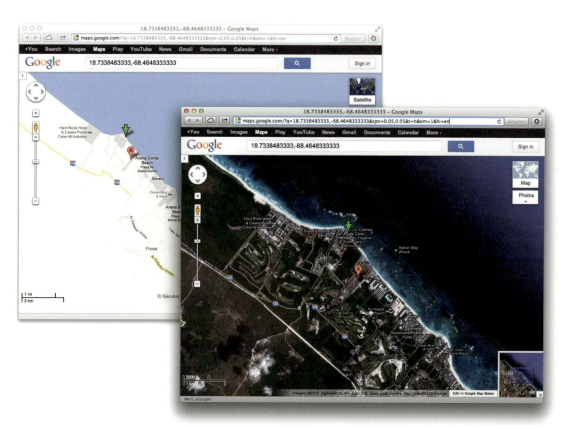

Mit GPS-Daten versehene Bilder lassen sich über »Vorschau« sowie das Internet in Sekundenschnelle orten.

Die Rubrik *Schlagwortinformationen* ist für uns ordnungsliebende Deutsche (natürlich gilt das auch für Österreicher oder Schweizer) wie geschaffen. Über die Eingabe von Begriffen (über den *Plus*-Button) wie Landschaft, Wasser, Urlaub, Strand usw. lässt sich Ihr Bild-Bestand verschlagworten, sodass eine Suche über *Spotlight* nach einem dieser Begriffe von Erfolg gekrönt sein wird.

4 | Die Welt der Programme

Eine intelligente Verschlagwortung über Schlüsselwörter verhilft Ihnen bei einer späteren Suche zu schnelleren und vor allem genaueren Erfolgserlebnissen.

Bilder über die »Farbkorrektur« bearbeiten

Sind Sie mit Ihren Bildern nicht zufrieden, so gibt es dafür die *Farbkorrektur*, die im Übrigen auch in *iPhoto* gute Dienste leistet. Diese kann zwar missratene Motive nicht ändern, doch zumindest die Belichtung, Farben sowie Schärfe aufpeppen. Über die Regler passen Sie dabei die Werte entsprechend an, indem Sie sie nach links oder rechts ziehen. Seien Sie dabei aber lieber zurückhaltend, nicht dass Ihr Bild sich in ein PopArt-Kunstwerk verwandelt.

Aufrufen lässt sich die Farbkorrektur über die Menüleiste *Werkzeuge | Farbkorrektur* (⌘-⌥-C) oder über die in der Symbolleiste liegende Schaltfläche *Werkzeugleiste einblenden* ( ) und dort über den entsprechenden *Farbkorrektur*-Button ( ).

> Wenn Sie Gefallen an Bildbearbeitung finden, so sollten Sie auf jeden Fall einmal einen Blick auf *iPhoto* werfen, zumal das Programm hervorragende Verwaltungseigenschaften aufweist. Auch die Verzahnung mit anderen Apple-Programmen, der *iCloud* oder Communities wie *Flickr*, *Facebook* & Co. sind sehr gut gelöst. Noch besser lassen sich Bilder allerdings mit Programmen wie *Aperture* oder der Profi-Software *Adobe Photoshop* (bzw. dem kleineren Bruder *Adobe Photoshop Elements*) optimieren, die auch teilweise mit

Ebenen umgehen können und daher eine wesentlich feinfühligere Optimierung/Manipulation anbieten (aber auch um ein Vielfaches teurer sind).

Mit den beiden Reglern zu *Belichtung* und *Kontrast* wird die Bildqualität angehoben, indem Sie beispielsweise Fotos, die zu dunkel oder zu hell geraten sind, schnell optimieren; dazu müssen Sie nur den Regler *Belichtung* leicht nach links oder rechts verschieben. Das Ergebnis vollzieht sich über das gesamte Bild, indem alle Farbnuancen angehellt oder eben abgedunkelt werden. Sie sollten hier nur mit kleinen Dosen arbeiten und auch darauf achten, welche Helligkeit Ihr Bildschirm aufweist. Ist dieser sehr hell eingestellt, so kann es durchaus passieren, dass Sie ein Foto, dessen Belichtung eigentlich in Ordnung war, nunmehr zu dunkel gestalten. Umgekehrt können die schon hellen Bildbereiche in Richtung Weiß tendieren und damit wertvolle Details zerstören.

Über *Kontrast* beeinflussen Sie beispielsweise die Intensität von Farbübergängen und somit den Gesamteindruck. Erscheinen Ihnen die Bilder ein wenig fade und mit zu geringen Konturen, so können Sie die hellen Töne intensivieren, indem Sie den Regler nach links ziehen. Um die tiefen Töne zu beeinflussen, gehen Sie genau den umgekehrten Weg – der Regler wird nach rechts geschoben.

Die Farbkorrektur stellt Ihnen umfangreiche Hilfsmittel zur Bildoptimierung bereit.

4 | Die Welt der Programme

Wie im wahren Leben gibt es auch bei Bildern Licht und Schatten. Damit sich diese ausgewogen zeigen und nicht ein Teil überwiegt, lässt sich dies über gleichnamige Regler justieren. So können Sie damit helle Stellen im Bild verdunkeln (Regler *Licht*) und zugleich die dunklen Bereiche aufhellen (Regler *Schatten*). Diese Vorgehensweise geht ein wenig differenzierter ans Werk, da nicht das gesamte Bild, sondern nur Teilbereiche verändert werden.

> Wenn Sie Bilder besitzen, die aufgrund von Gegenlicht beispielsweise weiße Bereiche aufweisen und somit stark überbelichtet sind, so bringt auch das Absenken des Lichts oftmals keine Aufwertung, da Details schlicht und ergreifend nicht mehr vorhanden sind. Im umgekehrten Fall – sprich bei zu dunklen Stellen – lassen sich jedoch bei Anhebung der Schatten meist noch Konturen aufspüren.

Mit Hilfe des *Sättigungs*-Reglers verleihen Sie Bildern mehr Glanz, indem Sie den Regler nach rechts ziehen. Bei schon mit Farben übersättigten Bildern schieben Sie den Regler nach links, die Intensität nimmt ab. Wird der Regler bis zum Anschlag nach links gezogen, so werden dem Bild sämtliche Farben entzogen. »Entsättigen« sollten Sie dann anwenden, wenn eine durch tief stehende Sonne erzeugte rötliche Gesichtsfarbe der Person ihre Natürlichkeit nimmt. Auch trübes Wetter lässt Landschaften und Gegenstände ohne Ausstrahlung wirken und ist daher ebenso ein hervorragendes Betätigungsfeld für eine Auffrischung der *Sättigung*.

Die *Temperatur* der Farben bestimmt die Ausstrahlung Ihrer Fotos. Objekte bei Kerzenschein oder ein Sonnenuntergang wirken daher eher warm (niedrige Temperatur – gemessen in der Einheit *Kelvin*), strahlende Sonne oder gar gleißendes Mittagslicht empfindet man eher als kühl. Wird der Regler in den linken Bereich gezogen, so erscheinen die Farben kühler, nach rechts wird es zunehmend wärmer. Auf diese Weise können Sie auch recht gut Farbstiche in den Griff bekommen, indem Sie die Regler vorsichtig auf das Bild anwenden.

Der Regler *Färbung* ermöglicht die Erhöhung der *Grün-Anteile* (Regler nach links ziehen) bzw. die Anhebung der *Magenta-Anteile* (Regler nach rechts ziehen), wodurch Sie Einfluss auf das Gesamt-Erscheinungsbild nehmen. Durch Hinzufügen von *Magenta* wird eher die warme Stimmung unterstrichen, da der Rot-Ton weiter zunimmt, im Gegensatz zum Grün-Anteil, der das Bild ein wenig neutralisiert. Bei Wiesen und

Wäldern beispielsweise erhalten Sie auch durch das Hinzufügen von Grün saftigere, knackigere Farben, ohne dass die anderen Farben beeinträchtigt werden.

Neben dem Regler *Färbung* versteckt sich in Form eines kleinen Knopfes (◪) ein kleines Highlight: Die Rede ist von der *Graubalance*, mit der sich unschöne Farbstiche teilweise per Mausklick beseitigen lassen. Eine wichtige Voraussetzung hierbei sollte jedoch sein, dass sich in den zu bearbeitenden Bildern Stellen finden, die sich einem neutralen Grau oder einem weißen Bereich zuordnen lassen. Haben Sie ein farbstichiges Bild aufgerufen, so schauen Sie sich genau die Farbverteilung an und überlegen sich, welchen Objekten man die Farbe Grau zuteilen könnte. Klicken Sie dann auf den kleinen Knopf (◪), der daraufhin unterhalb des Bildes eine Leiste einblendet, die genau sagt, was Sache ist.

Das hintere Bild verunziert ein Gelbstich. Befolgen Sie nun die Anweisung der »Graubalance«, so können Sie binnen Sekunden einen Farbstich entfernen – nicht immer perfekt, aber immerhin …

Positionieren Sie den Mauszeiger über dieser Stelle und klicken Sie darauf – das Bild wechselt sein »Kleid« und der *Farbkorrektur*-Dialog zeigt die getätigten Anpassungen bei *Temperatur* und *Färbung* an. Entspricht das Resultat nicht Ihren Vorstellungen, so stellen Sie über *Alle zurücksetzen* den Ausgangszustand wieder her und starten einen neuen Anlauf.

Mit *Sepia* können Sie dem gesamten Bild einen »bräunlichen« Farbschleier überziehen. In feiner Dosierung erreichen Sie damit eine wärmere, »heimelige« Grundstimmung, während bei einer weiteren Zunahme des *Sepia*-Anteils die Bilder an alte, antiquarische Fotografien erinnern.

Jedes Bild weist zudem eine gewisse *Tonwertverteilung* auf, deren Spektrum dabei 255 Stufen abdeckt: 0 (0%) entspricht dem dunkelsten Wert, 255 dem hellsten (100%). Die Werte für den Schwarz- und Weißpunkt lassen sich neu festlegen, indem der dunkelste Wert in einem Bild der Farbe Schwarz, der hellste Weiß gleichgesetzt wird. Die Tonwerte zwischen diesen beiden Polen werden dann durch die Tonwertspreizung angeglichen. Das oben stehende Histogramm gibt daher als grafische Darstellung die exakten Informationen über die Häufigkeit und Verteilung der Pixel in den jeweiligen Farbkanälen sowie den Umfang derselben in den Tiefen, Mitteltönen und Lichtern wieder.

Möchten Sie nun Einstellungen händisch vornehmen, so ziehen Sie den linken Regler (⬛) für den Schwarzpunkt so weit nach rechts, bis das Tonwertspektrum der dunklen Töne beginnt. Für den Regler des Weißpunktes (⬛) gilt das Gleiche, nur umgekehrt: Ziehen Sie diesen nach links bis an den Anfang des Tonwert-Bereiches für die hellen Töne. Die Mitteltöne (⬛) lassen sich ebenso anpassen, sodass das Bild insgesamt dezent aufgewertet werden kann. Nach dem Speichern des Bildes besitzt es nun wieder eine ausgeglichene Tonwertverteilung und sollte sowohl in den Tiefen als auch in den Lichtern mehr Details zeigen.

Der *Automatisch anpassen*-Button zur selbstständigen Optimierung handhabt das im Übrigen genauso, nur ist das manuelle Optimieren meist genauer bzw. können Sie das visuelle Gesamtergebnis besser beurteilen.

Leicht unscharf wirkenden Bilder rücken Sie mit dem *Schärfe*-Regler zu Leibe. Dabei wird durch Kontrastanhebung der Kanten der Allgemeineindruck erweckt, dass das Foto einfach schärfer wirkt. Wurde jedoch schon von Seiten Ihrer Digitalkamera falsch fokussiert, indem beispielsweise auf den Hintergrund anstatt des eigentlichen Objektes scharf gestellt wurde, so können Sie wahrscheinlich nicht viel ausrichten. Beim Betätigen der *Schärfe*-Funktion wird der Hintergrund nur schärfer und schärfer, bis er irgendwann zerfransen würde – das Bild wäre damit ganz unbrauchbar. Wie bei allen Optimierungsversuchen sind auch in diesem Bereich der Software einfach Grenzen gesetzt. Ist ein Bild dagegen insgesamt – also flächig – unscharf, so haben Sie gute Chancen auf Erfolg.

Bei all den eben genannten Punkten sei noch einmal darauf hingewiesen, mit vorsichtiger Dosierung und am besten in der 100 Prozent-Ansicht (*Originalgröße*) zu arbeiten.

Zur Erinnerung: Sie können alle Manipulationen in der *Farbkorrektur* über den *Alle zurücksetzen*-Button rückgängig machen. Haben Sie aber bereits mehrmals die *Farbkorrektur* verwendet oder inzwischen auch noch das Bild gedreht, was Sie letztlich bereuen, so haben Sie über *Ablage | Zurücksetzen auf* bzw. über das Menü neben dem Titelnamen (*Alle Versionen durchsuchen*) des Bildes gute Karten, Änderungen wieder rückgängig machen zu können. Arbeiten Sie mit wichtigen Bildern, so sollten Sie lieber mit Kopien (über *Ablage | Duplizieren*) der Fotos arbeiten, indem Sie sie unter einem anderen Namen abspeichern.

Ihre Bilder lassen sich über *Darstellung | Diashow* (⌘-⇧-F) auch automatisch im bildschirmfüllenden Format abspielen. Hierbei haben Sie jedoch keine Eingriffsmöglichkeiten (außer stoppen oder beenden). Wenn Sie zuvor noch über *iTunes* ein wenig Musik starten, eignet sich die Diashow daher eher zum Präsentieren denn zum Bearbeiten.

Die Diashow erlaubt eine großflächige Durchsicht Ihrer Bildbestände. Gerade auf großen Bildschirmen taugt diese auch zum Präsentieren vor heimischem Publikum.

Wenn Sie nur mal eben schnell ein paar Bilder durchsehen möchten, so denken Sie auch wieder an die *Übersicht*/an *QuickLook*. Diese starten Sie im *Finder* über *Ablage | Übersicht von »x« Objekten* (⌘-Y) bzw. über das Drücken der *Leertaste*. Dabei können Sie ebenso zwischen einer Index- und Einzelbild-Ansicht wählen.

4 | Die Welt der Programme

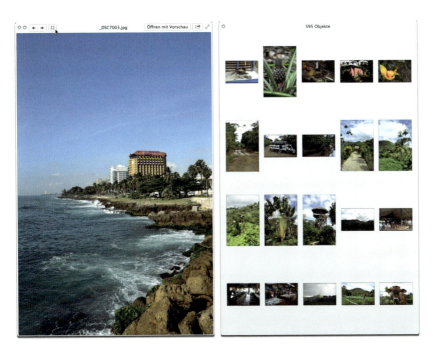

Über »QuickLook« lassen sich Bilder rasch durchsehen, und über die Index-Ansicht können Sie gezielt Bilder anspringen. Das klappt alles auch in der Vollbild-Ansicht.

Bild-Bereiche freistellen

Möchten Sie Ihre Bilder zuschneiden bzw. Auswahlen vornehmen, so stehen Ihnen drei verschiedene Optionen zur Verfügung, die Sie per Klick auf den Button *Werkzeugleiste einblenden* () erreichen: und zwar die *rechteckige Auswahl* (), die *elliptische Auswahl* () sowie die *Lasso-Auswahl* ().

Sowohl bei der *rechteckigen* als auch bei der *elliptischen Auswahl* setzen Sie nun den Mauszeiger an der gewünschten Stelle an und ziehen bei gedrückter Maustaste einen Rahmen bzw. ein Oval auf. Beide Formen lassen sich auch noch im Nachhinein über die acht Anfasser verändern bzw. insgesamt verschieben. Liegen Sie völlig daneben und möchten die Auswahl wieder loswerden, so klicken Sie einfach außerhalb davon in das Bild. Drücken Sie beim Aufziehen einer Auswahl zusätzlich die *Umschalttaste* (), so erhalten Sie statt eines Rechtecks ein Quadrat bzw. statt eines Ovals einen Kreis.

Ausschnitte lassen sich über die verschiedenen Auswahlen bestimmen.

Über *Werkzeuge | Beschneiden* (⌘-K) stellen Sie dann letztendlich den ausgewählten Bereich frei, der Rest des Bildes fällt weg. Falls Sie mit wichtigen Bilddaten arbeiten, sollten Sie zuvor wieder ein Duplikat anfertigen, das Sie unbesorgt manipulieren können.

Sobald Sie ein Objekt über die elliptische Auswahl freistellen bzw. bei rechteckiger Auswahl über die *Entfernen*-Taste Bild-Teile löschen möchten, erhalten Sie – etwa beim JPEG-Bildformat – eine Meldung, dass das Bild zuvor konvertiert werden muss. Da beim Wegschneiden von Bildinhalten ein sogenannter *Alphakanal* angelegt wird, der die entstehenden Transparenzinformationen speichert, muss ein Format (etwa TIFF, PNG, PSD) gewählt werden, dass diese Informationen interpretieren kann. Das Programm *Vorschau* wählt in diesem Fall das *PNG*-Format.

Beim Herauslöschen von Bildteilen (nicht dem »Beschneiden« über ⌘-K) muss zuvor das Format gewechselt werden – und zwar in das PNG-Format.

4 | Die Welt der Programme

Sie können einen Ausschnitt auch herauskopieren und daraus eine neue Bild-Datei gestalten. Wählen Sie dazu *Bearbeiten | Kopieren* (⌘-C) und dann *Ablage | Neu aus der Zwischenablage* (⌘-N). In diesem Fall wird ein neues Dokument angelegt, das Sie nun ebenso sichern und benennen sollten. Einen witzigen Effekt können Sie auch bewirken, wenn Sie den kopierten Ausschnitt in ein anderes Bild einsetzen. Dazu öffnen Sie das zweite Bild und wählen dann *Bearbeiten | Einsetzen* (⌘-V) – der Bildausschnitt wird nun der neuen Abbildung hinzugefügt. Allerdings sollten Sie hierbei auch auf das Bild-Umfeld achten, nicht dass alle Welt gleich merkt, dass es sich hier um eine Manipulation handelt.

Während *rechteckige* und *elliptische Auswahl* gut geeignet sind, um störendes Beiwerk an den Bildrändern zu entfernen, eignet sich die *Lasso*-Auswahl hervorragend zum Ausschneiden einzelner Objekte aus einem Bild. Voraussetzung ist allerdings ein wenig Geduld und eine ruhige Hand, denn Sie müssen das Wunsch-Objekt mit gedrückter Maustaste umfahren und somit die Umrisse nachzeichnen. Ist ein Bereich markiert, so lässt sich dieser auch umkehren – und zwar über *Bearbeiten | Auswahl umkehren* bzw. ⌘-⇧-I. Manchmal ist diese Vorgehensweise geeigneter, um Objekte aus einem Bild herauszulöschen.

Über die Lasso-Auswahl ziehen Sie eine gestrichelte Auswahl-Linie um das Objekt.

Haben Sie Ihr Werk erledigt, so können Sie wieder die Umgebung entfernen (»Beschneiden«), es in einer neuen Datei anlegen (»Kopieren« und »Neu aus der Zwischenablage«) oder eben in ein anderes Bild einfügen (»Einsetzen«).

Haben Sie mit dem *Auswahl-Werkzeug* einen Ausschnitt aufgezogen, so lässt sich dieser Teil auch herauskopieren und in einem anderen Programm wie etwa *TextEdit* oder einer Bildbearbeitungssoftware wie *Photoshop* oder *GraphicConverter* wieder einfügen (*Bearbeiten | Einfügen* bzw. ⌘-V).

Sofern Sie Ihr Objekt in einen anderen Kontext einfügen, kann es durchaus passieren, dass die Größenverhältnisse nicht mehr korrekt übereinstimmen. Über die Anfasser lässt sich jedoch das einkopierte Gebilde verkleinern oder vergrößern. Halten Sie dabei die *Umschalttaste* (⇧) gedrückt, so geschieht dies proportional, sprich es findet keine Bild-Stauchung oder -Verzerrung statt.

Zwei weitere Auswahlen in *Vorschau* sollten Sie ebenso beachten: und zwar das *Intelligente Lasso* (🔲 sowie *Transparenz* (🪄). Mit diesen beiden Funktionen fällt es in vielen Situationen noch leichter, einzelne Bereiche eines Bildes herauszufiltern. Bei schwierigeren Unterfangen – etwa wenn der Hintergrund unübersichtlich ist und sich nur wenig vom auszuschneidenden Objekt unterscheidet – sollten Sie das *intelligente Lasso* verwenden. Hierbei umfahren Sie (mit gedrückter Maustaste) die gewünschte Auswahl mit einem dicken roten Strich. Das ist gar nicht so leicht, da man sozusagen in einem Rutsch (ohne die Maustaste loszulassen) den Rand des Objektes nachzeichnen muss, bis Anfang und

Ende wieder aufeinander treffen. Achten Sie auch darauf, dass sich dabei die Ränder des Objektes innerhalb der roten Linie befinden. Sobald Sie nun die Maustaste wieder loslassen, erscheint der eigentliche Auswahlrahmen zum Entfernen oder herauskopieren.

Das Objekt wird mit einer roten Linie nachgezeichnet. Das intelligente Lasso orientiert sich hierbei an den Farbübergängen, um zusammengehörende Teile zu erkennen.

Wenn Sie nun die *Rückschritt-Taste* drücken, wird das umrandete Objekt aus dem Gesamtkontext gelöscht. Wählen Sie jedoch zuvor *Auswahl umkehren*, so wird der Hintergrund entfernt. Die Auswahl lässt sich selbstverständlich auch wieder kopieren und in einem anderen Dokument einsetzen.

Die *Transparenz* eignet sich dagegen eher für einfachere Bild-Situationen, in denen sich die Objekte von einem sich klar unterscheidenden (bestenfalls einfarbigen) Hintergrund absetzen. Mit gedrückter Maustaste und dem Ziehen (*Click & Drag*) werden nun jene Bildstellen markiert, die annähernd derselben Farbe entsprechen. Ist ein Bereich festgelegt, so drücken Sie die *Rückschritt-Taste*, um diesen zu entfernen. Sind weitere Teile vorhanden, die gelöscht werden sollen, so wiederholen Sie den Prozess. Auch diese Vorgehensweise braucht ein wenig Eingewöhnungszeit und arbeitet leider nur in ganz einfach gestrickten Strukturen zur Zufriedenheit.

Ein einigermaßen gleichmäßig blauer Himmel lässt sich meist problemlos über die »Transparenz« auswählen.

Denken Sie dran: Sofern Sie mit *Transparenz* arbeiten, müssen Sie Ihr Bild zuvor in das *PNG*-Format umwandeln. Bevorzugen Sie ein anderen Format (etwa TIFF), so duplizieren Sie vorher das Bild und sichern es im Tiff-Format ab.

Bilder in der Größe anpassen

Fotos von der Digitalkamera nehmen mittlerweile Ausmaße an, die dem »Normalbürger« fast schon überdimensioniert erscheinen. Möchte man nun Bilder per E-Mail weiterleiten oder in eine Webseite einbauen, so sollten Sie diese zuvor skalieren (in der Größe anpassen). *Vorschau* bietet Ihnen dazu die Funktion *Größenkorrektur*, die über das *Werkzeuge*-Menü aufzurufen ist.

Bilder einer 16 Megapixel-Kamera lassen sich so schnell verkleinern – etwa zum Einbauen auf einer Webseite.

4 | Die Welt der Programme

Das Ändern der Bildgröße erledigen Sie entweder über das Eingeben von eigenen Werten bei Breite, Höhe und Auflösung, oder indem Sie einen schon vorgegebenen (Größenangabe in Pixel) wählen. Nehmen Sie die Eintragungen manuell vor, so werden Sie feststellen, dass sich nach Eingabe eines Zahlenwertes in Breite oder Höhe automatisch der zweite Wert ändert. Dies passiert, wenn die Option *Größe proportional anpassen* aktiviert ist, was ein unabsichtliches Beschneiden des Bildes verhindert (erkennbar am geschlossenen Schloss-Symbol). So bleiben die Seitenverhältnisse stets gleich. Klicken Sie auf das Schloss bzw. deaktivieren Sie die proportionale Größenanpassung, so können Sie auch Bildteile entfernen.

Anstatt der Angabe in *Pixel* lassen sich auch andere Werte verwenden, darunter *Prozent*, *Zoll*, *cm*, *mm* und *Punkt*. Je nach Auswahl verändern sich folglich die Werte und Sie können jene Einstellung verwenden, mit der Sie am besten zurechtkommen.

Die Auflösung beschreibt wieder die Detailgenauigkeit bzw. exakter, wie viele Pixel pro Zoll (Zoll = Inch = 2,54 cm) bzw. pro Zentimeter (je nach Einstellung) erhalten bleiben sollen. Werden Bilder nur zur Darstellung auf einem Monitor weitergereicht, so müssen es keine 300 Pixel/Zoll sein, hier reichen auch 72 oder 100 Pixel/Zoll. Verringern Sie die Auflösung, so bleiben die Maße von Breite und Höhe dieselben, wobei jedoch gleichzeitig Details im Bild verloren gehen. Bei einem Druck würden anstatt 300 Pixeln pro Inch nur mehr 200, 100 oder noch weniger Pixel ausgegeben, während die Größe als solches beibehalten würde. Sofern Sie also vorhaben, ein Bild auf Papier zu drucken, so darf die Auflösung ruhig 150 bis 300 ppi (Pixel per Inch) betragen.

Deaktivieren Sie die Funktion *Bild neu berechnen*, so bleibt die Pixel-Anzahl eines Bildes immer dieselbe, egal, welche Werte Sie auch verändern. Wird beispielsweise die Auflösung auf 150 ppi heruntergesetzt, so werden die Pixel eben auf eine größere Fläche verteilt, um weiterhin die gleiche Pixelzahl des Bildes zu erhalten. Unser Bild mit 4928 x 3264 Pixel bei 300 ppi streckt sich auf 41,72 cm x 27,64 cm, bei nur 200 ppi jedoch auf 62,59 x 41,45 bei gleicher Pixel-Dichte. Bitte berücksichtigen Sie dies bei Ihren Anpassungen.

Im unteren Bereich des Dialoges bei *Resultierende Größe* können Sie im Übrigen schnell Ihre Ergebnisse überprüfen. Je nachdem, welche Werte Sie nun vorgeben, wird das Bild neu berechnet und in der gewünschten Bildgröße angepasst. Damit Sie nun nicht Bild für Bild über die *Größenkorrektur optimieren müssen, können Sie auch mehrere auf einmal bearbeiten. Wählen Sie daher zuvor Ihren gewünschten Bilder-Pool aus und öffnen Sie ihn in einem Fenster in *Vorschau*. In den Miniaturen markieren Sie nun jene Bilder (mit gedrückter *Befehlstaste* einzeln anklicken oder ⌘-A für *Alle auswählen*) und rufen dann die *Größenkorrektur* auf. Geben Sie nun die Werte ein und klicken Sie auf *OK* – es werden nun alle entsprechenden Fotos skaliert.

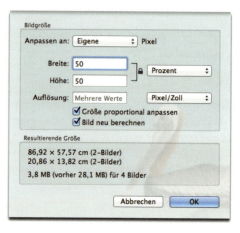

Zeit sparen mit der Anpassung der Größe auf einen Bilder-Stapel.

Wenn Sie Bilder sowohl im Hoch- als auch Quer-Format bzw. mit unterschiedlichen Seitenverhältnissen (4:3, 3:2, 16:9) gemeinsam zur Größenkorrektur auswählen, so sollte eine Umrechnung immer in Prozent vorgenommen werden.

Was uns noch auffiel: Bilder – obwohl aus der gleichen Kamera stammend – werden unterschiedlich gehandhabt: Während Fotos im Quer-Format mit einer Bildauflösung von 300 Pixel/Zoll daherkommen, werden jene im Hoch-Format mit 72 Pixel/Zoll gehandelt. Bei einer Skalierung mit festen Pixelwerten entstehen dadurch gravierende Größenunterschiede.

Bilder im Hoch-Format (rechts) wie Quer-Format (links) sollten am besten getrennt skaliert werden.

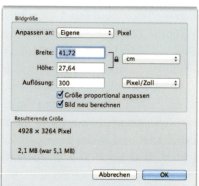

4 | Die Welt der Programme

Klicken Sie mit der Maus in das Feld bei *Resultierende Größe*, so werden zu allen möglichen Werten (in Prozent, Pixel, Zentimeter usw.) abwechselnd die jeweiligen Angaben eingeblendet.

Anmerkungen in einem Bild einbetten

In Bildern können Sie auch Anmerkungen oder Hervorhebungen hinterlassen. Hierzu klicken Sie wieder in der Symbolleiste auf das Feld für *Werkzeugleiste einblenden* (). Zum einen lassen sich nun über das *Form*-Werkzeug Gebilde wie etwa ein *Rechteck* (), ein *Oval* (), eine einfache *Linie* (—) oder *Pfeile* (→) einbauen. Die *Linienstärke* bestimmen Sie dabei über das gleichnamige Menü (), über das Sie auch die Pfeil-Richtung bestimmen können. Die *Farbe* legen Sie wiederum über das Farb-Menü () fest.

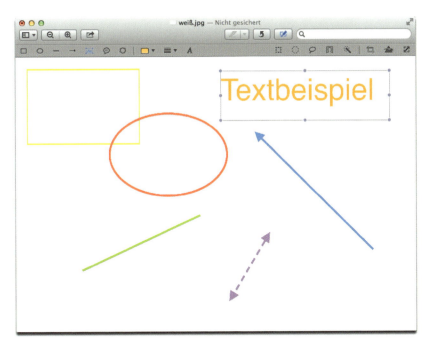

Bestimmen Sie Form, Farbe sowie Linienstärke bzw. Pfeil-Art und Sie können hervorragend in Bildern Details hervorheben.

Aber auch *Text* () können Sie eingeben – zumindest kurze Notizen. Dazu rufen Sie sich zuerst die Schriften-Palette (**A**) auf und bestimmen dort Zeichensatz und Größe. Danach wählen Sie wieder eine Farbe und schon können Sie im Bild losschreiben. Ein Gag sind weiterhin die Sprech- () sowie Denk-Blase (), über die sich witzige Bemerkungen Menschen oder Tieren in den Mund legen lassen. Sind diese ausgewählt, so brauchen Sie diese nur innerhalb des Bildes aufzuziehen.

Was in Tieren wirklich vorgeht …

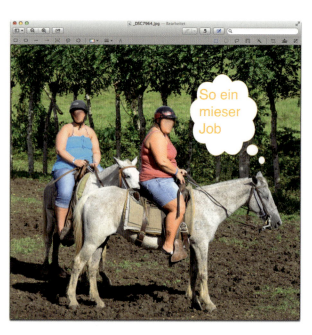

Alle geschilderten Befehle lassen sich auch über die Menüleiste *Werkzeuge | Anmerken* inklusive der zugehörigen Tastenkurzbefehle aufrufen.

Möchten Sie nachträglich Änderungen vornehmen, so klicken Sie mit der Maus auf die Form oder den Text, sodass sich wieder die Anfasser zeigen. Bewegen Sie nun die Maus darauf, so ändert sich je nach Art und Weise das Aussehen: Sehen Sie den ganz normalen Mauspfeil (⭢), so lässt sich die Form verschieben bzw. auch löschen, wenn Sie die *Entfernen*-Taste drücken. Über ✖ lassen sich Formen oder Sprech-/Denk-Blasen in der Größe verändern. Zeigt sich hingegen ein Fadenkreuz (+), so ziehen Sie erneut Formen auf. Zum Ändern der Farbe markieren Sie nur die Form und wählen eine andere. Text wiederum lässt sich beeinflussen, indem Sie ihn doppelt anklicken und dann wieder Schriftart, Farbe sowie Größe bestimmen.

Nun noch das dicke Ende: Wenn Sie in einem Bild Anmerkungen oder Pfeile einfügen und das Bild speichern (indem Sie es schließen), lassen sich Ihre eingearbeiteten Markierungen oder Pfeile nicht mehr herauslöschen. Das bedeutet für Sie also wieder: Entweder nur mit Kopien arbeiten, auf die *Versionen* zurückgreifen oder das Bild zuvor in ein PDF umwandeln (über *Duplizieren* oder *Exportieren*), da dort wiederum auch spätere Änderungen möglich sind (siehe nachfolgenden Abschnitt).

Die Arbeit mit PDF-Dateien

Ein weiteres Highlight von *Vorschau* ist die schnelle Anzeige von *PDF*-Dokumenten, die sich mittlerweile zum Plattform-unabhängigen Standard zur Weitergabe von Handbüchern, *Read me*-Texten, aber auch Magazin-Artikeln oder selbst erstellten Informationen entwickelt haben. Meist lassen sich diese komfortabel über das Internet herunterladen und offline am Bildschirm lesen oder für Austausch-Zwecke verwenden. Haben Sie nun eine Datei mit der Endung *.pdf* vor sich, so brauchen Sie diese nur doppelzuklicken, um in den Genuss zu kommen. *Vorschau* bietet Ihnen nun über die Menüleiste *Darstellung* bzw. über das Darstellungsmenü in der Symbolleiste des Vorschau-Fensters ( ) verschiedene Ansichten wie *Kontinuierlich Scrollen* (⌘-1), *Einzelseiten* (⌘-2) oder *Doppelseiten* (⌘-3) an. Am besten, Sie probieren einmal alle nacheinander aus, damit Sie die Unterschiede sehen.

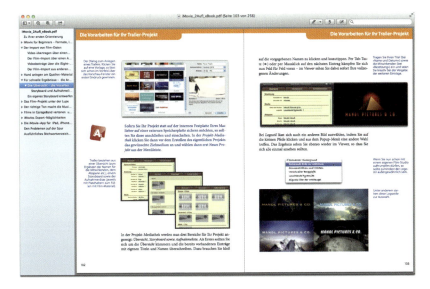

Die Anzeige von PDF-Dateien – hier mit Doppelseiten – erfolgt blitzschnell.

In den *Vorschau-Einstellungen* unter der Rubrik *PDF* lässt sich einstellen, in welcher Ansicht (bei *Anzeigen als*) ein PDF standardmäßig geöffnet werden soll. PDFs lassen sich zudem auch als *Vollbild* sowie *Diashow* betrachten (Menüleiste *Darstellung*). Die Navigation erfolgt dabei über die Pfeiltasten bzw. dem Wischen mit einem (Magic Mouse) bzw. zwei Fingern (Trackpad).

Bei mehrseitigen PDF-Dokumenten gibt es ebenso die Alternativen, sich einen Kontaktbogen sämtlicher Seiten oder in der *Seitenleiste* die *Miniaturen* bzw. – wenn vorhanden – das *Inhaltsverzeichnis* anzeigen zu lassen sodass Sie einen ersten Überblick erhalten und direkt einzelne Themen ansteuern können.

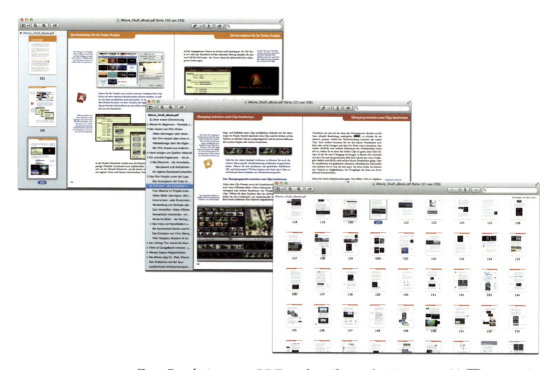

Viele PDF-eBooks besitzen ein Inhaltsverzeichnis. Klicken Sie auf einen Eintrag, so springen Sie automatisch an diese Stelle im PDF. Aber auch die Anzeige von Miniatur-Seiten bzw. als Kontaktbogen ist möglich.

Zum Bearbeiten von PDFs stehen Ihnen die *Textauswahl* (▣) sowie die rechteckige Auswahl (▢) zur Verfügung, die Sie über den Button zum Einblenden der Werkzeugleiste (▣) erreichen. Über die *Textauswahl* können Sie nun einzelne Worte, Sätze, Abschnitte oder ganze Seiten markieren (mit gedrückter Maustaste über die entsprechenden Bereiche fahren) und beispielsweise kopieren und woanders (in einer anderen Textverarbeitung wie etwa *TextEdit*) wieder einfügen. Am schnellsten arbeiten Sie hierbei mit den Tasten-Kombinationen ⌘-C für *Kopieren* und ⌘-V für das *Einsetzen*. Das Werkzeug *rechteckige Auswahl* verhält sich genauso wie bei Bildern, indem Sie einen Rahmen aufziehen und diesen Ausschnitt über ⌘-K (*Werkzeuge | Beschneiden*) bzw. per Klick auf das Werkzeug *Auf Auswahl schneiden* (▣) freistellen. *Vorschau* macht Sie jedoch darauf aufmerksam, dass bei PDFs die außerhalb des Rahmens liegenden Teile nicht entfernt, sondern nur ausgeblendet werden. Es ist daher durchaus möglich, falls Sie das Dokument in einem anderen Programm öffnen, dass dieser besagte Teil dabei wieder angezeigt wird. Aber auch das Kopieren und das Wiedereinsetzen dieses Ausschnitts (beispielsweise zum Anlegen eines neuen PDFs – einfach *Ablage | Neu aus Zwischenablage* wählen) ist so machbar.

4 | Die Welt der Programme

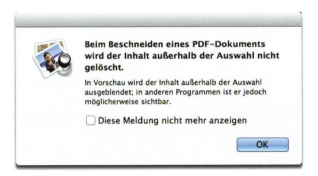

Vorschau macht Sie darauf aufmerksam, dass über die rechteckige Auswahl bestimmte Teile nicht weggeschnitten, sondern nur ausgeblendet werden.

Mit ein Highlight von *Vorschau* sind die Werkzeuge zur *Textauszeichnung*, die Ihnen über das *Werkzeuge*-Menü und dort über den Eintrag *Anmerken* bzw. den zugehörigen Knopf (   ) in der Symbolleiste zur Verfügung stehen: Zum einen können Sie einzelne Worte oder ganze Textstellen besonders kennzeichnen, die dann wie mit einem Text-Marker überzogen scheinen. Klicken Sie dazu auf den Knopf *Hervorhebung* (   ), wählen Sie eine Farbe und überfahren Sie mit gedrückter Maustaste den Text. Das *Durchstreichen* sowie das *Unterstreichen* erreichen Sie ebenso über das Auswahlmenü des *Textauszeichnungs*-Werkzeugs.

Die Optionen »Text hervorheben«, »Text durchstreichen« sowie »Text unterstreichen« in einem Absatz.

Zum späteren Entfernen klicken Sie auf die zuvor benutzten Hervorhebungen und überfahren den Text ein weiteres Mal – oder Sie markieren die entsprechenden Textstellen und wählen dann über das Kontext-Menü den Befehl *Anmerkung löschen* wählen.

Das Löschen von Hervorhebungen klappt auch über das Kontext-Menü.

In PDF-Daten lassen sich weiterhin Hervorhebungen wie *Pfeile*, *ovale* oder *rechteckige Formen*, *Notizen* sowie *Links* hinzufügen. Bei den beiden Optionen *Oval* (○) und *Rechteck* (□) ziehen Sie wieder mit gedrücktem Mauszeiger das Gebilde auf, um bestimmte Teile in einem PDF zu kennzeichnen. Über das *Farbmenü* (   ) sowie das *Linienstärkemenü* (   ) lassen sich diese Formen wieder anpassen. Um die Rechtecke/Ovale nachträglich zu verändern, klicken Sie diese an und ziehen Sie sie (dabei immer am Rand packend) an eine neue Stelle, ändern Sie die Größe über die Anfasser oder löschen Sie sie. Das Gleiche gilt selbstverständlich auch für das Einbauen eines Pfeiles.

Oval, Rechteck und Pfeil taugen recht gut zur Hervorhebung.

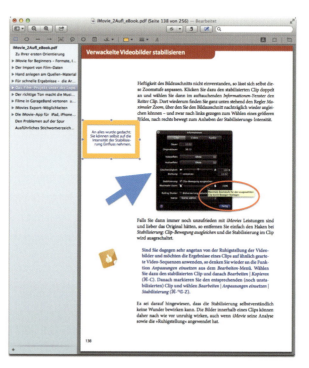

Über die Menüleiste *Werkzeuge | Informationen einblenden* lassen sich in der Abteilung *Anmerkungsinformationen* (✏️) sämtliche Eintragungen genau verfolgen. Mit einem Doppelklick auf einen Eintrag springen Sie sogleich auf die dazugehörige Seite im Dokument.

Weitaus sinnvoller – gerade für Korrektur-Aufgaben oder zwecks Anmerkungen – ist jedoch die Option *Notiz*. Wählen Sie dazu *Werkzeuge | Anmerken | Notiz* oder klicken Sie – bei eingeblendeter Werkzeugleiste – auf den entsprechenden Knopf 📄 in der Symbolleiste und anschließend an diejenige Stelle im PDF, an der Sie einen Kommentar eingeben möchten. Hierzu wird ein Symbol an diese Stelle gesetzt und Sie erhalten die Möglichkeit, eine Anmerkung einzugeben.

Über »Notizen« können Sie zum Austausch bestimmte Dokumente für Dritte kommentieren.

Aber auch *iTunes*-Filme lassen sich einsehen und für Projekte verwenden Sie auf den entsprechenden Knopf für *Musik und* – auf der Symbolleiste rechts liegend) oder wählen aus der Menüleiste *Fenster* den Befehl *Musik und Toneffekte* (⌘-1). Neben den unzähligen Sound-Effekten, die Sie später auch in Ihre Projekte ein-

4 | Die Welt der Programme

Ist ein Anmerkungs-Symbol im PDF markiert, so lässt es sich zum einen nachträglich noch verschieben bzw. auch farblich verändern, indem Sie es auswählen und aus dem Farb-Menü ( ) eine andere Farbe wählen. Blenden Sie zudem über das *Darstellungsmenü* ( ) die Ansicht *Hervorhebungen und Notizen* ein, so erhalten Sie über die Seitenleiste einen schnellen Überblick über entsprechende Anmerkungen samt Verfassernamen. Sie brauchen dort nur auf die einzelnen Einträge zu klicken und schon springen Sie auf die zugehörigen Seiten. Und denken Sie auch wieder an die *Informationen* (⌘-I) zum Dokument, die unter dem Reiter für die *Anmerkungsinformationen* ganz rechts außen ( ) ebenso den Kommentar-Verlauf protokollieren. Auch dort lässt sich per Mausklick schnell navigieren.

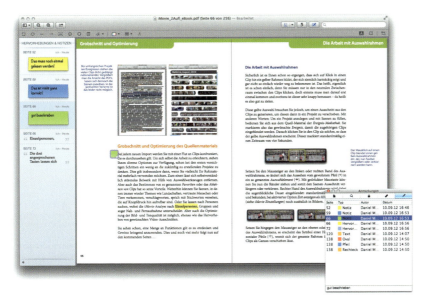

Sowohl über das Darstellungsmenü in der Ansicht »Hervorhebungen und Notizen« als auch über die Anmerkungsinformationen lassen sich eingearbeitete Notizen schnell einsehen. Ein weiterer Bearbeiter kann so auf einen Blick erkennen, was Sache ist.

Soll der Name des Verfassers bei Anmerkungen auftauchen, so muss in den *Vorschau-Einstellungen* in der Rubrik *PDF* bei *Anmerkungen* die Option *Anmerkungen mit Namen versehen* aktiviert sein. Zudem lässt sich dort auch der entsprechende Name eintragen.

Wenn Sie Bilder etwa im Format *JPEG*, *TIF* oder *PNG* etc. vorliegen haben, in denen Sie auch gerne Anmerkungen hätten, die sich nachträglich wieder entfernen lassen, so öffnen Sie einfach diese Bilder in *Vorschau*, wählen *Exportieren* bzw. *Duplizieren* aus dem *Ablage*-Menü und vergeben nun als Format *PDF*.

439

Ein weiteres Highlight in Sachen Anmerkungen nennt sich *Signatur* ( ). Diese Funktion ermöglich es Ihnen, Ihre Dokumente (Anschreiben, Rechnungserstellung, Briefe etc.) digital zu unterschreiben. Haben Sie folglich ein Dokument angefertigt, so wandeln Sie es in ein PDF um. Weiterhin sollten Sie auf einem weißen Blatt Papier Ihre Unterschrift mit schwarzer Tinte schreiben. Ist das alles erledigt, so klicken Sie nun auf das *Signatur*-Symbol ( ) und wählen aus dem Menü den Befehl *Signatur von FaceTime HD-Kamera (integriert) erstellen*. Daraufhin schaltet sich die Kamera ein und Sie werden gebeten, diese Unterschrift so vor die Kamera zu halten, dass diese auf der blauen Linie ruht. Erkennt die Kamera die Unterschrift, so wird diese als Vorschau eingeblendet. Sind Sie zufrieden, so klicken Sie auf *Akzeptieren*.

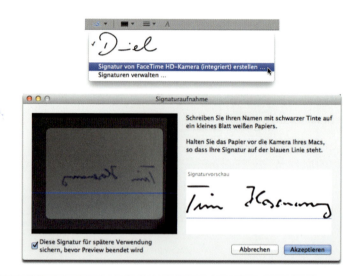

Nach dem Klick auf das »Signatur«-Symbol und der Auswahl des gewünschten Befehls digitalisieren Sie Ihre Unterschrift.

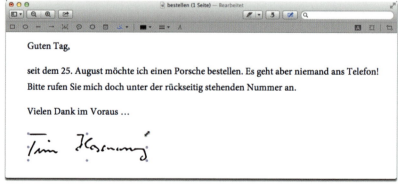

Nach wenigen Sekunden Bearbeitungszeit wird nun diese abfotografierte Signatur in das Dokument kopiert. Dort kann sie nun verschoben und in der Größe optimiert werden.

Bei schon digitalisierten Signaturen wählen Sie zuerst die Gewünschte aus und klicken dann im Dokument an jene Stelle, an die die Unterschrift gesetzt werden soll. Befindet sich die Unterschrift im geöffneten Dokument, so packen Sie sie mit der Maus und ziehen Sie an die gewünschte Stelle. Über die Anfasser lässt sie sich auch in der Größe anpassen.

Je nach Verwendungszweck lassen sich nun verschiedene Unterschriften (förmlich, privat, Nickname/Kosename etc.) abspeichern und einsetzen. Zum Abspeichern denken Sie bitte daran, bei der Signaturaufnahme die Option *Diese Signatur für spätere Verwendung sichern, bevor Vorschau (Preview) beendet wird* zu aktivieren (falls nicht schon als Standard vorgegeben). Auch in den *Vorschau-Einstellungen* finden Sie eine Auflistung Ihrer *Signaturen*. Dort lassen sich nun einzelne Einträge löschen oder auch neue hinzufügen.

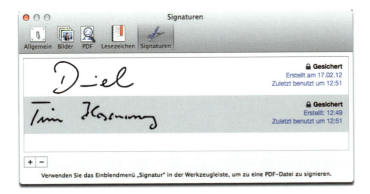

Die »Vorschau-Einstellungen« | Reiter »Signaturen« gewähren ebenso einen Blick auf alle digitalen Unterschriften.

Auch bei PDFs lassen sich weitere Informationen abrufen sowie *Schlagwörter* vergeben, indem Sie *Werkzeuge | Informationen einblenden* aufrufen (⌘-I). Zudem gibt es auch sogenannte Verschlüsselungsinformationen, die über die Art und Weise mit dem Umgang der PDF-Datei Auskunft geben. Gerade bei kostenpflichtigen PDF-Downloads sind die Zugriffsrechte oftmals beschnitten, sodass sich diese nicht drucken oder bearbeiten lassen. Nur nach Eingabe eines Kennwortes erhält man dazu die Erlaubnis.

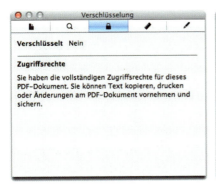 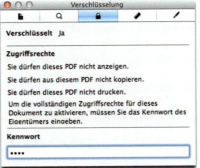

Die Verschlüsselungsinformationen: Rechts eine geschützte Datei, links ein eigenes PDF, das mit vollen Zugriffsrechten ausgestattet ist.

Zum Verschlüsseln eines PDFs über ein Kennwort brauchen Sie nur die bestehende Datei duplizieren und zu sichern bzw. den *Exportieren*-Dialog aufzurufen. Als Format wählen Sie dann den Eintrag *PDF*. Darunter finden Sie die Option *Verschlüsseln*, die, wird ein Haken in das Kästchen gesetzt, die Vergabe eines Passwortes ermöglicht. Zum Öffnen braucht dann der Empfänger dieses Kennwort, da er ansonsten keinen Zugriff darauf bekommt.

Die Vergabe eine Kennworts sollten Sie immer dann in Betracht ziehen, wenn es sich um Dokumente handelt, die nicht für die Allgemeinheit bestimmt sind.

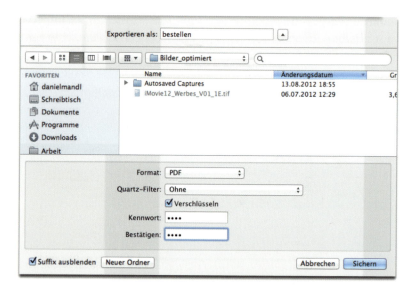

Der Passwortschutz funktioniert perfekt – ohne Kenntnis des Passwortes gibt es keinen Zugang.

Was ein wenig unglücklich ist: Möchten Sie das Passwort wieder aufheben, so findet sich dazu kein entsprechender Dialog. Ihnen bleibt also nichts anderes übrig, als das PDF erneut zu exportieren bzw. zu duplizieren – dieses Mal jedoch ohne Verschlüsselung. Die Passwort geschützte Version können Sie ja dann – sofern diese nicht mehr benötigt wird – entsorgen.

4 | Die Welt der Programme

Eine weitere Hilfe bei *PDFs* mit vielleicht sogar Hunderten von Seiten ist die Vergabe von *Lesezeichen*. Wie in einem richtigen Buch lassen sich so Kennzeichnungen einfügen, die Sie ebenfalls – wie Verlinkungen – direkt anspringen können: entweder als Merkhilfe oder als Unterstützung für wichtige Inhalte, die Sie unbedingt festhalten wollen. Über die Menüleiste *Lesezeichen* und den Befehl *Lesezeichen hinzufügen* (⌘-D) fährt ein Dialog aus, in den Sie nun einen Titel eingeben können. Sind diese vergeben und Sie öffnen vielleicht eine Woche später erneut das PDF-Dokument, so finden Sie im *Lesezeichen*-Menü Ihre Einträge, die Sie nun wählen und sofort an der gewünschten Stelle landen. Im selben Menü lassen sich diese Lesezeichen dann auch bearbeiten (*Lesezeichen bearbeiten*), indem die *Vorschau-Einstellungen* und dort die Rubrik *Lesezeichen* dargestellt wird. Klicken Sie in der Spalte *Name des Lesezeichens* den Titel doppelt an, so lässt er sich überschreiben, eine einfache Markierung sowie ein Klick auf den Button *Entfernen* löscht das Lesezeichen wieder aus dem Dokument.

Damit ja nichts verloren geht und Sie immer wissen, auf welcher Seite Sie schon waren: die Lesezeichen.

Das Bearbeiten/Umbenennen bzw. das Entfernen von Lesezeichen tätigen Sie in den Vorschau-Einstellungen.

Auch das Suchen innerhalb eines PDFs ist einfach zu handhaben. Fahnden Sie beispielsweise nach bestimmten Begriffen oder Textstellen, so brauchen Sie diese nur in das *Suchen*-Feld (oben rechts in der Symbolleiste) eingeben. Die gefundenen Seiten werden dann als Ergebnisse mit Seitenzahl und Text-Auszug aufgelistet. Über einen Mausklick auf die Einträge können Sie wieder direkt darauf zurückgreifen.

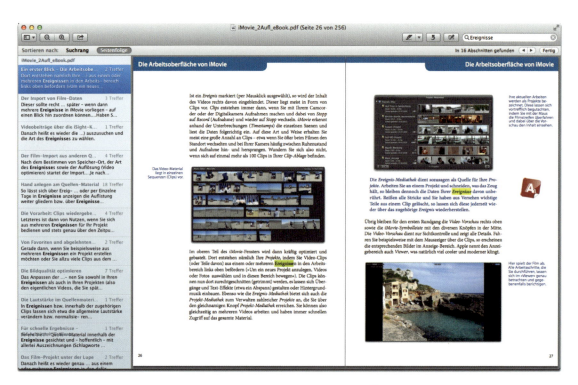

Oben: Suchen im Eiltempo – innerhalb von Sekunden listet »Vorschau« alle Vorkommnisse des gesuchten Begriffes auf.

Als Programm-Alternative zum Öffnen von PDFs gibt es auf der Webseite www.adobe.com/de/products/reader.html bzw. direkt über http://get.adobe.com/de/reader den *Adobe Reader*. Dieser macht zwar ebenfalls seine Sache ganz gut, ist aber merklich langsamer und nicht so schön *OS X*-like. Haben Sie den *Reader* bereits auf der Festplatte und laden fleißig PDFs aus dem Internet, so tragen diese PDFs meist ein anderes Programm-Icon. Auf Doppelklick hin öffnet sich nun das Dokument nicht in *Vorschau*, sondern eben im *Adobe Reader*, was aber nicht sein soll. Als Trick markieren Sie nun die Datei und wählen im Finder *Ablage | Informationen* (⌘-I). Im auftauchenden Dialogfeld suchen Sie nun den Eintrag *Öffnen mit* und stellen im Popup-Menü das Programm *Vorschau* ein. Ab nun werden alle PDF-Dokumente nur mehr mit *Vorschau* gestartet. Wollen Sie das auch auf bestehende Dateien auf Ihrem Rechner ausweiten, so klicken Sie auf *Alle ändern* und bestätigen den Hinweis mit *Fortfahren*.

Und das Programm *Vorschau* ist immer noch nicht ausgereizt, denn Sie können innerhalb eines Dokumentes auch *Seiten einfügen* (aus einer anderen Datei, vom Scanner oder eine leere Seite – jeweils im *Bearbeiten-*

4 | Die Welt der Programme

Menü). Je nachdem, an welcher Stelle Sie sich gerade im Dokument befinden, wird die entsprechende Seite vor die bestehende eingefügt. Dazu wählen Sie *Bearbeiten | Einfügen* und den zugehörigen Befehl.

Sie können auch innerhalb eines mehrseitigen PDFs einzelne Seiten umstellen oder diese in ein anderes PDF transferieren. Im Falle des einfachen Umstellens lassen Sie sich am besten in der Seitenleiste die Miniaturen anzeigen bzw. öffnen das Dokument als Kontaktbogen. Packen Sie dann einfach eine oder mehrere Seiten und ziehen Sie diese an eine andere Stelle. Beim Verschieben in ein anderes Dokument öffnen Sie das Zweite ebenso mit *Miniaturen* oder als *Kontaktbogen* und ziehen die betreffenden Seiten in das andere PDF hinein. Zur Orientierung springen die benachbarten Seiten auseinander und machen Platz für den Neuankömmling.

Das Drucken eines PDFs ist ebenso schnell erledigt: Wählen Sie über die Menüleiste *Ablage | Drucken* (⌘-P) und tätigen Sie Ihre Einstellungen (Anzahl der Kopien, Seitenangaben, Papierformat etc.). Über den unten liegenden Button *PDF* können Sie wieder das Dokument direkt als E-Mail versenden, es in *iPhoto* bzw. *Aperture* sichern oder an *iTunes* transferieren, um es von dort beispielsweise auf das iPad zu laden. Klicken Sie hingegen auf *Drucken*, so wird die Datei auf dem gewünschten Gerät ausgegeben.

Als letztes Highlight von *Vorschau* möchten wir noch die *Bildschirmfoto aufnehmen*-Funktion aus dem *Ablage*-Menü vorstellen. Damit bekommen Sie die Möglichkeit an die Hand, Fenster, Dokumente, den ganzen Bildschirm oder auch nur Ausschnitte davon abzufotografieren. Die Bilder, die dabei entstehen, werden als Datei *Ohne Titel* geöffnet und können über *Sichern* ins Wunsch-Format konvertiert werden. Aus folgenden Optionen können Sie wählen:

❖ *Von der Auswahl*
Mit einer Art Fadenkreuz ziehen Sie mit der gedrückten Maustaste einen Rahmen um jenen Teil, den Sie abfotografieren möchten. Sobald Sie die Taste loslassen, wird das Foto angefertigt und geöffnet dargestellt.

445

❖ *Vom Fenster*
Nach dem Aufrufen des Befehls bewegen Sie die symbolisierte Kamera über jenes Fenster, das Sie abfotografieren möchten. Sobald Sie mit der Maus klicken, wird der Auslöser gedrückt und das Bild erstellt.

Kamera über das Fenster für das Bildschirmfoto bewegen

❖ *Vom ganzen Bildschirm*
Wie bei einer richtigen Kamera haben Sie ein paar Sekunden Vorlauf, ehe das Bild geschossen wird. Der Vorteil ist ganz klar, dass Sie verschiedene Fenster oder Dokumente auf dem Bildschirm anordnen können, bevor dann der Bildschirm fotografiert wird.

Countdown für das Bildschirmfoto läuft.

Eben genannte Möglichkeiten zum Abfotografieren von Bildschirm-Inhalten lassen sich normalerweise aus jedem Programm heraus über folgende Tastatur-Kürzel erreichen: ⌘-⇧-3 für gesamten Bildschirm, ⌘-⇧-4 für einen Ausschnitt und ⌘-⇧-4 plus zusätzlichem Drücken der Leertaste für Fenster. In diesem Fall werden die Bilder im Format *PNG* auf dem Schreibtisch abgelegt und erhalten als Titel das aktuelle Datum samt Uhrzeit – beispielsweise *Bildschirmfoto 2012-09-19 um 14.34.32*.

Zum Abschied dieses Kapitels noch ein heißer Tipp: Das Vergrößerungswerkzeug (*Werkzeuge | Vergrößerungswerkzeug einblenden* bzw. ⇧-`) lässt sich selbstverständlich auch bei PDFs hervorragend einsetzen. Gerade dann, wenn Sie vielleicht Schwierigkeiten beim Lesen am Bildschirm haben, bietet es eine hilfreiche Unterstützung. Auf einem Trackpad lässt sich sogar der Vergrößerungsfaktor wieder einstellen, indem Sie Daumen und Zeigefinger spreizen bzw. zusammenziehen.

Als eine weitere Alternative, um Textstellen aufzuzoomen, gibt es auch noch über das von Apple getaufte *intelligente Vergrößern*. Hierbei tippen (nicht klicken!) Sie auf dem Trackpad mit zwei bzw. auf der Magic Mouse mit einem Finger doppelt auf die Oberfläche Ihres Eingabegerätes. Und im Nu vergrößert sich der Text-Bereich und es lässt sich weitaus komfortabler lesen.

4 | Die Welt der Programme

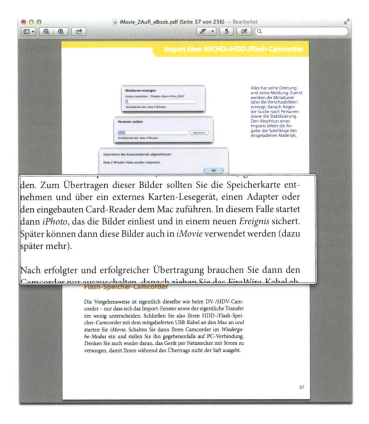

Kleine Schriftgrößen auf hochauflösenden Monitoren bereiten mitunter Schwierigkeiten beim Lesen. Dank des Vergrößerungswerkzeugs gehört das jedoch der Vergangenheit an.

Wir freuen uns, dass Sie bis hierhin durchgehalten haben. Die gezeigten Programme sind doch dermaßen mit Funktionen und Befehlen vollgestopft, dass einem ganz schön der Kopf rauchen kann. Aber je mehr Sie sich damit beschäftigen bzw. je öfter Sie Ihr Haupt-Programm benutzen (denn alle Programme braucht wahrscheinlich kein Mensch), desto routinierter werden Sie – auch im Umgang mit Programmen anderer Hersteller – denn die Bedienung ist im Großen und Ganzen ähnlich.

Nichtsdestotrotz: Wie sind noch lange nicht am Ende unserer Entdeckungsreise durch *OS X Mountain Lion*, denn im nächsten Kapitel schauen wir uns die wichtigsten *Dienstprogramme* an. Damit halten Sie etwa Ihr System in Schuss oder können Hard- wie Software unter die Lupe nehmen. Nicht alle werden im folgenden Text aufgeführt, da einige bereits angesprochen, andere erst in späteren Kapiteln auftauchen bzw. teils als downloadbarer Anhang geliefert werden.

Dienstprogramme – von Assistenten und Festplatten-Doktoren

Mit *OS X Mountain Lion* hat Apple die Ordnerstruktur ein wenig durcheinander geworfen. Sofern Sie über ein *Finder*-Fenster den *Programme*-Ordner öffnen, so stoßen Sie darin auf den Unterordner *Dienstprogramme*, der all diese Systemdoktoren und Assistenten zusammenfasst. Starten Sie hingegen das *Launchpad*, so befinden Sie sich eben genannte Programme im Ordner *Andere*. Offen gesprochen kapieren wir die Logik dahinter nicht so recht …

Alle »Dienstprogramme« finden Sie im »Programme«-Ordner fein säuberlich zusammengefasst.

Dienstprogramme – das klingt schon mal ziemlich trocken. Und in der Tat finden Sie in diesem Unterordner des *Programme*-Ordners allerlei Anwendungen, die sich auf Netzwerk-Dienste, Diagnose der Hardware, Datenbanken usw. spezialisiert haben. Vieles davon erfordert eine Menge an Hintergrundwissen, sodass ein Informatik-Studium oder eine gehörige Portion Lust an Fach-Know-how fast schon Grundvoraussetzung zum Verstehen ist. Mit anderen Worten: Unser Buch richtet sich in erster Linie an Neueinsteiger und Umsteiger, die den Mac und sein Betriebssystem (eben die Grundlagen) kennenlernen möchten. Aus dieser Sicht möchten wir uns auf jene Programme konzentrieren, die im Arbeitsalltag des ganz gewöhnlichen Anwenders einen Blick wert sind und über die Sie Bescheid wissen sollten.

Programme, die aus unserer Sicht eher Spezialaufgaben dienen, haben wir in diesem Grundlagenbuch ausgegliedert und sie stattdessen in ein Downloadkapitel gepackt. Auf den Verlagswebseiten finden Sie dieses im Support-Bereich unter der URL www.mandl-schwarz.com/support. Viele davon werden im Schnelldurchgang erwähnt und nur kurz angerissen, da diese nach unserem Dafürhalten von Ihnen weder jemals benötigt geschweige denn freiwillig gestartet werden.

Aktivitätsanzeige – Prozesse im Hintergrund

In einem Computer laufen ständig Prozesse (sogenannte *Threads*) ab: Daten werden auf der Festplatte abgespeichert, die Programme lagern Ihre Dateien im Arbeitsspeicher aus, der Prozessor verarbeitet Befehle, die ihm zugeteilt werden usw. Davon bekommen Sie als Anwender normalerweise nichts mit, es sei denn, der Lüfter springt an (weil der Prozessor ein wenig Kühlung benötigt) oder die Festplatte rattert leise, weil gerade auf Daten zugegriffen wird. Damit Sie einen Einblick bekommen, was so alles im Hintergrund passiert und wie welches Bauteil gerade ausgelastet ist, gibt es die *Aktivitätsanzeige*.

Egal, was Sie am Computer auch machen – die Aktivitätsanzeige protokolliert genau den Verlauf der CPU-Auslastung (im Beispiel ein Vierkern-Prozessor) sowie den Verbrauch an Speicher.

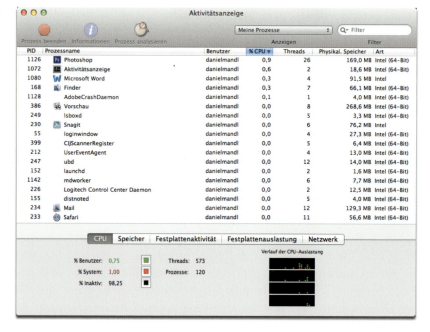

5 | Die Dienstprogramme

Ist das Programm gestartet, so zeigt es in seinem Fenster jene Prozesse auf, die im Moment aktiv sind. Hierbei wird genau Buch geführt, wer wie viel Prozessorleistung (*CPU*– Abkürzung für *Central Processing Unit* – der Prozessor) und wie viel Speicher verschlingt. Unterschieden wird hierbei zwischen dem *Physikalischen Speicher* (dem eingebauten Arbeitsspeicher) sowie dem *Virtuellen Speicher* (das entspricht jenem Platz, den der Prozess auf die Festplatte auslagert). Unten stehend finden Sie weitere Rubriken-Reiter wie *CPU*, *Speicher* (gemeint ist der Arbeitsspeicher), *Festplattenaktivität*, *Festplattenauslastung* sowie *Netzwerk*.

Die *Prozessor*-Anzeige (*CPU*) führt dabei alle aktuell laufenden Prozesse auf, also etwa jene Programme, mit denen Sie gerade arbeiten, aber auch jene, die das *System* im Hintergrund verwendet. So kann es durchaus passieren, dass Sie vielleicht gerade einmal ein einziges Programm gestartet haben, das Betriebssystem jedoch im Hintergrund Dutzende weiterer Prozesse ablaufen lässt. Über den Menüpunkt *Darstellung* und der Auswahl bei *Spalten* wählen Sie, welche Werte im Übersichts-Fenster angezeigt werden. Möchten Sie weitere Informationen erhalten, so markieren Sie einen Prozess und klicken dann auf den *Informationen*-Button (). Um eine fortwährende Kontrolle über die Auslastung der CPU zu erhalten, lassen sich über das *Fenster*-Menü weitere Analyse-Fenster für die *aktuelle CPU-Auslastung*, den *Verlauf der CPU-Auslastung* sowie *Balken für die CPU-Auslastung* einblenden. Diese Info-Dialoge bleiben immer im Vordergrund und Sie können sämtliche *Prozessor*-Bewegungen bewerten. Wie oft eine Überprüfung bzw. Aktualisierung stattfinden soll, stellen Sie über *Darstellung | Darstellung aktualisieren* ein.

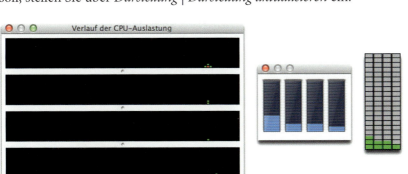

Wie im Studio: Überall blinkt's und flattert's – der Prozessor lebt also noch.

Möchten Sie die *Aktivitätsanzeige* sowie deren verschiedene Anzeigen ständig im Blick behalten, so können Sie anstatt des *Aktivitätsanzeige*-Icons auch diese Fenster im Dock anlegen: entweder per *ctrl*-Klick auf das Programm-Icon im Dock oder über die Menüleiste *Darstellung | Symbol im Dock*.

Die Rubrik *Speicher* überprüft die Vorgänge im Arbeitsspeicher. Je mehr Sie davon in Ihrem Mac eingebaut haben, desto besser (also 4 Gigabyte sollten es schon sein), arbeitet der Rechner doch flüssiger und muss nicht zu oft auf den virtuellen Speicher der Festplatte auslagern, der merklich langsamer ist. Rufen Sie zum Überprüfen am besten Ihr Standard-Repertoire an Programmen im Arbeitsalltag auf und werfen Sie dann einen Blick in die *Aktivitätsanzeige*. Hierbei wird genau aufgelistet, wie viel Arbeitsspeicher frei, reserviert, aktiv oder insgesamt genutzt ist. Kommt es des Öfteren hier zu Kapazitätsengpässen, sollten Sie einmal mit Ihrem Mac-Händler Kontakt aufnehmen, um eine Speicher-Aufrüstung am Runden Tisch zu besprechen – vorausgesetzt natürlich, dass der Kosten-Voranschlag Sie nicht vom Stuhl fallen lässt.

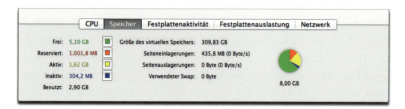

Wenn Ihr Rechner mit geöffneten Programmen oftmals langsam reagiert und die Aktivitätsanzeige weniger als 100 MB freien Arbeitsspeicher meldet, sollten Sie eine Aufrüstung durchaus in Erwägung ziehen.

Das Gleiche gilt auch für die Punkte *Festplattenaktivität* sowie die *Festplattenauslastung*. Auf der einen Seite können Sie beobachten, wie viele Lese- und Schreibzugriffe ausgeführt werden, also wie aktiv der Schreib-/Lese-Kopf über die verbauten Platten rauscht, auf der anderen Seite sehen Sie auf einen Blick, wie viel Speicher-Kapazität bereits verbraucht und wie viel noch frei ist. Über das Popup-Menü lassen sich zudem auch extern angeschlossene Festplatten kontrollieren. Sie sollten dabei nie an das Limit gehen, da Programme auch immer virtuellen Speicher in Anspruch nehmen und im schlimmsten Fall eine Arbeitsverweigerung an den Tag legen können.

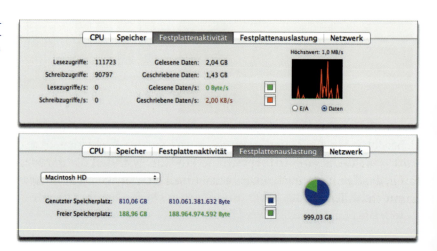

Aktivität wie Auslastung der Festplatte(n) auf einen Blick.

Haben Sie sich ein Netzwerk angelegt, in dem Sie mehrere Macs (oder auch PCs) zusammen nutzen, so werden diese Aktivitäten (empfangene Daten, gesendete Daten) unter *Netzwerk* aufgezeichnet. Sie sehen also genau, welche Datenmengen über die Leitungen laufen.

Es wird genau protokolliert, wie viele Daten-Pakete gesendet/empfangen bzw. wie schwer die Ladung (in Megabyte oder gar Gigabyte) war.

Zu jedem Prozess lassen sich nun weitere Informationen über den gleichnamigen Button abrufen und auch einzelne Prozesse analysieren.

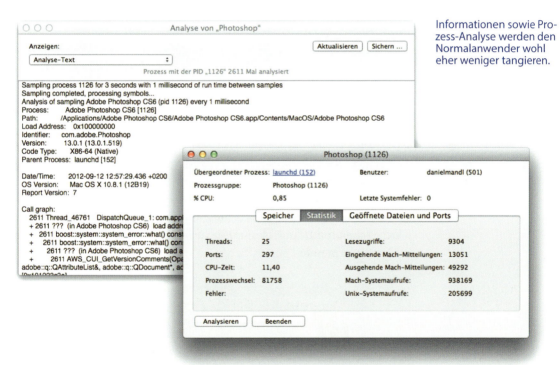

Informationen sowie Prozess-Analyse werden den Normalanwender wohl eher weniger tangieren.

Im Großen und Ganzen ist das Programm für den Normal-Anwender sicherlich einen Blick wert, auch wenn er es nicht allzu oft benötigen wird – im Gegensatz zu Programmierern und Netzwerk-Administratoren, die damit Optimierungen vornehmen oder Fehlern auf die Spur kommen wollen.

Bildschirmfoto – Fotos vom Monitor

Ab und an möchte man vielleicht einen Dialog (etwa eine kryptische Fehlermeldung), ein Fenster oder gar den gesamten Schreibtisch im Bild festhalten, um es als Anschauungsmaterial für den Support oder für Freunde weiterzureichen. Damit das alles mit den Hausmitteln klappt, gibt Ihnen Apple das Programm *Bildschirmfoto* mit an die Hand.

Was wie abfotografiert werden soll, entscheidet letztlich die Situation. Über das Menü *Foto* wählen Sie dann aus den angebotenen Optionen das Passende heraus:

- *Ausgewählter Bereich* (⌘-⇧-A)
  Hiermit lassen sich Ausschnitte wählen, indem Sie den Mauszeiger ansetzen und dann mit gedrückter Maustaste einen Rahmen aufziehen. Sobald Sie die Maustaste loslassen, wird dieser Ausschnitt abfotografiert.

- *Fenster* (⌘-⇧-W):
  Wie der Name schon verrät, fotografieren Sie damit Fenster ab. Im auftauchenden Dialog klicken Sie in *Fenster auswählen* und dann auf das abzulichtende Fenster. Fertig.

5 | Die Dienstprogramme

❖ *Bildschirm* (⌘-Z):
   Alles, was auf Ihrem Monitor zu sehen ist, wird abgelichtet.

❖ *Selbstauslöser* (⌘-⇧-Z):
   Damit wird ebenfalls der Bildschirm abfotografiert, jedoch haben Sie im Vorfeld 10 Sekunden Zeit, um alles zu arrangieren. Über eine symbolisierte Stopp-Uhr wird Ihnen aufgezeigt, wann es Klick macht.

In allen vier Fällen wird nach dem Anfertigen des Screenshots das Bild eingeblendet. Möchten Sie beispielsweise die Größe überprüfen, so wählen Sie *Bearbeiten | Information* (⌘-1) – das Fenster zeigt Ihnen *Höhe* wie *Breite* in Pixel auf und gibt die *Farbtiefe* an. Ist es für Sie in Ordnung, sollten Sie das Bild selbstverständlich sichern. Über *Ablage | Sichern* (⌘-S) vergeben Sie einen Namen und legen einen Speicher-Ort fest – das Bild wird dann im TIFF-Format gespeichert.

Zum Konvertieren in ein anderes Format öffnen Sie das Bild mit dem Programm *Vorschau* und wählen über den Menüleistenpunkt *Ablage* den Befehl *Exportieren*. Bei *Format* steht Ihnen nun die ganze Reihe weiterer Formate zur Verfügung.

Manchmal ist es nötig, beim Abfotografieren den künftigen Betrachter auf irgendetwas hinzuweisen – sei es auf eine Datei, einen Knopf oder gar einen Missstand. Sowohl bei *Bildschirm* als auch dem *Selbstauslöser* ist es daher möglich, den Mauszeiger mit abzulichten. Wie dieser aussehen soll, bestimmen Sie in den *Einstellungen* (⌘-*Komma*) im *Bildschirmfoto*-Menü.

Die Mauszeiger-Parade für jeden Zweck.

Wir möchten auch noch einmal daran erinnern, dass es neben dem Programm *Bildschirmfoto* noch zwei weitere hauseigene Alternativen dazugibt. Diese finden Sie über die nachfolgenden Tasten-Kombinationen:

⌘-⇧-3: der gesamte Bildschirm wird abgelichtet;

⌘-⇧-4: über ein Fadenkreuz kann ein Ausschnitt angefertigt werden, über das zusätzliche Drücken der *Leertaste* sowie einem nachfolgenden Mausklick wird ein Fenster abfotografiert.

Hierbei werden die Bilder als *PNG*-Dateien auf dem Schreibtisch abgelegt, die dann noch umbenannt und eventuell in ein anderes Format gebracht werden sollten. Gefallen Ihnen die verwendeten Tasten-Kombinationen nicht, so werfen Sie doch einen Blick in die Systemeinstellung *Tastatur* und dort in die Rubrik *Tastaturkurzbefehle | Bildschirmfotos*.

Bluetooth-Datenaustausch

Dieses Programm macht genau das, was der Name verspricht: Es tauscht Daten aus – und zwar in beide Richtungen (*Datei senden* sowie *Gerät durchsuchen*). Vorher sollten Sie jedoch Ihre Bluetooth-Geräte konfigurieren, sprich über die Systemeinstellung *Bluetooth* bzw. den *Bluetooth-Assistenten* anmelden (siehe hierzu den erklärenden Text im Kapitel über die *Systemeinstellungen*). Weiterhin muss im Falle eines Mac-Computers in den *Freigaben* (siehe ebenso in den *Systemeinstellungen*) die *Bluetooth-Freigabe* aktiviert sein. Ist das alles erledigt, so brauchen Sie nur das Programm *Bluetooth-Datenaustausch* zu starten und aus dem sich öffnenden Dialog-Fenster namens *Wählen Sie die zu sendende Datei aus*

5 | Die Dienstprogramme

das oder die Objekte zu markieren. Mit der Bestätigung über den Knopf *Senden* werden dann alle gefundenen Geräte aufgeführt. Suchen Sie sich Ihr gewünschtes Gerät aus und ab geht die Post. Die zu übermittelnde Datei landet dann letztlich im Order *Downloads* bzw. an jenem Ort, den Sie unter *Bluetooth-Freigabe* dafür bestimmten.

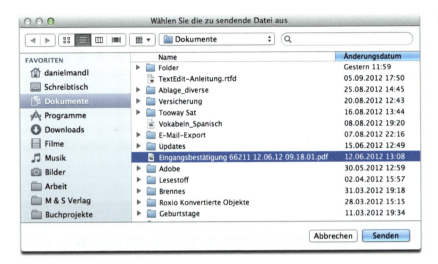

Zuerst werden die Daten ausgewählt …

… und dann das entsprechende Gerät bestimmt. Über »Senden« werden die Daten verschickt.

Beide Geräte nehmen Kontakt zueinander auf. Der Empfänger muss jedoch der zu empfangenden Dateiübertragung zustimmen.

457

Ähnlich läuft die Geschichte ab, wenn Sie ein Gerät durchsuchen wollen: Wählen Sie über das *Ablage*-Menü den Befehl *Gerät durchsuchen* und markieren Sie dasjenige, aus dessen Repertoire Sie schöpfen wollen. Danach klicken Sie auf *Durchsuchen*. Das angefragte Objekt (in unserem Fall ein iMac) blendet nun einen Dialog ein, der diese Kontaktaufnahme registriert und den jeweiligen Nutzer ermöglicht, darauf zu reagieren. Klickt dieser auf *Erlauben*, so erscheinen die gewünschten Daten beim Kontaktsuchenden. Über einfaches Drag & Drop lassen sich nun die Daten auf den eigenen Rechner kopieren.

Zuerst wird um Erlaubnis gefragt, ob ein Zugriff erfolgen darf. Danach können die Daten übertragen werden.

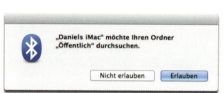

Denken Sie bitte daran: Die *Empfangs*- bzw. *Zugriffs-Ordner* legen Sie in den *Systemeinstellungen* unter *Freigaben* fest. Aktivieren Sie zuvor die *Bluetooth-Freigabe* und Sie können auch alternative Speicherorte bestimmen.

Haben Sie in der Systemeinstellung *Bluetooth* die Option *Bluetooth-Status in der Menüleiste anzeigen* aktiviert, so geht das Versenden wesentlich schneller, indem Sie zuvor die Objekte auswählen und dann über die Menüleiste auf das entsprechende Symbol (✱) klicken. Auf diesem Wege können Sie direkt die Sachen verschicken, ohne erst umständlich das Programm *Bluetooth-Datenaustausch* starten zu müssen.

5 | Die Dienstprogramme

Boot Camp Assistent – einmal die Windows-Welt schnuppern

Dieses kleine Programm ermöglicht Ihnen die Installation von *Windows 7 Home Premium, Professional* oder *Ultimate* auf Ihrem Mac. Sofern Sie also noch auf Programme zurückgreifen wollen oder müssen, die nur unter Windows laufen, so ist das eine feine Sache.

> Die *Windows*-Versionen *Windows XP* sowie *Windows Vista* werden ab *OS X Lion* (*Boot Camp*-Version 4.0 und höher) nicht mehr unterstützt.

Windows wird dabei auf einem separaten Teil Ihrer Festplatte – einer sogenannten »Partition« – installiert und läuft nach einem Neustart Ihres Apple-Rechners als alleiniges Betriebssystem völlig autark. Es profitiert dabei von einem schnellen Prozessor, dem direkten Zugriff auf die Festplatte und überhaupt vom schicken Design der Apple-Kreativen.

Im Gegensatz dazu gibt es mit *Parallels Desktop* von der gleichnamigen Software-Schmiede oder *Fusion* von *VMware* sogenannte Virtualisierer, bei der der Windows-PC per Software sozusagen vorgegaukelt wird. Der Vorteil ist hierbei, dass Sie beide Betriebssysteme – *Windows* und *OS X* – nebeneinander laufen lassen können; das lästige Neustarten des Rechners entfällt hierbei. Der Nachteil liegt jedoch darin, dass sich beide System-Welten bei diesem gleichzeitigen Betrieb das »Herz des Rechners«, den Prozessor, teilen – die Arbeitsgeschwindigkeit des Rechners insgesamt wird leicht ausgebremst. Für Büro-Arbeiten und für Surf-Touren durchs Internet ist das zwar kaum von Belang, für anspruchsvolle Spiele oder Grafik-Anwendungen jedoch weniger geeignet.

> Wenn Sie sich für die Virtualisierungen *Parallels Desktop* und *Fusion* von *VMware* interessieren, so sei Ihnen auch unsere *Umsteigefibel* ans Herz gelegt. Darin erfahren Sie weitere Hintergründe zum Umzug von Windows auf den Mac, erhalten Anweisungen zum Installieren eben genannter Virtualisierungen und lernen ganz nebenbei die mannigfachen Möglichkeiten zum Datenübertrag vom Windows- auf den Mac-Rechner kennen.

Die Vorbereitungen

Der Rechner sollte immer auf dem aktuellen Stand sein sowie alle *Firmware*-Aktualisierungen beinhalten. Am besten funktioniert dies über die *Softwareaktualisierung*.

Bei etwaigen Firmware-Updates halten Sie sich bitte unbedingt an die eingeblendeten Verhaltensregeln. Da der normalsterbliche Anwender manchmal vor lauter Aufregung die ein oder andere Anweisung vergisst, empfehlen wir diese auszudrucken, damit Sie die einzelnen Schritte genau abarbeiten können.

Zusammengefasst hier noch einmal die Voraussetzungen für einen gelungenen *Boot Camp*-Einstieg. Sie brauchen:

- Ein optisches Laufwerk (MacBook Air-Computer und einige Mac mini-Modelle benötigen ein externes optisches Laufwerk für die Installation von *Windows 7*).

- Eine leere CD bzw. ein leeres USB-Speichermedium mit MS-DOS (FAT)-Formatierung, um die vom *Boot Camp-Assistenten* erstellten Windows-Treiber zu sichern.

- Einen Macintosh Computer mit Intel-Prozessor, eine USB-Tastatur und Maus bzw. Tastatur und Trackpad eines Mac Book (Pro);

- *OS X* Version 10.7 bzw. 10.8 oder neuer sowie alle Firmware-Aktualisierungen.

- Eine Original-Installationsdisk für die 32- oder 64-Bit-Version von Microsoft *Windows 7 Home Premium*, *Professional* oder *Ultimate*. *Windows XP* sowie *Windows Vista* werden unter *OS X Mountain Lion* nicht mehr unterstützt.

- Mindestens 16 GB freier Festplattenspeicher für die 32-Bit-Version von *Windows 7*, für die 64-Bit-Version mindestens 20 Gigabyte auf dem Volume, auf dem die Software installiert werden soll.

- Die 64-Bit-Version von *Windows 7* unterstützen ausschließlich die Computer MacBook Air (Ende 2010) und neuer, MacBook Pro (Anfang 2011) und neuer, iMac (Mitte 2011) und Mac mini (Mitte 2011) und neuer.

- Weiterhin sollten Sie bei der Installation von *Windows 7* eine schnurgebundene Maus sowie Tastatur verwenden, da die entsprechenden Hardware-Treiber für den Mac (für die Wireless-Varianten der Tastatur sowie des Trackpad/der Magic Mouse) erst nach Aufspielen von Windows installiert werden.

5 | Die Dienstprogramme

Der »Boot Camp Assistent« – Ihr freundlicher Begleiter

Bevor Sie nun engagiert und voller Elan ans Werk gehen, gehören leider noch einige weitere kurze Grundvoraussetzungen in Ihr Brevier. Zum einen möchte der *Assistent* von *Boot Camp* auf Ihrem Rechner eine eigene Partition extra für *Windows* anlegen. Ihre Festplatte darf daher nicht bereits partitioniert (also in mehrere Teilstücke separiert) sein. Haben Sie dies bereits getan, so sollte Ihr erster Schritt nicht zu *Boot Camp*, sondern zum *Festplatten-Dienstprogramm* laufen (ebenfalls zu finden im Ordner *Dienstprogramme*, der wiederum im Ordner *Programme* liegt).

Da müssen Sie jetzt tapfer sein.

Das *Festplatten-Dienstprogramm* unter *OS X Mountain Lion* kann auch nachträglich die Festplatte neu einrichten, ohne dass das Startvolume als solches in Mitleidenschaft gezogen wird. Wird jedoch aus zwei oder mehreren Partitionen wieder ein einziges Volume-Schema, so werden dennoch die Daten auf diesen weiteren Partitionen gelöscht. Mit anderen Worten: **Bringen Sie auf jeden Fall jene Daten, die sich außerhalb des Startvolumes auf den weiteren Partitionen befinden, in Sicherheit, da diese nach der Umstellung nicht mehr existent sind.**

Ganz wichtig: Ziehen Sie bitte die Daten von der zweiten und/oder den weiteren Partitionen auf eine externe Festplatte oder auf das erste Volume-Schema (Startvolume) bzw. brennen Sie sich Sicherheits-DVDs.

Rufen Sie dann das *Festplatten-Dienstprogramm* auf und klicken Sie dort auf den Reiter *Partition*. Markieren Sie Ihre interne Festplatte, sodass unterhalb von *Partitionslayout* die Aufteilung angezeigt wird.

Das Festplatten-Dienstprogramm zeigt über den Reiter »Partition« die aktuelle Aufteilung der Festplatte an.

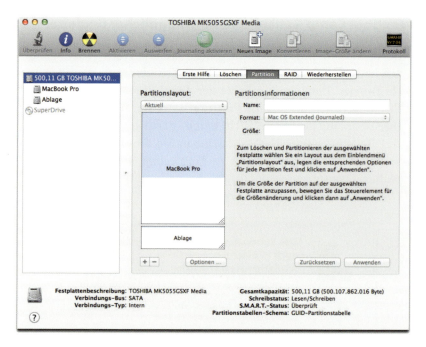

Markieren Sie danach beispielsweise die zweite Partition per Mausklick und betätigen Sie dann den unten liegenden *Minus*-Button (-). Daraufhin fährt ein Dialog aus, der Ihr Tun noch einmal genau auflistet: Bitte jetzt den Schweiß von der Stirn tupfen …

Das zu entfernende Volume wird gelöscht, während das Startvolume auf der ersten Partition unberührt bleibt.

Klicken Sie nun auf *Entfernen*, so wird die Partitionstabelle neu angelegt und das Volume verschwindet. Um die ursprüngliche Größe wiederherzustellen, müssen Sie nun noch das bestehende Volume bearbeiten, indem Sie es am geriffelten Anfasser mit der Maus packen und ganz nach unten ziehen. Ein weiterer Klick auf den Knopf *Anwenden* stellt den Ursprungszustand wieder her.

5 | Die Dienstprogramme

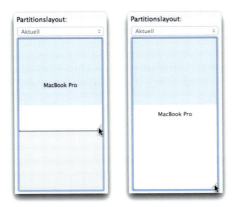

Das Volume wird neu aufgezogen und an die volle Größe angepasst.

Über den Knopf »Partition« werden weiterhin keine Daten gelöscht, sondern nur die Einzelpartition an die volle Größe angepasst. Nach diesem Vorgang können Sie nun endlich mit »Boot Camp« loslegen.

Bei mehreren internen »Volumes« (gemeint sind hier Festplatten – keine Partitionen) sollten Sie eines davon so aufbereiten, dass es problemlos bespielt werden kann. Die Formatierung der Festplatte muss dabei das Format *Mac OS X Extended (Journaled)* aufweisen. Mit anderen Worten bedeutet das auch in diesem Fall: Bringen Sie Ihre Daten in Sicherheit, denn ist falsch formatiert, so müssen Sie in der Tat alles neu einrichten.

Bevor Sie nun den *Boot Camp-Assistenten* starten, ziehen Sie bitte alle externen Geräte wie Festplatten oder sonstige Speichermedien (etwa einen iPod) ab. Da Windows bekanntlich Laufwerksbuchstaben verteilt (Windows installiert sich standardmäßig auf dem Volume mit dem Buchstaben »C«), soll auf diese Weise ausgeschlossen werden, dass der Laufwerksbuchstabe C einem falschen Volume zugeordnet wird. Weiterhin sollten Sie bereithalten: Eine Packung Taschentücher, falls Ihre Unternehmung misslingt (der war aber ganz schön böse ;-)).

Beim ersten Start von *Boot Camp* erhalten Sie eine kleine Einführung und die Möglichkeit, das zugehörige *Installations- & Konfigurationshandbuch* auszudrucken. Dieses enthält wichtige Informationen und sollte auf je-

In das Installations- & Konfigurationshandbuch sollten Sie unbedingt einen Blick werfen, denn es finden sich darin wichtige wie interessante Informationen.

den Fall einmal eingesehen werden. Sofern Sie es nicht drucken möchten, können Sie sich davon auch eine PDF-Datei zum Lesen auf dem Rechner erstellen. Klicken Sie dazu auf *Installations- & Konfigurationshandbuch drucken* und bestätigen Sie den erscheinenden Dialog mit *OK*. Im nachfolgenden Fenster wählen Sie dann links unten die Schaltfläche *PDF* und daraus den Befehl *Als PDF sichern*. Bestimmen Sie dann noch den Speicher-Ort und das Dokument liegt zur ausgiebigen Lektüre bereit.

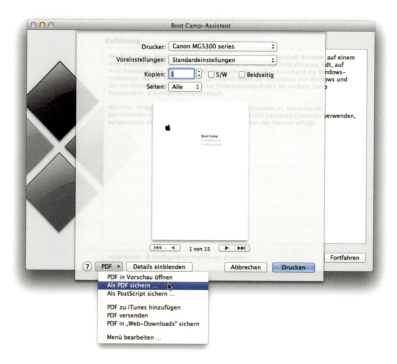

Über *Fortfahren* heißt es nun die Treiber für die *Windows 7*-Installation zu laden. Diese benötigen Sie später, damit Windows alle Hardware-Komponenten Ihres Mac korrekt interpretieren und ansprechen kann.

Bitte beachten: Verwenden Sie bitte nur jene Treiber, die Sie anschließend herunterladen. Benutzen Sie stattdessen eine Treiber-CD/DVD, die von einem anderen Mac geladen wurde, so kann es zu Konflikten kommen, da diese Treiber vielleicht nicht alle Hardware-Komponenten bzw. eben andere unterstützen.

Zum Speichern der Treiber sollten Sie eine CD/DVD bereithalten bzw. ein externes Laufwerk oder einen USB-Stick verwenden, der im *Format MS-DOS (FAT)* formatiert wurde. Letzteres können Sie ebenso über das *Festplatten-Dienstprogramm* erledigen.

5 | Die Dienstprogramme

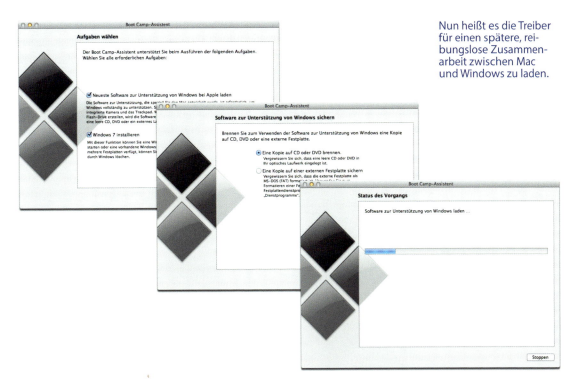

Nun heißt es die Treiber für einen spätere, reibungslose Zusammenarbeit zwischen Mac und Windows zu laden.

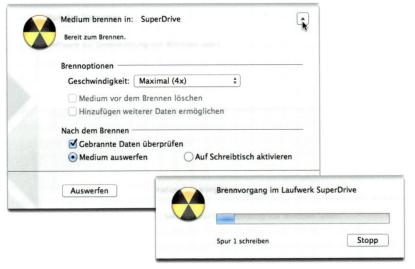

Nach dem Download steht das Brennen einer CD/DVD auf dem Programm. Legen Sie also ein geeignetes Medium in das Laufwerk und klicken Sie auf »Brennen«.

Im Fall eines MacBook Air oder eines Mac mini ohne Laufwerk müssen Sie selbstverständlich die Variante *Eine Kopie auf einer externen Festplatte sichern* verwenden.

465

Anschließend gelangen Sie zur Einrichtung der Partition für Windows. Hier ist es nicht unerheblich, welche Größe Sie dort auswählen. Apple empfiehlt mindestens 16 Gigabyte, besser sind jedoch höhere Werte, denn schließlich möchten Sie auch noch Programme, Daten und eventuell Spiele dort unterbringen. Wenn Sie mehrere Festplatten in Ihrem Rechner eingebaut haben, so lässt sich dort ebenso eine zweite Partition bzw. eine ganze Festplatte (außer das Startlaufwerk) als einzelne Partition für Windows einrichten. Es ist jedoch nicht möglich, eine externe Festplatte für die *Windows*-Installation zu benutzen.

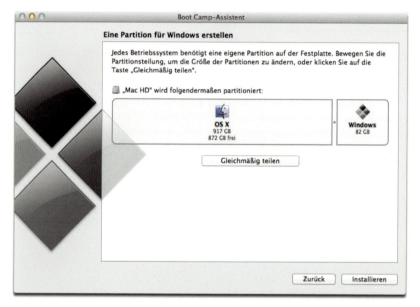

Partitionieren mithilfe des »Boot Camp-Assistenten« – entweder per Knopfdruck oder über das Verschieben der Partitionsblöcke mit der Maus.

Wenn Sie später Windows installieren, muss die vom Apple-System eingerichtete Partition noch formatiert werden. Windows unterscheidet hier zwischen den beiden Dateisystemen *FAT* sowie *NTFS*. Die erste Abkürzung steht für *File Allocation Table* und Sie können dieses System nur verwenden, wenn die Größe der Partition 32 Gigabyte nicht übersteigt. Des Weiteren steht dieses Dateisystem nur unter *Windows XP* zur Verfügung. Das *New Technology File System* (*NTFS*) ist das aktuellere Dateisystem und gilt gemeinhin als stabiler, zuverlässiger und auch ein wenig schneller. Für Windows 7 ist das Dateisystem *NTFS* zwingend vorgeschrieben. Die Partitionsgröße ist hier frei wählbar, allerdings unter *OS X* nicht beschreibbar (jedoch einsehbar und es lassen sich Dokumente aus der Windows-Welt beispielsweise auf den Mac-Schreibtisch kopieren).

5 | Die Dienstprogramme

Sie können nun entweder den Mauspfeil zwischen die Partitionsblöcke setzen und mit gedrückter Maustaste ziehen, oder Sie klicken auf die angezeigte Taste *Gleichmäßig verteilen*.

Wir wollen ja nicht aufdringlich wirken, doch egal, was Sie nun vorhaben: Wir möchten noch einmal daran erinnern, dass Sie zuvor ein Backup Ihrer bisherigen Daten anfertigen sollten.

Nun legen Sie bitte Ihre Software mit der 32- oder 64-Bit-Version von Microsoft *Windows 7 Home Premium*, *Professional* oder *Ultimate* ein – aber bitte nicht alle auf einmal ;-) – und klicken dann auf *Installieren*. OS X Mountain Lion bereitet danach Ihre Festplatte auf und startet den Rechner neu. Zu guter Letzt erfolgt die Installation von Windows.

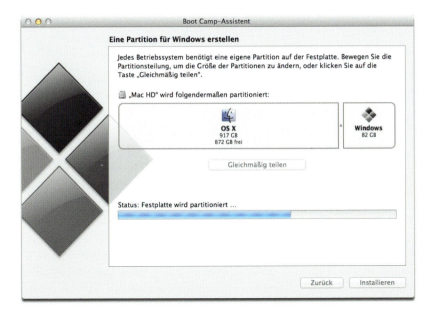

Der krönende Abschluss, ehe Sie vom Mac- in den Windows-Bereich wechseln.

Nach dem Booten über die *Windows 7-Installations*-DVD (wir nutzen die 64-Bit-Software von *Windows 7 Professional*) heißt es die Installationssprache zu wählen sowie den Lizenzvertrag zu akzeptieren. Danach die von *Boot Camp* eingerichtete Partition zu formatieren. Suchen Sie sich den Eintrag *Datenträger 0 Partition 3: BOOTCAMP* und klicken Sie dann rechts unten im Dialog zuerst auf *Laufwerksoptionen (erweitert)* und im folgenden Dialog auf die Option *Formatieren*. Bestätigen Sie wieder den Warnhinweis mit *OK* und die eigentliche Installation beginnt.

Zuerst heißt es die Partition einzurichten: Wählen Sie »Datenträger 0 Partition 4: BOOTCAMP« und dann über die »Laufwerksoptionen« die Option »Formatieren«.

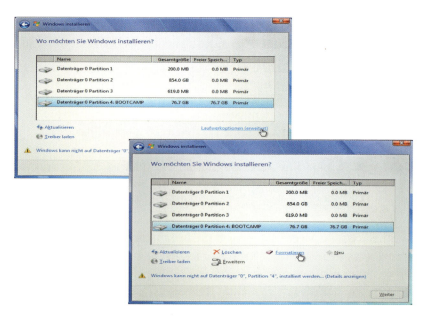

Obwohl Apple zwingend darauf hinweist, die Partition *Datenträger 0 Partition 3: BOOTCAMP* zu wählen, nennt sich kurioserweise unsere *Boot Camp*-Partition *Datenträger 0 Partition 4: BOOTCAMP*. Wir haben auch darauf installiert und keine Probleme festgestellt. Sie müssen jedenfalls darauf achten, dass Sie auf keinen Fall Ihre Mac-Partition erwischen, da ansonsten diese formatiert wird und Ihre Daten damit gelöscht werden.

Nach zwei weiteren Neustarts wird dann der eigentliche Benutzer konfiguriert, indem Sie Benutzer- und Computername vergeben, ein Kennwort festlegen und den *Product Key* eintragen. Danach folgen wieder die empfohlene Schutz-Einrichtung sowie die Zeit- und Datumseinstellungen. Im Falle eines Drahtlos-Netzwerkes können Sie sich auch bei diesem gleich anmelden, ehe sich dann der *Windows 7*-Schreibtisch präsentiert.

Der Mac wird unter Windows 7 getauft ...

5 | Die Dienstprogramme

… ehe sich nach weiteren Eingabe-Aufforderungen der neue Schreibtisch zeigt.

Nun heißt es die Mac-Treiber zu installieren. Legen Sie dazu die zuvor heruntergeladene Treiber-CD in das Laufwerk ein bzw. verbinden Sie den Rechner mit der angefertigten Treiber-Festplatte/dem Treiber-Stick. Nun startet automatisch das *Boot Camp-Installationsprogramm*, das Sie nun Schritt für Schritt Ihrem Ziel zu einem funktionierenden Software-/Hardware-Miteinander näher bringt. Mit Klick auf *Weiter* werden nach dem Akzeptieren der Lizenzvereinbarung nun die Hardware-Treiber (Tastatur, Maus, Grafik, Bluetooth, Netzwerk, *iSight-/FaceTime*-Kamera und, und, und) installiert, sodass *Windows* später auch alle Komponenten des Mac-Rechners erkennt und richtig interpretiert. Die ganze Installation nimmt einige Minuten in Anspruch.

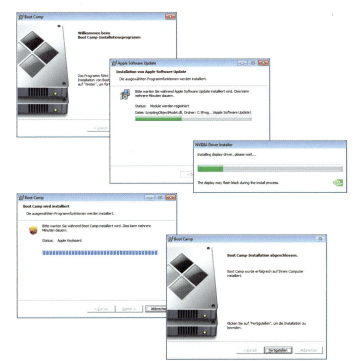

Die Treiber werden im Beispiel über die eingelegte Treiber-CD installiert.

Nach einem weiteren Neustart können Sie nun auch Tastatur, Trackpad, Bildschirmauflösung etc. ohne Probleme benutzen, auch wenn der ein oder andere Komfort (wie etwa die Tastatur-Beleuchtung) noch nicht funktioniert. Neben der *Boot Camp-Hilfe* (die sich wieder automatisch öffnet) können Sie auch auf den *Boot Camp-Manager* in der Taskleiste zurückgreifen, über den sich auch die *Boot Camp-Systemsteuerung* starten lässt.

Über die »Boot Camp-Systemsteuerung« legen Sie wieder das Startvolume (Mac oder Win) fest und können weitere Anpassungen (etwa für das Trackpad oder die Tastatur) vornehmen.

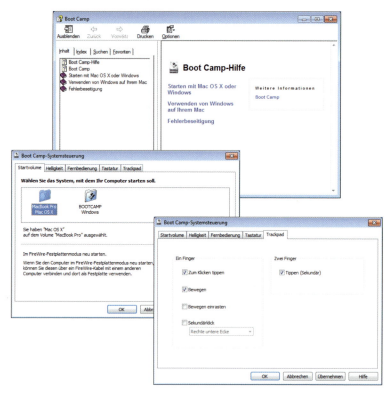

Wenn Sie sich noch nicht so richtig entscheiden können oder Sie einfach flexibel sein möchten, so können Sie sich ruhig für ein System festlegen. Wenn Sie nach dem Neustart des Mac-Rechners ganz flink die *Wahltaste* (⌥) gedrückt halten, so können Sie sich bereits vor dem Booten entscheiden, was Sie denn heute tun möchten.

Was hätten's denn gern? Mit der gedrückten Wahltaste gleich nach dem Neustart können Sie verschiedene OS-Welten erobern.

5 | Die Dienstprogramme

Festplatten-Dienstprogramm zum Überprüfen, Reparieren und mehr …

Erste Hilfe – der Festplatten-Doktor

Mit dieser Anwendung sind Sie vielleicht schon beim Installieren des Betriebssystems in Berührung gekommen, etwa weil Sie die Festplatte überprüfen oder diese partitionieren wollten. Die Funktionalität ist selbstverständlich immer noch vorhanden, sodass Sie bei etwaigen Problemen (Systemabstürze, sehr langsame Zugriffsgeschwindigkeit) dieses Programm im Hinterkopf halten sollten. In erster Linie dient es wirklich als »Erste Hilfe«, wobei Sie beachten sollten, dass Sie Ihr *Startvolume*, also jenen Teil der Festplatte, auf der sich das Betriebssystem befindet, auf konventionelle Weise nur überprüfen, jedoch nicht reparieren können. Jede andere Partition oder (externe) Festplatte lässt sich dagegen kontrollieren, indem Sie links in der Leiste das entsprechende *Volume* anklicken, den Reiter *Erste Hilfe* wählen und dann den Button *Volume überprüfen* drücken.

Unser Volume »Macintosh HD« wird vom Festplatten-Dienstprogramm beste Gesundheit bescheinigt.

Im Grunde macht es eigentlich keinen Unterschied, ob Sie zuerst *Volume überprüfen* und dann *Volume reparieren* klicken oder gleich letzteren Button wählen – denn ist nichts kaputt, gibt es auch nichts zu reparieren, und ist ein Fehler vorhanden, wird er sogleich beseitigt. Sie sparen sich aber dadurch ein paar Sekunden wertvolle Zeit.

471

Im Falle einer reibungslosen Überprüfung ohne Einspruch wird dies unmissverständlich mitgeteilt: *Das Volume ist anscheinend in Ordnung* (wobei »anscheinend« nicht unbedingt siegessicher klingt).

Schreibgeschützte Volumes bzw. Medien wie CD-R/CD-RW/ DVD-R/DVD+R/DVD-RW/DVD+RW lassen sich nicht überprüfen geschweige denn reparieren.

Das *Festplatten-Dienstprogramm* unterscheidet zwischen der eigentlichen Festplatte sowie den darauf befindlichen und eingerichteten Volumes. Wird die Festplatte markiert und daraufhin auf *Volume überprüfen* geklickt, so wird nur die *Partitionstabelle* gecheckt. Letztere nennt sich bei Mac-formatierten Medien *GUID-Partitionstabelle* und zeigt genau die Bereiche an, die auf einer Festplatte genutzt werden können. Markieren Sie hingegen ein *Volume*, so werden die darauf kopierten Daten auf ihre korrekte Abspeicherung, die Kataloghierarchie sowie viele weitere Faktoren überprüft.

Das *Startvolume* wiederum erfordert eine andere Taktik. Es lässt sich zwar überprüfen, nicht aber reparieren. Da ein Volume zum Reparieren kurzfristig deaktiviert wird, ist das bei laufendem Betriebssystem nicht möglich. Die Folge: Sie müssen von einem anderen Volume (das natürlich ebenso ein Betriebssystem aufweisen muss) aus starten. Nachdem Apple ab der Version *OS X Lion* die Installations-DVD gestrichen hat, bietet sich stattdessen die *Recovery HD* bzw. *Wiederherstellungs-HD* an. Jener separate Bereich (Partition) wird automatisch bei der Installation von *OS X Mountain Lion* auf der Festplatte angelegt und beinhaltet diverse Möglichkeiten zur System-Rettung – darunter auch das *Festplatten-Dienstprogramm*.

Um an diese *Dienstprogramme* zu gelangen, führen Sie einen Neustart des Rechners durch und drücken gleich nach dem Startgong die Tasten *Befehlstaste-R* (⌘-R). Der Mac konzentriert sich nun ausschließlich auf die *Wiederherstellungs-Partition* und zeigt nach einigen Sekunden den Dialog *OS X Dienstprogramme*. Wählen Sie darüber die Anwendung *Festplatten-Dienstprogramm*, so werden alle vorhandenen Festplatten aufgeführt, nur dass Sie dieses Mal auch Ihr *Startvolume* zum Reparieren auswählen können. Klicken Sie daher auf *Volume reparieren* und warten Sie gespannt auf das Ergebnis. Ist alles zu Ihrer Zufriedenheit verlaufen, wählen Sie den Menüpunkt *Festplatten-Dienstprogramm* und dann *Festplatten-Dienstprogramm beenden*, danach *OS X Dienstprogramme | OS X*

Dienstprogramme beenden (⌘-Q). Im auftauchenden Dialog wählen Sie dann *Neustart* bzw. legen das von Ihnen gewünschte Startvolume fest.

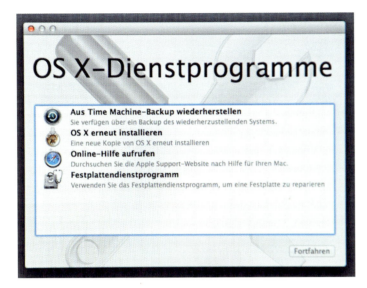

Der Dialog »OS X Dienstprogramme« lässt sich auch separat vom Startvolume über Befehlstaste-R (⌘-R) starten.

Als Alternative zur Tastenkombination *Befehlstaste-R* können Sie Ihren Rechner auch mit gedrückter *Optionstaste* (⌥) starten. Hierbei zeigen sich alle am Mac verfügbaren Volumes und Sie können ebenso die *Recovery HD/Wiederherst-10.8* zum Starten bewegen. Diese Vorgehensweise klappt jedoch nicht, wenn Sie Ihre Festplatte mit *FileVault* verschlüsselt haben. In diesem Fall ist es zwingend notwendig, über *Befehlstaste-R* zu booten.

Zurück zum *Festplatten-Dienstprogramm* im normalen Alltag: Unterhalb des Protokolls finden Sie weitere Informationen zu Ihrer Festplatte, unter anderem die genaue Modell-Beschreibung, Verbindungstyp und Kapazität. Interessant ist hierbei noch der *S.M.A.R.T.-Status* (S.M.A.R.T ist die Abkürzung für *Self-Monitoring Analysis and Reporting Technology*), der bei neueren Festplatten Verwendung findet. Hierbei wird die Festplatte fortwährend auch intern überprüft und Alarm geschlagen, wenn etwas nicht stimmt. Der Status *Überprüft* zeigt dabei an, dass die Festplatte keinerlei Fehler aufweist. Heißt es jedoch bedrohlich in roter Schrift *Ausfall*, sollten Sie schleunigst Ihre Daten in Sicherheit bringen und das baldige Auswechseln der Platte angehen. Noch mehr Informationen erhalten Sie über den *Info*-Button (ⓘ) in der Symbolleiste oder über das Dienstprogramm *Systeminformationen*, das weiter unten beschrieben wird.

Das wird teuer: Pünktlich zum Thema »S.M.A.R.T.-Status« gibt doch tatsächlich einer unserer iMacs den baldigen Abschied der Festplatte bekannt. Jetzt heißt es schnell handeln und die darauf befindlichen Daten in Sicherheit bringen.

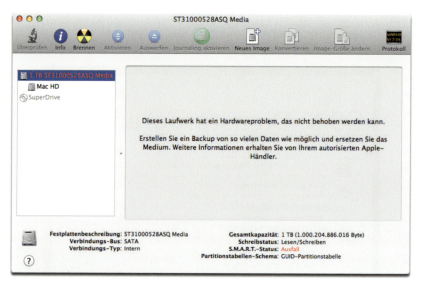

Informationen satt gibt's kostenlos über die Symbolleiste: mit Klick auf den Button »Info«. Links die Infos über die eigentliche Festplatte, rechts über das darauf installierte Volume.

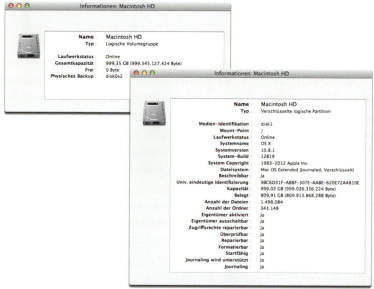

Neben der Festplatte lassen sich mit *Erste Hilfe* auch die *Zugriffsrechte überprüfen* und *reparieren* – was Sie in Betracht ziehen sollten, wenn sich Daten auf einmal nicht mehr öffnen bzw. Programme nicht mehr starten lassen oder wenn Ihr Rechner langsamer und langsamer wird. Diese Anwendung funktioniert wiederum nur auf einem *Startvolume*, da sich darauf das System *OS X* befindet und dieses die Rechte zuteilt. Ab und an sind diese beschädigt, was jedoch kein Beinbruch ist, besitzen Sie doch *Erste Hilfe*. Mit Klick auf *Zugriffsrechte des Volume reparieren* werden diese nun überprüft und neu zugeordnet.

Vor einem Update oder der Installation weiterer Software sollten Sie sicherheitshalber sowohl die Festplatte als auch die Zugriffsrechte überprüfen bzw. reparieren lassen. Nach der Installation übernimmt meist das Installationsprogramm eine weitere Überprüfung der Zugriffsrechte, wenn es denn heißt: *System optimieren*. Unser Tipp heißt dennoch: Auch nach einer Installation sollten Sie nochmals die Zugriffsrechte überprüfen lassen, da manche Programme nach der Installation diese Rechte beschädigen. Mit anderen Worten: Doppelt gemoppelt ist hier unser Motto, und schließlich wollen wir doch alle nur einen reibungslos funktionierenden Mac.

Gekonnt löschen – aber bitte mit Vorsicht

Unser zweiter Reiter im *Festplatten-Dienstprogramm* nennt sich *Löschen* und ist nicht ganz ohne, sodass Sie hier vorsichtig ans Werk gehen sollten. Denn Löschen ist nicht gleich Löschen, wie Sie gleich sehen werden.

Das *Festplatten-Dienstprogramm* unterscheidet hierbei zwischen dem Löschen einer Festplatte/Partition und dem *freien Speicher*. Letzterer ist jener Platz, der frei zum Abspeichern für weitere Daten oder Programme zur Verfügung steht.

> Der Hintergrund: Daten, die Sie über den Papierkorb entsorgen, sind eigentlich nicht wirklich weg. Indem der Schreib-/Lesekopf die Informationen auf Spuren und Sektoren verteilt und diese über Magnetisierungen erfassen kann, werden gelöschte Daten kurzerhand als wieder bespielbar gekennzeichnet. Profis können über Spezial-Software diese Daten wiederherstellen und somit nachprüfen, was da so alles herumliegt. Die einzige Möglichkeit, Daten wirklich unkenntlich zu machen, ist das Überschreiben der Festplatte mit neuen Daten.

Das *Startvolume* (oder im Falle nur einer einzigen Partition die gesamte Festplatte) macht mal wieder eine kleine Ausnahme, denn dieses können Sie nicht löschen. Stattdessen steht Ihnen nur die Tür zum Löschen von *freiem Speicher* zur Verfügung, also dem wirklichen Entfernen aller vormals vorhandenen Informationen durch Überschreiben mit neuen Daten. Klicken Sie auf *Freien Speicher löschen*, werden die vorhandenen Optionen eingeblendet. Im Angebot finden Sie das *Gelöschte Daten mit Nullen überschreiben* (Option: *Am schnellsten*), ein Prozedere mit 3 Löschdurchgängen (mittlere Stellung des Reglers) und eines mit 7

Durchgängen (Einstellung *Am sichersten*). Je öfter überschrieben wird, desto sicherer ist die ganze Angelegenheit – das Wiederherstellen von Daten ist somit fast unmöglich.

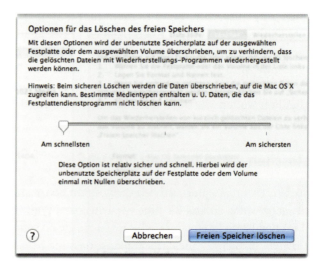

Die Optionen zum Löschen des freien Speichers. Selbst das Löschen ist eine Wissenschaft, die jedoch durchaus einen ernst zu nehmenden Grundgedanken hat: der Umgang mit sensiblen Daten.

Beachten Sie bitte, dass allein der einfache Löschvorgang je nach Größe der Festplatte ziemlich lange dauern kann. Wählen Sie die höchste Sicherheitsstufe mit 7 Durchgängen, so ist zwar kein 14-tägiger Urlaub drin, doch der Rechner ist über zig Stunden blockiert.

Wie beim *Startvolume* klappt das Ganze natürlich auch bei anderen Partitionen oder externen Festplatten. Letztere können jedoch auch vollständig gelöscht werden, also inklusive aller darauf befindlichen Daten. Legen Sie dazu das Volumeformat – üblicherweise *Mac OS Extended (Journaled)* – fest und vergeben Sie einen Namen. Klicken Sie dann auf jeden Fall auch auf den Button *Sicherheitsoptionen*, der wieder die verschiedenen Möglichkeiten zum sicheren Löschen einblendet. Und lassen Sie sich bitte nicht verwirren: Während die Schaltfläche *Freien Speicher löschen* wieder nur den freien Speicherplatz von etwaigen alten Spuren befreit, wird über die Taste *Löschen* kurzer Prozess gemacht und es werden alle Ihre Daten in dem Maße entfernt, dass Sie nicht mehr darauf zurückgreifen können. Wählen Sie diesen Schritt des Löschens somit nur, wenn Sie 500-prozentig davon überzeugt sind, dass Sie Ihren Daten-Bestand nicht mehr benötigen.

5 | Die Dienstprogramme

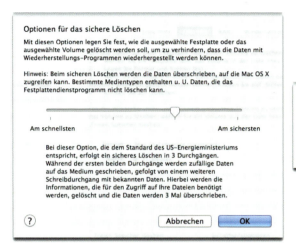

Hinzu kommen auch noch die vielen wiederbeschreibbaren Medien wie CD-RW oder DVD-RW/DVD+RW, die vor einem erneuten Brenn-Vorgang ebenso von ihrem Inhalt befreit werden müssen. Hier lässt sich die Option *Daten löschen: Schnell* anwählen, sodass die Medien nur für einen weiteren Brennvorgang vorbereitet werden, die bereits vorhandenen Daten aber nicht entfernt werden (ist hingegen *Vollständig* ausgewählt, werden die CDs/DVDs mit Nullen überschrieben).

Auch für das eigentliche Löschen lassen sich Sicherheitsoptionen zum Überschreiben des Speicherplatzes anwenden – die Daten sind nach dem Löschen für den Normal-Anwender nicht mehr wiederherstellbar.

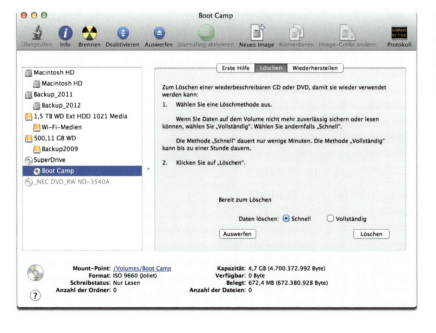

Eine wiederbeschreibbare CD-/DVD±RW muss vor einer erneuten Datenaufnahme erst gelöscht werden – und zwar über das »Festplatten-Dienstprogramm«.

Image-Dateien erstellen

Eine *Image-Datei* müssen Sie sich als eine Art exaktes Abbild einer Festplatte, einer Partition, eines Ordners oder einer Daten-CD/DVD vorstellen. Dieses *Image* lässt sich an eine andere Stelle kopieren oder weitergeben und kann dort wiederhergestellt werden, indem der Inhalt extrahiert/kopiert wird. Handelt es sich um sensible Daten, lässt sich so ein *Image* auch mit einem Passwort belegen, damit die Daten keinem Bösewicht in die Hände fallen. Wie das nun genau geht, möchten wir anhand von Beispielen zeigen.

Viele Updates, die über das Internet zum Download bereitstehen, werden als I*mages* angeboten (erkennbar an der Endung *.dmg*). Über einen Doppelklick oder automatisiert nach dem Herunterladen entpacken sich diese *Images* und stellen den Inhalt zum Kopieren oder Installieren zur Verfügung.

Leeres Image ...

Über *Ablage | Neu | Leeres Image* (⌘-⌥-N) oder über den Button *Neues Image* der Symbolleiste erstellen Sie ein *Image* beispielsweise für ein Backup. Sie vergeben einen Namen und bestimmen unten bei den ausklappbaren Popup-Menüs Ihre Optionen sowie den Speicher-Ort. Die *Volumegröße* sollte klar sein, wobei Sie hier zwischen selbst zu bestimmenden (*Eigene ...*) oder festen Größen (etwa 4,6 GB für DVD-R) wählen können. Das *Volumeformat* sollten Sie dann ändern, wenn Sie beispielsweise das Image für die Windows-Welt aufbereiten möchten (Format: MS-DOS-Dateisystem FAT). Soll nicht jeder an Ihre Daten kommen, so benutzen Sie die *128-Bit-AES-Verschlüsselung/256-Bit-AES-Verschlüsselung*, bei der Sie ein Passwort vergeben, das abgefragt wird, möchte jemand das Image verändern oder aktivieren. Möchten Sie ein Image beispielsweise mit einem System zum Booten belegen, so lässt sich weiterhin die entsprechende Partitionstabelle (*GUID-Partitionstabelle, Master Boot Record-Partitionstabelle* etc.) bestimmen. Als Standard-Image-Format läuft die Option *Beschreibbares Image* (erhält die Endung *.dmg*), das genau jene Größe beibehält und beispielsweise den Umfang brennt, den Sie zuvor ausgewählt haben. Über *Mitwachsendes Image* (Endung *.sparseimage*) wird nur jener Teil gebrannt, der sich auch wirklich auf dem *Image* befindet, auch wenn die vormals bestimmte Größe davon abweicht. Klicken Sie dann auf *Erstellen*, um Ihre Vorgaben abzuspeichern.

5 | Die Dienstprogramme

Der Dialog zum Anlegen eines neuen Images.

Zahlreiche Möglichkeiten werden beim Image-Erstellen angeboten – etwa die flexible Imagegröße, Partitionen sowie das Image-Format.

Die Kennwortvergabe bei Wahl der Verschlüsselung 128-Bit-AES.

Das *Image* erscheint an Ihrem gewünschten Platz (und auch in der Seitenleiste von Finder-Fenstern sowie im *Festplatten-Dienstprogramm*) und kann nun nach und nach mit Daten gefüllt werden. Wenn Sie darauf klicken, sehen Sie auch, dass das Image sich wie ein Volume verhält und die vorgegebene Größe aufweist. Ist der Platz ausgereizt, ist Schluss – das Volume ist voll. Es sei denn, Sie haben ein mitwachsendes Image angelegt. Oder Sie werfen das *Image* kurzzeitig aus, indem Sie auf das *Auswerfen*-Symbol (⏏) in der Seitenleiste eines *Finder*-Fensters klicken oder dazu innerhalb des *Festplatten-Dienstprogrammes* das Kontext-Menü bemühen. Nun können Sie die Option *Image-Größe ändern (*in der Symbolleiste stehend oder über die Menüleiste *Images | Größe ändern)* bedienen. Zum Wiederaktivieren brauchen Sie nur das *Image-Icon* doppelt anzuklicken bzw. im *Festplatten-Dienstprogramm* zu markieren und das Symbol *Öffnen* in der Symbolleiste zu wählen.

Das Anpassen der Größe eines Image lässt sich schnell bewerkstelligen.

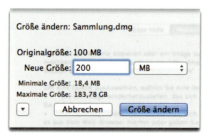

Möchten Sie nun ein *Image* brennen, so markieren Sie es im *Festplatten-Dienstprogramm* und verwenden das Icon *Brennen* (☢) in der Symbolleiste. Der Rechner fordert Sie dann auf, ein beschreibbares Medium einzulegen (CD/DVD). Bei den *Brenn-Optionen* legen Sie dann noch die Geschwindigkeit fest und bestimmen im Falle einer CD-RW oder DVD±RW, ob eventuelle, bereits vorhandene Daten vor dem erneuten Brennen gelöscht werden sollen. Sollten keine Optionen eingeblendet werden, so klicken Sie auf das kleine Dreieck (▾) rechts oben im Dialog.

Haben Sie nur ein kleines Image, so lässt sich über die Option *Hinzufügen weiterer Daten ermöglichen* definieren, dass weitere Sessions gebrannt werden können. Damit lassen sich auf eine normale CD-R mehrere *Images* brennen, indem Sie diese CD-R beim nächsten Brenn-Vorgang wieder einlegen. Nach dem Rösten Ihrer Silberscheibe können Sie noch bestimmen, was damit passieren soll: *Gebrannte Daten überprüfen* (empfehlenswert), *Medium auswerfen* oder *Auf Schreibtisch aktivieren*. Das war's auch schon und der Button *Brennen* wartet darauf, endlich gedrückt zu werden.

5 | Die Dienstprogramme

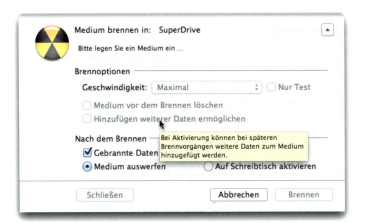

Der Brennen-Dialog: Achten Sie auch auf die Quick-Infos, die bei längerem Verharren des Mauszeigers über einer Option erscheinen und weitere Erklärungen abgeben. Das funktioniert auch bei anderen Programmen und Dialog-Feldern.

Legen Sie später Ihre CD oder DVD wieder ins Laufwerk, erscheint sie automatisch in der Seitenleiste eines Ordners. Ist dem nicht so, so gehen Sie wieder in das *Festplatten-Dienstprogramm*, markieren das entsprechende *Image* und klicken dann auf den Button *Aktivieren* in der Symbolleiste. Das Image wird nun eingelesen und erscheint in der Seitenleiste.

Sie können einem einmal angelegten *Image* auch nachträglich andere Optionen zuweisen (siehe den Button *Konvertieren* in der Symbolleiste bzw. über *Images | Konvertieren*), wobei Sie bei *Sichern unter* dann einen anderen Namen vergeben sollten, da ansonsten das bestehende Image ersetzt wird und so alle darauf befindlichen Daten gelöscht werden. Zur Wahl stehen die Image-Formate *Nur lesen*, *Komprimiert*, *Lesen/Schreiben* und *DVD/CD-Master*. Die Alternative zum Ändern des Volume-Formates geschieht über den Reiter *Löschen*, indem Sie bei *Format* die gewünschte Eintragung vornehmen. Auch dabei wird der gesamte Inhalt gelöscht, sodass Sie gut aufpassen sollten, damit Ihnen kein Daten-Verlust blüht.

Das Löschen bzw. Entfernen von Images von der Festplatte ist simpel: Ziehen Sie das Image einfach in den Papierkorb und entleeren Sie ihn – der Speicher-Platz ist wieder frei.

Image von Ordner …

Das Prozedere ist auch beim Erstellen eines *Images* von einem Ordner dasselbe: Wählen Sie *Ablage | Neu | Image von Ordner* (⌘-⇧-N) und weisen Sie diesen dann zu. Bei *Image-Format* wählen Sie Ihre Wunsch-Einstellung und bei *Verschlüsselung*, ob eine solche eingebaut werden soll. Sichern Sie dann Ihre Einstellungen. Der Inhalt des Ordners wird sozusagen eins zu eins kopiert und als *Image* angelegt. Dieses lässt sich nun ebenfalls brennen oder auch weitergeben. Zum Versenden per E-Mail sollten Sie das Image-Format *Komprimiert* wählen, da somit die Datei klein gehalten wird. Der Empfänger braucht das Image dann nur doppelzuklicken oder über das *Festplatten-Dienstprogramm* zu aktivieren – danach kann er auf die Daten zugreifen.

Möchten Sie hingegen exakte Kopien von CDs oder DVDs erstellen, so brauchen Sie diese nur einzulegen und dann im *Festplatten-Dienstprogramm* auszuwählen. Klicken Sie dann in der Symbolleiste auf *Neues Image* und wählen Sie als Image-Format *DVD/CD-Master* (das Ganze selbstverständlich ohne Verschlüsselung). Das war's. Das klappt natürlich auch nur mit DVDs, die keinen Kopierschutz aufweisen.

Legen Sie dazu die zu kopierende CD/DVD in Ihr Laufwerk und wählen Sie diese über *Ablage | Neu | Image von* (dann folgt der Name der CD/DVD) aus. Bestimmen Sie wieder Name, Speicherort, Image-Format und Verschlüsselung und sichern Sie Ihre Einstellungen. Der Inhalt wird nun auf die Festplatte übertragen und kann wieder als genaues Abbild gebrannt werden.

Das *Festplatten-Dienstprogramm* weist auch noch den Reiter *Raid* auf. Hierbei können Sie zwei oder mehrere Festplatten zusammenschließen bzw. Ihre Daten spiegeln. Da es sich hier um ein ausgeprägtes Profi-Feature (beispielsweise zur Videobearbeitung) handelt, möchten wir diese Funktion außen vorlassen.

Migrationsassistent – Daten transferieren

Der *Migrationsassistent* hilft Ihnen beim Übertragen von Informationen (Benutzer, Programme, Netzwerk- und Computer-Einstellungen, Dateien, Volumes) auf Ihren jetzigen Rechner bzw. auf einen anderen Mac. Um den Assistenten in Anspruch zu nehmen, müssen Sie sich aufgrund der sensiblen Daten (*Benutzer* etc.) als Administrator identifizieren. Zu Beginn heißt es sich jedoch zu entscheiden, ob Sie Daten empfangen (*Von einem Mac, PC, Time Machine-Backup oder anderem Volume*) bzw. Informationen übertragen (*Auf einen Mac*) möchten. Danach wird von Ihnen verlangt, dass keine anderen Programme geöffnet sein dürfen. Sie können nun selbstständig alle laufenden Programme beenden bzw. den *Migrationsassistenten* über *Fortfahren* dies erledigen lassen. Zum Schluss steht die Übertragungsmethode auf dem Programm: *Von einem Mac oder PC* bzw. *Von einem Time-Machine-Backup oder anderen Volume*.

Die Übertragung von einem *Time Machine*-Backup haben wir bereits im *Programme*-Kapitel geschildert, und auch im Kapitel über die *OS X Mountain Lion*-Installation war schon vom *Migrationsassistenten* die Rede.

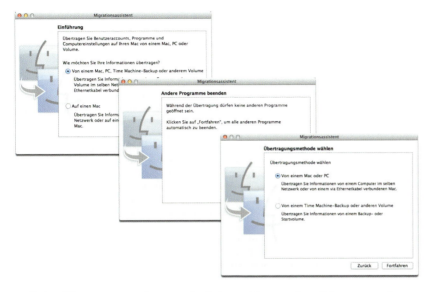

Die Übertragungsmethode will zuerst festgelegt werden.

Soll die Übertragung über ein drahtloses Netzwerk erfolgen, so müssen beide Rechner bei diesem Netzwerk angemeldet sein. Gleichzeitig muss bei beiden Rechnern der *Migrationsassistent* gestartet sein, wobei jener Rechner, von dem die Daten stammen, als Übertragungs-Einstellung *Auf einen Mac* aufweisen muss. Nun beginnen beide Kontakt aufzunehmen und im Falle des Findens wird ein Zahlen-Code eingeblendet, der auf den Geräten übereinstimmen muss. Ist das der Fall, so erscheinen die gewünschten Objekte und liegen bereit zum Transfer.

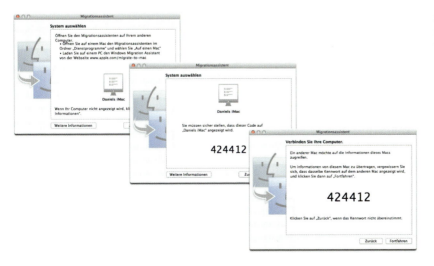

Stimmen die Voraussetzungen, so finden sich die beiden Geräte in wenigen Sekunden.

Auf Wunsch bzw. falls die zu übertragene Datenmenge die Kapazität des Zielrechners übersteigt, können Sie noch festlegen, welche Objekte transferiert werden sollen.

Bei einem verkabelten Netzwerk über Ethernet müssen ebenso beide Rechner gestartet und auf beiden muss der *Migrationsassistent* geöffnet sein. Die nachfolgenden Schritte stimmen mit der Drahtlos-Variante überein.

Auch ohne Netzwerk lassen sich Inhalte von einem Rechner auf den anderen bewegen. In diesem Fall müssen Sie die beiden Rechner über *FireWire* (400/400, 400/800 oder 800/800), verbinden, damit ein Kontakt zustande kommt. Starten Sie zuerst den *Migrationsassistenten* auf jenem Mac, der die Daten empfangen soll. Im *Migrationsassistenten* wählen Sie nun im ersten Dialog *Von einem anderen Mac, PC, Time Machine-Backup oder anderen Volumes* und klicken auf *Fortfahren*. Im nächsten Dialog markieren Sie dann die Option *Von einem Time Machine-Backup oder anderen Volume*. Danach starten Sie den anderen Mac und drücken bei der *FireWire*-Version nach dem Startgong die Taste »T« auf diesem Rechner, bis das *FireWire*-Symbol auf dem Bildschirm erscheint. Über den Button *Fortfahren* erscheint dann das Fenster mit den zu übertragenden Systemen. Dabei werden alle Volumes aufgeführt, die ein vollständiges System beinhalten.

Nach erfolgter Übertragung müssen Sie nur noch den anderen Mac ausschalten (bei einer *FireWire*-Verbindung) bzw. den *Migrationsassistenten* beenden – das war's dann aber auch schon.

Möchten Sie dagegen Daten von einem anderen Volume (von einer externen Festplatte oder einer Partition) übertragen, so passiert dies ja auf ein und demselben Rechner bzw. über eine FireWire verbundene Festplatte. Hier wählen Sie ebenso nur das zu übertragende System aus und folgen dann dem netten Assistenten.

Sofern Sie auch Programme übertragen möchten, so bringen Sie bitte vorher in Erfahrung, ob diese mit dem aktuellen System auch kompatibel sind. Das gilt selbstverständlich auch für Plugins von Drittherstellern, da auch diese oftmals mit einem neuen *OS X* nicht sofort kompatibel sind. Sofern Sie Software benutzen, die als Einzellizenz läuft und die über das Internet aktiviert werden muss, so sollten Sie ebenso die Finger davon lassen. Deaktivieren Sie diese Art von Programmen erst auf dem alten Rechner und installieren/aktivieren Sie sie dann neu auf dem aktuellen Gerät.

Bitte daran denken: Wenn Sie im Zuge der Erstinstallation den *Migrationsassistenten* zum Übertragen von Netzwerkeinstellungen, Benutzer-Account etc. verwenden, so erhalten Sie im Grunde eine vollständige Kopie Ihres alten Rechners übertragen und können sich somit viele Arbeitsschritte sparen. Haben Sie jedoch bereits Ihren Rechner konfiguriert und einen Benutzer-Account eingerichtet, so erhalten Sie über den *Migrationsassistenten* einen weiteren Account (den des alten Rechners) angelegt, der teilweise Ihre bisherigen Daten überschreibt (etwa den Gerätenamen im lokalen Netzwerk oder Ihre Umgebungen).

Die Übertragung von Daten von einem Windows PC auf den Mac verläuft im Großen und Ganzen genauso, nur dass Sie sich im Vorfeld die Software *Windows Migration Assistant* (*Windows Migrationsassistent*) besorgen und auf Ihrem PC installieren müssen. Da die von Apple angegebene Webseite www.apple.com/de/migrate-to-mac unauffindbar war, haben wir folgende Seite für den Download recherchiert: http://support.apple.com/kb/DL1557.

Die Vorgehensweise der einzelnen Schritte können Sie im Kapitel »Mountain Lion auf den Mac – die Schritt für Schritt-Anleitung zum fehlerfreien Betriebssystem« unter der Unterüberschrift »Informationen von einem Windows PC übertragen« nachlesen.

Schlüsselbundverwaltung – Passworte verwalten

Ebenso, wie an Ihrem Schlüsselbund in der Hosentasche alle Schlüssel für die wichtigen Zugänge (fürs Büro, für Zuhause, den Tresor hinter dem Landschaftsbild …) hängen, beaufsichtigt das Dienstprogramm *Schlüsselbundverwaltung* Ihre virtuellen Zugangsdaten in Form von *Kennwörtern* und *Zertifikaten*. Alle Passworte, die Sie innerhalb von OS X Mountain Lion für Programme, Internetzugänge, Images etc. vergeben, liegen hier gut verwahrt und können dennoch auf Wunsch eingesehen werden. Aber auch neue Kennwörter lassen sich eingeben, wenn Sie es denn wünschen.

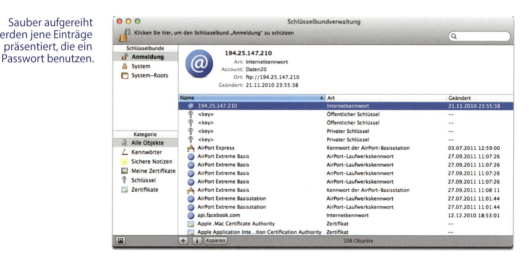

Sauber aufgereiht werden jene Einträge präsentiert, die ein Passwort benutzen.

Standardmäßig erhält jeder Benutzer seinen eigenen *Schlüsselbund*, der so lange geschützt ist, bis sich der jeweilige Anwender über die Anmeldung identifiziert. Das Eingeben des Passworts für den *Benutzer-Account* entsperrt also automatisch auch den *Schlüsselbund*, sodass dieser seinen Inhalt den jeweiligen Programmen zur Verfügung stellt. Möchten Sie dennoch auf Nummer sicher gehen, so lässt sich das Programm *Schlüsselbund* auch sperren, indem Sie nach Auswahl des jeweiligen Schlüsselbundes in der Symbolleiste auf das *Schloss*-Symbol (🔓) klicken. Wird dieses geschlossen, so werden Sie beim Zugriff auf ein Programm, das wiederum auf diesen *Schlüsselbund* zurückgreift, nach dem Kennwort gefragt (das Kennwort für den *Schlüsselbund* ist identisch mit dem des Benutzer-Accounts).

Die Sicherheitsbarriere funktioniert: Nach dem Schützen des Schlüsselbundes »Anmeldung« wird bei Zugriff auf das Programm »Mail« bzw. »Kontakte« das Kennwort für den Schlüsselbund angefordert.

5 | Die Dienstprogramme

Falls Ihnen Ihr Administrator-Kennwort zum Freischalten des Schlüsselbundes mittlerweile zu unsicher ist, weil schon der ein oder andere dieses kennt, so lässt sich auch dieses ändern. Gehen Sie dazu über die Menüleiste *Bearbeiten* und wählen Sie dort den Befehl *Kennwort für Schlüsselbund »Anmeldung« ändern*. Dort lässt sich nun ein neues Kennwort vergeben. Das Gleiche gilt im Übrigen auch für die anderen Schlüsselbunde wie *System* oder für bereits vorliegende *Zertifikate*.

Das Passwort für den Schlüsselbund »Anmeldung« ändern Sie über die Menüleiste »Bearbeiten«.

Neben dem fortwährenden Schützen des Schlüsselbundes lässt es sich auch einrichten, dass dieser beispielsweise nach einer gewissen Dauer der Inaktivität des Rechners oder nach einem Ruhezustand automatisch geschützt wird. Dies erledigen Sie über die Menüleiste *Bearbeiten* und dort unter dem Befehl *Einstellungen für Schlüsselbund »Soundso« ändern*.

Auch die Schlüsselbund-Einstellungen lassen sich flexibel handhaben.

Sofern Sie in der Fülle Ihrer Passwortvergaben einmal den Überblick verlieren oder gar eines vergessen sollten, so sollte Ihr erster Gang nicht zum Arzt, sondern zur *Schlüsselbundverwaltung* sein. Suchen Sie sich dort den entsprechenden Eintrag und doppelklicken Sie ihn, was letztlich dem Klick auf den kleinen *Info*-Button (ⓘ) unten entspricht. Im auftauchenden Fenster können Sie nun unter dem Reiter *Einstellungen*

487

das *Kennwort einblenden*. Mit Klick darauf müssen Sie sich zuerst als Administrator ausweisen und danach bestimmen, wie weiter verfahren werden soll: *Nicht erlauben* beendet die Anfrage und das Kennwort wird nicht freigegeben, *Erlauben* gestattet den Zugriff auf den *Schlüsselbund* dieses eine Mal (bei der nächsten Abfrage wird wieder nach dem Passwort gefragt), *Immer erlauben* erhält den Freibrief zum ständigen Zugriff auf den *Schlüsselbund* – und zwar ohne vorherige Identifizierung.

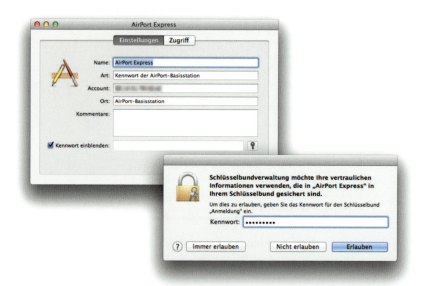

»Kennwort einblenden« in Aktion: Per Doppelklick auf einen Kategorie-Eintrag öffnet sich ein Dialog, der die Ansicht des Passwortes erlaubt – allerdings nur nach vorheriger Eingabe des Administrator-Kennworts.

Über den Reiter *Zugriff* wiederum legen Sie fest, wie sich der Zugriff auf das Kennwort gestalten soll bzw. welche Programme dafür berechtigt sind – je weniger dies sind, desto zuverlässiger wird Ihr Kennwort geschützt.

Welche Programme erhalten die Freigabe auf das Kennwort? Über »Zugriff« erteilen Sie eine Berechtigung oder schließen entsprechende Programme aus.

5 | Die Dienstprogramme

Haben Sie bei sich auf dem Schreibtisch oder der unverschlossenen Schublade noch ein paar wichtige Telefonnummern, PINs, TANs & Co. herumliegen, so bietet es sich an, auch diese in den virtuellen Safe zu legen. Das Dienstprogramm *Schlüsselbundverwaltung* stellt Ihnen hierbei die *Sicheren Notizen* zur Seite, in denen Sie wichtiges Schreibgut einerseits verstauen und andererseits hervorragend vor fremden Blicken schützen können. Über *Ablage | Neue sichere Notiz* (⌘-⇧-N) tragen Sie in ein Notizfeld einen Titel sowie die schützenswerten Nummern etc. ein. Über *Hinzufügen* werden diese nun in der Kategorie *Sichere Notizen* untergebracht. Möchten Sie später wieder darauf zurückgreifen, so brauchen Sie diese nur doppelzuklicken und die Option *Text einblenden* zu aktivieren – nach Eingabe des Schlüsselbund-Kennwortes und dem Bestätigen (*Einmal erlauben*) wird der Inhalt angezeigt.

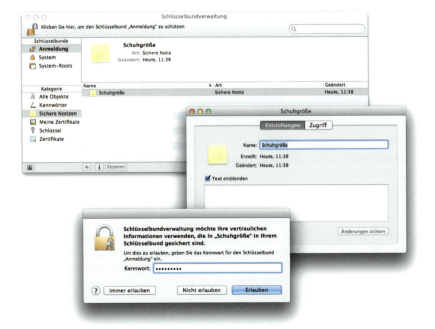

Sichere Notizen lassen sich schnell anlegen – nach Vergabe eines Namens sowie der eigentlichen Notiz.

Auf Nummer sicher: Wichtiges wird mit Passwort geschützt.

Sollten einmal Probleme im Zusammenhang mit dem Schlüsselbund auftauchen oder Sie möchten nach etwaigen Änderungen des *Schlüsselbund-Kennworts* darin beispielsweise das Passwort Ihres Benutzer-Accounts wieder dem Schlüsselbund zuweisen, so sollten Sie den Befehl *Schlüsselbund – Erste Hilfe* über den Menüleisten-Punkt *Schlüsselbundverwaltung* starten.

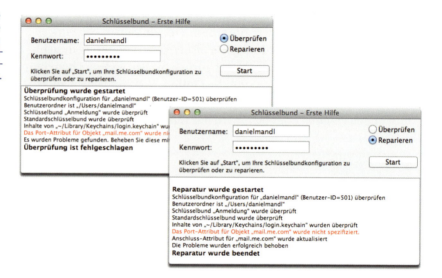

Bei Problemen erste Wahl: Nach Eingabe Ihres Kennworts lassen sich die Schlüsselbundkonfigurationen überprüfen und reparieren.

Über die *Einstellungen* (*Befehlstaste-Komma* oder *Schlüsselbundverwaltung | Einstellungen*) und dort die Rubrik *Erste Hilfe* lassen sich im Übrigen weitere Funktionen bestimmen. Und wenn Sie schon mal dort sind, ist der Besuch in der Rubrik *Allgemein* ebenso empfehlenswert. Über *Schlüsselbundstatus in der Menüleiste anzeigen* kommt wieder mal ein neues Symbol in der Menüleiste hinzu, über das Sie nun schnell auf wichtige Funktionen des Schlüsselbundes zurückgreifen können. Als besondere Empfehlung möchten wir hier die Option *Bildschirm schützen* erwähnen, die – müssen Sie kurzfristig Ihren Rechner mal im Stich lassen – den Bildschirmschoner anwirft und erst wieder einen Zugriff auf den Rechner freigibt, wenn das Benutzer-Passwort eingetragen wird.

Schnellzugriff dank Menüleiste auf Schlüsselbund & Co.

5 | Die Dienstprogramme

Die Systeminformationen – Hardware-Details und mehr

Wenn Sie schon immer mal wissen wollten, was so alles an Hard- wie Software in Ihrem Mac steckt, sollten Sie auf die *Systeminformationen* zurückgreifen. Anfangs öffnet sich der Dialog *Über diesen Mac*, der schon einmal im Groben aufzeigt, welche Hardware vor Ihnen steht. Dort finden Sie unter anderem die Kategorien *Übersicht*, *Monitore*, *Festplatten* und *Speicher*. Während *Übersicht* und *Monitore* bloß einen recht oberflächlichen Einblick gewähren, listet die Rubrik *Festplatten* fein säuberlich auf, welche Daten welchen Platz auf der Platte einnehmen. Diese Informationen werden jedoch nur angezeigt, wenn die entsprechende Festplatte auch von *Spotlight* indiziert wurde.

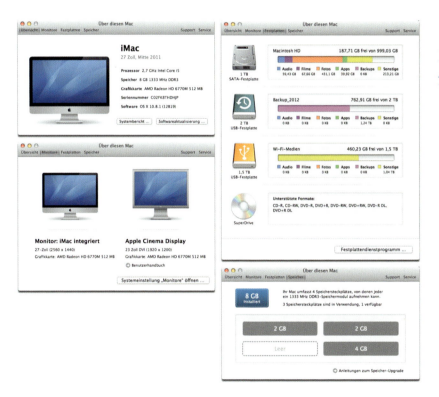

Die »Systeminformationen« bieten Ihnen einen ersten Blick zur verbauten Hardware sowie zur Auslastung Ihrer internen wie externen Festplatten.

Alle genannten Dialoge bieten zudem einen Mehrwert, indem diese Schaltflächen für weitere Optionen zur Verfügung stellen. So lässt sich über die *Übersicht* direkt in die *Softwareaktualisierung* umschalten, über *Monitore* die zugehörige Systemeinstellung öffnen bzw. bei externen Monitoren das Benutzerhandbuch laden, bei *Festplatten* das *Festplattendienstprogramm* starten oder über *Speicher* interessante Anleitungen zum Speicher-Upgrade aufrufen (über eine Verlinkung zum Internet).

Weiterhin finden Sie im Dialog *Über diesen Mac* unter *Support* die direkten Zugänge zu weiteren Macintosh-Ressourcen wie das Benutzerhandbuch, Spezifikationen oder die Hardwareunterstützung sowie über die Rubrik *Service* Informationen zu *AppleCare* (erweiterte Garantie) und den unmittelbaren Zugriff zu persönlichen Reparaturoptionen.

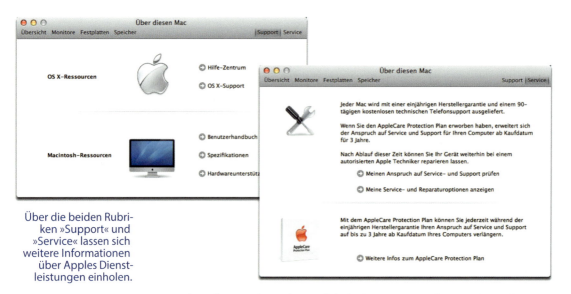

Über die beiden Rubriken »Support« und »Service« lassen sich weitere Informationen über Apples Dienstleistungen einholen.

Wem das alles noch nicht ausführlich genug erscheint, der sollte sich auf jeden Fall den *Systembericht einblenden* lassen (⌘-N). Dort werden über die Rubriken *Hardware*, *Software* und *Netzwerk* sämtliche verbauten Komponenten sowie Software-Bestandteile aufgelistet. Gerade bei Problemen oder wenn Sie Ihren Mac aufrüsten möchten, kann er Ihnen unterstützend zur Seite stehen. Aber auch bei Support-Anrufen fragen oftmals Mitarbeiter nach technischen Daten, die der Laie aus freien Stücken nicht aufsagen kann. Neben dem Start des *Systeminformationen* über den *Dienstprogramme*-Ordner können Sie auch über das *Apple*-Menü den Befehl *Über diesen Mac* anwählen. Im auftauchenden Fenster lassen sich nun – neben der Erkenntnis über die aktuelle Betriebssystem-Version – über den Button *Weitere Informationen* die *Systeminformationen* anwerfen.

Klicken Sie mit gedrückter *Wahltaste* (⌥) auf das Apfel-Symbol des Apple-Menüs, so erscheinen statt des Eintrags *Über diesen Mac* sofort die *Systeminformationen*.

5 | Die Dienstprogramme

Die »Systeminformationen« trumpfen mit umfangreichen Hintergrund-Daten auf.

Zu allen Hardware-Komponenten finden Sie übersichtlich angeordnet Modell, Hersteller, Seriennummer, Firmware-Version und vieles mehr, sodass sich einzelne Gerätschaften sicher identifizieren lassen und Fachleute daran ablesen können, ob die Gefahr eventueller Inkompatibilitäten mit neu hinzuerworbener Hardware besteht. Aber auch für den Selbstbau ist ein Kontrollblick dort unablässig, sehen Sie doch sofort, ob die Systemvoraussetzungen erfüllt werden oder – im Nachhinein – ob die neu eingebaute Hardware auch erkannt wird. Die *Systeminformationen* wissen auch, welche Geräte an *USB*-, *FireWire*- oder *Thunderbolt*-Schnittstelle hängen oder welcher Arbeitsspeicher-Steckplatz noch frei ist.

Das Gleiche gilt auch für die Rubrik *Netzwerk*. Dort werden alle Komponenten aufgeführt, die zum Übertragen von Daten – wie zum Beispiel *AirPort-Karte* oder *Modem* – geeignet sind. Aber auch die zum Ändern von Netzwerkeinstellungen vorteilhaften Umgebungen oder Volumes sind dort aufgeführt.

Fragen zur installierten Software beantworten Sie am besten über den Punkt *Software*, der unterteilt in *Erweiterungen*, *Programme*, *Protokolldateien* und vielem mehr akribisch alle vorhandenen Bestandteile und Einstellungen auflistet. Auch dort können Sie auf einen Blick erkennen, etwa welche Programm-Version sich auf Ihrem Rechner befindet oder wann diese zuletzt verändert wurde.

Wenn Sie bei einem Händler Fragen stellen möchten oder den Apple-Support in Anspruch nehmen müssen, so sollten Sie stets die *Systeminformationen* im Hinterkopf behalten bzw. diese vielleicht sogar geöffnet haben, um schnell die angeforderten Informationen abrufen zu können. Auch haben Sie die Möglichkeit, Ihr aktuelles Hardware- oder Software-Profil über *Ablage | Sichern*. Darin werden mit Datum und Uhrzeit alle derzeit verfügbaren Daten gesichert und können von einer Support-Stelle auf Ungereimtheiten durchforstet werden. Noch einfacher klappt das über *Ablage | An Apple senden*, sodass das Rechner-Profil vollständig automatisiert an Apple gesendet wird. Letzteres sollten Sie aber nur auf Anforderung hin unternehmen.

So, die Dienstprogramme wären geschafft. Als nächstes großes Thema stehen Internet-Zugang, World Wide Web, E-Mail und Nachrichten auf dem Programm – also alles Dinge, die zum weltweiten Kommunizieren taugen. Und eines können wir Ihnen versprechen: Wenn Sie erst einmal Routine in Ihre Arbeitsweisen bekommen und sich wie ein alter Fuchs durch den Internet-Dschungel bewegen, dann werden Sie nicht mehr davon lassen können. Denn: Es war noch nie so leicht (und noch dazu meist gratis) an Wissen zu gelangen, so schnell und einfach Daten auszutauschen oder mit Menschen in aller Herren Länder in Kontakt zu treten.

Online mit dem Mac – iCloud, E-Mails, Internet und mehr …

Das Internet verändert die Welt: Die Kommunikation verläuft zu großen Teilen auf digitalem Wege, der Umgang mit Daten erfolgt über Online-Speicher und selbst das Denken wird sich im Laufe der Jahrzehnte umstellen. Immer mehr Informationen werden in virtuelle Datenspeicher ausgelagert, sodass man sich vieles einfach nicht mehr merkt, sondern eben *Google* anwirft. Ob das nun der große Wurf für die Menschheit ist?

Solch bedeutende Fragen können wir selbstverständlich nicht beantworten, doch möchten wir behaupten, dass Apple seinem Betriebssystem *OS X Mountain Lion* alles Wichtige mitgegeben hat, was Sie für die digitale Welt dort draußen benötigen. Im Grunde können Sie in wenigen Minuten loslegen – vorausgesetzt, Sie haben sich bereits um einen Provider gekümmert, der Ihnen die Zugangs-Daten übermittelt – natürlich per Post. Ist dieser Punkt geklärt, so steht einem Besuch im World Wide Web oder einer ersten E-Mail an die Lieben nichts mehr im Wege …

Internet-Zugang konfigurieren

Sobald alles korrekt verkabelt ist (DSL-Modem, Splitter, Ethernet-Kabel etc.) führt Sie der erste Gang üblicherweise zur Systemeinstellung *Netzwerk*, da Sie dort die Konfigurationen zum Online-Zugang anlegen. Rufen Sie diese auf und wählen Sie *Netzwerk* (zu finden in der Rubrik *Internet & Drahtlose Kommunikation*), so finden Sie dort ein Popup-Menü bei *Umgebung*, das die Einstellung *Automatisch* trägt.

Umgebungen sollen Ihnen bei häufig wechselnden Einsätzen Ihres Rechners das ständige Konfigurieren ersparen, indem Sie diesen schnell an die jeweiligen Situationen anpassen können. Surfen Sie beispielsweise zu Hause über ein Modem, in der Arbeitsstätte mit mehreren Filialen aber über DSL, so brauchen Sie nur die Umgebung zu wechseln. Einzige Voraussetzung ist, dass Sie einmal alle Daten vollständig eingeben und Ihre Rechner-Umgebungen konfigurieren. Zum Anlegen neuer Umgebungen wählen Sie aus dem Popup-Menü den Befehl *Umgebungen bearbeiten* und klicken dann auf den *Plus*-Button (). Vergeben Sie gleich anschließend einen Namen wie »Arbeit«, »Vergnügen«, »Unterwegs« oder wie auch immer. Über *Fertig* bestätigen Sie dann Ihre Eintragungen.

Neue Umgebungen erhalten Sie per Klick auf den Plus-Button.

Nun können Sie beispielsweise für die Umgebung »Vergnügen« Ihren DSL-Zugang einrichten. Sind Sie am nächsten Tag an Ihrem Arbeitsplatz, so schalten Sie um auf »Arbeit« und konfigurieren dort sowohl Netzwerk- als auch Internet-Zugang. Wieder Zuhause geht's wieder auf »Vergnügen« und die dort festgelegten Einstellungen werden aktiv. Das Wechseln zwischen den einzelnen Umgebungen nehmen Sie dann im *Apple-Menü* (der Apfel ganz links oben) unter dem Punkt *Umgebungen* vor. Wählen Sie einfach den gewünschten Eintrag und der Rechner übernimmt die voreingestellten Daten. Wenn Sie hingegen Ihren Rechner nur Zuhause betreiben, so brauchen Sie keine Umgebung anzulegen. Das Gleiche gilt auch dann, wenn Sie grundsätzlich nur auf WLAN-Netze zurückgreifen, da sich Ihr Mac normalerweise die WLAN-Passworte und das zugehörige Netzwerk merkt und sich bei Ortswechsel automatisch in das korrekte Netz einloggt.

Schnell mal die Umgebung wechseln – dazu müssen Sie noch nicht einmal in ein Flugzeug einsteigen.

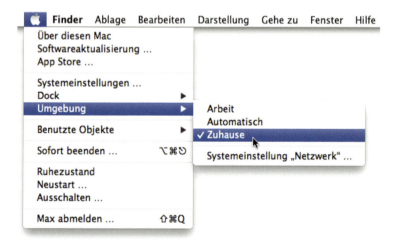

Je nach angeschlossenem Gerät bzw. aktivem Anschluss verteilt der Rechner die Prioritäten selbstständig – was gerade gebraucht wird, wandert automatisch in der linken Liste ganz nach oben.

DSL für Ungeduldige – Highspeed auf der Daten-Autobahn

Das Tolle an DSL ist natürlich die Geschwindigkeit, mit der sich große Daten wie beispielsweise Filme (aber auch der Aufbau der Webseiten als solches) herunterladen lassen – vorbei sind also die quälend langsamen Internet-Abende, in denen man beim Warten auf vollständige Seiten doch so manche Chipstüte (gut für die Figur) geleert hat.

Voraussetzung für das Funktionieren ist natürlich wieder die ordentliche Verkabelung der Hardware. Bei Bestellung eines DSL-Anschlusses erhalten Sie normalerweise die nötigen Komponenten sowie eine ausführliche Anleitung – bei zwei linken Daumen lassen Sie die Installation lieber einen Fachmann ausführen, da Ihnen sonst schnell die Lust an DSL vergeht. Bei schon bestehenden analogen Telefonen und Fax sollten Sie auch in Erwägung ziehen, sich einen *Router* zu besorgen. Diese Geräte gibt es in verschiedenen Ausführungen und Konfigurationen, so zum Beispiel als ISDN-Router, um die analogen Telefone weiterzuverwenden, als DSL-Router, um mehrere Computer an einem DSL-Zugang unterhalten zu können, oder kombinierte Router, die beides verbinden und die es auch als Wireless-Geräte (schnurlos) gibt.

> Die meisten Geräte werden heutzutage über den Internet-Browser konfiguriert. Dabei startet die Benutzer-Oberfläche des entsprechenden Routers und Sie tragen nur die wenigen Daten ein, die Ihnen Ihr Provider ausgehändigt hat. Mehr dazu finden Sie weiter unten …

Beim Einrichten von DSL gehen Sie über die *Systemeinstellungen* in die dortige Rubrik *Netzwerk*. Steckt das richtige Kabel im Mac und ist das DSL-Modem richtig angeschlossen, so sollte in der linken Spalte der Eintrag *Ethernet* ganz oben in der Liste stehen. Bei *IPv4 konfigurieren* sollte weiterhin *DHCP* ausgewählt sein. *DHCP* steht für *Dynamic Host Configuration Protocol* und ermöglicht so eine automatische Vergabe sogenannter IP-Adressen. Letztere benötigt Ihr Rechner, damit er im Internet erkannt wird und somit die angesteuerten Webseiten korrekt erhält.

> *IP* steht für *Internet Protocol* und ist eine durch einen Punkt getrennte Zahlenfolge aus vier Ziffern zwischen 0 und 255. Anhand der Zuordnung dieser Nummer (beispielsweise 84.141.168.94) wird Ihr Rechner identifiziert, sodass Daten-Pakete durch etwaige Anfragen auch wieder den Weg zurückfinden.

Hat der Rechner seine Adresse, so wird dies in der Systemeinstellung *Netzwerk* angezeigt – der Eintrag *Ethernet* steht nun in der Liste ganz oben und führt den Status *Verbunden* (samt grünem Punkt). Der nächste Schritt besteht nun im Eintragen der Provider-Daten.

Der Rechner hat seine IP-Nummer und der Status lautet »Verbunden«.

Aus dem Konfigurations-Menü wählen Sie nun den Befehl *PPPoE-Dienst erstellen* und vergeben anschließend einen *Dienstnamen* (dies kann zum Beispiel der Name Ihres Providers sein). In der Dienste-Liste taucht nun dieser als eigenständiger Eintrag mit dem Status *Nicht konfiguriert* auf. Nun müssen die leeren Felder bei *Accountname* und *Kennwort* ausgefüllt werden – die Daten hierzu sollten Sie von Ihrem Provider mitgeteilt bekommen haben. Aktivieren Sie zudem die Option *Dieses Kennwort merken*, so wird es im Dienstprogramm *Schlüsselbundverwaltung* untergebracht und muss nicht jedes Mal eingegeben werden.

Das Feld *PPPoE-Dienstname* ist optional und muss nichts enthalten. Die Option *PPPoE-Status in der Menüleiste anzeigen* sollten Sie hingegen anschalten, denn so erscheint das entsprechende Symbol (⟷) in der Menüleiste, sodass Sie von dort aus die Online-Verbindung starten können.

So sollten in etwa die Felder ausgefüllt sein.

Über die *Weiteren Optionen* finden Sie wieder zusätzliche Möglichkeiten zum Anpassen, die jedoch vorerst zu vernachlässigen sind. Einzig der Reiter *PPP* enthält hier interessante Details wie Einstellungen zur automatischen Verbindung (*Bei Bedarf automatisch verbinden*) sowie zum Erinnern nach festgelegter Online-Zeit (*Alle xx Minuten nachfragen, um die Verbindung aufrecht zu halten*). Im Reiter *TCP/IP* sollten die Einstellungen *PPP* und *Automatisch* stehen.

Und nun – ganz wichtig – müssen Sie auf *Anwenden* drücken, denn ansonsten geht gar nichts und der Knopf *Verbinden* bleibt inaktiv. Klicken Sie nun darauf, so sollte die Verbindung anlaufen.

Sollte Ihr Gerät nicht in der Lage sein, automatisch IP-Adressen zuzuweisen, so sollten Sie zu Beginn – also noch beim Einrichten von Ethernet – bei *Ipv4 konfigurieren* die Einstellung *Manuell* wählen. Tragen Sie dort Ihre feste IP-Adresse ein und folgen Sie dann den oben genannten Schritten.

> Bei der Vorstellung von Konfigurationen gehen wir von den Standard-Einstellungen aus, die üblicherweise von den großen Providern verlangt werden. Bei speziellen Konfigurationen wie der manuellen Vergabe von IP-Adressen wenden Sie sich bitte an Ihren Provider, der Ihnen beim Einrichten der Internet-Verbindung sicher gerne Unterstützung bietet.

Drahtlos per WLAN ins Netz der Netze

Auch das ist möglich – das Surfen im Wohnzimmer, während der Rest der Computer-Anlage im Keller steht. Das gilt natürlich insbesondere für die mobilen Apple-Rechner, doch auch ein iMac schaut einfach schicker aus, wenn nicht zig Kabel hinten heraushängen. Als Voraussetzung brauchen Sie neben dem Provider eine *AirPort-Extreme-* oder *AirPort Express-Basisstation* sowie eine im Mac verbaute *AirPort-* oder *AirPort-Extreme-Karte*. Bei den aktuellen mobilen Macs sowie dem iMac ist diese bereits integriert, bei den Mac Pro-Modellen muss sie eventuell hinzugefügt werden. Sind diese Hardware-Voraussetzungen gegeben, lässt sich relativ schnell eine Online-Verbindung aufbauen.

> **Selbstverständlich lassen sich auch die diversen *Speedport*-Geräte der Telekom oder eine *Fritz!Box* zum drahtlosen Surfen verwenden. Wie das geht, zeigen wir gleich im Anschluss.**

Neben dem drahtlosen E-Mailen und Surfen im Internet können Sie somit auch ein Netzwerk aufbauen, in dem sich ohne Verkabelung andere Computer ansprechen und Daten übertragen lassen. Oder Sie schließen einen USB-Drucker oder eine externe USB-Festplatte an, auf die Sie dann ohne große Umschweife zugreifen oder drucken können.

Die »AirPort-Extreme-Basisstation« bietet neben dem komfortablen drahtlosen Surfen im WWW auch den Anschluss weiterer Geräte wie Drucker oder anderer Macs/PCs. (Bilder: © Apple)

AirPort-Express-Basisstation – der Clou hierbei ist auch das schnurlose Musikhören über angeschlossene Lautsprecher. (Bild: © Apple)

Bevor Sie nun eine neue Umgebung anlegen, sollten Sie zuvor die Hardware richtig verkabeln. Dazu muss selbstverständlich die *AirPort-Extreme-/AirPort Express-Basisstation* an das Stromnetz sowie das Ethernet-Kabel samt Kabel- bzw. DSL-Modem in die richtige Buchse (trägt die Bezeichnung WAN ( ) – siehe auch Betriebsanleitung zum AirPort-Gerät). Gehen Sie dann in den Ordner *Dienstprogramme* (zu finden im Ordner *Programme*) und rufen Sie dort das *AirPort-Dienstprogramm* auf. Dieses führt Sie nun Schritt für Schritt zum gewünschten Ziel.

Tauchen keine Geräte in der *Airport-Geräteliste* auf, so vergewissern Sie sich bitte, ob denn auch über Ihren Mac *WLAN* aktiviert ist. Das erledigen Sie entweder über die Menüleiste oder über die Systemeinstellung *Netzwerk*, in der Sie über die Dienste-Liste auf *WLAN* und nachfolgend auf *WLAN aktivieren* klicken.

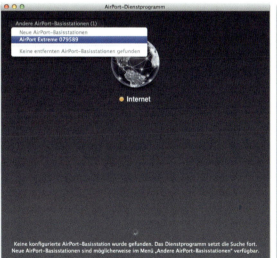
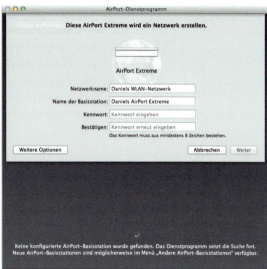

Zu Anfang vergeben Sie einen Namen sowohl für das künftige Netzwerk als auch für die *Basisstation* und legen ein Kennwort fest. Letzteres sollten Sie auf jeden Fall wahrnehmen, damit niemand unberechtigt und ohne größere Hürden auf Ihr WLAN-Netzwerk zurückgreifen kann. Über die *Weiteren Optionen* können Sie nun bestimmen, was die *AirPort Extrem Basisstation* letztlich leisten soll. In unserem Fall soll sie ein *neues Netzwerk erstellen*.

Oben: Das »AirPort-Dienstprogramm« hat eine Basisstation gefunden und bietet diese zur Konfiguration an.

501

Nach der Vergabe von Name und Kennwort bestimmen Sie über »Weitere Optionen« das vorrangige Ziel: »Neues Netzwerk erstellen«.

Über *Weiter* gelangen Sie wieder zum Eingangsdialog und können nun weitere Kennwörter vergeben: Neben dem Netzwerkkennwort lässt sich so auch ein Passwort für die *Basisstation* einrichten, damit nur Sie als Administrator etwaige Änderungen über das *AirPort-Dienstprogramm* vornehmen können. Möchten Sie zudem eine Festplatte an die Basisstation anschließen, um darauf mit allen im Netzwerk befindlichen Computern drahtlos darauf zugreifen zu können, so können Sie auch dafür ein Festplattenkennwort vergeben.

Das Vergeben der Passwörter dient der Sicherheit Ihres Netzwerks und sollte auf jeden Fall angegangen werden.

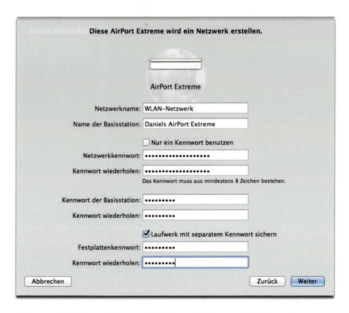

Klicken Sie auf *Weiter*, lässt sich im nächsten Dialog ein sogenanntes *Gästenetzwerk* aktivieren. Damit können Sie anderen Benutzern den Zugang zum Internet erlauben, ohne dass diese jedoch auf Ihr persönliches Netzwerk zugreifen können. Dieses *Gästenetzwerk* können Sie

6 | Online mit dem Mac

ebenso mit einem Passwort schützen (wozu wir dringend raten). Ist die *AirPort Extreme Basisstation* später vollständig konfiguriert, so lässt sich dieses *Gästenetzwerk* im Übrigen auch später noch weiter anpassen.

Auch beim Einrichten eines Gästenetzwerks sollten Sie auf jeden Fall Vorsicht walten lassen und ein Kennwort vergeben.

Über *Weiter* wird nun die *AirPort Extreme Basisstation* konfiguriert und das WLAN-Netzwerk angelegt. Möchten Sie später noch Anpassungen vornehmen, so klicken Sie auf das Symbol der Basisstation und im eingeblendeten Dialog auf *Bearbeiten*. Daraufhin haben Sie Zugriff auf Ihre bereits vergebenen Einstellungen, die sich darüber auch ändern lassen.

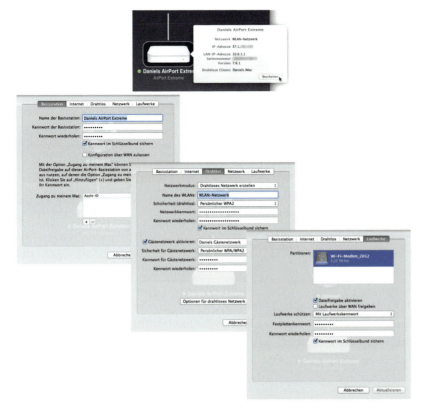

Über »Bearbeiten« gelangen Sie zu den mannigfachen Optionen Ihrer »AirPort Extreme Basisstation«. Müssen Sie noch die Zugangs-Daten für Ihren Provider eingeben, so erfolgt das über die Rubrik »Netzwerk«.

503

Gehen Sie nun noch einmal zur Systemeinstellung *Netzwerk*. In der Dienste-Liste ist nun *AirPort* ganz oben, der Status sollte *Verbunden* sein. Aktivieren Sie auf jeden Fall wieder die Option *WLAN-Status in der Menüleiste anzeigen*, da Sie über das erscheinende Symbol nun schnell und unkompliziert *WLAN aktivieren* oder *deaktivieren* bzw. auch auf andere Netzwerke/Hot Spots zugreifen können.

Über *Weitere Optionen* finden Sie den Reiter *WLAN*, in denen Sie im Falle mehrerer Netzwerke die Reihenfolge der bevorzugten Netzwerke einrichten, indem Sie diese mit der Maus packen und mit der Maus verschieben.

Sofern Sie statt einer *AirPort Extreme Basisstation* sowie eines angeschlossenen DSL-Modems einen *Speedport-* oder *Fritz!box-Router* benutzen, so verläuft die Konfiguration ähnlich. Halten Sie dazu das Gerät in Ihrer Nähe, da sich dort auf der Rückseite wichtige Daten wie das Geräte-Passwort etc. befinden. Ist das Gerät korrekt verbunden, sollte es bereits senden. Ist am Mac *WLAN* aktiviert, so wird der *WLAN-Name* (SSID) bzw. *Gerätename* bereits als Netzwerk angeboten (siehe auch Abbildung in der Seitenspalte). Wählen Sie es aus und geben Sie dann den *WLAN-Schlüssel* an. Damit ist der drahtlose Zugriff auf das Gerät möglich.

Nach der Wahl des korrekten WLAN-Namens tragen Sie den WLAN-Schlüssel (WPA2) ein, den Sie auf der Rückseite der Geräte finden.

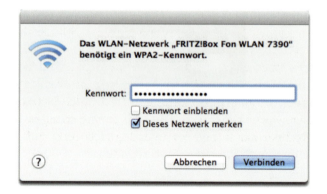

Danach heißt es am Mac den Browser *Safari* zu starten und in das Adressfeld `fritz.box` bzw. `https://speedport.ip` einzutippen. Über die Eingabe des Geräte-Passwortes (*Speedport*) bzw. die Vergabe eines Passwortes zum Zugriff auf die Anmelde-Oberfläche stoßen Sie auf den Assistenten, der Sie nun Schritt für Schritt zum Eingeben der persönlichen Daten (Anschlusskennung, T-Online-Nummer, Kennwort etc.) auffordert. Anschließend werden die vergebenen Daten an das jeweilige Gerät gesendet und der Internetzugang sollte nun ohne Probleme drahtlos funktionieren.

Die Zugangsdaten sollten Ihnen schriftlich vorliegen.

Wenn Sie unterwegs sind und zu einem *Hot Spot* Kontakt aufnehmen möchten, so wählen Sie über die Menüleiste das *WLAN*-Symbol und klicken darauf. Alle gefundenen drahtlosen Netzwerke werden dort aufgeführt und können direkt daraus gewählt werden. Ist das Gewünschte nicht dabei, so wählen Sie den Befehl *Mit anderen Netzwerken verbinden*. Hierauf werden Sie aufgefordert, den entsprechenden Netzwerknamen inklusive Kennwort einzutragen. Über *Netzwerke anzeigen* wiederum führt der Rechner alle infrage kommenden Netzwerke auf. Mit Klick auf das gewünschte Netz werden Sie verbunden.

Über die Menüleiste und das WLAN-Symbol lässt sich nach anderen Netzwerken fahnden. Die Aktivierung erfolgt über die Eingabe des Netzwerknamens (plus eventueller Sicherheitsabfrage, sprich Kennwort) oder über »Netzwerke anzeigen«.

Haben Sie bislang alle Zugriffs-Möglichkeiten mitgelesen und vielleicht sogar die ein oder andere *Umgebung* angelegt, so dürften Sie beim Wechsel der Einwahl-Art eigentlich keine Probleme bekommen: etwa zu Hause über *WLAN* und im Büro über *DSL*. Liegt noch dazu das entsprechende Kabel bereit, so brauchen Sie nur mehr die jeweilige Umgebung zu wählen und los geht's mit dem Surfen oder E-Mailen.

Zum Schluss sei in der Systemeinstellung *Netzwerk* noch auf die Organisation der Dienste hingewiesen. Bei jeder *neuen Umgebung* wählen Sie zu Anfang die entsprechende Schnittstelle, also *WLAN*, *Bluetooth*, *Ethernet*, *FireWire* usw. Je nach Aktivität der Schnittstelle greift beim Aufbau einer Netzwerk-Verbindung der Mac zu und befördert diese dann auf die zuoberst stehende Ebene. Möchten Sie verhindern, dass andere Schnittstellen miteinbezogen werden, so können Sie diese je nach Umgebung deaktivieren, indem Sie sie per Mausklick markieren und dann auf den *Minus*-Button (-) drücken. Weiterhin lassen sich über das *Aktions*-Menü die vorhandenen Dienste duplizieren, umbenennen oder ganz deaktivieren. Auch die Reihenfolge können Sie ändern, indem Sie im erscheinenden Bearbeitungsfenster die Dienste in die gewünschte Reihenfolge bringen.

Über GPRS, UMTS, HSDPA, LTE & Co. ins Netz der Netze

Ja, DSL ist für manchen Bewohner auf dieser Erde ein unerfüllter Traum. Und wir sprechen hier nicht von Entwicklungsländern oder Krisenherden, sondern von Wirtschaftsnationen wie Deutschland, Österreich und der Schweiz. Dumm nur, wenn Sie statt in der Großstadt auf dem Land wohnen, etwa weil Sie die Ruhe schätzen oder lieber Natur anstatt asphaltierter Plätze bewundern möchten. Die Krux daran ist, dass fast alle bekannten Anbieter in kleineren Ortschaften keinen schnellen Internetzugang anbieten (nach dem Motto »lohnt sich nicht für uns«).

Sei's drum, es gibt eventuell Alternativen zu Modem und DSL, die zwar von der Übertragungspower nicht ganz mit DSL mithalten (auch wenn es zumeist die Werbung verspricht), die dennoch aber einen enormen Geschwindigkeitsgewinn bedeuten. Die Rede ist von mobilen Breitbandformaten wie *GPRS*, *EDGE*, *UMTS*, *HSDPA* und als Krönung des Ganzen *LTE*. Der Laie schluckt ob dieser Abkürzungen, der Verkäufer kann sie kaum aussprechen und nur der Profi lächelt, weil er die Ausdrücke über Wochen heimlich auszusprechen geübt hat. Der Reihe nach:

GPRS (*General Packet Radio Service*) gilt als Standard, wobei die übertragenen bzw. geladenen Daten in kleine Pakete zerlegt werden, um Sie beim Empfänger wieder zusammenzusetzen. Geschickt gemacht, doch erreichen Sie mit GPRS auch nur Übertragungsgeschwindigkeiten wie mit einem Modem. Ein wenig schneller geht es mit *EDGE* (*Enhanced Data Rates for GSM Evolution*) sowie *UMTS* (*Universal Mobile Telecommunications System* oder auch *3G*), wobei hier Datenübertragungsraten bis zu 384 kbit/s erreicht werden (das entspricht in etwa der 6-fachen ISDN-Geschwindigkeit). Noch schneller klappt die Übertragung mit *HSDPA* (*High Speed Downlink Packet Access*), das mit Geschwindigkeiten von max. 7,2 MBit/s im Download und als *HSUPA* (*High Speed Downlink Packet Access*) 1,45 MBit/s im Upload glänzt – das ist dann schon richtig DSL-Feeling. Der neue Star unter den Breitbandformaten heißt jedoch *LTE* (*Long-Term-Evolution* – oder kurz *4G*). Dieser Mobilfunkstandard trumpft mit Downloadraten von sage und schreibe bis zu 100 Megabit auf und stellt alle bisher genannten Dienste locker in den Schatten.

Die Geschwindigkeiten der einzelnen Systeme unterscheiden sich teils enorm. (Bild: © Vodafone)

Die verschiedenen großen Provider wie Vodafone, Telekom etc. bieten zu allen Mobilfunkstandards schon etliche Tarife an, die sowohl mit Zeit- als auch Volumenbegrenzung aufwarten. Ob Sie nun in den Genuss dieser Techniken kommen können, klärt oft ein Besuch beim entsprechenden Anbieter bzw. auf deren Webseiten, die mit sogenannten Verfügbarkeits-Checks über die Angabe von Postleitzahl/Ort und dem Straßennamen dies schnell prüfen können. Wir drücken Ihnen auf jeden Fall ganz doll die Daumen.

Und wie geht das nun im Einzelnen ab? Nach Vertragsabschluss erhalten Sie meist ein kleines Modem, für Notebooks gibt es auch PCMCIA-Karten zum Einstecken oder auch UMTS-USB-Sticks. In allen diesen Fällen muss eine SIM-Karte in die Geräte eingelegt und die mitgelieferte Software installiert werden. Und danach beginnt das Hoffen auf eine schnelle Verbindung, denn die Geschwindigkeit der Übertragung abhängig vom Ort bzw. der Entfernung zum nächsten Mobilfunkmasten. Suchen Sie nach einer Alternative zu DSL, so sollten Sie zumindest mal beim Provider Ihrer Wahl nachfragen – nach den Kosten, nach Tarifen, und ob überhaupt eine Verbindung möglich ist.

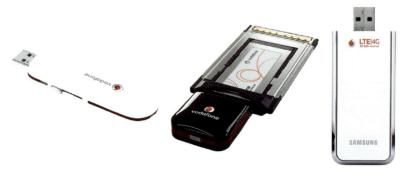

Ob per Funk-Modem, per PC-Card oder LTE-Stick – die kleinen Geräte machen mobil und verbreiten bei entsprechendem Empfang DSL-Feeling. (Bilder: © Vodafone)

Neben den üblichen Tarifen für Geschäftsreisende, die von unterwegs aus auf das Internet bzw. ihre E-Mails zurückgreifen möchten, gibt es auch spezielle Privat-Tarife. Hierbei wird um Ihren Wohnsitz eine virtuelle Grenze (meist zwei Kilometer im Umkreis) gezogen, in der Sie einem sogenannten Zuhause-Bereich zugeordnet werden (den Sie jedoch nicht verlassen dürfen – zum Einkaufen natürlich schon, aber nicht zum Internet surfen). Diese Tarife sind meist günstiger zu haben, sodass sich ein Blick über den DSL-Tellerrand eventuell für Sie lohnen kann.

Eine weitere Alternative zum schnellen DSL nennt sich *Internet via Satellit*. Hierbei handelt es sich um satellitengestützte Internetverbindungen, die Übertragungsraten von bis zu 18 MBit/s (und höher) bieten. Der größte Vorteil hierbei ist jedoch, dass diese Art der Übertragung wirklich überall verfügbar ist. Weitere Informationen zu diesen Dienstleistungen, Preise sowie etwaige Volumenbegrenzungen finden Sie auch über die Webseiten www.toowaysat.com oder www.filiago.org.

6 | Online mit dem Mac

iCloud – Mehrwert für Mac & Co.

Im Oktober 2011 wurde die *iCloud* aus der Taufe gehoben und ist nun bereits bestens in das System integriert. Daten wie Lesezeichen, E-Mails, Kontakte usw. werden sozusagen von einem Rechner aus komplett in die *iCloud* kopiert und gelangen von dort aus auch auf Ihre anderen Rechner. Selbst Windows-PCs mit *Windows Vista* bzw. *Windows 7* als Betriebssystem bleiben dabei nicht außen vor – vorausgesetzt, dass sie die nötige *iCloud-Systemsteuerung* installiert haben.

> Windows-Nutzer erhalten die *iCloud-Systemsteuerung* automatisch angeboten, sofern Sie *iTunes* auf dem Rechner installieren. Nach dem Download sowie der anschließenden Installation steht diese über die *Systemsteuerung | Netzwerk und Internet* zur Verfügung.

Über das »Apple Software Update« wird die iCloud-Komponente angeboten und stets aktuell gehalten.

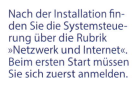

Nach der Installation finden Sie die Systemsteuerung über die Rubrik »Netzwerk und Internet«. Beim ersten Start müssen Sie sich zuerst anmelden.

509

Um nun einen reibungslosen Abgleich der Daten zu gewährleisten, müssen sämtliche betroffenen Geräte (etwa iPad, iPhone, MacBook, iMac usw.) mit derselben *Apple ID* angemeldet sein. Sofern Sie Ihren Mac neu mit *OS X Mountain Lion* erworben bzw. das System auf einem älteren Rechner installiert haben, sollten Sie bereits beim Konfigurieren Ihre *Apple ID* vergeben haben. Falls noch nicht geschehen, können Sie das über die Systemeinstellung *iCloud* nachholen.

Aller Anfang ist die Systemeinstellung »iCloud« zum Anmelden in der iCloud.

Windows-Anwender müssen Ihre *Apple ID* über ein iPad, iPhone oder iPod touch mit *iOS 6* oder neuer erstellen. Über die Systemsteuerung *iCloud* selbst ist das nicht möglich.

Nach dem Eingeben von *Apple ID* sowie *Kennwort* werden Sie gefragt, ob Sie Ihre Daten (Kontakte, Lesezeichen etc.) sowie die Funktion *Meinen Mac suchen* über *iCloud* verwenden möchten. Dies können Sie zum einen sofort als auch nachträglich in der Systemeinstellung bzw. Systemsteuerung vornehmen. Dazu aktivieren Sie sämtliche Programme, die die *iCloud* auf all Ihren Geräten (Mac, PC, iPad usw.) immer auf dem gleichen Stand halten soll. Geben Sie also beispielsweise in *Kontakte* (*OS X*) oder in *Outlook* in *Kontakte* eine neue Adresse ein, so sorgt die *iCloud* dafür, dass diese Anschrift augenblicklich auf allen Rechnern und Mobilgeräten erscheint.

6 | Online mit dem Mac

Die Systemeinstellung fragt nach den zu verwendenden Daten, die zur »iCloud« transferiert werden sollen. Weiterhin stellt sich die Funktion »Meinen Mac suchen« vor, die Ihnen im Falle des Verlustes oder Diebstahls Ihres Mac bei der Suche behilflich sein kann.

»iCloud« listet danach jene Programme auf, deren Daten sich über die »iCloud« synchron halten lassen.

Ihre E-Mails, Kontakte, Kalender, Erinnerungen und Notizen werden dabei über die Apps *Mail, Kontakte, Kalender, Erinnerungen* sowie *Notizen* abgeglichen. Für *Lesezeichen* zeichnet sich der Browser *Safari* verantwortlich. Der *Fotostream* verteilt Ihre neu hinzukommenden Bilder auf die angemeldeten Geräte, und über *Dokumente & Daten* lassen sich Dateien von *Pages, Keynote* und *Numbers* synchron halten.

Seitens Apple wird Ihnen ein kostenloser Speicherplatz von insgesamt 5 Gigabyte zur Verfügung gestellt. Die Auslastung sehen Sie zum einen unten stehend in der Systemeinstellung *iCloud* und etwas detaillierter, indem Sie auf V*erwalten* klicken. Hierbei werden die einzelnen Programme aufgeführt und angezeigt, wie viel Speicherplatz jedes einzelne besetzt.

511

Die Speicherplatz-Verwaltung: Auf einen Blick lässt sich erkennen, welches Programm wie viel Speicher benutzt.

Kommen Sie dann irgendwann einmal an die Grenzen der kostenfreien Kapazität, so lässt sich selbstverständlich auch ein weiteres Gigabyte-Kontingent (10 GB, 20 GB oder 50 GB) nachkaufen. Klicken Sie dazu auf *Speicherplatz kaufen* und Ihnen werden die jährlich zu entrichtenden Mietzahlungen (16,–/32,–/80,– Euro) eingeblendet.

Falls mal alle Stricke reißen – Apple hat noch ein wenig Platz für Sie …

Sobald Sie sich von *iCloud* abmelden möchten, erhalten Sie verschiedene Meldungen. So haben Sie beispielsweise die Möglichkeit, eine Kopie Ihrer *iCloud-Kontakte* auf dem Rechner zu behalten, verlieren jedoch jene *Kalender* und *Erinnerungen*, die Sie über *iCloud* angelegt haben, da diese vom Mac gelöscht werden. Das Gleiche gilt für *Dokumente und Daten*, die in der *iCloud* liegen – diese werden zwar vom Rechner (Mac/PC) gelöscht, bleiben jedoch in der *iCloud* bzw. auf jenen Geräten, die unter dieser *Apple ID* angemeldet sind, weiterhin erhalten. Nichtsdestotrotz ist das alles kein Beinbruch, denn sofern Sie sich später wieder einmal anmelden, werden die Daten wieder neu transferiert.

6 | Online mit dem Mac

Klingt gefährlicher, als es ist, denn bei einer Neuanmeldung über die Systemeinstellung bzw. Systemsteuerung »iCloud« lässt sich alles wieder zusammenführen.

Die iCloud-Einstellungen im Einzelnen

Mail zeichnet sich dafür verantwortlich, dass E-Mails per Synchronisierung auf all Ihren Geräten immer aktuell vorliegen. Das bedeutet aber auch, dass Sie ebenso auf Ihren Mobilgeräten wie iPad oder iPhone Ihren *iCloud-Account* einrichten müssen. Das erledigen Sie dort über die *Einstellungen* und darin über die Rubrik *iCloud*. Über *Account* müssen Sie sich dann mit *Apple ID* sowie Kennwort anmelden. Danach schalten Sie wieder jene Funktionen ein, die synchronisiert werden sollen.

Die »iCloud«-Einstellungen auf dem iPad. Aktivieren Sie dort jene Funktionen, deren Daten Sie auf all Ihren Geräten synchron halten möchten.

Die *Kontakte* sowie *Kalender & Erinnerungen* dürften klar sein: Fügen Sie dort eine neue Adresse ein oder tragen einen Termin in Ihren Kalender ein, so wird dieser auch auf alle anderen Geräte übertragen. Das Gleiche gilt für *Lesezeichen*, *Erinnerungen* sowie *Notizen*.

Möchten Sie den *Fotostream* verwenden, so müssen Sie zuvor Ihr Programm *iPhoto* auf die Version 9.4 (und höher) bzw. *Aperture* auf 3.4 (oder höher) aktualisieren. Erst danach ist der Abgleich von Bildern möglich.

Um unter Windows die *Fotostream*-Funktionen in Anspruch nehmen zu können, müssen Sie die in der *Systemsteuerung* unter *Fotostream | Optionen* angegebenen *Download-* sowie *Upload-*Ordner benutzen. Arbeiten Sie nun beispielsweise in *Photoshop Elements* und speichern ein bearbeitetes Bild in den *Upload*-Ordner, so wird dieses Bild automatisch in die *iCloud* geladen und steht wenig später allen Geräten zur Verfügung, die unter Ihrer *Apple ID* laufen. Ein neu hinzugekommenes Bild finden Sie wiederum im *Download*-Ordner.

Fotostream muss auf all Ihren Geräten aktiviert werden. Auf dem Mac regeln Sie das beispielsweise über *iPhoto*, das in der Seitenleiste den Eintrag *Fotostream* aufweist. Klicken Sie darauf, so finden Sie den Button *Fotostream aktiveren*. Auch diesen müssen Sie abschließend drücken.

»iPhoto« wurde für »Fotostream« aktiviert. Ab jetzt werden die Bilder in bzw. aus der iCloud geladen.

6 | Online mit dem Mac

Bitte daran denken: Nehmen Sie über iPhone, iPad oder iPod touch ein Foto auf, importieren ein Bild auf Ihren Mac (über *iPhoto* oder *Aperture*) oder PC (über den *Upload*-Ordner) bzw. ziehen ein Bild innerhalb von *iPhoto/Aperture* auf den *Fotostream*-Eintrag, so sorgt die *iCloud* dafür, dass dieses Foto automatisch in der *iCloud* gesichert und von dort aus auf all Ihre Geräte verteilt wird. Auf dem Mac finden Sie dann das Bild beispielsweise in Ihrer *iPhoto-Mediathek* als Ereignis, auf dem PC in Ihrem zuvor bestimmten *Download*-Ordner, auf Apple TV im *Fotostream-Album* und auf *iOS*-Geräten in der *Fotos-App* unter der Rubrik *Fotostream*. Die aktuellen Bilder (bis zu 1000 Fotos) bleiben dabei 30 Tage in der *iCloud* gespeichert, so dass Sie Vorsorge dafür tragen können, diese über ein WLAN-Netzwerk letztlich auf einen Mac, PC oder ein *iOS*-Gerät zu senden.

Wenn mehrere Geräte unter einer *Apple ID* laufen, so möchte vielleicht der ein oder andere nicht unbedingt, dass iPhone-Bilder auch auf den Mac geladen werden und umgekehrt. Über die *iPhoto*- bzw. *Aperture-Einstellungen* erhalten Sie dazu die Möglichkeit, diese Funktionen zu deaktivieren. Sofern Sie also verhindern möchten, dass beispielsweise alle neu in *iPhoto* oder *Aperture* importierten Bilder automatisch zu *iCloud* gesendet werden sollen, so deaktivieren Sie die Option *Automatischer Upload*. Fotos, die Sie dennoch an den *Fotostream* senden möchten, ziehen Sie dann einfach manuell auf den Eintrag *Fotostream* in der *iPhoto*- bzw. der *Aperture-Mediathek*-Seitenleiste. Möchten Sie hingegen verhindern, dass Ihre mit dem iPhone geschossenen Bilder selbstständig in *iPhoto* oder *Aperture* landen, so deaktivieren Sie die Option *Automatischer Import*. Der *Fotostream* kann hierbei ruhig aktiviert bleiben, wenn Sie doch das ein oder andere Mal ein Bild aus der Anwendung in die *iCloud* versenden wollen. Für Windows-Anwender stehen derlei Option leider nicht zur Verfügung. Diese müssen darauf achten, wohin Sie ihre Bilder speichern. Wird ein Foto über das iPad geschossen, so wird es automatisch über die *iCloud* in den *Download*-Ordner auf dem PC übertragen. Dort müssen Sie es dann manuell löschen.

Die Einstellungen der betroffenen Programme (iPhoto und Aperture) ermöglichen auch das Deaktivieren eines vollautomatischen Up- bzw. Downloads.

Der Fotostream kann auf dem Mac weiterhin nur von einem Programm – iPhoto oder Aperture – verwendet werden. Im Zweifel müssen Sie zwischen den einzelnen Programm hin- und herwechseln.

Über die Webseite www.icloud.com können Sie den *Fotostream* zurücksetzen. Hierbei werden sämtliche in der *iCloud* liegenden Bilder gelöscht. Fotos, die bereits auf Mac oder PC liegen oder über Ihre mobilen Geräte importiert wurden, sind davon jedoch nicht betroffen. Das Zurücksetzen können Sie etwa in Anspruch nehmen, falls Ihnen aus Versehen »peinliche Bilder« in den *Fotostream* geraten sind oder der Speicherplatz Ihrer *iCloud* langsam knapp wird.

Die Vorgehensweise ist hierbei recht simpel: Rufen Sie die Webseite www.icloud.com auf und melden Sie sich mit *Apple ID* und Kennwort an. Mit Klick auf Ihren Benutzernamen rufen Sie dann die *Account*-Einstellungen auf, worüber Sie den Punkt *Erweitert* vorfinden. Klicken Sie darauf, kommen Sie in den Bereich zum *Zurücksetzen des Fotostream*. Nach der letztendlichen Bestätigung zum Zurücksetzen über einen eingeblendeten Dialog werden dann die Bilder restlos von *iCloud* entfernt und die Zählung der tausend aktuellsten Bilder beginnt von Neuem.

6 | Online mit dem Mac

Zuvorderst steht die Anmeldung über die URL `www.icloud.com` an. Tragen Sie Apple ID sowie Kennwort ein und klicken Sie auf den »Anmelde«-Button (↻).

Klicken Sie in der Übersicht auf Ihren Benutzernamen, um den »Account«-Dialog zu starten. Über den Punkt »Erweitert« gelangen Sie dann zur Option »Fotostream zurücksetzen«.

Nach einem Dialog zum Bestätigen heißt sich erneut zu identifizieren, ehe die Meldung über das erfolgreiche Zurücksetzen erscheint.

Sofern Sie mit den *iWork*-Apps *Pages*, *Keynote* oder *Numbers* arbeiten oder *TextEdit* bzw. *Vorschau* verwenden, lassen sich daraus gewonnene Dokumente ebenso über *iCloud* sichern und verteilen. Auf allen Geräten liegen also stets die aktuellen Dateien und können von überall aus weiterbearbeitet werden. Allerdings können Sie über die *iCloud*-Webseite nur auf die *iWork*-Apps zugreifen – hier bleiben *TextEdit* und *Vorschau* – noch – außen vor.

Die Start-Dialoge von »Pages«, »TextEdit« und »Vorschau«: Neue Dokumente, die in der »iCloud« gesichert werden, stehen darüber auf allen Geräten mit derselben Apple ID zur Verfügung.

Bei den *iWork*-Apps ist die Vorgehensweise ebenso recht simpel: Arbeiten Sie einfach mit Ihren Dokumenten und kreieren Sie Ihre Meisterwerke. Auf den Mobilgeräten erstellte Dateien werden bei einer Verbindung über WLAN automatisch in die *iCloud* geladen und erscheinen wenig später schon im *Öffnen*-Dialog auf dem Mac. Und auch über die *iCloud*-Webseite lassen sich die Dokumente herunterladen, indem Sie sich zielstrebig in die *iWork*-Abteilung begeben und dort Ihre aktuellen *Keynote*-, *Pages*- oder *Numbers*-Dokumente vorfinden.

Eine auf dem iPad erstellte Präsentation wird auf dem Mac über den Start-Dialog von »Keynote« geladen.

6 | Online mit dem Mac

Über die iCloud-Webseite haben Sie jederzeit Zugriff auf Ihre »iWork«-Daten.

Wird nun ein Dokument angeklickt, so taucht automatisch die Option *Laden* auf, die auf Mausklick hin die jeweilige Datei für *iWork*, *Microsoft Office* oder als PDF-Datei aufbereitet und auf einen Rechner Ihrer Wahl lädt. Auf dem Mac oder einem PC können Sie nun in Ruhe weiterarbeiten bzw. Ihre Werke auch auf Apple ID-fremden Computern präsentieren.

Aber auch der umgekehrte Weg funktioniert: Vom Mac oder PC aus lassen sich Daten in den *iWork*-Bereich der *iCloud*-Webseite ziehen und die Dateien werden so augenblicklich hochgeladen. Damit stehen sie nicht nur auf Ihren Mobilgeräten zur Verfügung, sondern vielleicht auch auf Rechnern, die nicht über Ihre *Apple ID* registriert sind. Dort laden Sie sie einfach über die *iCloud*-Webseite herunter.

Eine Keynote-Präsentation wird vom Mac in die iCloud kopiert. Packen Sie einfach die Datei und ziehen Sie sie in den entsprechenden »iWork«-Bereich (Keynote, Pages oder Numbers). Das Ganze klappt auch mit Microsoft Office-Dokumenten – etwa mit einer .doc-Datei aus der Anwendung »Microsoft Word«.

Schauen wir uns nun noch kurz in der Systemeinstellung *iCloud* die Funktion *Meinen Mac suchen* an. Wenn Sie ein Gerät von Apple besitzen, so gehören Sie nicht nur zu den Glücklichen mit gutem Geschmack, sondern auch zur gefährdeten Zielgruppe von Dieben und Wegelagerern. Letztere sind zwar deutlich seltener, doch sollten Sie immer achtsam sein. Aber auch die Vergesslichkeit kann einem gehörig zusetzen, verlieren Sie beispielsweise Ihr MacBook oder lassen es gar in Bus, Bahn oder Flugzeug liegen. Und dennoch müssen Sie nicht gleich verzweifeln, denn es gibt eventuell Hilfe in der Not …

Zum einen wäre da ein ehrlicher Finder oder reuiger Dieb, der sich meldet und Ihnen Ihr gutes Stück wieder aushändigt. Variante Zwei wäre dann die Option *Meinen Mac suchen*. Voraussetzung hierbei ist jedoch, dass Sie zum einen diese Option in den *Systemeinstellungen | iCloud* aktiviert und zum anderen die *Ortungsdienste* (Systemeinstellungen *Sicherheit* | Rubrik *Privatsphäre*) eingeschaltet haben. Über die *iCloud-* Webseite auf Mac oder PC rufen Sie nun die Anwendung *Mein iPhone suchen* auf bzw. starten auf iPad, iPhone oder iPod touch die gleichnamige App. Über die Schaltfläche *Geräte* lässt sich nun zum einen das gesuchte Gerät auswählen und – falls fündig geworden – per Klick/Tipp auf den grünen Punkt weitere Services aktivieren.

Und schon geht es los mit dem Orten auf Mac (hintere Abbildung) oder iPad, denn wenige Sekunden später lassen sich Ihre Geräte genau bestimmen.

Apple weist darauf hin, dass *Mein iPhone suchen* nur korrekt funktioniert bzw. ein anderes Gerät aufspüren kann, wenn dieses sowohl eingeschaltet als auch mit einem registrierten WLAN-Netzwerk verbunden ist. Bei Geräten mit Mobilfunk-Anbindung müssen diese über einen aktiven 3G-Tarif verfügen.

Abschließend sei noch einmal auf die Möglichkeit der Synchronisation all Ihrer Apps, die Sie über den *Mac App Store* erworben haben, hingewiesen. Diese Option finden Sie in der Systemeinstellung *Softwareaktualisierung* über *Gekaufte Apps automatisch auf andere Macs laden*. Auch andere Medien wie Musik, Hörbücher oder Apps für *iOS*-Geräte, die Sie über die Anwendung *iTunes* und den dortigen *iTunes Store* kaufen, lassen sich automatisch verteilen. Die dazugehörigen Einstellungen finden Sie in den *iTunes-Einstellungen* | Rubrik *Store* und dort bei *Automatische Downloads*.

Auch in »iTunes« finden Sie Optionen, die den automatischen Download über die iCloud betreffen.

In der Hoffnung, Ihnen nun das notwendige Rüstzeug im Umgang mit der *iCloud* an die Hand gegeben zu haben, kümmern wir uns nun um Internetzugänge, den Browser *Safari*, das E-Mail-Programm *Mail* sowie um die *Nachrichten*-App.

Surfen mit Safari

Apples Browser heißt *Safari* und ist das Programm der Wahl, wenn Sie sich durch das Internet bewegen möchten. »To browse« bedeutet so viel wie »durchblättern«, und genau das macht *Safari*: Sie navigieren von Webseite zu Webseite, indem Sie entweder eine URL (*Uniform Resource Locator* = Internet-Adresse) eintragen oder auf einer Webseite auf einen *Link* (von *Hyperlink*, was eine Verknüpfung auf eine andere Webseite oder ein Dokument darstellt) klicken. Auf diese Weise können Sie Milliarden von Informationen und Dokumentationen abrufen, aber auch Shopping-Seiten oder unterhaltsame Programme (in jedwede Richtung) aufsuchen.

Apples Browser ist schnell und funktional – wie Sie noch sehen werden.

Starten Sie nach Aufnahme der Online-Verbindung den Browser *Safari*, so wird gleich die Seite `www.apple.com/de` aufgerufen. Diese gibt einen Überblick über die aktuellsten Nachrichten und News rund um die Firma Apple – allerdings ungefragt. Klicken Sie nun mit der Maus in die oben liegende Adress-Zeile, so wird diese markiert und lässt sich überschreiben. Klicken Sie ein weiteres Mal, so setzen Sie den Cursor in die Adress-Zeile (um beispielsweise Teile davon zu entfernen), doppelklicken Sie, so markieren Sie ein Wort und per Dreifachklick kennzeichnen Sie wieder die gesamte URL, die nun überschrieben werden kann. Drücken Sie anschließend den *Zeilenschalter* (↵), so wird die eingetragene Internet-Adresse angesteuert.

Safaris Einstellungen

Auch *Safari* bietet Ihnen umfangreiche Einstellungen, die das Grundverhalten merklich beeinflussen. Werfen wir also zuerst einen Blick auf die vielen Optionen, damit Sie später ohne größere Hintergedanken gleich loslegen können. Über *Safari | Einstellungen* oder *Befehlstaste-Komma* erhalten Sie darauf Zugriff.

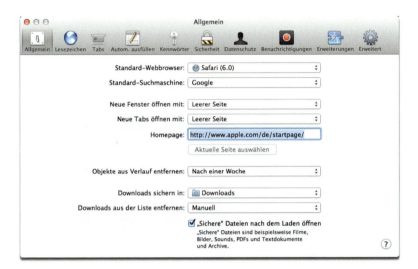

Die Einstellungen von Safari sind sehr umfangreich und brauchen doch die ein oder andere Erklärung.

Unter *Allgemein* legen Sie den *Standard-Browser* fest, der auf Klick auf einen Hyperlink in einem Dokument oder einer Mail starten soll. Als Alternativen zu *Safari* gibt es beispielsweise noch *Firefox* (`www.mozilla-europe.org/de/firefox`) oder *Google Chrome*, die sehr beliebt sind und durch Erweiterungen weiter angepasst werden können. Auch bei Internet-Seiten, die Apples hauseigenem Browser *Safari* Schwierigkeiten bereiten, sollten Sie *Firefox* oder *Google Chrome* in petto halten, da diese meist ohne Probleme diese Hürde umgehen.

Starten Sie *Safari* oder wählen Sie über *Ablage* den Befehl *Neues Fenster* (⌘-N), so erscheint die unter *Neue Fenster öffnen mit* eingestellte Konfiguration. Hierbei können Sie eine eigene URL (unter *Homepage* für Ihre ganz persönliche Startseite) eintragen oder aus dem Popup-Menü aus verschiedenen Optionen (*Top Sites*, *Homepage*, *Lesezeichen* etc.) wählen. Unser Favorit heißt hier *Leere Seite*, ist doch jeder Anlass zum Surfen unterschiedlich, sodass wir uns hier gerne aus den persönlich angelegten Lesezeichen bedienen. Das Gleiche gilt selbstverständlich für die *Tabs*. Hierbei werden keine separaten *Safari*-Fenster geöffnet, sondern die ein-

zelnen Web-Beiträge als Reiter innerhalb eines einzigen Fensters angelegt. Mehr dazu gibt es gleich im Anschluss zu den *Tabs-Einstellungen*.

Der *Verlauf* beschreibt Ihren Weg durch das WWW (World Wide Web). Jede Seite, die Sie besuchen, wird erst einmal festgehalten, sodass Sie zum einen wissen, wo Sie waren, und zum anderen diese Seiten schnell wieder anwählen können. Ihren *Verlauf* finden Sie bei *Safari* in der Menüleiste unter gleichnamiger Rubrik. In den *Allgemein*-Einstellungen lässt sich nun einrichten, wie lange der *Verlauf* Ihre Webseiten-Besuche protokollieren soll, ehe die ältesten Einträge gelöscht werden (*Objekte aus Verlauf entfernen*). Je nach Nutzerverhalten ist für jeden etwas dabei – von einem Tag bis zu einem Jahr sowie die manuelle Löschmethode über *Verlauf | Verlauf löschen* über die Menüleiste.

Der Verlauf merkt sich Ihre Wege durch das WWW. Das ist auf der einen Seite sehr praktisch, hat aber auch den Nachteil, dass andere Anwender nachvollziehen können, wo Sie sich denn so herumtummeln.

Webseiten stellen oftmals auch Dateien (PDFs, Bilder, Programme, Filme und vieles weitere mehr) zum Herunterladen auf den eigenen Rechner zur Verfügung. Die Profis unter den »Internet-Surfern« sprechen anstatt vom »Herunterladen« von *Downloads*, sodass Apple diesen Freaks einen Ordner gleichen Namens spendiert hat. Bei *Downloads sichern in* geben Sie also Ihren bevorzugten Pfad an, sodass die Daten nach dem Laden genau dort landen. Den standardmäßig dafür angelegten Ordner *Downloads* finden Sie im Übrigen auch schon im Dock, sodass auf Mausklick hin alle dorthin verfrachteten Daten zur Verfügung stehen.

Einen Überblick über Ihre Downloads finden Sie im Dialogfeld *Downloads*, das normalerweise automatisch eingeblendet wird, sollten Sie den Befehl zum Herunterladen geben. Als Alternative können Sie auch auf den zugehörigen Button ( ) klicken, der daraufhin ebenso seinen Inhalt zeigt. Die Liste wird wahrscheinlich je nach »Ladelust« mit der Zeit länger und länger, sodass sie ab und zu gelöscht werden sollte. Entweder erledigen Sie das manuell über den *Löschen*-Button im Fenster oder eben mit der Voreinstellung *Beim Beenden von Safari* oder *Nach erfolgreichem Laden* im Popup-Menü bei *Downloads aus der Liste entfernen*.

Der Dialog »Downloads« protokolliert alle heruntergeladenen Objekte. Das Löschen der Liste erfolgt entweder manuell oder automatisch.

Die *Lesezeichen*-Rubrik stellt dagegen Optionen zur Verfügung, die den Leistungs-Umfang von *Safari* erweitern. So lassen sich neben den *Top Sites* sowie der *Leseliste* sämtliche im Programm *Kontakte* verzeichneten Webseiten zugehöriger Personen aufführen, aber auch *Bonjour*-kompatible Drucker oder etwa *Nachrichten*-Teilnehmer im lokalen Netzwerk anzeigen. *Safari* unterscheidet hierbei zwischen der *Lesezeichenleiste*, die Sie direkt unterhalb der Adress-Eingabezeile finden, dem *Lesezeichen-Menü*, welches Sie über die Menüleiste *Lesezeichen* erreichen, sowie den *Sammlungen*, die Sie einsehen können, wenn Sie in der *Lesezeichenleiste* ganz links in das *Buch*-Symbol (📖) klicken.

Die Rubrik »Lesezeichen« erweitert das Spektrum an Möglichkeiten.

Sofern Sie sich Ihren Rechner neu zugelegt haben, finden Sie in *Safari* bereits eine erkleckliche Anzahl vorgegebener Lesezeichen. Diese müssen Sie selbstverständlich nicht verwenden, wenn sie Ihnen nicht zusagen. Als *iCloud*-Anwender können Sie selbstverständlich Ihre bisher angelegten, persönlichen Lesezeichen jederzeit auf den aktuellen Mac transferieren, sofern Sie sich über Ihre *Apple ID* anmelden.

iCloud kümmert sich um Ihre Lesezeichen, sodass diese auf allen Geräten identisch sind.

Weiter geht's zum Reiter *Tabs:* Diese hilfreiche Funktion erlaubt es Ihnen, mehrere Fenster mit unterschiedlichen Webseiten in nur einem geöffneten *Safari-Fenster* anzeigen zu lassen. Hierbei werden wie in einem Karteikasten die einzelnen Webseiten nebeneinander geladen und jede enthält sein kleines Register, auf das Sie nur zu klicken brauchen, um diese bestimmte Seite in den Vordergrund zu holen. Mit anderen Worten: Fünf Webseiten nebeneinander sind besser als fünf geöffnete Fenster, die übereinander liegen und über das *Fenster*-Menü organisiert werden müssen.

Mit der ersten Option *Seiten in Tabs anstelle von Fenstern öffnen* lässt sich nun festlegen, wie sich *Safari* verhalten soll, klicken Sie auf einer Webseite auf einen Link, der üblicherweise auf ein neues *Safari*-Fenster verweisen würde. *Nie* bedeutet hierbei, dass ausschließlich auf derselben Seite bzw. mit neu geöffneten Fenstern weitergesurft wird. Mit *Immer* werden hingegen stets Tabs angelegt. *Automatisch* arbeitet hauptsächlich mit Tabs und nur in Ausnahmefällen – beispielsweise Werbefenster oder ähnlich geartete Webseiten, die ein spezielles Format ausweisen – werden neue *Safari*-Fenster gestartet.

6 | Online mit dem Mac

Tabs sind praktisch und halten das allgemeine Fenster-Chaos auf kleinen wie großen Bildschirmen in Schach.

Bewegen Sie sich nun im Internet und möchten eine neue Seite aufrufen, so wählen Sie nicht ⌘-N für *Neues Fenster*, sondern ⌘-T für *Neuer Tab* (ebenfalls im *Ablage*-Menü zu finden) bzw. klicken auf das Plus-Symbol (➕) in der Tab-Leiste. Die neu aufgerufene Internet-Adresse wird nun direkt neben der schon bestehenden Seite eingeblendet. Auch bei *Links*, auf die Sie klicken, können Sie die Seiten in *Tabs* darstellen lassen, sofern Sie die Option ⌘-*Klick öffnet einen Link in einem neuen Tab* aktiviert haben. Möchten Sie zwischen den *Tabs* hin- und herschalten, so wählen Sie ctrl-→ bzw. ctrl-⇧-→ für den nächsten bzw. vorherigen Tab.

Neu in *Safari* unter *OS X Mountain Lion* ist die Taste zum *Einblenden aller Tabs* (▦), die auf Betätigung hin alle vorhandenen Tabs miniaturisiert, sodass Sie sie schnell durchblättern können. Das klappt auf dem Trackpad mit zwei Fingern, mit der Magic Mouse mit einem Finger, und auf normalen Mäusen klicken Sie einfach auf die unten liegenden Punkte, die zudem auf einen Blick die Anzahl der geöffneten Tabs visualisieren.

Über die Taste »Alle Tabs einblenden« können Sie sich schnell einen Überblick über alle geöffneten Internetseiten verschaffen.

Sofern Sie mit dem Trackpad arbeiten: Um sich alle Tabs anzeigen zu lassen, reicht es aus, einfach Daumen und Zeigefinger zusammenzuziehen. Blättern Sie dann zum gewünschten Tab und spreizen Sie Daumen und Zeigefinger – und schon zeigt sich die Internetseite in voller Pracht.

Möchten Sie hingegen einzelne Seiten wieder schließen, so gelingt dies über *Befehlstaste-W* bzw. per Klick in das kleine x-Symbol ( ). Weitere Raffinessen finden Sie zudem im *Einstellungen*-Fenster, Reiter *Tabs* (unten stehend, siehe auch nächste Abbildung).

Tabs sind ideal für Surfer, die viele Seiten auf einmal laden und beispielsweise Preise auf unterschiedlichen Webseiten miteinander vergleichen möchten.

Aber *Tabs* können noch mehr: Zum einen lassen sie sich mit der Maus packen und an eine andere Stelle in der Reihenfolge ziehen. Oder Sie befördern einen *Tab* einfach raus aus dem Browser-Fenster, sodass sich die Seite nun in einem eigenen Fenster zeigt. Haben Sie zwei separate Browser-Fenster geöffnet, die jeweils mehr als zwei *Tabs* aufweisen, so lassen sich diese *Tabs* auch zwischen den beiden Fenstern hin und her bewegen.

Benutzer der *iCloud* verfügen über einen weiteren Service: die *iCloud-Tabs*. Surfen Sie beispielsweise im Zug auf dem iPad und erreichen Ihren Heimatort, so brauchen Sie später nur Ihren Mac hochzufahren und in *Safari* auf die Taste *iCloud-Tab einblenden* (☁) zu klicken – dort zeigen sich nun Ihre auf dem iPad geöffneten Webseiten und Sie können ohne Umstände Ihre Reise im Internet fortsetzen. Voraussetzung hierbei ist nur, dass zum einen alle Ihre Geräte (MacBook, iMac, iPad, iPhone etc.) unter derselben *Apple ID* angemeldet sein müssen und zum Zweiten Sie die geöffneten Tabs beim Beenden des Programms nicht schließen dürfen. Nur so werden die Seiten in die *iCloud* geladen und stehen fortan auch auf anderen Geräten zur Verfügung.

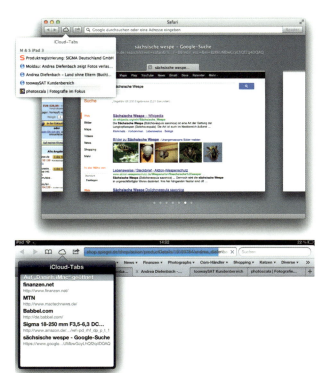

Über die iCloud werden geöffnete Tabs synchronisiert, sodass sie auf all Ihren Geräten (im Beispiel iMac und iPad) zur Verfügung stehen.

Rutschen wir zum nächsten Reiter *Automatisch ausfüllen*. Das ein oder andere Mal werden Sie vielleicht auf einer Webseite Info-Material anfordern wollen oder gar einkaufen gehen. Hierbei müssen Sie meist Ihre Anschrift und Adresse hinterlassen, damit der oder diejenige auch weiß, wohin die Sendung gehen soll. Sind Sie gar Profi-Shopper mit prall gefülltem Konto, so wird Ihnen die hilfreiche Option *Web-Formulare automatisch ausfüllen* viel Freude bereiten, denn stoßen Sie auf ein typisches Formular, in dem Sie Name und Anschrift, Telefon-Nummer und Ähnliches angeben müssen, so brauchen Sie nicht immer erst alles eintragen. Stattdessen klicken Sie in ein auszufüllendes Feld und wählen über die Menüleiste *Bearbeiten | Formular automatisch ausfüllen* (⌘-⇧-A) – das klappt allerdings nicht bei allen Formularen, beispielsweise auf jenen des *Apple Store* …

Wenn Sie etwas von dritter Seite möchten, müssen Sie sich identifizieren und angeben, wer Sie sind und wo Sie wohnen. Schließlich sollen Ihre Pakete ja auch an die richtige Adresse geliefert werden.

Alle Daten, die Sie in Ihrer *Kontakte-Visitenkarte* zur Veröffentlichung eingegeben haben, werden dann in den leeren Feldern des Formulars eingetragen. Möchten Sie hier einiges lieber für sich behalten, so klicken Sie in *Bearbeiten*, um die *Kontakte* zu starten und Anpassungen vorzunehmen.

Sie erinnern sich? Im Programm *Kontakte* markieren Sie in den *Einstellungen* unter *vCard* die Option *Filter für private Daten auf meiner Visitenkarte aktivieren*. Klicken Sie dann im *Adressbuch* auf Ihren Eintrag und wählen *Bearbeiten*, so finden Sie neben den üblichen Angaben wie Adresse oder E-Mail jeweils ein Kästchen, dessen nebenstehenden Eintrag Sie aktivieren oder deaktivieren können. Nur die aktivierten Felder werden in die Visitenkarte übernommen – der Rest bleibt außen vor.

6 | Online mit dem Mac

Es müssen ja nicht alle Daten zur Veröffentlichung freigegeben werden.

Auch *Benutzer-Namen* und *Passwörter*, die Sie auf einzelnen Seiten vergeben, lassen sich bei aktivierter Option im *Schlüsselbund* speichern und auf Verlangen automatisch ausfüllen (siehe dazu auch nächster Reiter *Kennwörter*), ebenso wie die Option *Andere Formulare*, die sich Eintragungen bei Web-Seiten merkt. Möchten Sie dies künftig ändern, so drücken Sie den *Bearbeiten*-Button und löschen diejenigen Seiten heraus, von denen Sie nicht wollen, dass sie sich persönliche Daten merken.

Da wir persönlich einem automatisierten Umgang mit persönlichen Daten im Internet misstrauen, haben wir auch keine Option aktiviert. Lieber tragen wir brav alles per Hand ein, was gleichzeitig auch das Erinnerungsvermögen trainiert.

Neu in Safari ist ebenso die Rubrik *Kennwörter*. Damit machen Sie Bekanntschaft, wenn Sie beispielsweise eine Webseite aufrufen, die zur Anmeldung Ihren Namen und ein Passwort verlangt. Sobald Sie nun Ihre Daten eintragen und sich anmelden möchten, drängt sich *Safari* dazwischen und bietet Ihnen an, diese Kombination aus Name und Kennwort für diese bestimmte Webseite zu speichern. Sie haben nun die Wahl, ob Sie dies für diese Webseite grundsätzlich ablehnen (etwa beim Online-Banking), ob Sie sich später entscheiden möchten oder ob Sie das Angebot annehmen. Im Falle der Annahme merkt sich *Safari* die Zugangsdaten und – rufen Sie später diese Internetseite auf – hat das Programm die Daten bereits eingetragen.

Safari bietet Ihnen an, etwaige Zugangsdaten zu speichern und Sie später selbstständig in die Zugangsfelder einzutragen.

Einen Überblick über all Ihre gesammelten Websites samt Zugangsdaten bietet Ihnen die Rubrik *Kennwörter* in den *Safari-Einstellungen*. Dort lassen sich nun einzelne bzw. alle Einträge entfernen oder sogar die Kennwörter einblenden, falls Sie sie mal vergessen sollten. Dazu müssen Sie sich jedoch zuvor als Administrator identifizieren, da ansonsten ja jeder mal einen schnellen Blick auf Ihre Passworte werfen könnte.

»Kennwörter einblenden« verlangt nach dem Administrator-Kennwort, ehe es die sensiblen Daten anzeigt.

Auch in diesem Fall sind wir hin- und hergerissen, ob man seine Kennworte nun der *Safari*-App anvertrauen sollte. Auf der einen Seite ist es ganz angenehm, wenn einem das Programm die vielen Eintragungen abnimmt, auf der anderen Seite hegen wir jedoch den leisen Zweifel, ob nicht doch vielleicht das ein oder andere Kennwort mal – ganz aus Versehen und ohne bösen Hintergedanken – in die falschen Hände gerät.

Und wo wir schon dabei sein: Das Thema *Sicherheit* findet natürlich ebenso Gehör, ist es doch mit einer der wichtigsten Punkte beim Surfen im WWW. So können Sie selbst bestimmen, ob auf Komponenten wie *Plug-ins* zurückgegriffen bzw. Java-/JavaScript-Programme ausgeführt werden sollen. Letztere bergen zwar nachweislich immer ein gewisses Risiko, doch beschneidet man sich selbst im Funktions-Umfang bzw. werden manche Internet-Seiten nur mit groben Darstellungs-Fehlern angezeigt. Besser ist hier der Ratschlag, wirklich nur jene Daten herunterzuladen bzw. in Dialogen nur Bestätigungen zu erteilen, von denen Sie genau wissen, was auf Sie zukommt. Dazu müssen Sie zwar oft auch das Kleingedruckte lesen, doch investieren Sie besser Zeit als im Nachhinein eine Menge Geld. Und vor allem gilt: Alle Dialoge, die zum Klicken auffordern, bitte genau durchlesen. Werden Sie mit ausländischen Texten konfrontiert, die Sie nicht übersetzen können, so lassen Sie lieber die Finger davon (im Notfall einfach *Safari* beenden und wieder neu starten).

Plug-ins sind kleine Hilfsprogramme, die den Funktions-Umfang von Programmen – wie im Beispiel *Safari* – erweitern. So lassen sich mit dem Browser nicht nur HTML-Seiten, sondern auch *QuickTime*-, *Flash*- oder *Windows Media Player*-Filme abspielen oder *PDF*-Dokumente anzeigen. Immer dann, wenn Sie auf Dateien stoßen, die sich in der Standard-Ausführung so nicht ausführen lassen, wird Ihnen meist der Download des entsprechenden Plug-ins angeboten. Nichtsdestotrotz sollten Sie immer wachsam sein, was Ihnen da so alles untergejubelt werden will. *Java* als systemunabhängige Programmiersprache sowie die Ableitung und Erweiterung *JavaScript* werden ebenso vom Browser unterstützt und in letzterem Fall direkt ausgeführt. Hierin besteht auch die Gefahr, dass eben Programme auftauchen, die unbemerkt vom Anwender eingeschleust werden und beispielsweise die Festplatte nach wichtigen Daten durchforsten. Doch keine Angst, noch ist das *OS X* mit eines der sichersten Betriebssysteme, auch wenn es in letzter Zeit vermehrt unter Beschuss geraten ist. Da der Bekanntheitsgrad von Apple jedoch unablässig steigt, ist es wohl nur eine Frage der Zeit, bis sich die Bösewichte auch auf die *OS X*-Plattform fokussieren.

Was wir auf jeden Fall empfehlen, ist das Unterdrücken von Pop-Ups – jene absolut nervigen Fenster, die bei manchen Webseiten zu Dutzenden aufspringen und Werbung beinhalten. Meist verdecken diese den eigentlichen Inhalt der Seiten und bringen den Adrenalinspiegel auf Touren. Und ehe Sie die eine Hälfte weggeklickt haben, springen schon wieder die nächsten auf. Letztlich ist das eine Zumutung für jeden Surfer, da der Spaß mit zunehmender Kommerzialisierung abnimmt. Unsere Rache im Gegenzug besteht darin, dass wir jene Unternehmen, die mit derart aufdringlicher Werbung belästigen, grundsätzlich meiden und selbst bei geplanten Einkäufen nicht mehr berücksichtigen. Sei's drum – ist die Option *Pop-Ups unterdrücken* aktiviert, herrscht in 90 Prozent der Fälle Ruhe.

Das Leben wird wohl immer komplizierter – damit es sicherer wird, gibt's die Abteilung »Sicherheit«.

In der Abteilung *Datenschutz* geht es um die allseits beliebten *Cookies* (zu deutsch Kekse oder Plätzchen), die der ein oder andere gerne verspeist, die jedoch im Zuge des Internet-Zeitalters zu kleinen Dateien mutiert sind. Diese werden beim Besuch von Webseiten (betrifft allerdings nicht alle) auf der Festplatte abgespeichert und beinhalten das individuelle Surf-Verhalten des Nutzers sowie – bei Eingabe persönlicher Daten – dessen Eingaben zur Identifizierung. Sind Sie also auf Shopping-Tour und interessieren sich für bestimmte Musik-Gruppen, so wird Ihnen der Webseiten-Betreiber bei einem nachfolgenden Besuch ähnliche Musik anbieten. Bei manchen Seiten, die Sie aufrufen, heißt es dann schon »Herzlich Willkommen lieber Herr Mandl«, obwohl Sie doch nur einmal einen Katalog anforderten. Wie üblich sollten Sie immer abwägen, welche Daten Sie wo angeben, und sich nicht ins Bockshorn jagen lassen.

Der goldene Mittelweg ist wohl die Option *Von Dritten oder Werbeanbietern*, sodass zumindest gewährleistet ist, dass Ihnen keine Cookies fremder Webseiten untergejubelt werden. Mit der Einstellung *Immer* ist das so eine Sache, vermittelt Sie doch einerseits Anonymität und Schutz, die es allerdings im Internet so nicht gibt. Auf der anderen Seite lassen sich jedoch manche Dienste wie das Internet-Banking oder ein Bestellvorgang nicht durchführen. Im Zweifel rufen Sie doch einfach die *Einstellungen* auf und wechseln Sie je nach Surf-Verhalten – natürlich nur, wenn es nicht allzu häufig vorkommen sollte.

Wenn Sie nach einigen Wochen (meist schon nach ein paar Tagen) mal wieder die *Datenschutz*-Rubrik aufsuchen, werden Sie Augen machen. Klicken Sie beispielsweise bei *Cookies und andere Website-Daten* auf *Details*, so bekommen Sie eine genaue Aufstellung, wer bereits welche Cookies abgelegt hat. Das sind meist mehrere Dutzend und der geringste Teil davon lässt sich überhaupt eindeutig zuordnen. Wir empfehlen aus dieser Sicht ab und zu einmal den Radikalschritt *Alle Website-Daten entfernen* – allerdings nur, wenn Sie ein gutes Gedächtnis haben, sich an die vielen Zugangs-Kennwörter sowie Kunden-Nummern erinnern können sowie Zeit und Lust haben, erneut alle Daten auf besuchten Kunden-Seiten erneut einzugeben.

Das Ergebnis nach fünf Tagen im Internet: 161 Webseiten speicherten Cookies oder andere Daten. Am besten werfen Sie ab und zu mal einen Blick darauf und löschen sämtliche Website-Daten.

Ein weiteres zweifelhaftes Unterfangen betrifft die *Ortungsdienste*. Hierbei geht es darum, dass einige Webseiten auch gerne wissen möchten, wo Sie sich gerade aufhalten. Mit dieser Information können Ihnen dann die Betreiber genau auf Sie zugeschnittene Werbung unterbreiten. Sind Sie also beispielsweise mit dem MacBook unterwegs, so bekommen Sie vielleicht Hotel- oder Gastronomie-Angebote aus der jeweiligen Gegend als Werbung präsentiert. Damit dieser Zugriff nicht unbemerkt passiert, zwingt *Safari* diese Webseiten, zumindest einmal nachzufragen, ob Ihnen dies überhaupt recht ist. Wie oft oder ob überhaupt das passieren soll, legen Sie bei *Website-Zugriff auf Ortungsdienste beschränken* fest. Zur Auswahl stehen *Für jede Website einmal pro Tag fragen*, *Für jede Website nur einmal fragen* oder *Ohne Bestätigung ablehnen*. Unser Favorit ist ganz klar letzterer Punkt – ob das jedoch auch für Sie infrage kommt, müssen Sie wohl oder übel selbst entscheiden.

Und weiter geht's mit dem Durchleuchten des Anwenders: Über das sogenannte *Website-Tracking* können Website-Betreiber ebenso ein Nutzer-Profil erstellen, indem unter anderem überprüft wird, von welcher Webseite Sie gerade kommen, welchen Browser Sie benutzen, welche Suchbegriffe Sie verwenden oder wie lange Sie auf der gerade anvisierten Internetseite Sie verweilen. Ja, da kommt Freude auf … Als Gegenmittel hilft hier nur, die Option *Tracking durch Websites ablehnen* zu aktivieren und zu hoffen, dass das auch wirklich funktioniert.

Die Rubrik *Benachrichtigungen* der *Safari-Einstellungen* kümmert sich wiederum um Webseiten, die Ihnen Warnhinweise (in welcher Form auch immer?) mitteilen möchte. Auch diese Seiten müssen zuvor bei Ihnen nachfragen, ob Sie die Erlaubnis dazu erhalten. Falls Sie Ihr Einverständnis dazu geben, werden die betreffenden Seiten fein säuberlich aufgeführt und lassen sich auch im Nachhinein wieder entfernen. Da wir persönlich noch keinen Kontakt damit hatten, ist unser Feld noch ziemlich leer – sorry dafür …

Falls Sie grundsätzlich keine Mitteilungen erhalten möchten, so lässt sich das über die Systemeinstellung *Mitteilungen* einrichten. Markieren Sie dazu in der Seitenleiste den Eintrag *Safari* und deaktivieren Sie die Option *In Mitteilungszentrale anzeigen* – ab sofort sollten Sie keine Mitteilungen mehr erhalten.

Sowohl die Safari-Einstellung »Benachrichtigungen« als auch die Systemeinstellung »Mitteilung« kümmern sich um etwaige Meldungen seitens Webseiten.

Kommen wir zu den *Erweiterungen*. Hierbei handelt es sich um kleine Programme, über die man den Funktionsumfang von *Safari* erweitern kann. Das sind oftmals Spielereien, manche können aber auch durchaus hilfreich sein. Als Beispiele mögen eine Amazon-Wunschliste dienen, die einen extra Button in die Symbolleiste zaubert, der auf Knopfdruck hin die künftigen Kaufwunsch-Kandidaten auflistet. Oder ein Zusatz der Microsoft-Suchmaschine *Bing*, der – sobald man Text oder Adressen markiert – zugehörige Infos oder Übersetzungsdienste offeriert. Eine schöne Aufstellung möglicher Erweiterungen bietet auch die Webseite `https://extensions.apple.com/`, die Sie über den Button *Erweiterungen holen* bzw. über die Menüleiste *Safari | Safari-Erweiterungen* aufrufen können.

6 | Online mit dem Mac

In der Abteilung »Erweiterungen« verwalten Sie jene »Safari«-Zusätze, die den Funktionsumfang des Programmes ausbauen.

Rutschen wir ein letztes Stückchen weiter zum Punkt *Erweitert*, in dem es eher um den »Komfort« geht. Je höher die Auflösung Ihres Bildschirms, desto kleiner scheint die Schrift. Ist nun von einer Webseite die Schriftgröße 10 Punkt vorgegeben, mag das auf einem 15-Zoll-Monitor wunderbar rüberkommen, auf einem 27-Zoll-Apple-Display ist das Ganze dann schon ein wenig winzig. Stellen Sie also bei *Keine Schriftgrößen verwenden, die kleiner sind als x Punkt* etwa »14« als Punktgröße ein, so wird automatisch die Schrift vergrößert und das Problem ist gelöst. Auch hier werden Sie zwar ab und an auf Darstellungsfehler treffen (da eben der Umbruch anders verläuft und sich vielleicht mit den Bildern nicht verträgt), die sich aber meist in Grenzen halten.

Wenn Sie die Schriftgröße flexibel handhaben möchten, so gibt es da zum einen die Funktion des *intelligenten Zoomens*, das von *iOS*-Geräten wie dem iPad herrührt. Hierbei tippen (nicht klicken!) Sie mit zwei Fingern auf dem Trackpad bzw. einem Finger auf der Magic Mouse doppelt auf entsprechende Textstellen, sodass der entsprechende Ausschnitt stark vergrößert dargestellt wird.

Alternativ können Sie zum *Vergrößern* bzw. *Verkleinern* von Schriften auch die Tastenkombinationen *Befehlstaste-Plus* (⌘-+) sowie *Befehlstaste-Minus* (⌘--) verwenden, was den Befehlen *Vergrößern* sowie *Verkleinern* der Menüleiste *Darstellung* entspricht. Wenn gewünscht, lässt sich auch nur der Text (ohne die zugehörigen Bilder) als solches manipulieren, wenn Sie die Option *Nur Text zoomen* im Menü *Darstellung* aktivieren.

Das intelligente Vergrößern klappt über einen Doppeltipp mit zwei oder einem Finger.

Mit dem *Tabulator* (→|) lässt sich wiederum bei eingeschalteter Option *Über Tabulator jedes Objekt auf einer Webseite hervorheben* zu sämtlichen Buttons und Bedienungs-Feldern springen. Und halten Sie zusätzlich noch die *Wahltaste* (⌥) gedrückt, suchen Sie nur die Text-Eingabefelder auf.

Die Endstation der »Safari-Einstellungen« nennt sich »Erweitert« und kümmert sich um Bedienungshilfen und Lesekomfort.

Mit *Style Sheets* ordnen Sie Webseiten explizit gewisse Schrift-Typen, Schriftgrößen und Auszeichnungen zu. Um solche auszuwählen, müssen diese allerdings erst programmiert werden. Doch das ist wieder ein ganz anderes Thema, ebenso wie die Thematik *Proxies*, bei der es sich um einen Server handelt, der zwischen Ihrem Computer und dem Internet zwischengeschaltet ist. Möchten Sie hier Änderungen vornehmen, so tun Sie das in der Systemeinstellung *Netzwerk* unter *Weitere Optionen* (bzw. in Absprache mit dem Provider oder Ihrem Administrator).

Die Bedienung von Safari

Die Adresszeile

Nach so viel Theorie kommt weitere hinzu, denn *Safari* kann enorm viel. Zu allererst möchten wir uns um das Erscheinungsbild kümmern, denn es gibt eine Menge zu klicken. Im Blick haben Sie als Erstes die Symbolleiste mit dem Rechts- und Links-Pfeil (◀▶) zum Vorwärts- und Zurückblättern, die schon angesprochene Taste (☁) zum Einblenden der *iCloud-Tabs*, die *Senden*-Schaltfläche (⬆) mit den Optionen wie *Lesezeichen hinzufügen, Zur Leseliste hinzufügen, Diese Seite per E-Mail senden* usw. Der Ladevorgang einer Webseite lässt sich anhand eines blauen Balkens, der über die Web-Adresse nach rechts wandert, beobachten und über Symbole auf Wunsch hin stoppen (✖) bzw. aktualisieren (↻). Neu in *Safari* für *OS X Mountain Lion* ist der Wegfall eines separaten Sucheingabe-Feldes. Stattdessen dient nun die Webadressenzeile ebenso als Feld zum Eintragen von Such-Begriffen, die über die Suchmaschine *Google* abgefragt werden. Möchten Sie stattdessen einen anderen Dienst beauftragen, so stellen Sie das in den *Safari-Einstellungen* unter *Allgemein* bei *Standard-Suchmaschine* (zur Auswahl stehen *Google*, *Yahoo!* sowie *Bing*) ein.

Die Bedienung von »Safari« erfolgt intuitiv und ist relativ simpel.

Wenn Sie die Symbolleiste ein wenig mager bestückt finden, so sollten Sie wieder den Menü-Punkt *Darstellung* in der Menüleiste aufsuchen. Über den Befehl *Symbolleiste anpassen* könnte ein ganzer Schwung neuer Buttons Ihr Browser-Fenster zieren – wenn Sie es denn wollen. Vom *automatischen Ausfüllen* etwaiger Formulare über das *Einstellen der Schriftgröße* bis hin zum *Drucken*-Befehl ist alles vorhanden.

Für Drücker und Mäuse-Liebhaber – Knöpfe ohne Ende, die zum Erweitern einfach in die Symbolleiste gezogen werden.

Lesezeichen und deren Verwaltung

Lesezeichen heißen jene Internet-Adressen, die in *Safari* gespeichert werden und die sich auf Klick hin aufrufen lassen. Am Anfang werden Sie vielleicht Ihre URLs noch händisch in das Eingabe-Feld eintragen bzw. sich über Portale wie *Yahoo!* oder *T-Online* durchklicken. Mit der Zeit wird sich jedoch herauskristallisieren, welche Seiten Sie bevorzugen und welche Themengebiete Sie besonders interessieren.

Besuchen Sie folglich des Öfteren eine bestimmte Seite, so sollten Sie diese den Lesezeichen hinzufügen. Dazu klicken Sie auf den *Senden*-Button ( ) und wählen dort Lesezeichen hinzufügen bzw. verwenden den gleichnamigen Befehl aus der Menüleiste *Lesezeichen* (⌘-D). Daraufhin werden Sie aufgefordert, einen Namen zu vergeben sowie den Speicherort zu bestimmen. Da oftmals nur die *http*-Seite oder ein ellenlanges Sammelsurium als Name angeboten wird, sollten Sie die Vorgabe entweder stark verkürzen oder durch einen eigenen prägnanten Titel ersetzen. Der Hintergrund hierbei: Legen Sie Ihre Favoriten in die *Lesezeichenleiste*, so passen einfach mehr davon nebeneinander.

Je kürzer der Lesezeichen-Titel, desto mehr lassen sich in der Lesezeichenleiste unterbringen.

6 | Online mit dem Mac

Ansonsten haben Sie freie Auswahl, wohin das Lesezeichen gespeichert werden soll: Entweder locker drauflos in das *Lesezeichen-Menü*, in die *Lesezeichenleiste*, als *Top Site* oder in einen bereits vorliegenden Ordner. Bei Letzterem liegt der Vorteil schlicht in der Ordnung, da Sie sich sonst im Laufe der Zeit ein ewig langes Lesezeichen-Menü anerziehen (was jedoch auch später noch aufgeräumt werden kann).

> Das sogenannte Feature *Top Sites* verhält sich im Grunde wie eine intelligente Lesezeichen-Sammlung. Webseiten, die Sie besonders häufig aufrufen, werden von *Safari* registriert und als *Top Site* markiert. Rufen Sie nun diese Funktion über die Schaltfläche ▦ auf, so erhalten Sie die Voransichten dieser Webseiten zum direkten Ansteuern. Möchten Sie dort Änderungen vornehmen, so klicken Sie einfach auf *Bearbeiten*. Über die eingeblendeten Symbole können Sie nun die angezeigten Seiten als permanente *Top Site* (📌) bestimmen oder sie für alle Ewigkeit ausschließen (✖). Über *Klein*, *Mittel* und *Groß* können Sie weiterhin die Anzahl der angezeigten Seiten bestimmen (Klein = viele Seiten, Groß = wenig Seiten).

»Top Sites« geben einen schnellen Überblick über die meist besuchten Webseiten. Ohne langes Suchen lassen sich damit auf Mausklick hin Ihre Favoriten aufrufen.

Je nach Surf-Verhalten lässt sich auch die Anzahl der dargestellten Webseiten beeinflussen.

Über *Hinzufügen* wird nun das Lesezeichen gesichert und steht von nun an zur Verfügung. Aufrufen können Sie es wiederum über das *Lesezeichen-Menü* in der Menüleiste, indem Sie sich durch Ihre Hierarchien hangeln, oder auf einen einfachen Klick hin, falls Sie es in der *Lesezeichenleiste* abgelegt haben.

URLs lassen sich auch über das kleine Symbol (etwa 🌐) links neben der eigentlichen Adresse direkt in die *Lesezeichenleiste* ziehen. Und noch ein Tipp: Titel in der Lesezeichenleiste können Sie schnell umbenennen, indem Sie auf einen Eintrag klicken und dabei die Maustaste ein klein wenig länger als normal gedrückt halten. Das Gleiche funktioniert natürlich auch über das Trackpad, indem Sie darüber entweder klicken oder beim Tippen den Finger ein wenig auf dem Eintrag ruhen lassen. In allen Fällen ändert sich die Anzeige und die Einträge lassen sich rasch ändern.

Ziehen Sie eine Internetadresse in die Lesezeichenleiste, um sie dort längerfristig zu parken (links). Zum Umbenennen klicken bzw. tippen Sie einfach ein wenig verzögert auf einen Eintrag (rechts).

Um Ihre bislang nur im *Lesezeichen-Menü* gesammelten URLs etwas zu ordnen, können Sie diese auch in Unterordnern strukturieren. Klicken Sie daher in der *Lesezeichenleiste* in das linksseitig gelegene Symbol für *Alle Lesezeichen einblenden* (📖). Hierbei wird eine Liste namens *Samm-*

lungen eingeblendet, die nun das gesamte Reservoir an URLs auflistet. Klicken Sie einen Eintrag an, so wird der Inhalt aufgeführt, den Sie nun wiederum in der Reihenfolge verschieben oder umbenennen können: Markieren Sie eine Internet-Adresse und klicken Sie leicht verzögert noch einmal darauf, so können Sie Titel sowie URL anpassen oder gegebenenfalls korrigieren. Weiterhin lässt sich auch in der *Cover Flow*-Ansicht durch die Webseiten blättern und diese direkt aufrufen.

Alle Lesezeichen im Blick – zum Anpassen, Löschen, Umstellen und Ordnen.

Linker Hand können Sie nun über den *Hinzufügen*-Knopf (⊞) weitere *Sammlungen* anlegen, die Sie wiederum mit Internet-Adressen füllen. Das Gleiche funktioniert auch im rechten Bereich, sodass Sie hier ganz einfach eine sinnvolle Ordnung herstellen. Es lassen sich auch Unterordner einrichten, indem Sie neu angelegte Ordner auf bereits bestehende Ordner ziehen oder bei markiertem Ordner den *Hinzufügen*-Button (⊞) drücken. Denken Sie auch daran, die neu angelegten Ordner zu benennen und die einzeln abgespeicherten URLs in die jeweiligen Ordner zu ziehen.

Sie können auch Ordner mit umfangreichen Linksammlungen in die *Lesezeichenleiste* ziehen, sodass Sie wie in einem Menü die gewünschten Links aufrufen können. Bei Ordnern in der *Lesezeichenleiste* finden Sie zudem die Funktion *Auto-Klick*. Ist diese aktiviert, so werden in der *Lesezeichenleiste* auf Klick alle im Ordner befindlichen URLs als Tabs zugleich geladen. Seien Sie bei der Zusammenstellung allerdings maßvoll, da Ihnen ein Browser mit 25 gleichzeitig ladenden Webseiten wenig hilft – zum einen wegen der gedrosselten Geschwindigkeit, zum anderen wegen der Unübersichtlichkeit, indem Sie das Browser-Fenster über drei Bildschirme ausbreiten müssen …

Per Klick öffnet sich der Inhalt des Ordners, sodass Sie schnell auf Ihre Lesezeichen zurückgreifen können.

Lesezeichen können Sie nur direkt über das *Lesezeichen-Menü* in der Menüleiste sowie über die *Lesezeichenleiste* aufrufen. Bei *Lesezeichen-Ordnern*, die Sie in der *Sammlungen*-Liste eingerichtet haben, müssen Sie zuvor in das Symbol für *Alle Lesezeichen einblenden* (📖) klicken, um auf die dort verfügbaren URLs zurückzugreifen. Die Sammlungen *Kontakte* und *Bonjour* blenden Sie wiederum über die *Safari-Einstellungen* in der Rubrik *Lesezeichen* ein.

Es soll aber auch Anwender geben, die wirklich nur ihr einfaches *Lesezeichen-Menü* möchten. Wenn dem so ist, dann wählen Sie *Darstellung | Lesezeichenleiste ausblenden* (⌘-⇧-B). Das Gleiche gilt auch für die Statusleiste, die Sie ganz unten im Browser vorfinden. Dort lassen sich unter anderem Informationen über den Stand der Dinge in Sachen Seitenaufbau ablesen oder anzeigen, welche URL sich hinter einem Hyperlink versteckt, sofern Sie mit der Maus darauf zeigen. Das Ausblenden erledigen Sie ebenso über die Menüleiste *Darstellung | Statusleiste ausblenden* (⌘-⇧-Ü).

Die Leseliste zum Sammeln

Sind Sie unterwegs oder stehen ein wenig unter Termindruck, so lassen sich Webseiten und Verlinkungen auch für späteren Gebrauch speichern. Die für diesen Zweck eingerichtete *Leseliste* rufen Sie über das kleine Lesebrillen-Symbol (👓) links in der Symbolleiste bzw. über die Menüleiste *Darstellung | Leseliste einblenden* (⌘-⇧-L) auf.

In der Leseliste können Sie Webseiten und Links sammeln und später durchsehen, wenn Sie nicht mit dem Internet verbunden sind.

Surfen Sie nun im Internet und finden gleich einen ganzen Schwung an informativen Seiten, deren Inhalt Sie brennend interessiert, Ihnen aber gleichzeitig die Zeit zum sofortigen Lesen fehlt, so sollten Sie diese Webseiten in die *Leseliste* befördern. Das klappt zum einen über die *Senden*-Schaltfläche (📤) und dem dortigen Befehl *Zur Leseliste hinzufügen*, per

Mausklick mit gedrückter *Umschalttaste* (⇧) auf einen Link oder bei geöffneter *Leselisten*-Leiste per Klick auf den Button *Seite hinzufügen*.

Die Leseliste dient der Verwaltung jener Webseiten, die Sie sich erst zu einem späteren Zeitpunkt zu Genüge führen möchten.

Mit *Safari* für *OS X Mountain Lion* lassen sich Ihre *Leselisten*-Beiträge auch offline lesen, sprich selbst dann, wenn Sie nicht mit dem Internet verbunden sind. Fügen Sie nämlich einen Eintrag der Leseliste hinzu, so wird diese zuerst vollständig geladen und gesichert. Das klappt sogar bei Webseiten, die sich über mehrere Seiten hinziehen, indem Safari auch die nachfolgenden Seiten selbstständig zwischenspeichert.

Leselisten-Beiträge werden über die *iCloud* auf all Ihre Geräte synchronisiert. Sofern Sie also unterwegs Beiträge auf iPad oder iPhone der *Leseliste* hinzufügen, so können Sie diese abends auf Ihrem Mac Zuhause in Ruhe zuende lesen.

In der *Leseliste* selbst brauchen Sie nun nur auf einen Eintrag zu klicken und die entsprechende Seite wird angezeigt. Den Eintrag als solches löschen Sie dann mit Klick auf das kleine *Entfernen*-Symbol (⊗). Des Weiteren können Sie die in der *Leselisten*-Leiste liegenden Webseiten nach *allen* oder *ungelesenen* ordnen bzw. mit einem Schlag sämtliche Einträge löschen.

Falls Sie gerne längere Texte in *Safari* lesen, so sollten Sie auch immer einen Blick in die Adresszeile werfen, ob dort rechter Hand der Eintrag *Reader* (Reader) blau angezeigt wird. Diese Schaltfläche erleichtert nämlich ungemein das Lesen. Klicken Sie darauf, so wird der Haupttext her-

545

vorgehoben und alles störende Beiwerk (Werbebanner, zugehörige Kolumnen, weitere Themen-Verlinkungen etc.) ausgeblendet. Bewegen Sie noch dazu Ihren Mauszeiger in das untere Drittel des *Safari*-Fensters, so zeigt sich eine Bedienleiste, über die Sie den Text vergrößern oder verkleinern bzw. den Beitrag per Mail versenden oder drucken/ein PDF erzeugen können.

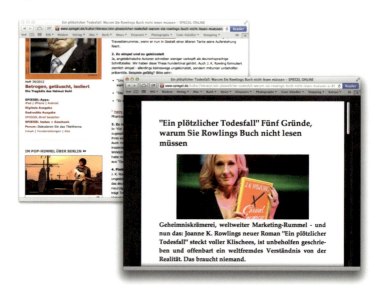

Ohne aufdringliche Werbung: Für lange Texte ist die Funktion »Reader« oftmals eine Wohltat.

Der *Reader* ist ebenso clever wie die *Leseliste*: Streckt sich ein Beitrag über mehrere Webseiten, so erkennt er dies und lädt automatisch die Folgeseiten.

Verlauf und SnapBack

Als *Verlauf* bezeichnet man die Abfolge der besuchten Webseiten. Wenn Sie also zwei oder drei Stunden im Internet verbringen, sammeln sich so mit der Zeit Dutzende von besuchten Webseiten-Adressen. Über die Menüleiste *Verlauf* finden Sie daher ein Protokoll Ihres Surf-Verhaltens.

Sofern Sie bereits mehr als zwei Webseiten besucht haben, so können Sie sich sowohl über die Pfeile (◀▶) in der Symbolleiste als auch – wesentlich eleganter – durch horizontales Wischen mit zwei Fingern auf dem Trackpad bzw. einem Finger auf der Magic Mouse zur vorhergehenden bzw. zur nächsten Seite bewegen. Als Alternative steht Ihnen im Übrigen auch das Kontext-Menü (per Rechtsklick, per Mausklick bei gedrückter *ctrl-Taste* oder per Zweifinger-Tipp) zur Verfügung, das ebenso die zugehörigen Befehle *Zurück* und *Vorwärts* auflistet.

6 | Online mit dem Mac

Egal, welche Seiten Sie aufsuchen – der Verlauf hält sie im Gedächtnis.

Das Sammeln von Seiten über den Verlauf ist zum einen ein Vorteil, denn so können Sie schnell auf zurückliegende Webseiten springen und deren Inhalte wiederholt betrachten – das klappt auch über mehrere Tage. Schlecht ist es allerdings, wenn es sich um einen Firmen-Computer handelt und somit der Chef nachvollziehen kann, was denn der Mitarbeiter so alles am Tage treibt. Um hier ein wenig die Spuren zu verwischen, sollten Sie den *Verlauf* regelmäßig auf Null setzen, indem Sie über das Menü *Verlauf* den Befehl *Verlauf löschen* wählen.

Safari sichert zum schnelleren Aufrufen von Webseiten und zur Darstellung der *Top Sites* diese als Voransichten im *Cache* (das ist eine Art Speicher-Reservoir). Selbst wenn Sie den Verlauf löschen, werden nicht alle Spuren beseitigt und es bleiben dennoch einige dieser Voransichten übrig. Bewundern lassen sich diese Objekte, wenn Sie sich in Ihre persönliche *Library* (im *Finder* mit gedrückter ⌥-Taste auf das *Gehe zu*-Menü klicken) begeben und dort einen Blick in den Ordner *Caches | com.apple.Safari | Webpage Previews* werfen.

Oder Sie gehen gleich von Anfang an auf Nummer sicher und aktivieren die Option *Privates Surfen* im *Safari*-Menü, die erst gar keinen *Verlauf* zulässt. Nebenbei werden auf diese Weise auch eventuelle Downloads gleich wieder aus dem Dialog *Downloads* gelöscht. Ihre Webseiten werden nur im geöffneten Fenster gespeichert – sobald Sie dieses schließen, sind alle Spuren weg. Damit Sie sich nicht wundern, warum auf einmal kein Verlauf mehr auffindbar ist, wird in der Adressleiste das Symbol PRIVAT eingeblendet.

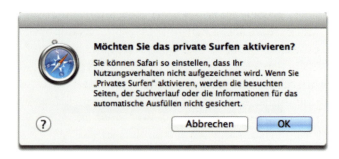

Heiße Spuren im Browser – dank der Option »Privates Surfen« wird das Leben ein wenig unauffälliger.

Auch die Option *Privates Surfen* gaukelt Ihnen Anonymität vor. Für einen anderen Benutzer Ihres Rechners mag das zwar zutreffen, für Ihren Provider jedoch nicht. Für Abrechnungszwecke bzw. durch das Gesetz zur Vorratsdatenspeicherung (betrifft vorerst nur Deutschland) wird meist Ihre IP-Adresse gesichert, sodass der Provider stets nachvollziehen kann, wann Sie wo und wie oft waren.

Ehe Sie nun jede Abteilung für sich löschen (also Verlauf, Cookies, Vorschau-Bilder etc.), sollten Sie sich einmal die Funktion *Safari zurücksetzen* aus dem Programm-Menü ansehen. Damit erhalten Sie die Möglichkeit, alle von *Safari* gespeicherten Objekte (und vieles weitere mehr) auf Knopfdruck zu löschen. Der Vorteil hierbei: Sie müssen nicht alles händisch vornehmen und *Safari* räumt die Platte auf. Der Nachteil: Viele Einträge (Zugangsdaten, Kennwörter etc.) müssen beim nächsten Aufrufen Ihrer viel besuchten Webseiten neu eingegeben werden (aber das sollte es Ihnen wert sein …).

Alles auf einen Klick gelöscht: Sehen Sie sich die vielen Optionen an und lassen Sie diejenigen aktiviert, deren Daten »Safari« entfernen soll.

Zum schnellen Navigieren ist auch die sogenannte *SnapBack-Funktion* geeignet, die sich jedoch hauptsächlich auf Websuchen konzentriert. Nach Eingabe eines Suchbegriffes kann es dann schon einmal passieren, dass Sie sich in den Tiefen der vielen Hyperlinks verlieren und den Weg zur ursprünglichen Internet-Seite nicht mehr finden. Über den Befehl *SnapBack zur Suchergebnis-Seite* (⌘-⌥-S) aus dem *Verlauf*-Menü kommen Sie jedoch zurück zur Ausgangsseite.

Vom Suchen und Finden im WWW

Ein ganz wesentlicher Punkt ist auch das *Suchen*. *Safari* bietet Ihnen hier mehrere Möglichkeiten an. Zum einen können Sie nach URLs suchen, die in Ihrer Lesezeichen-Sammlung verschollen sind. Dazu klicken Sie auf das Symbol für *Alle Lesezeichen einblenden* ( ) und schreiben dann in das Eingabe-Feld rechts oben einen Suchbegriff (Name oder Teil einer URL) hinein. *Safari* beginnt sofort mit der Suche und listet die Ergebnisse auf. Weiterhin können Sie festlegen, wo gesucht werden soll, indem Sie zuvor in der *Sammlungen*-Liste eine Rubrik (*Lesezeichenleiste*, *Lesezeichenmenü* etc.) markieren oder bei nicht zufriedenstellenden Ergebnissen bei *Durchsuchen* auf *Alle* umstellen. Per Doppelklick auf einen Eintrag wird die entsprechende Webseite sogleich aufgerufen.

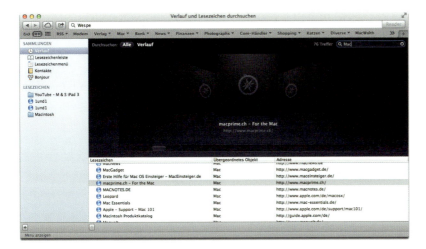

Hunderte von gesammelten Lesezeichen bringen selbst Gehirn-Akrobaten an den Rand des Möglichen – gut, dass daher eine vortreffliche Suche existiert.

Die Suche nach Informationen im WWW gestaltet sich hier schon ein wenig schwieriger. Und dies nicht etwa wegen einer komplizierten Bedienung des Browsers, sondern eher wegen der meist schier unüberschaubaren Fülle von Ergebnissen. In der Adresszeile finden Sie das Eingabe-Feld für die Suche über *Google*, der wohl bekanntesten Such-Maschine im Internet. Eine Alternative (*Bing* bzw. *Yahoo!*) dazu können Sie in den *Safari-Einstellungen* | Rubrik *Allgemein* bei *Standard-Such-*

maschine einstellen. Geben Sie nun einen Begriff ein, so schlägt Ihnen meist die Suchmaschine alternative Begriffe vor. Das kann zwar durchaus hilfreich, manchmal jedoch auch störend sein. Möchten Sie grundsätzlich keine Vorschläge erhalten, so können Sie über die *Safari-Einstellungen*, Rubrik *Datenschutz* und dort unten stehend über das Aktivieren der Option *Vorschläge durch Suchmaschine nicht zulassen* diese zusätzlichen Begriffe unterbinden.

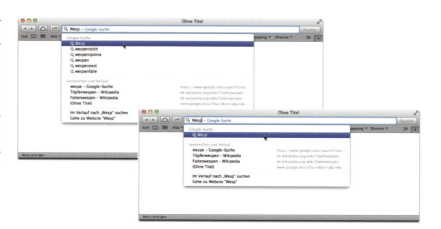

Bei der Suchbegriff-Eingabe erhalten Sie meist seitens der Suchmaschine alternative Vorschläge (hintere Abbildung). Wir die Option »Vorschläge durch Suchmaschine nicht zulassen« in den »Einstellungen | Datenschutz« aktiviert, so wird ausschließlich Ihre Fassung des Begriffes nachverfolgt.

Egal, was auch immer Sie eingeben: Drücken Sie den *Zeilenschalter* (↵), so werden Ihnen binnen Sekunden meist Tausende von Ergebnis-Seiten präsentiert. Allein der Begriffe »Mac« zaubert »ungefähr« 1.680.000.000 mögliche Treffer auf den Bildschirm, sodass Sie auf diese Weise nicht weiterkommen werden. Bei einer Einschränkung auf nur deutschsprachige Seiten sind es zwar dann »nur« noch 131.000.000 Seiten, doch ist auch diese enorme Anzahl unmöglich bewältigbar.

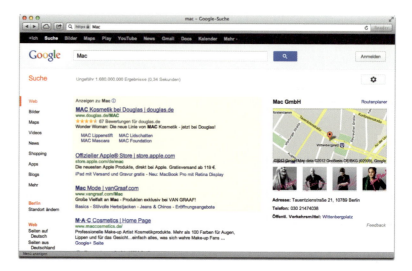

Wer, bitte schön, blickt in diesem Wust an Informationen noch durch? Da muss man sich anders helfen …

Zum einen sollten Sie darauf achten, was Ihnen bereits bei der Sucheingabe seitens der Suchmaschine angeboten wird. Denn bereits dort wird unterschieden zwischen den Vorschlägen der *Google-Suche*, Ihren eigenen Lesezeichen und dem Verlauf sowie einem Top-Treffer, bei dem die Suchmaschine annimmt, dass er Ihrem Suchbedürfnis am nächsten kommt.

Bereits bei der Eingabe von Begriffen werden verschiedene Alternativen angeboten.

Kommen Sie so nicht zum Ziel, so müssen Sie ein paar Regeln anwenden, denn wie Sie gesehen haben, führt ein einzelner Begriff oftmals zum Info-GAU. Zum einen können Sie in *Google* die *Erweiterte Suche* in Anspruch nehmen, da sich damit mehr differenzieren lässt. Oder Sie schreiben gleich mehrere Such-Begriffe in das Eingabe-Feld, da *Google* dann nur Webseiten auflistet, die alle diese Wörter enthalten. Eine weitere Methode ist das Setzen von Such-Wörtern in Anführungszeichen, da somit nach genau dieser Wort-Kombination gefahndet wird.

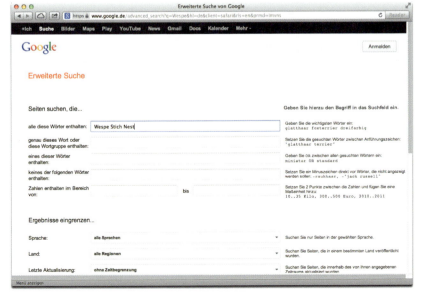

Die »Erweiterte Suche« über Google lässt Sie die Informationsflut schon einmal eingrenzen. Weitere Hilfestellungen zum Suchen finden Sie auch auf der Webseite » http://support.google.com/websearch« bzw. bei den Suchtipps für die erweiterte Suche, die allgemeine Grundregeln erläutern und Ihnen weitere Vorschläge unterbreiten.

Suchergebnisse erhalten Sie natürlich nicht nur über *Google*, sondern über alle bekannten Portale wie *Yahoo* (`de.yahoo.com`), *Altavista* (`de.altavista.com`), *bing* (`www.bing.com`) und wie sie alle heißen. Interessant ist hierbei noch der Ansatz von *MetaGer*, einer Meta-Suchmaschine, die nach einem Suchbegriff fahndet, indem Sie gleichzeitig mehrere Suchmaschinen befragt. Die URL hierzu: `www.metager.de`.

Egal, welche Such-Ergebnisse Sie auch erhalten: Über einen Mausklick in die angegebenen Hyperlinks (das sind die unterstrichenen Begriffe) werden Sie automatisch dorthin verlinkt und können somit die ganze Welt des Wissens und des Kommerzes durchschreiten.

Die Sache mit den RSS-Feeds

RSS-Feeds (*Really Simple Syndication*) sind im Grunde nichts anderes als die Schlagzeilen einzelner Artikel ohne die Gesamt-Nachricht. Möchte man den gesamten Artikel lesen, so klickt man auf die entsprechenden Links. Der Vorteil ist, dass man so in kürzester Zeit einen umfassenden Überblick über das allgemeine Tagesgeschehen oder sonstige Themen erhält, ohne sich erst mühsam durch viele Hierarchien oder mit Werbung überflutete Webseiten hindurchklicken zu müssen. *Safari* hatte bislang (bis zur Version 5) die Funktionalität zum Anlegen und Ansehen besagter RSS-Nachrichten an Bord – ab Version 6 und damit auch unter *OS X Mountain Lion* wurde diese sinnvolle Einrichtung gestrichen. Was Apple sich auch immer dabei gedacht hat – wir können es leider nicht nachvollziehen.

Fakt ist jedoch, dass Sie sich wohl oder übel um Ersatz umsehen müssen – am besten vielleicht über den *Mac App Store*, der sowohl kostenpflichtige als auch kostenlose Apps anbietet.

Der Mac App Store listet eine große Auswahl an RSS-Readern auf, wobei die meisten jedoch auf Informationen von »Google Reader« zurückgreifen, für dessen Einrichtung Sie einen Google-Account benötigen.

Weiterhin hilft auch eine Suche über das Internet, wobei hier die beiden RSS-Reader *NetNewsWire* (http://netnewswireapp.com/mac) bzw. *Vienna RSS* (http://www.vienna-rss.org) zu erwähnen sind, die zum einen kostenfrei sind und sich auch ohne Synchronisation über *Google Reader* betreiben lassen.

Sofern sich in Ihren *Safari*-Lesezeichen noch etwaige RSS-Seiten befinden, so können Sie nach Aufruf aller Webseiten über das *Buch*-Symbol ( ) diese von dort herauskopieren und beispielsweise in *Vienna RSS* oder *NetNewsWire* neu anlegen. Dazu bieten beide über die *Plus*-Buttons die Möglichkeit, sich über die Eingabe der URLs auf den betreffenden RSS-Feeds einzuschreiben.

Als Ersatz für die ehemalige RSS-Unterstützung seitens Safari bieten »NetNewsWire« sowie »Vienna RS« einen guten Ersatz.

Daten speichern in und über Safari

Ehe Sie nun Stunden im Internet verbringen und während einer Online-Sitzung alles in sich reinsaugen, ist es manchmal vernünftiger, sich gewisse Daten (Texte, Bilder, Handbücher im PDF-Format usw.) herunterzuladen. Das Speichern geht meist recht schnell und ohne große Probleme, sodass Sie auch Tage später noch darauf zurückgreifen können.

Einfache Text-Inhalte speichern Sie am besten so, wie sie sind, und zwar gleich in *Safari*. Ist eine Seite aufgerufen, so wählen Sie *Ablage | Sichern unter* oder *Befehlstaste-S* (⌘-S), vergeben einen Namen (oder kürzen/ übernehmen den vorgegebenen) und wählen als Format *Web-Archiv*. Der

Speicher-Ort bleibt wie üblich Ihnen überlassen, nur wiederfinden sollten Sie Ihr Dokument. Die Datei wird nun als *Web-Archiv* abgelegt und kann durch Doppelklick in *Safari* aufgerufen werden. Im Dokument enthaltene *Hyperlinks* funktionieren im Übrigen weiterhin – mit Klick darauf werden Sie automatisch weitergeleitet – vorausgesetzt, Sie sind online und die Links zu den entsprechenden Seiten sind weiterhin vorhanden.

Die Schnell-Methode über »Sichern unter«: Titel-Vergabe und Bestimmung des Formats – fertig ist die Angelegenheit.

Bei Berichten, die sich beispielsweise über mehrere Seiten verteilen, sollten Sie als Erstes wieder darauf achten, ob sich in der Adresszeile die Markierung *Reader* (Reader) befindet. Ist dem so, so klicken Sie darauf und Sie bekommen Ihren Bericht vom üblichen Werbebrei extrahiert geliefert. Zum *Speichern* sollten Sie den Mauszeiger in das untere Drittel des *Safari*-Fensters bewegen und in der auftauchenden Bedienleiste das Symbol für *Diese Seite drucken* wählen, sodass der Druck-Dialog erscheint. Im nächsten Schritt geht es dann nach links unten, indem Sie auf den Button *PDF* klicken und daraus *Als PDF sichern* benutzen. Vergeben Sie anschließend einen Namen, bestimmen Sie den Speicher-Ort und füllen Sie auf Wunsch die Felder für *Titel, Autor, Betreff* sowie *Schlagwörter* aus. Letztere Einträge eignen sich wieder, wenn Sie eine Suche auf dem Rechner durchführen. Sie können sogar über die Sicherheitsoptionen das Dokument so schützen, dass ein Zugriff nur über ein Kennwort möglich ist. Mit Klick auf *Sichern* ist Ihre Arbeit erledigt und das Dokument liegt zum späteren Gebrauch auf Ihrer Festplatte.

6 | Online mit dem Mac

Aus einem Online-Bericht ein PDF zu generieren ist dank OS X eine schnelle Angelegenheit.

Benennen Sie Ihr PDF mit einem aussagekräftigen Namen, damit Sie es auch später wiederfinden – auf Wunsch sogar mit Kennwort-Schutz.

Als Alternative zum eben geschilderten Vorgehen lassen sich Text und Bild einer Webseite auch einfach herauskopieren und beispielsweise in *TextEdit* einzufügen. Dazu setzen Sie den Mauszeiger am Anfang des Textblocks und ziehen dann mit gedrückter Maustaste über den gesamten Bereich. Erstreckt sich der Text über den Fenster-Inhalt von *Safari* hinaus, so brauchen Sie nur die Maus bis an den unteren Rand des Fensters zu ziehen. Dort angekommen, fängt der Fenster-Inhalt an zu laufen – und zwar so lange, bis Sie die Maus ein wenig nach oben bewegen (oder der Browser ganz außer Puste ist ;-)). Ist alles zur Zufriedenheit markiert, so wählen Sie *Bearbeiten | Kopieren* (⌘-C) und starten dann das Programm *TextEdit*, das ein neues Dokument öffnet. Klicken Sie da rein und wählen Sie *Bearbeiten | Einsetzen* (⌘-V) – der Inhalt der Zwischenablage wird nun eingefügt – und zwar mit Auszeichnungen und eventuellen Bildern, die aber nicht weiter stören dürften.

Holen Sie sich dann wieder *Safari* in den Vordergrund, springen Sie eine Webseite weiter und ziehen Sie das gleiche Prozedere noch einmal durch. Achten Sie hierbei darauf, dass Sie den Mauszeiger am Ende des schon bestehenden *TextEdit*-Dokumentes ansetzen, damit auch die Reihenfolge später stimmt. Auf diese Weise kopieren Sie nach und nach die Inhalte in ein einzelnes Dokument, was sich auch hervorragend ausdrucken lässt. Wählen Sie dann noch ⌘-S für *Ablage | Sichern* und Ihr Bericht liegt auf dem Rechner zum Offline-Lesen.

Webseiten-Inhalte übertragen per Copy & Paste (Kopieren und Einfügen). Zugegebenermaßen müssen Sie manchmal noch ein wenig nachbessern, aber im Großen und Ganzen geht die Sache schnell über die Bühne.

Bevor Sie das Prozedere mit Kopieren und Wiedereinfügen exerzieren, sollten Sie immer nach hilfreichen Zusatzfunktionen auf der Webseite Ausschau halten. Oftmals stellen schon die Seiten-Betreiber bei längeren Texten Optionen wie *Text drucken* oder *per E-Mail weiterleiten* zur Verfügung. Bei ersterer Möglichkeit wird der Text vollständig (und nicht auf mehrere Webseiten verteilt) angezeigt, sodass Sie über den *Drucken*-Befehl schnell wieder ein

PDF erstellen können. Oder Sie senden sich den Bericht an die eigene E-Mail-Adresse zum späteren Durchlesen. Aber Achtung: Manche Internet-Seiten wollen auch nur E-Mail-Adressen sammeln und Sie landen so womöglich bei einem Spam-Versender.

Auch *PDF*-Dateien, auf die Sie stoßen, werden in *Safari* angezeigt. Hier können Sie auf Dokumente treffen, die mehrere Hundert Seiten aufweisen, sodass eine Online-Sitzung über Tage zum Lesen eingeplant werden müsste. Damit dem nicht so ist, speichern Sie nach dem Laden der Seiten wie selbstverständlich das große Dokument. Achten Sie dabei wieder auf die Bedienleiste am unteren Rand des *Safari*-Fensters. Darüber lässt sich nun das angezeigte PDF zum einen Vergrößern und Verkleinern, zum anderen können Sie es im Programm *Vorschau* öffnen oder sich gleich in den Ordner *Downloads* herunterladen.

PDFs lassen sich meist in nur wenige Sekunden laden und speichern. Das klappt sowohl über das Apple-eigene PDF-Plug-in als auch über den Adobe-Gegenpart (hintere Abbildung).

Sowohl der *Adobe Reader* als auch *Adobe Acrobat Pro* haben die schlechte Angewohnheit, dass sie bei der Installation das Apple-eigene PDF-Plugin zum Anschauen von PDFs außer Gefecht setzen und dafür das hauseigene Adobe-Produkt integrieren. Uns persönlich gefällt das nicht, sodass wir es nachträglich wieder entfernt haben. Sie finden das Plugin *AdobePDFViewerNPAPI.plugin* über den Pfad *Macintosh HD/Library/ Internet Plug-Ins*.

557

Viele Dateien, die Sie im Internet herunterladen können (meist Programme oder Updates), werden aufgrund ihrer Datengröße als komprimierte Daten (Apple spricht hier von *Archiven*) verschickt. Klicken Sie auf den *Download*-Button (), so können Sie den Status des Lade-Vorganges einsehen. Nach dem Herunterladen wird die Datei automatisch entpackt. Sollte dem nicht so sein, so versuchen Sie die Datei per Doppelklick selbstständig zum Entpacken zu bewegen.

»Downloads« gibt einen Überblick über heruntergeladene Dateien – der Klick auf die Lupe führt Sie automatisch an den Speicher-Ort.

Das hauseigene Programm unter *OS X Mountain Lion* zum Dekomprimieren wie Komprimieren finden Sie im Übrigen über den Pfad *Festplatte/System/Library/CoreServices/Archivierungsprogramm*. Starten Sie es über einen Doppelklick, so lässt sich über die *Einstellungen* (*Befehlstaste-Komma*) genau festlegen, wohin entpackte Daten gesichert werden sollen bzw. was mit den Archiven passieren soll (z. B. in den Papierkorb legen). Wenn Sie selbst Daten komprimieren möchten, so erledigen Sie das über den *Finder*. Markieren Sie zuerst ein oder mehrere Objekte und wählen Sie dann *Ablage | »Objekte« komprimieren*. Als Standard-Format wird *Komprimiertes Archiv* verwendet, was jedoch im Austausch mit Windows-Anhängern Schwierigkeiten bereiten kann. Wählen Sie stattdessen lieber Zip-Archiv.

Das »Archivierungsprogramm« dümpelt ein wenig unscheinbar in den Tiefen des Systems herum. Warum eigentlich?

Zurück zu *Safari*: Natürlich lassen sich auch Bilder speichern, und zwar einfacher, als Sie denken. Die schnellste Methode: Packen Sie das Bild mit der Maus und ziehen Sie es aus dem Browser heraus auf Ihre Festplatte (in einen Ordner oder erst einmal zum Sammeln auf den Schreibtisch). Eleganter geht's jedoch über das *Kontext*-Menü, indem Sie mit gedrückter *ctrl-Taste* bzw. per Rechtsklick/Zweifinger-Tipp auf das entsprechende Bild klicken. Das *Kontext*-Menü bietet Ihnen nun eine Reihe von Optionen an, die über das Öffnen des Bildes in einem neuen Fenster oder Tab bis hin zum Sichern auf dem Schreibtisch/als Schreibtisch-Hintergrund oder zum Hinzufügen in das *iPhoto*-Archiv reichen. Auch die Bildadresse, sprich die zugehörige URL, können Sie kopieren, wenn es sich beispielsweise um geschützte Bilder handelt, die einem Copyright unterliegen. Oder Sie kopieren das Bild einfach in die Zwischenablage (*Bild kopieren*) und fügen es dann in einem anderen Programm wieder ein.

Die meisten Bilder, die Sie im Internet antreffen, sind mit einem *Copyright* versehen, das den Gestalter oder Fotograf vor unbefugtem Zugriff ihrer Werke durch Dritte schützt. Denken Sie also bitte daran, diesen Schutz zu wahren und nicht anderweitig zu veröffentlichen oder gar Handel damit zu treiben. Das könnte nicht nur teuer für Sie werden, sondern zollt auch den Künstlern Anerkennung für ihre Taten. Das gilt selbstverständlich nicht nur für Bilder, sondern auch für Text-Dokumente und Musik-Dateien.

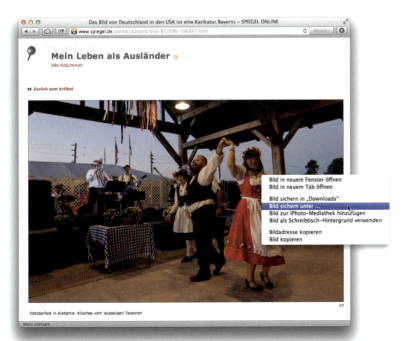

Bilder kopieren leicht gemacht – dank des Kontext-Menüs ist ein Bild schnell auf der Festplatte.

Das *Kontext*-Menü ist auch bei anderen Tätigkeiten hilfreich. So lässt sich – jeweils mit gedrückter *ctrl-Taste* bzw. per Rechtsklick/Zweifinger-Tipp – bei Klick auf einen *Hyperlink* dieser in einem separaten Fenster oder Tab öffnen, die dazugehörige Datei laden, diese Seite als Lesezeichen speichern oder der Leseliste hinzufügen. Bei Anwendung auf der »reinen« Internet-Seite können Sie auf die vorherige Webseite zurückspringen oder die aktuelle neu laden bzw. diese sichern oder drucken. Markieren Sie Text-Abschnitte oder auch nur ein einzelnes Wort, so lässt sich über das Kontext-Menü mit *Spotlight* oder über *Google* suchen oder ein Begriff im Lexikon nachschlagen.

Das Kontext-Menü stellt Ihnen nur diejenigen Befehle zur Verfügung, die bei der augenblicklichen Anwendung Sinn machen.

Webseiten lassen sich auch schnell weiterleiten, indem Sie entweder über das *Ablage*-Menü den Befehl *Senden* wählen oder über die *Senden*-Taste ( ) eine der Funktionen *Diese Seite per E-Mail senden*, *Nachricht*, *Facebook* oder *Twitter* verwenden.

Gefällt Ihnen eine Webseite und möchten Sie diese anderen mitteilen, so hält Safari diverse Möglichkeiten parat – beispielsweise den Versand an Facebook-Freunde.

Nach diesem ausführlichen Rundgang durch den Internet-Browser *Safari* wenden wir uns nun dem E-Mailen zu. Das Einrichten des Programms sowie der Umgang mit E-Mails ist gar nicht so schwer, wie Sie auf den folgenden Seiten sehen werden.

6 | Online mit dem Mac

Schöner E-Mailen mit dem Programm »Mail«

Konfiguration eines Accounts

Bevor Sie mit dem Mailen so richtig loslegen können, müssen Sie zuerst einmal einen Account einrichten. Unter *OS X Mountain Lion* erledigen Sie das über die Systemeinstellung *Mail, Kontakte & Kalender*, die rechter Hand schon einmal ein paar Dienste anbietet. Besitzen Sie beispielsweise einen *iCloud*-Account, so klicken Sie darauf. Geben Sie Ihre *Apple ID* sowie das Kennwort ein und klicken Sie auf *Anmelden*. Im Falle von *iCloud* werden Sie wieder gefragt, ob die *Kontakte, Kalender* und *Lesezeichen* wieder mit jenen bestehenden in der *iCloud* zusammengeführt werden sollen. Im nachfolgenden Dialog markieren Sie dann jene Programme, die über diesen Account laufen sollen.

Die Auswahl der Mail-Anbieter. Über den Klick auf einen Eintrag geben Sie den Startschuss zum Anlegen eines Accounts.

Im Falle von »iCloud« brauchen Sie nur die Apple ID sowie das Kennwort einzutragen und anschließend die gewünschten Dienste zu markieren.

Falls Sie beim Installieren von *OS X Mountain Lion* Ihre Daten vom alten Computer auf den neuen übertragen haben bzw. *OS X Mountain Lion* als Update über *Mac OS X Snow Leopard/OS X Lion* verwendet haben, so sollten Ihre Accounts bereits angelegt sein. Dasselbe gilt auch für jene, die ihre Rechner bislang über *iCloud* synchronisieren und dabei auch die Mail-Accounts berücksichtigen.

Sofern Sie angebotene Provider wie *Google Mail*, *Yahoo!* etc. verwenden, so ist es in der Tat ein Leichtes, diese Accounts zu konfigurieren. Nach Eingabe der jeweiligen *ID* bzw. der E-Mail-Adresse, der Kennwörter sowie dem Markieren der in Anspruch genommenen Dienste erstellt die Systemeinstellung *Mail, Kontakte & Kalender* automatisch die Zugänge. Benutzen Sie stattdessen *T-Online*, *1und1* oder einen anderen Anbieter, so müssen Sie ein wenig nach unten scrollen und auf den Eintrag *Anderen Account hinzufügen* klicken.

Zuerst heißt es den entsprechenden Account-Typ zu wählen. Da wir den E-Mail-Zugang einrichten möchten, heißt unser Favorit ganz klar *E-Mail-Account hinzufügen*. Über *Erstellen* geben Sie dann Ihre bislang verwendete E-Mail-Adresse sowie das zugehörige Kennwort ein.

Nach dem Auswählen des gewünschten Account-Typs heißt es wieder Daten eintragen.

Wenn Ihnen ab und zu einmal die Kennwörter abhandenkommen, so denken Sie an die *Schlüsselbundverwaltung,* die alle Passworte verwaltet und dort auch eingesehen werden können. Sie dürfen nur nicht Ihr *Administrator-Kennwort* vergessen, denn dann ist Schicht im Schacht.

Klicken Sie wiederum auf *Erstellen,* so versucht *Mail* die entsprechend eingegebenen Daten beim Server abzufragen. Ist ihm dieser jedoch nicht bekannt, gibt es die Fehlermeldung, dass die Account-Einstellungen nicht gefunden werden konnten. Nun bitte ganz ruhig – denn das ist kein Problem. Dann wird es eben händisch erstellt – wozu Sie allerdings Ihre Zugangs-Daten des Providers benötigen. Wir sind uns sicher, die haben Sie mit einem Griff ins Regal parat :-)

Kann ja mal vorkommen …

Über *Fortfahren* mischt sich nun das Programm *Mail* ins Geschehen ein und bittet um Rede und Antwort. Der erste Dialog betrifft hierzu den Server für eintreffende Mails. Bei einem *POP*-Server (*Post Office Protocol*) übertragen Sie Ihre Mails direkt auf den Computer, während bei einem *IMAP*-Server (*Internet Messaging Access Protocol*) diese üblicherweise auf dem Server verbleiben. Wenn Sie also häufig unterwegs sind oder mehrere Rechner oder Mobil-Geräte wie iPhone oder iPad benutzen, so ist das von großem Nutzen, da Sie stets von allen Orten aus auf Ihre E-Mail-Postfächer zugreifen können und stets auf dem gleichen Stand sind. Die *iCloud* sei hier als Beispiel für einen *IMAP*-Account genannt.

Auch ein *Exchange*-Account (ab *Exchange 2007*), der üblicherweise in Windows-Umgebungen Zuhause ist, lässt sich einrichten. Hierbei wird eine Verbindung zu einem *Microsoft Exchange Server* hergestellt, auf dem alle Postfächer gesichert sind. *Mail* kann sich dort folglich mit seinen Daten versorgen. Aber auch die App *Kalender* kann zum Synchronisieren von Kalendern und Aufgaben verwendet werden und Ihr Adressbuch *Kontakte* erhält einen Zugriff auf die *Exchange Global Adresslist*. Wählen Sie nun den Servertyp *Exchange 2007*, so müssen Sie bei *Server für eintreffende E-Mails* den Namen des *Client Access Servers* (kurz CAS) eingeben. Am besten fragen Sie hier den Administrator in Ihrer Firma. Bei *Exchange IMAP* müssen Sie weiterhin einen *Outlook Webserver* benennen.

Bei *Beschreibung* (gilt für alle Servertypen) sollten Sie einen aussagekräftigen Namen vergeben, wenn Sie etwa mehrere Accounts benutzen. Danach folgen der Benutzername sowie das Passwort für diesen Server.

Der Assistent zum Einrichten des Accounts macht es Ihnen leicht. Die jeweiligen Angaben wie Ihr Benutzer-Name (oder auch Konto-ID) bzw. Ihr Kennwort können Sie aus Ihren Provider-Unterlagen entnehmen.

Sofern Sie es noch nicht herausgefunden haben: Das @-Zeichen schreiben Sie über *Wahltaste-L* (⌥-L).

Haben Sie schon zuvor ein E-Mail-Programm benutzt, so sollten Sie dort Ihre Konten bzw. Accounts aufrufen und die eingetragenen Daten von dort abschreiben, falls Sie Ihnen im Moment nicht auf schriftlichem Wege vorliegen. Erinnern Sie sich nicht mehr an die Passworte, so denken Sie an das Dienstprogramm *Schlüsselbund* (Mac OS X Tiger) bzw. *Schlüsselbundverwaltung* (Mac OS X Leopard, Snow Leopard, OS X Lion), über das Sie dieses Problem lösen können.

6 | Online mit dem Mac

Zum Überprüfen, ob alles funktioniert, sollten Sie jetzt online gehen und dann auf *Fortfahren* klicken. Danach tragen Sie die Daten des Servers für ausgehende Mails ein. Dieser ist dafür zuständig, Ihre Mails zu versenden (auch Postausgangsserver genannt). Es erfolgt die Bestimmung der Sicherheits-Richtlinien, die im Normalfall nur die Abfrage des Kennworts beinhaltet.

«smtp» steht für Simple Mail Transfer Protocol und ist das Standardprotokoll für ausgehende E-Mails.

Zum Schluss erhalten Sie die *Account-Zusammenfassung*, und über *Erstellen* wird der eben eingetragene Account angelegt. Es öffnet sich das Programm *Mail* und die ersten E-Mails sollten gleich im Anschluss eintrudeln.

Werfen Sie noch einmal einen ausführlichen Blick auf die Zusammenfassung und klicken dann auf »Erstellen«.

Zum Anlegen weiterer Accounts können Sie nun fortfahren, indem Sie dies über die *Mail-Einstellungen | Accounts* oder über die Systemeinstellung *Mail, Kontakte & Kalender* erledigen.

Die Einstellungen von Mail

Wie auch bei den anderen Programmen finden Sie in den *Einstellungen* eine Menge an Optionen und Möglichkeiten, Ihr Programm so einzurichten, dass es Ihren Wünschen entspricht. Unterteilt in mehrere Rubriken ist folglich für jeden Zweck und Anlass etwas dabei, wie Sie gleich sehen werden.

Allgemein

In dieser Rubrik bestimmen Sie das E-Mail-Programm Ihrer Wahl als Standard und legen gleichzeitig fest, ob der Empfang von E-Mails automatisch nach festgelegten Zeiten (minütlich, alle 5, 15 oder 30 Minuten bzw. stündlich) oder manuell (auf Knopfdruck) erfolgen soll. Geht eine E-Mail ein, können Sie diesem Vorgang einen Ton zuweisen, den Sie sich über das Popup-Menü anhören können. Die Option *Ungelesene E-Mails im Dock anzeigen* blendet direkt im *Mail*-Icon ein kleines Symbol mit der Anzahl der neu eingetroffenen – und eben noch nicht gelesenen – Nachrichten ein (siehe auch Abbildung in der Seitenleiste).

Was die *Benachrichtigungen* (also die erscheinenden Banner oder Hinweise am rechts oben liegenden Bildschirmeck) angeht, so aktivieren Sie diese Funktion zuallererst in der Systemeinstellung *Mitteilungen*. Welche Nachrichten denn nun genau gemeldet werden, bestimmen Sie wiederum bei *Benachrichtigungen bei neuen Nachrichten*: Alles, was im Posteingang landet, nur E-Mails, die von VIPs kommen (siehe weiter unten), E-Mails, deren Absender sich bei Ihnen in den *Kontakten* befinden etc.

Bekommen Sie von Dritten eine *Einladung*, so stellen Sie das weitere Prozedere bei *Einladungen zu Kalender hinzufügen* ein: *Automatisch* oder *Nie* (Informationen zu *Kalender* erhalten Sie im Kapitel »Die Welt der Programme«). In ersterem Fall müssen Sie nur auf den Link der *.ics*-Datei klicken, um das Ereignis in *Kalender* eintragen zu lassen.

Bei E-Mails mit Anhängen, die Sie empfangen, können Sie einen Ordner festlegen, in dem die Daten gespeichert werden sollen, wenn Sie auf den Button *Sichern* klicken. Als Standard ist der Ordner *Downloads* angegeben, den Sie in Ihrem Benutzer-Ordner finden. Wie mit Downloads weiter zu verfahren ist, stellen Sie bei *Nicht bearbeitete Downloads entfernen* ein.

Allerhand Optionen warten auf Sie.

Möchten Sie eine E-Mail versenden und es tauchen Probleme dabei auf, so können Sie über die Option *Falls der Server für ausgehende E-Mails nicht verfügbar ist* entscheiden, wie sich *Mail* verhalten soll: Entweder wird eine Liste alternativer Server angezeigt (falls vorhanden) oder *Mail* versucht es einfach später noch einmal, die E-Mail über den bisherigen Server zu versenden.

Der letzte Punkt betrifft die Suche: Falls Sie später in der Fülle Ihrer E-Mails nach einer ganz bestimmten Nachricht fahnden, so lassen sich neben den selbst angelegten Ordnern auch die Ordner *Papierkorb*, *Unerwünschte Werbung* sowie *Verschlüsselte E-Mails* durchsuchen.

Accounts

In der Rubrik *Accounts* lassen sich – wie schon erwähnt – jene Daten eintragen, die Sie von Ihrem Provider erhalten haben. Zumeist werden Sie nur einen Account besitzen, den Sie bereits über die Systemeinstellung *Mail, Kontakte & Kalender* bzw. in den *Mail-Einstellungen* über *Ablage | Account hinzufügen* eingaben. Möchten Sie weitere anlegen, so können Sie dies auch über einen Klick auf den kleinen *Plus*-Button links unten erwirken. In der Rubrik *Postfach-Verhalten* regeln Sie, wie sich die einzelnen Postfächer für *Entwürfe* (Mails, die Sie schon geschrieben haben, aber noch nicht absenden möchten), *Gesendete E-Mails* (Mails, die bereits verschickt worden sind), *Werbung* (das können sinnvolle Mails, aber auch Schrott sein) und den *Papierkorb* verhalten sollen. Diese Einstellungen unterscheiden sich je nach Server-Typ – also *IMAP* (die Mails

Unten: Links die Einstellungen für einen iCloud-Account, rechts ein typischer POP-Server.

bleiben auf dem Server) oder *POP* (die Mails landen auf Ihrer Festplatte) – und betreffen auch das Lösch-Verhalten. Das Gleiche gilt auch für die Rubrik *Erweitert*, bei der Sie die Einstellungen so belassen sollten.

Werbung

Mit der Werbung ist das so eine Sache. Da gibt es jene Newsletter und Mails, die Sie vielleicht anfordern, da Sie die Angebote interessieren. Auf der anderen Seite werden jedoch millionenfach Mails verschickt, die Ihnen neben verbilligten Potenzpillen und einer Rolex als Schnäppchen auch einen Geldsegen im Spielcasino versprechen. Letzteren Schrott nennt man *Spam* (übersetzt »Müll«), der ungefragt verschickt wird, in der Hoffnung, dass der ein oder andere eine Bestellung aufgibt. Und weil genau das immer wieder passiert und jemand darauf reinfällt, werden wir wohl auch noch in Jahren mit derlei Postings belästigt.

Die meisten Mails stammen aus Amerika, China oder Russland, sodass man diesen Versendern nur schwer auf die Spur kommt und ihnen oftmals nichts nachzuweisen ist. Hinzu kommt, dass meist Computer von ahnungslosen Anwendern zum Verschicken dieser Mail-Flut missbraucht werden, die davon gar nichts wissen. An Adressen gelangen Sie, indem Sie entweder massenhaft diese kaufen oder eben über Spy-Software das Internet durchforsten, um an E-Mail-Adressen zu gelangen. Leider nimmt auch hier ein geringer Prozentsatz der Empfänger solcher Mails die Dienste in Anspruch, sodass es sich anscheinend lohnt, diesen für alle anderen nervigen Weg zu gehen. Tun Sie sich daher selbst bzw. allen anderen den Gefallen und geben Sie Ihre E-Mail-Adressen nur an Ihnen bekannte Personen weiter. Vermeiden Sie es, wo es nur geht, sie auf irgendwelchen Webseiten zu hinterlassen. Bei Einkäufen oder der Anforderung von Informationen verwenden Sie am besten sogenannte Free-Mailer (*GMX*, *Freenet*, *Yahoo!* etc.), die Ihnen kostenlos eine E-Mail-Adresse zur Verfügung stellen. Hat es Sie dann erwischt und Sie werden von Hunderten unsinniger Mails zugemüllt, wechseln die einfach die E-Mail-Adresse und Sie haben wieder ein wenig Zeit gewonnen. Ihre Haupt-Adresse geben Sie bitte nur Stellen, denen Sie vertrauen können – beispielsweise dem Mandl & Schwarz-Verlag bei Ihrer nächsten Bestellung ;-)

> Es wird Ihnen sicherlich nicht erspart bleiben, dass Sie auch sogenannte *Phishing*-Mails erhalten, deren Absender sich mit uns bekannten Banken-Adressen schmücken. Ob Postbank, Deutsche Bank oder Volksbanken etc.: Im Begleittext werden Sie dazu aufgefordert, sich aufgrund von Betrügereien, Kreditkarten- oder Datenbank-Umstellungen neu autorisieren zu müssen. Hierzu werden Sie gebeten, persönliche Bank-Daten sowie TANs zu hinterlassen. Tun Sie das auf keinen Fall, denn keine Bank der Welt würde Sie dazu auffordern, sensible Daten per E-Mail oder auf Internet-Formularen einzugeben. Sind Sie schon in die Falle getappt, nehmen Sie am besten umgehend Kontakt mit Ihrer Bank auf und schildern Sie ihr den Fall. Diese sollten wiederum schleunigst Ihre Kontoverbindung für das Online-Banking sperren bzw. die Zugangsdaten ändern.

In der Rubrik *Werbung* treffen Sie nun die ersten Vorsichtsmaßnahmen in Sachen Spam & Co. Hierzu bietet Ihnen *Mail* einen Filter an, der anhand der Versender-Adresse diese Mails relativ zuverlässig heraussuchen kann. Was nun damit geschieht, regeln Sie über die dargestellten Optionen. Zuerst sollten Sie die Standardeinstellung *Als unerwünschte Werbung markieren, aber im Posteingang belassen* verwenden. Hierbei werden fragliche E-Mails farbig gekennzeichnet, die Sie wiederum über die beiden in *Mail* vorliegenden Buttons für *unerwünschte Werbung* (👎) bzw. für *unerwünschte Werbung aufheben* (👍) zuordnen sollten. In diesem Modus können Sie zudem überprüfen, wie sich das Programm bei Ihren E-Mails verhält und inwieweit Spam von Ihren »richtigen« Nachrichten unterschieden und erkannt wird.

Unerwünschte Werbung, die von »Mail« als solche erkannt wird, wird farbig gekennzeichnet. Des Weiteren verhindert »Mail« auch das Laden von Bildern.

Werden weitere Mails von Ihnen als unerwünscht eingestuft, aber vom Filter nicht erkannt, sollten Sie diese markieren und den Button «Unerwünschte Werbung» drücken (auch wenn es noch so verführerisch klingt …).

Das Programm *Mail* bekommt sozusagen von Haus aus eine Art interne Datenbank mit, mit deren Hilfe sie Werbung ausfindig machen kann. Und das Beste daran: Diese Datenbank ist lernfähig. Das heißt für Sie als Anwender, dass bei häufigem Gebrauch der Zuteilung von *Unerwünschte Werbung* bzw. *Keine Werbung* Ihr Spam-Filter ausgebaut und aktualisiert wird und von Mal zu Mal genauer arbeitet.

Ist der Filter über einen gewissen Zeitraum gelaufen und Sie sind zufrieden mit der Erkennungsrate, so können Sie in den Modus *In das Postfach für unerwünschte Werbung bewegen* wechseln. Diesem von *Mail* angelegten neuen Postfach sollten Sie allerdings nicht blind vertrauen, denn manchmal rutscht auch eine wichtige Nachricht dort hinein. Von nun an laufen sämtliche Werbe-Mails in das Postfach namens *Werbung* – Ihr eigentliches Eingangs-Postfach wird dabei spürbar entlastet.

6 | Online mit dem Mac

Den Kampf gegen Spam werden Sie zwar nie gewinnen, aber Sie können zumindest Teilerfolge erzielen.

Bei allzu vielen Ungereimtheiten können Sie die leidige Angelegenheit auch selbst in die Hand nehmen, indem Sie die Option *Eigene Aktionen ausführen* wählen. Hierbei stellen Sie Ihre eigenen Regeln auf, indem Sie auf den Button *Weitere Optionen* klicken und im auftauchenden Dialog Ihre Einstellungen eingeben. Dabei legen Sie zum einen fest, welche Bedingungen erfüllt sein müssen, damit die Kategorie *Werbung* erfüllt sein muss. Dies kann unter anderem eine nicht in *Kontakte* vorhandene E-Mail-Adresse sein oder eine unvollständige Adressierung an Sie als Empfänger bedeuten. Über den *Plus*-Button können Sie auch noch weitere Regeln bestimmen. Nach diesen Festlegungen definieren Sie dann die Aktion, die bei Erfüllung der erst genannten Bedingungen erfolgen soll. Die E-Mails können dann etwa in einen bestimmten Ordner verschoben, farbig markiert oder auch gleich gelöscht werden. Mit der Zeit können dann die Regeln immer weiter angepasst werden, sodass eine immer höhere Trefferquote erreicht wird.

Etwas mühsam – aber was tut man nicht alles, um seine Ruhe zu bekommen.

571

Damit nun eine gewisse Beständigkeit in die Suche und Unterscheidung in Sachen unerwünschte Werbung kommt, lassen sich weiterhin in der *Werbung*-Rubrik einzelne Optionen (*Absender der Nachricht befindet sich in meinen Kontakten, Absender ist in meiner Liste »Vorheriger Empfänger« und E-Mail ist an meinen vollständigen Namen adressiert*) aktivieren, die der Spam-Filter zu berücksichtigen hat.

Die »Mail-Einstellungen« unterstützen Sie dabei, der Werbeflut Herr zu werden.

Zusammenfassend lässt sich sagen, dass das Spam-Problem wohl noch eine Weile bestehen bleiben wird, die Programmierer intelligenter Mail-Software jedoch ebenfalls nicht schlafen und ihre Spam-Filter immer besser ausbauen. Nichtsdestotrotz sollten Sie immer auf der Hut sein, damit Sie sich a) keinen Virus auf den Rechner laden und b) Ihnen keine wichtigen Mails durch die Lappen gehen. Und tun Sie sich selbst den Gefallen und antworten Sie nie auf eine Werbe-Mail im Sinne von »Lassen Sie mich gefälligst in Ruhe!« oder »Ich zeige Sie an!«. Das erzeugt bei den Verursachern nur ein müdes Lächeln und sie freuen sich, dass sie nun eine Bestätigung haben, dass Ihre Mail-Adresse existiert. In Zukunft würden Sie noch mehr Werbe-Mails bekommen und Sie müssten folglich eine Arbeitskraft einstellen, die Ihnen beim Abarbeiten Ihrer Postfächer unter die Arme greift.

Wenn wir unterwegs sind und den heimischen Rechner verlassen, sammeln sich in einigen Tagen schon einmal bis zu 500 E-Mails an, die auf dem Server liegen. Sage und schreibe bis zu 90 Prozent dieser Mails ist als Spam zu betrachten, sodass die Nerven nach der Rückkehr blank liegen. Wir haben uns mittlerweile angewöhnt, wichtigen Geschäftspartnern mitzuteilen, bis wann man unterwegs ist, sodass hiervon schon einmal keine wichtigen Nachrichten kommen werden. Als zweiten Schritt gehen wir auch im Ausland ins Internet und löschen bereits auf dem Server des Providers den gröbsten Schwung an Werbung, damit das Nachhausekommen nicht allzu sehr in Richtung »Albtraum« ausartet. Bitte beachten Sie dabei, dass Sie sich auf fremden Rechnern immer korrekt von Ihrem Mail-Server abmelden (Logout!), damit sich nachkommende Benutzer nicht in Ihren Postfächern tummeln.

Schrift & Farbe

Sowohl für die Darstellung der E-Mail-Liste als auch für das Verfassen von Mails können Sie sich Ihre Lieblingsschrift heranziehen. Wie Sie noch sehen werden, lässt sich ein Mail-Text formatieren (das sind dann sogenannte HTML-Mails) und ganz nach Ihren Wünschen gestalten. Hierbei möchten wir jedoch erwähnen, dass reine Text-Mails meist weniger Platz beanspruchen und sie oftmals leichter zu lesen sind. Manche Formatier-»Profis« bringen es auf bis zu fünf verschiedene Schrifttypen, acht unterschiedliche Farben und schreiend große Buchstaben, sodass man sich schon wundert, wie viel Zeit manche Menschen zum Gestalten ihres elektronischen Briefverkehrs haben. Im Geschäfts-Verkehr sind reine Text-Mails angesagt, und zwar ohne viel Brimborium und in knapper, aber sinnvoller Form.

Damit etwas Abwechslung ins Spiel kommt, die jedoch nicht von allen erwünscht ist.

Das Zitieren von Text-Teilen in E-Mails ist ebenso Standard. Hierbei wird der Inhalt einer E-Mail, die Sie erhalten und der Sie antworten möchten (E-Mail in der Liste markieren und den Button *Antworten* ( ) drücken), beim Rücksenden farblich gekennzeichnet. So können Sie jene Text-Abschnitte, die unwichtig sind, herauslöschen und unter den Rest jeweils Ihren Kommentar schreiben. Verschicken Sie nun die E-Mail und Sie erhalten sie wieder, so ist der vormals als Zitat gesetzte Text (blaue Farbe) noch eine Ebene weiter nach unten gerutscht. Dieser wird nun in grüner

Farbe dargestellt, während Ihre Kommentare in blau gehalten werden. Drücken Sie nun wieder den *Antworten*-Button, so verschiebt sich der Inhalt der Mail wieder um eine Ebene und das erst genannte Zitat ist nun rot, während Ihre vormals getroffenen Antworten grün sind usw. (das kann so lange weitergeführt werden, bis dem Rechner die Farben ausgehen ;-)). Auf diese Weise lässt sich in einem Mail-Verkehr, der vielleicht eine anregende Diskussion enthält, nachvollziehen, von wem das Geschriebene stammt und wie alt es ist. Achten sollten Sie nur darauf, dass Sie jeweils unwichtige Text-Stellen herauslöschen, da ansonsten die E-Mail-Unterhaltung einen ewig langen »Rattenschwanz« nach sich zieht.

Wenn Ihnen nun die vorgegebenen Farben nicht gefallen, so lassen sich diese bei *Zitierten Text in folgenden Farben darstellen* neu einrichten. Wir würden jedoch davon Abstand nehmen, sind doch die bereits bestehenden Farb-Vorschläge in allen E-Mail-Programmen Standard und werden somit von allen Anwendern sofort verstanden (im Gegensatz zu einer völlig neuen Farbgestaltung).

Darstellung

In dieser Kategorie treffen Sie Entscheidungen hinsichtlich der Darstellung der Benutzer-Oberfläche. Da *OS X Mountain Lion* für *Mail* ein Layout verwendet, das dem *iOS* für die mobilen Geräte gleicht (Postfächer, E-Mails sowie deren Inhalt werden in Spalten darstellt), heißt das noch lange nicht, dass dies auch jedem gefällt. Wünschen Sie sich also das alte Layout aus *Mac OS X Leopard-* oder *Snow Leopard*-Zeiten zurück, dann aktivieren Sie die Option *Klassisches Layout verwenden* und Sie dürften wieder glücklich sein.

Ob klassisches Layout der früheren OS X-Vorversion (hinten) oder das aktuelle Design von OS X Lion/Mountain Lion – das dürfen ganz allein Sie selbst entscheiden.

Weiterhin lassen sich bei den Übersichten der einzelnen E-Mails Etiketten für Empfänger sowie Kopien einblenden (*Etikett für Empfänger/Kopie in der E-Mail-Liste anzeigen*) sowie auf Wunsch auch die entsprechenden Kontaktbilder der jeweiligen Adressaten einblenden (*Kontaktfotos in der E-Mail-Liste anzeigen*).

Von links nach recht: die E-Mail-Liste ohne Optionen, mit Etikett für Empfänger/Kopie sowie mit Kontaktfoto.

Zu jeder Mail können Sie zudem bestimmen, wie viele Textzeilen (*Keine* bis *5 Zeilen*) in der E-Mail-Liste zu jedem Eintrag angezeigt werden sollen. Je mehr Sie davon einstellen, desto eher können Sie sich einen ersten Überblick über den Inhalt einer Mail verschaffen.

Markieren Sie nun eine E-Mail, so wird diese im großen Übersichtsbereich eingeblendet. Oben finden Sie den sogenannten *Header*, in dem die Eintragungen zu Absender, Empfänger, Datum und Betreff stehen. Klicken Sie auf *Details*, so lässt sich genau bestimmen, welcher Eintrag zu welcher Kategorie gehört. Eben genannte Komponenten sind als Standard definiert, können jedoch angepasst werden, wenn Sie weitere Informationen wünschen. Das erledigen Sie bei *Header-Details einblenden*. Auf diese Weise lassen sich beispielsweise auch die Server-Daten anzeigen, über die die Mail hinwegbrauste. Am besten, Sie stellen einmal zur Probe die Option *Alle* ein, damit Sie verstehen, was wir meinen. Aber auch die benutzer-definierte Version *Eigene* (siehe Seitenleiste) ist einen Blick wert, da Sie sich dort genau jene Daten einrichten können, die für Sie relevant sind.

Der Header befindet sich über dem eigentlichen Mail-Inhalt und zeigt Ihnen wichtige Informationen an: oben und Mitte die Standard-Ausführung, unten mit allen Header-Informationen.

Die Option *Online-Status von Kontakten einblenden* betrifft weniger das iMessaging über Nachrichten, sondern das Chatten über AIM-, Yahoo!- oder Google-Accounts. Dabei wird im klassischen Layout in der Spalten-Ansicht ein weiteres Feld ( ) hinzugefügt, in dem Sie Personen, die sich in Ihrer *Kontaktliste* befinden und die ebenso online sind, schnell erkennen können. Im aktuellen Design finden Sie nur einen grünen Punkt ( ), was in diesem Zusammenhang bedeutet, dass diese Person anwesend ist und für ein Pläuschchen zur Verfügung stünde.

Zur Unterscheidung zwischen bereits gelesenen und noch nicht begutachteten Mails bietet es sich an, die ungelesenen Mails in Fettschrift anzeigen zu lassen. Auch diese Option betrifft ausschließlich das klassische Layout, da im *OS X Mountain Lion*-Look ein blauer Punkt ( ) diese Aufgabe übernimmt. Sobald Sie nun eine E-Mail anklicken, werden diese als gelesen betrachtet und in Normalschrift (bzw. ohne blauen Punkt) dargestellt. Diese Option sollte ruhig aktiviert bleiben, erleichtert sie doch sehr die Übersichtlichkeit.

Auch die Bilder kommen nicht zu kurz, wobei die Einstellung *Nicht lokal gesicherte Bilder in HTML-E-Mails anzeigen* nur für jene interessant ist, die Ihre Mails auf einem Server belassen. Ist die Option aktiviert, so werden bei einer bestehenden Internet-Verbindung und dem Markieren einer E-Mail automatisch die zugehörigen Bilder geladen. Ist stattdessen die Option deaktiviert, so erscheint nur der Text und anstatt der Bilder zeigen sich Platzhalter. Erst per Klick auf den Button *Bilder laden* werden auch diese dargestellt. Der Vorteil dabei ist, dass bei langsamer Online-Verbindung die Mails schneller angezeigt werden, zum anderen lassen sich über manipulierte Bilder (ja, auch das gibt es …) so keine Schädlinge auf den Rechner einschleusen (das passiert dann erst beim Laden).

Zugehörige Bilder werden erst auf Wunsch geladen, wenn Sie die Option »Nicht lokal gesicherte Bilder in HTML-E-Mails anzeigen« deaktivieren.

Legen Sie eine neue E-Mail an und geben in der Adress-Zeile die ersten Buchstaben des Empfängers ein, so werden in einem Popup-Menü alle in Frage kommenden Adressen eingeblendet, sodass Sie im positiven Falle gar nicht weiterschreiben müssen, sondern gleich im Menü zugreifen können. Ist nun die Option *Intelligente Adressen verwenden* aktiviert, so steht in der *Empfänger-Zeile (An)* anstatt der E-Mail-Adresse nur der vollständige Name – was zum einen freundlicher aussieht und zum anderen weiteren Adressaten die jeweilige E-Mail-Adresse des anderen verbirgt.

Der letzte Punkt betrifft die *Konversationen*, also das Zusammenfassen zusammengehöriger Mails. Die Haupteinstellung dazu finden Sie über die Menüleiste *Darstellung | Nach Konversationen ordnen*, die standardmäßig aktiviert ist. So werden alle Mails mit dem gleichen Betreff-Inhalt als zusammengehörig betrachtet, was gerade bei großem Mail-Aufkommen ein wenig Erleichterung bringen kann. Eine Zahl zeigt dabei die Anzahl der Mails an, und wird auf diese geklickt, so lassen sich nun diese Mail-Pakete öffnen. Die Optionen bei *Anzeige von Konversationen* beziehen sich zum einen auf die Möglichkeit, falls die besagte Einstellung *Nach Konversationen ordnen* nicht eingeschaltet ist. Mit *Nicht gruppierte E-Mails farblich hervorheben* findet dennoch eine Kennzeichnung statt, indem Sie eine Mail in der E-Mail-Liste markieren und alle dazugehörenden zumindest farbig verdeutlicht werden. Ist zudem *Zugehörige Mails einbeziehen* aktiviert, so werden auch E-Mails, die sich vielleicht schon in anderen Postfächern befinden, ebenso bei der Kennzeichnung berücksichtigt. Die Optionen *Beim Öffnen einer Konversation alle Nachrichten als gelesen markieren* sowie *Neueste E-Mail oben anzeigen* sind aus unserer Sicht selbsterklärend.

Über die »Mail-Einstellungen« lässt sich Ihr E-Mail-Programm für die Darstellung von E-Mails optimal anpassen.

Verfassen

Hier geht's um das Verhalten Ihrer neu zu erstellenden oder zu beantwortenden Mail. Sie legen also fest, ob Ihre Mail als formatierter oder reiner Text gestaltet wird und wie die Rechtschreib-Kontrolle eingreifen soll. Nebenbei können Sie auch festlegen, ob Sie von Ihrem elektronischen Brief-Verkehr grundsätzlich eine Kopie erhalten möchten (was eigentlich unnötig ist, haben Sie doch automatisch ein Postfach *Gesendet*, das Ihre Ausgänge speichert). Die Adressen lassen sich weiterhin automatisch vervollständigen (Sie tippen ein paar Buchstaben, das Programm blendet die in Frage kommenden Mail-Adressen ein), bei E-Mails an eine Gruppe alle Mitglieder einblenden sowie der ausgehende Account (bei mehreren Accounts) einrichten (Option *Neue E-Mails senden von*).

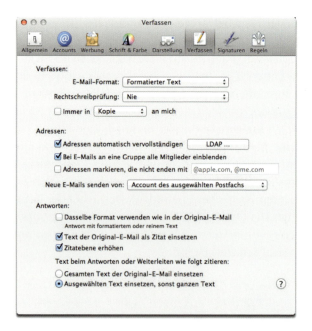

Wie hätten Sie es denn gerne? – Verfassen und Antworten leicht gemacht.

Mails, die Sie wiederum beantworten, können ebenfalls eingerichtet werden, indem Sie beispielsweise das Text-Format festlegen (etwa *Dasselbe Format verwenden wie in der Original-E-Mail*) und bestimmen, dass der Antwort-Text grundsätzlich als Zitat erfolgt und bei häufigem Hin- und Hersenden einer E-Mail die Zitatebene automatisch höher gesetzt wird.

Als Tipp sollte noch Folgendes erwähnt werden: Möchten Sie eine Mail beantworten, aber nicht den gesamten Text übernehmen, so markieren Sie zuvor jene Zeilen, die Ihnen wichtig erscheinen. Drücken Sie danach den *Antworten*-Button ( ), so wird nur der markierte Text-Abschnitt in die Antwort-Mail eingefügt.

Signaturen

Die Signatur ist in diesem Zusammenhang eine vorgefertigte Absender-Adresse, die Sie je nach Zweck der Mail gestalten und hintanhängen können. So lässt sich bei geschäftlichen Anlässen Ihre Büro-Adresse angeben, während Sie bei privatem Mail-Verkehr die Ihres Wohnortes verwenden. Auch eine Grußformel lässt sich mit einfügen, sodass Sie sich das leidige »Mfg« künftig sparen können.

> Und überhaupt: Auch bei Mails sollten Sie eine gewisse Etikette wahren, denn ständige Abkürzungen, keine ausgeschriebene Anrede oder nur Kleinschreibung lassen manchen Geschäftspartner doch Rückschlüsse von Unhöflichkeit bis Oberflächlichkeit (auch in der Arbeitsweise) ziehen.

> Wenn Sie ein Fan von Abkürzungen sind, so denken Sie bitte an die Systemeinstellung *Sprache & Text* | Reiter *Text*. Tragen Sie dort zum Beispiel bei *Ersetzen* »mfg« und bei *Durch* »Mit freundlichen Grüßen« ein, so nimmt Ihnen das Programm *Mail* künftig die Schreibarbeit ab und ergänzt ganz brav mit vollständiger Schreibweise. Sollte es dann immer noch nicht funktionieren, so aktivieren Sie über *Bearbeiten* | *Ersetzungen* die Option *Textersetzung*.

Legen Sie zuerst den Account fest und drücken Sie dann den *Plus*-Button. Vergeben Sie einen Namen für die *Signatur* und gestalten Sie dann Name und Adresse, vielleicht noch eine Grußformel oder einen weisen Spruch – fertig.

Vorgefertigte Signaturen können mit der Zeit viel Tipperei ersparen.

Legen Sie nun eine neue Mail an, so können Sie je nach Ansprechpartner schnell die dazu passende Signatur einstellen. Wählen Sie im Popup-Menü bei *Signatur* Ihre Wunsch-Einstellung – das Programm fügt automatisch Ihre Zeilen ein. Nun brauchen Sie noch eine freundliche Anrede und einen sinnvollen Text und alle Welt freut sich über geistreiche Kommunikation.

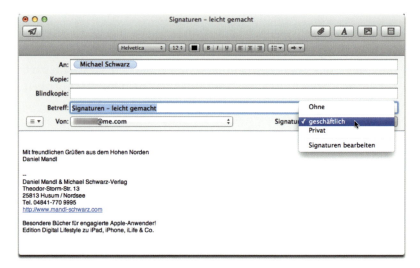

Auf Knopfdruck zeigen Sie Stil und Freundlichkeit gegenüber dem Empfänger.

Möchten Sie die Signaturen nicht ständig manuell vergeben, so lässt sich in den *Einstellungen* über *Signatur auswählen* eine Grußformel automatisch eintragen.

Regeln

Alle Welt spielt nach Regeln, und so soll es auch beim E-Mail-Verkehr sein. Auch wenn der Vergleich nicht so recht passt, haben Regeln bei umfangreichem Mail-Verkehr ihren Sinn. So lassen sich Mails mit bestimmtem Absender automatisch in ein vorher festgelegtes Postfach manövrieren oder ungeliebte Angebote gleich in den Papierkorb befördern. Das Vorgehen gleicht dem Einrichten beispielsweise eines intelligenten Ordners, indem Sie Bedingungen aufstellen und bei Erfüllung dieser Gegebenheiten eine Aktion veranlassen.

Dazu klicken Sie zuerst in *Regel hinzufügen* und vergeben einen aussagekräftigen Namen mit Wiedererkennungswert. Danach legen Sie die Bedingungen fest und dann die Aktion – fertig ist die Regel. So lassen sich bestimmte Mails in Postfächer bewegen, farblich kennzeichnen oder mit einem bestimmten Ton untermalen. Wie üblich hilft hier der

6 | Online mit dem Mac

Forschergeist, indem Sie sich damit ausführlich auseinandersetzen. Der Vorteil ist ganz klar eine stete Vorsortierung Ihrer Mails und damit ein enorm entlastetes Eingangs-Postfach. Ist die Regel erstellt, so heißt es diese noch zu bestätigen, damit sie in Kraft treten kann.

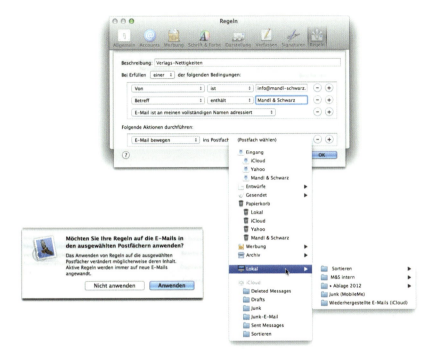

Regeln sind leicht zu erstellen und helfen, der Mail-Flut Herr zu werden.

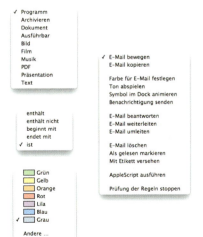

Umfangreiche Kriterien ermöglichen detaillierte Regeln zum Anpassen des E-Mail-Verkehrs.

E-Mails versenden

Im Grunde eine einfache Übung: Sie klicken auf den Button *Neue E-Mail erstellen* ( ) bzw. wählen *Ablage | Neue E-Mail* (⌘-N), woraufhin sich ein neues E-Mail-Fenster öffnet. In die Zeile bei *An* geben Sie die Empfänger-Adresse ein, wenn gewünscht auch mehrere. Sobald Sie Buchstaben eintippen, werden vom Programm Vorschläge jener E-Mail-Adressen unterbreitet, die mit den in Ihrem Adressbuch *Kontakte* vorliegenden übereinstimmen. Ist einer der Vorschläge korrekt, müssen Sie nur den *Zeilenschalter* (↵) drücken, um den Eintrag zu übernehmen. Folgen weitere Empfänger, tragen Sie einfach den Nächsten ein. In das Feld *Kopie* können Sie ebenso E-Mail-Adressen eingeben. Damit zeigen Sie dem Haupt-Empfänger (*An*), dass auch andere diese Mail erhalten. Die Namen sind dabei für alle sichtbar – im Gegensatz zu den eigentlichen E-Mail-Adressen, sofern Sie in den *Mail-Einstellungen*, Rubrik *Darstellung*, die Option *Intelligente Adressen verwenden* aktiviert haben. In der *Betreffzeile* sollten Sie eine kurze Inhaltsangabe angeben, worum es sich in der E-Mail handelt. Bitte keinen Roman, sondern nur wenige Worte à la »Nachtrag Termin am 24. Oktober 2012«, »Kunden-Anfrage zum defekten Rasenmäher« oder »Rückgabe Bestellung Nr. 123456«. So sieht der Empfänger auch bei vielen eintreffenden Mails auf einen Blick, was ihn erwartet und wie hoch die Dringlichkeit ist.

So soll sie aussehen: Die Mail ist bereit zum Versenden.

Möchten Sie eine E-Mail gar an eine Gruppe – bestehend aus mehreren Empfängern – versenden, so denken Sie an Ihre *Kontakte*. Über die Menüleiste *Fenster* und dort über *Adressen* (⌘-⌥-A)

6 | Online mit dem Mac

lässt sich ein *Adressbuch*-Pendant aufrufen. Markieren Sie dort die entsprechende Gruppe und klicken Sie dann in der Symbolleiste auf *An, Kopie* bzw. *Blindkopie*, so öffnet sich eine neue E-Mail mit sämtlichen Adressaten bzw. werden diese in eine bereits geöffnete Mail eingefügt.

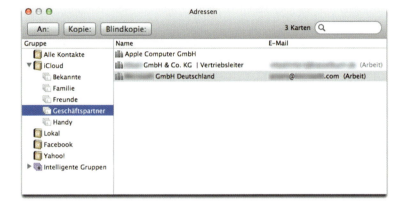

Das Versenden von Mails an viele Empfänger ist über Gruppen am besten zu bewerkstelligen. Aber werden Sie dadurch ja nicht zum »Spammer« …

Bei mehreren Accounts wird automatisch ein weiteres Feld namens *Von* eingeblendet, in dem Sie zuvor den entsprechenden Account auswählen sollten. Das gilt ebenso für die gewünschte *Signatur*, sollten Sie welche angelegt haben.

Linker Hand finden Sie auch noch ein *Anpassen*-Menü ( ), mit dem Sie die Kopfzeile der E-Mail definieren können, indem Sie weitere Felder hinzufügen. Entweder Sie steuern direkt die angebotenen Felder *Blindkopie, Antwort an* sowie *Prioritätsfeld* an, oder Sie benutzen die Option *Anpassen*, die Ihnen alle Möglichkeiten einblendet.

Das Anpassen des E-Mail-Fensters kann durchaus angebracht sein. Über das Setzen von Häkchen werden die betreffenden Punkte im E-Mail-Fenster eingeblendet.

583

Über die *Blindkopie* bekommen eingetragene Adressaten ebenfalls eine Kopie der Mail, wobei der eigentliche Empfänger jedoch nichts davon mitbekommt. *Antwort an* bestimmt hingegen, an welche Adresse die E-Mail gehen soll, sollte der Empfänger antworten wollen. Tragen Sie also dort eine von der Absender-Adresse abweichende E-Mail-Adresse ein. Der *Prioritäts-Status* (!◊) gibt dem Empfänger zu verstehen, wie hoch die Dringlichkeit seiner Mail ist. Erwarten Sie in der nächsten Stunde eine Antwort, so sollten Sie *Hohe Priorität* (!!) wählen, im Laufe des Tages *Normale Priorität* (!), einfache Mitteilungen sollten *Geringe Priorität* erhalten (-). Denken Sie jedoch daran, es mit der Einteilung *Hohe Priorität* nicht zu übertreiben. Es bringt also nichts, wenn Sie eine Mail nach Hause schreiben und fragen, ob die Milch für den Kaffee schon heiß ist – und dies unter *Hohe Priorität !!* …

Werfen wir noch einen Blick auf die Symbolleiste der E-Mail. Der Button *Senden* (◁) schickt die E-Mail auf Reise, während Sie über *Anhang* (◎) eine Datei (PDF, Bilder, Text-Daten etc.) der E-Mail hinzufügen können. Zum Auswählen öffnet sich der typische *Öffnen*-Dialog, aus dem Sie nun die Datei markieren (bei mehreren die *Befehlstaste* drücken) und dann auf *Datei wählen* klicken. Befinden sich unter den Angeschriebenen auch Empfänger, die auf einem Windows-Computer arbeiten, so sollten Sie weiterhin die Option *Anhänge Windows-kompatibel senden* aktivieren. Die Daten werden dann augenblicklich der E-Mail beigefügt. Das klappt im Übrigen auch per *Drag & Drop*, also indem Sie einfach die gewünschte Datei auf dem Schreibtisch oder in einem Ordner mit der Maus packen und in die E-Mail ziehen.

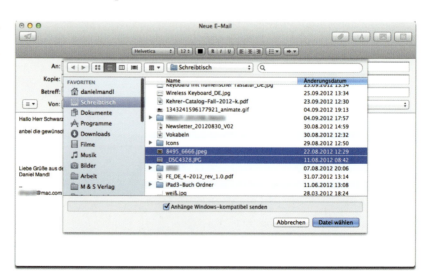

Datei-Anhänge einbauen ist ebenfalls eine leichte Sache.

Achten Sie jedoch darauf, dass Ihre Anhänge stets eine den Empfängern annehmbare Größe aufweisen, da vereinzelt Benutzer nach wie vor über eine langsame Datenleitung verfügen bzw. auch manche Provider eine Obergrenze für Anhänge (meist 10 oder 20 Megabyte) vorschreiben. Sollte die Datei dennoch umfangreicher als gedacht sein, so ist es oftmals nicht verkehrt, dies vorher anzukündigen bzw. um Erlaubnis zu fragen.

Bei Datei-Anhängen, die mehrere Megabyte groß sind, sollten Sie diese zuvor komprimieren. Dabei werden die Daten verkleinert, indem unwichtige Informationen durch einen Algorithmus herausgerechnet werden. Beim Empfänger werden dann die Daten wieder dekomprimiert, sprich die Informationen wiederhergestellt. Apple bietet Ihnen im *Finder* diese Art der Verarbeitung an, indem Sie zuerst die Datei (oder auch mehrere) markieren und dann im *Finder* über die Menüleiste *Ablage* bzw. über das *Kontext*-Menü den Befehl »Muster-Datei« komprimieren wählen (»Muster-Datei« soll hier stellvertretend als Platzhalter für den jeweiligen Datei-Namen dienen, bei mehreren Daten wird die Anzahl der Objekte aufgeführt). Dabei wird ein Archiv mit dem Suffix *.zip* erstellt, was der am häufigsten verwandten Komprimier-Methode entspricht. Erhält nun der Empfänger einen »gezippten« Anhang, so muss er diesen nur doppelklicken, um an den Inhalt zu gelangen. *JPEG*-Bilder brauchen Sie im Übrigen nicht mehr zu komprimieren, da es sich dabei schon um ein komprimiertes Format handelt.

Über »Ablage | Muster-Datei komprimieren« bzw. das Kontext-Menü wird eine ZIP-Datei angelegt, die sich auf Doppelklick hin entpackt.

Werden Anhänge einer E-Mail angefügt, so landen diese normalerweise dort, wo sich gerade die Einfügemarke befindet. Sie können die jeweiligen Daten jedoch auch an eine andere Stelle ziehen. Bevorzugen Sie es eher, dass Anhänge immer an das Ende einer E-Mail gehängt werden, so schließen Sie alle E-Mail-Nachrichten (bis auf das Hauptfenster von *Mail*) und wählen dann aus der Menüleiste den Befehl *Bearbeiten | Anhänge | Anhänge am Ende der Mail einfügen*.

Auch das Formatieren von Mails fällt leicht, indem Sie auf den Knopf zum Einblenden der *Formatierungsleiste* (A) klicken. Oberhalb der Eingabefelder für Adressen und Betreff erscheinen dabei weitere Schaltflächen, über die Sie alle auf Ihrem Rechner befindlichen Schrift-Typen wählen und sowohl *Schriftgröße* als auch die *Farbe* bestimmen können. Weiterhin lassen sich Worte, Sätze oder gar Absätze auszeichnen (fett, kursiv, unterstrichen) sowie die Ausrichtung (linksbündig, zentriert, rechtsbündig) einstellen. Wie in *TextEdit* sind auch Aufzählungen bzw. nummerierte Listen sowie Einzüge möglich. Dennoch sei gesagt, dass eine reine Text-Mail im Geschäftsverkehr eher angebracht ist als eine virtuelle Post in schreiend bunten Farben und »haushohen« Lettern.

Auch das ist möglich: Bunte Grüße an die Lieben per E-Mail – formatiert mit witzigen Schriften und Farben.

Der Text-Inhalt der Mail wird bei aktivierter *Rechtschreibprüfung* bereits während des Schreibens kontrolliert. Wörter, die unbekannt oder falsch geschrieben sind, werden automatisch rot unterstrichen – darauf sollten

Sie unbedingt noch einmal einen kritischen Blick werfen. Ist für Sie das Ganze eher unangenehm, so können Sie über das Menü *Bearbeiten | Rechtschreibung und Grammatik | Rechtschreibprüfung* die Korrektur deaktivieren. Noch besser ist es, wenn Sie in den *Mail-Einstellungen* in der Rubrik *Verfassen* bei *Rechtschreibprüfung* die Einstellung *Nie* wählen – dann ist auch bei den folgenden Mails Ruhe.

Sobald Sie Ihre E-Mail sichern (⌘-S), wird diese als sogenannter *Entwurf* geführt. Hierbei wird die Mail noch nicht verschickt, sondern vorerst in das Postfach *Entwürfe* transferiert. Diese Mails können Sie nun zu einem späteren Zeitpunkt wieder hervorkramen und auf Vordermann bringen. Erst wenn alles sitzt und passt, drücken Sie auf *Senden* (▸) und die Sache ist erledigt.

> **Denken Sie bitte immer daran, dass bei einem *IMAP*-Server (unter anderem auch der *iCloud*-Account) die Daten auf dem Server und nicht auf der Festplatte liegen. Sie müssen also online sein und eine Verbindung besitzen, damit Sie auf die Daten zugreifen können – es sei denn, Sie haben in den *Mail-Einstellungen* unter *Accounts* die Rubrik *Postfach-Verhalten* so eingerichtet, dass sowohl *Entwürfe* als auch *Gesendete E-Mails* explizit nicht auf dem Server gesichert werden sollen.**

Mit ein Highlight im Programm *Mail* sind die beiden Knöpfe *Fotoübersicht* (▦) sowie *Vorlagen* (▦). Über die *Fotoübersicht* öffnen Sie eine Palette, über die Sie auf all Ihre in *iPhoto* bzw. *Aperture* archivierten Fotos sowie auf alle in *Photo Booth* angefertigten Bilder zurückgreifen können. Packen Sie einfach ein oder mehrere Bilder und ziehen Sie sie an die gewünschte Stelle. Über das oberhalb der Vorschau liegende Popup-Menü *Bildgröße* stellen Sie nun noch eine entsprechende Größe (Originalgröße, Groß, Mittel, Klein) ein und fertig ist die Überraschungs-Mail.

Auch mit den *Vorlagen* können Sie mächtig Eindruck schinden. Klicken Sie auf den Knopf *Vorlagen einblenden* (▦), so finden Sie diverse Themen-Vorschläge für verschiedenste Belange, darunter Geburtstage, Ankündigungen oder Foto-Mails. Suchen Sie sich einfach Ihr gewünschtes Motiv und füllen Sie die Text-Platzhalter mit eigenen Worten. Bilder wiederum können Sie mit eigenen Fotos austauschen – Sie müssen nur Ihre Bilder aus der *Fotoübersicht* oder aus einem anderen Ordner auf die vorgefertigten Abbildungen ziehen: Fertig ist die ganz persönliche Mail.

Die »Fotoübersicht« ermöglicht das rasche Auffinden und Einbauen von Fotos aus Ihrem gesamten Bild-Bestand.

Vorlage wählen und mit eigenen Inhalten füllen – so schnell bekommt keiner bildschöne Mails erstellt. Klicken Sie auf ein Bild, so lässt es sich weiter auf den gewünschten Ausschnitt optimieren.

Das war aber noch längst nicht alles. Werfen Sie einen Blick auf die Menüleiste und dort insbesondere auf den Menüpunkt *Darstellung*, so finden Sie dort wieder den Befehl *Symbolleiste anpassen*, über den Sie weitere Buttons der Symbolleiste hinzufügen können – und zwar getrennt für das eigentliche E-Mail-Fenster sowie für die Benutzer-Oberfläche des Programms. So finden Sie dort etwa den Button *Anfügen*, über den Sie in der Mail-Übersicht markierte Mails der aktuellen E-Mail anhängen können, oder *Drucken*, über den sich schnell die vorliegende Mail ausgeben lässt. Auch für *Formatierter Text/Reiner Text* oder für das Anpassen der Schriftgröße (*Kleiner/Größer*) sind Symbole vorhanden, die ein schnelles Abarbeiten von Funktionen per Mausklick erlauben.

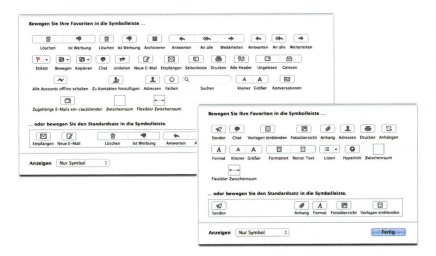

Für jeden Zweck die gewünschte Symbolleiste – »Symbolleiste anpassen« aus dem Menü »Darstellung« für das Programm (oben) sowie das E-Mail-Fenster (unten).

Für alle in der Symbolleiste vorhandenen Knöpfe finden Sie auch in der Menüleiste die entsprechenden Befehle samt Tasten-Kombinationen. So lassen sich über das Menü *Format* sowohl *Schriften* als auch *Farben* einblenden sowie über *Stil* und *Ausrichtung* der Mail-Text formatieren. Das E-Mail-Fenster können Sie über das Menü *Darstellung* mit den Befehlen *Adressfeld Blindkopie* bzw. *Antwort an* anpassen sowie im Menü *E-Mail* über den Befehl *Markieren* die Priorität bestimmen. Letztlich ist es »gehupft wie gesprungen«, auf welche Weise Sie Ihr Programm bedienen – die Knöpfe sind eben der direktere Weg, das Ergebnis ist jedoch immer dasselbe.

Mails abrufen und empfangen

Auch für das Empfangen sowie das Ordnen von E-Mails stehen Ihnen viele Funktionen zur Verfügung. Als erste Voraussetzung ist wie immer der Online-Zugang und die Verbindung zum Internet zu nennen. Danach müssen Sie nur auf den Button *Empfangen* (✉) klicken und die Mails sollten eintrudeln. Haben Sie in den *Mail*-Einstellungen unter *Allgemein* bei *Nach neuen E-Mails suchen* eine Zeiteinheit eingestellt, so läuft der Empfang automatisch ab – Sie müssen sich um nichts kümmern.

Bei neu eingerichteten Accounts wird eventuell noch das Kennwort als Identifikation verlangt, welches Sie gleich im Schlüsselbund sichern sollten (Option *Dieses Kennwort in meinem Schlüsselbund sichern*) – es wird dann kein zweites Mal danach gefragt.

Ist dieser Punkt abgehakt, finden Sie in Ihrem Postfach *Eingang* (📥) die eingelaufenen E-Mails – schön geordnet nach dem jeweiligen Account. Die angezeigten Zahlen geben dabei den Umfang der Neuzugänge an. Klicken Sie Ihren Account oder den übergeordneten Eintrag *Eingang* an, so werden die E-Mails aufgelistet. Indem Sie eine Mail anklicken, wird der Inhalt im großen Ansichts-Bereich eingeblendet. Wenn Sie nur über einen kleinen Bildschirm verfügen, so lässt sich dieser Bereich auch ausblenden, indem Sie auf die rechte Seitenumrandung der E-Mail-Liste doppelklicken. Möchten Sie nun eine E-Mail lesen, so klicken Sie diese doppelt an und sie öffnet sich in einem eigenen Fenster.

Über einen Doppelklick auf die Seitenumrandung lässt sich der Vorschau-Bereich ausblenden – die eigentlichen E-Mails können Sie dann per Doppelklick in einem eigenen Fenster einblenden.

Sofern Sie noch mit dem klassischen *Mail*-Layout arbeiten: Über die Menüleiste *Darstellung* | *Spalten* können Sie definieren, was letztlich im Mail-Bereich angezeigt werden soll. Neben *Absender* und *Empfangs-Datum* stehen Ihnen auch Informationen zur Mail-*Größe*, das *Postfach*, das *Gesendet-Datum* und vieles weitere mehr zur Verfügung. Im *iOS*-Look unter *OS X Mountain Lion* nennt sich das Ganze *E-Mail-Attribute* – und die sind unserer Meinung nach zum einen weit weniger auskunftsfreudig und zum anderen drängen sich zu viele Infos auf zu wenig Platz.

6 | Online mit dem Mac

Eine Sortierung Ihrer E-Mails erreichen Sie über das *Darstellung*-Menü und dort über den Befehl *Sortieren nach* bzw. über das direkt über der Nachrichtenliste liegende Popup-Menü. Auch zu diesem Feature werden Ihnen ein gutes Dutzend Eigenschaften angeboten, die Ihrer Übersicht dienlich sind.

Enthält eine E-Mail *Anhänge*, so lassen sich diese über den *Sichern*-Button (Sichern ▼) auf verschiedenem Wege abspeichern. Klicken Sie einfach nur auf den *Sichern*-Button, so landen die Anhänge schnell und unkompliziert in Ihrem *Download*-Ordner. Wünschen Sie einen anderen Ablage-Platz, so erledigen Sie dies – Sie erinnern sich? – über die *Mail-Einstellungen | Allgemein* und dort über den Punkt *Downloads-Ordner*. Über den Befehl *Anderer* lässt sich nun jeder erdenkliche Ort festlegen. Eine andere Variante besteht darin, dass Sie ebenfalls auf den *Sichern*-Knopf klicken, dabei jedoch die Maustaste ein klein wenig länger als üblich gedrückt halten. Hierbei öffnet sich ein Menü, was auch am kleinen Dreieck innerhalb des Buttons erkennbar ist. Auch in diesem Fall lässt sich die Datei sichern, jedoch mit dem Unterschied, dass es sich dieses Mal über den normalen *Sichern*-Dialog vollzieht, das heißt, Sie können sich Datei für Datei vornehmen und jedes Mal neu bestimmen, wohin der Anhang gesichert werden soll.

Über den »Sichern«-Knopf wird der Inhalt der Anhänge angezeigt. Wählen Sie eine Datei aus, so können Sie diese an einem ihnen angenehmen Platz abspeichern.

Im Falle mehrerer Bilder steht Ihnen auch die Möglichkeit zur Verfügung, diese allesamt gleich in das Programm *iPhoto* oder *Aperture* zu transferieren. Das geht schnell und erspart Ihnen das doppelte Hantieren mit diesen Dateien an anderen Orten.

591

Und auch die *Vorschau* darf natürlich nicht fehlen. Egal ob PDF-, Bild- oder Text-Datei – über den Button *Vorschau* (Vorschau) erhalten Sie schon einmal eine Voransicht dessen, was Sie erwartet. Mehrere Bilder lassen sich so wieder als Index-Seite anzeigen, und PDF- sowie mehrseitige Text-Dokumente können Sie schon einmal durchblättern, um zu prüfen, ob es sich lohnt, derartiges auf die Festplatte zu laden. Auch die Diashow-Funktion steht selbstverständlich zur Verfügung.

Klicken Sie mit gedrückter *Wahltaste* (⌥) auf den Button *Vorschau*, so werden die Anhänge sogleich in der bildschirmfüllenden Großansicht wiedergegeben.

Bitte achten Sie immer darauf, von wem Sie E-Mails erhalten, denn nicht immer sind Freunde, Verwandte oder Arbeitskollegen am Werk. Gewiefte Gauner können oftmals aufgrund des bloßen Öffnens einer Datei schadhafte Programme auf Ihren Rechner schleusen. Wir wollen Ihnen hier keine Angst einjagen, doch zeigt leider die Geschichte, dass ein wenig Misstrauen durchaus hilfreich sein kann. Wenn Sie also E-Mails von unbekannten Absendern erhalten, die noch dazu mit undeutlichen Betreffs versehen sind oder in fremdländischer Sprache Ihnen sonst was andrehen wollen, so markieren Sie diese Mails als Werbung und löschen Sie sie.

Viele Werbe-E-Mails werden als HTML-Mails verschickt. Diese enthalten meist auch Bilder im Text, die üblicherweise beim Eintreffen der Mail in das Postfach auch gleich geladen werden – es sei denn, Sie werden vom Spam-Filter korrekt erkannt. Möchten Sie dies verhindern (aus Sicherheitsgründen oder wegen einer sehr langsamen Internet-Leitung), so denken Sie an die *Mail-Einstellungen* | Abteilung *Darstellung*. Deaktivieren Sie hier die Option *Nicht lokal gesicherte Bilder in HTML-E-Mails anzeigen*. Mail präsentiert nunmehr die E-Mail nur mit Text, die Bilder müssen separat geladen werden.

Ist nun eine E-Mail gelesen, heißt es für Sie: Wohin damit? Zum einen können Sie diese natürlich umräumen. Dazu packen Sie die E-Mail mit der Maus und ziehen sie mit gedrückter Maustaste in ein anderes Postfach. Letzteres legen Sie an, wenn Sie links unten auf den *Plus*-Button (+) klicken und dort den Befehl *Neues Postfach* wählen. Bestimmen Sie dann noch den Ort und vergeben Sie wie üblich einen ganz tollen Namen. *Lokal* steht hier für Ihre Festplatte, andere Accounts wie ein *IMAP*- oder *Exchange*-Server werden separat aufgeführt. Haben Sie schon

Postfächer angelegt, so können Sie auch innerhalb dieser Ordner weitere Unterordner erstellen. Mit der Zeit werden Sie ein Gespür dafür bekommen, was wirklich wichtig ist und aufgehoben werden soll, im Gegensatz zu belanglosem Blabla, das Sie nie wieder hervorkramen werden und besser löschen sollten.

Neue Postfächer braucht das Land – entweder für den jeweiligen Account oder innerhalb eines schon bestehenden Postfachs.

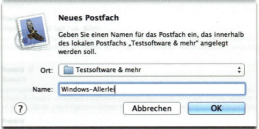

Postfächer lassen sich jedoch auch aus anderen Programmen bzw. aus einer anderen Kopie von *Apple Mail* importieren. Dazu wählen Sie *Ablage | Postfächer importieren* und geben im erscheinenden Dialog das Programm Ihrer Wahl an. Eine andere Möglichkeit besteht darin, dass Sie die zu importierenden Postfächer zuvor aus einem anderen Programm heraus exportieren und dabei das *mbox*-Format verwenden. *Mail* kann dieses Format lesen und beim Importieren diese Dateien als Postfach anlegen.

Unten: Zuerst bestimmen Sie das gewünschte Programm bzw. wählen die Option »Dateien im mbox-Format«. Über »Fortfahren« werden dann die jeweiligen Postfächer zum Importieren oder auch Ausschließen angezeigt.

Eine weitere Hilfestellung für alle, die gerne mit vielen Postfächern arbeiten, besteht darin, diese in die Favoritenleiste zu bugsieren. Ist diese bei Ihnen nicht angezeigt, so lässt sie sich über *Darstellung | Favoritenleiste einblenden* (⌘-⌥-⇧-H) aufrufen. Hierbei packen Sie einfach das gewünschte Postfach und ziehen es in die Symbolleiste. Auf Klick darauf zeigt es sofort den Inhalt. Aber auch aus der E-Mail-Liste heraus

lassen sich nun schnell weitere Mails dort hinein befördern, indem Sie sie einfach darauf ziehen und loslassen. Befinden sich zudem in einem Postfach weitere Unter-Ordner, so werden auch diese mit aufgeführt und Sie können einzelne Nachrichten schnell im dafür vorgesehenen Ordner unterbringen.

Postfächer, die häufig gebraucht werden, können Sie auch in der Favoritenleiste unterbringen. Sobald Sie eine E-Mail dorthin bewegen, öffnet sich die Liste und zeigt – sofern vorhanden – die zugehörigen Postfächer an.

Für all jene, die ständig mit Platzproblemen auf dem Bildschirm kämpfen: Legen Sie Ihre wichtigsten Postfächer in die *Favoritenleiste*, so können Sie gleichzeitig die *Postfachliste* ausblenden – entweder über den Eintrag *Ausblenden* () in der Symbolleiste oder über die Menüleiste *Darstellung | Postfachliste ausblenden* (⌘-⇧-M).

Wenn Sie häufiger zwischen den Postfächern in der Favoritenleiste hin- und herwechseln, so merken Sie sich am besten deren Reihenfolge. So erhält nämlich das erste Postfach die Tastenkombination ⌘-1, das Zweite ⌘-2, das Dritte ⌘-3 usw. Alternativ können Sie dies aus über die Menüleiste *Postfach | Favoriten-Postfach öffnen* erledigen.

Neu im Programm *Mail* für *OS X Mountain Lion* ist das *VIP-Postfach*. Dieses intelligente Postfach legt sich automatisch an, sobald Sie auf den kleinen Stern neben der Absender-Adresse einer Nachricht klicken – Sie finden es daraufhin in der Postfachliste präsent an zweiter Stelle (VIPs). Jedes dort abgelegte Postfach trägt dabei den Namen des entsprechenden Absenders und versammelt dort alle bereits eingetroffen wie künftigen E-Mails dieses wichtigen Kontaktes.

6 | Online mit dem Mac

VIPs (die sogenannten »very important people«) sollten Sie einrichten, wenn Sie bestimmte Personen als sehr wichtig betrachten und alle dazugehörigen E-Mails per Mausklick parat haben möchten.

Sofern Sie Benachrichtigungen über die *Mitteilungszentrale* beim Eintreffen von *VIP*-E-Mails erhalten möchten, so erledigen Sie das über die *Mail-Einstellungen*, Rubrik *Allgemein* und dort über die Option *Benachrichtigungen bei neuen Nachrichten*. Stellen Sie dort das Menü auf *VIPs* und schon verpassen Sie keine E-Mail dieser bedeutenden Persönlichkeit mehr.

Bei E-Mails, die Sie beantworten möchten, stehen Ihnen die beiden Buttons *Antworten* ( ) und *An alle Empfänger* ( ) der Symbolleiste zur Verfügung. Alternativ klappt das auch über den Vorschau-Bereich einer E-Mail, da dort ebenso eine Schaltfläche ( ) mit den wichtigsten Befehlen eingeblendet wird. *Antworten* bezieht sich hierbei nur an einen Einzel-Absender, während *An alle Empfänger* sämtliche Adressaten (also auch jene, die eine Kopie der Mail erhalten haben) betrifft. Die Mail wird neu geöffnet und die ehemaligen Absender werden automatisch als neue Empfänger eingetragen. Die *Betreff*-Zeile erhält ein *Re:* (für *reply* – antworten) vorangestellt und der Mail-Text wird – wie weiter oben schon beschrieben – als *Zitat* und somit farbig wiedergegeben. Haben Sie zuvor nur einen Ausschnitt des Textes markiert, so wird nur dieser als Zitat in der Antwort-Mail eingebettet. Bereits empfangene Anhänge werden im Übrigen beim *Antworten* ausgeschlossen, da diese ja bereits ihren Zweck erfüllt haben.

Das Beantworten geht recht schnell, da Ihnen das Programm »Mail« alles fix und fertig aufbereitet – nur den Antwort-Text müssen Sie noch eingeben.

Jene Empfänger, die bei *Blindkopie* eingesetzt wurden, sind Ihnen nicht ersichtlich und werden auch im Falle von *An alle Empfänger* nicht berücksichtigt.

Als Alternative zur Antwort-Mail steht Ihnen die *Weiterleitung* ( ) zur Verfügung. Hierbei markieren Sie ebenfalls die betreffende Mail und klicken dann auf den Button *Weiterleiten*. Nun müssen Sie nurmehr einen oder mehrere neue Adressaten eingeben und die Mail kann so, wie Sie sie erhalten haben, versendet werden. Der ursprüngliche Mail-Text ist wieder als Zitat eingefügt und der Empfänger erkennt die Weiterleitung am vorangestellten *Fwd* (für *forward* – weiterleiten). Auch hier bleibt es Ihnen natürlich überlassen, weiteren Text einzufügen oder zu einzelnen Text-Ausschnitten Ihre Kommentare zu hinterlassen. Beim *Weiterleiten* werden übrigens alle Anhänge mitgeschickt – also bitte aufpassen, falls Sie dies nicht wünschen.

Neben den vielen wichtigen Mails gelangen auch unerwünschte Mails in Ihre Postfächer. Denken Sie daran, diese als Werbung (Button) zu kennzeichnen, sodass der Spam-Filter trainiert wird. Oder Sie löschen gleich die Mails – wie sollte es anders sein – über den *Löschen*-Knopf ( ). Die entsprechenden Nachrichten landen dann im Papierkorb ( ) und werden darin sozusagen zwischengelagert. Erst wenn Sie den Befehl *Postfach | Objekte endgültig löschen* sowie den betreffenden Account (oder *In allen*

Accounts) auswählen, verschwinden sie – nach nochmaliger Bestätigung – vollständig von der Bildfläche.

In Postfächern mit umfangreichen Mail-Sammlungen ist es manchmal ziemlich schwierig, überhaupt noch den Durchblick zu wahren. Hier hilft Ihnen die Mail-eigene Suche, indem Sie in das Suchfeld einen Begriff (Betreff, Datum, Absender, Schlüsselwort etc.) eingeben. *Mail* arbeitet hierbei recht schnell und bietet schon einmal Unterstützung an, indem es zu den eingegebenen Buchstaben schon einmal eventuelle Adressen bzw. Themengebiete aus bereits vorliegenden E-Mails auflistet. Weiterhin können Sie in nur in bestimmten Postfächern suchen lassen bzw. im Sucheingabefeld selbst schon eine Kategorie festlegen.

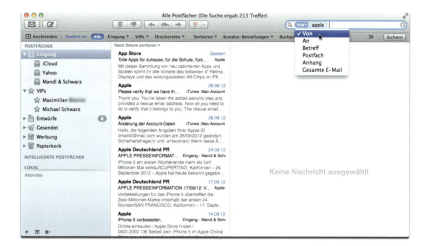

Da können Sie nicht mithalten: Die Suche arbeitet effektiv und wird garantiert fündig.

Haben Sie stattdessen eine E-Mail aufgerufen und suchen dort nach bestimmten Schlagwörtern, so drücken Sie zuerst ⌘-F (für *Bearbeiten | Suchen*) und geben dann den Begriff ein. Gefundene Textstellen werden dabei farbig hervorgehoben und über die Pfeiltaste ( ) können Sie sich von Ergebnis zu Ergebnis hangeln.

> **Begeben Sie sich häufiger in das Feld *Suchen* – und zwar mit immer denselben Begriffen –, sollten Sie diese Suche sichern. Klicken Sie rechter Hand auf den Button *Sichern*, so wird als Pendant zum *intelligenten Ordner* im *Finder* ein *intelligentes Postfach* angelegt. Sie vergeben einen Namen und übernehmen entweder die vorgegebenen Eigenschaften oder passen diese weiter an. Als Ergebnis erhalten Sie einen Ordner, der sich ständig neu aktualisiert und dabei Ihre vorgegebenen Such-Wünsche berücksichtigt.**

Auch eine Text-Suche innerhalb von E-Mails nach bestimmten Schlüsselbegriffen ist möglich.

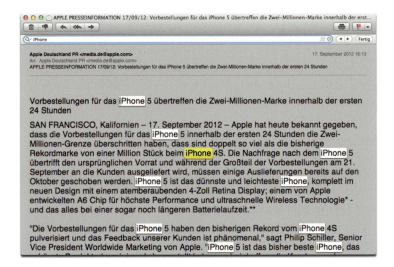

Intelligente Postfächer lassen sich auch über die Menüleiste *Postfach* und den Befehl *Neues intelligentes Postfach* anlegen. Auch in diesem Fall bestimmen Sie zuerst die Bedingungen, die erfüllt werden müssen, damit eine Mail in den Ordner gelangt. So können Sie beispielsweise alle Mails mit der höchsten Priorität sammeln oder etwa ein Sammel-Postfach für die letzten sieben Tage einrichten – alles was älter ist, fliegt dann wieder raus. Und denken Sie daran: Nichts ist für die Ewigkeit, sodass Sie jederzeit per Klick auf den intelligenten Ordner oder über *Postfach | Intelligentes Postfach bearbeiten* Bedingungen zusätzlich einbauen oder wieder entfernen bzw. per Doppelklick auf den Postfach-Namen diesen umbenennen können.

Ein Sammelbecken für wichtige Nachrichten wird eingerichtet – danach geht Ihnen nichts mehr durch die Lappen.

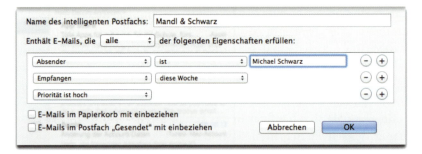

Zu Ihrer Beruhigung: In *intelligenten Postfächern* wird weder gelöscht noch verschoben, denn die dort gesammelten Mails verbleiben nichtsdestotrotz in ihren Original-Ordnern. Sie finden also darin nur Verknüpfungen.

Wird die Liste von intelligenten Postfächern mit der Zeit immer umfangreicher, so sollten Sie diese in Ordner packen, und zwar über *Postfach | Neuer Ordner für intelligente Postfächer*. Hier hinein lassen sich nun diese ziehen bzw. darin auch alle weiteren anlegen. So wird auf der einen Seite Platz gewonnen, auf der anderen Seite ist alles übersichtlicher.

E-Mails sichern bzw. archivieren

Ja nach Umfang Ihrer E-Mail-Tätigkeit sammeln sich über die Monate oder Jahre vielleicht Tausende von E-Mails zuzüglich diverser Anhänge an. E-Mails, die noch aus den Vorjahren stammen, sollten Sie nun – je nach Wichtigkeit – entweder löschen oder archivieren. Neben der Backup-Lösung *Time Machine*, die selbstverständlich automatisch eine Sicherheitskopie Ihrer Postfächer erstellt, kann es aber auch nicht verkehrt sein, diese auf DVD gebrannt bzw. auf einer weiteren externen Festplatte zu horten.

Zum Anlegen einer Sicherheitskopie markieren Sie wieder ein oder mehrere Postfächer und wählen dann über die Menüleiste *Postfach* den Befehl *Postfach exportieren*. Bestimmen Sie den Speicher-Ort und ob alle im ausgewählten Postfach enthaltenen Unterordner mit exportiert werden sollen (Option: *Alle Unterordner exportieren*). Der Klick auf *Auswählen* gibt dann den Befehl zum Export und Sie erhalten entweder einen Ordner mit den darin befindlichen Unterordnern oder direkt eine Datei mit der Endung »*.mbox*«.

Bestimmen Sie zuerst die gewünschten Postfächer und wählen Sie dann »Postfach | Postfach exportieren«. Alternativ klappt das auch über das Kontext-Menü, das ebenso diesen Befehl bereitstellt.

Sie können nun entweder das archivierte Postfach aus *Mail* entfernen oder das exportierte ».mbox«-Paket als Sicherheitskopie betrachten und das Postfach in entsprechenden Zeitabständen erneut archivieren. In letzterem Fall wird die bestehende Datei im Übrigen nicht überschrieben, sondern erhält als Unterscheidungsmerkmal eine Ziffer angehängt.

Zum Wiederherstellen eines Postfaches benutzen Sie entweder *Time Machine*, indem Sie zuerst *Mail* starten und dann *Time Machine* aufrufen. Navigieren Sie dann innerhalb von *Time Machine*, bis Sie zu jener *Mail*-Version gelangen, die das Postfach erhält. Markieren Sie es und klicken Sie dann auf *Wiederherstellen*. Haben Sie stattdessen Ihre Postfächer auf einer externen Festplatte archiviert, so wählen Sie in *Mail* über die Menüleiste *Ablage* den Befehl *Postfächer importieren*. Im auftauchenden Dialog klicken Sie nun bei *Daten importieren von* auf die Option *Apple Mail* bzw. *Dateien im mbox-Format* und dann auf *Fortfahren*. Über den *Öffnen*-Dialog weisen Sie nun die entsprechende Datei zu und klicken dann auf *Auswählen*.

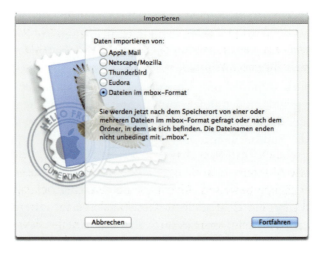

Postfächer lassen sich entweder über »Time Machine oder über »Ablage | Postfächer importieren« (siehe Abbildung) wiederherstellen – immer vorausgesetzt, Sie haben zuvor fleißig Sicherheitskopien erstellt.

Auch einzelne E-Mails, die Ihnen besonders wichtig sind, lassen sich abspeichern, indem Sie sie entweder einfach auf den Schreibtisch ziehen oder über *Ablage* den Befehl *Sichern unter* wählen. Zur Auswahl sehen drei Format-Möglichkeiten: Als *formatierter Text* bleiben alle Textauszeichnungen und Farben erhalten, während *reiner Text* genau diese entfernt. Wird bei diesen beiden Formaten zusätzlich die Option *Anhänge anfügen* ausgewählt, so werden auch diese mit in das Text-Dokument integriert. Das Format *Reine Datei der E-Mail* wiederum erhält die E-Mail samt aller Informationen (inklusive Kopfzeilen) und legt eine Datei an, die auf Doppelklick hin im Programm *Mail* geöffnet wird.

6 | Online mit dem Mac

Ob »Reiner Text«, »Formatierter Text« oder »Reine Datei der E-Mail« – E-Mails lassen sich auch außerhalb des Programms »Mail« problemlos abspeichern.

Zum Schluss sei zum einen noch einmal auf das *Kontext-Menü* hingewiesen. Über einen Mausklick mit gedrückter *ctrl-Taste*, per Rechtsklick oder über einen Zweifingertipp auf das Trackpad rufen Sie es auf und erhalten so – je nach Anwendungsbereich – die dazu passenden Befehle zum Schnellausführen geliefert – und zwar inklusive der Befehle des *Dienste*-Menüs. Als Zweites wollen wir an die *Kindersicherung* in den *Systemeinstellungen* erinnern, mit der Sie ausgewählte E-Mail-Adressen sperren oder einrichten können.

Nachrichten – Text-Chat de luxe

Chatten bzw. auch Text-Nachrichten zu versenden ist ein beliebter Freizeitspaß, wie Millionen von fleißig plaudernden Anwendern aller Herren Länder täglich beweisen. Aber neben einem eher belanglosen Talk am Abend kann ein Chat auch für Geschäftsleute auf internationalem Parkett interessant sein, spart es doch Zeit und Anfahrtskosten für ein Meeting. Und auch in einem Computer-Netzwerk ist das sich Unterhalten oftmals eine Überlegung wert, ist doch somit eine direkte Kommunikation möglich.

Eine Form des Chat nennt sich *iMessage*, also eine Art von Sofortbenachrichtigung, über die Sie Nachrichten innerhalb der Mac-Gemeinde an iPad, iPhone, iPod touch oder einen Mac mit *OS X Mountain Lion* versenden können. Der Empfänger kann wiederum sofort reagieren. Das erinnert erst mal an einen üblichen Text-Chat, wobei Sie Ihren Beiträgen auch Bilder oder Filme mitgeben können. Das alles verpackt in einer übersichtlichen Benutzeroberfläche und mit bunten Spielereien (etwa Emoji-Symbole) ergibt das eine wunderbare Art der Konversation.

Apple hat hierbei als Nachfolger für die Software *iChat* das Programm *Nachrichten* im Gepäck. Und wie so üblich ist aller Anfang mal wieder der Account, um den *iMessage-Dienst* zu aktivieren. Besitzen Sie eine *Apple ID* samt Passwort, ist das schon einmal die halbe Miete. Alle anderen müssen über *Neuen Account erstellen* einen solchen anlegen, wobei Sie jede beliebige E-Mail-Adresse verwenden können.

Zuerst heißt es den iMessage-Dienst über eine Apple ID zu aktivieren, was sowohl beim ersten Start des Programms »Nachrichten« als auch über die »Nachrichten-Einstellungen« erledigt werden kann.

Über den Tipp auf *Anmelden* erfolgt die Aktivierung und es werden Ihnen jene E-Mail-Adressen angezeigt, über die Sie erreichbar sind. Über die *Nachrichten-Einstellungen* | Rubrik *Accounts* lassen sich jedoch auch weitere E-Mail-Adressen (die an die *Apple ID* gekoppelt sind) anlegen (Button *E-Mail hinzufügen*). Weiterhin ist auch die Erreichbarkeit über Ihre iPhone-Telefonnummer (etwa +49170123456) möglich, die Sie statt einer E-Mail-Adresse eingeben. Diese wird nach Abschluss (mit der *Eingabetaste* ↵ bestätigen) überprüft und Sie erhalten eine E-Mail, um die Einrichtung abzuschließen.

6 | Online mit dem Mac

Auch Ihre iPhone-Telefonnummer lässt sich zum Kontaktieren verwenden.

Sobald das Nachrichten-Fenster erscheint, tragen Sie die E-Mail-Adresse bzw. Telefonnummer des zu Kontaktierenden bei *An:* ein, wobei Sie Unterstützung in Form der angebotenen Kontakte erhalten. Es lassen sich auch mehrere Empfänger eintragen, sofern Sie ein Gruppen-Messaging starten möchten. Dazu schreiben Sie einfach die weiteren Adressen in die Adresszeile. Über das *Plus*-Symbol (⊕) lässt sich auch wieder direkt auf die *Kontakte*-App (siehe Seitenleiste) zugreifen, falls Sie eine bestimmte Adresse suchen. Tippen Sie den Gewünschten an bzw. schreiben Sie die Adresse fertig. Anschließend geben Sie im unten liegenden Textfeld Ihre Nachricht ein und bestätigen mit der *Eingabetaste* ↵.

Die ersten Schritte bestehen in der Eingabe des Textes sowie dem Drücken der Eingabetaste ↵.

603

Verwenden Sie eine Kontaktadresse, die nicht für *iMessage* registriert ist, so wird diese mit roter Farbe (etwa) gekennzeichnet. Per Klick darauf erhalten Sie die entsprechende Fehlermeldung. Über das kleine eingeblendete Dreieck werden – falls vorliegend – weitere Adressen eingeblendet, worunter hoffentlich auch eine funktionierende Alternativ-Adresse ist.

Sofern nicht registrierte Empfänger-Adressen eingetragen werden, werden diese in Rot angezeigt.

Möchten Sie *Emoji*-Zeichen (etwa) zum Auflockern verwenden, so können Sie dies über einen Mausklick auf das -Symbol erledigen. Dabei öffnet sich ein kleiner Dialog, der zahlreiche *Emoticons* aufführt.

Wenn Sie es ein wenig bunter mögen …

6 | Online mit dem Mac

Nach dem Absenden bekommt der Empfänger auf seinem Mac – sofern die App *Nachrichten* nicht gestartet ist – einen Hinweis/ein Banner über die *Mitteilungszentrale*. Und auch das *Nachrichten*-Symbol im Dock zeigt an, dass jemand Kontakt aufnehmen möchte bzw. schon einen Beitrag gesendet hat.

Falls die App *Nachrichten* schon läuft, zeigt sich der von Ihnen eingegebene Text sofort. Verfasst der Empfänger nun einen Antworttext – bei Ihnen erkennbar über das das Symbol – und bestätigt mit der *Eingabetaste*, so erscheinen diese Zeilen flugs bei Ihnen. Das geht nun so lange hin und her, bis man sich verabschiedet.

Eine angeregte Diskussion ist in vollem Gange …

Nachrichten, die Sie beendet haben, können Sie im Übrigen jederzeit fortführen. Dazu rufen Sie diese aus der Nachrichtenliste auf und tippen einfach Ihren Text – es erfolgt dann wieder die Kontaktaufnahme mit jenem Empfänger, der schon zuvor Ihr Ansprechpartner war.

Auf Wunsch lassen sich auch Fotos, Filme oder Text-/PDF-Dateien (bis zu 100 Megabyte) mitverschicken, indem Sie diese einfach in das Texteingabefeld ziehen. Das Medium wird nun in die Konversation eingebaut und geht per Bestätigung auf die Reise zum Gesprächspartner.

605

Das Versenden von Medien klappt einfach und schnell.

Medien, die den Empfänger erreichen, lassen sich per *Quick Look* (markieren und Leertaste drücken bzw. Dreifingertipp auf das Trackpad) in einer Vorschau bereits ansehen oder im Falle von Dokumenten über das *Download*-Symbol ( ) in den *Downloads*-Ordner befördern. Filme und Videos hingegen ziehen Sie einfach auf den Schreibtisch oder in den gewünschten Ordner. Empfangene Internetadressen können weiterhin angeklickt und im Browser aufgerufen werden. Möchten Sie Letztere nur kurz einsehen, so bewegen Sie den Mauszeiger über die URL und warten, bis ein kleines schwarzes Dreieck ( ) erscheint. Klicken Sie darauf, so wird die entsprechende Webseite ebenso nur in der Vorschau geladen. Telefonnummern wiederum lassen sich kopieren, vorhandenen Kontakten hinzufügen oder daraus neue Kontakte erstellen.

Während sich Bilder und Filme einfach auf den Schreibtisch ziehen lassen, können Sie Dokumente (etwa PDF-Dateien) über den »Download«-Button sichern.

6 | Online mit dem Mac

Webseiten lassen sich wie Bilder bereits in einer Vorschau betrachten.

Aus mitgesendeten Telefonnummern lassen sich neue Kontakte erstellen bzw. diese bestehenden Adressen hinzufügen.

Wenn Sie mehrere Apple-Geräte mit derselben *Apple ID* betreiben, so können Sie beispielsweise eine Unterhaltung auf dem Mac beginnen und diese später auf dem iPad fortführen. Zu erwähnen sei auch, dass uns die App *Nachrichten* auf dem iPad wesentlich besser gefiel, da diese funktionaler und intuitiver bedienbar erschien.

Selbstverständlich können Sie die App auch eigenen Bedürfnissen – zumindest was das Design angeht – anpassen. Das klappt entweder über das Kontext-Menü oder über die Menüleiste *Darstellung | Nachrichten*. Die Unterschiede sind nun nicht so gravierend, doch sollten Sie dem Ganzen ruhig mal einen kurzen Blick widmen.

Zu erwähnen wären natürlich auch noch die *Nachrichten-Einstellungen*. Zum einen deshalb, da Sie dort über *Accounts* und über das Aktivieren von *Bonjour* das Netzwerk-Messaging einschalten können. Somit lässt sich innerhalb der Netzwerkrechner kommunizieren und auch Daten hin- und hersenden. Zu achten wäre dabei auf ein kleines Detail, denn Sie müssen sich zudem als *Anwesend* zu erkennen geben. Das erledigen Sie entweder über das Nachrichten-Fenster (links unten) oder bei aktivierter *Allgemein*-Option *Status in der Menüleiste zeigen*.

Beim Netzwerk-Chat müssen Sie als Status »Anwesend« einstellen.

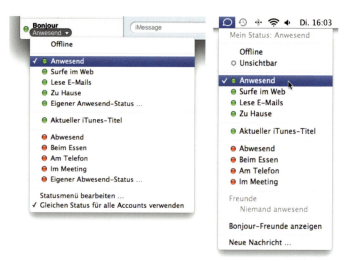

Den Namen des entsprechenden Netzwerkpartners finden Sie ebenso in den *Nachrichten-Einstellungen* | Rubrik *Accounts* bei *Bonjour* – und zwar unten stehend. Wird nun dieser Name verwendet, bietet Ihnen Nachrichten bereits die passenden Adressen an, sodass Sie diese nur anzuklicken brauchen. Schreiben Sie anschließend eine Mitteilung, so erscheint diese auf dem gewünschten Rechner – vielleicht sogar auf dem Nachbar-Schreibtisch.

Den betreffenden Empfänger-Namen zum Ankontakten finden Sie in den »Accounteinstellungen« zu »Bonjour«.

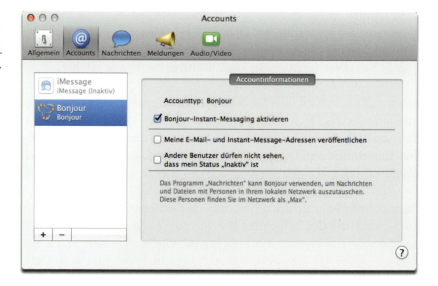

6 | Online mit dem Mac

Die *Nachrichten-Einstellungen* weisen weiterhin diverse Optionen auf, wobei jedoch viele nur die *Bonjour*-Einrichtung bzw. die alternativ anzulegenden Accounts (*Google Talk*, *Yahoo!* oder *AIM/ AOL Instant Messenger*) betreffen. So finden Sie dort automatische Optionen beim Anmelden sowie Beenden von *Nachrichten* oder ob Sie *Symbole zur Statusanzeige verwenden* (Status *Getrennt* ist ein rotes Quadrat, während *Anwesend* rund ist) oder lieber nur die Farb-Variante benutzen möchten. Das automatische auf *Abwesend* stellen sowie die animierten Bilder für Kontakte sind wieder eher persönlichen Geschmacks. Interessant ist noch das Verhalten bei Rückkehr an den Computer (nach dem Aufwachen aus dem Ruhestand, dem Beenden des Bildschirmschoners oder nach dem Wiedereinschalten des Rechners) – suchen Sie sich hier die für Sie beste Einstellung aus.

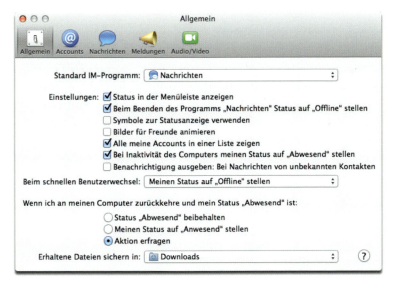

Die meisten Einstellungen betreffen weniger das iMessaging zwischen Mac- und iOS-Geräten, sondern eher die Accounts für Google oder Yahoo.

Über die Rubrik *Nachrichten* kommt dann noch die Typografie ins Spiel: Welche Schrift/Schriftgröße und welche Sprechblasenfarbe? Sollen Ihre *Konversationen* gesichert werden oder wünschen Sie einen Kurzbefehl, der *Nachrichten* sofort in den Vordergrund befördert? Belassen Sie ruhig erst einmal die Standard-Einstellungen und regeln Sie erst nach, falls Sie wirklich mit den vorgegebenen Werten unzufrieden sind.

Ehe wir Ihnen nun jede Option einzeln erklären – die Quick-Info macht das auch ganz gut.

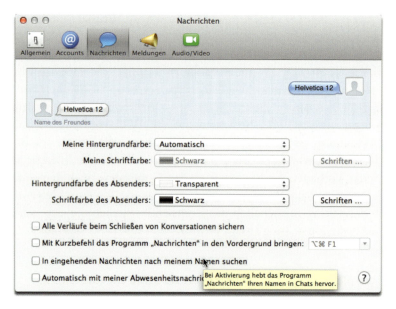

Die *Meldungen* machen Sie per Ton, per Animation im Dock oder über einen Sprecher auf Aktivitäten aufmerksam. Welches Ereignis nun was machen soll, stellen Sie bei *Ereignis* ein und regeln dann die nachfolgenden Optionen. Übrig bleibt die Rubrik *Audio/Video*, mit der Sie das Mikrofon bestimmen, ein eventuell vorliegendes Bluetooth-Headset konfigurieren sowie regeln, dass *Nachrichten* automatisch geöffnet wird, sobald Sie eine externe Kamera einschalten.

Wie schon eben erwähnt: Viele Optionen betreffen nicht das *iMessage* zwischen Macs und *iOS*-Geräten, sondern *IM*-Dienste wie *AIM*, *Yahoo!* oder *Google Talk*. Möchten Sie hingegen bei einem laufenden Chat zwischen Mac-Geräten auf eine Video-Konferenz umschalten, so klicken Sie einfach auf den *Kamera*-Button ( ) rechts oben im *Nachrichten*-Fenster und Sie können Ihre Unterhaltung per *FaceTime* fortführen.

Nach so viel Internet-, E-Mail- und Nachrichten-Konversation möchten wir im nächsten Kapitel einen kleinen Ausflug zum Thema »Netzwerk« starten. Dabei vernetzen wir Macintosh-Rechner und legen auch ein Mac-/Windows-Netz an, um beispielsweise Daten untereinander auszutauschen. Auch wenn Sie nur einen Einzel-Arbeitsplatz besitzen, kann es doch interessant für Sie sein, denn schon manches Mal hat das *OS X* den Anwender so mitgerissen, dass es nicht bei einem Mac geblieben ist. Aber sehen Sie selbst …

Vom Netzwerken: Mac to Mac und Mac to Win

In großen Betrieben und Firmen werden oftmals Hunderte von Rechnern zusammengeschlossen. Ausgehend von einem Zentralrechner stehen dabei allen die gleichen Daten zur Verfügung und jeder kann dem anderen seine Arbeiten rüberschicken. Da wir nun ganz fest annehmen, dass Sie in Ihrer Wohnung höchstens zwei oder drei Computer (Mac oder PC) horten und keine Ambitionen pflegen, Firmen wie Siemens oder Apple Konkurrenz zu machen, möchten wir uns auch eher auf das Heim-Netzwerk beschränken.

AirDrop – komfortabler Daten-Transfer in Sekunden

Eigentlich ist die nun folgende Variante kein richtiges Netzwerk, aber zum Datenübertragen zwischen zwei Macs eine gelungene Alternative zum Vernetzen. Das *OS X* ist so programmiert, dass es automatisch weitere Mac-Rechner identifizieren kann. Dies klappt jedoch nur, wenn auf diesen Macs ebenso *OS X Lion* bzw. *OS X Mountain Lion* installiert und bei all diesen Rechner *WLAN* aktiviert ist. Letzteres können Sie schnell erledigen, indem Sie einen Blick in die Menüleiste werfen und dort (rechts oben) auf das *WLAN*-Symbol (◇) klicken. Dort wählen Sie nun den Eintrag *WLAN aktivieren*.

Als Alternative dazu können Sie auch gleich in einem *Finder*-Fenster auf *AirDrop* klicken. Ist dabei *WLAN* nicht aktiviert, so lässt sich das auch darüber erledigen:

Aller Anfang ist ein aktives WLAN, um drahtlos eine Verbindung zu einem weiteren Mac aufnehmen zu können.

Ist nun auf allen beteiligten Rechnern *OS X Lion/Mountain Lion* installiert, *WLAN* eingeschaltet sowie das *AirDrop*-Fenster geöffnet, so dauert es nur Sekunden und die benachbarten Rechner erscheinen.

Da tut sich was: Die Mac-Rechner erkennen sich auf Anhieb.

Eine Datei soll transferiert werden. Zum Loslegen müssen Sie auf »Senden« klicken.

Um nun Daten austauschen zu können, reicht es vollkommen aus, dass Sie einfach ein Dokument oder einen Ordner mit der Maus packen und auf das gewünschte Mac-Icon ziehen. Es erfolgt augenblicklich die Nachfrage, ob diese Datei gesendet werden soll.

Klicken Sie auf *Senden*, so erhält der Nachbar-Rechner augenblicklich die Anfrage eingereicht, ob denn nun diese Datei gesichert werden soll. Der Angefragte kann nun also auf *Ablehnen* klicken, die Datei sichern (sie landet automatisch im Ordner *Downloads*) oder gar zusätzlich gleich öffnen.

Wie es sich gehört: Bevor eine Datei versendet werden kann, wird der angefragte Nutzer um Erlaubnis gebeten.

7 | Netzwerken mit dem Mac

Sind sich alle Parteien einig, geht die Datei auf Reisen und landet wenige Zeit später im Ordner *Downloads*. Das war's auch schon …

Daniels iMac

Sofern andere Mac-Rechner im Umkreis das *AirDrop*-Fenster geöffnet haben, können Sie das Versenden von Daten auch über die *Freigabe*-Funktion in *Finder*-Fenstern bewerkstelligen. Wählen Sie dazu einfach eine oder mehrere Dateien und dann über die *Freigabe*-Schaltfläche ( ) den Eintrag *AirDrop*. Hat der angedachte Adressat *AirDrop* aktiviert, so erhält er kurze Zeit später Nachricht und kann die Daten laden. Findet sich jedoch kein *AirDrop*, so lässt sich das ebenso schnell erkennen.

Je nach Verfügbarkeit bekommen Sie Meldung, ob ein Mac-Rechner sein AirDrop aktiviert hat. Über die Freigabe-Funktion lassen sich nun Daten versenden – der Empfänger erhält wenige Sekunden später eine Meldung.

Die Voraussetzungen für ein Netzwerk

Das brauchen Sie: als Erstes natürlich mindestens zwei Rechner. Diese können nun entweder über ein FireWire-Kabel, über ein Ethernet-Kabel oder über *WLAN* (vormals *Wi-Fi*/*AirPort* genannt) verbunden werden. Bei mehreren Rechnern müssen diese im Falle von *WLAN* alle über eine *AirPort*-Karte verfügen, bei der Verbindung über *Ethernet* benötigen Sie einen Switch, Hub oder Router, der die Datenströme lenkt und leitet. Bei vielen DSL-Providern erhalten Sie heutzutage bei Abschluss eines Vertrages einen wenn nicht kostenlosen, dann zumindest aber »subventionierten« Router samt Switch zum Schnäppchenpreis.

613

Ein Mac besitzt mindestens einen integrierten *10/100BASE-T Ethernet-Anschluss*, alle aktuellen Macintosh-Rechner gar einen *1000BASE-T Ethernet-Anschluss* (jeweils für RJ-45-Stecker) und beherrschen sowohl *10 Mbit/s-Ethernet*, *Fast Ethernet* und *Gigabit Ethernet*, die sich in Datenübertragungsraten von 10 Mbit/s, 100 Mbit/s sowie 1 Gbit/s zeigen. Der langsamste Mac in einem Netzwerk bestimmt folglich auch die Übertragungsgeschwindigkeit. Achten Sie auch darauf, dass im Falle eines Switches/Hubs auch dieser mit unterschiedlichen Geschwindigkeiten zurechtkommt.

Während Sie über einen Hub oder Switch nur *File Sharing*, also das Austauschen von Daten untereinander, oder die Nutzung einen gemeinsamen Druckers bewerkstelligen können, ist eine gleichzeitige Internet-Verbindung nicht möglich. Für Letzteres benötigen Sie einen *Router* (z. B. eine *AirPort Extreme Basisstation*) sowie die Erlaubnis des Internet-Providers, mit mehreren Rechnern gleichzeitig online gehen zu dürfen.

Als Kabel benötigen Sie bei Längen bis 10 Meter ein sogenanntes Twisted-Pair-Kabel (auch Patch-Kabel genannt) der Güteklasse *CAT5 UTP (unshielded twisted pair)*, ab 10 Meter empfehlen sich hier *CAT5e*-Kabel, die einen stabilen Netzwerk-Betrieb sicherstellen. Fragen Sie hierzu am besten Ihren Händler, dem Sie Ihre genaue Konfiguration schildern.

Systemeinstellungen »Netzwerk« und »Freigaben«

Hier spielt sozusagen die Musik, um nicht zu sagen: Hier werden die Netze gesponnen. Zuerst heißt es wie immer die *Systemeinstellungen* für den jeweiligen Zweck zu konfigurieren – beginnen wir mit der Verbindung zweier Rechner über *FireWire*.

Netzwerk über FireWire

Rufen Sie die *Systemeinstellungen* auf und dort die Rubrik *Netzwerk*. Wenn Sie nun zwei Macs via FireWire-Kabel verbinden und ein Weilchen warten, so springt in der linken *Dienste*-Liste die Rubrik *FireWire* nach oben und zeigt den Status *Verbunden* an. Bei *IPv4 konfigurieren* sollte *DHCP (Dynamic Host Configuration Protocol)* ausgewählt sein, damit den Rechnern automatisch eine sogenannte *IP-Adresse (Internet-Protocol-Adresse)* zugewiesen wird. Diese IP-Adresse muss für jeden Rechner unterschiedlich, aber dennoch eindeutig sein, damit beim

Datenversand jede Stelle genau identifiziert werden kann und jeder weiß, für wen was bestimmt ist. Die Vergabe geschieht automatisch, kann aber ein paar Schrecksekunden dauern.

Bei der Verbindung über FireWire sollte die Systemeinstellung wie auf dem Bild aussehen.

Apple verwendet das sogenannte *Zeroconf (Zero Configuration Networking)* bzw. das *Automatic Private IP Addressing (APIPA/ Auto-IP)*. Hierbei handelt es sich um eine konfigurationsfreie Verbindung von Computern in lokalen Rechnernetzen. Der Anwender muss also im Grunde nur die Rechner verbinden und alles andere übernimmt die Technik.

Klicken Sie anschließend in *Anwenden* und gehen Sie zurück in die Übersicht der *Systemeinstellungen* (Punkt *Alle einblenden*). Von dort aus klicken Sie nun auf *Freigaben*. Oben sehen Sie den Geräte-Namen, unter dem Ihr Computer auch bei anderen Anwendern erscheint. In der Liste der *Dienste* müssen Sie nun die *Dateifreigabe* aktivieren. Daraufhin finden Sie jene Zugangsdaten, über die andere Teilnehmer im Netzwerk auf Ihren Rechner zugreifen können. Der Name mit dem Kürzel *.local* entspricht hierbei dem *Bonjour*-Namen.

Die »Dateifreigabe« ermöglicht anderen Benutzern das Übertragen und Tauschen von Daten.

Der oder die anderen Rechner müssen nun ebenso konfiguriert werden, was dieselbe Vorgehensweise bedeutet. Ist alles erledigt, so sollten sich die Rechner bereits erkennen. In einem *Finder*-Fenster taucht dazu der neue Eintrag *Freigaben* auf, der die erkannten Rechner im Netzwerk unter deren Gerätename auflistet. Klicken Sie diesen Rechner-Namen an, so erhalten Sie den Zutritt als *Gast* auf den Ordner *Öffentlich* der Gegenseite. Im Falle mehrerer Benutzer des Rechners müssen Sie sich für einen entscheiden. Klicken Sie einen öffentlichen Ordner doppelt an, so stellt dieser seinen Briefkasten zur Verfügung, in den Sie Ihre Daten einwerfen können. Ein Öffnen dieses Briefkastens ist nicht möglich, jedoch lassen sich Daten, welche die Gegenstelle im öffentlichen Ordner hinterlegt hat, auf die eigene Festplatte bewegen.

Sozusagen »Zutritt light«: der Zugriff auf den öffentlichen Ordner zum Austausch.

7 | Netzwerken mit dem Mac

Wird ein öffentlicher Ordner geöffnet, so finden Sie zum einen jene Daten vor, die die Gegenstelle für alle Benutzer im Netzwerk dort hinterlegt hat. Möchten Sie selbst Daten an einen bestimmten Benutzer übergeben, so werfen Sie diese in den Briefkasten.

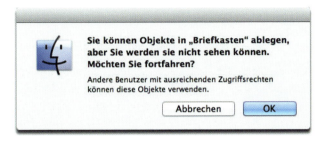

In einen Briefkasten lassen sich nur Daten einwerfen – ein Öffnen ist nicht möglich. Ein entsprechender Dialog klärt Sie dazu nochmals genau auf.

Sofern Sie selbst der Administrator Ihres Netzwerks sind und Zugriff auf sämtliche Inhalte eines weiteren Rechners wünschen, so klicken Sie bei *Freigaben* zuerst wieder das entsprechende Gerät an. Danach drücken Sie den Knopf *Verbinden als* (oben rechts im Fenster) und versuchen sich im sich öffnenden Dialog als registrierter Benutzer. Hierzu geben Sie *Benutzername* sowie *Passwort* der Gegenstelle ein und Sie besitzen danach den uneingeschränkten Eintritt zu allen Volumes (inklusive externer Festplatten, die am Netzwerk-Rechner hängen und eingeschaltet sind).

Falls Sie bei einem Mac in der Systemeinstellung *Benutzer & Gruppen* eine *Apple ID* eingerichtet haben, so lässt sich auf diese Rechner auch mithilfe dieser *Apple ID* zugreifen. Nach dem Klick auf *Verbinden als* tragen Sie dann statt des Benutzernamens und des Passwortes eben die zugehörige *Apple ID* samt Kennwort ein.

Zuerst erfolgt die Registrierung, danach die Freischaltung für alle Volumes.

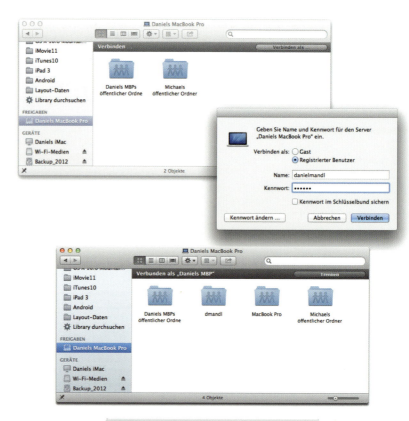

Eine Anmeldung ist auch über die Apple ID möglich.

Treten bei der eben beschriebenen Methode zur Erkennung der Rechner Probleme auf, so trennen Sie noch einmal das FireWire-Kabel und versuchen es dann erneut. Als weitere Alternative zur Verbindungsaufnahme können Sie auch folgenden Weg einschlagen: Wählen Sie im *Finder* über die Menüleiste *Gehe zu* den Befehl *Mit Server verbinden* (⌘-K). Tragen Sie dort im oberen Eingabefeld die *Server-Adresse* des zu kontaktierenden Computers ein. Dies kann in einem reinen Mac-Netzwerk die *Bonjour*-Adresse (etwa »name-mac.local«) oder andernfalls die *AFP*-Adresse (*AFP* steht für *Apple Filing Protocol*, z. B. afp://«IP-Adresse») sein. Ist Ihnen bereits bekannt, dass Sie des Öfteren auf diesen Computer zugreifen möchten, so können Sie diesen gleich über den rechts

7 | Netzwerken mit dem Mac

stehenden *Plus*-Button zu den Favoriten (*Bevorzugte Server*) aufnehmen. Bei einer erneuten Kontakt-Aufnahme müssen Sie dann nur den gewünschten Server markieren und auf *Verbinden* klicken.

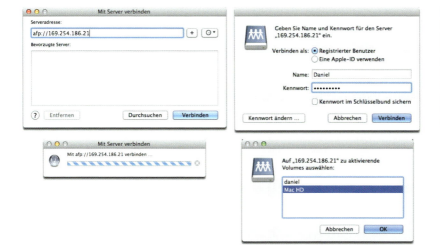

Tragen Sie die Server-Adresse ein und klicken Sie auf »Verbinden«. Danach erscheint der schon bekannte Dialog zur Identifizierung und Sie können das gewünschte Volume (das können auch alle sein) bestimmen.

Sowohl *Bonjour*-Adresse als auch *AFP*-Adresse lassen sich auch über einen herkömmlichen Internet-Browser wie beispielsweise *Safari* eingeben. Ist Ihnen die Server-Adresse nicht bekannt, so lässt sich über den Button *Durchsuchen* (im Dialog *Mit Server verbinden*) nach solchen fahnden. Hierbei finden Sie in einem *Finder*-Fenster das Icon *Netzwerk,* das auf Klick hin die gefundenen Server auflistet. Der *Verbinden*-Button gestattet Ihnen dann den Zugriff auf den Server.

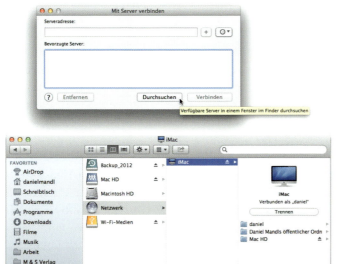

Auch über den Punkt »Netzwerk« ist eine Kontakt-Aufnahme möglich.

619

Für das zur Verfügung stellen von Daten müssen Sie sich selbstverständlich nicht mit dem *öffentlichen Ordner* allein zufriedengeben. In der Systemeinstellung *Freigaben* | Dienst *Dateifreigabe* lassen sich über den *Plus*-Knopf (+) unterhalb von *Freigegebene Ordner* weitere Quellen (Ordner, Volumes etc.) für den *Gast*-Zutritt definieren. Im Feld daneben – *Benutzer* – bestimmen Sie, was der Einzelne darf (*Nur lesen*, *Lesen & Schreiben*, *Nur Schreiben* oder *Keine Rechte*). *Nur Lesen* bedeutet in diesem Sinne, dass man auf den Ordner zwar Zugriff hat, aber selbst nichts ablegen kann. *Nur Schreiben* wiederum ermöglicht dem Benutzer, dass er ausschließlich Dateien dort hineinlegen darf, er aber keine Inhalte anzeigen lassen kann. Nur derjenige, der *Lesen & Schreiben* darf, kann ohne Einschränkung arbeiten.

Ebenso lassen sich bestimmte Benutzer auswählen, indem Sie diese entweder aus dem Adressbuch bestimmen und diesen ein Kennwort zuteilen, oder über *Neue Person* einen ganz neuen Account anlegen.

Zum *Abmelden* aus dem Netzwerk klicken Sie einfach auf das kleine *Auswerfen*-Symbol (⏏) bzw. auf *Trennen* – der Server verschwindet.

Netzwerk über Ethernet

Das Prozedere ist das Gleiche wie bei der Verbindung über *FireWire*, nur dass Sie dieses Mal die Computer über ein *Ethernet-Kabel* verbinden und in der Systemeinstellung *Netzwerk* den Eintrag *Ethernet (integriert)* benutzen. Bei *IPv4 konfigurieren* sollten Sie wieder *DHCP* zum automatischen Vergeben der *IP-Adressen* wählen. Klicken Sie dann wieder auf *Anwenden*. In der Systemeinstellung *Freigabe* sollte ebenfalls die *Dateifreigabe* aktiviert sein.

Das Gleiche müssen Sie nun auch auf den anderen Netzwerk-Rechnern erledigen. Ist alles erledigt, funktioniert die Kontakt-Aufnahme wie unter der *FireWire*-Verbindung. Entweder erfolgt sie automatisch und Sie finden die verbundenen Rechner in der Seitenleiste des Finder-Fensters unter *Freigaben* oder Sie gehen wieder in den *Finder* und wählen *Gehe zu* | *Mit Server verbinden*. Dort tragen Sie die unter *Dateifreigabe* gezeigte lokale Netzwerk-Adresse oder die *AFP*-Adresse (des zu kontaktierenden Mac-Rechners) ein und klicken auf *Verbinden* (alternativ können Sie die *Server*-Adresse auch wieder über einen Internet-Browser eingeben). Loggen Sie sich folglich als *Gast* oder als *Registrierter Benutzer* ein und alles Weitere nimmt seinen Lauf …

Das Gleiche in »Grün« – nur dieses Mal als Ethernet-Netzwerk. Zwei Mac-Rechner sind dabei als LAN (Local Area Network) über einen Router verbunden.

Netzwerkdrucker über Ethernet einrichten

Ihre Vorarbeit besteht wie üblich im Treiber installieren und dem Verbinden von Computer und Drucker mit einem Ethernet-Kabel (läuft auch unter den Bezeichnungen *Patchkabel*, *CAT-5-* oder *RJ45*-Kabel). Rufen Sie dann Ihre *Systemeinstellungen* und dort die Rubrik *Drucken & Scannen* auf. Nun müssen Sie wieder auf den Plus-Knopf (+) zum *Hinzufügen* eines Druckers klicken, sodass dieser in der *Druckerübersicht* erscheint. Besitzen Sie einen Netzwerk-Drucker neueren Datums, der die *Bonjour*-Funktion (die früher einmal *Rendezvous* hieß), also das automatische Konfigurieren und Erkennen im Netzwerk unterstützt, so sollte er ohne weiteres Zutun in der Liste erscheinen. Wählen Sie diesen nun aus und klicken Sie wieder auf *Hinzufügen* – der Drucker ist nun startklar.

Neuere Netzwerk-Drucker lassen sich optimalerweise problemlos einbinden.

Denken Sie bitte daran, die Option *Diesen Drucker im Netzwerk freigeben* zu aktivieren, sodass auch die anderen Rechner auf das Gerät zugreifen können.

Besitzen Sie einen älteren Netzwerk-Drucker, der sich nicht auf das Protokoll *Bonjour* versteht, so können Sie versuchen, Ihren Drucker zur Vergabe einer automatischen IP-Adresse zu bewegen. Das erfolgt meist über ein Setup-Menü am Gerät selbst (ein Blick ins Handbuch sollte hier helfen). Wählen Sie dort etwa *System-Setup* oder *Drucker konfigurieren* und suchen Sie nach dem *TCP/IP*-Dialog. Dort sollte wieder *DHCP* zur Vergabe einer automatischen IP-Adressen aktiviert sein. Wenn Sie sich später diese Konfiguration ausdrucken sollten (das klappt auch ohne angeschlossenen Mac), so können Sie diese aus den Unterlagen entnehmen. Noch besser ist es, wenn Sie manuell ein Adresse vergeben, da dadurch die Gefahr einer ständig wechselnden IP-Adresse in einem großen Netzwerk mit wechselnden Rechnern und somit einer ständigen Neueinrichtung des Druckers umgangen wird.

Bei *Drucker hinzufügen* wählen Sie nun statt *Standard* die Abteilung *IP*. Bei uns klappte das Protokoll *HP Jetdirect*, indem wir die IP-Adresse eingegeben haben. Der Drucker wurde danach erkannt und über *Hinzufügen* in der Druckerliste integriert.

Bei älteren Netzwerk-Druckern klappt das Erkennen oftmals über die Eingabe der IP-Adresse.

Je nach Modell und Treiber weist Ihr Drucker wieder unterschiedliche Funktionen und Optionen auf. So lassen sich manche universal einstellen und konfigurieren, während andere – mit vielleicht weniger empathischer Unterstützung des Herstellers – nur dürftige bis keine weiteren

Eingriffsmöglichkeiten anbieten. Der Button *Optionen & Füllstände* weist daher Hersteller-abhängige Features auf. Einen Einblick in Ihre Druckaufträge erhalten Sie wieder über die *Drucker-Warteliste*.

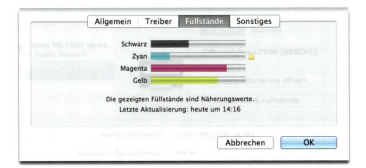

Je nach Gerät und Ausstattung sowie des Funktionsumfangs von Treiber und zusätzlicher Software gewährt der Drucker Einsicht in »ungeahnte Tiefen«.

Netzwerk über WLAN

Wenn Sie *WLAN* (zuvor *Wi-Fi* oder *AirPort* genannt) verwenden, wiederholt sich unsere Netzwerk-Geschichte, nur dass Sie in diesem Fall anstatt *Ethernet* oder *FireWire* die Einstellung *WLAN* verwenden. Zum einen klappt das, indem Sie zuerst auf allen Mac-Rechnern *WLAN* aktivieren – entweder über die Menüleiste oder über die Systemeinstellung *Netzwerk*, indem Sie aus der Dienste-Liste auf den Eintrag *WLAN* klicken und dieses dann über den Knopf *WLAN aktivieren* starten. Des Weiteren heißt es nun auf einem Rechner ein Netzwerk anzulegen. Auch das klappt sowohl über das *WLAN*-Symbol in der Menüleiste oder über die Systemeinstellung *Netzwerk*.

Nach dem Aktivieren von WLAN heißt es ein Netzwerk anzulegen – entweder über die Menüleiste oder die Systemeinstellung »Netzwerk«.

Hierbei vergeben Sie einen Namen und legen fest, ob ein Kennwort dieses Netzwerk schützen soll. Letzteres empfehlen wir sehr, damit sich nicht jemand aus der »Nachbarschaft« so ohne Weiteres in das System einklinken kann. Zur Auswahl stehen zwei Möglichkeiten: *40-Bit WEP* in Form eines 5 ASCII- oder 10 Hex-Zeichen umfassenden bzw. *128 Bit WEP* mit 13 ASCII- oder 26 Hex-Zeichen.

> *ASCII* steht für *American Standard Code for Information Interchange* und beschreibt einen 128 Zeichen (davon 33 nicht-druckbare sowie 95 druckbare) umfassenden Zeichensatz, der im Groben den üblichen Fundus auf einer Tastatur darstellt (Alphabet plus Ziffern plus einfache Sonderzeichen). *Hex* rührt von *Hexadezimalsystem* her und weist darauf hin, dass Sie eine Abfolge von 10 bzw. 26 Zeichen aus den Buchstaben A bis F sowie den Ziffern 0 bis 9 zusammenstellen können. *WEP* steht für *Wired Equivalent Privacy* und ist der Standard-Algorithmus für die WLAN-Verschlüsselung, wobei hier schon der Nachfolger *WPA2* zur Verfügung steht.

Ein Netzwerk ist schnell angelegt – aber bitte mit kniffeligem Kennwort.

Vom zweiten Mac aus müssen Sie sich nun bei diesem Netzwerk anmelden. Das geht am besten über das *WLAN*-Symbol (📶) in der Menüleiste, da dort bereits das gerade angelegte Netzwerk auftauchen sollte. Im Falle des nachträglichen Aktivierens von *WLAN* öffnet sich automatisch ein Fenster, das die gefundenen Netzwerke auflistet. Klicken Sie das Gewünschte an und geben Sie gegebenenfalls das Kennwort ein. Über *Verbinden* sollte nun der Kontakt der beiden Rechner hergestellt werden.

7 | Netzwerken mit dem Mac

Nach dem Wählen des Netzwerks müssen Sie gegebenenfalls noch das Kennwort eingeben, …

… danach steht dem Datenaustausch nichts mehr im Wege.

Über die Systemeinstellung *Freigaben* sowie des Dienstes *Dateifreigabe* lassen sich nun wieder weitere Ordner sowie Benutzer für den individuellen Zugriff einrichten.

Während es sich bislang um ein reines Computer-zu-Computer-Netzwerk drehte – erkennbar auch am zugehörigen *WLAN*-Symbol () in der Menüleiste, zeigen wir Ihnen nun noch schnell das Integrieren weiterer Rechner in ein *WLAN*-Netzwerk, das über eine *AirPort Extreme*

Basisstation konfiguriert wurde. Wie Letzteres erfolgt, haben wir Ihnen im vorangegangenen Kapitel unter der Überschrift »Drahtlos per WLAN ins Netz der Netze« geschildert. Haben Sie sich nun beispielsweise einen neuen Mac zugelegt, so erledigen Sie den Zugriff auf dieses Netzwerk entweder gleich zu Beginn bei der Installation und Einrichtung von *OS X Mountain Lion*, oder ein wenig später, indem Sie wieder über das *WLAN*-Symbol in der Menüleiste das entsprechend angelegte Netzwerk auswählen und das hoffentlich vergebene Kennwort eingeben. Und neben dem sofort verfügbaren Internet-Zugang tauchen auch schon die anderen Rechner in der Seitenleiste des Finder-Fensters auf.

Über *Mit anderem Netzwerk verbinden* können Sie sich ebenso auf die Suche nach vorhandenen Netzwerken begeben. Dies sollten Sie in Erwägung ziehen, sofern Ihr eigentlich gewünschtes Netzwerk nicht angezeigt wird. Sie können daraufhin entweder selbstständig den Netzwerk-Namen eingeben oder über *Netzwerke zeigen* alle gefundenen auflisten lassen.

Netzwerke auswählen – entweder über die Eingabe des zugehörigen Namens oder per Mausklick auf eines der Angezeigten.

Wenn Sie eine *AirPort Extreme Basisstation* (oder auch einen anderen Router) benutzen, so können Sie auch weitere Geräte daran anschließen, die dann von allen verbundenen Rechnern aus genutzt werden können. Im Falle einer *AirPort Extreme Basisstation* lässt sich üblicherweise nur ein einziges Gerät an den USB-Anschluss anstöpseln. Über einen USB-Hub sind jedoch auch mehrere Geräte möglich. Starten Sie das *AirPort Dienstprogramm*, klicken Sie dort auf das auf *AirPort Extreme Basisstation* und im auftauchenden Dialog auf *Bearbeiten*, so lassen sich dort weitere Details konfigurieren.

7 | Netzwerken mit dem Mac

Über »Bearbeiten« stehen Ihnen alle Möglichkeiten zur Anpassung der Basisstation zur Verfügung. So können Sie beispielsweise eine über USB angeschlossene Festplatte schützen, indem Sie eine Dateifreigabe nur per Gerätekennwort erlauben.

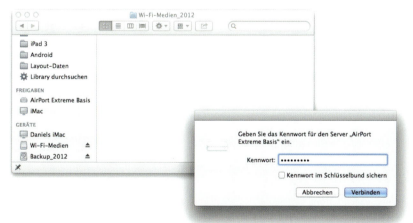

Der Zugriff auf die Festplatte ist nur möglich, wenn der Benutzer das »AirPort Extreme«-Passwort kennt.

Die Bildschirmfreigabe nutzen

Die *Bildschirmfreigabe* ist eine feine Sache, wenn Sie schnell mal einen Blick auf den Rechner eines anderen Teilnehmers im Netzwerk werfen möchten. Das kann beruflich nötig sein, aber auch privat, wenn beispielsweise die werte Ehefrau im ersten Stock sitzt und mal wieder den Ordner mit den Hochzeitsfotos nicht findet. Voraussetzung hierbei ist, dass zum einen beide (oder noch mehr) Macs im Netzwerk eingebunden sind und zum anderen auf allen Geräten in der Systemeinstellung *Freigaben* der Dienst *Bildschirmfreigabe* aktiviert ist.

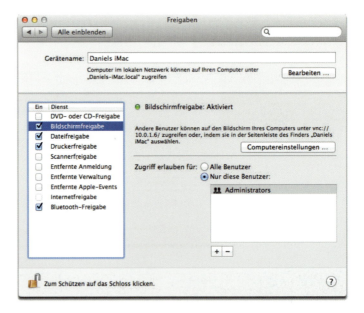

Wird die Bildschirmfreigabe eingeschaltet, erscheinen die zugehörigen Zugriffsmöglichkeiten.

Auch bei diesem Dienst können Sie genau festlegen, wer letztlich auf Ihren Bildschirm zugreifen darf. Das können alle auf dem Rechner vorhandenen Benutzer sein oder eben nur solche, denen diese Möglichkeit explizit zugewiesen wird. Über die *Computereinstellungen* lässt es sich weiterhin einrichten, dass Benutzer, die über eine *VNC*-Software (*Virtual Network Computing*) wie etwa *Apple Remote Desktop* verfügen, auch über das Internet – aber bitte nur mit Kennwort – auf den Bildschirm zugreifen können.

Der Zugriff selbst ist relativ simpel: Wird auf Mac-Rechner, die sich in der Seitenleiste eines *Finder*-Fensters unter der Rubrik *Freigaben* befinden, geklickt, so werden üblicherweise deren öffentliche Ordner eingeblendet. Neben dem *Verbinden als*-Knopf zum Zugriff als registrierter Nutzer finden Sie nun dort auch den Button *Bildschirmfreigabe*.

7 | Netzwerken mit dem Mac

Das Freigabe-Fenster bekommt Zuwachs in Form der »Bildschirmfreigabe«-Schaltfläche.

Wird nun auf diese geklickt, so wird der Kontakt hergestellt und Sie müssen sich als registrierter Benutzer oder über eine *Apple ID* identifizieren. Klicken Sie dann auf *Verbinden* und es öffnet sich der Bildschirm des angesprochenen Rechners.

Nur wer sich ausweisen kann, wird für die Bildschirmfreigabe zugelassen.

Ohne zu murren zeigt sich der Bildschirm des benachbarten iMac.

629

Sie können sich jetzt innerhalb des Gast-Bildschirms frei bewegen, Ordner öffnen oder Programme starten. Auch der Austausch von Dateien ist möglich – und zwar einfach per *Drag & Drop*. Ziehen Sie einfach eine Datei auf den entfernten Bildschirm bzw. kopieren Sie sie von dort auf den eigenen Mac. Das *Dateiübertragungen*-Fenster (*Fenster | Dateiübertragungen* bzw. ⌘-⌥-L) protokolliert dabei genau, welche Daten gesendet bzw. empfangen werden.

Über die *Bildschirmfreigabe-Einstellungen* können Sie nun weitere Anpassungen vornehmen – unter anderem den Tastenkurzbefehl zum Umschalten zwischen *Steuern* (auf den Mac zugreifen) und *Beobachten* (ausschließlich die Vorgänge auf dem Mac kontrollieren) festlegen.

Im Ordner *CoreServices* (Ihre Festplatte/System/Library/CoreServices) finden Sie das Programm *Bildschirmfreigabe*, das Sie sich auch gerne ins Dock legen können. Wird es gestartet, so müssen Sie die für die *Bildschirmfreigabe* zugeteilte *Host*-Adresse (etwa vnc://10.0.1.11) eintragen und erhalten so ebenso Zugriff.

Die zugehörige Host-Adresse (Host steht hier für Gastgeber bzw. Anbieter) finden Sie in der Systemeinstellung »Freigaben« unter »Bildschirmfreigabe«.

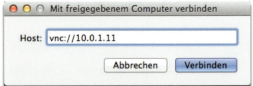

Einen PC ins Mac-Netzwerk einbinden

Als Umsteiger in die Mac-Welt steht sicherlich noch ein Windows-PC irgendwo herum – aber auch Freunde mit PCs soll es ja noch geben. Egal, wer nun mit wem oder überhaupt – selbstverständlich lässt sich auch ein PC in ein Mac-Netzwerk integrieren. Wie man seinen kompletten PC auf den Mac überträgt, haben wir ja bereits am Anfang des Buches zur *OS X Mountain Lion*-Installation sowie im Kapitel zu den *Dienstprogrammen* mit dem *Migrationsassistenten* geschildert. Im nachfolgenden Teil zeigen wir Ihnen, wie Sie schnell mal ein paar Daten austauschen können.

Bei einem Drahtlos-Netzwerk müssen Sie eigentlich nur den PC einbinden. Das geschieht entweder bereits bei der Einrichtung des PC – oder Sie begeben sich dazu unter *Windows 7* über die *Systemsteuerung* zum

7 | Netzwerken mit dem Mac

Netzwerk und Freigabecenter. Dort wiederum klicken Sie auf *Verbindung mit einem Netzwerk herstellen*. Über das auftauchende Fenster sollte nun – das kann jedoch ein Weilchen dauern – die Drahtlosverbindung auftauchen. Klicken Sie darauf, so wird der Button *Verbinden* eingeblendet, auf den Sie ebenso klicken. Nun müssen Sie das Kennwort eingeben. Nach der Verbindung können Sie dann über den *Windows-Explorer* und dort bei *Netzwerk* auf Ihre freigegebenen Ordner zugreifen.

Über die »Systemsteuerung« und dort im »Netzwerk- und Freigabecenter« werden die ersten Schritte in Richtung Netzwerk gestellt. Wird auf »Verbindung mit einem Netzwerk herstellen« geklickt, so taucht das auf dem Mac über WLAN angelegte Netzwerk auf. Wird es ausgewählt, so müssen Sie das vergebene Kennwort eingeben.

Das Status-Fenster der Drahtlosverbindung (aufzurufen über das Netzwerk- und Freigabecenter) gibt grünes Licht für einen bequemen Datenaustausch.

631

Über den Windows-Explorer lassen sich nun alle im Netzwerk befindlichen Rechner erfassen.

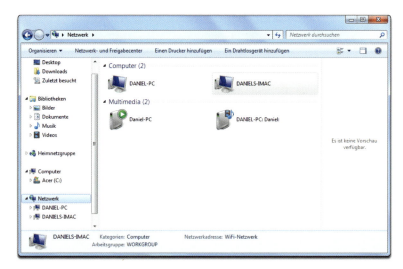

Klicken Sie nun auf einen Eintrag unter *Netzwerk*, so werden Sie aufgefordert, Benutzername und Passwort einzugeben. Danach werden die zugehörigen Inhalte eingeblendet.

Wie auf dem Mac erfolgt auch über Windows der Zugriff nur nach Eingabe von Benutzername und Passwort.

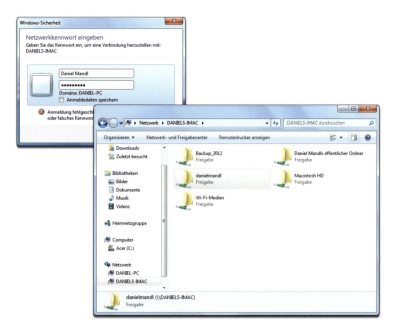

Unter dem alten *Windows Vista* läuft das im Großen und Ganzen genauso ab: Zuerst erfolgt die Anmeldung am Drahtlosnetzwerk über *Verbindung herstellen*. Nach Eingabe des Passwortes erfolgt die Integration und alle Rechner erscheinen in der Seitenleiste des Windows-Explorers. Auf Klick hin können Sie nun auf die freigegebenen Ordner zugreifen.

7 | Netzwerken mit dem Mac

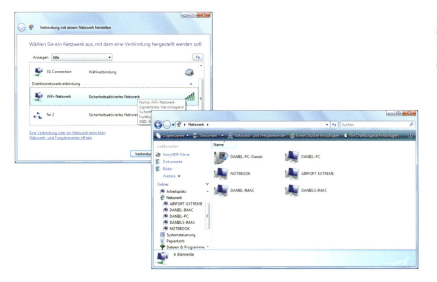

Nach der Anmeldung am Drahtlos-Netzwerk kann man augenblicklich auf die öffentlichen Ordner Einfluss nehmen.

Das ganze Spielchen klappt natürlich auch, wenn Sie vom Mac aus starten und auf den Windows-PC zugreifen möchten. Auch dabei können Sie verschiedene Wege einschlagen. Ist die *Dateifreigabe* aktiviert, so öffnen Sie ein beliebiges *Finder*-Fenster und der verbundene PC sollte nun auch in der Seitenleiste unter *Freigaben* erscheinen. Wählen Sie ihn aus und klicken im Fenster auf *Verbinden als*, so können Sie sich entweder als *Gast* (mit Zugriff auf alle freigegebenen Ordner) oder als *Registrierter Benutzer* mit Zugriff auf den gesamten Rechner anmelden.

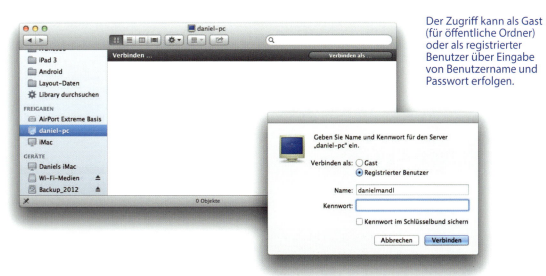

Der Zugriff kann als Gast (für öffentliche Ordner) oder als registrierter Benutzer über Eingabe von Benutzername und Passwort erfolgen.

633

Bis sich beide Computer (Mac und PC) finden und identifizieren, können schon einmal ein paar Minuten ins Land gehen. Seien Sie also geduldig. Im Zweifel können Sie auch nach der Konfiguration der Rechner einen Neustart beider Computer durchführen. Geht es dann immer noch nicht, so wählen Sie den nachfolgenden Weg.

Sollte bei Ihnen der Zugriff nicht gleich klappen, so lässt sich ebenso über Eingabe der PC-*IP-Adresse* bzw. des *NetBios-Namen* (zu finden unter *Systemsteuerung | System und Sicherheit | System*) Kontakt aufnehmen. Hierzu wählen Sie im *Finder* über die Menüleiste *Gehe zu* den Befehl *Mit Server verbinden* (⌘-K) und tragen dort die Adresse ein. Beachten Sie bitte hierbei, dass Sie das Kürzel *smb://* voranstellen. *SMB* steht hierbei für *Server Message Block* und ist das von Microsoft benutzte Netzwerk-Protokoll.

Suche des Servers über die IP-Adresse oder des NetBios-Namen (entspricht dem Computernamen).

Nach dem Klick auf *Verbinden* müssen Benutzername und Kennwort des PCs eingegeben werden – danach erscheinen dann die freigegebenen Ordner/Volumes, die Sie einzeln oder alle bestimmen. Auch nach dieser Vorgehensweise erscheint der PC in der Seitenleiste des Finder-Fensters und Sie können Daten transferieren.

Nach der Identifizierung wählen Sie die zu aktivierenden Volumes. Das war's.

7 | Netzwerken mit dem Mac

Wenn Sie über das *Server Message Block*-Protokoll (SMB) eine Kontaktaufnahme starten, so müssen Sie zuvor eine *SMB-Freigabe* erteilen. Das erledigen Sie in der Systemeinstellung *Freigaben* und dort über den Dienst *Dateifreigabe*. Über den Button *Optionen* rufen Sie nun ein weiteres Dialogfeld auf, in dem Sie die Funktion *Dateien und Ordner über SMB (Windows) freigeben* aktivieren. Hierbei müssen Sie einen auf dem Mac vorhandenen *Benutzer-Account* freigeben und explizit ausweisen, dass dieser zum Datenaustausch mit einem oder mehreren Windows-PCs verwendet werden darf. Setzen Sie daher einen Haken in den gewünschten *Account* und identifizieren Sie sich durch Ihr Passwort.

Ein wenig Vorarbeit ist wieder angesagt, damit es später keine Probleme gibt.

Fernwartung über TeamViewer

Zum Abschluss dieses Kapitel möchten wir Ihnen noch ein Programm vorstellen, über das Sie per Internetverbindung sowohl auf den eigenen als auch »fremde« Rechner (Mac wie PC) zugreifen können, die sich außerhalb eines Netzwerks befinden. Voraussetzung hierbei ist selbstverständlich die Erlaubnis der »gegnerischen« Seite. Die Software nennt sich *TeamViewer* und dient in erster Linie zur Fernwartung – das heißt, Sie können so beispielsweise von Zuhause aus auf den Rechner von Freunden und Bekannten zugreifen und diese steuern, beispielsweise zur Unterstützung beim Installieren oder Einrichten oder als Hilfe bei einer eventuellen Problemsuche.

Das Programm finden Sie über die Webseite www.teamviewer.com/de zum kostenlosen Download (für den privaten Gebrauch). Das Installieren geht schnell per Doppelklick und Sie können bereits im Vorfeld ein permanentes Kennwort für den Zugriff auf Ihren Rechner vergeben (das können Sie aber auch später noch über die *TeamViewer-Einstellungen* erledigen).

Bitte einmal doppelklicken und das Programm installiert sich wie von selbst.

Der Installationsassistent unterbreitet Ihnen schon zu Beginn die Möglichkeit, ein ständiges Passwort für den Zugriff auf den eigenen Rechner zu vergeben.

Für eine Fernwartung muss auf allen beteiligten Rechnern die Software *TeamViewer* installiert und gestartet sein. Es erfolgt dabei eine Verbindung über das Internet und es werden eine ID sowie ein Kennwort generiert. Möchten Sie auf den anderen Rechner zugreifen, so benötigen Sie die ID des Gegenparts, die als *Partner-ID* im Start-Dialog eingetragen werden muss. Klicken Sie anschließend auf *Mit Partner verbinden*

7 | Netzwerken mit dem Mac

und geben Sie das angeforderte Kennwort ein – daraufhin öffnet sich wie von Geisterhand ein Fenster und stellt den Bildschirm-Inhalt der Gegenseite dar.

»TeamViewer« bezieht nach dem Start sowohl eine Identifikationsnummer (ID) sowie ein Kennwort. Bei Zugriff auf den fremden Rechner müssen Sie zuerst die ID der Gegenseite eintragen.

Danach heißt es das Kennwort Ihres Gegenübers einzugeben …

… und schon haben Sie Zugriff auf den Rechner und können unterstützend eingreifen (unten).

Über die Aktionsfelder am oberen Fensterrand finden Sie noch viele weitere Optionen zur Anpassung von Qualität sowie Fenstergröße. Auch Dateien können übertragen oder statt der Fernwartung eine Online-Konferenz gestartet werden. *TeamViewer* gibt es auch als App für iPhone oder iPad bzw. für Android zum Zugriff auf den heimischen Rechner. Viele weitere Informationen zu diesem tollen Programm können Sie auch der Webseite entnehmen.

Im letzten Kapitel dieses Grundlagen-Buches geben wir Ihnen gern einige Tipps, wie Sie technische Probleme am besten angehen und meistern – und sei es nur, wie Sie dem bunten Beachball ( ) als Endlos-Warte-Schleife ein Schnippchen schlagen. Seien Sie gespannt!

Was tun bei Problemen?

Jedes neue Betriebssystem ist auf irgendeine Art und Weise anfällig für Konflikte – und das gilt natürlich auch für *OS X Mountain Lion* samt seiner tollen Programme und vielen Features. Darunter fallen erst mal die »Kinderkrankheiten«, die jedoch meist nach den ersten größeren Updates behoben werden. Und dennoch hakt es manchmal, etwa weil ein Programm sich nicht beenden lässt, das Umschalten zwischen Programmen träge läuft oder der Mauszeiger nicht mehr reagiert und stattdessen nur sein buntes Rädchen (🌀) zeigt. Die meisten Probleme betreffen dabei Software-Konflikte und sind daher meist ohne Weiteres zu beheben, die Hardware ist in den seltensten Fällen der Schuldige. Auch wenn Sie mitten in der Arbeit sind und einen Befehl oder einen Dialog nicht gleich auf Anhieb verstehen, ist Hilfe in Sicht. Was Sie nun alles an Gegenmaßnahmen treffen können, lesen Sie auf den folgenden Seiten.

Softwareseitige Lösungen

Die Apple-Hilfe

Jedes Programm und insbesondere die Apple-eigenen Applikationen besitzen eine umfassende Hilfe, die Sie auf jeden Fall einmal besuchen sollten. Zu finden ist dieses *Hilfe-Zentrum* meist über den Menü-Punkt *Hilfe* in der Menüleiste bzw. über *Befehlstaste-Fragezeichen* (⌘-?). Wählen Sie im *Finder* die Hilfe, so bekommen Sie schon einmal im Groben eine Einführung zu den am häufigsten verwendeten Themen wie Surfen im Internet, Verwalten von E-Mails und Dokumenten, Anpassungen Ihres Macs usw. Unten stehend lässt sich dann über *Hilfe für Ihre Apps* zu den einzelnen Programmen umschalten, wobei dort neben den Apple-eigenen Programmen auch jene von Drittanbietern aufgelistet werden.

Jedes Programm wartet mit seiner eigenen Hilfe auf, sodass Sie im Falle von Schwierigkeiten oder nicht geklärten Optionen jederzeit darauf zurückgreifen können. Entweder finden Sie eine Problemlösung bereits bei den angebotenen Themen, oder Sie geben direkt einen Such-Begriff ein. Dabei werden Ihnen zudem verschiedene Lösungen präsentiert: zum einen aus der zum Programm gehörenden internen Hilfe, weiterhin übergreifend zu ähnlich gestrickten Themen sowie zu etwaigen Support-Dokumenten von Apple. Da die *Hilfe* hierbei auch auf das Internet zurückgreift, sollten Sie bestenfalls über eine Online-Verbindung verfügen.

Für jedes installierte Programm existiert eine umfassende Hilfe mit informativen Inhalten.

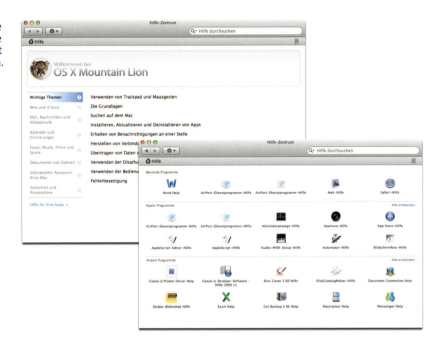

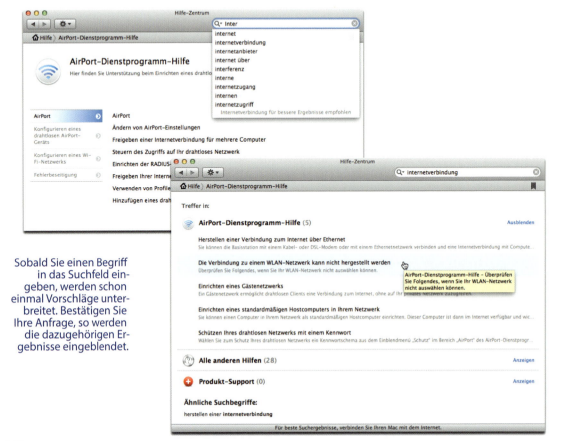

Sobald Sie einen Begriff in das Suchfeld eingeben, werden schon einmal Vorschläge unterbreitet. Bestätigen Sie Ihre Anfrage, so werden die dazugehörigen Ergebnisse eingeblendet.

Über die beiden Pfeile ( ) in der Symbolleiste navigieren Sie nun vorwärts oder wieder zurück, das Aktions-Menü ( ) hält wieder ein paar zusätzliche Optionen wie das Anpassen der Schriftgröße, das Ausdrucken der Ergebnisse oder das Suchen innerhalb der Ergebnisliste parat. Ein kurzer Klick auf den *Home*-Button ( ) bringt Sie schnell wieder zum Ausgangspunkt der *Mac-Hilfe*.

Erwähnen möchten wir auch noch die Möglichkeit, *Lesezeichen* innerhalb der Hilfe anzubringen. Befassen Sie sich beispielsweise des Öfteren mit ein und demselben Thema, so sollten Sie diesen »Service« in Anspruch nehmen. Klicken Sie dazu auf das *Lesezeichen*-Symbol ( ) und das aktuell besuchte Thema wird gespeichert. Möchten Sie nun wenig später wieder auf Ihre Themen zurückgreifen, so klicken Sie auf das *Buch*-Symbol ( ) und alle zuvor angelegten *Lesezeichen* werden eingeblendet. Diese können Sie nun anzeigen lassen (*Öffnen*), löschen (*Entfernen*) oder gar als E-Mail versenden. Der mitgelieferte Link muss dabei nur angeklickt bzw. in einen Browser kopiert werden und das Hilfe-Thema erscheint auf der Bildfläche.

Lesezeichen sollten Sie immer dann anlegen, wenn Sie häufiger auf bestimmte Themen zugreifen.

In fast allen Dialogen – etwa den Systemeinstellungen – finden Sie das Symbol ⓘ mit einem Fragezeichen darin, das Sie direkt zum entsprechenden Thema in der Mac-Hilfe bringt.

Die *Mac-Hilfe* hat sich wirklich zu einer umfassenden Datenbank gemausert, die hervorragend übersetzt ist und in der man Stunden verbringen kann. Nutzen Sie also in einer ruhigen Minute einmal diese Unterstützung und besuchen Sie die Seiten, denn – wie wir schon gelernt haben – Wissen kann man nie genug haben …

Neustart durchführen

Sie sollten sich eine bestimmte Reihenfolge angewöhnen, mit der Sie Problemen begegnen können. Dazu gehört vorrangig die Ruhe zu bewahren – insbesondere wegen des eigenen Nerven-Kostüms. Auch wenn es ungeduldige Menschen an den Rand des Wahnsinns bringen kann – die meisten Widrigkeiten lassen sich mit einem Neustart beheben. Beenden Sie folglich alle laufenden Programme, klicken Sie in das *Apple-Menü* (der Apfel ganz links) und wählen Sie aus dem aufklappenden Menü den Befehl *Neustart*. Dabei wird die Hardware einem internen Funktionstest unterzogen und das Betriebssystem wird neu hochgefahren. Meist sind danach kleinere Unregelmäßigkeiten aus dem Weg geräumt.

Der Neustart des Computers dauert nicht lange und sollte stets durchgeführt werden, falls das ein oder andere Programm hakt.

Will der Mac nicht auf Sie hören und führt auf dem normalen Weg keinen Neustart durch, so versuchen Sie dennoch, zuerst die Programme zu beenden und Ihre Arbeit zu sichern. Danach wählen Sie als Not-Maßnahme für alle Laptop-Modelle (und alle Computer, an die eine Tastatur mit *Ein-/Ausschalt-Taste* angeschlossen ist) die Tastenkombination *Befehlstaste-ctrl-Ein-/Ausschalt-Taste* für einen erzwungenen Neustart. Hierbei wird der Mac ohne Warnung – und zwar sofort – neu gestartet. Bei iMac & Co. müssen Sie die *Ein-/Ausschalt-Taste* länger gedrückt halten (ein paar Sekunden lang), bis der Mac sich ausschaltet. Danach starten Sie ihn wieder ganz normal.

Bei manchen Problemen kann auch das Ausschalten des Rechners (Zeitdauer etwa 30 bis 60 Minuten) Wunder bewirken. So ist es uns selbst schon passiert, dass man sich Stunden mit vermeintlichen Missständen herumärgert, bis man genervt den Rechner herunterfährt. Nach einem Spaziergang oder der ausgiebigen Beschäftigung mit Ehepartner, Kindern oder Garten sowie dem Wiedereinschalten des Rechners haben sich die Probleme in Luft aufgelöst. Der Ursache (etwa atmosphärische Störungen, negative Energie, geschlossene Chakren …) kommt man so zwar nicht auf die Spur, aber es ist dennoch ein gutes Gefühl, dass wieder alles zur Zufriedenheit läuft.

8 | So helfe ich mir selbst

In ganz seltenen Fällen (wir durften es in den letzten Jahren ein einziges Mal erleben) macht sich der Mac sogar selbstständig und führt von ganz alleine einen Neustart durch. Das kann aus heiterem Himmel passieren – mitten in der Arbeit. Die Ursache ist wahrscheinlich nur von einem Techniker herauszufinden, denn nach dem Neustart gibt es einen wahrlich spannenden Bericht, den leider nur versierte Fachkräfte verstehen.

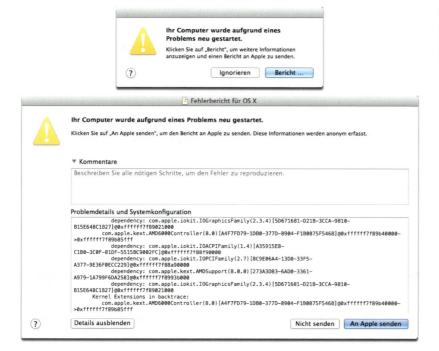

Trotz Fehlerbericht werden wir uns wohl nie von diesem unerwarteten Neustart aus heiterem Himmel erholen …

Programme sofort beenden

Wenn Sie im normalen Arbeitsalltag Divergenzen feststellen und das Fehler verursachende Programm identifizieren können, sollten Sie es beenden und dann nochmals starten. Hilft das nicht bzw. lässt sich das Programm nicht beenden, greifen Sie zur Notbremse: Über *Befehlstaste-Wahltaste* und *esc-Taste* (⌘-⌥-*esc*) rufen Sie den *Sofort beenden*-Dialog auf, markieren das entsprechende Programm und klicken dann auf den Button *Sofort beenden* bzw. im Falle des *Finders* auf *Neu starten*. Alternativ lässt sich auch über das Dock (mit gedrückter *Wahltaste* und leicht hinausgezögertem Mausklick auf das Programm-Icon) der Befehl *Sofort beenden* ausführen. Die anderen noch laufenden Programme werden hierbei nicht in Mitleidenschaft gezogen und Sie können mit diesen weiterarbeiten. Starten Sie dann erneut das »zickende« Programm und beobachten Sie, ob es sich weiterhin »komisch« verhält. Im Zweifel sollten Sie auch immer einen anschließenden *Neustart* in Erwägung ziehen.

Instabile Programme werden in Nullkommanichts über »Sofort beenden« aus dem Verkehr gezogen.

Preferences und Caches

Jedes Programm besitzt eine kleine *Preferences*-Datei, in der die in den *Programm-Einstellungen* vorgenommenen Eintragungen gespeichert werden. Ab und zu können diese Dateien der Grund für fehlerhaftes Verhalten sein, sodass es sich anbietet, diese bei Problemen mit Programmen zu löschen. Beim erneuten Aufruf des Programms wird diese *Preferences*-Datei neu angelegt – Sie müssen einzig etwaige Anpassungen in den *Einstellungen* überprüfen und eventuell erneut eingeben. Manche Programme speichern in diesen *Preferences*-Dateien auch die Seriennummer, sodass auch diese in manchen Fällen neu einzutragen ist.

Zum Aufsuchen des Verzeichnisses *Benutzer/»Ihr Benutzername«/Library/Preferences/* müssen Sie wieder einen kleinen Umweg gehen: Klicken Sie im *Finder* mit gedrückter *Optionstaste* (⌥) in der Menüleiste auf *Gehe zu* und wählen Sie daraus den Eintrag *Library*. Dort finden Sie nun im Ordner *Preferences* jene Dateien, die meist den Namen des Programms im eigenen Titel sowie die Endung ».plist« tragen. So nennt sich beispielsweise die Voreinstellungs-Datei vom Programm *DVD Player* »com.apple.DVDPlayer.plist« oder von *TextEdit* »com.apple.TextEdit.plist«. Das Suffix ».plist« steht dabei für *Property List* und bedeutet soviel wie »Eigentümer-Liste« (sprich Benutzer-Einstellungen). Markieren Sie die entsprechende Datei und befördern Sie sie in den Papierkorb. Nach dem erneuten Start des Programms wird sie automatisch wieder angelegt.

8 | So helfe ich mir selbst

Wenn die Datei im Papierkorb liegt, sollten Sie diesen nicht gleich entleeren, sondern erst das Verhalten des Programms nach einem erneuten Start testen. Ist das Problem gelöst und die Applikation läuft einwandfrei, so können Sie auch den Papierkorb leeren. Ist die *Preferences*-Datei jedoch nicht das Übel, so können Sie diese wieder zurück an ihren angestammten Platz befördern – so sparen Sie sich eventuelle Neu-Eintragungen in den Programm-Einstellungen.

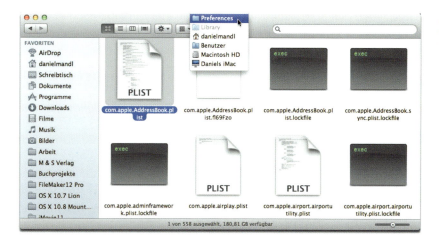

Manchmal tragen die »Preferences« die Bürde des Schuldigen.

Denken Sie bitte daran, erst die oben genannten Schritte wie einen Neustart durchzuführen, ehe Sie dem Programm mit dem Löschen der *Preferences*-Datei zu Leibe rücken.

Auch *Caches* können Probleme verursachen bzw. das Löschen derselben diese beseitigen. In diesen Dateien werden Informationen zwischengespeichert, auf die wiederholt zurückgegriffen wird – etwa zum Starten von Programmen, welche Schritte Sie bereits in Assistenten vollzogen haben etc. Ingesamt gibt es drei Orte, an denen besagte Ordner samt Cache-Daten liegen:

- *Macintosh HD/Library/Caches*
- *Macintosh HD/System/ Library/Caches*
- *Benutzer/Library/Caches*

Zum Löschen der ersten beiden Orte müssen Sie sich mit Ihrem Administratoren-Kennwort identifizieren, in Ihrem Benutzer-Ordner klappt das auch so. Der darauf folgende Neustart dauert in der Regel etwas länger als üblich, danach sollte jedoch gerade auch das Starten der Programme schneller vonstattengehen. Kaputt machen können Sie dabei nichts, denn die Caches-Dateien werden erneut angelegt – nur dieses mal eben ohne Fehl und Tadel.

Parameter-RAM löschen

Das kurz *PRAM* genannte *Parameter-RAM* ist ein Speicher-Bereich, der durch eine Batterie mit Energie gespeist wird und daher auch nach dem Ausschalten des Mac seine Daten behält. Darin enthalten sind verschiedene System- und Geräteeinstellungen wie etwa das ausgewählte Startvolume, Informationen zu Datum und Uhrzeit, die eingestellte Lautstärke oder Details wie die Monitor-Auflösung etc. Auch hier kann eine Fehlerquelle vorliegen, wenn sich beispielsweise fehlerhafte Daten in diesem Bereich befinden (zum Beispiel nach einem Absturz des Systems). Das zeigt sich dann etwa im Hochfahren des Rechners von einem nicht gewünschten Startvolume oder eben dem Nichtauffinden des üblichen Startsystems (blinkendes Fragezeichen zu Beginn des Startvorgangs).

Um das *PRAM* nun zu löschen, müssen Sie gleich nach dem Neustart die akrobatische Tastenkombination *Befehlstaste-Optionstaste-P-R* (⌘-⌥-P-R) gedrückt halten. Drücken Sie die Tasten so lange, bis der Startgong ein zweites Mal ertönt. Danach startet der Mac wie gehabt hoch. Überprüfen Sie danach *Datum* und *Uhrzeit*, die Lautstärke der Lautsprecher, Ihre Monitor-Einstellungen sowie die Auswahl Ihres Startvolumes (in den *Systemeinstellungen*), ob alles seine Richtigkeit hat.

Volume-Zugriffsrechte überprüfen

Auch wenn das Prozedere schon im Kapitel über die *Dienstprogramme* ausführlich geschildert wurde, möchten wir dennoch daran erinnern. Manche Programme wollen einfach nicht mehr hochstarten oder verabschieden sich verfrüht und ohne ersichtlichen Grund. Ein Fall für das *Festplatten-Dienstprogramm!*

Markieren Sie das Volume mit dem Betriebssystem und lassen Sie die *Zugriffsrechte reparieren*. Als krönenden Abschluss führen Sie einen Neustart durch und ein bestehendes Dilemma sollte hoffentlich beseitigt sein.

Häufige Abstürze

Friert der gesamte Bildschirm ein oder erhalten Sie laufend Systemfehler, so sollten Sie bei fortwährendem Eintreten dieser Symptome die Festplatte mit dem *Festplatten-Dienstprogramm* untersuchen. Hierzu starten Sie Ihren Rechner neu und halten gleich anschließend die Tastenkombination *Befehlstaste-R* (⌘-R) gedrückt. Ist der Neustart auf dem normalen Wege über das *Apple*-Menü nicht möglich, so erzwingen Sie ihn über die Tastenkombination *Befehlstaste-ctrl-Ein-/Ausschalt-Taste* bzw. über das Ausschalten (Gedrückthalten des ⏻-Knopfes) und dem erneuten Starten. Der Rechner sollte nun über die eigens für derartige Zwecke angelegte Wiederherstellungs-Partition (*Recovery HD/ Wiederherst-10.8*) starten. Erscheint letztlich das Fenster *OS X Dienstprogramme*, so starten Sie die Anwendung *Festplatten-Dienstprogramm*. Damit lassen sich nun alle *Partitionen/Volumes überprüfen* und *reparieren*.

Als Alternative bei einem Zweit-Rechner (der ebenso unter *OS X* läuft) bietet sich auch der *Target-/Festplatten-Modus* an. Starten Sie den funktionierenden Rechner zuerst und verbinden Sie diesen dann per FireWire-Kabel mit dem Sorgenkind. Starten Sie Letzteres und drücken Sie sofort nach dem Startgong die Taste »T«. Dabei wird der Rechner zur externen Festplatte und erscheint als Volume auf dem erstgenannten Computer. Nun können Sie ebenso per *Festplatten-Dienstprogramm* die Volumes reparieren.

Bringt auch das keine Besserung, sollten Sie wie üblich eruieren, welche Änderungen Sie zuletzt am System vorgenommen haben. Vielleicht war das zuletzt installierte Programm nicht kompatibel mit *OS X Mountain Lion* und auf der Hersteller-Webseite schlummert längst ein Update.

Findet das *Festplatten-Dienstprogramm* keine Fehler und Sie haben aber dennoch weiterhin Abstürze, sollten Sie Ihren Mac probehalber im so genannten sicheren Modus (*Safe Boot*) starten. Dabei halten Sie beim Neustart die *Umschalt-Taste* (⇧) gedrückt, bis der Anmelde-Bildschirm erscheint. Bei diesem sicheren Systemstart wird nun neben einer Verzeichnisüberprüfung auch das Löschen des *Dynamic Loader-Caches* veranlasst, der jedoch nach einem erneuten Start wieder angelegt wird. In diesem Cache können sich fehlerhafte Dateien befinden, die etwa durch kaputte Verzeichnisse oder beschädigte Software entstanden sind. Beim Hochstarten werden zudem nur original Apple-eigene Komponenten/Extensions berücksichtigt – Erweiterungen seitens Drittherstellern wie Tastatur-Soft-

ware oder Ähnliches bleibt außen vor. Versuchen Sie nun, die Konflikte zu reproduzieren. Läuft die System-Software dabei einwandfrei, können Sie davon ausgehen, dass die Konflikte von Apple-fremden Programmen/Erweiterungen hervorgerufen werden. Überlegen Sie folglich, was Sie zuletzt installiert haben! Über das *Apple-Menü* wählen Sie erneut einen Neustart, um wieder in den normalen Benutzer-Modus zu gelangen.

Erkundigen Sie sich am besten auf den Webseiten der Software-Hersteller, ob die Voraussetzungen seitens Ihres Betriebssystems in Zusammenarbeit mit der angebotenen Software gegeben sind oder ob Konflikte gemeldet wurden. Im Zweifel löschen Sie das Drittherseller-Programm, indem Sie es aus dem Ordner *Programme* in den *Papierkorb* befördern oder – im Falle eines angebotenen Deinstallers – darüber entfernen.

Die Einstellungen für *Tastaturen*, *Mäuse* oder sonstige Peripherie von Drittherstellern finden Sie oftmals in den *Systemeinstellungen* unter *Sonstige*. Die dazugehörigen Software-Pakete liegen wiederum im Ordner *PreferencePanes* in den Verzeichnissen *Festplatte/Library/PreferencePanes* oder *Benutzer/Ihr Benutzername/Library/ PreferencePanes*. Am einfachsten gelingt das Entfernen, wenn Sie mit gedrückter *ctrl-Taste* auf die jeweilige Systemeinstellung klicken und dann aus dem Kontext-Menü den Befehl *Systemeinstellung »SoftwareXY« entfernen* wählen. Achtung: Entfernen Sie grundsätzlich nur *Systemeinstellungen*, die unter der Rubrik *Sonstige* abgelegt sind – alle anderen stammen von Apple und dürfen nicht gelöscht werden.

Das Entfernen von Dritthersteller-Erweiterungen in den Systemeinstellungen lässt sich schnell über das Kontext-Menü erledigen.

Als letzten Schritt – wenn gar nichts mehr hilft – sollten Sie das System neu installieren bzw. wiederherstellen. Hierbei können Sie zum einen auf *Time Machine* zurückgreifen, was zwar die einfachere Lösung ist, auf der anderen Seite aber die Gefahr birgt, dass Sie sich den Fehler wieder mit an Bord holen. Die andere Variante ist das Neuinstallieren von *OS X Mountain Lion*. Die dazugehörenden Schritte haben wir im Kapitel zur Installation des Betriebssystems beschrieben. Damit erhalten Sie ein frisches *OS X*-System und etwaige fehlerhafte Komponenten werden ersetzt. Nach der Installation gehen Sie dann am besten in die *Systemeinstellungen* und bringen Ihr System über die *Softwareaktualisierung* auf den neuesten Stand.

> **Bitte unbedingt beachten:** Vor einer Neu-Installation bringen Sie bitte Ihre Arbeits- sowie persönlichen Daten (Bilder, Filme, Brief-Korrespondenz) in Sicherheit. Fremd-Programme lassen sich auch nachträglich über DVDs/CDs bzw. einen erneuten Download von der Anbieter-Seiten installieren bzw. über den *Mac App Store* neu laden – Ihre eigenen Daten jedoch nicht.

Papierkorb lässt sich nicht löschen

Auch das ist mitunter möglich: Die Apple-eigene Müllabfuhr streikt, und das ganz ohne Gewerkschaft. Bemerken werden Sie dies, indem Sie Daten über *Finder | Papierkorb entleeren* löschen, der Papierkorb aber dennoch gefüllt bleibt. Ist ein Dokument beispielsweise geschützt, so verhindert dies schon einmal das Löschen – und zwar zurecht (sonst wäre ja der Schutz sinnlos), wobei die Daten noch nicht einmal in den Papierkorb befördert werden können. Hier müssen Sie die Datei markieren und den Befehl *Ablage | Informationen* (⌘-I) aufrufen. Im auftauchenden Dialog entfernen Sie dann in der Abteilung *Allgemein* den Haken bei *Geschützt* – danach sollte sich die Datei ohne Probleme löschen lassen.

Befinden sich dagegen schon einzelne Daten im Papierkorb und diese machen Anstalten, sich nicht löschen zu lassen, so klicken Sie bei gedrückter Wahltaste (⌥) auf den Papierkorb und halten kurzzeitig die Maustaste gedrückt. Im aufspringenden Popup-Menü wählen Sie dann den Befehl *Papierkorb entleeren* und der Inhalt sollte ohne Nachfrage verschwinden. Klappt auch das nicht, so hilft oft ein Neustart. Hierbei wird das System beim Aufstarten aufgeräumt und Fehlinformationen wieder gerade gerückt.

Shareware und Freeware-Programme als Helfer in der Not

Wie bei vielen anderen Dingen auch gibt es fleißige Programmierer, die ebenfalls den Mac-Usern unter die Arme greifen möchten. Viele dieser hilfreichen Apps finden Sie im *Mac App Store*, andere wiederum auf Webseiten wie `download.cnet.com/mac/` oder `www.macupdate.com`. Erwähnt haben wir schon das Programm *Carbon Copy Cloner* (`www.bombich.com/software/ccc.html`), mit dem Sie eine genaue Kopie Ihres Start-Volumes auf eine andere Festplatte oder Partition kopieren können, was sich natürlich nur lohnt, wenn das System fehlerfrei läuft.

Auf den entsprechenden Webseiten finden Sie Tausende von Share- und Freeware-Programmen sowie Updates zum Herunterladen.

Auch Programme wie *OnyX* (Freeware), *Cocktail* (ca. 14 Dollar) oder *TinkerTool System* (ca. 14 Dollar) sind erwähnenswert, erledigen diese Programme doch Aufgaben, die normalerweise in einem UNIX-Betriebssystem automatisiert ablaufen. Unix-Rechner in Netzwerken & Co. werkeln üblicherweise Tag und Nacht durch, was wohl bei den Heim-Computern seltener vorkommt. Die System-Optimierungen beginnen meistens zu nachtschlafender Zeit, wenn der Mac ausgeschaltet ist und der Anwender sich in süßen Träumen wiegt. Diese täglich, wöchentlich oder monatlich (*periodic daily*, *periodic weekly*, *periodic monthly*) abzuarbeitenden Skripte können nun kurz und schmerzlos auch tagsüber (oder wann auch immer) gestartet werden. Hierbei werden alte Logfiles weggeräumt, Sicherheitseinstellungen überprüft, Caches geleert usw.

8 | So helfe ich mir selbst

Mit »OnyX«, »TinkerTool System« und »Cocktail« lassen sich Caches leeren, die periodischen Skripte ablaufen, das System überprüfen, die Zugriffsrechte reparieren und, und, und.

Bitte achten Sie beim Download von Dienstprogrammen unbedingt darauf, dass diese für *OS X Mountain Lion* optimiert und stets aktuell sind. Da diese Apps oftmals auch auf das System zugreifen oder Caches löschen, ist das nicht ganz ungefährlich und sollte daher auf jeden Fall berücksichtigt werden. Und denken Sie auch immer an ein Backup, falls doch einmal was schief gehen sollte.

Ein ähnlicher Prozess läuft übrigens auch immer ab, wenn Sie ein Programm installieren und ganz zum Schluss der *System optimieren*-Balken zu sehen ist. So werden die zum Programm gehörenden Ressourcen erneut verbunden (Fachbegriff *Update Prebindings*) und der Start geht ratzfatz über die Bühne.

Im Grunde gibt es Tausende solcher Utilities (als Free-, Share- und Donationware), die alle irgendetwas können. Nichtsdestotrotz: Das *OS X* kommt schon gut ausgestattet daher und sollte als Erstes einmal verstanden werden. Danach können Sie dann mit Zusatz-Programmen loslegen, die Sie dann vollends wunschlos glücklich machen.

Überprüfung von Hardware

Natürlich kann es auch die Hardware erwischen. Das ist besonders schmerzhaft, denn zum einen sind Ihnen da meist die Hände gebunden und zum anderen kann das – nach Auslaufen der Garantie – auch teuer werden. Hardware-Defekte lassen sich oft bereits beim Starten des Mac identifizieren, nämlich dann, wenn der Computer akustische Signale von sich gibt. Diese rühren vom sogenannten *POS* (*Power On Self-Test*) her, der sich im ROM des Computers befindet und jedes Mal ausgeführt wird, wenn der Mac eingeschaltet wird (das gilt jedoch nicht für einen einfachen Neustart).

Bei diesem Test werden nun verschiedene Komponenten wie der Arbeitsspeicher (das RAM), das Boot-ROM oder auch der Prozessor auf Funktionsfähigkeit überprüft. Wird nun ein Problem festgestellt, hören Sie nicht den üblichen Startgong, sondern die Abfolge von bis zu fünf Tönen. Der einmalige Ton (dann 5 Sekunden Pause, Wiederholung) signalisiert dabei fehlendes RAM, drei aufeinanderfolgende Töne (danach 5 Sekunden Pause, Wiederholung) resultieren aus der nicht bestandenen Prüfung aller RAM-Steckplätze, vier Töne deuten auf Boot-Image-Fehler im Boot-ROM hin und als Krönung fiepen fünf Töne bei einem nicht funktionsfähigen Prozessor. Während Sie nun die Probleme bei fehlendem oder inkompatiblen RAM eventuell noch selbst lösen können, raten wir Ihnen bei allen anderen Fehlern zur Kontaktaufnahme zu einem autorisierten Apple Händler oder dem Händler, der Ihnen den Mac verkauft hat.

Bei andersgearteten Fällen (ohne das Abspielen eines Tons) sollten Sie sich immer fragen, was Sie seit dem Auftreten dieses oder jenes Konflikts geändert haben? Kam eine neue Tastatur hinzu? Oder haben Sie eine externe Festplatte gekauft? War es vielleicht doch nicht so schlau, das MacBook Pro mit unter die Dusche zu nehmen?

Stöpseln Sie am besten alle Peripherie-Geräte ab und prüfen Sie erneut, ob Ihr Mac weiter Zicken macht. Wenn nicht, schließen Sie nach und nach die Zusatz-Geräte einzeln an und führen Sie immer wieder Probeläufe durch. Somit nähern Sie sich Schritt für Schritt dem Konflikt-Herd.

Auch in diesem Fall sollten Sie Ihren Händler oder die Hersteller auf Inkompatibilitäten ansprechen und nachfragen, ob andere User über ähnliche Probleme klagen. Manchmal lassen sich auch von den Hersteller-Webseiten sogenannte Firmware-Updates herunterladen, die eine Inkompatibilität wieder richten.

8 | So helfe ich mir selbst

Manchen Mac-Rechnern liegt eine Hardware-Test-CD/DVD bei bzw. befindet sich dieses Testprogramm auf der Installations-CD/DVD – erkennbar am aufgedruckten Kürzel »AHT« für *Apple Hardware Test*. Vor einer Überprüfung müssen Sie jedoch alle Geräte (externe Festplatten, Drucker, Ethernet-Netzwerk-Kabel, Scanner etc.) abstecken (natürlich bis auf Maus und Tastatur). Nach dem Einlegen der Test-DVD starten Sie Ihren Rechner neu und halten dann unmittelbar nach dem Startgong die Taste »D« gedrückt.

Für Rechner, die über keine Hardware-Test-CD/DVD verfügen bzw. bereits m*it OS X Lion/Mountain Lion* ausgeliefert wurden, befindet sich der *Apple Hardware Test* bereits auf der Festplatte (auf einer nicht sichtbaren, separaten Partition) bzw. kann über das Internet ausgeführt werden. Dazu benötigen Sie eine Internet-Verbindung über WLAN oder Ethernet. Auch in diesen Fällen heißt es den Rechner von aller Peripherie/Drittgeräten zu befreien, einen Neustart durchzuführen und gleich anschließend die Taste »D« zu drücken. Haben Sie dabei ein wenig Geduld, denn es kann ein Weilchen dauern …

Nachdem die Software die Hardwarekonfiguration gecheckt hat, müssen Sie Ihre Sprache auswählen, danach erscheint das eigentliche Testprogramm. Über den Klick auf Test werden dann Hardware-Komponenten wie die Hauptplatine, Arbeitsspeicher, Modem, Video-RAM und so weiter auf Herz und Nieren geprüft. Werden Ihnen auf diese Weise Fehler mitgeteilt, so ist Ihr Mac erst einmal ein Fall für den Fachmann. Rufen Sie dazu die Apple-Hotline an und schildern Sie Ihre Probleme sowie die Fehler-Berichte – alles Weitere sagt Ihnen dann der oder die hoffentlich freundliche MitarbeiterIn.

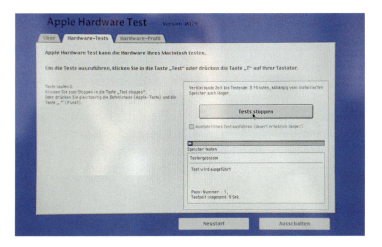

Der »Apple Hardware Test« in Aktion.

653

Test-Software von Drittherstellern

Wie bei allen Belangen rund um den Mac bieten auch andere Software-Hersteller ihre Produkte an – im Zusammenhang mit Problembewältigungen natürlich Prüf- und Reparatur-Anwendungen. Bekannt sind in der Mac-Szene insbesondere *TechTool Pro* (www.micromat.com), *Drive Genius* (www.prosofteng.com) sowie *DiscWarrior* (www.alsoft.com/DiskWarrior/index.html). Mit diesen Programmen lässt sich komfortabel auf Fehlersuche gehen, indem diese Hardware- wie Software-Komponenten checken und gegebenenfalls gleich reparieren (das Reparieren gilt natürlich nur für Letzteres). Auch eine Defragmentierung der Festplatte durch häufiges Löschen und Draufspielen von Daten kann beseitigt werden, was die Zugriffs-Geschwindigkeit enorm erhöhen kann.

Kein Porsche-Cockpit, sondern die kommerzielle Software »TechTool Pro«, um Fehlern auf die Spur zu kommen.

Vor dem Reparieren sollte allerdings immer die Prävention stehen. Als wichtigsten Ratschlag können wir Ihnen nur mitgeben, Ihre Arbeits-Daten so oft wie möglich zu sichern und auch auf andere Medien wie externe Festplatten oder CD/DVDs auszulagern. Wie schon oben erwähnt – Nobody is perfect – das gilt insbesondere auch für die Technik, egal wie ausgereift sie scheint. Im Fall des Falles ist Ihr Rechner vielleicht für ein oder zwei Wochen in einer Werkstatt, aber nichtsdestotrotz haben Sie aufgrund eines regelmäßig angelegten Backups – denken Sie an *Time Machine* – Ihre wichtigen Daten zur Hand, um auf einem Ersatz-Rechner oder auf dem Computer eines Freundes weiterarbeiten zu können. Ihre Arbeit – wenn Sie mit dem Computer Geld verdienen – ist das wichtigste Gut in dieser Kette, sodass es hier keine Ausreden und Entschuldigungen gibt, warum und weshalb Sie gerade heute nicht »gebackuped« haben.

Selbstverständlich nimmt einem auch bei diesem Thema die entsprechende Software die Arbeit ab – die Rede ist von Programmen wie *Data Backup* (www.prosofteng.com) oder *Intego Personal Backup* (www.intego.com). Hierbei findet nach festgelegten Zeiten und nach vorgegebenen Verzeichnissen (Ordnern) ein Abgleich mit einem bestimmten Medium statt – die aktuellen Daten werden also tagtäglich gesichert.

Wie Sie sehen, muss ein Backup nicht kompliziert sein und auch nicht viel Zeit kosten (dafür aber ein wenig Geld) – im Gegensatz zum Ärger und Zeitverlust, Ihre Arbeits-Daten wiederherzustellen bzw. bei Komplett-Verlust neu anfertigen zu müssen.

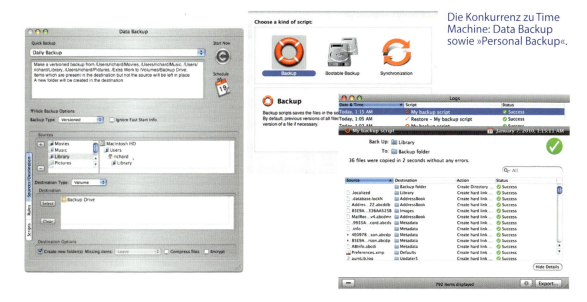

Die Konkurrenz zu Time Machine: Data Backup sowie »Personal Backup«.

Aber auch für das Wiederherstellen versehentlich gelöschter Daten oder im Falle von fehlerhaften Daten gibt es Spezial-Software, die als Retter in der Not wahre Wunder verrichten können. *Data Rescue* (www.prosofteng.com – auch erhältlich über den *Mac App Store*) oder *DiskWarrior* (www.alsoft.com) versprechen unter anderem die Wiederherstellung verlorener Dateien und Daten. Letzterer soll sogar sogenannte *Directory Hard Links,* wie sie von *Time Machine v*erwendet werden, reparieren können. Das soll jedoch nicht heißen, dass dies in allen Fällen zutreffen muss – einen Versuch bei wichtigen Daten ist es allemal wert, eine hundertprozentige Garantie gibt es dennoch nicht.

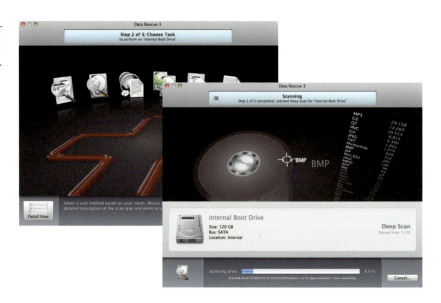

Professioneller Datenretter für den Notfall – »Data Rescue« von der Firma Prosoft.

Das leidige Thema Virenschutz

Der Mac ist – im Vergleich zum Windows-PC – einigermaßen sicher. Da gibt es eigentlich nichts zu rütteln, auch wenn es nur eine Frage der Zeit ist, bis die ersten wirklichen Viren bei uns eintreffen. Beim Thema »Malware« (*Malicious Software* – also Schadprogramme) unterscheidet man zwischen Viren (Programme, die sich selbstständig verbreiten), Würmern (Programme, die sich über Netzwerke oder infizierte E-Mails verbreiten und unter anderem Ihren Computer als Startbasis nehmen), Spyware (Schnüffelprogramme, die im Hintergrund Benutzer-Daten sammeln), Adware (Software, die zusätzlich Werbung und Ähnliches installiert), Dialer (Einwahlprogramme, die sich ungefragt über Modem oder ISDN verbinden) sowie Trojanern (Software, die einen Nutzen vortäuscht, aber im Grunde eine andere Funktion ausführt).

Als Reaktion auf bereits erfolgte Attacken (Stichwort *Mac Defender* bzw. *Flashback-Malware*, die eine Sicherheitslücke in *Java* ausnutzt) reagierte Apple mit Sicherheitsupdates, die diese Schadsoftware noch vor dem eigentlichen Agieren ausschaltet. Dabei werden alle anfallenden Daten, die über das Internet (mit *Safari*, *Mail*, *Nachrichten*) geladen werden, einer Überprüfung unterzogen. Wird das System fündig, schlägt es anhand eines Dialoges Alarm und empfiehlt die augenblickliche Löschung.

Da die Entwicklung von Schadsoftware nicht stillsteht, wird auch die Sammlung bekannter Malware immer länger. Damit Sie nun immer auf

8 | So helfe ich mir selbst

dem neuesten Stand sind, wird diese Liste standardmäßig im Hintergrund aktualisiert – vorausgesetzt, Sie haben in der Systemeinstellung *Sicherheit* | Rubrik *Allgemein* über die *Weiteren Optionen* den Eintrag *Liste für sichere Downloads automatisch aktualisieren* aktiviert.

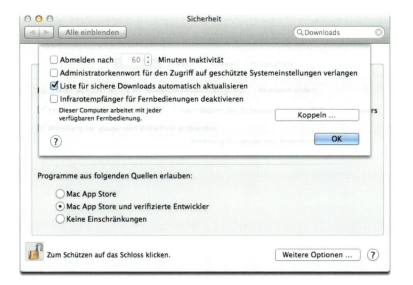

Die Systemeinstellung »Sicherheit« zeichnet sich auch für sichere Downloads verantwortlich.

Werden Sie beim Aufrufen einer Webseite mit einer Warnung konfrontiert, so können Sie diese über die sogenannte *Safe Browsing Diagnostic Page* von *Google* überprüfen lassen. Geben Sie dazu den folgenden Link www.google.com/safebrowsing/diagnostic?site= ein und platzieren Sie direkt dahinter die Webadresse Ihrer angemahnten Seite.

Safari schlägt bei einer Webseite Alarm und warnt vor vermeintlicher Malware.

657

Wir wussten es: Unsere Verlags-Webseite ist frei von bösen Geistern …

Nichtsdestotrotz heißt es immer ein wachsames Auge auf unbekannte Dateien zu werfen bzw. diese nicht zu öffnen, kennen Sie Herkunft und Ersteller nicht. Dies gilt natürlich besonders für das Internet und seine Dienste wie E-Mail & Co. Auch für diese Fälle gibt es sogenannte Viren-Scanner, die automatisch ihre Viren-Datenbanken und somit auch die herausgegebenen Programme aktualisieren. Diese Auffrischung der Viren-Scanner erfolgt meist über das Herunterladen von Updates, die regelmäßig zum Download bereitstehen. Die Programme heißen etwa *VirusBarrier* oder *Kaspersky Anti-Virus* und durchforsten Ihre Dateien, Downloads aus dem Internet und E-Mail-Anhänge bis in die hintersten Ecken und Kanten auf verdächtige Spuren.

Über den »Mac App Store« lassen sich sowohl kostenpflichtige als auch kostenlose Viren-Scanner finden und laden.

8 | So helfe ich mir selbst

Zum Ausprobieren empfehlen wir die Programme *ClamXav* und *Bitdefender Virus Scanner*, die beide gratis über den *Mac App Store* zu laden sind. Damit lassen sich ebenso E-Mails, Downloads aus dem Internet und verschiedene andere Dateien auf Malware, Windows-Viren und -Trojaner hin überprüfen. Wenn Sie also mit Windows-Anwendern zusammenarbeiten oder selbst noch einen Win-PC Ihr Eigen nennen und daher des Öfteren Daten auf dem Mac weiterbearbeiten, so ist es nicht verkehrt, auch dieses Material auf Schädlinge hin zu untersuchen – gerade dann, wenn Sie diese Daten auch weitergeben. Für all jene, die Windows auf dem Mac laufen lassen (sei es über *Boot Camp* oder eine Virtualisierung), empfehlen wir mit Nachdruck einen Viren-Scanner für Windows zu installieren.

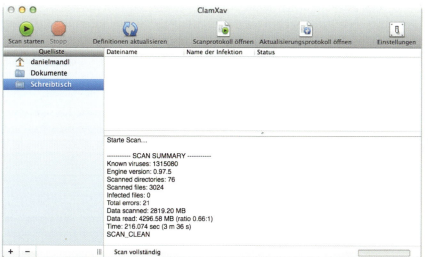

Die Viren-Definitionen lassen sich stets aktuell herunterladen, sodass »ClamXav« einen effektiven Schutz bietet.

Alle genannten Programme können Sie über den Fachhandel beziehen, direkt über die Hersteller-Webseiten oder über den Mac App Store laden.

Am Ball bleiben …

Wenn Sie erst einmal auf den Geschmack gekommen sind und Ihren Mac von Woche zu Woche besser kennenlernen, sollten Sie es dennoch nicht versäumen, sich mit entsprechenden Informationen weiter zu versorgen.

Zum einen gibt es da Mac-Zeitschriften, die vier-/achtwöchentlich bzw. quartalsweise erscheinen und stets einen Blick auf die Mac-Szene werfen. Neben Hard- und Software-Tests finden Sie darin viele weitere Anregungen und Tipps und Tricks, die das Leben mit und am Mac einfacher und noch interessanter machen. Zusätzlich erscheinen diverse Sonderhefte mit speziellen Themen.

- Macwelt / my mac   www.macwelt.de
- Mac Life / Mac easy   www.maclife.de
- Mac & i   www.heise.de/mac-and-i
- iCreate   www.icreate-magazin.de

Alle Fachzeitschriften bestreiten einen Web-Auftritt, auf dem Sie sich ruhig einmal ausführlich umschauen sollten. Auch werden von allen Zeitschriften Probe-Abonnements angeboten, über die Sie sich ein genaues Bild über Aufmachung und Inhalt machen können. Alternativ lässt sich natürlich auch am Kiosk darin herumblättern und lesen (wahrscheinlich die sinnvollste Alternative), sodass Sie einem Fehlkauf aus dem Wege gehen.

Neben oben stehenden Fach-Magazinen buhlt auch das WWW um Ihre Gunst, das ebenso auf den Mac ausgerichtete Schwerpunkte setzt. Nachfolgende Webseiten befassen sich – fast – ausschließlich mit Mac-relevanten Themen, sodass Ihrem Wissensdurst keine Grenzen gesetzt sind:

- www.macnotes.de
- www.macstart.de
- www.macnews.de
- www.macgadget.de
- www.macprime.ch
- www.macweb.ch
- www.mactechnews.de
- www.apfelblog.ch
- www.macintosh-forum.de

und viele weitere mehr …

Hier finden Sie aktuelle News, Tests, Hintergrundwissen und die berühmt berüchtigte Gerüchte-Küche. Auch Foren sind dort anzutreffen, in denen Hunderte von Anwendern ihre Fragen stellen und kompetente Antworten von engagierten Mac-Nutzern erhalten. Auch Sie sollten sich trauen, hier mitzumischen, denn von seinen Usern leben solche Foren, die sich über jeden Neuzugang freuen.

Hinzu kommen wahrscheinlich Hunderte von englischsprachigen Websites, die ebenso ihren Schwerpunkt auf Macintosh-Themen legen und fast jeden neuen Mac bis auf die Innereien auseinandernehmen. Das Thema ist schier unerschöpflich, wie Sie sehen werden, wenn Sie sich damit auseinandersetzen und abtauchen in die Materie Computer und Software.

Dieses Buch soll Ihnen **als fundierter Einstieg** in die Macintosh-Welt dienen – und wir hoffen, dass wir sowohl Ihren Wissensdurst stillen als auch mit diesem Werk Ihren Geschmack getroffen haben. Das noch die ein oder andere Frage offenbleibt, ist auch uns klar, doch müssen leider oftmals Einschränkungen getroffen werden, da Sie ansonsten ein Buch mit 2000 Seiten in den Händen hielten (und nun stellen Sie sich mal vor, das fällt Ihnen auf die Füße – nicht auszudenken …). Dennoch ist es auch unser Anliegen, Sie zur selbstständigen Beschäftigung mit dieser zugegeben doch recht komplexen Materie zu ermuntern. Nur durch Try & Error (also Ausprobieren und durch Irrtum lernen) werden Sie letztendlich in die Tiefen vordringen und sich mit der Zeit Routine aneignen, Problemen oder Fragen auf die Spur zu kommen.

> **Wir erleben es selbst tagtäglich, dass auch im Freundeskreis beim kleinsten Problem um Hilfe gebeten wird, obwohl manchmal nur ein kleiner Knopf daneben die Lösung verspricht. Haben Sie den Mut, sich eigenständig zu Lösungen durchzuringen, so werden Sie in einigen Monaten (fast) keinerlei fremde Hilfe mehr benötigen.**

In diesem Sinne möchten wir Sie nun nicht länger vom Arbeiten abhalten und uns von Ihnen verabschieden. Wir hoffen, Sie hatten Spaß an diesem Buch und haben viel gelernt. Über positives wie kritisches Feedback sowie Kommentare und Anregungen für eine Neuauflage freuen wir uns. Sie erreichen uns am besten per E-Mail unter der Adresse `puma@mandl-schwarz.de` oder über die direkte Kontaktaufnahme über den Verlag:

Mandl & Schwarz Verlag
Theodor-Storm-Straße 13
25813 Husum

Lust auf weitere anregende Lektüre? Wir liefern gern direkt zu Ihnen nach Hause und (innerhalb Deutschlands) natürlich versandkostenfrei.

Ausführliches Stichwortverzeichnis

3G 507
4G 507
24 Stunden verwenden 234

A

Abbild des Systems erstellen 20
abdunkeln, Bei Batteriebetrieb
 den Monitor leicht 179
Abgeschlossene Aufträge
 zeigen 195
Ablage-Ort 81
ablegen, Fenster hinter Pro-
 grammsymbol im Dock 104
ablehnen,
 Tracking durch Websites 535
Abmelden (Game Center) 315
Abmelden nach xx Minuten
 Inaktivität 146
abrufen, CD-Titelnamen
 automatisch vom Internet 170
Absatzstil (TextEdit) 391
abspielen, Beim Ändern
 der Lautstärke Ton 202
Abspielmarke (QuickTime) 355
Abstürze 647
Accountbild festlegen
 (Photo Booth) 353
Accounts (Kontakte) 334
Accounts (Mail) 567
Account-Typ (Benutzer) 217
Account-Zusammenfassung 565
Administrator 27, 49
Administrator-Kennwort .. 212, 487
Administratorkennwort für
 den Zugriff auf Systemein-
 stellungen 146
Adobe Reader 444, 557
Adressbuch-Einstellungen 334
Adressen 329
Adressen verwalten 329
Adressetiketten 337
Adressformat 331
Adresszeile (Safari) 539
Adware 656
AFP (Apple Filing Protocol) 618
AHT (Apple Hardware Test) 653
AirDrop 611
AirPlay-Bildschirm-Sync 171
AirPlay-Mirroring 171

AirPort-Extreme-/AirPort
 Express-Basisstation 500
AirPort Extreme
 Basisstation 246, 626
Airport-Geräteliste 501
AirPrint 194
Akku-Betrieb 176
Aktive Ecken 133
Aktivieren des Ruhezustands
 über Ein-/Ausschalter
 ermöglichen 179
aktivieren, Ortungsdienste 47
aktivieren, Power Nap bei
 Batteriebetrieb 178
aktivieren, WLAN 501
aktivieren, Zeitzonen-
 Unterstützung 317
Aktivitäten (Bedienungshilfen) .. 255
Aktivitätsanzeige 450
aktualisieren, bestehendes
 System 24
Aktualisieren (Rechner) 368
Akzent-Zeichen 140
Alias 68
Alle Dateien in einem Fenster
 öffnen (Vorschau) 410
Alle eingehenden
 Verbindungen blockieren 153
Alle Fenster anzeigen 106
Alle Lesezeichen einblenden 542
Alle meine Dateien 67
Alles auf einen Klick 281
Alles auswählen ohne Stille
 (QuickTime) 358
Alle Systemeinstellungen
 einblenden 119
Alle Versionen durchsuchen 274
Alle Versionen durchsuchen
 (TextEdit) 399
Alle Volumes anzeigen 27
Alle Website-Daten entfernen 534
Allgemein (Finder-Einstellungen) 81
Allgemein (Mail) 566
Allgemein (Safari) 523
Allgemein (Sicherheit &
 Privatsphäre) 142
Allgemein (Systemeinstellung) ... 121
Alphabetisch ordnen
 (Systemeinstellungen) 119
Alphakanal (Vorschau) 426

Als Backup-Volume verwenden . 243
Als Favorit sichern (FaceTime) .. 310
Als PDF exportieren (TextEdit) .. 384
Als PDF sichern (Safari) 554
Als PDF sichern (TextEdit) 387
Als Standard verwenden............... 75
Als unerwünschte Werbung
 markieren 569
Alt-Taste 57
An alle Empfänger (Mail) 595
Andere Netzwerkoptionen 40
ändern, Benutzer-Bild 212
ändern, Benutzerordner nicht 223
ändern, Kennwort 212
ändern, Kennwort für Schlüsselbund
 »Anmeldung« 487
ändern, Notizen nachträglich 344
ändern, Objektausrichtung 75
Änderungen beim Schließen von
 Dokumenten beibehalten 123
Änderungsdatum 77, 81
Anführungszeichen (TextEdit) ... 388
Anhänge am Ende der
 Mail einfügen 586
Anhänge hinzufügen 402
Anhänge hinzufügen (TextEdit) .. 401
Anhänge komprimieren 585
Anhänge (Mail) 591
Anhänge (Nachrichten) 605
Anhänge Windows-
 kompatibel senden 584
animieren, Öffnen von
 Programmen 105
anlegen, Computeraccount 49
anlegen, Seiten in Launchpad 265
Anmelde-Dialog 150
Anmelden in der iCloud 510
Anmeldeobjekte 215
Anmeldeoptionen 144, 215
Anmerken (Vorschau) 438
Anmerkungen mit Namen
 versehen 439
Anmerkungsinformationen
 (Vorschau) 433, 438, 439
Anpassen (Digitale Bilder) 290
anpassen, Größe proportional 431
anpassen, Symbolleiste 87
anpassen, Tastaturhelligkeit bei
 schwacher Beleuchtung 182

Anpassen von Bild/Ton
 (DVD Player)........................... 299
Anpassen von Fenstern................. 69
Anrufliste (FaceTime)................. 311
Anschließen von Kamera öffnet .. 287
Antworten (Mail) 595
Anwenden 499
Anzahl der Exemplare 198
Anzeige (Bedienungshilfen)........ 250
Anzeige für geöffnete
 Programme einblenden........... 105
anzeigen, Alle Fenster 106
anzeigen, Alle Volumes................. 27
anzeigen, Batteriestatus in
 der Menüleiste 179
anzeigen, Bilder in
 HTML-E-Mails........................ 576
anzeigen, Bluetooth-Status
 in der Menüleiste 209, 458
Anzeigen dieser Stelle 122
anzeigen, Eingabequellen
 im Anmeldefenster 217
anzeigen, Eingabequellen
 in der Menüleiste 139
anzeigen, Kontaktfotos
 in der E-Mail-Liste................... 575
anzeigen, Lautstärke
 in der Menüleiste 202
anzeigen, Netzwerke 505
anzeigen, Paketinhalt 30
anzeigen, passende Profile........... 173
anzeigen, Uhrzeit mit Sekunden... 234
anzeigen, Updates 236
anzeigen, WLAN-Status
 in der Menüleiste 504
Aperture..................................... 126
App-Exposé................................ 130
App installieren.......................... 280
App kaufen 25
AppleCare.................................. 492
Apple Hardware Test.................. 653
Apple-Hilfe 639
Apple Hintergrundbilder............. 126
Apple ID 25, 48, 278, 510
Apple-Lexikon 338
Apple-Menü 59
Apple Mouse 188
Apple Remote Fernbedienung..... 147
Application Install DVD............... 51
Apps (Kindersicherung) 224
App Store 59, 277
Arbeitsspeicher 15
Arbeitsspeichererweiterung........... 16
Arbeitsumgebung........................ 55

Archivierungsprogramm............. 558
ASCII.. 624
Audioaufnahme.......................... 361
Audioaufnahme (QuickTime).... 360
Audio-Equalizer (DVD Player) .. 299
Audio-MIDI-Setup...................... 203
Auf Auswahl schneiden
 (Vorschau)............................... 436
aufheben, Schutz........................ 275
Auflösung (Monitore) 171
Auflösung (QuickTime) 364
Auflösung (Vorschau)................. 431
Aufnahme-Qualität (QuickTime) 360
aufrufen, Online-Hilfe 35
Aufspringende Ordner
 und Fenster 85
ausblenden, Dock 105
ausblenden, Lesezeichenleiste...... 544
ausblenden, Statusleiste 544
ausblenden, Symbolleiste.............. 87
ausblenden, Systemeinstellungen 119
Aus dem Dock entfernen 109
Aus der Seitenleiste entfernen 68
ausfüllen, Web-Formulare
 automatisch............................. 530
Ausgewählter Bereich
 (Bildschirmfoto)...................... 454
Ausgewähltes Tonausgabe-Gerät. 201
Ausrichten nach.......................... 74
Ausrichtung (TextEdit)................ 399
Aus Scanner importieren
 (Vorschau)............................... 416
Ausschalten 63
Ausschließen von Daten-
 Beständen (Spotlight)............. 160
Ausschneiden (TextEdit) 400
Aus Time Machine-Backup
 wiederherstellen 36, 405
Auswählen mehrerer Dateien 80
auswählen, Quelle 42
Auswahlfarbe 121
Auswahl umkehren (Vorschau).... 427
Auswahl-Werkzeug (Vorschau).... 428
AutoImporter............................. 287
Automatisch anpassen
 (Vorschau)............................... 423
Automatisch ausfüllen (Safari) ... 529
Automatische Anmeldung 216
Automatische Anmeldung
 deaktivieren 144
Automatische Downloads
 (iCloud) 521
automatische Korrektur............... 397
Automatischer Import (iCloud) ... 515

Automatischer Upload (iCloud)... 515
Automatisch nach Sprache.......... 136
Automatisch nach Updates
 suchen..................................... 235
Automatisch sichern 62, 272, 383

B

Backup 64
Backup-Festplatte verwenden...... 246
Backups löschen 248
Backup-Struktur 248
Backup-Volume verschlüsseln 244
Basisstation einrichten................ 502
Batterie...................................... 180
Batteriestatus.............................. 185
Batteriestatus in der
 Menüleiste anzeigen 179
Batterie tauschen 185
Bedienung der Tastatur
 (Bedienungshilfen) 256
Bedienungshilfen................ 249, 256
Beeinträchtigung des
 Sehens, Hörens, Motorik......... 249
beenden, Programme sofort 61
beenden, Ruhezustand bei
 Netzwerkzugriff....................... 179
Befehle.. 56
Befehlstaste.................................. 57
Beginn des Ruhezustands............ 142
Begriffe ersetzen (TextEdit)......... 397
behalten, Im Dock....................... 109
Bei Bedarf automatisch
 verbinden 499
beibehalten, Änderungen
 beim Schließen von
 Dokumenten........................... 123
Bei der Anmeldung öffnen.......... 110
Beim Ändern der Lautstärke
 Ton abspielen.......................... 202
Beim Einlegen einer Video-DVD 298
Beim nächsten Anmelden
 alle Fenster wieder öffnen........ 63
Beleg (Rechner) 367
Belichtung korrigieren
 (Vorschau)............................... 420
Benachrichtigungen 166, 167
Benachrichtigungen (Mail)......... 566
Benachrichtigungen (Safari)....... 536
Benachrichtigung (Kalender) 321
Benutzer..................................... 212
Benutzer abmelden....................... 65
Benutzer-Account 49
Benutzer-Bild ändern.................. 212
Benutzer-Gruppe........................ 217

Ausführliches Stichwortverzeichnis

Benutzerkonten............................... 148
Benutzer-Oberfläche....................... 55
Benutzerordner als
    Image sichern 223
Benutzerordner löschen 223
Benutzerordner nicht ändern....... 223
Benutzerschnittstelle..................... 55
Benutzer-Verzeichnis..................... 66
Benutzte Dokumente 107
Benutzte Objekte 60, 124
beschädigte Schriften 381
Beschneiden (Digitale Bilder)...... 290
Beschneiden (Vorschau).............. 426
beschränken, Website-Zugriff
    auf Ortungsdienste 535
bestehendes System aktualisieren... 24
Betriebssystem-Version 59
Bevorzugte Server 619
bewegen, Mit drei Fingern 191
Bibliotheken (Schriftsammlung).. 374
Bild ändern
    (Schreibtischhintergrund) 127
Bild-Auflösung................................ 81
Bild-Bereiche freistellen
    (Vorschau).................................. 425
Bilder, Digitale 286
Bilder einscannen
    (Digitale Bilder)........................ 293
Bilder in HTML-E-Mails
    anzeigen..................................... 576
Bilder speichern (Safari)............... 559
Bilder (TextEdit) 400
Bild-Formate (Vorschau)............... 407
Bild-in-Bild (Bedienungshilfen)... 252
Bild-Informationen
    anzeigen (Vorschau) 417
Bildkorrektur (Digitale Bilder)...... 294
Bild neu berechnen (Vorschau).... 431
Bildpixel entspricht
    Bildschirmpixel (Vorschau)..... 411
Bildschirm-Aufnahme
    (QuickTime) 360
Bildschirm-Ausschnitt
    vergrößern 188
Bildschirm (Bildschirmfoto)......... 455
Bildschirm-Blinken
    (Bedienungshilfen) 256
Bildschirme synchronisieren 175
Bildschirmfoto 454
Bildschirmfoto aufnehmen
    (Vorschau)................................. 445
Bildschirmfreigabe 628
Bildschirmgröße entspricht
    Druckgröße (Vorschau) 411
Bildschirm-Optionen 128

Bildschirmschoner 127
Bildschirmschoner-Optionen 128
Bildschirm-Sync 171
Bildverbesserung
    (Bedienungshilfen) 252
Bitdefender Virus Scanner 659
Blättern um eine Seite................. 122
Blindkopie 584
blinkende Trennzeichen 234
blockieren, Alle eingehenden
    Verbindungen.......................... 153
Bluetooth 204
Bluetooth-Assistent 205
Bluetooth-Datenaustausch.......... 456
Bluetooth-Freigabe............. 208, 457
Bluetooth-Maus/-Tastatur
    konfigurieren 189
Bluetooth-Status in der
    Menüleiste anzeigen 458
Blu-ray-Disc 168
Bonjour (Nachrichten) 608
Boolsche Abfrage 165
Boot Camp 22, 37, 247, 459
Boot Camp Assistent.................... 461
Boot Camp-Systemsteuerung 470
bootfähiges Backup 21
Breitengrad.................................... 418
Brennen einer Installations-DVD.. 30
Brenn-Formate.............................. 168
Brenn-Ordner 98
Brennweite...................................... 81
Buchstabendreher......................... 396

C

Cache.. 644
Cache (Safari)................................ 547
Carbon Copy Cloner............. 20, 650
Card-Reader.................................. 286
CD 168
CD-Titelnamen automatisch
    vom Internet abrufen............. 170
ClamXav 659
Clean-Install 37
Clip am Ende/nach Auswahl
    hinzufügen (QuickTime)....... 359
Clip teilen (QuickTime) 358
CMYK 122
Codec 81, 354
Computeraccount anlegen 49
Contents-Ordner 31
Controltaste 57
Cookies 534
Core Location Technologie 154
CoreServices.................................. 630

Cover Flow-Ansicht (Fenster). 72, 77
Cursor über Tastatur steuern 257

D

Darstellung 87
Darstellung des Fenster-Inhaltes 72
Darstellung (Mail) 574
Darstellungsoptionen..................... 76
Darstellungsoptionen einblenden .. 73
Darstellung (Uhr)......................... 233
Dashboard 131, 282
Data Backup 655
Data Rescue................................... 655
Dateietikett 98
Datei-Formate (TextEdit)............. 383
Dateifreigabe 615
Dateigruppen im selben
    Fenster (Vorschau)................. 411
Datei-Inhalte suchen.................... 157
Datei senden (Bluetooth) .. 210, 456
Dateisystem NTFS......................... 466
Dateiübertragungen 630
Daten austauschen (AirDrop)...... 612
Datengröße (QuickTime)............. 357
Datenschutzrichtlinien 157
Datenschutz (Safari)..................... 534
Daten speichern (Safari).............. 553
Daten transferieren 482
Daten-Übertragung......................... 40
Datum & Uhrzeit.......................... 232
deaktivieren, Automatische
    Anmeldung 144
Deaktivieren einer Schrift 376
deaktivieren, FileVault 152
deaktivieren, Infrarotempfänger
    für Fernbedienungen............. 147
Details einblenden
    (Digitale Bilder)...................... 294
Details einblenden (Drucken) 198
Details einblenden (Vorschau) 416
Deutsch-Englisch-Wörterbuch ... 342
Dezimal-Tabulator 394
Diagnose- & Nutzung................... 156
Dialer.. 656
Diashow 78
Diashows (Bildschirmschoner).... 127
Diashow starten (Photo Booth).... 354
Diashow (Vorschau)..................... 424
Dienste 187
Dienste-Einstellungen.................. 379
Dienstprogramme 15, 449
Diese Seite drucken (Safari) 554
digitale Signatur (Vorschau) 440

digitale Uhr 234
Diktat & Sprache 238
Diktierfunktion............................ 239
DiscWarrior........................ 654, 655
Dock 102
Dock ausblenden 105
Dock erweitern 105
Dokumenteigenschaften
   (TextEdit) 385
Dokumente schließen 83
Dokumente über iCloud sichern.. 517
Dokumente wiederherstellen 274
Dokument umbenennen 275
Doppelklicken auf Titelleiste 72
Doppelseiten (Vorschau)............. 435
Double Layer-DVD 30, 31
Downloads 566
Download (Safari) 524, 558
Downloads aus der Liste
   entfernen................................. 525
Drive Genius 654
Druckaufträge 195
Drucken & Scannen 193
Drucken (Schriftsammlung)........ 378
Drucken (Vorschau)..................... 445
Drucker-Dienstprogramm 197
Drucker im Netzwerk freigeben.. 622
Drucker in der Nähe 193
Drucker-Warteliste...................... 195
Druck-Voreinstellungen 198
DSL... 497
DSL-Router 497
Duden Bibliothek 342
Duplikate suchen
   (Schriftsammlung)................. 376
Duplizieren (TextEdit) 383
Durchstreichen (Vorschau)......... 437
durchsuchen, Alle Versionen...... 274
DVD 168
DVD-Medien öffnen.................... 297
DVD Player 295
DVD-Player öffnen 298
Dynamic Loader-Cache............... 647

E

EDGE (Enhanced Data Rates
   for GSM Evolution) 507
Effekt beim Ablegen
   eines Objekts........................... 103
Effekte (Photo Booth) 350
Eigene Farbe................................ 125
Eigenschaften (TextEdit) 385

einbinden, PC ins
   Mac-Netzwerk 630
einblenden, Alle Lesezeichen........ 542
Einblenden aller Tabs (Safari)..... 527
einblenden, Anzeige
   für geöffnete Programme....... 105
Einblenden des Kalenders
   (Erinnerungen) 306
einblenden, Geburtstagskalender. 316
einblenden, iCloud-Tab 529
einblenden, Leseliste 544
einblenden, Mitteilung bei
   gesperrtem Bildschirm........... 144
einblenden, Online-Status
   von Kontakten 576
einblenden, Pfadleiste 89
einblenden, Programmfenster....... 106
einblenden, Rollbalken 71
einblenden, Schriftinformationen 377
einblenden, Spotlight-Fenster....... 139
einblenden, Statusleiste.......... 78, 92
einblenden, Suchkriterien 96
einblenden, Systembericht 492
einblenden, VoiceOver-Cursor.... 254
einblenden, Wochenzahlen........ 318
Eine Version sichern 272
Einfachen Finder verwenden
   (Kindersicherung).................. 224
Einfingerbedienung.................... 256
Eingabequellen im Anmelde-
   fenster anzeigen 217
Eingabequellen (Sprache & Text). 138
Eingang (Mail) 590
Eingehende Audio-Anfragen
   ablehnen (Bluetooth).............. 211
Eingehende Verbindungen
   blockieren............................... 154
Eingrenzen der Spotlight-
   Suchergebnisse 164
Einkäufe 279
Einkäufe erneut laden................. 267
Einkäufe (Mac App Store).............. 52
Einladungen zu Kalender
   hinzufügen 566
Einladung (Kalender) 323
Einlösen (Gutschein) 281
einrichten, Basisstation............... 502
Einrichten virtueller
   Schreibtische........................... 268
Einrichten von DSL..................... 497
Einrückungen (TextEdit)............ 394
Einscannen von Bildern
   (Vorschau)............................... 416
einsetzen, Objekt(e) 86

einstellen, Datum & Uhrzeit
   automatisch............................ 233
einstellen, Zeitzone automatisch an-
   hand des Standorts................... 50
Einstellungen für »Benutzer-
   name« kopieren 232
Einträge in Seitenleiste
   ausblenden/einblenden 69
Einzelaufnahme (Photo Booth) ... 349
Einzelseiten (Vorschau)............... 435
elliptische Auswahl (Vorschau).... 425
E-Mail-Account hinzufügen 562
E-Mail an Gruppe............... 335, 582
E-Mails abrufen 589
E-Mails-Anhänge 566
E-Mails löschen 596
E-Mails sichern 599, 600
E-Mails versenden 582
Emoji-Zeichen 604
Empfänger (Mail) 595
Empfangsordner (Bluetooth)...... 210
Empfang von Objekten
   (Bluetooth).............................. 208
Endlosschleife (QuickTime) 356
Energie sparen 176
entfernen, Alle Website-Daten 534
entfernen, Aus dem Dock 109
entfernen, Aus der Seitenleiste 68
entfernen, Downloads
   aus der Liste 525
entfernen, Objekte aus Verlauf 524
entleeren, Papierkorb 116
entleeren, Papierkorb sicher........ 117
Ereignis-Listen ausdrucken
   (Kalender) 325
Ereignis schnell erstellen
   (Kalender) 320
Ereignisse............................ 318, 320
Ereignis wiederholen 321
Erinnerungen 302
Erinnerungen verschieben 306
erlauben, Game Center-Spieler
   für Multiplayer 229
erlauben, Programme aus
   folgenden Quellen.................. 144
Erscheinungsbild der
   Oberfläche anpassen............... 121
ersetzen, Text.............................. 396
Ersetzungen 136
Erste Hilfe 471
Erstellen (E-Mail-Account)......... 562
erstellen, Kurzbefehl................... 186
erstellen, neues Netzwerk 501
erstellen, PPPoE-Dienst.............. 498

Ausführliches Stichwortverzeichnis

erstellen, Sammlung aus Text 379
erstellen, Schriftbibliothek
   aus Text................................... 379
Erstellungsdatum............................ 74
Erweiterte Suche (Safari).............. 551
Erweitert (Safari) 537
Erweiterungen (Safari) 536
Ethernet-Anschluss 614
Ethernet-Netzwerk 620
Etiketten.. 93
Etiketten benennen 93
Exchange.. 564
EXIF-Informationen 288, 417
exportieren, Als PDF 387
Exportieren (Erinnerungen)........ 307
Exportieren (Kontakte)................. 332
Exportieren (Photo Booth) 351
Exportieren (QuickTime)... 364, 365
exportieren, vCard 332
Exposé.......... 84, 106, 109, 130, 267
Externe Bildschirme..................... 176
externe Festplatte............................ 21

F

Facebook-Freunde (Kontakte) 334
FaceTime... 307
FaceTime-Einstellungen............... 311
Fächer.. 111
Fachzeitschriften............................ 660
Farbdarstellung (Monitore)......... 173
Farben umkehren
   (Bedienungshilfen) 250
Farbkorrektur (Vorschau).... 419, 424
Farbstiche korrigieren
   (Vorschau)................................ 422
Farbtemperatur (Monitore)......... 174
Färbung (Vorschau) 421
Farbwähler..................................... 122
Favoriten anlegen (FaceTime)...... 309
Favoritenleiste (Mail)................... 593
Fehlende Software
   nachinstallieren 51
Feld hinzufügen (Kontakte)........ 331
Fenster... 65
Fenster beim Beenden eines
   Programms schließen............. 123
Fenster (Bildschirmfoto) 454
Fenster-Größe automatisch
   anpassen 72
Fenster-Hintergrund....................... 74
Fenster hinter Programmsymbol
   im Dock ablegen 104
Fensterinhalt 70
Fenster schließen 71, 83

Fenster-Symbole 88
Fenster-Symbolleiste 71
Fernbedienung.............................. 147
Fernwartung (TeamViewer)........ 635
festlegen, Mitteilung für
   gesperrten Bildschirm 144
Festplatte, externe........................... 21
Festplattenaktivität 451, 452
Festplattenauslastung......... 451, 452
Festplatten-Dienstprogramm 19, 22,
   461, 471, 647
Festplatten-Symbole...................... 68
Festplatte verschlüsseln............... 150
Feststelltaste.................................. 182
File Allocation Table (FAT)......... 466
FileVault............................... 148, 150
Film bearbeiten (QuickTime) 358
Filme (QuickTime) 354
Filme steuern (QuickTime) 355
Filme veröffentlichen
   (QuickTime).............................. 364
Filminformationen einblenden
   (QuickTime).............................. 357
Filter für private Daten
   (Kontakte) 333
Finder.. 55
Finder-Einstellungen 58, 69, 81
Finder öffnen (CDs & DVDs)..... 169
Firewall 153
FireWire-Festplattenmodus 262
Firmen-Logo (Kontakte) 331
Flash-Speicher............................... 177
fn-Taste 57, 85, 133
Formate (QuickTime).................. 364
Formate (Sprache & Text) 137
Formatieren..................................... 21
Formatierter Text (TextEdit)....... 382
Formatierung der Festplatte........ 463
Formatierungsleiste (Mail).......... 586
Format Nur Audio....................... 363
Format wechseln (TextEdit)........ 383
Formular automatisch
   ausfüllen 530
Form-Werkzeug (Vorschau) 433
forward... 596
Fotostream (iCloud)..................... 514
Fotoübersicht (Mail) 587
Fotowand (Bildschirmschoner).. 127
FPS – frame per second............... 357
Framerate....................................... 357
Freeware... 650
Freien Speicher löschen............... 475
freier Speicher (Festplatten-
   Dienstprogramm) 475

Freigaben 68, 616
Freigabe-Setup (Bluetooth).......... 208
Freigabe stoppen (Kalender)....... 328
freigeben, Drucker im Netzwerk.. 622
Freigeben-Menü 87
Freigegebene Ordner 620
Freunde einladen (Game Center) 313
Fritzbox-Router 504
F-Tasten.. 85
Funktion suchen
   (Systemeinstellungen) 120
Für alle Benutzer 222

G

Game Center 311
Game Center-Spieler für
   Multiplayer erlauben 229
Gamma-Werte (Monitore)........... 174
Gastbenutzer 219
Gästen erlauben 219
Gästenetzwerk............................... 502
Gatekeeper................ 144, 145, 285
Gebrannte Daten überprüfen 480
Geburtstag (Kontakte) 332
Geburtstagskalender einblenden.. 316
Gekaufte Apps automatisch
   auf andere Macs
   laden 238, 279, 521
Gelöschte Benutzer 223
Gelöschte Daten mit Nullen
   überschreiben 475
Genehmigungs-Anfragen
   senden (Kindersicherung) 229
geöffnete Programme einblenden 109
Gerät durchsuchen
   (Bluetooth)..................... 209, 456
Geräte... 67
Gesamter Bildschirm
   (Bedienungshilfen) 252
Gesamtlautstärke.......................... 201
Geschwindigkeit der
   Zeigerbewegung 188
Gesicherte Suchabfragen 96
Gesichter... 213
Gitter 111, 113
GPRS 507
GPS.. 418
Gracenote CDDB®......................... 170
Grammatik (TextEdit) 388
Graubalance (Vorschau).............. 422
Graustufen-Ansicht
   (Bedienungshilfen) 250
Größe an Fenster anpassen
   (Vorschau)................................ 412

Größe der Miniaturen
 (Digitale Bilder) 287
Größe der Seitenleisten-
 Symbole 123
Größe des Docks ändern 104
Größen-Änderungen (Vorschau) . 412
Größenkorrektur
 (Vorschau) 430, 432
Größe proportional anpassen
 (Vorschau) 431
Grün-Anteile (Vorschau) 421
Grundeinstellungen von
 Programmen 58
Gruppe (Benutzer) 217
Gruppe einrichten (Kontakte) 335
GUID-Partitionstabelle . 22, 32, 243
Gutschein einlösen 281

H

Hand-Werkzeug 413
Hardware-Details 491
Hardware-Funktionen (Tastatur) . 181
Header (Mail) 575
Helligkeit automatisch
 anpassen 171, 176
herstellen, Verbindung mit
 einem Netzwerk 631
Hervorhebung (Vorschau) 437
Hex 624
Hilfe-Zentrum 639
Hinweis einblenden (Schach) 370
hinzufügen, Clip am Ende 359
hinzufügen, Clip nach Auswahl .. 359
hinzufügen, Einladungen
 zu Kalender 566
hinzufügen, E-Mail-Account 562
hinzufügen, Zur Leseliste 544
hinzufügen, Zur Seitenleiste 96
Histogramm (Vorschau) 423
Homepage (Safari) 523
Hören (Bedienungshilfen) 249
Hot Spot 505
HSDPA 507
HSUPA 507
HTML-Mail 592

I

iCloud 48, 509
iCloud-Account 302
iCloud-Einstellungen 513
iCloud (Kalender) 322
iCloud konfigurieren 48
iCloud (Kontakte) 334

iCloud-Leselisten 545
iCloud-Systemsteuerung 509
iCloud-Tab einblenden 529
iCloud-Tabs 539
iCloud (TextEdit) 381
iCloud-Webseite 519
iCloud (Windows) 510
Ignorieren (CDs & DVDs) 169
Image-Datei 478
Image-Größe ändern 480
Image von Ordner 481
IMAP 567, 587
IMAP-Server 563
IM-Dienste 610
Im Dock ablegen (Fenster) 71
Im Dock behalten 109
iMessage 601
Im Finder öffnen 114
Im Finder zeigen 110
Importieren (Digitale Bilder) 288
Import von Bildern (Vorschau) .. 415
Index 79
indizieren 158
In formatierten Text umwandeln . 402
Informationen-Dialog 289
Informationen eingeben
 (Kontakte) 330
Informationen (Erinnerungen) 303
Informationen (TextEdit) 386
Informationen von einem
 Mac übertragen 41
Informationen von einem
 Volume übertragen 43
Informationen von Windows PC
 übertragen 44
Infrarotempfänger für Fern-
 bedienungen deaktivieren 147
Inhaltsverzeichnis
 (Vorschau) 409, 435
Inkompatible Software 29
In Mitteilungszentrale anzeigen ... 167
Install Bundled Software 51
InstallESD.dmg 31
Installieren 27
installieren, App 280
installieren, OS X erneut 36
installieren, Systemdatendateien und
 Sicherheits-Updates 235
Intego Personal Backup 655
Integrieren von Einladungen
 (Kalender) 324
Intelligente Adressen
 verwenden 577, 582
Intelligente
 Anführungszeichen 136, 388

Intelligente Links (TextEdit) 388
Intelligente Postfächer 598
Intelligenter Ordner 94
Intelligentes Lasso (Vorschau) 428
intelligente Suche 94
intelligente Suche sichern 96
intelligentes Zoomen
 per Doppeltipp 190
intelligentes Zoomen (Safari) 537
Interaktion (Bedienungshilfen) 249
Interne Lautsprecher 201
Internet via Satellit 508
Internet-Zugang konfigurieren ... 495
In Time Machine suchen 404
iOS 6 510
iPhoto 126, 287, 289
IP (Internet Protocol) 497
IPv4 konfigurieren 497, 614, 620
ISDN-Router 497
iSync 207
iTunes-Cover
 (Bildschirmschoner) 128
iTunes-Gutschein einlösen 281
iWork-Apps 518

J

Jahresansicht (Kalender) 316
JavaScript 533
Jede Datei in einem eigenen
 Fenster (Vorschau) 410
Journaling 37

K

Kalender 315, 319
Kalender abonnieren 326
Kalender-Einstellungen 320
Kalender freigeben 327
Kalibrieren (Mikrofon) 259
Kalibrierungs-Assistent 175
Kamera (Benutzer) 214
Kamera fernbedienen
 (Digitale Bilder) 292
Kapazität des Akku 180
Kapazität des Brenn-Mediums ... 100
Kapitel (QuickTime) 356
Kartenlesegerät 286
kaufen, App 25
kennenlernen, VoiceOver 252
Kennwort ändern 212
Kennwort-Assistent 219
Kennwort einblenden 488
Kennwörter 486
Kennwort erforderlich 142
Kennwörter (Safari) 531

Ausführliches Stichwortverzeichnis

Kennwort für Schlüsselbund
　»Anmeldung« ändern............. 487
Kindersicherung............................ 223
Klammern 141
Klassisches Layout (Mail)............. 574
Klick durch Tippen 191
Klicken in den Rollbalken
　bewirkt.. 122
kompletten Finder aktivieren
　(Kindersicherung)................... 225
komprimieren 558
komprimierte Daten 558
Konfiguration eines Accounts..... 561
konfigurieren, Bluetooth-Maus.. 189
konfigurieren, Bluetooth-Tastatur 184
konfigurieren, Drucker 196
konfigurieren, Internet-Zugang ... 495
Kontaktanfrage (Game Center).... 313
Kontaktbild festlegen
　(Photo Booth)........................... 353
Kontaktbogen (Vorschau) 408
Kontakte... 329
Kontakte-Einstellungen 331
Kontakte (FaceTime) 309
Kontakte & Kalender 561
Kontaktfotos in der E-Mail-
　Liste anzeigen 575
Kontext-Menü................................. 57
Kontinuierliche
　Spracherkennung.................... 259
Kontinuierlich Scrollen
　(Vorschau)................................. 435
Kontrast korrigieren (Vorschau) .. 420
Konversationen (Mail)................... 577
Kopfhörer 201
Kopieren 85, 86
Koppeln.. 147
korrigieren, Rechtschreibung
　automatisch.................. 136, 397
Kurzbefehl erstellen...................... 186
Kürzel.. 135
Kurzname 49

L

laden, Einkäufe erneut................. 267
laden, Gekaufte Apps automatisch auf
　andere Macs 238, 279, 521
Laden (iCloud) 519
laden, Neu verfügbare Updates
　im Hintergrund....................... 235
Ländercode..................................... 295
Längengrad..................................... 418
Längere Batterielaufzeit 179
Lasso-Auswahl (Vorschau) 425

Launchpad...................................... 264
Launchpad-Control...................... 267
Lautstärke in der Menüleiste
　anzeigen..................................... 202
Lautstärke-Regler 202
Layout sichern (Digitale Bilder) . 291
Leeres Image................................... 478
Leih-DVDs 296
Lernen (TextEdit) 396
Leseliste (Safari)............................. 544
Lesezeichen (DVD Player) 300
Lesezeichen hinzufügen
　(Vorschau)................................. 443
Lesezeichenleiste 540, 542
Lesezeichenleiste ausblenden...... 544
Lesezeichen (Mac-Hilfe) 641
Lesezeichen-Menü........................ 542
Lesezeichen (Safari) 525, 540
Letzten Zug anzeigen (Schach)..... 370
Lexikon 338
Lexikon-Einstellungen................. 340
Lexikon erweitern 342
Lexikon-Funktion (TextEdit)...... 390
Licht (Vorschau)............................ 421
Linienstärke (Vorschau) 433
Linker Tabulator 394
Links positionieren (Dock)......... 102
Links/Rechts drehen (Vorschau).. 412
Liste 111
Liste bearbeiten (Sprache & Text) 134
Liste der Benutzer......................... 216
Liste für sichere Downloads 146, 657
Listen-Ansicht................................ 113
Listen-Ansicht (Digitale Bilder) ... 288
Listen-Ansicht (Fenster).............. 72
Logitech 183
löschen, Benutzerordner 223
Löschen (Festplatten-
　Dienstprogramm) 475
löschen, Freien Speicher............. 475
löschen, Nach dem Import......... 292
löschen, Notiz 344
löschen, Verlauf 547
Löschen von Objekten 68
Löschen von Programmen
　(Launchpad) 266
LTE (Long-Term-Evolution)....... 507
Lupe (Vorschau) 414

M

Mac App Store.... 15, 24, 52, 59, 277
Mac App Store und
　verifizierte Entwickler 145

Mac-Hilfe.. 641
Machine, Time................................. 19
Mac OS Extended
　(Journaled)................. 32, 37, 150
Mac-Treiber installieren
　(Boot Camp)............................. 469
Mac-Zeitschriften......................... 659
Magenta-Anteile (Vorschau)....... 421
Magic Mouse 189
Magic Trackpad 191
Mail 561
Mail-Einstellungen 566, 582
MakePDF (Digitale Bilder) 290
Malware 656
markieren, Als unerwünschte
　Werbung 569
Master Boot Record-
　Partitionslayout 243
Mathematische Zeichen............... 141
Mausbedienung
　(Bedienungshilfen) 257
Mausklicks in der Aufnahme
　(QuickTime) 362
Maus konfigurieren 188
Mausoptionen 193
Mauszeiger ablichten
　(Bildschirmfoto).................... 456
Mehrkanal-Lautsprecher-System . 203
Meinen Mac suchen 155, 520
Mein iPhone suchen........... 155, 521
Menü für schnellen Benutzer-
　wechsel zeigen 221
Menüleiste 56
Meta-Suchmaschine 552
Microsoft Outlook........................ 305
Microsoft Outlook (Ereignisse)... 322
Microsoft Word............................. 379
Mighty Mouse............................... 133
Migrationsassistent............... 41, 482
Mikrofon... 259
Miniaturen (Vorschau)...... 408, 409
Mini DisplayPort 176
Mini-Kalender 316
Mission Control............ 84, 130, 267
Mit anderem Netzwerk
　verbinden 626
Mit anderen Netzwerken
　verbinden 505
Mit drei Fingern bewegen 191
Mit Server verbinden 618, 619, 620
Mitteilungen (Mail)...................... 566
Mitteilung für gesperrten
　Bildschirm festlegen 144
Mitteilungszentrale....................... 166
Mitteltöne 423

Mit Wischen Vollbild-
  Apps wechseln 282
Mobilfunkstandard 507
Monatsansicht (Kalender) 316
Monitore 170
Motorik-Schwierigkeiten 256
Mountain Lion auf weiteren
  Rechnern installieren 26
Mountain Lion-DVD 30
Mountain Lion installieren 24, 25
Mountain Lion-USB-Stick/
  SD-Karte 30
MPEG4-Format 364

N

Nach dem Import löschen
  (Digitale Bilder) 292
nachfragen, Vor dem Entleeren
  des Papierkorbs 116
Nachkommastellen 367
Nach links/rechts drehen
  (QuickTime) 359
Nach neuen E-Mails suchen 589
Nachrichten 601
Nachrichten-Einstellungen ... 602, 607
Nächste Eingabequelle 139
Nach Stromausfall automatisch
  starten 179
natürliche Scrollrichtung 190
Navigation (Bedienungshilfen) 254
Navigationsleiste 80
Navigationsleiste
  (QuickTime) 355, 356
Navigieren in Safari 522
NetNewsWire 553
Netzwerk 453, 611
Netzwerkdrucker 621
Netzwerke anzeigen 505
Netzwerk-Messaging 607
Netzwerkoptionen 40
Netzwerk und Freigabecenter
  (Windows) 631
Netzwerk-Voraussetzungen 613
Neuanlegen eines Accounts 218
Neu aus Zwischenablage
  (Vorschau) 436
Neue E-Mail 582
Neue Finder-Fenster zeigen 81
Neue Gruppe (Kontakte) 335
Neue intelligente Gruppe
  (Kontakte) 336
Neuer Account (Benutzer) 217
Neuer Brennordner 98
Neuer intelligenter Ordner 94

Neuer Kalender 319
Neuer Ordner 91
Neuer Ordner mit Auswahl 92
Neuer Tab (Safari) 527
Neue Sammlung
  (Schriftsammlung) 374
neues Dokument erstellen 272
Neues Dokument (TextEdit) 381
Neues Ereignis (Kalender) 320
Neues Fenster (Safari) 523
Neues Gerät konfigurieren
  (Bluetooth) 205
Neues intelligentes Postfach 598
Neues Kalenderabonnement 326
neues Netzwerk erstellen 501
Neue Videoaufnahme
  (QuickTime) 360
Neuinstallation 29
Neustart 63
Neustart durchführen 642
Neu verfügbare Updates
  im Hintergrund laden 235
New Technology File
  System (NTFS) 466
Nicht in der Mitteilungszentrale .. 167
Notizen 343
Notizen formatieren 345
Notizen nachträglich ändern 344
Notiz hinzufügen 343
Notiz löschen 344
Notiz (Vorschau) 438
Notizzettel 345
Notizzettel drucken 348
Notizzettel sichern 347
Nur Audio 363
Nur Freigabe (Benutzer) 217
Nur Inhalt (Vorschau) 409

O

Oberfläche anpassen 121
Objekt auf einer Webseite
  hervorheben 538
Objektausrichtung ändern 75
Objekte aus Verlauf entfernen
  (Safari) 524
Objekte, Benutzte 60
Objekt(e) einsetzen 86
Objekte vorlesen
  (Bedienungshilfen) 252
Öffentlich 222
offline lesen (Safari) 545
öffnen, Bei der Anmeldung 110
öffnen, Beim nächsten Anmelden
  alle Fenster wieder 63

öffnen, DVD-Medien 297
öffnen, Im Finder 114
öffnen, Immer in
  Symboldarstellung 74
öffnen, Ordner immer in
  neuem Fenster 82
öffnen, VoiceOver-
  Dienstprogramm 253
Öffnen von Programmen
  animieren 105
Online-Hilfe aufrufen 35
Online-Status von Kontakten
  einblenden 576
Optimal für AirPlay (Monitore) . 172
Optimal für eingebautes
  Display 171
Optionen & Füllstände 196
Optionen (Time Machine) 246
Optionstaste 57
Ordnen nach Kategorien 77
Ordner 65
Ordner anlegen 91
Ordner benennen 91
Ordner-Hierarchie 91
Ordner hinzufügen (Launchpad) . 266
Ordner immer in neuem
  Fenster öffnen 82
Ordner in Dock ablegen 105
Ordner Öffentlich 222
Ordner-Struktur 65
Originalgröße (QuickTime) 356
Originalgröße (Vorschau) 411
Ortsabhängig (Erinnerungen) 304
Ortungsdienste . 154, 155, 520, 535
Ortungsdienste aktivieren 47
OS X Dienstprogramme 34, 647
OS X erneut installieren 36
OS X Mountain Lion als
  Neuinstallation 29
Outlook-Aufgaben 305
Oval (Vorschau) 437

P

Paketinhalt anzeigen 30
Papierformat 199
Papierkorb 114, 649
Papierkorb sicher entleeren 117
Parallels Desktop 247, 459
Parameter-RAM löschen 646
Partitionieren 37
Partitionsinformationen 32
Partitionslayout 22, 32, 243, 461
Partitionsschema 22
Partitionstabelle 462

Ausführliches Stichwortverzeichnis

passende Profile anzeigen............ 173
Passworte verwalten...................... 486
Passwort nach Aktivieren des
    Bildschirmschoners 129
PC ins Netzwerk einbinden 630
PDF-Dateien (Safari) 557
PDF-Dateien (Vorschau)............. 435
PDF drucken (Vorschau).............. 445
PDF-Plugin.. 557
PDF/Portable Document File 407
PDF verschlüsseln 442
per E-Mail weiterleiten (Safari) ... 556
Personen (Kindersicherung)....... 229
Pfadleiste einblenden 87, 89
Pfeile (Vorschau) 433, 437
Phishing.. 569
Photo Booth 348
Photo Booth-Mediathek.............. 352
Photo Booth-Medien
    veröffentlichen.......................... 352
Physikalischer Speicher 451
Plug-ins... 533
POP 563, 568
Porträt einbauen (Kontakte) 330
POS (Power On Self-Test) 652
Postfächer importieren 593, 600
Postfach für unerwünschte
    Werbung..................................... 570
Postfach-Verhalten 587
Postfach-Verhalten (Mail)........... 567
Power Nap 178
PowerPC-Prozessor......................... 18
PPPoE-Dienst erstellen................ 498
Präsentationsmodus
    (QuickTime) 356
Präsentations-Modus (Vollbild) ... 298
PreferencePanes............................ 648
Preferences 644
Priorität (Erinnerungen) 303
Prioritäts-Status (Mail) 584
Privates Surfen 547, 548
Privatsphäre.................................... 154
Privatsphäre (Spotlight)............... 160
Profil (Monitore) 174
Programme...................................... 264
Programme ausblenden............... 110
Programme aus folgenden
    Quellen erlauben..................... 144
Programme beschränken
    (Kindersicherung).................... 225
Programme in Ordnern
    sammeln..................................... 265
Programme sofort beenden 61
Programme starten....................... 264

Programme umschalten 108
Programme umstellen
    (Launchpad) 265
Programme zuordnen (Spaces).... 269
Programmfenster einblenden 106
Programmfenster (Exposé)......... 130
Programmierer (Rechner)........... 367
Programmkurzbefehle 186
Programm-Menü............................. 58
Programm sofort beenden 643
Property List................................... 644
Protokolle (Kindersicherung)..... 228
Prozesse im Hintergrund 450
Prozessor-Anzeige........................ 451
prüfen, Rechtschreibung
    während der Texteingabe....... 395

Q

Quelle.. 33
Quelle auswählen 42
Quick Look............................. 78, 271
QuickTime Player......................... 354

R

Rahmenstärke (TextEdit) 399
Reader 554
Reader (Safari) 545
Rechner.. 367
rechteckige Auswahl
    (Vorschau)...................... 425, 436
rechteckiges Vorschaufenster ein-
    blenden (Bedienungshilfen) .. 250
Rechter Tabulator 394
Rechtschreibprüfung.................... 396
Rechtschreibprüfung (Mail)........ 586
Rechtschreibung automatisch
    korrigieren 136, 397
Rechtschreibung und Grammatik
    (TextEdit) 395
Rechts positionieren (Dock)....... 102
Recovery HD............................ 23, 28
Regeln (Mail) 580
Regionalcode.................................. 295
Region (Sprache & Text)............. 137
Reihenfolge der Namensauf-
    listung (Kontakte) 331
Reiner Text (TextEdit) 383
Reparieren des Startvolumes 23
reparieren, Volume......................... 34
reparieren, Zugriffsrechte 34
reply.. 595
RGB 122
Richtung des Scrollens.................. 71

Rollbalken....................................... 122
Rollbalken einblenden 71
Rosetta 18
RSS-Feeds 552
RTF-Dokument 383
RTF-Dokument mit Anhängen .. 402
Rückgängig....................................... 86
Rückgängig-Funktion
    (Vorschau)................................. 415
Ruhezustand.................................... 62
Ruhezustand bei
    Netzwerkzugriff beenden........ 179

S

Safari.. 522
Safari-Einstellungen 523
Safari-Erweiterungen 536
Safari zurücksetzen 548
Safe Boot 647
Sammlung aus Text erstellen....... 379
Sammlungen (Safari) 542
Sammlungen (Schriftsammlung). 372
Sättigung (Vorschau) 421
Scanner 293
Schach 369
Schärfe (Vorschau) 423
Schatten (Vorschau) 421
Schlagwortinformationen
    (Vorschau)................................. 418
Schließen 71
schließen, Fenster beim Beenden
    eines Programms...................... 123
Schlüsselbund – Erste Hilfe......... 490
Schlüsselbundverwaltung.. 152, 486
Schnappschuss (Photo Booth).... 349
schneller Benutzer-Wechsel 217
Schreibtisch 55, 269
Schreibtischbereiche 131
Schreibtisch &
    Bildschirmschoner................... 125
Schreibtisch einblenden
    (Exposé) 130
Schreibtische löschen (Spaces) ... 271
Schreibtisch wechseln 269, 270
Schriftbibliothek aus Text
    erstellen 379
Schriften einblenden (TextEdit) ... 385
Schriften überprüfen 380
Schriften verwalten 371
Schrift & Farbe (Mail).................. 573
Schriftgröße (Safari)..................... 537
Schriftgröße verkleinern/
    vergrößern (Lexikon) 341

Schriftinformationen einblenden. 377
Schriftsammlung 371
Schriftzeichen suchen 140
Schutz aufheben......................... 275
Schutz aufheben (Time Machine) 406
Schutz der Privatsphäre 148
Schutz des Rechners.................... 142
Schützen...................................... 275
Schwarzpunkt 423
Schwierigkeitsgrad (Schach)........ 370
scrollen.. 70
Scrollen mit Nachlauf 123, 258
Scroll-Geste mit Sondertasten..... 188
Scrollrichtung: natürlich................ 71
SD-Speicherkarte.......................... 32
Sehen (Bedienungshilfen) 249
Seiten in Launchpad anlegen...... 265
Seiten in Tabs öffnen (Safari)...... 526
Seitenleiste (Finder-Fenster)......... 69
Seitenränder (TextEdit) 384
Seitenumbruch (TextEdit)............ 398
Seite per E-Mail senden (Safari)... 560
Sekundärklick 190
Selbstauslöser (Bildschirmfoto).. 455
senden, Anhänge Windows-
  kompatibel 584
Setzen eines Ereignisses
  (Kalender)............................... 323
SharedSupport 31
Shareware 650
Shell (Bildschirmschoner)............ 127
Shifttaste 57
Sichere Notizen........................... 489
sicherer Modus 647
Sicherheit 152
Sicherheit & Privatsphäre 142
Sicherheit (Safari) 532
Sicherheitsoptionen.................... 150
Sichern 62, 272
sichern, Benutzerordner
  als Image................................ 223
sichern, Eine Version 272
Sichern (QuickTime) 363
Sichern (TextEdit) 383
Sicherungskopien 243
Sichtbar (Bluetooth).................... 204
Signaturen (Mail) 579
Signatur für spätere
  Verwendung sichern............... 441
Signatur (Vorschau) 440
Silbentrennung (TextEdit)........... 398
Skaliert (Monitore)...................... 171
Skripte 650
S.M.A.R.T 473

SnapBack (Safari) 549
Snow Leopard 23
Sofort beenden..................... 61, 643
Softwareaktualisierung 16, 235
Sondertasten........................... 57, 182
Sonderzeichen............................ 396
Sonderzeichen suchen 140
Sortierreihenfolge umdrehen........ 77
Sortiert nach................................ 74
Sortierung in Fenstern.................. 76
Spaces......... 84, 110, 131, 267, 268
Spalten-Ansicht (Fenster)............. 72
Spam... 569
Spam-Filter................................. 596
Speakable Items 258
Speedport-Router 504
Speicher 452
Speicherkarte.............................. 286
Speicherplatz kaufen (iCloud)..... 512
Spiele 311
Spieleprotokoll (Schach).............. 371
Spieler festlegen (Schach)............ 369
Spielername (Game Center) 312
Spotlight..................................... 157
Spotlight-Ergebnismenü.............. 163
Spotlight-Suchfeld einblenden.... 139
Sprachausgabe.................... 241, 242
Sprachausgabe
  (Bedienungshilfen) 253
Sprachen 134
Sprachen (QuickTime) 356
Spracherkennung....................... 259
Sprache & Text 134
Sprechblase (Vorschau) 433
Spyware...................................... 656
SSD 177
stacks 111
Standard-Account 217
Standardaccount (Kontakte)....... 331
Standardaccount (Notizen)........ 343
Standard-Browser....................... 523
Standard-Funktionstasten 133
Standardkalender 320
Standardort zur Installation
  (Schriftsammlung).................. 372
Standard (Rechner) 367
Standardwarnhinweise 321
Stapel 111
starten, Nach Stromausfall
  automatisch........................... 179
starten, Programme.................... 264
startfähige Installations-DVD....... 26
Startvolume..... 21, 23, 261, 471, 472

Statusleiste ausblenden 544
Statusleiste einblenden........... 78, 92
Stereo als Mono wiedergeben 256
Steuerung (DVD Player) 298
Steuerung (Bedienungshilfen)...... 255
Stile (TextEdit) 391
Style Sheets................................. 538
Suche (Lexikon)........................... 340
suchen, Automatisch nach
  Updates 235
Suchen-Befehl 93
Suchen (Mail).............................. 597
suchen, Nach neuen E-Mails 589
Suchen (Safari)............................ 549
Suchen (TextEdit)........................ 397
Suchergebnisse 158
Suchkriterien einblenden 96
SuperDrive.................................. 100
SuperDuper!................................. 20
Support 492
Support & Driver......................... 195
Symbol-Ansicht (Digitale Bilder). 287
Symbol-Ansicht (Fenster) 72
Symbolgröße 78
Symbolleiste anpassen 87
Symbolleiste anpassen (Safari) ... 539
Symbolleiste anpassen
  (Vorschau).............................. 413
Symbolleiste ausblenden............. 87
Symbolleiste erweitern................. 90
Symbolleiste (Fenster).................. 71
Symbolleiste (Finder-Fenster) 80
Symbolleiste (Mail) 589
Symbolleiste (Vorschau).............. 410
Sync-Optionen 173
Synonym-Lexikon 342
Systembericht einblenden 492
Systemdatendateien und Sicherheits-
  Updates installieren 235
Systemeinstellungen................... 119
Systemeinstellungen löschen 648
Systemeinstellung freischalten.... 143
Systemeinstellung »iCloud« 510
Systeminformationen..... 15, 99, 491
System klonen 20
System neu installieren 36
System optimieren...................... 651
System-Profiler 18
Systemsteuerung (Windows)...... 509
Systemstimme 241
Systemupdates........................... 236
Systemvoraussetzungen 15
System wiederherstellen 405

Ausführliches Stichwortverzeichnis

T

Tabellen (TextEdit) 399
Tabs (Safari) 526
Tabulatoren (TextEdit) 394
Tagesabhängig (Erinnerungen) 303
Tagesansicht (Kalender) 316
Target-Modus 43
Taschen-Adressbuch 337
Tastatur 181
Tastatur-Assistent 183
Tastaturbelegungen 39
Tastaturhelligkeit bei schwacher
    Beleuchtung anpassen 182
Tastatur-Kombinationen 58
Tastaturkurzbefehle 139, 185
Tastaturübersicht 139
Tastatur- und Mauskurzbefehle ... 132
Tastengeräusch 257
Tasten-Wiederholrate 257
Tastenwiederholung 181
tauschen, Batterie 185
TeamViewer 635
TechTool Pro 654
Teilen eines Clips (QuickTime) 358
Teilnehmer hinzufügen
    (Kalender) 322
Temperatur (Vorschau) 421
Termine 320
Terminplaner 315
Textauswahl (Vorschau) 436
Textauszeichnung (Vorschau) 437
Text-Chat 601
Text drucken (Safari) 556
TextEdit 381
TextEdit-Einstellungen 384
Text ersetzen 396
Text formatieren (TextEdit) 391
Text-Inhalte speichern (Safari) ... 553
Text nicht glätten 124
Text (Systemeinstellung) 135
Textverarbeitung 381
Thumbnails 73
Thunderbolt 176
Time Capsule 246
Time Machine 243, 403
Time Machine-Backup 43, 482
Ton 200
Ton-Ausgabe 202
Toneffekte 200
Toneffekte der Benutzer-
    oberfläche verwenden 201
Tonwertverteilung (Vorschau) 423
Top Sites (Safari) 541

Tracking durch Websites
    ablehnen 535
Trackpad 191
Trackpadoptionen 193
transparente Menüleiste 127
Transparentes Fenster
    (Notizzettel) 346
Transparenzinformationen
    (Vorschau) 426
Transparenz (Vorschau) 429
Trimmen (Photo Booth) 350
Trimmen (QuickTime) 357, 363
Trojaner 656
typografische Anführungs-
    zeichen (TextEdit) 388

U

Über diesen Mac 59
überprüfen, Schriften 380
überprüfen, Volume 23, 34
überprüfen, Volume-
    Zugriffsrechte 34, 646
Überprüfung von Hardware 652
überschreiben, Gelöschte Daten
    mit Nullen 475
Übersicht 78, 271
Übertragung von Daten 485
Uhr 233
Umbenennen von Dateien 92
umdrehen, Sortierreihenfolge 77
Umgebungen 495
Umgekehrte polnische Notation .. 367
Umrechnen (Rechner) 368
Umschalttaste 57
Umschläge drucken 337
UMTS 507
UMTS-USB-Stick 508
umwandeln, In formatierten
    Text 402
unbeschränkten Zugriff auf
    Websites erlauben 226
unerwünschte Werbung 569
unerwünschte Zugriffe in einem
    Netzwerk 153
Ungelesene E-Mails 566
Unterdrücken von Pop-Ups 533
Unterordner 65
Unterstreichen (Vorschau) 437
Untertitel (DVD Player) 299
Untertitel (QuickTime) 356
Update Prebindings 651
Updates 278
Updates anzeigen 236
Updates (Mac App Store) 53, 59

USB-Stick 32
USB-Stick verschlüsseln 150

V

vCard 332
verbinden, Mit anderem
    Netzwerk 505, 626
verbinden, Mit Server 618
Verbindung mit einem
    Netzwerk herstellen 631
Verfassen von E-Mails 578
Verfügbarkeit (Kalender) 323
Vergeben von Etiketten 93
vergrößern,
    Bildschirm-Ausschnitt 188
Vergrößern (Fenster) 69
Vergrößerung
    (Bedienungshilfen) 250
Vergrößerung (Dock) 102
Vergrößerungsfaktor der Lupe
    (Vorschau) 414
Verhalten von Scrollbalken 71
Verkleinern (Fenster) 69
Verlauf 546
Verlauf (Safari) 524
verpasste Anrufe (FaceTime) 311
Verschieben von Dateien 85
verschlüsseln, Backup-Volume 244
Verschlüsselt 150
Versionen 62, 272
verwalten, Passworte 486
Verwaltet durch die
    Kindersicherung 217
verwenden, 24 Stunden 234
Verwendung mehrerer
    Tastatur-Layouts 139
Verzögerung 85
Video-Clip (Photo Booth) 349
Videofarbe (DVD Player) 299
Video-Kulissen (Photo Booth) ... 350
Videotelefonat 307
Video-Zoom (DVD Player) 299
Vienna RSS 553
VIP-Postfach 594
Virenschutz 656
Virtualisierer 247, 459
Virtueller Speicher 451
virtuelle Tastatur 140
Visitenkarten 329
visuelle Effekte
    (Bedienungshilfen) 254
VLC Media Player 301
VMWare 247, 459
VoiceOver 252

VoiceOver-Cursor einblenden.... 254
VoiceOver-Dienstprogramm
   öffnen.. 253
VoiceOver im Anmeldefenster
   verwenden..................................... 217
Vollbild-Ansicht 80
Vollbild-Modus (Vorschau) 410
Vollbild (QuickTime).................... 356
Volume auswählen
   (Time Machine) 245
Volume reparieren........................... 34
Volume überprüfen 23, 34, 471
Volume-Zugriffsrechte........... 23, 646
Voraussetzungen (Boot Camp) .. 460
Voraussetzungen für ein
   Netzwerk 613
Vor Bearbeitung schützen
   (TextEdit) 386
Vor dem Entleeren des
   Papierkorbs nachfragen........... 116
Vorlagen (Mail)................................ 587
Vorschau des Schriftbilds 377
Vorschau (Mail) 592
Vorschläge durch Suchmaschine
   nicht zulassen 550
Vorwärts 72

W

Wahl des WLAN-Netzwerkes....... 39
Währungen....................................... 141
Warntöne 652
Warnton-Lautstärke 201
Warnungen (Kalender)................. 321
Webarchiv... 383
Web durchsuchen 162
Web-Formulare automatisch
   ausfüllen 530
Web (Kindersicherung) 226
Webpage Previews......................... 547
Webseite erstellen
   (Digitale Bilder)......................... 291
Webseite (iCloud).......................... 516
Webseiten weiterleiten (Safari)..... 560
Website-Tracking........................... 535
Website-Zugriff auf Ortungs-
   dienste beschränken 535
Wechseln zwischen Umgebungen 496
Wechsel zwischen Fenstern.......... 83

Weißpunkt.. 423
Weitere Gesten 130
Weitere Optionen (Mail) 571
Weitere Widgets............................. 284
Weiterleitung (Mail)..................... 596
WEP 624
Werbe-E-Mails................................. 592
Werbung (Mail) 568
Werkzeugleiste
   (Vorschau).... 419, 425, 433, 436
Widerrufen... 86
Widerrufen (TextEdit) 398
Widgets 282
Widgets hinzufügen 284
Widgets löschen 283
wiedergeben, Stereo als Mono 256
Wiederherst-10.8-Partition.... 28, 30
Wiederherstellen.................... 19, 274
wiederherstellen, Aus Time
   Machine-Backup 36, 405
wiederherstellen, System 405
Wiederherstellungspartition .. 36, 472
Wiederherstellungsschlüssel 148
Wikipedia 162, 338
Windows 7-Installation 464
Windows
   Migrationsassistent.... 44, 45, 485
Windows-Partition.................. 22, 37
Windows Update 46
Windows XP/Vista 459
Wirbel (Bildschirmschoner) 127
Wischgesten 192
Wissenschaftlich (Rechner) 367
WLAN.. 500
WLAN aktivieren 501
WLAN-Netzwerk 623
WLAN-Status in der
   Menüleiste anzeigen 504
Wochenzahlen einblenden.......... 318
Wörterbuch 338
Wortgrenze 136
Würmer... 656

Z

Zeichenübersicht 139, 141
zeigen, Abgeschlossene Aufträge 195
zeigen, Im Finder........................... 110

zeigen, Menü für schnellen
   Benutzerwechsel....................... 221
zeigen, Neue Finder-Fenster 81
Zeilenabstand (TextEdit)............. 393
Zeilen- und Absatzabstand
   (TextEdit) 392
Zeitplan 180
Zeitwerte vorlesen 234
Zeitzone 233
Zeitzone auswählen 50
Zeitzone automatisch anhand
   des Standorts einstellen............ 50
Zeitzonen-Unterstützung
   aktivieren..................................... 317
Zellenrahmen (TextEdit)............. 399
Zentrierter Tabulator 394
Zeroconf 615
Zielrechner 43
Zielvolume wählen 406
Zip-Archiv.. 558
Zitieren von Text (Mail) 573
Zoomen................................... 72, 188
Zoomen per Scrollball 188
Zoomen (Vorschau)...................... 412
Zoom-Funktion
   (Bedienungshilfen) 250
Zufall (Bildschirmschoner)......... 127
Zufällige Reihenfolge 127
Zugelassene Apps
   (Kindersicherung).................... 224
Zugriff auf andere Geräte
   (Bluetooth) 208
Zugriff auf nicht jugendfreie Websites
   (Kindersicherung).................... 226
Zugriff nur auf diese Websites erlau-
   ben (Kindersicherung) 228
Zugriffsordner (Bluetooth) 210
Zugriffsrechte................................... 81
Zugriffsrechte reparieren...... 34, 474
Zugriffszeiten (Kindersicherung). 230
Zu iPhoto hinzufügen
   (Photo Booth)........................... 352
Zuletzt angesehen (DVD Player) 301
Zuletzt geöffnet/gesichert.......... 274
Zur Leseliste hinzufügen 544
Zur Seitenleiste hinzufügen 96
Zurück... 72
Zurücklegen (Papierkorb)........... 115
Zurücksetzen auf 273
zurücksetzen, Safari 548

Kostenlose Download-Kapitel hier:

www.mandl-schwarz.com/12/mountainlion